中国政法大学
CHINA UNIVERSITY OF POLITICAL SCIENCE AND LAW

法大法考
2025年国家法律职业资格考试
通用教材
刑事诉讼法
(第五册)

肖沛权◎编著

中国政法大学出版社
2025·北京

图书在版编目（CIP）数据

2025年国家法律职业资格考试通用教材. 第五册，刑事诉讼法 / 肖沛权编著. -- 北京 : 中国政法大学出版社，2025. 1. -- ISBN 978-7-5764-1920-7

Ⅰ. D920.4

中国国家版本馆CIP数据核字第2025NX4471号

出 版 者　中国政法大学出版社

地　　址　北京市海淀区西土城路25号

邮寄地址　北京100088信箱8034分箱　邮编100088

网　　址　http://www.cuplpress.com (网络实名：中国政法大学出版社)

电　　话　010-58908285(总编室) 58908433（编辑部）58908334(邮购部)

承　　印　固安华明印业有限公司

开　　本　787mm×1092mm　1/16

印　　张　26

字　　数　680千字

版　　次　2025年1月第1版

印　　次　2025年1月第1次印刷

定　　价　79.00元

前　言

Preface

2001 年《中华人民共和国法官法》《中华人民共和国检察官法》《中华人民共和国律师法》修正案相继通过。其中规定，国家对初任法官、检察官和取得律师资格实行统一的司法考试制度，这标志着我国正式确立了统一的司法考试制度，这是我国司法改革的一项重大举措。党的十八大以来，党中央和习近平总书记高度重视司法考试工作。2015 年 6 月 5 日，习近平总书记主持召开中央深化改革领导小组第十三次会议，审议通过了《关于完善国家统一法律职业资格制度的意见》，明确要将现行司法考试制度调整为国家统一法律职业资格考试制度。2017 年 9 月 1 日《全国人民代表大会常务委员会关于修改〈中华人民共和国法官法〉等八部法律的决定》审议通过，明确法律职业人员考试的范围，规定取得法律职业资格的条件等内容，定于 2018 年开始实施国家统一法律职业资格考试制度。这一改革对提高人才培养质量，提供依法治国保障，对全面推进依法治国，建设社会主义法治国家具有重大而深远的意义。

中国政法大学作为国家的双一流重点大学，以拥有作为国家一级重点学科的法学学科见长，其法学师资队伍汇集了一大批国内外知名法学家。他们不仅是法学教育园地的出色耕耘者，也是国家立法和司法战线的积极参与者。他们积累了法学教育和法律实践的丰富经验，取得了大量有影响的科研成果。

国家统一司法考试实施以来，我校专家学者在参与司法考试的制度建设和题库建设中做出了许多贡献，在此期间我校不仅有一批长期参加国家司法考试题库建设和考题命制的权威专家，也涌现出众多在国家司法考试培训中经验丰富和业绩突出的名师。伴随着司法考试改革，我校对法律职业资格考试进行更深入的分析研究，承继司法考试形成了强大的法律职业资格考试研究阵容和师资团队。

2005 年我校成立了中国高校首家司法考试学院。该院本着教学、科研和培训一体化的宗旨，承担着在校学生和社会考生司法考试培训任务。司法考试学院成立后，选拔了一批在司法考试方面的权威专家和名师，精心编写了中国政法大学《国家司法考试通用教材》作为校内学生司法考试课程教学及社会考生培训的通用教材。伴随着 2018 年司法考试改革，我院根据法律职业资格考试内容及大纲对本书进行了全面修订，本书更名为《国家法律职业资格考试通用教材》。

法律职业资格考试中心（原司法考试学院）组织编写的此教材紧扣国家法律职业资格考试大纲，体系完整、重点突出、表述精准，伴随着司法考试的改革，本书以大纲为依托，增加实战案例，更加符合法律职业资格考试要求。全书渗透着编写教师多年的教学经验，体现着国家法律职业资格考试的规律，帮助考生精准把握考试内容。该套教材将会对广大备考人员学习、理解和掌握国家法律职业资格考试的知识内容和应试方法具有积极的引导与促进作用，为考生提高考场实战能力以及未来的从业能力提供有力的支持和帮助。最后，对编写本套教材的各位老师的辛勤付出表示感谢！编委会成员（按姓氏笔画排序）：方鹏、兰燕卓、叶晓川、刘家安、李文涛、邹龙妹、宋亚伟、肖沛权、贾若山、蔡辉。

在此预祝各位考生在国家法律职业资格考试中一举通过。

中国政法大学法律职业资格考试中心

（原中国政法大学司法考试学院）

目　录

Contents

第一章　刑事诉讼法概述

【复习提要】

本章理论性较强，容易出现理论性较强的题目。同时，本章的学习有助于对后面的具体制度和诉讼程序的学习奠定良好的基础。本章应重点掌握以下内容：刑事诉讼法与刑法的关系（刑事诉讼法的工具价值与独立价值）；刑事诉讼法与法治国家（刑事诉讼法与宪法的关系）；刑事诉讼的基本理念，包括惩罚犯罪与保障人权，实体公正与程序公正，诉讼效率；刑事诉讼的价值；刑事诉讼的基本范畴，包括刑事诉讼目的，刑事诉讼价值，刑事诉讼职能，刑事诉讼构造等。

【知识框架】

- 刑事诉讼法概述
  - 刑事诉讼法的概念
    - 刑事诉讼
    - 刑事诉讼法
    - 刑事诉讼法与刑法的关系★★★★
  - 刑事诉讼法的制定目的与任务
    - 刑事诉讼法的制定目的
    - 刑事诉讼法的任务
  - 刑事诉讼的基本理念
    - 惩罚犯罪与保障人权
    - 实体公正与程序公正
    - 诉讼效率★★★★
  - 刑事诉讼的基本范畴
    - 刑事诉讼目的
    - 刑事诉讼价值★★★
    - 刑事诉讼职能
    - 刑事诉讼构造★★★
    - 刑事诉讼阶段
    - 刑事诉讼主体

第一节　刑事诉讼法的概念

【学习提要】

本节在法考客观和主观题中属于基础的理论知识，需要考生熟练掌握。考生对本节知识需要熟悉刑事诉讼和刑事诉讼法基本概念、特点，以及刑事诉讼和宪法的关系。在客观题考试中，需要考生准确掌握刑事诉讼与刑法之间的关系，区分其工具价值和独立价值。在主观题中，本节的刑事诉讼与刑法的关系和刑事诉讼与法治国家在法考主观题中属于易考内容，可以作为主观题备考的理论知识储备。

【知识点精讲】

一、刑事诉讼的概念与特征

1. 概念：刑事诉讼，是指**人民法院、人民检察院和公安机关**（含国家安全机关等其他侦查机关）在**当事人及其他诉讼参与人**的参加下，依照法律规定的程序，**解决被追诉人刑事责任问题**的活动。

2. 刑事诉讼具有以下特征：

（1）由人民**法院**、人民**检察院**和**公安机关等国家机关**主持进行的活动；

（2）在**当事人及其他诉讼参与人**的参加下进行的一种活动；

（3）严格依照**法律规定的程序**进行的活动；

（4）是实现**国家刑罚权**、**解决被追诉者刑事责任**问题的活动。

二、刑事诉讼法的概念与渊源

（一）概念

刑事诉讼法，是指国家制定或认可的调整刑事诉讼活动的法律规范的总称。刑事诉讼法有狭义和广义之分。

1. 狭义的刑事诉讼法：仅指刑事诉讼法典。在我国即《中华人民共和国刑事诉讼法》（自1979年7月1日颁布，经过1996年3月17日第一次修正，2012年3月14日第二次修正，2018年10月26日第三次修正）。

2. 广义的刑事诉讼法：指一切调整刑事诉讼活动的法律规范的总称。

（二）渊源

刑事诉讼法的渊源是指刑事诉讼法律规范的存在形式。我国刑事诉讼法的渊源包括：

1. 宪法：刑事诉讼法是根据《宪法》制定的。《宪法》规定了许多与刑事诉讼直接相关的原则和制度，这些规定是刑事诉讼法的重要渊源。

2. 刑事诉讼法典：即1979年7月1日通过，1996年3月17日第一次修正，2012年3月14日第二次修正，2018年10月26日第三次修正的《刑事诉讼法》。它是我国刑事诉讼法的主要法律渊源。

3. 有关的法律：指全国人民代表大会及其常务委员会制定的有关刑事诉讼的法律规定。如《刑法》《人民法院组织法》《人民检察院组织法》《国家安全法》等。

4. 有关的法律解释和规定：如最高人民法院《关于执行〈中华人民共和国刑事诉讼法〉若干问题的解释》（以下简称《刑诉解释》），最高人民法院、最高人民检察院、公安部、国家安全部、司法部、全国人大常委会法制工作委员会《关于刑事诉讼法实施中若干问题的规定》（以下简称《六机关规定》），最高人民检察院《人民检察院刑事诉讼规则》（以下简称《最高检规则》）。

5. 地方性法规：指地方人民代表大会及其常务委员会颁布的地方性法规中关于刑事诉讼程序的规定。

6. 有关国际条约：这些公约、条约须为我国批准或者加入，且保留条款除外。如《联合国打击跨国有组织犯罪公约》和《联合国反腐败公约》，也涉及诸多刑事程序与证据问题。

【特别提示】刑事诉讼法的渊源只包括以上几种，法院发布的参考性案例不属于我国刑事诉讼法的渊源。另外，需要注意的是，判断一部法律是否属于刑事诉讼法的渊源，通俗的做法是看这部法律中有没有涉及刑事诉讼制度或诉讼程序的规定，如《监狱法》中就涉及很多关于刑事诉讼程序（如减刑的程序等）的规定，则《监狱法》也属于刑事诉讼法的渊源。

★★★★★三、刑事诉讼法与刑法的关系（刑事诉讼法的工具价值与独立价值）

（一）刑法是实体法，解决的是犯罪与刑罚的问题；刑事诉讼法是程序法，解决的是通过怎样的程序追究刑事责任的问题

（二）刑事诉讼法具有保障刑法正确适用的工具价值，也有自己独立的价值

1. 刑事诉讼法的工具价值

（1）概念：指刑事诉讼法在保障、促进查明事实真相，惩罚犯罪，保障实体法内容的实现方面的价值。

（2）体现：

①通过明确对刑事案件行使侦查权、起诉权、审判权的专门机关，为查明案件事实、适用刑事实体法**提供了组织上的保障**。

②通过明确行使侦查权、起诉权、审判权主体的权力与职责及诉讼参与人的权利与义务，为查明案件事实及适用刑事实体法的活动**提供了基本构架**。同时，由于有明确的活动方式和程序，也**为刑事实体法适用的有序性提供了保障**。

③规定了收集证据的方法与运用证据的规则，既为获取证据、明确案件事实**提供了手段**，又为收集证据、运用证据**提供了程序规范**。

④规定了证明责任和证明标准，为规范和准确进行定罪量刑**提供了标准和保障**。

⑤关于程序系统的设计，可以在相当程度上**避免、减少**案件实体上的**误差**。

⑥针对不同案件或不同情况设计不同的具有针对性的程序，使得案件处理简繁有别，**保证处理案件的效率。**

2. 刑事诉讼法的独立价值

（1）概念：与刑法的定罪量刑实现没有关系，刑事诉讼法自身所独有的价值。

（2）内容：

①刑事诉讼法所规定的诉讼结构、原则、制度、程序，体现着**程序本身的民主、法治、人权精神**，也反映出一国刑事司法制度的进步、文明程度，是衡量社会公正的一个极为重要的指标。

②刑事诉讼法具有**弥补刑事实体法不足**并**“创制”**刑事实体法的功能。

③刑事诉讼法具有影响刑事实体法实现的功能。

【特别提示】如何判断一项制度究竟体现工具价值还是独立价值：如果这项制度的实施是保障定罪量刑实现的，那么就是工具价值；如果这项制度的实施是阻碍、影响定罪量刑实现的，那么就是独立价值。注意，无论是工具价值还是独立价值，都有一个前提，即这项制度必须是刑事诉讼制度，否则，哪怕这项制度的实施是阻碍定罪量刑实现，都不是刑事诉讼法独立价值的体现。总体而言，判断是否体现刑事诉讼法的独立价值，做题技巧是分两步走：

第一步，先判断所问的这项制度是否为刑事诉讼制度；如果不是，则与刑事诉讼法的价值没有关系。

第二步，如果是刑事诉讼制度的，再看这项制度的实施是保障定罪量刑实现还是阻碍、影响定罪量刑实现。如果是阻碍、影响定罪量刑实现的，那么是刑事诉讼法的独立价值。

★四、刑事诉讼法与法治国家（刑事诉讼法与宪法的关系）

（一）刑事诉讼法在实现法治国家方面的作用，集中体现在与宪法的关系之中

有关刑事诉讼的程序性条款**在宪法条文中的重要地位**。体现法治主义的有关刑事诉讼的程序性条款，构成各国宪法或宪法性文件中关于人权保障条款的核心。以至于有这种说法：**“宪法是静态的刑事诉讼法，刑事诉讼法是动态的宪法”**。

（二）刑事诉讼法在维护宪法制度方面发挥的重要作用

国家要确保宪法所保障的公民基本权利，非依法不得随意剥夺。刑事诉讼直接涉及公民的基本权利特别是人身自由，所以，必须对国家在刑事诉讼中的权力予以限制。各国刑事诉讼法律规范中有关强制措施的适用权限、条件、程序、羁押期限，辩护、侦查、审判的原则与程序等规定，都直接体现了宪法或宪法性文件关于公民人身、住宅、财产不受非法搜查、逮捕、扣押以及犯罪嫌疑人、被告人有权获得辩护等规定的精神。也就是说，宪法的许多规定：（1）要通过刑事诉讼法保证刑法的实施来实现；（2）要通过刑事诉讼法本身的实施来实现。

【经典金题】

刑事诉讼法的独立价值之一是具有影响刑事实体法实现的功能。下列哪些选项体现了这一功能？（2016 年卷二第 64 题，多选）[1]

A. 被告人与被害人达成刑事和解而被法院量刑时从轻处理

B. 因排除犯罪嫌疑人的口供，检察院作出证据不足不起诉的决定

C. 侦查机关对于已超过追诉期限的案件不予立案

D. 只有被告人一方上诉的案件，二审法院判决时不得对被告人判处重于原判的刑罚

---

〔1〕【解析】刑事诉讼法的价值可分为工具价值与独立价值。所谓工具价值，是指刑事诉讼制度的实施是保障、促进、有利于定罪或量刑实现的价值。独立价值是指刑事诉讼制度实施可能会阻碍、影响、不利于定罪或量刑实现的价值，如人权保障、法治等价值（正是因为有法治等价值，明明知道实施这项刑事诉讼制度会阻碍或影响到定罪量刑还要实施，这正是独立价值的体现）。需要指出的是，不管是工具价值还是独立价值，均应以该制度为刑事诉讼制度为前提。因此，判断究竟是独立价值还是工具价值，主要分两步走：第一步，先判断选项中的制度是否为刑事诉讼制度。如果不是刑事诉讼制度，则跟刑事诉讼法的价值没有关系。如果是刑事诉讼制度，则走第二步：看实施这项制度是保障、促进定罪量刑实现还是阻碍、影响定罪量刑实现。以此来判断是工具价值还是独立价值。

A 项，“被告人与被害人达成刑事和解”属于刑事诉讼中的当事人和解的刑事诉讼程序（刑事和解制度），是刑事诉讼制度，而该案本来没有从轻情节的，但基于当事人和解法院在量刑时从轻处理了，是实施刑事和解影响到量刑的实现，因此体现的是独立价值。因此，A 项正确。

B 项，“因排除犯罪嫌疑人的口供，检察院作出证据不足不起诉的决定”，排除口供属于非法证据排除规则的适用，而非法证据排除规则属于刑事诉讼制度。而且由于排除了口供后导致证据不足以支持起诉，检察院作出证据不足不起诉决定，该决定是不追究被追诉人的刑事责任，因此属于刑事诉讼制度的实施影响定罪量刑的实现，B 项正确。

C 项，追诉时效属于刑法制度，而不属于刑事诉讼制度，因此追诉时效已过不予立案，即使是影响定罪量刑的实现，但跟刑事诉讼法的价值没有关系。因此，C 项错误。提醒考生注意的是，在选项描述的制度是否为刑事诉讼制度容易出现陷阱。

D 项，该项描述是上诉不加刑原则的适用。上诉不加刑属于刑事诉讼制度。而且，哪怕只有被告人一方上诉，其实也有可能发现一审法院判轻了的，在这种情况下，基于准确定罪量刑的需要，本应该将一审判轻了的判决改判为重的。但是，为了打消被告人上诉的顾虑，维护两审终审权，如果只有被告人一方上诉，二审法院哪怕发现一审法院判轻了，也不能对被告人判处重于原判的刑罚，实际上是上诉不加刑这一刑事诉讼制度的实施影响了量刑的实现。因此，D 项正确。

综上所述，本题答案为 ABD 项。

第二节　刑事诉讼法的制定目的与任务

【学习提要】 本节作为刑事诉讼法的基本背景知识，在法考中一般不直接考查，对刑事诉讼法的目的和任务有所了解即可。

【法条依据】

《刑事诉讼法》第1条：为了保证刑法的正确实施，惩罚犯罪，保护人民，保障国家安全和社会公共安全，维护社会主义社会秩序，根据宪法，制定本法。

《刑事诉讼法》第2条：中华人民共和国刑事诉讼法的任务，是保证准确、及时地查明犯罪事实，正确应用法律，惩罚犯罪分子，保障无罪的人不受刑事追究，教育公民自觉遵守法律，积极同犯罪行为作斗争，维护社会主义法制，尊重和保障人权，保护公民的人身权利、财产权利、民主权利和其他权利，保障社会主义建设事业的顺利进行。

【知识点精讲】

一、刑事诉讼法的制定目的

1. 保证刑法的正确实施。
2. 惩罚犯罪，保护人民。
3. 保障国家安全和社会公共安全。
4. 维护社会主义社会秩序。

二、刑事诉讼法的任务

刑事诉讼法有三大任务：

1. 直接任务：保证准确、及时地查明犯罪事实，正确适用法律，惩罚犯罪分子，保障无罪的人不受刑事追究。

2. 重要任务：教育公民自觉遵守法律，积极同犯罪行为作斗争。

3. 根本任务：维护社会主义法制，尊重和保障人权，保护公民的人身权利、财产权利、民主权利和其他权利，保障社会主义建设事业的顺利进行。

第三节　刑事诉讼的基本理念

【学习提要】 本节在法考客观题中属于易考内容，而且可以作为主观题备考的理论知识储备。在刑事诉讼法的主观题考查中，经常出现让考生评价某项具体诉讼制度的题目，惩罚犯罪和保障人权可以作为分析评价的理论知识。

【知识点精讲】

★一、惩罚犯罪与保障人权

（一）惩罚犯罪

惩罚犯罪是指通过刑事诉讼程序，在准确及时查明案件事实真相的基础上，对构成犯罪的被告人公正适用刑法，以打击犯罪。即运用刑事实体法和刑事程序法来抑制犯罪。

（二）保障人权

保障人权是指在通过刑事诉讼惩罚犯罪的过程中，保障公民合法权益不受非法侵犯。具体要求包括：

①无辜的人不受追究；②有罪的人受到公正处罚；③诉讼权利得到充分保障和行使；④保障被害人和其他受到犯罪影响的人的合法权益。

（三）二者的关系

惩罚犯罪与保障人权既统一又对立。**一方面，惩罚犯罪不能忽视保障人权**。如果在刑事诉讼中违反宪法、刑事诉讼法有关权利保障的规范，滥用司法权力，甚至刑讯逼供、诱供等，往往造成冤假错案，无法实现惩罚犯罪的目的。**另一方面，保障人权也不能脱离惩罚犯罪**。如果不去查明案件事实、惩罚犯罪，不仅被害人的实体权利得不到维护，犯罪嫌疑人、被告人的实体权利易受侵犯，而且诉讼参与人的程序性权利保障就失去了原本的含义。因此，**要坚持惩罚犯罪和保障人权相结合，二者应当并重，不可片面强调一面而忽视另一面**。

★二、实体公正与程序公正

（一）实体公正

实体公正即结果公正，指案件实体的结局处理（定罪与量刑）所体现的公正。具体要求有：

1. 据以定罪量刑的犯罪事实应当证据确实充分；
2. 正确适用刑法，准确认定犯罪嫌疑人是否犯罪及其罪名；
3. 按照罪刑相适应原则，依法适度判定刑罚；
4. 对于错误处理的案件，采取救济方法及时纠正、及时补偿。

（二）程序公正

程序公正即过程公正，是诉讼程序方面体现的公正。具体要求有：

1. 严格遵守刑事诉讼法的规定；
2. 认真保障当事人和其他诉讼参与人，特别是犯罪嫌疑人、被告人和被害人的诉讼权利；
3. 严禁刑讯逼供和以其他非法手段取证；
4. 司法机关依法独立行使职权；
5. 保障诉讼程序的公开性和透明度；
6. 严格依法定期限办案、结案。

（三）二者的关系

实体公正和程序公正各自都有独立的内涵和标准，不能相互代替，**二者应当并重**。在我国，长期存在“重实体、轻程序”的做法，应当着重予以纠正。因此，在执法方面，要严格执法，既遵循实体法，也遵循程序法。

★★★★三、诉讼效率

诉讼效率是指诉讼中所投入的司法资源（包括人力、财力、物力等）与案件处理数量的比例。讲求诉讼效率，要求投入一定司法资源处理尽可能多的案件。追求诉讼效率，意味着应当降低诉讼成本，加速诉讼进程，减少案件拖延和积压。

（一）诉讼效率的体现

集中审理原则、简易程序、酌定不起诉、刑事缺席审判制度、刑事速裁程序、附条件不起诉、刑拘直诉机制、庭前会议、网上远程视频开庭、认罪认罚从宽制度等。

【特别提示】所谓刑拘直诉机制，又名直接刑事诉讼机制，是指公安司法机关在拘留期限（一般最长为14天，流窜作案、结伙作案、多次作案的最长为37天）内完成案件的侦查、起诉、审判工作，促进侦查、起诉、审判环节的快速流转、全程简化，这是一种刑事案件的快速办理机制。

（二）司法公正与诉讼效率的关系处理

应当遵循“公正第一，效率第二”的原则。具体而言：

【特别提示】判断一项制度是否体现效率原则，主要从两方面出发：

（1）这项制度的实施是否帮助省时间。

（2）这项制度是的实施是否帮助省资源（人力、财力、物力）。

【经典金题】

效率是刑事诉讼的基本理念之一，下列表述体现效率的有？（2019年仿真题）〔1〕

A. 对于未成年人，适用附条件不起诉

B. 对于交通肇事的行为，适用刑拘直诉制度，即拘留后不逮捕直接诉讼

C. 对于一起涉黑案件，为了保证证人安全，法庭在庭前核实了证人身份，在庭审中说明了这一情况

D. 第一审宣判前，法庭发现案件量刑部分争议太大，在宣判之前重新开庭就量刑部分组织辩论

第四节　刑事诉讼的基本范畴

【学习提要】该节所重点考查的知识点有刑事诉讼的价值；刑事诉讼的基本范畴；刑事诉讼的构造；刑事诉讼的基本职能。其中，客观题部分需要注意可能在刑事诉讼的基本职能之间的区分和刑事诉讼的各类构造的区分上设题，考生需要准确掌握各个基本职能的含义、各类诉讼构造的特点。

【法条依据】

《刑事诉讼法》第1条：为了保证刑法的正确实施，惩罚犯罪，保护人民，保障国家安全和社会公

〔1〕【解析】A项：附条件不起诉，是指在审查起诉阶段，人民检察院根据犯罪嫌疑人的犯罪性质和情节、犯罪原因以及犯罪后的悔过表现等，对未成年犯罪嫌疑人设定一定的条件，考验犯罪嫌疑人，若犯罪嫌疑人履行了相关的义务，人民检察院就应作出不起诉的决定。附条件不起诉是以起诉便宜主义为基础的，体现了检察机关的自由裁量权，属于不起诉的一种形式。附条件不起诉通过设定条件考验，经过考验后作出不起诉决定，能使部分案件避免进入审判程序，也不会进入定罪后的执行程序，能够帮助省资源，体现了诉讼效率原则。A项正确。

B项：刑拘直诉又称为直接刑事诉讼制度，是指办案机关在拘留期限内完成侦查、起诉、审判，并实行集中移送，集中集中起诉、集中审理，促使侦查、起诉、审判环节的快速流转，这是一种刑事案件快速办理机制。B项正确。

C项：庭前核实证人身份，意味着在庭审时不需要再核实，能够帮助节省庭审的时间，提升了审判的效率。因此，C项正确。

D项：重新开庭就量刑部分组织辩论不仅没有省时间或省资源，反而因为重新开庭会再次耗费司法资源，这显然与诉讼效率无关。需要指出的是，之所以会耗费司法资源还要重新开庭，是基于司法公正的考虑，这恰恰是在处理公正与效率之间的关系时，公正排第一位的体现，但与诉讼效率无关。D项错误。

综上所述，本题答案为ABC项。

共安全，维护社会主义社会秩序，根据宪法，制定本法。

【知识点精讲】

一、刑事诉讼目的

刑事诉讼的目的是指国家制定刑事诉讼法和进行刑事诉讼活动所期望达到的结果。刑事诉讼的目的可以区分为根本目的与直接目的。

（一）根本目的

与法律的一般目的是一致的。任何国家进行刑事诉讼，均期望达到**维护社会秩序**的目的。

（二）直接目的

一方面，国家通过刑事诉讼活动，要在准确、及时地查明案件事实真相的基础上对构成犯罪的被告人适用刑法，**惩罚犯罪，实现国家刑罚权**。另一方面，国家在进行刑事诉讼活动中**保障诉讼参与人的合法权益**不受侵犯，特别是犯罪嫌疑人、被告人和被害人的诉讼权利得到充分行使。

（三）刑事诉讼目的的几种学说

在美国、日本、德国及我国台湾地区，关于刑事诉讼目的的理论分类，主要包括以下几种学说：

1. 犯罪控制模式和正当程序模式

（1）犯罪控制模式（强调惩罚犯罪）：

<1>该模式价值体系的理论基点是：控制犯罪绝对为刑事诉讼程序最主要的机能，刑事程序运作的方式与取向，应循此**“控制犯罪”目标**进行。

<2>该模式的基本价值理念是：**刑事诉讼以惩罚犯罪的“效率”为目标与评价标准**。一个能以有限的资源处理数量庞大的案件并提高逮捕与有罪判决率的刑事程序，才是符合犯罪控制模式的成功者。

（2）正当程序模式（强调保障人权）：

该模式的理论基础是**自然法的学说**，认为人类拥有某些与生俱来的基本权利，如果统治者侵犯了这些权利，人民将不信任政府，并撤回授予统治者的权力。因此，该模式主张刑事诉讼目的不单是发现实体真实，更重要的是**以公平与合乎正义的程序来保护被告人的人权**。

2. 家庭模式

该模式以家庭中的父母和子女的关系来比喻国家和个人的关系，并以此为出发点，提出解决问题的途径。

3. 实体真实主义和正当程序主义

（1）实体真实主义：

<1>含义：实体真实主义认为，刑事诉讼旨**在追求案件实体真实的诉讼目的观**。

①在实体与程序的关系上，该模式意味着实体对程序的优越地位，它将刑事诉讼法视为发现实体真实的刑法手段。

②在人权保障与实体真实的关系上，实体真实也处于优势地位。对违反程序法造成侵犯公民权利的效果，是由有关部门给予个别处理，而不影响其后的诉讼行为。

③实体真实主义可以分为积极实体真实主义和消极实体真实主义。

<2>在人权保障与实体真实的关系上，实体真实也处于优势地位。对违反程序法造成侵犯公民权利的效果，是由有关部门给予个别处理，而不影响其后的诉讼行为。

<3>实体真实主义可以分为积极实体真实主义和消极实体真实主义：

①**积极**实体真实主义：认为凡出现了犯罪就应该**毫无遗漏地去加以发现、认定和处罚**，不

使一个犯罪脱逃。

②**消极**实体真实主义：将发现真实和保障无辜相联系，认为刑事诉讼目的在于发现实体真实，本身应当包含**力求避免处罚无罪者的意思**，而不是单纯毫无遗漏地处罚任何一个犯罪者。

【特别提示】积极实体真实主义和消极实体真实主义同样要求发现案件事实真相，但有区别：

a. 积极实体真实主义强调**毫无遗漏地惩罚每一个有罪者，不以确保无辜者不被追究为底线**，对于追诉的方法、查明的手段等不加限制，一概以有罪者一定要受到惩罚为正当性理由，可能会导致无辜者被错误追究。

b. 消极实体真实主义强调发现案件事实真相的立足点必须是**防止无辜者被错误追究**，不能为了使有罪者受惩罚就放任无辜者被错误追究。

（2）正当程序主义：

正当程序主义认为，刑事诉讼的目的重在**维护正当的程序**。正当程序主义的认识论基础是：**刑事诉讼对案件事实的认识能力是十分有限的，刑事诉讼中的真实只是作为认识的真实，**刑事诉讼中的真实只是有限的真实，我们只能通过诉讼程序内在活动去接近这种真实。

★★二、刑事诉讼价值

刑事诉讼价值，是指刑事诉讼立法及其实施对国家、社会及其一般成员具有的效用和意义。刑事诉讼价值包括**秩序、公正、效益**诸项内容，其中**公正在刑事诉讼价值中居于核心的地位**。

（一）刑事诉讼价值的内容

1. 秩序：秩序价值包括两方面含义。

（1）通过惩治犯罪，维护社会秩序，即恢复被犯罪破坏的社会秩序以及预防社会秩序被犯罪所破坏；

（2）追究犯罪的活动是有序的。

2. 公正：公正价值在刑事诉讼价值中居于**核心**的地位，包括**实体公正**和**程序公正**两个方面。

3. 效益：效益价值既包括效率，也包括在保证社会生产方面所产生的效益，即刑事诉讼对推动社会经济发展方面的效益。

（二）刑事诉讼的秩序、公正、效益诸项价值的关系

刑事诉讼的秩序、公正、效益诸项价值都很重要，不可偏废。刑事诉讼的秩序、公正、效益价值是通过刑事诉讼法的制定和实施来实现的。一方面，刑事诉讼法保证刑法的正确实施，实现秩序、公正、效益价值，这称为刑事诉讼法的**工具价值**；另一方面，刑事诉讼法的制定和适用本身也在实现着秩序、公正、效益价值，这成为刑事诉讼法的**独立价值**。因此，只有严格执行刑事诉讼法，才能实现刑事诉讼价值。

★三、刑事诉讼职能

1. 刑事诉讼职能，是指根据法律规定，国家专门机关和诉讼参与人在刑事诉讼中所承担的职责、具有的作用和功能。刑事诉讼有三种基本职能，即控诉、辩护和审判。

（1）控诉职能：指参与刑事诉讼的**直接目的**是提出控诉，要求追究犯罪嫌疑人、被告人的刑事责任的职能。（侦查机关、检察机关、自诉人、被害人及其法定代理人、诉讼代理人）

【特别提示】检察机关是专门的法律监督机关。其法律监督权有广义与狭义之分。在刑诉中，检察机关广义的法律监督权包括侦查、起诉、狭义的法律监督权（诉讼监督权）。由于**狭义的法律监督权（诉讼监督权）是检察机关基于客观公正义务对诉讼活动进行监督，如发现生效裁判有错而提起审判监督程序，又如发现非法证据而适用非法证据排除规则予以排除，又如在法庭上出示对被告人有利的证据等，这是检察机关基于客观公正义务行使狭义法律监督权的表现（有可能有利于被告人，有可能不利于被告人）**，与控诉职能所要求的追究被告人刑事责任（不利于被告人的）不同，因此不属于控诉职能的表现。也就是说，检察机关在刑事诉讼中的侦查、起诉属于行使控诉职能，若检察机关行使的是狭义法律监督权（诉讼监督权），则因为这是诉讼监督的客观公正要求，因此与控诉职能没有关系。

（2）**辩护职能**：指参与刑事诉讼的**直接目的**是提出对被控诉人有利的事实和理由，维护被控诉人合法权益的职能。（犯罪嫌疑人、被告人及其法定代理人、辩护人）

（3）**审判职能**：指参与刑事诉讼的直接目的是通过审理确定被告人是否犯有被指控的罪行和应否处以刑罚以及处以何种刑罚的职能。（人民法院、人民陪审员）

【特别提示】判断一个主体在刑事诉讼中承担哪种职能关键是看这个主体参与刑事诉讼的直接目的是什么。如果直接目的是不利于被告人的，是控诉职能；如果是有利于被告人的，是辩护职能；如果直接目的是为了解决纠纷，行使裁判权的，则是审判职能。此外，关于刑事诉讼职能，需要注意以下三点：

1. 在刑事诉讼中，**证人（不管是控方证人还是辩方证人）、鉴定人、见证人、翻译人员**，因为他们参与刑事诉讼的直接目的只是协助法院查明案件事实真相（并非有利或不利于被告人，只不过刚好了解到的情况可能有利或者可能不利于被告人而已），因此他们既不行使控诉、辩护职能，也不行使审判职能。

2. 刑事诉讼的三大基本职能仅限于刑事诉讼中，由于附带民事诉讼属于民事诉讼（具体内容见附带民事诉讼一章分析），因此**附带民事诉讼的当事人**也不承担刑事诉讼的职能。

3. 法定代理人、诉讼代理人在刑事诉讼中承担哪种职能，取决于被代理的对象承担哪种职能，如果被代理的对象本身不承担职能，那么其法定代理人、诉讼代理人也不承担职能。例如，由于附带民事诉讼当事人不承担刑事诉讼的职能，因此，**附带民事诉讼当事人的诉讼代理人**也不承担刑事诉讼职能。

★★★★四、刑事诉讼构造

（一）概念

1. 刑事诉讼构造，也称为刑事诉讼结构、刑事诉讼模式，是指刑事诉讼法所确立的进行刑事诉讼的基本方式以及专门机关、诉讼参与人在刑事诉讼中形成的法律关系的基本格局，它集中体现为**控诉、辩护、审判三方在刑事诉讼中的地位及其相互间的法律关系**。

2. 立法者总是基于实现一定的刑事诉讼目的，设计相应的诉讼构造。另外，**刑事诉讼目的的提出与实现，也必须以刑事诉讼构造本身所具有的功能为前提**。一个国家特定时期的**诉讼目的与构造具有内在的一致性**，他们都受到当时占主导地位的关于刑事诉讼的**法律价值观**的深刻影响。

3. 现代刑事诉讼构造的设计理念：（1）控审分离和不告不理。（2）裁判者中立。（3）控辩平等对抗。其中，控审分离（不告不理）的要求如下：

①刑事追诉权和裁判权分别由公安机关、检察机关和法院**各自独立行使**。

②法院的审判必须在**检察机关提出合法起诉**的前提下才能启动。

③法院审理和裁判的对象和范围必须仅限于检察官的起诉书所明确**记载的对象和范围（事实范围）**，而不得审理任何未经起诉的被告人和行为。

（二）刑事诉讼构造的类型

刑事诉讼理论通说认为，人类历史上曾出现过弹劾式诉讼和纠问式诉讼两种诉讼结构，现代刑事审判模式大体上分为当事人主义和职权主义两种，前者主要实行于英美法系国家，后者主要实行于大陆法系国家。日本“二战”后在**职权主义背景**下大量吸收当事人主义因素，从而形成了**以当事人主义为主，以职权主义为补充**的混合式诉讼模式。

1. 弹劾式诉讼

（1）诉讼史上最初出现的刑事审判模式为弹劾式诉讼模式，实行在奴隶制社会。弹劾式诉讼结构主要盛行于古罗马共和时期、欧洲日耳曼法（法兰克王国）前期以及英国的封建时期。

（2）特征：

①没有国家追诉机关，诉讼由被害人或者其他人控告而开始**（私人追诉）**；

②没有原告就没有法官，**遵循“不告不理”原则**，只有原告起诉后，法官才能进行审判；

③**控辩双方**在诉讼中的**地位平等，并居于主导地位，法官以仲裁者的身份**听取原被告的诉讼主张、证据及辩论，并据此作出判决；

④对于疑难案件，在证据制度上实行**神明裁判**。

2. 纠问式诉讼

（1）盛行于封建社会。

（2）特征：

①**控诉职能与审判职能不分**，法官集侦查、控诉、审判职能于一身；

②**不实行不告不理原则**，即使没有被害人的起诉，法官主动依职权追究犯罪，法官负责调查事实、收集证据；

③**侦查和审判秘密进行**；

④**刑讯合法化**、制度化，对被告人广泛采用刑讯，对原告和证人也可以刑讯；

⑤被害人只是提供线索、引起诉讼的人，**被告人处于诉讼客体的地位**，是被拷问，被追究的对象；

⑥证据制度实行**法定证据制度**。

3. 当事人主义

（1）主要适用于英美法系国家。

（2）特征：将开始与推动诉讼的**主动权委诸当事人**，控辩双方当事人在诉讼中居于主导地位，适用于程序上**保障人权的诉讼目的**。

4. 职权主义

（1）主要适用于大陆法系国家。

（2）特征：将诉讼的**主动权委诸国家专门机关**，适用于**实体真实**的诉讼目的。

5. 混合式诉讼

（1）概念：指融合当事人主义和职权主义的长处所形成的诉讼构造。

（2）典型国家：日本、意大利。日本在“二战”后在职权主义背景下大量吸收当事人主义因素，从而形成了以当事人主义为主，以职权主义为补充的混合式诉讼模式。意大利在1988年进行刑事诉讼法的修改，也是在职权主义背景下吸收当事人主义因素，形成了混合式诉讼模式。由此可见，**混合式诉讼构造是在职权主义背景下大量吸收当事人主义因素所形成的，只不过在吸收过程中，因为吸收了过多当事人主义因素，导致形成的混合式诉讼模式反而是当事人主义的特征更明显。**

（3）特征：保留了法官主动依职权调查证据的权力，又大力借鉴当事人主义的因素，注重控辩双方平等对抗。

【特别提示】“诉讼目的与诉讼构造具有内在一致性”，意味着一个国家特定时期的诉讼构造是由诉讼目的决定的，诉讼价值只是影响因素。如前所述，刑事诉讼目的主要包括惩罚犯罪与正当程序。如果一个国家刑事诉讼目的主要追求惩罚犯罪，那么该国家的诉讼模式通常会实行职权主义；如果一个国家刑事诉讼目的是正当程序，则该国家的诉讼模式通常会实行当事人主义。当然，如果要兼顾二者，则实行的是混合式诉讼构造。

另外，刑事诉讼目的不能靠诉讼程序的构造来实现，也不能基于不具备人权保障功能或人权保障功能极弱的刑事程序来实现，而只能以刑事诉讼构造本身具有的功能来实现。需要注意的是，“刑事诉讼目的的实现以刑事诉讼构造的功能为前提”的提法与“诉讼目的决定诉讼构造”的提法并不矛盾。诉讼构造是由诉讼目的所决定的，实行怎样的诉讼目的，就会决定适用什么样的诉讼构造，之所以决定适用该诉讼构造，是因为该诉讼构造所具有的功能能够实现诉讼目的。因此，二者是不矛盾的。

（三）我国的诉讼构造

1. 我国刑事诉讼构造是**职权主义**，而且是超职权主义。在我国，不管是公诉案件，还是自诉案件，只要是刑事诉讼，都是职权主义。但是，现在我国的刑事诉讼构造有沿着“控辩式”发展的趋势。

2. 在我国刑事诉讼中，**法官**不是完全消极中立，可以**依职权调查核实证据**，但仍须遵循**不告不理**原则，如果没有起诉，我国法官绝不能主动启动程序追究犯罪。

3. 我国刑事诉讼包括立案、侦查、起诉、审判、执行五个阶段，由于法官不能提前介入侦查、起诉，因此，在侦查程序和审查起诉程序中均只存在控辩关系，一个**完整的控辩审三方构造只存在于审判程序**。

五、刑事诉讼阶段

（一）概念

在刑事诉讼中，按照一定顺序进行的相互连接的一系列行为过程，可以划分为若干相对独立的单元，即为刑事诉讼阶段。

（二）具体阶段

1. **公诉案件**：立案、**侦查**、审查起诉、审判和执行。
2. **监察机关调查的案件**：立案、**调查**、审查起诉、审判和执行。
3. **自诉案件**：起诉、审判和执行。

（三）划分标准

1. 直接任务。2. 参加诉讼的机关和个人的构成。3. 诉讼行为的方式。4. 诉讼法律关系。5. 诉讼的总结性文书。

六、刑事诉讼主体

刑事诉讼主体是指所有参与刑事诉讼活动，在刑事诉讼中享有一定权利、承担一定义务的**国家专门机关和诉讼参与人**。

（一）国家专门机关

1. 公安机关（国家安全机关、监狱、军队保卫部门、海关缉私部门、海警机构）
2. 人民检察院
3. 人民法院

（二）诉讼参与人

1. 当事人（6类）：

公诉案件：**犯罪嫌疑人、被告人、被害人**

自诉案件：**自诉人、被告人**

附带民事诉讼：**附带民事诉讼原告人、附带民事诉讼被告人**

2. 其他诉讼参与人（6类）：

法定代理人、诉讼代理人、辩护人、证人、鉴定人和翻译人员

【特别提示】国家专门机关和诉讼参与人是排斥关系，诉讼参与人是有特定范围的，不包括国家专门机关的工作人员。另外，并非除了国家专门机关工作人员以外的其他参与诉讼的人都称为诉讼参与人。按照《刑事诉讼法》第108条的规定，诉讼参与人只包括当事人和其他诉讼参与人，亦即只有12种身份的人才能称之为诉讼参与人，关于刑事诉讼主体的详细内容，请参见第三章。

考点归纳	
目的	①实体真实主义：包括积极实体真实主义与消极实体真实主义 积极实体真实主义和消极实体真实主义同样要求发现案件事实真相，但有区别： a. **积极**实体真实主义强调**毫无遗漏地惩罚每一个有罪者，不以确保无辜者不被追究为底线**，对于追诉的方法、查明的手段等不加限制，一概以有罪者一定要受到惩罚为正当性理由，可能会导致无辜者被错误追究。 b. **消极**实体真实主义强调发现案件事实真相的立足点必须是**防止无辜者被错误追究，**不能为了使有罪者受惩罚就放任无辜者被错误追究。 ②正当程序主义：目的重在维护正当程序；事实的认定应当依正当程序进行；**程序优先，违反程序会导致行为无效**。
价值	①分类：秩序、公正、效益。 A. 秩序价值的内容：a. 通过惩治犯罪，维护社会秩序；b. 追究犯罪的活动是有序的。 B. 公正价值的内容：a. 实体公正；b. 程序公正。在刑事诉讼价值中居于核心地位。 C. 效益价值的内容：a. 效率；b. 刑事诉讼对推动社会经济发展方面的效益。 ②关系：诸项价值都很重要，不可偏废。 刑事诉讼法的工具价值：刑事诉讼法保证刑法的正确实施，实现秩序、公正、效益价值。 刑事诉讼法的独立价值：刑事诉讼法的制定和适用本身也在实现着秩序、公正、效益价值。

续表

职能	①控诉职能：指参与刑事诉讼的直接目的是提出控诉，要求追究犯罪嫌疑人、被告人的刑事责任的职能。 ②辩护职能：指参与刑事诉讼的直接目的是提出对被控诉人有利的事实和理由，维护被控诉人合法权益的职能。 ③审判职能：指参与刑事诉讼的直接目的是通过审理确定被告人是否犯有被指控的罪行和应否处以刑罚以及处以何种刑罚的职能。
构造	1. 弹劾式诉讼：私人追诉；不告不理；原被告地位平等，并居于主导地位，法官以仲裁者的身份听取原被告的诉讼主张、证据及辩论，并据此作出判决；神明裁判。 2. 纠问式诉讼：法官主动依职权追究犯罪；控审不分；被告人是被追诉的客体；刑讯合法；审判一般秘密进行；法定证据制度。 3. 当事人主义：法官自我克制，不主动依职权调查证据。将开始与推动诉讼的主动权委诸当事人，控辩双方当事人在诉讼中居于主导地位，适用于程序上保障人权的诉讼目的。 4. 职权主义：将诉讼的主动权委诸国家专门机关，适用于实体真实的诉讼目的。 5. 混合式诉讼：混合式诉讼构造是在职权主义背景下大量吸收当事人主义因素所形成的，只不过在吸收过程中，因为吸收了过多当事人主义因素，导致形成的混合式诉讼模式反而是当事人主义的特征更明显。 6. 我国的诉讼构造：职权主义诉讼构造，沿着“控辩式”发展。 （1）不管是公诉案件还是自诉案件，只要是刑事诉讼，都是职权主义诉讼构造。 （2）我国刑事诉讼包括立案、侦查、起诉、审判、执行五个阶段，由于法官不能提前介入侦查、起诉，因此，在侦查程序和审查起诉程序中均只存在控辩关系，一个完整的控辩审三方构造只存在于审判程序。 （3）在我国刑事诉讼中，法官不是完全消极中立，可以依职权调查核实证据，但仍须遵循不告不理原则，如果没有起诉，我国法官绝不能主动启动程序追究犯罪。
阶段	公诉案件：立案、侦查、起诉、审判（一审、二审＋死刑复核、再审）、执行。 自诉案件：立案（法院受理）、审判、执行。
	标准： ①直接任务 ②参加诉讼的机关和个人的构成 ③诉讼行为的方式 ④诉讼法律关系 ⑤诉讼的总结性文书
主体	（1）国家专门机关： 公安机关（国家安全机关、监狱、军队保卫部门、海关缉私部门、海警机构），人民检察院，人民法院。 （2）诉讼参与人： ①当事人（6类）：犯罪嫌疑人、被告人、被害人、自诉人、被告人、附带民事诉讼原告人、附带民事诉讼被告人 ②其他诉讼参与人（6类）： 法定代理人、诉讼代理人、辩护人、证人、鉴定人和翻译人员

【经典金题】

1. 控诉、辩护和审判是刑事诉讼活动的三大诉讼职能，下列选项中关于诉讼职能的表述，正确的是？（2019 年仿真题，单选）[1]

A. 被害人在公诉和自诉案件中均承担控诉职能

B. 检察院适用非法证据排除规则排除了侦查机关通过刑讯逼供方式获取的证据属于控诉职能的表现

C. 证人出庭作证陈述了对被告人有利的证言属于行使辩护职能

D. 检察院提出对被告人有利的量刑证据属于行使控诉职能

2. 关于我国刑事诉讼构造，下列哪一选项是正确的？（2017 年卷二第 22 题，单）[2]

A. 自诉案件审理程序适用当事人主义诉讼构造

B. 被告人认罪案件审理程序中不存在控辩对抗

C. 侦查程序已形成控辩审三方构造

D. 审查起诉程序中只存在控辩关系

---

[1] 【解析】A 项：行使控诉职能的主体包括：检察机关、自诉人及其法定代理人、被害人及其法定代理人、近亲属。被害人在自诉案件中就是自诉人。据此，A 项正确。

B 项：检察院是国家法律监督机关，其职权主要有：侦查权、公诉权以及诉讼监督权。其中，检察院行使侦查权和公诉权都属于行使控诉职能。但是诉讼监督权是秉持客观公正、中立的立场进行的法律监督，因此不属于控诉职能，而只能是行使法律监督权。检察院作为裁定者，对侦查机关通过刑讯逼供方式获得的证据予以排除，行使诉讼监督权的表现，因此不属于控诉职能，B 项错误。

C 项：在刑事诉讼中，证人（包括控方证人、辩方证人）、见证人、鉴定人、翻译人员参与案件是为了协助办案机关还原案件真相，因此不承担控诉、辩护、审判职能。C 项错误。

D 项：对被告人有利的量刑证据是有利于被告人的，属于是辩护证据，因此检察院提出对被告人有利的量刑证据不是行使控诉职能。需要指出的是，检察院提出对被告人有利的量刑证据不是行使控诉职能并不意味着此时检察院行使的就是辩护职能。实际上，检察院提出有利于被告人的量刑证据是基于检察院的国家法律监督机关属性，是其行使诉讼监督权的要求。诉讼监督权是秉持客观公正、中立的立场进行的法律监督，因此不属于控诉职能，而只能是行使法律监督权。基于法律监督权，检察院既要提出不利于被告人的证据，也要提出有利于被告人的证据，总之，要全面、客观地提出证据。据此，检察院提出对被告人有利的量刑证据，是检察院行使诉讼监督权的表现，不行使任何职能。D 项错误。

综上所述，本题答案为 A 项。

[2] 【解析】我国 1979 年制定《刑事诉讼法》，确立的刑事诉讼模式是超职权主义，法官完全主导和控制法庭审判程序，审判程序以法官积极主动的证据调查为中心。传统的超职权主义诉讼模式存在严重弊端，1996 年修改的《刑事诉讼法》对诉讼模式进行重大改革，主要是吸收了英美法系当事人主义的对抗性因素，但这些改革只是弱化了超职权主义而已，职权主义色彩仍然相当严重，在诉讼模式上仍然是超职权主义诉讼模式。2012 年《刑事诉讼法》第 2 次修改以及 2018 年《刑事诉讼法》第 3 次修改，沿着控辩式诉讼方式改革取得了新的进展，但从诉讼构造上来看仍然属于职权主义。

A 项：在我国，不管是公诉案件还是自诉案件，只要是刑事诉讼案件均适用职权主义诉讼构造。A 项错误。

B 项：不论被告人是否认罪，在审理程序中，仍然存在控辩对抗，最典型的就是虽然认罪，但对量刑问题也有可能会形成对抗。因此，B 项错误。

CD 项：我国刑事诉讼包括立案、侦查、起诉、审判、执行五个阶段，由于法官不能提前介入侦查、起诉，因此，在侦查程序和审查起诉程序中均只存在控辩关系，一个完整的控辩审三方构造只存在于审判程序。因此，C 项错误，D 项正确。

综上所述，本题答案为 D 项。

第二章　刑事诉讼法的基本原则

【复习提要】

基本原则是理解法律制度、程序和运行的关键。从历年考试真题来看，每年都会有一道题考查基本原则的理解与运用。比较重要的原则包括：严格遵守法律程序（程序法定原则）；人民检察院依法对刑事诉讼实行法律监督；未经人民法院依法判决，对任何人都不得确定有罪；认罪认罚从宽原则；具有法定情形不予追究刑事责任。

【知识框架】

刑事诉讼法的基本原则
- 基本原则概述
- 侦查权、检察权、审判权由专门机关依法行使
- 程序法定原则★★★
- 人民法院、人民检察院依法独立行使职权★★★
- 分工负责，互相配合，互相制约
- 人民检察院依法对刑事诉讼实施法律监督★★★
- 各民族公民有权使用本民族语言文字进行诉讼
- 审判公开原则
- 犯罪嫌疑人、被告人有权获得辩护
- 未经人民法院依法判决对任何人都不得确定有罪★★★
- 保障诉讼参与人的诉讼权利
- 认罪认罚从宽原则★★★★★
- 具有法定情形不予追究刑事责任★★★★
- 追究外国人刑事责任适用我国刑事诉讼法

第一节　基本原则概述

【学习提要】本节在法考的客观和主观题中属于基础的理论知识。考生在本节需要注意两点：第一，刑事诉讼法的基本原则体现于刑事诉讼法的指导思想、目的、任务、具体制度和程序之中，是指体现在刑事诉讼法关于“刑事诉讼法的指导思想、目的、任务、具体制度和程序”的具体法条规定之中。如果法律没有作出明确规定，那么就不属于刑事诉讼法的基本原则。第二，刑事诉讼法的基本原则并非都贯穿于刑事诉讼全过程，有的基本原则只在主要阶段适用，典型的是审判公开原则。正是因为如此，审判公开原则将放在第十四章刑事审判概述中阐述。

【知识点精讲】

一、刑事诉讼法的基本原则的概念与特点

（一）概念

刑事诉讼法的基本原则，是指反映刑事诉讼理念和目的的要求，**贯穿于刑事诉讼全过程**或

者主要诉讼阶段，对刑事诉讼过程具有普遍或者重大指导意义和规范作用，为国家专门机关和诉讼参与人参与刑事诉讼**必须遵循**的基本行为准则。

（二）特点

1. **体现刑事诉讼活动的基本规律**，有着深厚的法律理论基础和丰富的思想内涵。

2. **必须由法律明确规定**。刑事诉讼原则**可以由法律明文规定**，包括《宪法》或者宪法性文件，《刑事诉讼法》及其他法律，联合国文件，某些区域性组织的文件等，也可以体现于**刑事诉讼法的指导思想、目的、任务、具体制度和程序**之中。但刑事诉讼法的基本原则必须由法律作出明确规定。

3. **一般贯穿于刑事诉讼全过程或主要诉讼阶段，具有普遍或重大指导意义。**

【特别提示】刑事诉讼法的基本原则并非都贯穿于刑事诉讼全过程，有的基本原则只在主要阶段适用，典型的是审判公开原则。正是因为如此，审判公开原则将放在第十四章刑事审判概述中阐述。

4. **具有法律约束力。在具体诉讼制度没有作出详细规定的时候，可以直接适用刑事诉讼法的基本原则**，即刑事诉讼原则具有弥补法律规定不足和填补法律漏洞的功能。

二、刑事诉讼法的基本原则的分类

（一）一般原则，即刑事诉讼和其他性质的诉讼必须共同遵守的原则

（1）以事实为根据，以法律为准绳原则；

（2）公民在法律面前一律平等原则；

（3）各民族公民有权使用本民族语言文字进行诉讼原则；

（4）审判公开原则；

（5）保障诉讼参与人的诉讼权利原则，等等。

（二）刑事诉讼所独有的基本原则

（1）侦查权、检察权、审判权由专门机关依法行使原则；

（2）人民法院、人民检察院依法独立行使职权原则；

（3）分工负责、互相配合、互相制约原则；

（4）犯罪嫌疑人、被告人有权获得辩护原则，等等。

第二节　侦查权、检察权、审判权由专门机关依法行使

【学习提要】本节需要考生准确掌握各机关的权限分工，在法考中考查较少。

【法条依据】《刑事诉讼法》第 3 条第 1 款：对刑事案件的侦查、拘留、执行逮捕、预审，由公安机关负责。检察、批准逮捕、检察机关直接受理案件的侦查、提起公诉，由人民检察院负责。审判由人民法院负责。除法律特别规定的以外，其他任何机关、团体和个人都无权行使这些权力。

【知识点精讲】

一、含义

（1）办理刑事案件的职权具有**专属性**和**排他性**。即侦查权、检察权、审判权只能由公安机关、检察机关、人民法院等专门机关行使，其他任何机关、团体和个人都不能行使。

（2）各专门机关在办理刑事案件时有明确的**职权分工**。公安机关、人民检察院和人民法

院分别行使侦查权、检察权和审判权，不能相互代替和混淆。

（3）公安机关、人民检察院和人民法院在行使职权时还**必须严格遵守法律**。

（4）“法律特别规定”：除公安机关外，还有检察院、国家安全机关、军队保卫部门、监狱、海关缉私部门及海警机构享有侦查权。

第三节　严格遵守法律程序原则（程序法定原则）

【学习提要】本节考生需要熟练掌握，程序法定原则容易在客观题考试中考查。

【法条依据】

1.《刑事诉讼法》第3条第2款：人民法院、人民检察院和公安机关进行刑事诉讼，必须严格遵守本法和其他法律的有关规定。

2.《刑事诉讼法》第6条规定：人民法院、人民检察院和公安机关进行刑事诉讼，必须依靠群众，必须以事实为根据，**以法律为准绳**。

【知识点精讲】

一、程序法定原则概述

（一）要求：

1. 立法方面的要求：即刑事诉讼程序应当由法律事先明确规定。**（有法可依）**

2. 司法方面的要求：即刑事诉讼活动应当依据国家法律规定的刑事程序来进行。**（有法必依）**

（二）不同国家确立程序法定原则的形式有所不同

1. **大陆法系国家**

程序法定原则与**罪刑法定**原则共同构成**法定原则**的内容。也就是说，法定原则既包括实体上的罪刑法定原则，也包括程序上的程序法定原则。

2. **英美法系国家**

英美法系国家是判例法传统，其确立程序法定原则的具体表现是**正当程序原则**。

3. **我国**

我国《刑事诉讼法》第3条第2款关于“**严格遵守本法和其他法律的有关规定**”的规定以及我国《宪法》《刑事诉讼法》关于“**以法律为准绳**”的规定，表明我国法律已经基本确立了刑事程序法定原则。

★★★二、我国程序法定原则的基本内容

1. 人民法院、人民检察院和公安机关进行刑事诉讼活动时，**必须严格遵守刑事诉讼法和有关法律的规定**。

2. 严重违反法律程序的，应当依法承担相应的法律后果。

①采取非法手段收集的某些证据（如采取刑讯逼供手段收集的口供），将会被排除，不能作为定案的根据。

②第一审人民法院严重违反法律规定的程序的，二审法院应当撤销原判，发回重审。

③最高人民法院在复核死刑立即执行案件或者高级人民法院在复核死刑缓期二年执行案件中发现下级人民法院违反法律规定的程序的，应当撤销裁判，发回重新审判。

④生效裁判存在程序违法的，启动审判监督程序进行纠正。

【经典金题】

关于程序法定，下列哪些说法是正确的？（2015 年卷二第 64 题，多）〔1〕

A. 程序法定要求法律预先规定刑事诉讼程序

B. 程序法定是大陆法系国家法定原则的重要内容之一

C. 英美国家实行判例制度而不实行程序法定

D. 以法律为准绳意味着我国实行程序法定

第四节　人民法院、人民检察院依法独立行使职权原则

【学习提要】本节需要考生分别准确掌握法院和检察院独立行使职权的含义，在法考中考查较少。

【法条依据】《刑事诉讼法》第 5 条规定：人民法院依照法律规定独立行使审判权，人民检察院依照法律规定独立行使检察权，不受行政机关、社会团体和个人的干涉。

【知识点精讲】

一、内涵

（一）法院依法独立行使审判权

1. 外部：人民法院依法独立行使审判权，不受**行政**机关、社会团体和个人的干涉。

【特别提示】这里只是不受“**行政机关**”的干涉，并非不受“**任何**机关”干涉。事实上，人民法院依法独立行使审判权，仍然需要接受**党的领导**，接受**各级人民代表大会**的监督，并应当自觉接受**人民群众、社会舆论**的监督。

2. 内部：人民法院上下级之间是监督与被监督的关系，各具体法院在具体案件的审判过程中独立行使审判权，包括上级人民法院在内的其他人民法院无权干涉。

【特别提示】上下级法院之间的监督，必须通过法定程序进行，即**改变管辖、二审程序、死刑复核程序、再审程序**等。

（二）检察院依法独立行使检察权

人民检察院依法独立行使检察权，不受**行政**机关、社会团体和个人的干涉。

【特别提示 1】由于检察院上下级之间是领导与被领导的关系，实行检察一体化，因此检察院内部不存在独立行使职权问题。

---

〔1〕【解析】A 项：程序法定原则在立法方面的要求包括：刑事诉讼程序应当由法律事先明确规定（有法可依）。因此，A 项正确。

B 项：大陆法系国家和英美法系国家也实行程序法定原则。在大陆法系国家，程序法定原则与罪刑法定原则共同构成法定原则的内容。因此，B 项正确。

C 项：在英美法系国家，程序法定原则具体表现为正当程序原则。英美法系国家虽然实行判例制度，但也通过判例确立正当程序原则。因此，C 项错误。

D 项：程序法定原则在司法方面的要求：刑事诉讼活动应当依据国家法律规定的刑事程序来进行（有法必依）。因此，D 项正确。

综上所述，本题答案为 ABD 项。

【特别提示2】在我国，依法独立行使审判权、检察权的主体是人民法院、人民检察院，而不是某个审判员或检察员个人独立行使审判权、检察权。

第五节　分工负责，互相配合，互相制约原则

【学习提要】本节需要考生分别准确掌握法院和检察院独立行使职权的含义，公检法的分工和配合。

【法条依据】《刑事诉讼法》第7条规定：人民法院、人民检察院和公安机关进行刑事诉讼，应当分工负责，互相配合，互相制约，以保证准确有效地执行法律。

【知识点精讲】

一、含义

（一）分工负责

指法院、检察院、公安机关在刑事诉讼中根据法律有明确的职权分工，应当在法定范围内行使职权，各司其职，各负其责，既不能相互替代，也不能相互推诿。

1. 公安机关：负责对刑事案件的侦查、拘留、执行逮捕、预审。
2. 检察院：负责检察、批准逮捕、对直接受理案件的侦查、提起公诉。
3. 法院：负责对所有案件的**审判**。

（二）互相配合

指法院、检察院、公安机关进行刑事诉讼，应当在分工负责的基础上，相互支持，通力合作，使案件处理能上下衔接，协调一致，共同完成查明案件事实，追究、惩罚犯罪的任务。

（三）互相制约

指法院、检察院、公安机关进行刑事诉讼，应当按照职能分工和程序上的设置，相互约束，相互制衡，防止发生错误或及时纠正错误，保证准确执行法律，做到不错不漏，不枉不纵。

第六节　人民检察院依法对刑事诉讼实行法律监督

【学习提要】本节在法考客观题中属于重点考点，需要考生熟练掌握。考生对本节知识需要熟悉人民检察院在各个阶段对刑事诉讼进行监督的方式，其中涉及的细节较多，容易在客观题考试中考查。

【法条依据】《刑事诉讼法》第8条规定：人民检察院依法对刑事诉讼实行法律监督。

【知识点精讲】

人民检察院是国家专门的法律监督机关。在刑事诉讼活动中，有权对公安机关的立案侦查、法院的审判和执行机关的执行活动是否合法进行监督。这种监督贯穿于刑事诉讼活动的始终。

1. **立案监督**

人民检察院认为公安机关对应当立案侦查的案件而不立案侦查的，或者被害人认为公安机关对应当立案侦查的案件而不立案侦查，向人民检察院提出的，人民检察院**应当**要求公安机关

7日内说明不立案的理由。人民检察院认为公安机关不立案理由不能成立的，**应当通知**公安机关立案，公安机关接到通知后15日内应当立案。

【特别提示】检察院的立案监督，既可以**依职权**启动，也可以**依申请**启动。

2. **侦查监督**

（1）**审查批准逮捕**，即对公安机关报请批准逮捕的案件审查是否批准逮捕。

（2）**审查起诉**，即侦查机关、侦查部门、监察机关移送的案件，审查是否符合起诉的条件，并根据审查的结果作出是否起诉的决定。

（3）**派员参加公安机关对于重大案件的讨论和其他侦查活动实现。**检察院派员参加公安机关对于重大案件的讨论和其他侦查活动，发现公安机关在侦查活动中有违法行为，**情节较轻的可以口头纠正**，情节较重的应当报请检察长批准后，向公安机关**发出纠正违法通知书**。对于带有**普遍性**的违法情形，经检察长决定，向相关机关提出**检察建议**。**【检察院提前介入侦查，但不能直接参与侦查】**

3. **审判监督**

（1）**对庭审活动的监督。**人民检察院对违反程序的庭审活动在庭审后以检察机关整体的名义通过书面形式提出纠正意见。

（2）**对一审裁判的监督。**地方各级人民检察院认为本级人民法院第一审的判决、裁定确有错误的时候，应当向上一级法院提出抗诉。[1]

（3）**对生效裁判的监督。**对于已经发生法律效力的判决和裁定，人民检察院如果发现确有错误，有权按照审判监督程序提出抗诉。

（4）**对死刑复核程序的监督。**在复核死刑案件过程中，最高人民检察院可以向最高人民法院提出意见。最高人民法院应当将死刑复核结果通报最高人民检察院。

4. 执行监督

（1）死刑执行的临场监督。

（2）对监外执行的监督。

（3）对减刑、假释的监督。

（4）对执行机关执行刑罚的活动是否合法实行监督。

第七节　各民族公民有权使用本民族语言文字进行诉讼

【学习提要】本节在法考中考查较少，考生进行了解即可

【法条依据】《刑事诉讼法》第9条规定：各民族公民都有用本民族语言文字进行诉讼的权利。人民法院、人民检察院、公安机关对于不通晓当地通用的语言文字的诉讼参与人，应当为他们翻译。在少数民族聚居或者多民族杂居的地区，应当用当地通用的语言进行审讯，用当地通用的文字发布判决、布告和其他文件。

---

〔1〕抗诉，是指人民检察院认为人民法院作出的判决、裁定确有错误，依照法定程序，提请人民法院重新审理的诉讼要求。如果认为一审判决、裁定确有错误提请人民法院重新审理的，是二审抗诉。如果认为已生效判决、裁定有错提请人民法院重新审理的，是再审抗诉。据此，抗诉一词专属于人民检察院。

【知识点精讲】

内涵：

（一）使用本民族语言、文字的权利

各民族公民，无论**当事人**，还是**辩护人、证人、鉴定人**，都有权使用本民族的**语言**进行陈述、辩论，有权使用本民族**文字**书写有关诉讼文书。

（二）公、检、法机关使用当地通用语言、文字的义务

公、检、法机关在少数民族聚居或者多民族杂居的地区，要用当地通用的语言进行侦查、起诉和审判，用当地通用的文字发布判决书、公告、布告和其他文件。

（三）公、检、法机关提供翻译的义务

如果诉讼参与人不通晓当地通用的语言文字，公、检、法机关有义务为其指定或者聘请翻译人员进行翻译。

第八节　犯罪嫌疑人、被告人有权获得辩护

【学习提要】本节应注意和辩护一章密切相关，辩护一章的考题都应注意联系本节内容作答。

【法条依据】《刑事诉讼法》第11条：人民法院审判案件，被告人有权获得辩护，人民法院有义务保证被告人获得辩护。除本法另有规定的以外，一律公开进行。

【知识点精讲】

内涵：

1. **犯罪嫌疑人、被告人享有辩护的权利。**

2. **公安司法机关有义务保障犯罪嫌疑人、被告人享有辩护权。**

（1）**告知义务**。在刑事诉讼活动中，**应当及时告知**犯罪嫌疑人、被告人享有辩护权以及法律赋予的其他诉讼权利，如聘请辩护人的权利、委托辩护人的权利、申请回避的权利、上诉权等。

（2）**为犯罪嫌疑人、被告人提供进行辩护的条件**。如为**符合法定情形**的被告人**免费**提供法律援助辩护、认真听取被告人及其辩护人的意见等。

（3）辩护应当是**实质意义上**的，而不应当仅是形式上的，这是有效辩护原则的要求。

第九节　未经人民法院依法判决对任何人都不得确定有罪

【学习提要】本节在法考客观题和主观题中属于重要考点，需要考生熟练掌握。考生应掌握该原则的含义、与无罪推定原则的关系。在客观题考试中，可能考查对本原则的理解。

【法条依据】《刑事诉讼法》第12条规定：未经人民法院依法判决，对任何人都不得确定有罪。

【知识点精讲】

★★★1. 内涵：

（1）明确规定了确定被告人有罪的权力（即定罪权）只能由人民法院统一行使，其他任何机关、团体和个人都无权行使。定罪权是刑事审判权的核心，人民法院作为我国唯一的审判机关，代表国家统一独立行使刑事审判权。

（2）人民法院判决被告人有罪，必须严格依照法定程序。

【特别提示】理解未经人民法院依法判决对任何人都不得确定有罪原则，考生应当掌握该原则与无罪推定原则的关系。以下就二者的关系阐述如下：

（一）无罪推定原则的含义及其要求

无罪推定原则作为宪法原则和刑事诉讼法的基本原则，已为许多国家所采用。所谓无罪推定，是指任何人在未经依法确定有罪以前，应假定其无罪。需要指出的是，这种依法确定有罪以前的“无罪”状态只是法律推定的状态，这种状态是可以被推翻的。那么，谁来推翻，怎样才算是推翻了呢？首先，我们知道，这种无罪的推定状态是对被追诉人有利的，被追诉人不可能去推翻，故只能由控方来推翻（即控方承担证明责任）。其次，控方要推翻这种“无罪”的推定状态，使“无罪”状态转为“有罪认定”，不可能无穷无尽地提出证据，其提出证据证明达到法律规定的程度，就意味着这个“无罪”的推定状态被推翻，从而转为有罪认定，这个法律规定的证明要达到的程度，就是证明标准。按照联合国公约的要求，这个证明标准要求是“排除合理怀疑”的程度。再其次，应当承认，控方不可能对所有案件的证明都能达到排除合理怀疑的标准，有的案件能达到，有的案件就是达不到这个证明标准，如果达不到排除合理怀疑的程度，意味着案件就处于真伪不明的疑案状态，这种疑案状态意味着控方没有推翻“无罪”的推定，那么对于疑案的处理，应当作出有利于被告人的处理，即“存疑有利于被告人”的处理。最后，由于在控方推翻这种“无罪”的推定之前，被追诉人在法律上都视为无罪，既然在法律上被视为无罪，那么在这种“无罪”的状态被推翻之前，被追诉人应当享有作为一个被视为“无罪之人”所应当享有的权利保护。

综上，无罪推定原则有以下四项要求（这也是联合国公约关于无罪推定原则的要求）：

（1）认定犯罪的证明责任由代表国家的控方承担；

（2）控方的证明要达到排除合理怀疑的证明标准；

（3）被刑事指控人证实有罪之前应被“推定”无罪；

（4）存疑案件的处理应有利于被指控人，即疑罪从无。

（二）未经人民法院依法判决对任何人都不得确定有罪原则与无罪推定原则的关系

从无罪推定原则的要求来看，判断是否确立了无罪推定原则，必须得看该规定是否完全符合以上四项要求，如果没有完全符合，那么就不能说已经确立了无罪推定原则。如前所述，根据《刑事诉讼法》第12条的规定，只能得出“未经人民法院依法判决对任何人都不得确定有罪原则”包含两项内容：一是定罪权只能由法院统一行使，其他任何机关都不能行使；二是法院行使定罪权应当依法行使。根据以上两项内容，不能得出无罪推定原则的四项要求，因此其**只能表明我国刑事诉讼法有体现无罪推定的精神的规定，但是不能说我国已经确立了无罪推定原则**。

2. 在我国《刑事诉讼法》中，**除了第12条规定的“定罪权由法院统一行使”体现了无罪推定原则的精神外**，还有哪些规定体现了无罪推定原则的精神？具体而言，有以下几个方面：

（1）**区分犯罪嫌疑人与刑事被告人**。公诉案件在**提起公诉前**将被追究者称为**犯罪嫌疑人**，**提起公诉后**始称为**刑事被告人**。

【特别提示】犯罪嫌疑人和被告人的区分不是以阶段分，而是以“提起公诉之日”区分。命题者可能通过表明被追诉人的身份来暗示案件所处的阶段。考生须知道，侦查阶段被追诉人称为“犯罪嫌疑人”；到了审判阶段，被追诉人只能称为“被告人”；而在审查起诉阶段，被追诉人的称谓取决于是否决定被提起公诉。

（2）明确规定**控诉方承担举证责任**。被告人不负证明自己无罪的义务，不得因被告人不能证明自己无罪便推定其有罪。（《刑事诉讼法》第51条规定）

（3）部分规定了**疑案作无罪的处理（疑罪从无）**。

①“疑案”，是指对案件的证明在最后达不到证明标准，使案件处于真伪不明的状态。由于我国证明标准表述为“事实清楚，证据确实充分”，故我国刑事诉讼中的疑案是指对案件的证明在最后达不到“事实清楚，证据确实充分”的程度，案件处于真伪不明的疑案状态。而达不到“事实清楚，证据确实充分”的另一种表述就是“事实不清，证据不足”。因此，“案件事实不清，证据不足”本身就是“疑案”的表述。

②体现疑罪从无的规定

A. **证据不足不起诉**。检察院对于二次退回补充调查或者补充侦查的案件，仍然认为证据不足，不符合起诉条件的，经检察长批准，依法作出不起诉决定。

B. **一审中的证据不足无罪判决**。在一审中，对于事实不清、证据不足、不能认定被告人有罪的，人民法院应当作出证据不足、指控罪名不能成立的无罪判决。（《刑事诉讼法》第200条第3项规定）

③没有体现疑罪从无

在刑事诉讼中，“事实不清，证据不足”的疑案状态不仅会在一审中出现，而且会在二审、死缓复核、死刑复核中出现。按照疑案作无罪处理的要求，二审、死缓复核、死刑复核中出现事实不清，证据不足的疑案状态的，本应作出无罪处理。很遗憾的是，我国法律并没有作出如此规定。而是规定如下：

第一，在二审审判中，发现一审裁判事实不清、证据不足的，可以裁定撤销原判，发回重审，也可以在查清的基础上改判；

第二，在死缓复核中，发现事实不清，证据不足的，可以裁定撤销原判，发回重审，也可以在查清的基础上改判；

第三，在死刑复核中，发现事实不清，证据不足的，应当裁定撤销原判，发回重审。

以上三种处理方式都没有体现“疑案作无罪处理”的原则，从这个角度也能看出来，我国并没有完全确立无罪推定原则。

【经典金题】

社会主义法治的公平正义，要通过法治的一系列基本原则加以体现。“未经法院依法判决，对任何人都不得确定有罪”是《刑事诉讼法》确立的一项基本原则。关于这一原则，下列哪

些说法是正确的？（2013 年卷二第 64 题，多）[1]

A. 明确了定罪权的专属性，法院以外任何机关、团体和个人都无权行使这一权力

B. 确定被告人有罪需要严格依照法定程序进行

C. 表明我国刑事诉讼法已经全面认同和确立无罪推定原则

D. 按照该规定，可以得出疑罪从无的结论

第十节　保障诉讼参与人的诉讼权利

【学习提要】本节需要考生准确掌握该原则含义。

【法条依据】《刑事诉讼法》第 14 条规定：人民法院、人民检察院和公安机关应当保障犯罪嫌疑人、被告人和其他诉讼参与人依法享有的辩护权和其他诉讼权利。诉讼参与人对于审判人员、检察人员和侦查人员侵犯公民诉讼权利和人身侮辱的行为，有权提出控告。

【知识点精讲】

内涵：

1. 诉讼权利是**诉讼参与人**享有的法定权利，法律予以保护，公安司法机关不得以任何方式加以剥夺。

2. 公安司法机关**有义务保障**诉讼参与人充分行使诉讼权利，对于刑事诉讼中妨碍诉讼参与人行使诉讼权利的各种行为，公安司法机关有义务采取措施予以制止。

3. 诉讼参与人在享有诉讼权利的同时，还应当**承担**法律规定的**诉讼义务**。

第十一节　认罪认罚从宽原则

【学习提要】本节在法考客观题和主观题中属于重点考点，需要熟练掌握，特别是认罪认罚从宽原则的含义，和不同阶段的处理方式。

---

〔1〕【解析】AB 项：根据我国《刑事诉讼法》第 12 条规定："未经人民法院依法判决，对任何人都不得确定有罪。"它的含义包括以下两点：（1）明确规定了确定被告人有罪的权力（即定罪权）只能由人民法院统一行使，其他任何机关、团体和个人都无权行使。（2）人民法院判决被告人有罪，必须严格依照法定程序。因此，AB 项正确。

C 项：判断是否确立了无罪推定原则，必须得看该规定是否完全符合无罪推定的四项要求：①认定犯罪的证明责任由代表国家的控方承担。②控方的证明要达到排除合理怀疑的证明标准。③被刑事指控人证实有罪之前应被"推定"无罪。④存疑案件的处理应有利于被指控人，即疑罪从无。如果没有完全符合，那么就不能说已经确立了无罪推定原则。根据《刑事诉讼法》第 12 条的规定只能表明我国刑事诉讼法有体现无罪推定的精神的规定，但是没有确立无罪推定原则。因此，C 项错误。

D 项：所谓"疑罪"，是指对案件的证明在最后达不到证明标准，使案件处于真伪不明的状态。由于我国证明标准的表述为"事实清楚，证据确实充分"，故我国刑事诉讼中的疑案是指对案件的证明在最后达不到"事实清楚，证据确实充分"的程度，案件处于真伪不明的疑案状态。而达不到"事实清楚，证据确实充分"的另一种表述就是"事实不清，证据不足"。因此，"案件事实不清，证据不足"本身就是"疑罪"的表述。因此，疑罪从无要求事实不清，证据不足须判无罪。《刑事诉讼法》第 200 条第 3 项规定："证据不足，不能认定被告人有罪的，应当作出证据不足、指控的犯罪不能成立的无罪判决。"因此，根据《刑事诉讼法》第 200 条第 3 项规定，能得出疑罪从无的结论。但是，根据《刑事诉讼法》第 12 条规定，只能得出法院享有唯一的定罪权，仅凭这一点是无论如何都得不出疑罪从无的结论的。他们关系是并列的，即根据第 12 条得出法院统一行使定罪权；第 200 条得出疑罪从无的结论。这两项内容都体现了无罪推定原则的精神。因此，D 项错误。

【法条依据】《刑事诉讼法》第 15 条规定：犯罪嫌疑人、被告人自愿如实供述自己的罪行，承认指控的犯罪事实，愿意接受处罚的，可以依法从宽处理。

【知识点精讲】

★★★★★一、基本原则

1. 含义：

（1）**认罪**：指犯罪嫌疑人、被告人**自愿如实供述**自己的罪行，**对**指控的犯罪**事实没有异议（要求认事实）**。

①**承认**指控的**主要犯罪事实**，仅对**个别**事实情节提出**异议**，或者虽然对**行为性质**提出**辩解但**表示**接受司法机关认定意见**的，**不影响"认罪"**的认定。此处对行为性质提出辩解既包括对罪与非罪提出辩解，比如认为自己行为是正当防卫，也包括对此罪与彼罪提出辩解，比如指控贪污，辩解是挪用，只要表示接受司法机关的认定意见，不影响"认罪"的认定。比如，被告人张三对人民检察院起诉的故意伤害事实不持异议，只是辩称其行为属于正当防卫，这不影响"认罪"的认定。

②犯罪嫌疑人、被告人犯**数罪**，仅**如实供述**其中**一罪**或**部分**罪名事实的，**全案不作"认罪"的认定**，不适用认罪认罚从宽制度，但对**如实**供述的**部分**，人民检察院**可以**提出**从宽处罚**的建议，人民法院可以从宽处罚。

（2）**认罚**：指犯罪嫌疑人、被告人真诚悔罪，**愿意接受处罚**。认罚在不同阶段表现有所不同。

①**在侦查阶段**表现为表示愿意接受处罚。

②在**审查起诉阶段**表现为：A. **接受人民检察院拟作出的起诉或不起诉决定**，B. **认可**人民检察院的**量刑建议**，C. **签署**认罪认罚**具结书**。

③在**审判阶段**表现为当庭确认自愿签署具结书，愿意接受刑罚处罚。

【提示】

①**（表里不一不认罚）**"认罚"考察的重点是犯罪嫌疑人、被告人的悔罪态度和悔罪表现，应当结合退赃退赔、赔偿损失、赔礼道歉等因素来考量。犯罪嫌疑人、被告人虽然表示"认罚"，却**暗中串供、干扰证人作证、毁灭、伪造证据**或者**隐匿、转移财产，有赔偿能力而不赔偿损失**，则**不能适用认罪认罚**从宽制度。

②**（程序选择不影响）**犯罪嫌疑人、被告人享**有程序选择权，不同意**适用**速裁**程序、**简易**程序的，**不影响"认罚"**的认定。

（3）**从宽**：既包括实体法上的从宽，也包括程序法上的从宽。

> **【特别提示】**从宽幅度的把握需要从多个方面进行考量。A. 主动认罪优于被动认罪，早认罪优于晚认罪，彻底认罪优于不彻底认罪，稳定认罪优于不稳定认罪。B. **认罪认罚**的从宽幅度一般**应当大于仅有坦白**，或者虽认罪但不认罚的从宽幅度。C. 对犯罪嫌疑人、被告人具有**自首、坦白**情节，**同时认罪认罚**的，**应当在**法定刑**幅度内**给予**相对更大**的从宽**幅度**。D. **认罪认罚与自首、坦白不作重复评价**。

【特别提示】（1）认罪认罚从宽既是一项基本原则，也是一项具体制度，适用于全部案件，**轻罪可认罪认罚从宽，重罪也可认罪认罚从宽**；而且其适用贯穿刑事诉讼全过程，因此，在后续具体程序中，侦查程序、审查起诉、审判阶段也会有相关制度内容。

（2）认罪认罚从宽作为一项基本原则，贯穿刑事诉讼全过程。犯罪嫌疑人、被告人可以在侦查阶段认罪认罚，而且在后续阶段也稳定地认罪认罚，一直到案件终结。如果犯罪嫌疑人、被告人在侦查阶段没有认罪认罚，到了审查起诉阶段或在更晚的阶段才认罪认罚，也适用认罪认罚从宽原则。如果犯罪嫌疑人在侦查阶段认罪认罚了，但是到了审查起诉阶段或者审判阶段反悔，不认罪认罚了，也准许。不过，因为先前阶段已经因为其认罪认罚给予过其在该阶段的从宽处理，其在后续阶段反悔的，也有相关机制“收回”先前阶段的从宽“优惠”。

二、不同阶段认罪认罚的处理

1. 侦查阶段

（1）犯罪嫌疑人自愿认罪的，**应当记录在案**，随案移送，并在起诉意见书中写明有关情况。

（2）认为案件符合速裁程序适用条件的，**可以**向人民检察院**提**出适用**速裁程序的建议**。

（3）自愿如实供述涉嫌犯罪的事实，有**重大立功**或者案件**涉及国家重大利益**的，经**最高人民检察院核准**，公安机关**可以撤销**案件。

2. 审查起诉阶段

（1）起诉

①**应提量刑建议：**量刑建议**一般应当为确定刑**。对**新类型、不常见**犯罪案件，量刑情节**复杂**的重罪案件等，也**可以**提出**幅度刑**量刑建议。

【注意1】除有减轻处罚情节外，幅度刑量刑建议应当在法定量刑幅度内提出，**不得兼跨两种以上主刑**。

【注意2】犯罪嫌疑人虽然认罪认罚，但所犯罪行具有下列情形之一的，提出量刑建议应当**从严把握**从宽幅度或者**依法不予从宽**：（1）危害**国**家安全犯罪、**恐**怖活动犯罪、**黑**社会性质组织犯罪的**首要分子、主犯**；（2）犯罪性质和危害后果**特别严重**、犯罪手段**特别残忍**、社会影响**特别恶劣**的；（3）虽然**罪**行较**轻**但具有**累犯、惯犯**等恶劣情节的；（4）**性侵等严重侵害未成年人**的；（5）其他应当从严把握从宽幅度或者不宜从宽的情形。

②犯罪嫌疑人认罪认罚，人民检察院经审查，认为符合速裁程序适用条件的，提起公诉时，可以**建议人民法院适用速裁程序**审理。

（2）不起诉

①自愿**认罪认罚**，且**符合酌定不起诉**条件的，**可**以作出**不起诉**决定。

②【认罪认罚特别不起诉】犯罪嫌疑人自愿如实供述涉嫌犯罪的事实，有重大立功或者案件涉及国家重大利益的，经最高人民检察院核准，人民检察院可以作出不起诉决定，也可以对涉嫌数罪中的一项或者多项不起诉。

3. 审判阶段

（1）对认罪认罚案件，人民法院**一般应当**对被告人**从轻处罚**；

（2）符合非监禁刑适用条件的，应当适用非监禁刑；

（3）具有法定减轻处罚情节的，可以减轻处罚。

考点归纳			
	侦查阶段	审查起诉阶段	审判阶段
认罪的要求	犯罪嫌疑人、被告人**自愿如实供述**自己的罪行，对指控的犯罪事实没有异议		
认罚的要求	表示愿意接受处罚	**接受**人民检察院拟作出的起诉或不起诉决定，**认可**人民检察院的量刑建议，**签署**认罪认罚具结书	当庭确认自愿签署具结书，**愿意**接受刑罚处罚
从宽的体现	（1）记录在案，随案移送 （2）向人民检察院建议适用速裁程序 （3）自愿如实供述涉嫌犯罪的事实，有重大立功或者案件涉及国家重大利益的，经最高人民检察院核准，公安机关可以撤销案件	（1）提起公诉时提出从宽的量刑建议，而且要求量刑建议**一般**应当为**确定刑** （2）建议适用速裁程序 （3）酌定不起诉 （4）认罪认罚特别不起诉	（1）一般应当从轻处罚 （2）符合非监禁刑适用条件的，应当适用非监禁刑 （3）具有法定减轻处罚情节的，可以减轻处罚

【经典金题】

常某和郑某交往期间骗取郑某8万元，后常某涉嫌诈骗犯罪被公安机关立案侦查。案件侦查终结移送审查起诉。在审查起诉阶段，常某认罪认罚，积极退还部分款项并取得郑某谅解。检察院向法院提起公诉并建议适用速裁程序。法院适用速裁程序审理。在审理中，常某辩称欺骗郑某感情为真，但并非诈骗，该款项为民间借贷，因此不接受司法机关的认定意见，并在积极退赔中。关于本案，下列说法正确的是？（2022年仿真题，单选）[1]

A. 法院当庭将量刑从重处罚

B. 常某的辩称影响“认罚”，但不影响“认罪”

C. 法院可以将速裁程序转为简易程序继续审理

D. 法院仍可按照积极退赔从宽量刑

第十二节　具有法定情形不予追究刑事责任原则

【学习提要】本节在法考客观题和主观题中属于重点知识，需要熟练掌握，主要考查不追究刑事责任的法定情形有哪些以及有法定情形，在不同阶段不追究刑事责任的表现如何。

【法条依据】《刑事诉讼法》第16条规定：有下列情形之一的，不追究刑事责任，已经追究的，应

---

〔1〕【解析】AB项：认罪认罚从宽原则中的“认罪”要求承认犯罪事实，如果承认指控的主要犯罪事实，仅对个别事实情节提出异议，或者虽然对行为性质提出辩解但表示接受司法机关认定意见的，不影响“认罪”的认定。本案中，常某不接受司法机关认定的意见，因此不能认定为认罪。对于原来认罪认罚，后来反悔不认罪的，应当是转换程序，而不能继续按速裁程序进行审理。因此，AB项错误。

C项：由于简易程序的适用前提是要求被告人认罪，但本案中由于被告人不认罪，所以不能转为简易程序审理，只能转为普通程序继续审理。因此，C项错误。

D项：虽然被告人不认罪，但是其积极退赔，作为酌定量刑情节，虽然不再适用认罪认罚从宽原则，但法院仍可以根据其积极退赔从宽量刑。因此，D项正确。

综上所述，本题答案为D项。

当撤销案件，或者不起诉，或者终止审理，或者宣告无罪：

（1）情节显著轻微、危害不大，不认为是犯罪的；（2）犯罪已过追诉时效期限的；（3）经特赦令免除刑罚的；（4）依照刑法告诉才处理的犯罪，没有告诉或者撤回告诉的；（5）犯罪嫌疑人、被告人死亡的；（6）其他法律规定免予追究刑事责任的。

【知识点精讲】

★★★一、不予追究刑事责任的法定情形

（一）情节显著轻微、危害不大，不认为是犯罪的

“显著轻微”并非“犯罪情节轻微”，不能省略“显著”二字。所谓“显著轻微”是指轻微到法律不认为是犯罪；而“犯罪情节轻微”则表示已经构成了犯罪。“犯罪情节轻微”是酌定考虑不追究的情形，而非法定不予追究刑事责任的情形。

【注意】最高人民法院、最高人民检察院、公安部、司法部《关于办理醉酒危险驾驶刑事案件的意见》（2023 年 12 月 13 日印发）

第十二条　醉驾具有下列情形之一，且不具有本意见第 10 条规定情形的，**可以认定为情节显著轻微、危害不大**，依照刑法第十三条、刑事诉讼法第 16 条的规定处理：

（1）血液酒精含量**不满 150 毫克/100 毫升**的；

（2）出于**急救伤病人员等紧急情况驾驶机动车，且不构成紧急避险**的；

（3）在**居民小区、停车场等场所因挪车、停车入位等短距离驾驶机动车**的；

（4）由**他人驾驶至居民小区、停车场等场所短距离接替驾驶停放机动车的，或者为了交由他人驾驶，自居民小区、停车场等场所短距离驶出**的；

（5）其他情节显著轻微的情形。

醉酒后出于急救伤病人员等紧急情况，不得已驾驶机动车，构成紧急避险的，依照刑法第 21 条的规定处理。

（二）犯罪已过追诉时效期限的

《刑法》第 87 条规定：犯罪经过下列期限不再追诉：

（1）法定最高刑为不满 5 年有期徒刑的，经过 5 年；

（2）法定最高刑为 5 年以上不满 10 年有期徒刑的，经过 10 年；

（3）法定最高刑为 10 年以上有期徒刑的，经过 15 年；

（4）法定最高刑为无期徒刑、死刑的，经过 20 年。如果 20 年以后认为必须追诉的，须报请最高人民检察院核准。

> **【特别提示】**只有案件没有被立案的，才会有超过追诉时效的情形。如果案件已经立案，哪怕过了 100 年，也不存在过诉讼时效的问题。

（三）经特赦令免除刑罚的

（四）依照刑法告诉才处理的犯罪，没有告诉或者撤回告诉的

“告诉才处理”的犯罪只包括 5 个罪：**侮辱**罪（严重危害社会秩序和国家利益的除外）、**诽谤**罪（严重危害社会秩序和国家利益的除外）、**暴力干涉婚姻自由**罪（致使被害人死亡的除外）、**虐待**罪（致使被害人重伤、死亡的除外）、**侵占**罪。

（五）犯罪嫌疑人、被告人死亡

（六）其他法律规定免予追究刑事责任的

【特别提示】在刑事诉讼中，不予追究刑事责任的情形有很多，但并非所有不予追究刑事责任的情形都属于"法定情形"不予追究刑事责任的范畴。而其他情形，如**事实不清、证据不足**，或者**没有犯罪事实**，尽管有该两种情形下也不予追究刑事责任，但该两种情形就不属于本原则规定的"法定情形"，因此，该两种情形下不予追究刑事责任的做法与本原则无关。

★★二、不同阶段出现上述6种法定情形的表现有所不同

1. 立案阶段：应当作出不立案的决定。
2. 侦查阶段：应当作出撤销案件的决定。
3. 审查起诉阶段：应当作出不起诉决定。
4. 审判阶段：一般就是终止审理，但两种情形下宣告无罪：①情节显著轻微；②被告人死亡，**有证据证明**被告人**无罪**，**经缺席审理确认**无罪的，**应当**判决**宣告**被告人**无罪**。

【提示】

审判中被告人**死亡**的处理：（1）一般就是终止审理。（2）**有证据证明**被告人**无罪**，**经缺席审理确认**无罪的，**应当**判决**宣告**被告人**无罪**。

★★★★★三、特殊情形（审查起诉阶段的处理）（《最高检规则》第365条、第366条）

1. 监察委调查的案件以及公安侦查的案件

（1）人民检察院对于监察机关或者公安机关移送起诉的案件，在审查起诉发现犯罪嫌疑人**没有犯罪事实**或者符合**《刑事诉讼法》第16条规定的情形之一**的，经检察长批准，应当作出不起诉决定。

（2）对于犯罪事实**并非犯罪嫌疑人所为**，需要重新调查或者侦查的，应当在作出不起诉决定后书面说明理由，将案卷材料退回公安机关或监察机关，并建议监察机关或公安机关重新调查或重新侦查。

2. 检察院立案侦查的案件

人民检察院负责捕诉的部门对于本院负责侦查的部门移送起诉的案件，在审查起诉中发现犯罪嫌疑人**没有犯罪事实**，或者符合**《刑事诉讼法》第16条规定的情形之一**的，**应当退回本院负责侦查的部门，建议撤销案件。**

【例1】**问：**甲涉嫌**盗窃罪**被立案侦查，在**审查起诉**期间发现已过追诉时效，检察院应当如何处理？

答：应当**不起诉**。

【例2】**问：**甲涉嫌**虐待被监管人罪**被立案侦查，在**审查起诉**期间发现已过追诉时效，检察院应当如何处理？

答：应当**退回**本院负责侦查的部门，**建议撤销**案件。

考点归纳				
法定情形（六种）	不同阶段的处理方式			
	立案阶段	侦查阶段	审查起诉阶段	审判阶段
情节**显著轻微**、危害不大，不认为是犯罪的	不立案	撤销案件	不起诉（法定）	**宣告无罪**
犯罪**已过**追诉**时效**	不立案	撤销案件	不起诉（法定）	终止审理
经**特赦**令免除刑罚的	不立案	撤销案件	不起诉（法定）	终止审理
告诉才处理的犯罪，没有告诉或撤回告诉的	不立案	撤销案件	不起诉（法定）	终止审理
犯罪嫌疑人、被告人**死亡**的	不立案	撤销案件	不起诉（法定）	**终止审理或宣告无罪**
其他法律规定免予追究刑事责任的	不立案	撤销案件	不起诉（法定）	终止审理
【应试技巧】 1. 首先要看清楚是否属于法定不追究刑事责任的情形； 2. 如果是，再看案件处于哪个阶段（立案、侦查、起诉、审判），对应处理方式不同。 3. 最后要看是否有特殊情形（死亡的情形；检察院立案侦查的案件在审查起诉阶段的处理）。				

【经典金题】

社会主义法治要通过法治的一系列原则加以体现。具有法定情形不予追究刑事责任是《刑事诉讼法》确立的一项基本原则，下列哪一案件的处理体现了这一原则？（2014 年卷二第 23 题，单）[1]

A. 甲涉嫌盗窃，立案后发现涉案金额 400 余元，公安机关决定撤销案件

B. 乙涉嫌抢夺，检察院审查起诉后认为犯罪情节轻微，不需要判处刑罚，决定不起诉

C. 丙涉嫌诈骗，法院审理后认为其主观上不具有非法占有他人财物的目的，作出无罪判决

D. 丁涉嫌抢劫，检察院审查起诉后认为证据不足，决定不起诉

---

[1] 【解析】A 项：涉案金额未达到刑法要求的起刑点，属于情节显著轻微，危害不大，不认为是犯罪的情形，且已经立案，因此公安机关决定撤销案件的处理也是正确的，体现了具有法定情形不予追究刑事责任的原则。因此，A 项正确。

B 项："情节轻微"不是《刑事诉讼法》第 16 条规定的法定情形之一，因此哪怕不起诉是属于不追究刑事责任，但与"具有法定情形不追究刑事责任原则"没有关系。因此，B 项错误。

C 项：根据《刑事诉讼法》第 16 条规定，在审判阶段，只有两种情形下宣告无罪才与"具有法定情形不追究刑事责任原则"有关系：一是显著轻宣告无罪；二是死亡，有证据证明其无罪的，缺席审理宣告其无罪。换言之，若不是这两种宣告无罪，因其他原因判决无罪的，均与"具有法定情形不追究刑事责任原则"没有关系。本选项中因"主观上不具有非法占有他人财物的目的"不属于上述两种情形，因此不属于法定情形，哪怕最后判无罪是不追究刑事责任，但与"具有法定情形不追究刑事责任原则"没有关系。因此，C 项错误。

D 项："证据不足"不是《刑事诉讼法》第 16 条规定的法定情形之一，因此哪怕不起诉是属于不追究刑事责任，但与"具有法定情形不追究刑事责任原则"没有关系。因此，D 项错误。

综上所述，本题答案为 A 项。

第十三节　追究外国人刑事责任适用我国刑事诉讼法

【学习提要】本节了解追究外国人刑事责任适用我国刑事诉讼法的基本内容即可。

【法条依据】《刑事诉讼法》第17条规定：对于外国人犯罪应当追究刑事责任的，适用本法的规定。对于享有外交特权和豁免权的外国人犯罪应当追究刑事责任的，通过外交途径解决。

【知识点精讲】

内涵：

1. 外国人、无国籍人犯罪，一般应当按照刑事诉讼法规定的诉讼程序进行追诉。
2. 享有外交特权和豁免权的外国人犯罪应当追究刑事责任的，通过外交途径解决。

【主观题点睛】刑事诉讼中论述题的答题思路

【例题】请运用所学刑事诉讼法学知识，谈谈你对**少捕慎诉慎押刑事司法政策**的理解。

【参考答案】

答：(1) 少捕慎诉慎押刑事司法政策是继认罪认罚从宽制度之后确立的一项重大的刑事司法政策。"少捕"是指在刑事诉讼中严格审查逮捕必要性，尽可能少用逮捕措施，使被追诉人处于非羁押状态称为刑事诉讼的常态。"慎诉"是指检察机关慎重提起公诉，要求检察机关加强对起诉必要性的审查，对于符合起诉条件但没有起诉必要性的被追诉人，尽可能不起诉。"慎押"是指在少捕的基础上，加强羁押必要性审查，防止不必要的审前羁押，减少审前羁押人数。

(2) 贯彻落实少捕慎诉慎押刑事司法政策有**重大意义：第一，有利于保障人权**。实施少捕慎诉慎押刑事司法政策，有助于减少对犯罪嫌疑人、被告人人身自由的剥夺，避免逮捕措施的滥用、误用。而且，由于未被采取逮捕措施，犯罪嫌疑人、被告人承受的身体和精神上的压力较小，可以更好地行使诉讼权利。**第二，有助于实现司法公正**。慎诉慎押，意味着慎重对待起诉和羁押，对于不应当起诉的案件不予起诉，体现了程序公正的要求。**第三，有助于提高诉讼效率**。实施少捕慎诉慎押的刑事司法政策，要求做到能不捕的不捕，能不诉的不诉，尽量减少审前羁押强制措施的适用，正可以减少逮捕羁押带来的司法资源耗费，而能不诉的不诉则可以实现审前分流案件，在起诉环节就最终处理了一部分案件，从而减少审判的负担，这符合诉讼经济原则。**第四，有利于防止冤假错案**。贯彻落实少捕慎诉慎押刑事司法政策，能够最大限度地防止无辜的人受到刑事追究，有效防止冤假错案。

(3) 总之，要贯彻落实少捕慎诉慎押刑事司法政策，真正发挥该政策的作用，**努力使人民群众在每一个司法案件中都能感受到公平正义。**

第三章　刑事诉讼中的专门机关和诉讼参与人

【复习提要】

我国刑事诉讼主体包括两大类：一是国家专门机关，包括公安机关、国家安全机关、军队保卫部门、监狱、海关缉私部门、中国海警局、人民检察院、人民法院等；二是诉讼参与人，又可以分为两类，即诉讼当事人和其他诉讼参与人。诉讼当事人包括犯罪嫌疑人、被告人、被害人、自诉人、附带民事诉讼的原告人和被告人；其他诉讼参与人包括法定代理人、诉讼代理人、证人、鉴定人、辩护人和翻译人员。本章学习要注意准确掌握刑事诉讼主体的职责、地位和权力（权利）义务。从历年真题来看，诉讼参与人的范围、被害人的诉讼权利、证人的资格与诉讼权利是高频考点，尤其是被害人的诉讼权利、证人的资格与诉讼权利，考生应当高度重视。

【知识框架】

- 诉讼主体
  - 国家专门机关
    - 公安机关
    - 国家安全机关
    - 军队保卫部门
    - 监狱★
    - 海关（公安）缉私部门
    - 海警机构（中国海警局）★★★
    - 人民检察院★★★
    - 人民法院★★★
  - 诉讼参与人
    - 当事人
      - 犯罪嫌疑人、被告人
      - 被害人★★★★★
      - 自诉人
      - 附带民事诉讼原告人、被告人
    - 其他诉讼参与人
      - 法定代理人★★
      - 诉讼代理人★★
      - 证人★★★★★
      - 鉴定人★★
      - 辩护人
      - 翻译人员

第一节　刑事诉讼中的专门机关

【学习提要】本节在法考的客观和主观题中属于基础知识，需要考生熟悉各个专门机关的性质和职权。

【知识点精讲】

一、公安机关

（一）性质

公安机关在性质上属于**行政机关**，是国家的治安保卫机关，是各级人民政府即国家行政部门的组成部分。从性质上看，公安机关与人民检察院和人民法院是不同的。人民检察院和人民法院**在性质上属司法机关**；公安机关属于同级人民政府的一个职能部门，在性质上属于行政机关。

（二）组织体系

公安机关设置在各级人民政府中，国务院设立公安部，是全国公安机关的领导机关；地方各级人民政府设立公安厅、公安局、公安分局。**公安机关上下级之间是领导与被领导的关系。**上级公安机关发现下级公安机关作出的决定或者办理的案件有错误的，有权予以撤销或者变更，也可以指令下级公安机关予以纠正。

此外，公安部和地方公安机关根据工作需要，经国务院批准，可以在一些特殊的部门或单位设立专门公安机关。我国设立的专门公安机关，主要有在国家海关总署设立的海关总署缉私局和在各直属海关设立的缉私局，还有在铁路、交通、林业、民航等系统设立的公安机关。海关缉私部门实行双重领导，既属于公安机关，也属于海关的组成部分。海关缉私部门实行双重领导，既属于公安机关，也属于海关的组成部分。

（三）职权

1. 立案权

公安机关是我国**主要的侦查机关**，因此，一般刑事案件都是由公安机关来负责立案。

2. 侦查权

（1）公安机关是刑事诉讼中的主要侦查机关。在侦查过程中，公安机关有权依法采取一系列的侦查行为（详情参见第十二章）。

（2）有权对犯罪嫌疑人采取拘传、取保候审、监视居住等强制措施。对现行犯或者重大嫌疑分子，有权先行拘留。有权申请检察院批准逮捕。有权执行逮捕。

（3）在特别程序中，公安机关还具有一些职权。如，通知法律援助机构指派律师为没有委托辩护人的未成年犯罪嫌疑人提供辩护；审查刑事和解的自愿性、合法性，并主持制作和解协议书；制作没收财产意见书、强制医疗意见书，并移送人民检察院。

3. 执行权

（1）执行刑罚。被判处拘役、剥夺政治权利、驱逐出境以及被判处有期徒刑的罪犯，在被交付执行刑罚前，剩余刑期在3个月以下的，代为执行刑罚。

（2）执行强制措施。取保候审、监视居住、拘留、逮捕，应当由公安机关负责执行。对于公安机关决定的拘传，公安机关也负责执行。

二、其他侦查机关的职权

（一）国家安全机关

国家安全机关是国家的安全保卫机关，是各级人民政府的组成部分。对危害国家安全的刑事案件，行使与公安机关相同的职权。

> **【特别提示】**这里“行使与公安机关相同的职权”，是指国家安全机关对危害国家安全的刑事案件负责侦查，也负责相应强制措施的执行等。

（二）军队保卫部门

对军队内部发生的刑事案件行使侦查权。

（三）监狱

监狱在刑事诉讼中的职权主要有：

（1）刑罚执行权；

（2）对**罪犯在监狱内的犯罪**的侦查权；

（3）在罪犯服刑期间，发现在判决时所没有发现的新罪行，有权移送人民检察院处理；

（4）**罪犯交付执行后，如果交付监狱执行的**，对罪犯应予监外执行的，有权提出书面意见，报省、自治区、直辖市监狱管理机关批准。

> **【特别提示】**如果是在交付执行前，法院发现罪犯应暂予监外执行的，则由法院决定暂予监外执行（内容详见第十九章执行）。

（5）对被判处死缓的罪犯，如果在执行期间没有故意犯罪的，两年后有权提出减刑建议，报省、自治区、直辖市监狱管理机关审核后，报请相应的高级人民法院裁定。

（6）对罪犯在执行期间具备法定的减刑、假释条件的，有权提出减刑、假释建议，报人民法院审核裁定。

（7）在刑罚执行过程中，如果认为判决确有错误或罪犯提出申诉的，有权转交人民检察院或人民法院处理。

（四）海关（公安）缉私部门

负责**海关境内**走私犯罪的侦查工作。（我国在国家海关总署设立的海关总署缉私局和在各直属海关设立的缉私局，也隶属于**公安机关**，负责对走私犯罪进行侦查）

（五）海警机构（中国海警局）

对**海上**发生的刑事案件行使侦查权。**对于在海上发生的包括危害国家安全犯罪、恐怖活动犯罪、走私、毒品、偷越国（边）境、非法捕捞、破坏海洋资源等刑事案件，海警机构行使与公安机关相同的侦查权**。

（六）人民检察院

（1）人民检察院在对诉讼活动实行法律监督中发现的司法工作人员利用职权实施的非法拘禁、刑讯逼供、非法搜查等侵犯公民权利、损害司法公正的犯罪，可以由人民检察院立案侦查。

（2）对于公安机关管辖的国家机关工作人员利用职权实施的重大犯罪案件，需要由人民检察院直接受理的时候，经省级以上人民检察院决定，可以由人民检察院立案侦查。

★★★三、人民检察院

（一）性质

检察机关是国家的法律监督机关，代表国家行使检察权，属于国家的司法机关。在刑事诉讼中，它既是公诉机关，又是诉讼活动的监督机关。

（二）上、下级人民检察院之间的关系

1. 人民检察院上下级之间是**领导与被领导**的关系，上级人民检察院领导下级人民检察院的工作，并可以直接指挥、参与下级人民检察院的办案活动。具体包括：

（1）**上级人民检察院对下级人民检察院作出的决定，有权撤销或者变更**；发现下级人民检察院办理的案件有错误的，有权指令下级人民检察院予以纠正。下级人民检察院对上级人民

检察院的决定应当执行。

【注意】上级检察院认为下级检察院二审抗诉不当的，应当**听取**下级人民检察院的**意见**。听取意见后，仍然认为抗诉不当的，应当向**同级人民法院撤回抗诉**，并且通知下级人民检察院。

（2）可以对下级人民检察院管辖的案件指定管辖。

（3）可以办理下级人民检察院管辖的案件。

（4）**可以依法统一调用辖区的检察人员办理案件，被调用的检察官可以代表办理案件的上级人民检察院履行出庭支持公诉等各项检察职责**。

2. 基于上下级检察院之间的领导与被领导关系，人民检察院独立行使检察权实质上是指整个检察系统作为一个整体独立行使检察权，这在理论上称为**检察一体化**。这种检察一体化主要表现为：（1）检察官在检察长领导下开展工作；（2）检察长可以将部分职权委托检察官行使，可以授权检察官签发属于检察官职权范围内的法律文书；（3）检察官认为检察长决定错误的，应当提书面意见；检察长不改变原决定的，检察官应当执行；（4）对于重大案件和其他重大问题，检察长可以根据案件情况提交检察委员会讨论决定。

【特别提示】签发法律文书是以检察院名义制发的法律文书，由检察长签发。

3. 人民检察院办理当事人**人数众多、案情特别重大复杂**的案件，本院办案力量确实难以承担的，上级人民检察院**可以统一调用**辖区的检察人员办理案件。

4. 上级人民检察院统一调用辖区的检察人员办理案件，包括下列方式：（1）**调用本院**检察人员**到辖区的下级**人民检察院办理案件；（2）**调用辖区的下级**人民检察院检察人员**到本院**办理案件；（3）**调用辖区的下级**人民检察院检察人员**到辖区的其他下级**人民检察院办理案件。

5. 上级人民检察院统一调用辖区的检察人员作为检察官办理案件，被调用检察人员应当具有检察官职务。上级人民检察院统一调用辖区的检察人员办理案件，**一般不调用检察长、副检察长**。拟调用的检察官人选在办案地有《中华人民共和国检察官法》第24条、第25条（即**任职回避**）规定情形的，不得调用。

6. **被调用检察人员**以检察官身份代表办理案件的人民检察院履行**出庭支持公诉**等职责的，应当由**办理案件的人民检察院检察长**依法提请本级**人民代表大会常务委员会**按照法定程序**任命**为本院的检察员。案件办结或者上级人民检察院作出终止调用决定的，按照法定程序免去其前述检察员职务。

人民代表大会常务委员会作出任命前，被调用检察官可以以检察官助理身份协助办理案件。

（三）职权

1. 立案、侦查权

检察院对法律规定由其管辖的刑事案件行使立案、侦查权，并有权采取侦查行为和强制措施。

2. 公诉权

检察机关是国家唯一的公诉机关，代表国家行使公诉案件的控诉权。

【特别提示】人民检察院是**唯一的公诉机关**，但不是**唯一的起诉主体**。在自诉案件中，由自诉人提起诉讼，故此，自诉人也是起诉主体。

3. 诉讼监督权（狭义）

人民检察院有权对立案、侦查、审判活动和执行活动等进行监督。人民检察院的诉讼监督贯穿刑事诉讼全过程。

（四）办案组织

(1) 独任办理：可以由 1 名检察官独任办理，配检察辅助人员（检察官助理、书记员、司法警察、检察技术人员等）；

（2）**办案组**：也可以由 2 名检察官办理（检察长应指定 1 名检察官担任主办检察官组织、指挥办案组办理案件），配检察辅助人员。

★★★四、人民法院

（一）性质

人民法院是国家的**审判机关**。《刑事诉讼法》第 3 条规定：审判由人民法院负责。第 12 条规定：未经人民法院依法判决，对任何人都不得确定有罪。可见，人民法院是刑事诉讼中唯一有权审理和判决有罪的专门机关。

（二）上、下级人民法院之间的关系

上、下级人民法院之间是**监督与被监督**的关系。上级人民法院监督下级人民法院的审判工作，最高人民法院监督地方各级人民法院和专门人民法院的审判工作。

最高人民法院和上级人民法院行使监督权必须依据法定权限和法定途径来实现。具体而言，最高人民法院和上级人民法院应当通过**二审程序、死刑复核程序、审判监督程序**等法定程序来实现对下级人民法院审判工作的监督。此外，最高人民法院通过**依法解释法律**、发布指导性案例等方法，指导、监督各级法院的审判工作。上级人民法院通过**检查工作、总结经验，发现问题**，对下级法院的审判工作实施监督和指导。

【经典金题】

某案件经中级法院一审判决后引起社会的广泛关注。为回应社会关注和保证办案质量，在案件由高级法院作出二审判决前，基于我国法院和检察院的组织体系与上下级关系，最高人民法院和最高人民检察院可采取下列哪些措施？（2017 年卷二第 65 题，多）〔1〕

A. 最高法院可听取高级法院对该案的汇报并就如何审理提出意见

B. 最高法院可召开审判业务会议对该案的实体和程序问题进行讨论

C. 最高检察院可听取省检察院的汇报并对案件事实、证据进行审查

D. 最高检察院可决定检察机关在二审程序中如何发表意见

---

〔1〕【解析】AB 项：上、下级法院之间是监督与被监督的关系。上级人民法院监督下级人民法院的审判工作，最高人民法院监督地方各级人民法院和专门人民法院的审判工作。上级法院应当通过二审程序、死刑复核程序、审判监督程序等法定程序来实现对下级人民法院审判工作的监督。同时，最高人民法院通过依法解释法律、发布指导性案例等方法，指导、监督各级法院的审判工作。通过检查工作、总结经验，发现问题，对下级法院的审判工作实施监督和指导。由此可见，最高法院不能直接干涉具体个案的审理，AB 项中，实际上最高法院已经直接干涉具体案件的审理工作。因此，AB 项错误。

CD 项：人民检察院上下级之间是领导与被领导的关系，上级人民检察院领导下级人民检察院的工作，并可以直接指挥、参与下级人民检察院的办案活动。具体包括：①上级人民检察院对下级人民检察院作出的决定，有权撤销或者变更；发现下级人民检察院办理的案件有错误的，有权指令下级人民检察院予以纠正。下级人民检察院对上级人民检察院的决定应当执行。②可以对下级人民检察院管辖的案件指定管辖。③可以办理下级人民检察院管辖的案件。④可以依法统一调用辖区的检察人员办理案件，被调用的检察官可以代表办理案件的上级人民检察院履行出庭支持公诉等各项检察职责。基于上下级检察院之间的领导与被领导关系，人民检察院独立行使检察权实质上是指整个检察系统作为一个整体独立行使检察权，这在理论上称为检察一体化。基于检察一体化，最高检察院可以直接参与下级检察院的办案活动，也可以决定下级检察院如何办理案件，CD 项正确。

综上所述，本题答案为 CD 项。

第二节　诉讼参与人

【学习提要】本节在法考的客观和主观题中属于基础知识，需要考生掌握诉讼参与人的范围，不同诉讼参与人的概念和权利义务，特别是公诉案件被害人的诉讼权利、证人的诉讼权利与义务、证人的资格、单位犯罪嫌疑人、被告人诉讼代表人的确立等。

【法条依据】《刑事诉讼法》第108条：本法下列用语的含意是：（二）**“当事人”是指被害人、自诉人、犯罪嫌疑人、被告人、附带民事诉讼的原告人和被告人**；（三）“法定代理人”是指被代理人的父母、养父母、监护人和负有保护责任的机关、团体的代表；（四）**“诉讼参与人”是指当事人、法定代理人、诉讼代理人、辩护人、证人、鉴定人和翻译人员**；（五）“诉讼代理人”是指公诉案件的被害人及其法定代理人或者近亲属、自诉案件的自诉人及其法定代理人委托代为参加诉讼的人和附带民事诉讼的当事人及其法定代理人委托代为参加诉讼的人。

【知识点精讲】

一、诉讼参与人的概念与范围

1. **概念**：诉讼参与人是指在刑事诉讼过程中享有一定诉讼权利，承担一定诉讼义务的除了国家专门机关工作人员以外的人。

2. **范围（划分依据：根据与案件最终结局的利害关系不同）**

（1）**当事人**：被害人、自诉人、犯罪嫌疑人、被告人、附带民事诉讼的原告人和被告人。

（2）**其他诉讼参与人**：法定代理人、诉讼代理人、辩护人、证人、鉴定人和翻译人员。

【提示1】诉讼参与人**不包括**国家**专门机关**工作人员。侦查人员、公诉人、法官、人民陪审员是以国家专门机关工作人员身份参加诉讼，而不是诉讼参与人。

【提示2】诉讼参与人只包括《刑事诉讼法》第108条第4项中12种身份的人，而**见证人、专家辅助人**等其他人虽然参加诉讼，但法律没有赋予其诉讼参与人的地位。

二、当事人

（一）概述

1. 概念

当事人，是指与案件的结局有着直接利害关系，对刑事诉讼进程发挥着较大影响作用的诉讼参与人。

2. 范围

（1）犯罪嫌疑人；

（2）被告人；

（3）被害人；

（4）自诉人；

（5）附带民事诉讼的原告人；

（6）附带民事诉讼的被告人。

3. 当事人共有的诉讼权利

（1）**用本民族语言文字进行诉讼。**

（2）**申请回避权**。在具有法定理由时申请侦查人员、检察人员、审判人员或者书记员、鉴定人、翻译人员回避，对于驳回申请回避的决定，有权申请复议一次。

（3）**控告权**。对于侦查人员、检察人员、审判人员侵犯其诉讼权利或者对其人身进行侮辱的行为，有权提出控告。

（4）**有权参加法庭调查和法庭辩论**。向证人发问并质证，辨认物证和其他证据，并就证据发表意见，申请通知新的证人到庭和调取新的物证，申请重新勘验或者鉴定，互相辩论等。

（5）**申诉权**。对已经发生法律效力的判决、裁定不服的，向人民法院或者人民检察院提出申诉。

★★★★（二）被害人

1. 概念

广义的被害人是指人身、财产或者其他权益遭受犯罪行为直接侵害的人。

广义的被害人包括以下几种：

（1）**公诉案件中的被害人**。即指在人民检察院代表国家提起公诉的刑事案件中，以个人身份参与诉讼，并与人民检察院共同行使控诉职能的人。

（2）在自诉案件中提起刑事诉讼的被害人，即**自诉人**。

（3）由于被告人的犯罪行为而遭受物质损失的被害人，即**附带民事诉讼原告人**。狭义的被害人：专指公诉案件中的被害人。

【特别提示】本节所讨论的“被害人”专指狭义的被害人，即在公诉案件中的被害人。

2. 被害人的诉讼权利（专指公诉案件的被害人）

公诉案件的被害人在刑事诉讼中除享有诉讼参与人共有的诉讼权利以外，还享有以下诉讼权利：

（1）报案、控告权

被害人对侵犯其人身、财产权利的犯罪事实或者犯罪嫌疑人，有权向公安机关、人民检察院或者人民法院报案或者控告。

【特别提示】如果被害人发现**有犯罪事实发生，但尚不知犯罪嫌疑人是何人而向公检法告发的**，是**报案人**身份；如果被害人就**犯罪事实**及**犯罪嫌疑人**的有关情况向公检法揭露和告发，则是**控告人**身份。

（2）作为控告人身份的被害人对公安机关不立案决定的**申请复议、复核权**

①如果被害人向公安机关控告而公安机关不予立案，对于不予立案不服的，**控告人身份的被害人**可以在收到不予立案通知书后7日以内向原决定机关申请复议。

②控告人对不予立案的复议决定不服的，可以在收到复议决定书后7日以内向上一级公安机关申请复核。

【特别提示】申请复议、复核权专属于控告人身份的被害人。换言之，如果被害人向公安机关报案而公安机关不予立案的，被害人作为报案人是不享有申请复议、复核权的。考试中可能会提示被害人在案件中的身份，让考生判断本案被害人能否申请复议、复核。

（3）一般申诉权

①**（不管是控告人身份还是报案人身份的）**被害人及其法定代理人、近亲属或者行政执法机关认为公安机关对应当立案侦查的案件不立案侦查，可以向**同级**人民检察院提出申诉。人民检察院应当要求公安机关说明不立案的理由。人民检察院认为公安机关不立案理由不能成立的，应当通知公安机关立案，公安机关接到通知后应当立案。

②被害人对人民检察院作出的不起诉决定不服的，有权向**上一级**人民检察院提出申诉。

【特别提示1】此处的不起诉包括法定不起诉、酌定不起诉、证据不足不起诉以及附条件不起诉等。

【特别提示2】针对检察院的附条件不起诉决定，被害人只能向上一级检察院提出申诉，不能向法院提出自诉。

（4）**再审申诉权**。被害人不服地方各级人民法院的生效裁判的，有权向检察院或法院提出申诉。

（5）**委托诉讼代理人的权利**。自刑事案件**移送审查起诉之日**起，被害人有权委托诉讼代理人。

（6）针对公诉案件的自诉权。被害人有证据证明对被告人侵犯自己**人身权利**或者**财产权利**的行为应当依法追究刑事责任，而公安机关或者人民检察院**不予追究被告人刑事责任**的案件，被害人有权向人民法院提起自诉。

【特别提示】①公诉案件被害人要向法院提起自诉（公诉转为自诉），必须同时符合两个条件：一是原来的公诉案件侵犯的是被害人的人身或财产权利；二是公安机关或检察院对该公诉案件已经作出了不予追究刑事责任的决定。

②公安机关或者检察院不予追究刑事责任的形式，在不同阶段有所不同：立案阶段表现为**不立案**的决定；侦查阶段表现为**撤销案件**的决定；审查起诉阶段表现为**不起诉**的决定（包括法定不起诉、酌定不起诉、证据不足不起诉，但不含附条件不起诉，即附条件不起诉的，被害人不能向法院提起自诉）。

（7）**申请抗诉权**。被害人不服地方各级人民法院的第一审未生效的**判决**的，有权请求人民检察院抗诉。

【特别提示】被害人只有申请检察院抗诉的权利，即只是一种申请权，而没有抗诉权。抗诉权是专属于检察院的。此外，应当注意，虽然检察院提起二审抗诉可以针对一审判决，也可以针对一审裁定，但是被害人申请检察院提起二审抗诉的权利只能针对一审判决，其对一审裁定则无此权利。

（8）**针对强制医疗决定的复议权**。对法院强制医疗的决定不服，有权向**上一级法院**申请复议。

（9）**人身保护权**。被害人因在诉讼中作证，人身安全面临危险的，有权要求公、检、法提供人身保护措施。（详情参见本章证人的内容）

【特别提示1】第一，公诉案件的被害人是没有上诉权的。第二，经济补偿权是专属于证人的权利，故被害人因作证而支出的交通、住宿、就餐等费用，是无权获得补助的（被害人虽然作证，但其是当事人地位，不具有证人身份）。

【特别提示2】 关于复议的总结

1. 一般原则上，复议是向**原决定机关**复议，但以下**四种情形下，复议是向上一级机关复议**：

（1）针对**强制医疗**决定的复议；

（2）**违反法庭秩序：司法拘留或罚款**的复议；

（3）**证人拒不出庭**：司法拘留的。

（4）**监察委员会针对其移送的案件而检察院作出不起诉决定**的。

2. 复议针对的是**决定**这种文书的救济方式。

3. 所有的复议复核均**不停止**原决定的执行。

【特别提示3】 关于刑事诉讼中**一般申诉**的总结

①一般申诉权都是向**检察院**申诉。

②对**公安、法院**不服：向**同级**检察院申诉。

③对**检察院**不服：向**上一级**检察院申诉。

（三）犯罪嫌疑人、被告人

1. 概念

“犯罪嫌疑人”和“被告人”是对涉嫌犯罪而受到刑事追诉的人的两种称谓。公诉案件中，被追诉人在人民检察院向人民法院**提起公诉以前**，称为**“犯罪嫌疑人”**，从人民检察院向人民法院**提起公诉时起到生效裁判作出之前**，称为**“被告人”**。自诉案件中，自诉人向人民法院提起自诉后，被追诉人称为“被告人”。

2. 犯罪嫌疑人、被告人的诉讼权利

刑事诉讼中犯罪嫌疑人、被告人享有广泛的诉讼权利。这些诉讼权利按其性质和作用的不同，可分为**防御性权利**和**救济性权利**两种。此外，犯罪嫌疑人、被告人还享有一系列**程序保障权**。这些程序保障权对维护犯罪嫌疑人、被告人的诉讼主体地位具有非常重要的意义。

（1）防御性权利

所谓防御性权利，是指犯罪嫌疑人、被告人为**对抗追诉方的指控、抵消其控诉效果**所享有的诉讼权利。包括的权利有：

①有权使用本民族语言文字进行诉讼。

②辩护权。

③拒绝回答权。犯罪嫌疑人有权拒绝回答侦查人员提出的与本案无关的问题。

④被告人有权在开庭前10日内收到起诉书副本。

⑤参加法庭调查权。

⑥参加法庭辩论权。

⑦最后陈述权。被告人有权向法庭作最后陈述。最后陈述权不能替代也不能省略。如果是未成年被告人可以由法定代理人补充陈述，但并非替代。

⑧反诉权。自诉案件的被告人有权对自诉人提出反诉。

【特别提示】 公诉转自诉案件不能反诉。

（2）救济性权利

所谓救济性权利，是指犯罪嫌疑人、被告人对国家专门机关**所作的对其不利的行为、决定**

或裁判，要求另一专门机关予以审查并作出改变或撤销的诉讼权利。包括的权利有：

①**申请复议权**。对提出有理由的回避申请被驳回的决定不服的，有权申请复议

②**控告权**。对审判人员、检察人员和侦查人员侵犯公民诉讼权利和有人身侮辱的行为，有权提出控告。

③**申请变更强制措施权**。犯罪嫌疑人、被告人被羁押的，有权申请变更强制措施；对于人民法院、人民检察院和公安机关采取的强制措施法定期限届满的，有权要求解除。

④**申诉权**。第一，对检察院作出的**酌定不起诉**决定，有权向原决定的人民检察院申诉；第二，对已经发生法律效力的判决、裁定，有权向人民法院、人民检察院提出申诉。

⑤**上诉权**。对一审未生效的裁判有权向上一级人民法院上诉。

（3）程序保障权

①在未经人民法院依法判决的情况下，不得被确定有罪。

②获得人民法院的公开、独立、公正的审判。

③在刑事诉讼过程中，不受审判人员、检察人员、侦查人员以刑讯逼供、威胁、引诱、欺骗及其他非法方法进行讯问。

④不受侦查人员实施的非法逮捕、拘留、取保候审、监视居住等强制措施。

⑤不受侦查人员的非法搜查、扣押等侦查行为。

⑥第二审法院在审理只有被告人一方提出上诉的案件时，不得加重被告人的刑罚；等等。

【特别提示】一项诉讼权利究竟属于防御性权利还是救济性权利往往容易混淆。考生不能死记硬背，区分二者只需要掌握一点即可："防御"，顾名思义，在权利还没受到侵犯前防止权利被侵犯；"救济"，也就是权利已经被侵犯了要求救济。因此，在权利还没受到侵犯前行使的是防御性权利；而权利已经被侵犯之后才能行使的是救济性权利。

（四）单位当事人

1. 单位被害人

被害人一般是指自然人，但单位也可以成为被害人。单位被害人参与刑事诉讼时，应由其法定代表人作为代表参加刑事诉讼。法定代表人也可以委托诉讼代理人参加刑事诉讼。单位被害人在刑事诉讼中的诉讼权利和诉讼义务，与自然人作为被害人时大体相同。

2. 单位犯罪嫌疑人、被告人

在单位犯罪的情况下，单位可以独立成为犯罪嫌疑人、被告人，与作为自然人的直接负责的主管人员和其他直接责任人员一起参与刑事诉讼。

3. 单位犯罪嫌疑人、被告人的诉讼代表人

（1）含义：代表单位参加刑事诉讼的人。

（2）诉讼代表人的确定顺序：

①**第一顺位**：被告单位的诉讼代表人，**应当**是**法定代表人**、**实际控制人**或者**主要负责人**。

②**第二顺位：单位内接受委托的律师等人**。法定代表人、实际控制人或者主要负责人被指控为单位犯罪直接责任人员或者**因客观原因无法出庭**的，**应当**由被告**单位委托其他负责人**或者**职工**作为诉讼代表人。**但是**，有关人员被指控为单位犯罪直接责任人员或者知道案件情况、**负有作证义务的除外**。

③**第三顺位：单位外接受委托的人**。依据第二顺位难以确定诉讼代表人的，可以由被告单位**委托律师等**单位以外的人员作**为诉讼代表人**。

【特别提示】诉讼代表人不得同时担任被告单位或者被指控为单位犯罪直接责任人员的有关人员的辩护人。

(3) 诉讼代表人的变更

①开庭审理单位犯罪案件，应当通知被告单位的诉讼代表人出庭；**诉讼代表人不符合上述主体要求的，应**当要求人民**检察院另行确定**。

②应当按照下列情形分别处理：

A. 诉讼代表人系被告单位的**法定代表人**、**实际控制人**或者**主要负责人**，**无正当理由**拒不出庭的，**可以拘传其到庭**；因客观原因无法出庭，或者下落不明的，应当要求人民检察院另行确定诉讼代表人。

【特别提示】此处的拘传不是强制措施，而是司法拘传。因为强制措施只适用于真正的犯罪嫌疑人、被告人身上，诉讼代表人只是代表单位参加诉讼，不是犯罪嫌疑人、被告人。关于强制措施的拘传，详见第八章“强制措施”相关内容。

B. 诉讼代表人系**其他人员**的，应当要求人民检察院**另行确定诉讼代表人。**

(五) 自诉人

自诉人是指在自诉案件中，以自己的名义直接向人民法院提起诉讼的人。自诉人相当于自诉案件的原告人，通常是该案件的被害人。关于自诉人的诉讼权利与诉讼义务等，详见第十五章“第一审程序”第三节“自诉案件第一审程序”相关内容。

(六) 附带民事诉讼当事人

包括附带民事诉讼原告人和附带民事诉讼被告人。附带民事诉讼原告人是指在刑事诉讼中，因被告人的犯罪行为遭受物质损失，并在刑事诉讼过程中提出赔偿请求的人。附带民事诉讼被告人是指在刑事诉讼中，对犯罪行为所造成的物质损失负有赔偿责任的人。关于附带民事诉讼原告人和被告人的范围及其诉讼权利，详见第九章“附带民事诉讼”相关内容。

【特别提示】附带民事诉讼指在刑事诉讼过程中顺便提起的民事诉讼，要求解决的是物质损害赔偿问题，因此，附带民事诉讼属于民事诉讼，只不过这个民事诉讼附在刑事诉讼中一起往前推进而已。

三、其他诉讼参与人

(一) 概述

1. 概念

其他诉讼参与人是指除公安司法人员以及当事人之外，参与诉讼活动并在诉讼中享有一定的诉讼权利、承担一定的诉讼义务的人。

2. 范围。其他诉讼参与人包括：(1) 法定代理人；(2) 诉讼代理人；(3) 辩护人；(4) 证人；(5) 鉴定人；(6) 翻译人员。

【特别提示】“其他诉讼参与人”这个概念与“诉讼参与人”的概念一样，都是有特定范围的。只有上述6种身份的人，才属于“其他诉讼参与人”。

★★（二）法定代理人

1. 概念：法定代理人是由法律规定的对被代理人负有专门保护义务并代其进行诉讼的人。

2. 产生依据：法定代理人参加刑事诉讼是**依据法律的规定**，而不是基于委托关系。

3. 范围：被代理人的父母、养父母、监护人和负有保护责任的机关、团体的代表。

> **【特别提示】**法定代理人的范围不是并列任选的关系，而是按顺序担任的关系。

4. 代理对象：未成年人、无行为能力人或者限制行为能力人。

5. 诉讼地位：具有独立的法律地位，在行使代理权限时无需经过被代理人同意。

6. 诉讼权利：法定代理人享有广泛的与被代理人相同的诉讼权利，但法定代理人不能代替被代理人作陈述，也不能代替被代理人承担与人身相关联的义务，例如服刑、赔礼道歉等。

> **【特别提示】**未成年被告人的最后陈述权，不能由法定代理人行使，法定代理人只能在未成年被告人最后陈述后，行使**补充陈述**的权利。

★★（三）诉讼代理人

1. 概念：诉讼代理人是基于被代理人的委托而代表被代理人参与刑事诉讼的人。

2. 产生依据：基于被代理人的委托而代表被代理人参与刑事诉讼。

3. 范围：律师；社会团体或所在单位推荐的人；被代理人的监护人或者亲友。

> **【特别提示】**诉讼代理人的范围与辩护人的范围相同。

4. 有权委托诉讼代理人的主体：

①被害人、自诉人和附带民事诉讼的当事人；

②被害人、自诉人和附带民事诉讼的当事人的法定代理人；

③公诉案件被害人的近亲属。

> **【特别提示】**有两点需要注意：第一，自诉人的近亲属无权委托诉讼代理人。第二，近亲属的范围仅限于：**夫、妻、父、母、子、女、同胞兄弟姐妹**。

5. 诉讼权利：诉讼代理人只能在被代理人授权范围内进行诉讼活动，既不得超越代理范围，也不能违背被代理人的意志。如果没有被代理人的授权，诉讼代理人代替被代理人进行的诉讼活动就不具有法律效力。

> **【特别提示】**诉讼代理人的**职责**只是帮助被代理人**行使诉讼权利**，而由此产生的**诉讼义务仍然由被代理人承担**。

6. 诉讼地位：不具有独立的法律地位，仅仅是被代理人的代言人。

考点归纳		
	法定代理人	**诉讼代理人**
产生依据	法律规定	委托
代理对象	限制行为能力和无行为能力的人	1. 被害人、自诉人和附带民事诉讼的**当事人** 2. 被害人、自诉人和附带民事诉讼的当事人的**法定代理人** 3. 被害人的**近亲属**（近亲属的范围：夫、妻、父、母、子、女、同胞兄弟姐妹） **【记忆技巧】**上、下、左、右。 4. **违法所得没收：**犯罪嫌疑人、被告的近亲属和其他利害关系人 5. **强制医疗**[1]：被申请人、被告人
范围	父母、养父母、监护人和负有保护责任机关、团体的代表	律师；社会团体或者被代理人所在单位推荐的人；被代理人的监护人或者亲友
诉讼地位	【独立地位】不受被代理人意志约束	【没有独立地位】不能违背被代理人意志
诉讼权利	权利基本和被代理人等同（人身性质行为＋最后陈述除外）	只能在授权范围内

★★★★★（四）证人

1. 概念与特点

（1）概念：在刑事诉讼中，证人是指在诉讼外了解案件情况的当事人以外的人。

（2）证人的特点：

①**具有不可替代性**。即证人必须就自己亲自感知的事实向公、检、法机关作证，原则上不得由他人转述。要求证人亲自作证的理由有二：一是由于每个人的感知能力、表达能力等不同，经过转述的证言的真实性降低；二是如果证人自己讲假话，但真正向公检法机关陈述的是另一人，导致伪证罪由谁承担的问题。

②**具有优先性**。即当证人的身份与其他身份发生冲突的时候，只能以证人的身份作证。例如，某法官在上班路上目击一起凶杀案，若这起案件起诉到该法官所在的法院，则该法官不能担这起案件的审判人员，而只能优先担任本案的证人。

2. 证人的条件（证人资格）

（1）积极条件：根据法律规定，凡是知道案件情况的人，都有作证的义务。证人的积极条件如下：

①证人必须是**当事人以外的人**。犯罪嫌疑人、被告人和被害人虽然也要作证，但是以当事人身份作证，他们不是证人。

②证人必须是在**诉讼之外**了解案件情况的人。侦查人员、公诉人、审判人员以及辩护人、诉讼代理人、鉴定人等通过参与诉讼也了解案件情况，但这些人对案件情况的了解是在诉讼开始后的诉讼过程中形成的，因而不属于证人。

③证人只能是自然人。国家机关、企业、事业单位或者人民团体，不能成为证人，因为它

[1] 没收程序和强制医疗程序中都是诉讼代理人而不是辩护人（因为这两个程序不解决定罪量刑问题）。

们不能像自然人一样感知案件事实，无法享有证人的诉讼权利或者承担证人的诉讼义务。

【特别提示】有且仅有一种例外情况下，即使是在诉讼中了解案件情况的，也是证人的身份：即**人民警察就其执行职务时目击的犯罪情况作为证人出庭作证，适用证人出庭作证的规定**。（《刑事诉讼法》第192条第2款规定）。关于侦查人员在此种情况下的身份可总结如下：

第一，侦查人员就其侦查活动中了解到的有罪无罪、罪重罪轻的案件情况出庭作证的，侦查人员是证人身份。

第二，侦查人员就其侦查活动中有没有非法取证出庭说明的，其仍然是侦查人员身份。

（2）消极条件（没有证人资格）：生理上、精神上有缺陷或者年幼，并且不能辨别是非、不能正确表达的人不得作为证人。

【特别提示】要排除一个了解案件情况的人作为证人的资格，须同时符合以下两个条件：一是生理上、精神上有缺陷或者年幼；二是能辨别是非、不能正确表达。换言之，如果仅仅生理上、精神上有缺陷或者年幼，但是能够辨别是非的，是可以担任证人的。

3. 证人的诉讼权利

（1）证人的诉讼权利：

①**查阅证言笔录**，并在发现笔录的内容与作证的内容不符时要求予以补充或者修改。

②**控告权**。对于公检法侵犯诉讼权利和人身侮辱的行为，有权提出控告。

③**经济补偿权**（《刑事诉讼法》第65条）：

A. **证人**因履行作证义务而支出的**交通、住宿、就餐等费用，应当给予补助**。证人作证的补助列入司法机关业务经费，由同级政府财政予以保障。

B. 有工作单位的证人作证，所在**单位不得克扣或者变相克扣其工资、奖金及其他福利待遇**。

【特别提示1】经济补偿权是专属于证人的权利，被害人虽然要作证，但是以当事人身份作证，不享有经济补偿权。

【特别提示2】证人的经济补偿权，只补偿交通、住宿、就餐费，而误工费不补偿。

④**要求公安司法机关保证其本人及其近亲属安全**（《刑事诉讼法》第64条）：

对于危害**国**家安全犯罪、**恐**怖活动犯罪、**黑**社会性质的组织犯罪、**毒**品犯罪等案件，**证人、鉴定人、被害人**因在诉讼中作证，本人或者其**近亲属**的人身安全面临危险的，人民法院、人民检察院和公安机关**应当**采取以下一项或者多项保护措施：（1）**不公开**真实姓名、住址和工作单位等个人信息；（2）采取**不暴露**外貌、真实声音等出庭作证措施；（3）**禁止**特定的人员**接触**证人、鉴定人、被害人及其近亲属；（4）对人身和住宅采取**专门性保护**措施；（5）其他必要的保护措施。

证人、鉴定人、被害人认为因在诉讼中作证，本人或者其近亲属的人身安全面临危险的，可以向人民法院、人民检察院、公安机关请求予以保护。

人民法院、人民检察院、公安机关依法采取保护措施，有关单位和个人应当配合。

【特别提示1】《刑诉解释》第256条：证人、鉴定人、被害人因**出庭作证**，本人或者其近亲属的人身安全面临危险的，人民法院应当采取**不公开**其真实姓名、住址和工作单位等个人信息，或者**不暴露**其外貌、真实声音等保护措施。辩护律师经法庭许可，查阅对证人、鉴定人、被害人使用化名情况的，应当签署**保密承诺书**。审判期间，证人、鉴定人、被害人提出保护请求的，人民法院应当立即审查；认为确有保护必要的，应当及时决定采取相应保护措施。必要时，可以商请公安机关协助。

【特别提示2】A. 人身保护权的权利主体包括证人、鉴定人、被害人以及他们的近亲属。近亲属的范围是：夫、妻、父、母、子、女、同胞兄弟姐妹（记忆技巧：上下左右）。

B. 在审判阶段，法院对任何案件都可主动提供人身保护，也可以依申请提供；在侦查阶段和审查起诉阶段，只有“国”“恐”“黑”“毒”四类案件既可以依职权，也可以依申请提供人身保护，其他案件要提供人身保护，须依申请。

【总结】

（1）**四类案件**（国、恐、黑、毒）
- ①公检法可主动提供人身保护的
- ②公安机关可采取技术侦查的

（2）**两类案件**（国、恐）
- ①**侦查期间**会见须经侦查机关批准的。
- ②可以指定居所监视居住的。
- ③**拘留**不需要24小时内通知家属的。

【经典金题】

1. 某地法院审理齐某组织、领导、参加黑社会性质组织罪，关于对作证人员的保护，下列哪些选项是正确的？（2014年卷二第69题，多）[1]

A. 可指派专人对被害人甲的人身和住宅进行保护

B. 证人乙可申请不公开真实姓名、住址等个人信息

C. 法院通知侦查人员丙出庭说明讯问的合法性，为防止黑社会组织报复，对其采取不向被告人暴露外貌、真实声音的措施

D. 为保护警方卧底丁的人身安全，丁可不出庭作证，由审判人员在庭外核实丁的证言

2. 在袁某涉嫌故意杀害范某的案件中，下列哪些人员属于诉讼参与人？（2017年卷二第

---

[1]【解析】本题表面上来看似乎考的是人身保护权的保护措施，但真正考的是人身保护权的权利主体，特别是证人资格问题。

A项：人身保护权的权利主体包括证人、鉴定人、被害人以及上述人员的近亲属（上下左右）。据此，被害人属于人身保护权的权利主体。而且，审判阶段，法院对任何案件都可以主动提供人身保护，据此，A项正确。

B项：证人属于人身保护权的权利主体，而且证人可以申请提供保护，B项正确。

C项：由于侦查人员丙出庭是为了说明讯问的合法性，而不是就他在侦查中目击到的犯罪情况出庭，因此侦查人员丙此时仍然只是侦查人员身份，因此不是人身保护权的权利主体，不能为其提供人身保护，C项错误。

D项：如果使用该证据可能危及有关人员的人身安全，或者可能产生其他严重后果的，应当采取不暴露有关人员身份、技术方法等保护措施，必要的时候，可以由审判人员在庭外对证据进行核实。为保护警方卧底丁的人身安全，丁可不出庭作证，由审判人员在庭外核实丁的证言是正确的。因此，D项正确。对卧底丁的证言在庭外核实的内容，主要规定在第七章证据中，考生若因为还未复习到证据的内容而导致本选项做错的，不必太过在意。

综上所述，本题答案为ABD项。

66题，多）〔1〕

A. 侦查阶段为袁某提供少数民族语言翻译的翻译人员

B. 公安机关负责死因鉴定的法医

C. 就证据收集合法性出庭说明情况的侦查人员

D. 法庭调查阶段就范某死因鉴定意见出庭发表意见的有专门知识的人

★★（五）鉴定人

1. 概念

鉴定人，是指接受公安司法机关的**指派**或者**聘请**，运用自己的专门知识或者技能对刑事案件中的专门性问题进行分析判断并提出书面鉴定意见的人。

【特别提示】侦查机关（包括公安机关、检察院）可以根据侦查工作的需要设立鉴定部门，社会也会有专门的鉴定机构。若案件所需鉴定人类型在侦查机关的鉴定部门就有，则侦查机关直接“指派”鉴定人；若案件所需鉴定人类型在侦查机关的鉴定部门没有，则侦查机关须聘请社会鉴定机构的鉴定人。不管是接受指派还是委托，只要以鉴定人身份参加诉讼的，都是诉讼参与人。

2. 条件

①鉴定人必须是没有利害关系的人。

②鉴定人通过参加刑事诉讼的途径了解案件的真实情况。

③鉴定人受到公安司法机关指派或者聘请产生，并且在诉讼过程中可以更换。

④鉴定人必须具备鉴定某项专门性问题的知识或技能。

⑤鉴定人只能是自然人。

【特别提示】首先，判断一个人能否作为鉴定人，是看这个人是否具有鉴定人所需的资质，如果这个人生理上有缺陷，但不影响鉴定资质的，该人仍可以担任鉴定人。据此，生理上有缺陷的人有时可以担任鉴定人。其次，鉴定人只能是自然人，同时鉴定意见也只能由鉴定人以个人名义出具，在鉴定意见上加盖鉴定人所在鉴定机构的公章，仅仅是为了表明这个鉴定人的隶属关系，而并不是表示鉴定意见是由鉴定机构出具的。

3. 鉴定人的诉讼权利

①了解与鉴定有关的案件情况。

②有权要求指派或者聘请的机关提供足够的鉴定材料，在提供的鉴定材料不充分、不具备作出鉴定结论的条件时，有权要求有关机关补充材料，否则有权拒绝鉴定。

---

〔1〕【解析】A项：翻译人员属于诉讼参与人。因此，A项正确。

B项：负责死因鉴定的法医是鉴定人，因此属于诉讼参与人。B项正确。需要指出的是，侦查机关内部可以设置鉴定部门，社会上也可以有鉴定机构，不管是侦查机关（包括公安机关）指派内部有的鉴定人，还是聘请外部的鉴定机构的鉴定人，只要是以鉴定人身份参与诉讼的，都是诉讼参与人。

C项：同样是侦查人员，同样是出庭，如果侦查人员就其侦查中目击的犯罪情况出庭的，属于证人；如果是就其在侦查中取证合法性出庭说明的，则此时法律没有赋予其特殊身份，其仍然只能是侦查人员身份。因此，侦查人员是就证据收集合法性出庭说明情况的，其只能是侦查人员身份，因为是侦查人员身份，所以就不属于诉讼参与人了。C项错误。

D项：有专门知识的人不是鉴定人，虽然其参加诉讼，但是不属于12种身份中的任何一种，因此不是诉讼参与人，D项错误。

综上所述，本题答案为AB项。

③要求为鉴定提供必要的条件。

④收取鉴定费用。

⑤鉴定人及其近亲属因在诉讼中作证，人身安全面临危险的，有权获得人身保护。

考点归纳		
	证人	**鉴定人**
积极范围	**当事人以外＋在诉讼外了解案情＋自然人**	诉讼中了解案情＋专门性问题＋**自然人**。
消极范围	**不能明辨是非、不能正确表达的人；【其他都可】**	品格污点、没有资质的人
资质年龄	不需要	需要
产生时间	一般案发时	**诉讼中：公检法**＋指派或聘请
可替代性	人身不可替代	可以替代
利害关系	可以有	不可以
回避	不适用	适用
缺陷资格	生理上、精神上有缺陷，有时仍可担任	精神上有缺陷，不能担任；但生理上有缺陷，只要该缺陷不影响其鉴定资质，仍可以担任

（六）辩护人（详见第六章辩护与代理的内容）

辩护人是指在刑事诉讼中接受犯罪嫌疑人、被告人及其法定代理人的委托，或者接受人民法院的指定，依法为犯罪嫌疑人、被告人辩护，以维护其合法权益的人

（七）翻译人员

翻译人员，是指在刑事诉讼过程中接受公安司法机关的指派或者聘请，为参与诉讼的外国人或无国籍人、少数民族人员、盲人、聋人、哑人等进行语言、文字或者手势翻译的人员。翻译人员应当**是与本案没有利害关系的人**，否则，当事人有权申请其回避。

四、有专门知识的人（非诉讼参与人）

1. **概念：**运用专门知识参与刑事诉讼，协助解决专门性问题或者提出意见的**鉴定人以外的人**。

2. **性质：非诉讼参与人**。

【注意】有专门知识的人出庭，**适用鉴定人的有关规定**。

3. **参与刑事诉讼的方式**

（1）参与侦查活动中的**勘验、检查**；

（2）**出庭就鉴定意见和专门性问题提出意见；**

（3）**对涉及专门技术问题的证据材料进行审查并提出意见**。《最高检规则》第334条第2款规定：“人民检察院（在审查起诉中——编者注）对鉴定意见等技术性证据材料需要进行专门审查的，按照有关规定交检察技术人员或者其他有专门知识的人进行审查并出具审查意见。”

（4）**就专门性问题出具报告并出庭作证**。《刑诉解释》第100条第1款规定：“因无鉴定机构**【前提】**，或者根据法律、司法解释的规定，指派、聘请有专门知识的人就案件的专门性问题出具的报告，可以作为证据使用。”

【特别提示】对上述规定的有专门知识的人出具的报告的审查与认定，参照适用鉴定意见的有关规定。经人民法院通知，出具报告的人**拒不出庭作证**的，有关报告不**得作为定案的根据**。

【主观题点睛】（2021 **年主观题仿真题**）

【案情】

甲公司通过招投标获得某地块准备开发，但在拆迁过程中有两户居民不同意拆迁，公司两位股东贾某、林某便授意员工李某、宋某纠集社会闲杂人员，采用扔石头、放高音喇叭等措施骚扰两户居民。两户居民不堪忍受，遂报警。公安机关以涉嫌寻衅滋事罪对贾某、林某、李某、宋某等四人立案侦查。侦查过程中，林某因认罪认罚，且有重大立功表现，公安机关对其作出撤案的决定。贾某、宋某、李某也认罪认罚，宋某因没有委托辩护人，公安机关安排其会见了值班律师马某。后该案侦查终结移送审查起诉。

因该案社会影响重大，群众反映强烈，检察机关对贾某、李某、宋某三人以涉嫌寻衅滋事罪提起公诉。一审法院经审理，认定二人指控罪名成立并作出有罪判决。李某不服一审判决，提起上诉。

二审期间，监察机关经调查，发现甲公司为取得该地块向某区副区长行贿 200 万元，股东贾某、林某作为主要责任人也被立案调查。

【问题】关于甲公司行贿一案，人民法院应如何确定单位犯罪的诉讼代表人？

【解析】答：首先，根据《刑诉解释》第 279 条规定，被告单位甲公司的诉讼代表人，应当是法定代表人、实际控制人或者主要负责人；

其次，法定代表人、实际控制人或者主要负责人被指控为单位犯罪直接责任人员或者因客观原因无法出庭的，应当由被告单位甲公司委托其他负责人或者职工作为诉讼代表人。但是，有关人员被指控为单位犯罪直接责任人员或者知道案件情况、负有作证义务的除外。

再其次，难以确定诉讼代表人的，可以由被告单位甲公司委托律师等单位以外的人员作为诉讼代表人。

最后，根据《刑诉解释》第 337 条第 1 款规定，诉讼代表人不符合上述规定的，应当要求人民检察院另行确定。

第四章　管　辖

【复习提要】

刑事诉讼中的管辖，是公安机关、人民检察院和人民法院等依照法律规定立案受理刑事案件以及人民法院系统内审判第一审刑事案件的分工制度。管辖制度是刑事诉讼法的基础考点。本章的重点内容：(1) 立案管辖，具体包括人民检察院直接受理的案件范围、人民法院直接受理的案件范围、不同机关之间管辖权竞合的处理；(2) 审判管辖，具体包括级别管辖、地区管辖、专门管辖、指定管辖、特殊案件的管辖。

【知识框架】

- 管辖
  - 立案管辖
    - 公、监、检、法机关的分工
      - 检察机关直接受理的案件★★★★
      - 监察机关立案调查的案件
      - 法院直接受理的案件
      - 公安直接受理的案件
    - 公、监、检、法机关管辖竞合的处理★★★
  - 审判管辖
    - 级别管辖
      - 各级法院管辖的分工
        - 基层人民法院
        - 中级人民法院
        - 高级人民法院
        - 最高人民法院
      - 级别管辖应当遵循的原则★★★★
    - 地区管辖★★
    - 专门管辖
    - 指定管辖
    - 特殊管辖★★
      - 在中国领域外的中国船舶内的犯罪
      - 内水、领海发生的犯罪
      - 中国公民在中国领海以外的海域对中国国家或者公民的犯罪
      - 外国人在中国领海以外的海域对中国国家或者公民犯罪
      - 对中国缔结或者参加的国际条约所规定的犯罪

第一节　立案管辖

【学习提要】本节在法考的客观和主观题中属于常考内容，需要考生熟练掌握。考生在本节需要注意检察院自侦案件的范围和法院可以直接受理的案件范围，交叉管辖的内容，特别是监察委员会与其他机关交叉管辖的处理原则。

【法条依据】《刑事诉讼法》第19条：刑事案件的侦查由公安机关进行，法律另有规定的除外。人民检察院在对诉讼活动实行法律监督中发现的司法工作人员利用职权实施的非法拘禁、刑讯逼供、非法搜查等侵犯公民权利、损害司法公正的犯罪，可以由人民检察院立案侦查。对于公安机关管辖的国家机关工作人员利用职权实施的重大犯罪案件，需要由人民检察院直接受理的时候，经省级以上人民检察院决定，可以由人民检察院立案侦查。自诉案件，由人民法院直接受理。

【知识点精讲】

立案管辖，是指公安司法机关之间在直接受理刑事案件上的权限分工。立案管辖所要解决的是哪类刑事案件由公安司法机关中的哪一个机关立案受理的问题，即确定：哪些刑事案件不需要经过侦查，由法院直接受理；哪些刑事案件由公安机关或其他机关立案侦查（调查）。

一、人民法院直接受理的案件范围（也称为“自诉案件”）

由人民法院直接受理的刑事案件，也称为自诉案件，是指被害人及其法定代理人、近亲属，为追究被告人的刑事责任，直接向人民法院提起诉讼的案件。自诉案件有三类：

（一）告诉才处理的案件（亲告罪）

1. 概念：只能由被害人或其法定代理人向人民法院起诉，人民法院才予以受理的案件。

2. 范围：

（1）**侮**辱、**诽**谤案（严重危害社会秩序和国家利益的除外）；

（2）**暴**力干涉婚姻自由案（致使被害人死亡的除外）；

（3）**虐**待案（被害人没有能力告诉，或者因受到强制、威吓无法告诉的除外）（此外，虐待致使被害人重伤、死亡的，也属于公诉案件）；

（4）**侵**占案（绝对的告诉才处理的案件）。

【提示】前四种情况都有例外，只有侵占罪无例外。

（二）被害人有证据证明的轻微刑事案件（3 年有期徒刑以下刑罚）【可公诉可自诉】

（1）**故意伤害案（轻伤）**；（2）**重婚案**；（3）**遗弃案**；（4）非法侵入住宅案；（5）侵犯通信自由案；（6）生产、销售伪劣商品案（但严重危害社会秩序和国家利益的除外）；（7）侵犯知识产权案（《刑法》分则第 3 章第 7 节规定的，但严重危害社会秩序和国家利益的除外）；（8）《刑法》分则第 4 章、第 5 章规定的，对被告人可能判处 3 年有期徒刑以下刑罚的案件。

【提示】上述案件，**可公诉也可提起自诉**。

（三）被害人有证据证明对被告人侵犯自己人身或财产权利的行为应当依法追究刑事责任，有证据证明曾经提出控告，而公安机关或人民检察院不予追究的案件（公诉转自诉案件）

这类自诉案件必须具备以下条件：

1. 被告人的行为侵犯的是被害人的人身权利或财产权利；

2. 被告人的行为应当依法追究刑事责任；

3. 被害人有证据证明被告人的行为构成犯罪；

4. 被害人有证据证明曾经提出控告，而公安机关或检察机关已经作出不予追究被告人刑事责任的决定。

【特别提示】自诉案件有三类，告诉才处理的案件只是其中一类，不能将二者等同起来。

★★★★二、人民检察院直接受理的案件范围（也称为“自侦案件”）

（一）司法工作人员侵犯公民权利的职务犯罪

1. 人民检察院在对诉讼活动实行法律监督中发现的**司法工作人员**利用**职权**实施的非法拘

禁、刑讯逼供、非法搜查等**侵犯公民权利、损害司法公正**的犯罪（14个罪名[1]），**可以**由人民检察院立案侦查。

2. **司法工作人员：**是指有侦查、检察、审判、监管职责的工作人员。

【特别提示】上述案件，人民检察院并没有独享管辖权。监察机关必要时可以依法调查，并在立案后及时通报同级人民检察院。

（二）国家机关工作人员利用职权实施的重大犯罪

对于**公安机关管辖**的**国家机关工作人员**利用**职权**实施的重大犯罪案件，需要由人民检察院直接受理的时候，**经省级以上**人民**检**察院**决定，可以**由人民检察院立案侦查。

【特别提示】人民检察院需要直接立案侦查的，应当层报省级人民检察院决定。报请省级人民检察院决定立案侦查的案件，应当制作提请批准直接受理书，写明案件情况以及需要由人民检察院立案侦查的理由，并附有关材料。省级人民检察院应当在收到提请批准直接受理书后10日以内作出是否立案侦查的决定。省级人民检察院**可以决定由设区的市级人民检察院立案侦查，也可以自行立案侦查**。

【例】某市海关科长，与走私集团通谋，利用职权走私国家禁止出口的文物，情节特别严重。根据规定，在海关关境内的走私犯罪由海关（公安）缉私部门侦查，由于缉私部门也隶属于公安机关，可以说本案可以由公安机关侦查，此时，人民检察院在同时符合以下两个条件下，也可以决定立案侦查：一是重大犯罪案件；二是经省级以上检察院决定。

（三）人民检察院立案侦查的案件级别管辖

1. **原则：**

（1）人民检察院立案侦查的案件，由设区的**市级人民检察院**管辖。基层人民检察院发现犯罪线索的，应上报设区的市级人民检察院决定立案侦查。

（2）**最高人民检察院、省级人民检察院**发现犯罪线索的，可以**自行**立案侦查，**也可以**将犯罪线索**交由**指定的**省级**人民检察院或者设区的**市级**人民检察院立案侦查。

2. **例外：**

设区的市级人民检察院可以交给基层人民检察院立案侦查或要求基层人民检察院协助侦查。

三、监察机关立案调查的案件

《监察法》第15条：监察机关对下列**公职人员**和**有关人员**进行监察：

（一）中国共产党机关、人民代表大会及其常务委员会机关、人民政府、监察委员会、人民法院、人民检察院、中国人民政治协商会议各级委员会机关、民主党派机关和工商业联合会机关的公务员，以及参照《中华人民共和国公务员法》管理的人员；

（二）法律、法规授权或者受国家机关依法委托管理公共事务的组织中从事公务的人员；

（三）国有企业管理人员；

（四）公办的教育、科研、文化、医疗卫生、体育等单位中从事管理的人员；

---

〔1〕（1）非法拘禁罪；（2）非法搜查罪；（3）滥用职权罪；（4）玩忽职守罪；（5）刑讯逼供罪；（6）暴力取证罪；（7）虐待被监管人罪；（8）徇私枉法罪；（9）民事、行政枉法裁判罪；（10）执行判决、裁定失职罪；（11）执行判决、裁定滥用职权罪；（12）私放在押人员罪；（13）失职致使在押人员脱逃罪；（14）徇私舞弊减刑、假释、暂予监外执行罪。

（五）基层群众性自治组织中从事管理的人员；

（六）其他依法履行公职的人员。

《监察法》第 11 条：监察委员会依照本法和有关法律规定履行**监督、调查、处置**职责：

（一）对公职人员开展廉政教育，对其依法履职、秉公用权、廉洁从政从业以及道德操守情况进行监督检查；

（二）**对涉嫌贪污贿赂、滥用职权、玩忽职守、权力寻租、利益输送、徇私舞弊以及浪费国家资财等职务违法和职务犯罪进行调查；**

（三）对违法的公职人员依法作出政务处分决定；对履行职责不力、失职失责的领导人员进行问责；对涉嫌职务犯罪的，将调查结果移送人民检察院依法审查、提起公诉；向监察对象所在单位提出监察建议。

四、公安机关立案侦查的案件

（一）公安机关立案侦查的范围

《刑事诉讼法》第 19 条第 1 款规定："刑事案件的侦查由公安机关进行，法律另有规定的除外。"据此，一般的刑事案件都由公安机关立案侦查，除法律另有规定。

注意：信息网络犯罪案件的管辖

1. **信息网络犯罪案件的范围：**

（1）危害计算机信息系统安全犯罪案件；

（2）**拒不履行**信息网络安全管理义务、**非法利用**信息网络、**帮助**信息网络犯罪活动的犯罪案件；

（3）主要行为通过信息网络实施的**诈骗、赌博、侵犯公民个人信息**等其他犯罪案件。

2. **信息网络犯罪案件的地域管辖：**信息网络犯罪案件由犯罪地公安机关立案侦查。必要时，可以由犯罪嫌疑人居住地公安机关立案侦查。

信息网络犯罪案件的犯罪地包括用于实施犯罪行为的网络服务使用的服务器所在地，**网络服务提供者所在地**，被侵害的信息网络系统及其管理者所在地，犯罪过程中犯罪嫌疑人、被害人或者**其他涉案人员**使用的信息网络系统所在地，被害人被侵害时所在地以及被害人财产遭受损失地等。

涉及多个环节的信息网络犯罪案件，犯罪嫌疑人为信息网络犯罪提供帮助的，其犯罪地、居住地或者**被帮助对象的犯罪地**公安机关可以立案侦查。

3. **信息网络犯罪案件的共同管辖：**有多个犯罪地的信息网络犯罪案件，由最初受理的公安机关或者主要犯罪地公安机关立案侦查。有争议的，按照有利于查清犯罪事实、有利于诉讼的原则，**协商解决**；经协商无法达成一致的，由**共同上级**公安机关**指定**有关公安机关立案侦查。需要提请批准逮捕、移送审查起诉、提起公诉的，由立案侦查的公安机关所在地的人民检察院、人民法院受理。

4. **信息网络犯罪案件的并案管辖：**具有下列情形之一的，公安机关、人民检察院、人民法院可以在其职责范围内**并案**处理：

（1）一人犯数罪的；

（2）共同犯罪的；

（3）共同犯罪的犯罪嫌疑人、被告人还实施其他犯罪的；

（4）多个犯罪嫌疑人、被告人实施的犯罪行为存在关联，并案处理有利于查明全部案件事实的。

对为信息网络犯罪**提供程序开发、互联网接入、服务器托管、网络存储、通讯传输等技术**

支持，或者广告推广、支付结算等帮助，涉嫌犯罪的，可以依照第一款的规定**并案侦查**。

有关公安机关依照前两款规定并案侦查的案件，需要提请批准逮捕、移送审查起诉、提起公诉的，由该公安机关所在地的人民检察院、人民法院受理。

5. **信息网络犯罪案件的分案起诉**：并案侦查的共同犯罪或者关联犯罪案件，犯罪嫌疑人人数众多、案情复杂的，公安机关可以**分案移送**审查起诉。分案移送审查起诉的，应当对并案侦查的依据、分案移送审查起诉的理由作出说明。

对于前款规定的案件，人民检察院**可以分案提起公诉**，人民法院**可以分案审理**。

分案处理应当以有利于**保障诉讼质量和效率**为前提，并**不得影响当事人质证权**等诉讼权利的行使。

6. **信息网络犯罪案件的分别追究机制**：对于**共同犯罪**或者**已并案侦查**的关联犯罪案件，部分犯罪嫌疑人未到案，但不影响对已到案共同犯罪或者关联犯罪的犯罪嫌疑人、被告人的犯罪事实认定的，**可以先行追究已到案**犯罪嫌疑人、被告人的刑事责任。**之前未到案的**犯罪嫌疑人、被告人归案后，可以由**原办案机关所在地**公安机关、人民检察院、人民法院管辖其所涉及的案件。

7. **信息网络犯罪案件的指定管辖**

（1）犯罪嫌疑人**被多个公安机关立案侦查**的，有关公安机关**一般应当协商并案处理**，并依法移送案件。**协商不成**的，可以报请**共同上级**公安机关**指定**管辖。

（2）对于具有特殊情况，**跨省**（自治区、直辖市）**指定异地**公安机关**侦查**更有利于查清犯罪事实、保证案件公正处理的重大信息网络犯罪案件，以及在**境外**实施的信息网络犯罪案件，公安部可以商**最高**人民**检察院**和**最高**人民**法院**指定侦查管辖。

（二）法律另有规定【同公安机关行使相同侦查权】

1. **国家安全机关**：对与国家安全有关的案件进行侦查。

2. **军队保卫部门**：对军队内部发生的刑事案件行使侦查权。

3. **监狱**：对**罪犯**在**监狱内**犯罪的案件进行侦查。**【罪犯＋监狱内】**

【正例】甲因盗窃罪在监狱服刑，服刑期间和狱友乙打架，造成乙轻伤，由此甲涉嫌的故意伤害罪由监狱侦查。

【反例】两个狱警在监狱里面一言不合打起来，甲把乙打成了重伤，甲犯故意伤害罪。虽然狱警甲在监狱内犯罪，但其不是罪犯，所以应当由公安机关侦查。

4. **海警机构（中国海警局）**：负责对**海上发生**的刑事案件进行侦查。

5. **海关（公安）缉私部门**：海关（公安）缉私部门负责**海关境内走私犯罪**的侦查工作。海关（公安）缉私部门受公安机关和海关双重领导，因此既是公安机关的组成部门，也是海关的组成部门。换言之，可以说海关关境内的走私犯罪由公安机关侦查。

★★★五、管辖权竞合的处理（交叉管辖的处理）

【学习提要】本考点之下需要掌握的知识点主要有：（1）监察机关与其他机关管辖权竞合的处理；（2）公安机关与检察院交叉管辖的处理。

【知识点精讲】

刑事诉讼中的管辖权竞合，是指某一个刑事案件同时涉及两个或两个以上专门机关都可以管辖的情形。根据《监察法》《刑事诉讼法》《关于人民检察院立案侦查司法工作人员相关职务犯罪案件若干问题的规定》以及其他司法解释的规定，刑事诉讼中不同机关之间的管辖权竞合的处理有所不同，具体如下：

（一）监察机关与其他机关的管辖权竞合

1. **监察机关调查过程中发现被调查人既涉嫌严重职务违法或者职务犯罪，又涉嫌其他违法犯罪的：**

（1）一般应当由**监察机关为主**调查，**其他机关**予以**协助**。

（2）监察机关为主调查的，应当由监察机关和其他机关**分别依职权立案，监察机关承担组织协调职责，协调调查和侦查工作进度、重要调查和侦查措施使用等重要事项**。

【例】监委会对某涉嫌贪污罪的官员甲立案调查，在调查过程中发现甲还有抢劫的犯罪事实，此时，抢劫犯罪仍然由公安机关立案侦查，但由监委会承担组织协调职责，协调贪污罪的调查和公安机关抢劫罪的侦查工作进度、重要调查和侦查措施使用等重要事项。

2. **人民检察院侦查过程中发现**犯罪嫌疑人**同时涉嫌监察机关管辖**的职务犯罪线索的：

（1）**应**当及时与同级监察机关**沟通**。

（2）经沟通，认为**全案**由**监察机关管辖更为适宜**的，人民检察院**应当**将案件和相应职务犯罪线索**一并移送**监察机关。

（3）认为由监察机关和人民检察院**分别管辖**更为适宜的，人民检察院应当将监察委员会管辖的**相应职务犯罪线索移送监察委员会**，对依法由人民检察院管辖的犯罪案件**继续侦查**。

（4）人民检察院应当及时将沟通情况**报告上一级**人民检察院。沟通期间，人民检察院**不得停止对案件的侦查**。

> **【特别提示】**人民检察院在办理直接受理侦查的案件中，发现犯罪嫌疑人同时涉嫌监察机关管辖的其他职务犯罪，经沟通全案移送监察机关管辖的，监察机关应当依法进行调查。

（二）公安机关与人民检察院的管辖权竞合

1. **分别管辖：**涉及对方管辖的案件时，将不属于本部门管辖的案件移送给对方。

【例】A 市的检察机关对涉嫌刑讯逼供的刑警甲进行立案侦查，发现甲在归案前曾畏罪潜逃到 B 市，并在 B 市进行抢劫。

问：该刑讯逼供案和抢劫案怎么查？

答：应当进行分别管辖。甲在 A 市的刑讯逼供案由 A 市的检察院侦查；在 B 市的抢劫案由 B 市的公安机关侦查。

2. **主罪原则：**如果涉嫌主罪属于公安机关管辖，由公安机关为主侦查，人民检察院予以配合；如果涉嫌主罪属于人民检察院管辖，由人民检察院为主侦查，公安机关予以配合。

（三）公诉案件与自诉案件的管辖权竞合

1. **【公诉中发现自诉】**公安机关或人民检察院在侦查过程中，如果发现被告人还犯有属于人民法院直接受理的罪行时，应当分情况进行处理：

（1）如果发现犯罪嫌疑人还犯有**告诉才处理的案件**：告知被害人向法院直接提起诉讼。

（2）如果发现犯罪嫌疑人还犯有**其他类型的自诉案件**（可公诉可自诉/公诉转自诉）：可以立案侦查，随同公诉案件**移送**法院，由法院**合并**审理。（**公可并自**）

2. **【自诉中发现公诉】**人民法院在审理自诉案件过程中，如果发现被告人还犯有必须由人民检察院提起公诉的罪行时：**应当**将新发现的案件**另案移送**有管辖权的公安机关、监察机关、人民检察院处理。（因为不告不理原则，**自不可并公**）

第二节　审判管辖

【学习提要】本节在法考的客观和主观题中的常规考点。考生在本节需要重点掌握以下内容：中级人民法院管辖的案件范围；级别管辖应当遵循的原则；管辖不明指定管辖的程序要求；有管辖权但不宜管辖时的指定管辖；指定管辖后的处理；特殊管辖。

【法条依据】

《刑事诉讼法》第 20 条：基层人民法院管辖第一审普通刑事案件，但是依照本法由上级人民法院管辖的除外。

《刑事诉讼法》第 21 条：中级人民法院管辖下列第一审刑事案件：

（一）危害国家安全、恐怖活动案件；

（二）可能判处无期徒刑、死刑的案件。

《刑事诉讼法》第 22 条：高级人民法院管辖的第一审刑事案件，是全省（自治区、直辖市）性的重大刑事案件。

《刑事诉讼法》第 23 条：最高人民法院管辖的第一审刑事案件，是全国性的重大刑事案件。

《刑事诉讼法》第 24 条：上级人民法院在必要的时候，可以审判下级人民法院管辖的第一审刑事案件；下级人民法院认为案情重大、复杂需要由上级人民法院审判的第一审刑事案件，可以请求移送上一级人民法院审判。

《刑事诉讼法》第 25 条：刑事案件由犯罪地的人民法院管辖。如果由被告人居住地的人民法院审判更为适宜的，可以由被告人居住地的人民法院管辖。

《刑事诉讼法》第 26 条：几个同级人民法院都有权管辖的案件，由最初受理的人民法院审判。在必要的时候，可以移送主要犯罪地的人民法院审判。

《刑事诉讼法》第 27 条：上级人民法院可以指定下级人民法院审判管辖不明的案件，也可以指定下级人民法院将案件移送其他人民法院审判。

《刑事诉讼法》第 28 条：专门人民法院案件的管辖另行规定。

【知识点精讲】

审判管辖，是指各级人民法院之间、同级人民法院之间以及普通人民法院与专门人民法院之间、各专门法院之间，在审判第一审刑事案件上的职权划分。审判管辖所要解决的是在人民法院系统内部受理案件的分工，即一起刑事案件具体应该由哪一个人民法院进行第一审的问题。具体来说，包括级别管辖、地区管辖、移送管辖、指定管辖和特殊管辖。

★★★一、级别管辖

级别管辖，是指各级人民法院之间在审判第一审刑事案件上的权限划分，是对第一审刑事案件审判权的纵向划分，解决的是上下级人民法院之间的权限分工问题。

（一）级别管辖的具体划分

1. 最高人民法院：管辖全国性的重大刑事案件。

2. 高级人民法院：管辖全省（自治区、直辖市）性的重大刑事案件。

★3. 中级人民法院：

（1）危害国家安全、恐怖活动案件；

（2）可能判处无期徒刑、死刑的案件；

（3）违法所得没收程序；

（4）**缺席审判程序中的贪污贿赂案件、经最高人民检察院核准的严重危害国家安全犯罪、**

恐怖活动犯罪案件。

【记忆技巧】国、恐、无、死、没、缺。

4. 基层人民法院

管辖第一审普通刑事案件，但是依照本法由上级人民法院管辖的除外。

（二）级别管辖应当遵循的原则

1. 上级法院可以审判应由下级法院管辖的案件（上可以审下）

（1）**【上可审下】**上级法院在必要的时候，**可以审判下**级法院**管辖**的**第一审**刑事案件。

（2）**【就高不就低原则】**一人犯**数罪**、**共同犯罪**案件或者其他需要**并案**审理的案件，其中一人或者一罪属于上级法院管辖的，**全案**由上级法院管辖。

【特别提示】未成年人与成年人共同犯罪中，**未成年人**分案处理，即未成年人部分从立案开始就与成年人部分分成两个独立的案件，所以在运用“就高不就低”原则时，应当先将未成年人部分排除出去（因其已成为一个独立的案件）。

（3）检察院认为可能判处无期徒刑、**死刑**，向中级法院提起公诉的案件，中级法院**受理**后，认为不需要判处无期徒刑、死刑的，应当依法审判，不再交基层法院审判。

（4）**【下可请移上】**下级法院认为：①重大、复杂案件；②新类型的疑难案件；③在法律适用上具有普遍指导意义的案件，需要由上级法院审判的第一审刑事案件，可以请求移送上一级法院审判。

【特别提示】上级人民法院决定审判下级人民法院管辖的第一审刑事案件的，应当向下级人民法院下达改变管辖决定书，并**书面通知该上级法院的同级**人民**检**察院。

2. 下级法院绝不可以审判应由上级法院审判的案件（下不可以审上）

（1）应当由上级法院管辖的第一审刑事案件，下级法院不能管辖，上级法院也不能交由下级法院审判。

（2）基层人民法院对可能判处无期徒刑、死刑的第一审刑事案件，应当移送中级人民法院审判。

二、地区管辖

地区管辖，是指同级人民法院之间，在审判第一审刑事案件时的权限划分，是对第一审刑事案件审判权的横向划分。确定地区管辖的原则有两个：

★★★★（一）一般原则

【遵循以犯罪地法院管辖为主，被告人居住地法院管辖为辅的原则】

刑事案件由犯罪地的人民法院管辖。如果被告人居住地的人民法院审判更为适宜的，可以由被告人居住地的人民法院管辖。

1. **犯罪地：**

（1）犯罪地包括犯罪**行为地**和犯罪**结果地**。

（2）**【计算机犯罪有关地域都可管】**针对或者主要利用计算机网络实施的犯罪，犯罪地包括用于实施犯罪行为的网络服务使用的服务器所在地，网络服务提供者所在地，被侵害的信息网络系统及其管理者所在地，犯罪过程中被告人、被害人使用的信息网络系统所在地，以及被害人被侵害时所在地和被害人财产遭受损失地等。

2. **被告人居住地：**指被告人的户籍地。经常居住地与户籍地不一致的，经常居住地为其居住地。经常居住地为被告人被追诉前已连续居住 1 年以上的地方，但住院就医的除外。

被告单位登记的住所地为其居住地。主要营业地或者主要办事机构所在地与登记的住所地不一致的，主要营业地或者主要办事机构所在地为其居住地。

【特别提示】 由被告人居住地的人民法院管辖更为适宜的情况一般包括：

（1）被告人流窜作案，主要犯罪地难以确定，而其居住地的群众更多地了解案件的情况；

（2）被告人在居住地民愤极大，当地群众要求在当地审判的；

（3）能对被告人适用缓刑、管制或者单独适用剥夺政治权利等刑罚，因而需要在其居住地执行的，等等。

★★（二）共同管辖

两个以上同级人民法院都有权管辖的案件，由**最初受理的**人民法院审判。在必要的时候，可以移送**主要犯罪地**的人民法院审判。

★★（三）并案管辖（指审判阶段一人数罪的情形）

1. **【其他犯罪已提起公诉】**人民法院发现被告人还有**其他犯罪被起诉的，可以并**案审理；涉及**同种犯罪**的，**一般应当并**案审理。

【例】 人民法院审理被告人 A 罪过程中，发现被告人还有其他 B 罪被提起公诉，考虑将 A 罪和 B 罪一起审理。

2. **【其他犯罪未提起公诉】**人民法院发现被告人还有其他犯罪被审查起诉、立案侦查、立案调查的，可以**参照前款规定协商**人民检察院、公安机关、监察机关并案处理，但**可能造成审判过分迟延的除外**。

3. **【二审发现被告人其他犯罪的】**第二审人民法院在审理过程中，发现被告人还有其他犯罪没有判决的，**参照前条规定**处理。第二审人民法院**决定并案审理**的，**应当发回**第一审人民法院，由第一审人民法院作出处理。

4. **地区上**：根据前两款规定并案处理的案件，由最初受理地的人民法院审判。必要时，可以由主要犯罪地的人民法院审判。

5. **级别上**：遵循级别管辖的规定。

【特别提示】 具有下列情形之一的，人民法院、人民检察院、公安机关可以在其**职责范围内并案处理**：（1）**一人**犯**数罪**的；（2）**共同**犯罪的；（3）共同犯罪的犯罪嫌疑人、被告人还实施其他犯罪的；（4）多个犯罪嫌疑人、被告人实施的犯罪存在**关联**，并案处理有利于查明案件事实的。

★★三、指定管辖

指定管辖是指当**管辖不明**或者**有管辖权的法院不宜行使管辖权**时，由上级人民法院以指定的方式确定案件的管辖。**（只能上级法院指定下级法院管辖）**

（一）指定管辖的情形

1. 管辖不明或者存在争议

对管辖权发生争议的，**应当**由争议各方**在审限内协商**解决；**协商不成的**，由争议的人民法院分别**逐级报请共同的上级人民法院**指定管辖。

【特别提示】争议各方协商是必经程序，只有协商不成的，才能报请共同上级法院指定管辖，而且报请只能“**逐级**”层报，不能越级报请。

2. **有管辖权的法院不宜行使管辖权**

（1）有管辖权的人民法院因客观原因（如涉及本院院长回避或者其他原因）不宜行使管辖权的，**可以请求移送上一级**人民法院管辖；**上一级**人民法院**可以管辖**，**也可以指定**与提出请求的人民法院同级的其他人民法院管辖。

（2）指定时：**不能违背级别管辖**；也不能超出辖区。

3. **其他需要指定管辖的情形【有管辖权，且没有不宜管辖的情形】**

有关案件，由犯罪地、被告人居住地**以外**的人民法院审判更为适宜的，上级人民法院可以指定下级人民法院管辖。

【例】专业性较强的刑事案件，可以指定具有相关审判经验的法院管辖。

（二）指定管辖后的处理

1. 上级法院指定管辖，应当将指定管辖决定书送达被指定管辖的人民法院和其他有关的人民法院。

2. 指定后的案卷移送制度（**由原受理案件的人民法院移送**）：

（1）公诉案件：原受理案件的人民法院收到决定书后，应当书面**通知原受理案件的人民法院的同级**人民**检**察院，并将**案卷材料退回**，同时书面通知当事人。

（2）自诉案件：原受理案件的人民法院收到决定书后，应当**将案卷材料移送被指定管辖的人民法院**，并书面通知当事人。

★★四、特殊管辖

（一）外国人犯罪

1. **普遍管辖**：中国缔结或者参加的国际条约所规定的罪行，中国在所承担条约义务范围内行使管辖权的，由被告人**被抓获地**、**登陆地**或者**入境地**的人民法院管辖。

2. **保护管辖**：外国人在领域外对中国、中国人犯罪，根据中国《刑法》应当受处罚的，由该外国人**登陆地**、**入境地**或者**入境后居住地**的人民法院管辖，也可以由**被害人离境前居住地**或者**现居住地**的人民法院管辖。

（二）中国内水领海内的犯罪

1. **内水的含义**：指领海基线向陆一侧的海上水域。

2. **管辖**：由**犯罪地**或者**被告人登陆地**的人民法院管辖。由被告人居住地的人民法院审判更为适宜的，可以由**被告人居住地**的人民法院管辖。

（三）在中国领域外的中国的交通工具上的犯罪

1. **领域外的中国船舶内的犯罪**：由最初停泊的**中国口岸所在地**或者被告人**登陆地**、**入境地**的人民法院管辖。

2. **领域外的中国航空器内的犯罪**：由该航空器在中国**最初降落地**的人民法院管辖。

（四）在中国领域内的中国列车上的犯罪

1. **被告人在运行途中被抓获**：由**前方停靠站**所在地负责审判铁路运输刑事案件的人民法院管辖。必要时，也可以由**始发站**或者**终点站**所在地负责审判铁路运输刑事案件的人民法院管辖。

【特别提示】前方停靠站**包括但不限于**前方停靠的第一站。

2. **被告人不是在运行途中被抓获：**

（1）**【不管在哪里被抓获】由负责该列车乘务的铁路公安机关（即乘警地）对应的**审判铁路运输刑事案件的人民**法院**管辖；

（2）被告人在列车运行**途经车站**被抓获的，**也可以**由该**车站所在地**负责审判铁路运输刑事案件的人民法院管辖。

【思路】

在列车上犯罪
- 在车上被抓：**前方停靠站**，必要时，可以**始发站**或者**终点站**
- 下车后被抓：
  - **离开车站**才被抓：**乘警地**
  - **在车站内**被抓获：**乘警地 + 车站所在地**

【例】张三在从甲市开往乙市的高铁（该高铁由丙市铁路公安机关负责乘务工作）上实施了盗窃行为，其在A站下车后逃窜到丁区在丁区被抓获。

问：对于此案，哪一法院有管辖权？

答：丙市负责审判铁路运输刑事案件的人民法院。

（五）在国际列车上的犯罪

根据我国与相关国家签订的协定确定管辖（**协定优先**）；**没有协定**的，由该列车**始发**或者**前方停靠**的中国车站所在地负责审判铁路运输刑事案件的人民法院管辖。

（六）中国人在中国驻外领使馆内或领域外的犯罪

1. **驻外领使馆内的犯罪：**由其**主管单位**所在地或者**原户籍地**的人民法院管辖。

2. **领域外的犯罪：**由其**登陆地**、**入境地**、**离境前居住地**或者**现居住地**的人民法院管辖；被害人是中国公民的，也可以由**被害人离境前居住地**或者**现居住地**的人民法院管辖。

（七）服刑期间的犯罪

1. **漏罪：**正在服刑的罪犯在判决宣告前还有其他罪没有判决的，由**原审地**人民法院管辖；由**罪犯服刑地**或者**犯罪地**的人民法院审判更为适宜的，可以由罪犯服刑地或者犯罪地的人民法院管辖。

2. **新罪：**罪犯在**服刑期间又犯罪（监狱内）**的，由**服刑地**的人民法院管辖。罪犯在**脱逃期间又犯罪（监狱外）**的，由**服刑地**的人民法院管辖。但是，在**犯罪地抓获**罪犯**并发现**其在脱逃期间**犯罪**的，由**犯罪地**的人民法院管辖。

<table>
<tr><th colspan="3">考点归纳（特殊管辖）</th></tr>
<tr><th>类别</th><th>情形</th><th>管辖的法院</th></tr>
<tr><td rowspan="2">1. 外国人犯罪</td><td>普遍管辖</td><td>国际条约规定的罪行，由被告人被抓获地、登陆地或者入境地的人民法院管辖。</td></tr>
<tr><td>保护管辖</td><td>外国人在领域外对中国、中国人犯罪，①由该外国人登陆地、入境地或者入境后居住地的人民法院管辖，②也可以由被害人离境前居住地或者现居住地的人民法院管辖。</td></tr>
<tr><td rowspan="2">2. 中国内水领海内的犯罪</td><td colspan="2">（1）内水的含义：指领海基线向陆一侧的海上水域。</td></tr>
<tr><td colspan="2">（2）管辖：由犯罪地或者被告人登陆地的人民法院管辖。由被告人居住地的人民法院审判更为适宜的，可以由被告人居住地的人民法院管辖。</td></tr>
</table>

<table>
<tr><th>类别</th><th>情形</th><th>管辖的法院</th></tr>
<tr><td rowspan="2">3. 中国交通工具在域外</td><td>领域外的中国船舶内的犯罪</td><td>最初停泊的中国口岸所在地或者被告人登陆地、入境地的人民法院管辖。</td></tr>
<tr><td>领域外的中国航空器内的犯罪</td><td>由该航空器在中国最初降落地的人民法院管辖。</td></tr>
<tr><td rowspan="6">4. 中国列车在域内</td><td rowspan="3">被告人在运行途中被抓获</td><td>①由前方停靠站所在地负责审判铁路运输刑事案件的人民法院管辖。</td></tr>
<tr><td>②必要时，也可以由始发站或者终点站所在地负责审判铁路运输刑事案件的人民法院管辖。</td></tr>
<tr><td>【注意】前方停靠站包括但不限于前方停靠的第一站。</td></tr>
<tr><td rowspan="2">被告人不是在运行途中被抓获</td><td>①由负责该列车乘务的铁路公安机关（即乘警地）对应的审判铁路运输刑事案件的人民法院管辖。</td></tr>
<tr><td>②被告人在列车运行途经车站被抓获的，也可以由该车站所在地负责审判铁路运输刑事案件的人民法院管辖。</td></tr>
<tr><td colspan="2">【做题思路】
在列车上犯罪：
在车上被抓：前方停靠站，必要时，可以始发站或者终点站
下车后被抓：
离开车站才被抓：乘警地
在车站内被抓获：乘警地＋车站所在地</td></tr>
<tr><td>5. 国际列车上犯罪</td><td colspan="2">协定优先；没有协定的，由该列车始发或者前方停靠的中国车站所在地负责审判铁路运输刑事案件的人民法院管辖。</td></tr>
<tr><td rowspan="2">6. 中国人在域外犯罪</td><td>驻外领使馆内的犯罪</td><td>由其主管单位所在地或者原户籍地的人民法院管辖。</td></tr>
<tr><td>领域外的犯罪</td><td>①由其登陆地、入境地、离境前居住地或者现居住地的人民法院管辖；
②被害人是中国公民的，也可以由被害人离境前居住地或者现居住地的人民法院管辖。</td></tr>
<tr><td rowspan="4">7. 服刑</td><td rowspan="2">漏罪</td><td>①由原审地人民法院管辖；</td></tr>
<tr><td>②由罪犯服刑地或者犯罪地的人民法院审判更为适宜的，可以由罪犯服刑地或者犯罪地的人民法院管辖。</td></tr>
<tr><td rowspan="2">新罪</td><td>①【监狱内】罪犯在服刑期间又犯罪的，由服刑地的人民法院管辖。</td></tr>
<tr><td>②【监狱外】罪犯在脱逃期间又犯罪的，由服刑地的人民法院管辖。但是，在犯罪地抓获罪犯并发现其在脱逃期间犯罪的，由犯罪地的人民法院管辖。</td></tr>
</table>

【经典金题】

家住A市的高某，在开往B市的火车运行途中扒窃（途经甲站时行窃），得手后在下一站乙站下车回家，返回居住地A市后被抓获。下列有管辖权的法院是哪一个？（2022年仿真题，

单选)〔1〕

A. 抓获地 A 市法院

B. 乙站所在地负责审判铁路运输刑事案件的法院

C. 甲站所在地负责审判铁路运输刑事案件的法院

D. 该列车乘务的铁路公安机关对应的审判铁路运输刑事案件的法院

【主观题点睛】

【思路】管辖方面，需要考虑案件的立案管辖和审判管辖，审判管辖又细分为级别管辖、地域管辖等，应当全面考虑。

【案例】甲市陈某户籍在 A 区，常在 B 区居住，在 C 区的某国家机关工作，工作时与同事王某发生争执，王某住在 D 市。后陈某出于报复心理在李某家中对其进行殴打，李某因抢救无效去世。

【问题 1】本案应由哪个机关立案管辖?

【答案】由公安机关管辖。根据《刑事诉讼法》及相关司法解释规定，**刑事案件的侦查由公安机关进行**，法律另有规定的除外。本案的被告人**虽为国家机关工作人员**，但**犯罪与职务毫无关系，仍然由公安管辖**。

【问题 2】本案原则上由哪一级法院管辖?

【答案】由中级法院管辖。根据《刑事诉讼法》及相关司法解释规定，中级法院管辖下列第一审刑事案件：（一）危害国家安全、恐怖活动案件；（二）可能判处无期徒刑、死刑的案件。本案中，张某故意伤害致被害人死亡，**可能被判处无期徒刑、死刑**，因此**应当由中级法院管辖**。

---

〔1〕【解析】ABCD 项：在中国领域内的中国列车上的犯罪，根据是否在运行途中被抓获，管辖有所不同。第一，如果是在运行途中被抓获的，该犯罪由前方停靠站所在地负责审判铁路运输刑事案件的人民法院管辖（注意：前方停靠站包括但不限于前方停靠的第一站）。必要时，也可以由始发站或者终点站所在地负责审判铁路运输刑事案件的人民法院管辖。第二，如果不是在运行途中被抓获的话，首先第一点要明确的，就是不管在哪里被抓获，负责该列车乘务的铁路公安机关（即乘警地）对应的审判铁路运输刑事案件的人民法院都有权管辖；如果是在列车运行途径车站被抓获的，则除了乘警地审判铁路运输刑事案件的法院有权管辖外，也可以由该车站所在地负责审判铁路运输刑事案件的人民法院管辖。

总结思路如下图：

在列车上犯罪
- 在车上被抓：**前方停靠站**，必要时，可以**始发站**或者**终点站**
- 下车后被抓：
  - **离开车站**才被抓：**乘警地**
  - **在车站内**被抓获：**乘警地** + **车站所在地**

在本案中，由于高某是下车后离开车站被抓的，因此，只能由该列车乘务的铁路公安机关对应的审判铁路运输刑事案件的法院管辖。D 项正确。

综上所述，本题答案为 D 项。

第五章 回 避

【复习提要】

刑事诉讼中的回避，是指根据刑事诉讼法和有关法律的规定，侦查人员、检察人员、审判人员以及书记员、翻译人员和鉴定人等同案件有法定利害关系或者其他可能影响案件公正处理的关系，因而不得参与该案诉讼活动的一项诉讼制度。本章重点知识点是回避的理由（尤其是理由的判断）、回避的适用对象与回避的程序（申请、决定和复议）。

【知识框架】

- 回避
  - 概念与适用对象
    - 回避的概念
    - 回避的适用人员★★★
      - 审判人员
      - 检察人员
      - 侦查人员
      - 其他人员
  - 回避的理由与种类
    - 回避的理由★★
    - 回避的种类
  - 回避的程序
    - 回避的期间
    - 回避的申请★★
    - 回避的审查与决定
    - 回避的效力★★
    - 回避决定的复议★★★

第一节 回避的适用对象

【学习提要】 本节中，考生应重点掌握回避适用对象的范围。

【法条依据】《刑事诉讼法》第 29 条：审判人员、检察人员、侦查人员有下列情形之一的，应当自行回避，当事人及其法定代理人也有权要求他们回避：

（一）是本案的当事人或者是当事人的近亲属的；

（二）本人或者他的近亲属和本案有利害关系的；

（三）担任过本案的证人、鉴定人、辩护人、诉讼代理人的；

（四）与本案当事人有其他关系，可能影响公正处理案件的。

《刑事诉讼法》第 32 条：本章关于回避的规定适用于书记员、翻译人员和鉴定人。辩护人、诉讼代理人可以依照本章的规定要求回避、申请复议。

【知识点精讲】

刑事诉讼中的回避，是指根据刑事诉讼法和有关法律的规定，侦查人员、检察人员、审判人员以及书记员、翻译人员和鉴定人等同案件有法定利害关系或者其他可能影响案件公正处理的关系，因而不得参与该案诉讼活动的一项诉讼制度。

回避制度体现了利益规避原则，其主要功能是防止因利益牵扯而可能影响公安司法人员等的客观公正性，保证公正行使职权，确保案件得到公正处理和当事人在诉讼中受到公正的对待，以维护诉讼过程和诉讼结果的权威性和公信力。

一、回避的适用对象

回避的适用对象是指在法律明确规定的回避情形下，应当回避的司法人员和其他人员的范围。适用回避制度的人员包括：

1. 审判人员。包括各级人民法院院长、副院长、审判委员会委员、庭长、副庭长、审判员以及**人民陪审员**。

2. 检察人员。包括检察长、副检察长、检察委员会委员、检察员和助理检察员。

3. 侦查人员。包括具体侦查人员和对具体案件的侦查有权参与讨论和作出决定的负责人。

4. 其他人员。参与侦查、起诉、审判活动的法官助理、书记员、翻译人员、鉴定人以及其他参与刑事诉讼的具有专门知识的人。

【特别提示】辩护人、诉讼代理人、证人不适用回避制度。

第二节　回避的理由与种类

【学习提要】本节中，回避的理由属于高频考点，考生应重点掌握对回避理由的判断。

【法条依据】《刑事诉讼法》第29条：审判人员、检察人员、侦查人员有下列情形之一的，应当自行回避，当事人及其法定代理人也有权要求他们回避：

（一）是本案的当事人或者是当事人的近亲属的；

（二）本人或者他的近亲属和本案有利害关系的；

（三）担任过本案的证人、鉴定人、辩护人、诉讼代理人的；

（四）与本案当事人有其他关系，可能影响公正处理案件的。

《刑事诉讼法》第30条：审判人员、检察人员、侦查人员不得接受当事人及其委托的人的请客送礼，不得违反规定会见当事人及其委托的人。审判人员、检察人员、侦查人员违反前款规定的，应当依法追究法律责任。当事人及其法定代理人有权要求他们回避。

【知识点精讲】

一、回避理由

回避的理由，是指由法律规定适用回避所必须具备的根据。回避的理由包括以下几种情形：

1. 是本案的**当事人**或者是当事人的**近亲属**的；

【特别提示】刑事诉讼中唯回避理由（包括以下其他回避理由中涉及近亲属的）中的“近亲属”范围大于父母、子女、配偶、同胞兄弟姐妹，包含直系血亲、三代以内旁系血亲及姻亲关系。

2. 与本案的**辩护人、诉讼代理人**有**近亲属**关系的；

3. 本人或者他的近亲属**和本案有利害关系**的；

4. 与本案当事人有**其他关系，可能影响公正**处理案件的；

【提示】此处“其他关系”是指除近亲属以外的其他关系，如同学关系、朋友关系或有仇对关系，而且，并非有其他关系就一定要回避，要回避还必须同时符合“可能影响公正处理案件的”以及连接点是“当事人”这两个条件。

【例1】被告人在法庭上申请法官回避，理由是法官跟**公诉人**是大学同班同学，据说是同宿舍的铁哥们。

问：请问法官要不要回避？

答：不用。回避制度的连接点是当事人，而**公诉人不是当事人**，不属于法官与当事人有其他关系应当回避的情形。

【例2】被告人在法庭上申请法官回避，理由是法官跟**被害人**是大学同班同学，据说是同宿舍的铁哥们。

问：请问法官要不要回避？

答：应当回避。在本案中，**连接点是被害人这个当事人**，属于法官与当事人有其他关系，可能影响公正处理案件应当回避的情形。

5. **担任过**本案的证人、鉴定人、辩护人、诉讼代理人、翻译人员的。

6. 审判人员、检察人员、侦查人员接受当事人及其委托的人的**请客送礼**，或者**违反规定会见**当事人及其委托的人。

> 【特别提示】对此种情形的回避，为了防止当事人滥用申请权，当事人及其法定代理人申请时**应当提供相关证据材料**。

7. 参与过本案调查、侦查、审查起诉工作的**监察、侦查、检察人员**，**调至**人民**法院**工作的，**不得担任**本案的**审判人员**。

8. 在**一个审判程序中参与过**本案审判工作的合议庭组成人员或者独任审判员，**不得再参与**本案**其他程序**的审判。但是，**发回重新审判**的案件，在第一审人民法院作出裁判后**又进入**第二审程序、在法定刑以下判处刑罚的复核程序或者死刑复核程序的，原第二审程序、在法定刑以下判处刑罚的复核程序或者死刑复核程序中的**合议庭**组成人员**可以不回避**。

> 【特别提示】“程序只能参与一次”是原则，《刑诉解释》第29条第2款对该原则也作了例外规定，即**例外情况下，相关人员可以参与两次案件的处理程序**：
>
> (1) 对于二审法院发回重审的案件，原一审法院合议庭的成员要回避，不能再参与本案的审理工作，原一审法院应当重新组成合议庭审理。但是，**如果原一审法院新的合议庭作出裁判之后又上诉、抗诉到原二审法院的，原二审法院的合议庭组成人员，无须因之前曾参与过本案的审理程序而回避，即可以参与本案第二次的审理程序**。
>
> (2) 死刑复核案件中，最高人民法院在复核后裁定发回原审法院重新审判的，原审法院原合议庭的成员要回避，一般不能再参与本案的审理工作。但是，**如果原审法院新组成的合议庭仍然作出死刑的判决，该判决又报到最高人民法院复核的，最高人民法院原来复核过本案的合议庭组成人员，无须因之前曾参与过本案的审理程序而回避，即可以参与本案第二次的复核程序**。（详情参见第十七章死刑复核程序）
>
> (3) 在法定刑以下判处刑罚的复核案件中，上一级人民法院或最高人民法院复核后发回原审法院重新审判的，原审法院原合议庭的成员要回避，一般不能再参与本案的审理工作。但是，如果原审法院新组成的合议庭仍然作出在法定刑以下判处刑罚的判决，该判决又报到上一级人民法院或最高人民法院复核的，原复核本案的合议庭组成人员，无须因之前曾参与过本案的审理程序而回避，即可以参与本案第二次的复核程序。

【总结】关于程序只能参与一次及其例外的图示

1. 一般案件二审发回重审的情况：

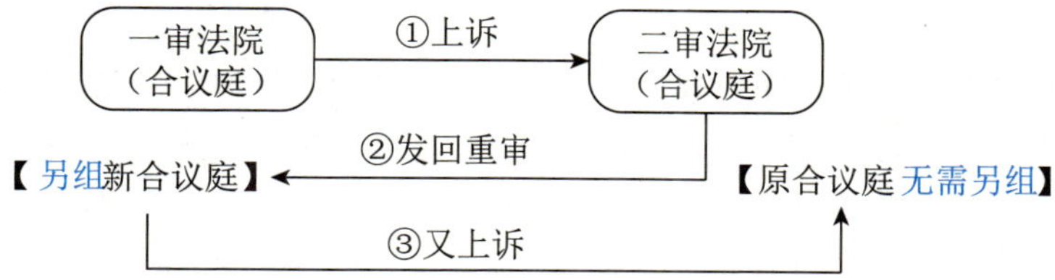

2. 死刑复核程序发回重审的情况：

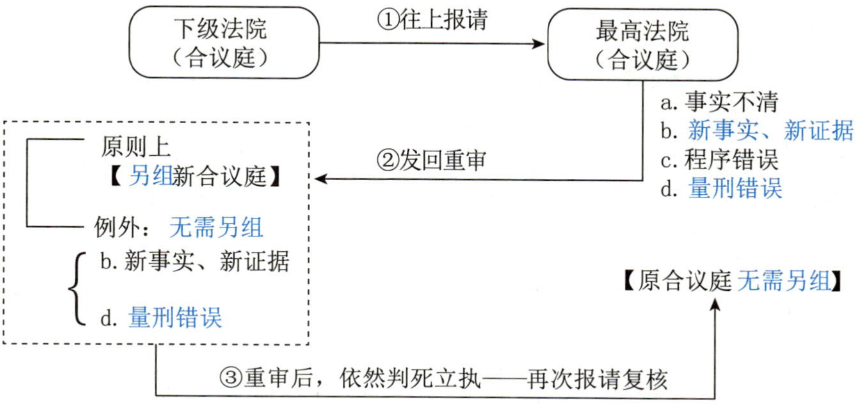

二、回避的种类

根据回避实施方式的不同，通常将回避划分为三种：自行回避、申请回避和指令回避。

1. **自行回避**：指审判人员、检察人员、侦查人员等在诉讼过程中遇有法定回避情形时，主动要求退出刑事诉讼活动。

2. **申请回避**：指案件当事人及其法定代理人、辩护人或者诉讼代理人认为审判人员、检察人员、侦查人员等具有法定回避情形，而向他们所在的机关提出申请，要求他们回避。

3. **指令回避**：指审判人员、检察人员、侦查人员等回避的适用人员遇有法定的回避情形时，没有自行回避，当事人及其法定代理人也没有申请回避，公、检、法机关等有关组织或负责人可以依职权命令其退出案件诉讼活动的制度。

第三节　回避的程序

【学习提要】在回避程序中，回避的申请、决定、效力和复议是常考点，考生对此应重点掌握。

【法条依据】《刑事诉讼法》第31条：审判人员、检察人员、侦查人员的回避，应当分别由院长、检察长、公安机关负责人决定；院长的回避，由本院审判委员会决定；检察长和公安机关负责人的回避，由同级人民检察院检察委员会决定。对侦查人员的回避作出决定前，侦查人员不能停止对案件的侦查。对驳回申请回避的决定，当事人及其法定代理人可以申请复议一次。

【知识点精讲】

一、回避的期间

在**刑事诉讼中的各个阶段，即侦查、起诉和审判（包括一审程序、二审程序、死刑复核程序和审判监督程序）**等阶段，都可以启动回避程序。侦查人员、检察人员、审判人员应当在相应的诉讼阶段及时告知当事人有申请回避权。侦查人员、检察人员、审判人员具有应当回避情形的，应当自行提出回避，没有自行提出回避的，应当责令其回避，当事人等也可以申请其回避。

★★★二、回避的申请

【学习提要】本考点之下需要掌握的知识点主要有：（一）回避的提出主体；（二）回避的决定主体；（三）回避的后果；（四）回避的救济。

【法条依据】《刑事诉讼法》第31条：审判人员、检察人员、侦查人员的回避，应当分别由院长、检察长、公安机关负责人决定；院长的回避，由本院审判委员会决定；检察长和公安机关负责人的回避，由同级人民检察院检察委员会决定。对侦查人员的回避作出决定前，侦查人员不能停止对案件的侦查。对驳回申请回避的决定，当事人及其法定代理人可以申请复议一次。

【知识点精讲】

（一）回避的提出主体

1. 自行回避：由具有回避理由的公安司法人员**本人主动**提出。

2. 申请回避：由**当事人及其法定代理人、辩护人、诉讼代理人**提出申请。

【记忆技巧】**当法辩诉**。有权申请回避的主体只有以上四种，**近亲属不享有申请回避权**。

3. 指令回避：由**对回避有决定权的机关或人员**直接决定。

（二）回避的提出方式

无论是自行回避还是申请回避，既可以以**书面形式**提出回避，也可以以**口头形式**提出。

（三）对申请回避的特殊要求

当事人及其法定代理人、辩护人、诉讼代理人依照《刑事诉讼法》第30条规定（即基于**请客送礼、违反规定会见**）申请回避，应当提供证明材料。

（四）回避的审查与决定

1. **回避的决定主体**

（1）审判人员、检察人员、侦查人员的回避应当分别由法院**院长、检察长**、县级以上**公安机关负责人**决定。

（2）人民法院院长的回避由本院**审判委员会**决定。审判委员会讨论院长回避时，副院长主持，院长不得参加。

（3）检察长和公安机关负责人的回避由同级人民检察院**检察委员会**决定。检察委员会讨论检察长回避问题时，由副检察长主持，检察长不得参加。

> 【特别提示】这里的公安机关负责人，是指公安机关的正职负责人。对公安机关副职负责人的回避，由正职负责人决定。

（4）书记员、翻译人员、鉴定人、有专门知识的人的回避，一般应当按照诉讼进行的阶段，分别由公安机关负责人、检察长或法院院长决定。法官助理的回避，由法院院长决定。

【记忆技巧】**一般找正职一把手，正职一把手找委员会。**

考点归纳（回避的决定主体）
（1）审判委员会⟶法院院长⟶审判人员 （2）同级检察委员会↗检察长⟶检察人员；↘公安机关负责人⟶侦查人员 （3）法官助理、法院的书记员由院长决定，翻译人员、鉴定人、有专门知识的人的回避，实行“**谁聘请，谁决定**”原则，分别由院长、检察长、公安机关负责人决定。

【例】在审判阶段被告人申请鉴定人甲回避，甲是**检察院聘请**的公安机关的**法医**，被告人的理由是甲收了被害人两条烟。

问：甲的回避由谁决定？

答：甲的回避由检察院的**检察长决定**。不管在什么阶段，也不管原来甲是哪个机关的工作人员，在本案当中，甲是为检察院工作的，所以是由检察长决定。

2. 回避的后果

（1）提出回避要求后的法律效果

提出有法定理由的回避申请，被申请回避的人员**一般**应**暂停**参与本案的诉讼活动。但是，侦查人员的**侦查活动不停止**。

（2）作出回避决定后，相关人员在回避前诉讼活动的法律效力

被决定回避的人员在回避决定作出以前所进行的诉讼活动（包括取得的证据和进行的诉讼行为）**是否有效**，由**决定**其**回避**的该**主体**根据案件情况**决定**（**效力待定**。**谁决定回避，谁决定效力**）。

3. 对回避决定的救济

（1）救济的条件：

A. 救济的主体必须是**当**事人及其**法**定代理人、**辩**护人、**诉**讼代理人。

B. 必须提出**有法定理由**的回避申请被驳回才能救济，如果是**非法定理由**的回避申请，法庭**当庭驳回**，并**不得复议**。

（2）**救济的方式：**可以向**原决定机关**申请**复议一次**。

【经典金题】

下列关于回避的说法，错误的是？（2022年仿真题，多选）[1]

A. 甲一审被某区法院判有期徒刑三年，不服提出上诉，二审法院发回重审，该区法院应当另行组成合议庭，再次上诉后，二审法院也应当另行组成合议庭进行审理

B. 被告人以法官张某是本案被害人的小舅子为由提出回避申请，院长决定张法官回避后，张法官可以复议一次

C. 最高法院复核死刑立即执行案件时，复核期间出现新的影响定罪量刑的事实、证据的，应当发回重审，重审法院应当另行组成合议庭

D. 法官王某参加陈某被判处死刑的案件的合议庭进行死刑复核，合议庭复核后发现事实不清证据不足，于是发回重审。重审法院应当另行组成合议庭，原审法院又判决陈某死刑立即执行，最高法院再次复核时，王某不得再参与该案的复核工作

---

〔1〕【解析】A项：根据回避的法定理由，在一个审判程序中参与过本案审判工作的合议庭组成人员或者独任审判员，不得再参与本案其他程序的审判。但是，发回重新审判的案件，在第一审人民法院作出裁判后又进入第二审程序、在法定刑以下判处刑罚的复核程序或者死刑复核程序的，原第二审程序、在法定刑以下判处刑罚的复核程序或者死刑复核程序中的合议庭组成人员可以不回避。A项中，二审法院发回重审，区法院应当另行组成合议庭审理，这是正确的。但是再次上诉后，二审法院再次按二审程序审理时，原来的合议庭成员可以不回避，因此，A项错误，当选。

B项：根据现行法律规定，有权救济的主体是：当事人及其法定代理人、辩护人、诉讼代理人。而对于被申请回避的人员，被决定回避了就回避了，是无权救济的。因此，B项错误，当选。

C项：根据法律规定，最高人民法院裁定不予核准死刑，发回重新审判的案件，原审人民法院应当另行组成合议庭审理。但是，以下两种情形发回重审的除外：（1）复核期间出现新的影响定罪量刑的事实、证据，发回重新审判的（出现新事实、证据）。（2）原判认定事实正确、证据充分，但依法不应当判处死刑的，应当裁定不予核准，并撤销原判，发回重新审判的（量刑错误）。本案中，由于是因为出现新事实、证据发回重审的，因此下级法院重审时原来合议庭的成员不需要回避，即无须另组合议庭。C项错误，当选。由于这部分内容是在第十七章死刑复核程序中规定的，因此考生若还没复习到第十七章内容导致本选项做错，则不必太过于在意。

D项：根据规定，在一个审判程序中参与过本案审判工作的合议庭组成人员或者独任审判员，不得再参与本案其他程序的审判。但是，发回重新审判的案件，在第一审人民法院作出裁判后又进入第二审程序、在法定刑以下判处刑罚的复核程序或者死刑复核程序的，原第二审程序、在法定刑以下判处刑罚的复核程序或者死刑复核程序中的合议庭组成人员可以不回避。D项中，最高法院复核后以事实不清证据不足发回重审，重审法院重审时应当另行组成合议庭，这是正确的，因为只有新事实、证据和量刑错误发回重审时下级法院重审时才可以不另组合议庭。但是，原审法院又判处死刑立即执行后，再次报到最高法院复核时，根据上述规定，最高法院原来复核过本案的法官就可以不回避，因此，D项错误，当选。

综上所述，本题答案为ABCD项。

第六章　辩护与代理

【复习提要】

辩护权是犯罪嫌疑人、被告人各项诉讼权利中最为基本的权利，在各项权利中居于核心地位。辩护与代理这一章是法律职业资格考试每年必考的内容，而且容易出现在主观题中，考生应当高度重视本章的学习。本章的重点内容包括：辩护人的范围、辩护人的诉讼地位与责任、辩护人的诉讼权利与诉讼义务、辩护的种类、委托辩护、法律援助辩护与拒绝辩护等。

【知识框架】

- 辩护与代理
  - 辩护制度概述
    - 辩护、辩护权、辩护制度
    - 有效辩护原则
  - 辩护制度的基本内容
    - 辩护的种类
      - 自行辩护
      - 委托辩护
      - 法律援助辩护★★★★★
    - 辩护人辩护的基本内容
      - 辩护人的范围★★★
        - 可以担任的人
        - 不可担任的人
      - 辩护人的人数
      - 辩护人的诉讼地位
      - 辩护人的职责
      - 辩护人的诉讼权利★★★★
        - 阅卷权
        - 会见、通信权
        - 调查取证权
        - 提出意见权
        - 其他权利
      - 辩护人的诉讼义务★★★
        - 证据展示
        - 保密义务
        - 其他义务
      - 拒绝辩护
      - 辩护的内容与分类★★
    - 值班律师制度（非辩护）★★★★★
    - 代理制度
      - 刑事代理的概念
      - 刑事代理的种类★
      - 诉讼代理人的范围、职责与权利

第一节　辩护制度概述

【学习提要】本节重点掌握有效辩护原则的要求。

【知识点精讲】

一、辩护、辩护权、辩护制度

1. 辩护

辩护是指辩方（犯罪嫌疑人、被告人及其辩护人）针对控方（公诉机关或自诉人）对犯罪嫌疑人、被告人的指控，从实体和程序上提出有利于犯罪嫌疑人、被告人的事实和理由，以辨明犯罪嫌疑人、被告人无罪、罪轻或者应当减轻、免除刑事处罚，以及在犯罪嫌疑人、被告人的程序权利受到侵犯时，维护犯罪嫌疑人、被告人诉讼权利的诉讼活动。辩护与控诉相对应，是刑事诉讼中的一种防御性的诉讼活动。

2. 辩护权

辩护权是法律赋予受到刑事追究的人针对所受到的指控进行反驳、辩解和申辩，以维护自身合法权益的一种诉讼权利。辩护权是犯罪嫌疑人、被告人各项诉讼权利中最为基本的权利，在各项权利中居于核心地位。辩护权是犯罪嫌疑人、被告人所享有的一项宪法性权利。

辩护权归纳起来有以下特点：

（1）**辩护权贯穿于整个刑事诉讼的过程中，不受诉讼阶段的限制；**

（2）**辩护权不受犯罪嫌疑人、被告人是否有罪以及罪行轻重的限制；**

（3）**辩护权不受案件调查情况的限制**，无论案件事实是否清楚，证据是否确实充分，犯罪嫌疑人、被告人都依法享有辩护权；

（4）**辩护权不受犯罪嫌疑人、被告人认罪态度的限制**，无论他们是否认罪，是否坦白交代，均不能作为限制其辩护权的理由；

（5）**辩护权的行使不受辩护理由的限制**。

3. 辩护制度

辩护制度是法律规定的关于犯罪嫌疑人、被告人行使辩护权和公安司法机关等有义务保障他们行使辩护权的一系列规则的总称。包括辩护权、辩护种类、辩护方式、辩护人的范围、辩护人的责任、辩护人的权利与义务等。

二、有效辩护原则

【学习提要】本考点之下需要掌握的知识点主要有：（1）有效辩护的内容；（2）有效辩护的意义。

【知识点精讲】

1. 概念

有效辩护原则是辩护权的体现，也是对辩护权的保障。在刑事诉讼中，辩护应当**对保护犯罪嫌疑人、被告人的权利具有实质意义，而不仅仅是形式上的**。这就是有效辩护原则的基本要求。

2. 内容

（1）犯罪嫌疑人、被告人作为刑事诉讼的当事人**在整个诉讼过程中应当享有充分的辩护权；**

（2）允许犯罪嫌疑人、被告人聘请合格的能够有效履行辩护职责的辩护人为其辩护，这种辩护同样应当**覆盖从侦查到审判甚至执行阶段**的整个刑事诉讼过程；

（3）**国家应当保障**犯罪嫌疑人、被告人**自行辩护权的充分行使**，并通过**设立法律援助辩护制度确保**犯罪嫌疑人、被告人能够获得**符合最低标准并具有实质意义**的律师帮助。

3. **意义**

（1）有效辩护原则的确立，是人类社会文明、进步在刑事诉讼中的体现，体现了犯罪嫌疑人、被告人刑事诉讼主体地位的确立和人权保障的理念。

（2）有助于强化辩方成为影响诉讼进程的重要力量，维系控辩平等对抗和审判方居中“兼听则明”的刑事诉讼构造。

第二节　我国辩护制度的基本内容

【学习提要】本节需要掌握的知识点主要有：委托辩护的时间；申请法律援助辩护的内容；强制法律援助辩护的内容；辩护人的范围与人数；辩护人的诉讼权利；辩护人的诉讼义务；辩护律师拒绝辩护；强制法律援助辩护案件中被告人拒绝辩护的情形；非强制法律援助辩护案件中被告人拒绝辩护的情形。

【法条依据】

《刑事诉讼法》第35条：犯罪嫌疑人、被告人因经济困难或者其他原因没有委托辩护人的，本人及其近亲属可以向法律援助机构提出申请。对符合法律援助条件的，法律援助机构应当指派律师为其提供辩护。

犯罪嫌疑人、被告人是盲、聋、哑人，或者是尚未完全丧失辨认或者控制自己行为能力的精神病人，没有委托辩护人的，人民法院、人民检察院和公安机关应当通知法律援助机构指派律师为其提供辩护。

犯罪嫌疑人、被告人可能被判处无期徒刑、死刑，没有委托辩护人的，人民法院、人民检察院和公安机关应当通知法律援助机构指派律师为其提供辩护。

《法律援助法》第25条：【强制法律援助辩护】刑事案件的犯罪嫌疑人、被告人属于下列人员之一，**没有委托辩护人**的，人民法院、人民检察院、公安机关**应当通知**法律援助机构指派**律师**担任辩护人：（一）**未成年人**；（二）**视力**、**听力**、**言语残疾**人；（三）**不能完全辨认**自己行为的**成年人**；（四）可能被判处**无**期徒刑、**死**刑的人；（五）**申请**法律援助的**死刑复核案件**被告人；（六）**缺席审判**案件的被告人；（七）法律法规规定的其他人员。

其他适用普通程序审理的刑事案件，被告人没有委托辩护人的，人民法院**可以**通知法律援助机构指派律师担任辩护人。

《刑诉解释》第40条：【不得担任辩护人的人】人民法院审判案件，应当充分保障被告人依法享有的辩护权利。

被告人除**自己**行使**辩护**权以外，还可以**委托辩护**人辩护。下列人员**不得**担任辩护人：

（一）**正在**被**执行刑罚**或者处于**缓刑**、**假释考验期**间的人；

（二）依法被剥夺、限制人身**自由**的人；

（三）被**开除**公职或者被**吊销**律师、公证员执业证书的人；

（四）人民法院、人民检察院、监察机关、公安机关、国家安全机关、监狱的**现职人员**；

（五）人民**陪审员**；

（六）与本案审理结果有**利害关系**的人；

（七）**外国人**或者**无国籍人**；

（八）**无**行为能力或者**限制**行为能力的人。

前款**第三项至第七项**规定的人员，如果是被告人的**监护人**、**近亲属**，由被告人委托担任辩护人的，**可以**准许。

《刑事诉讼法》第39条：【辩护人的会见权与通信权】辩护律师可以同在押的犯罪嫌疑人、被告人**会见和通信**。**其他辩护人**经人民法院、人民检察院**许可**，也可以同在押的犯罪嫌疑人、被告人会见和通信。

辩护律师持律师**执业证书**、**律师事务所证明**和**委托书**或者**法律援助公函**要求会见在押的犯罪嫌疑人、被告人的，看守所应当及时安排会见，至迟**不得超过四十八小时**。

危害国家安全犯罪、**恐怖**活动犯罪案件，在**侦查期间**辩护律师会见在押的犯罪嫌疑人，**应当经**侦查机关**许可**。上述案件，侦查机关应当事先通知看守所。

辩护律师会见在押的犯罪嫌疑人、被告人，可以了解案件有关情况，提供法律咨询等；自案件**移送审查起诉之日起**，可以向犯罪嫌疑人、被告人**核实**有关**证据**。辩护律师会见犯罪嫌疑人、被告人时**不被监听**。

辩护律师同被监视居住的犯罪嫌疑人、被告人会见、通信，适用第一款、第三款、第四款的规定。

《刑事诉讼法》第 40 条：【辩护人的阅卷权】辩护律师自人民检察院对**案件审查起诉之日起**，可以查阅、摘抄、复制本案的案卷材料。**其他辩护人经**人民法院、人民检察院**许可**，也可以查阅、摘抄、复制上述材料。

【知识点精讲】

一、辩护的种类

我国刑事诉讼中的辩护种类有三种：自行辩护、委托辩护和法律援助辩护。其中，自行辩护是犯罪嫌疑人、被告人自己为自己进行辩护；委托辩护和法律援助辩护属于辩护人为犯罪嫌疑人、被告人辩护（辩护人辩护）。

（一）自行辩护

自行辩护，是指犯罪嫌疑人、被告人针对控诉进行辩解和反驳，自己为自己所作的辩护，这种辩护方式贯穿于刑事诉讼过程的始终，也是犯罪嫌疑人、被告人实现其辩护权的最基本方式。

（二）委托辩护

委托辩护，是指犯罪嫌疑人、被告人依法委托律师或其他公民担任辩护人，协助其进行辩护。

1. 委托主体

犯罪嫌疑人、被告人可以自己委托辩护人，犯罪嫌疑人、被告人在押的，也可以由其监护人、近亲属代为委托辩护人。

2. 委托时间

（1）公诉案件：公诉案件的犯罪嫌疑人在**被侦查机关第一次讯问**或者**采取强制措施之日起**，有权委托辩护人。

> **【特别提示】侦查阶段**只能委托**律师**担任辩护人。

（2）自诉案件：被告人有权**随时**委托辩护人为自己辩护。

> **【特别提示】**公安司法机关的告知义务
>
> （1）侦查机关：侦查机关在**第一次讯问犯罪嫌疑人或者对犯罪嫌疑人采取强制措施的时候，应当告知**犯罪嫌疑人有权委托辩护人。
>
> （2）检察机关：人民检察院自**收到移送审查起诉的案件材料之日起** 3 **日以内**，应当告知犯罪嫌疑人有权委托辩护人。
>
> （3）人民法院：人民法院自**受理案件之日起** 3 **日以内**，应当告知被告人有权委托辩护人。
>
> （4）告知可以采取书面或口头方式。

★★★★★（三）法律援助辩护

法律援助辩护是指犯罪嫌疑人、被告人及其近亲属因经济困难或者其他原因没有委托辩护人而向法律援助机构申请的，或者具备法定情形时由公检法机关直接通知法律援助机构，由法律援助机构指派律师为其提供辩护。

> **【特别提示】**1. 人民法院、人民检察院、公安机关通知法律援助机构指派律师担任辩护人时，不得限制或者损害犯罪嫌疑人、被告人委托辩护人的权利。（《法律援助法》第27条）
>
> 2. 对法律援助机构指派律师为被告人提供辩护，被告人的监护人、近亲属又代为委托辩护人的，应当听取被告人的意见，由其确定辩护人人选。（《刑诉解释》第51条）

1. 特点

（1）**适用前提**：法律援助辩护以犯罪嫌疑人、被告人没有委托辩护人为前提。（**注意**：委托**非律师**辩护人也属于有辩护人，不需要法律援助。）

（2）**适用阶段**：法律援助辩护适用于**侦查、审查起诉到审判**的刑事诉讼过程中。

（3）**适用程序**：法律援助辩护只能由**律师**担任，其他人不得担任。且公、检、法三机关通知法律援助机构指派律师。

2. 种类

（1）**申请法律援助辩护**

①因**经济困难**[1]或者**其他原因**没有委托辩护人的，本人及其近亲属可以向法律援助机构提出申请。对**符合法律援助条件**的，法律援助机构**应当**指派律师为其提供辩护。

> **【特别提示1】**经济困难的标准，由**省、自治区、直辖市人民政府**根据本行政区域经济发展状况和法律援助工作需要确定，并实行动态调整。

> **【特别提示2】**有下列情形之一，当事人申请法律援助的，**不受经济困难条件的限制**：
>
> ①英雄烈士近亲属为维护英雄烈士的人格权益；②因见义勇为行为主张相关民事权益；③再审改判无罪请求国家赔偿；④遭受虐待、遗弃或者家庭暴力的受害人主张相关权益；⑤法律、法规、规章规定的其他情形。

> **【特别提示3】**当事人不服**司法机关生效裁判或者决定提出申诉或者申请再审**，人民法院决定、裁定再审或者**人民检察院提出抗诉**，因**经济困难**没有委托辩护人或者诉讼代理人的，本人及其近亲属可以向法律援助机构申请法律援助。

②**最高人民法院复核死刑案件**，被告人**申请**法律援助的，**应当通知司法部**法律援助中心指派律师为其提供辩护。

---

〔1〕《法律援助法》第31条规定："下列事项的当事人，因经济困难没有委托代理人的，可以向法律援助机构申请法律援助：（一）依法请求国家赔偿；（二）请求给予社会保险待遇或者社会救助；（三）请求发给抚恤金；（四）请求给付赡养费、抚养费、扶养费；（五）请求确认劳动关系或者支付劳动报酬；（六）请求认定公民无民事行为能力或者限制民事行为能力；（七）请求工伤事故、交通事故、食品药品安全事故、医疗事故人身损害赔偿；（八）请求环境污染、生态破坏损害赔偿；（九）法律、法规、规章规定的其他情形。"

【特别提示1】 司法部法律援助中心在接到最高人民法院法律援助通知书后，应当在3日内指派**具有3年以上刑事辩护执业经历**的律师担任被告人的辩护律师，并函告最高人民法院。

【特别提示2】 最高人民法院应当告知或者委托高级人民法院告知被告人为其指派的辩护律师的情况。**被告人拒绝指派的律师为其辩护的，最高人民法院应当准许。**

（2）**强制法律援助辩护**

具有下列情形之一，犯罪嫌疑人、被告人没有委托辩护人的，人民法院、人民检察院和公安机关**应当**通知法律援助机构指派律师为其提供辩护：[1]

①盲、聋、哑（**视力、听力、言语残疾人**）；

②尚未完全丧失辨认或者控制自己行为能力的精神病人；

③可能判处**无期**、**死刑**的；

④**审判时**未满18周岁的**未成年**人；

⑤贪污贿赂犯罪案件，以及需要及时进行审判，经最高人民检察院核准的严重危害国家安全犯罪、恐怖活动犯罪案件，犯罪嫌疑人、被告人在境外，人民法院**缺席审判**案件；

⑥高级人民法院**复核死刑**案件；

⑦**死刑**缓期执行期间**故意犯罪**的案件。

【特别提示1】 法律援助辩护贯穿全过程，但在不同阶段要适用强制法律援助辩护，须在该阶段满足上述条件之一才行。如未成年人案件，侦查阶段要适用强制法律援助辩护，要求侦查阶段是未成年人才能适用。同样的，在审查起诉阶段要适用强制法律援助辩护，要求审查起诉阶段是未成年人才能适用。也就是说，**在侦查阶段未满18周岁**，为其指派律师担任辩护律师后，其到了审查起诉阶段**满了18周岁**，那么在**审查起诉阶段**就**不再适用强制法律援助辩护**。

【特别提示2】 对可能被判处**无期徒刑、死刑的人，以及死刑复核案件的被告人**，法律援助机构收到人民法院、人民检察院、公安机关通知后，应当指派具有3**年以上相关执业经历的律师**担任辩护人。

【特别提示3】 在刑诉中，涉及未成年人的判断标准的考点，只有以下两种情形是以**审判时**未成年为标准，其余的都是以**犯罪时**未成年为标准：（1）**强制法律援助辩护**；（2）审判**不公开**的未成年人案件。

（3）**酌定法律援助辩护**

具有下列情形之一，被告人没有委托辩护人的，人民法院**可以**通知法律援助机构指派律师

---

〔1〕《法律援助法》第25条规定："刑事案件的犯罪嫌疑人、被告人属于下列人员之一，没有委托辩护人的，人民法院、人民检察院、公安机关应当通知法律援助机构指派律师担任辩护人：（一）未成年人；（二）视力、听力、言语残疾人；（三）不能完全辨认自己行为的成年人；（四）可能被判处无期徒刑、死刑的人；（五）申请法律援助的死刑复核案件被告人；（六）缺席审判案件的被告人；（七）法律法规规定的其他人员。其他适用普通程序审理的刑事案件，被告人没有委托辩护人的，人民法院可以通知法律援助机构指派律师担任辩护人。"

为其提供辩护：

①共同犯罪案件中，其他被告人已经委托辩护人的；

②案件有重大社会影响的；

③人民检察院抗诉的；

④被告人的行为可能不构成犯罪的；

⑤有必要指派律师提供辩护的其他情形。

【特别提示】其他适用普通程序审理的刑事案件，被告人没有委托辩护人的，人民法院可以通知法律援助机构指派律师担任辩护人。

二、辩护人辩护的基本内容

★★★（一）辩护人的范围

辩护人，是指接受犯罪嫌疑人、被告人的委托或法律援助机关指派，帮助犯罪嫌疑人、被告人行使辩护权，以维护其合法权益的人。根据《刑事诉讼法》和相关司法解释的规定，辩护人的范围如下：

1. 可以担任辩护人的人

（1）律师；

（2）人民团体或者犯罪嫌疑人、被告人所在单位推荐的人；

（3）犯罪嫌疑人、被告人的监护人、亲友。

2. 不能担任辩护人的人

（1）绝对禁止（任何情况下都不能担任）

①正在被执行刑罚或者处于缓刑、假释考验期间的人；

②依法被剥夺、限制人身自由的人；

③无行为能力或者限制行为能力的人。

（2）相对禁止

①人民法院、人民检察院、监察机关、公安机关、国家安全机关、监狱的**现职**人员；

②人民陪审员；

③与本案审理结果有利害关系的人；

④外国人或者无国籍人；

⑤**被开除公职和被吊销律师、公证员执业证书**的人。

【特别提示1】上述人员一般情况下不能担任辩护人，但如果是犯罪嫌疑人、被告人**的近亲属**[1]（上、下、左、右）或监护人，则可以作为辩护人。

---

〔1〕《刑事诉讼法》第108条第6项规定，“近亲属”是指夫、妻、父、母、子、女、同胞兄弟姊妹。

【特别提示2】（1）检察人员和审判人员（含人民法院其他工作人员）从人民法院、人民检察院离任后2年内，不得以**律师身份**担任辩护人（可以以**非律师**身份担任）；

（2）检察人员和审判人员（含人民法院其他工作人员）从人民法院、人民检察院离任后不得担任**原任职**人民法院、人民检察院所办理案件的辩护人。但系犯罪嫌疑人、被告人的**监护人、近亲属**则可以担任辩护人。

（3）审判人员和人民法院其他工作人员的**配偶、子女**或者**父母**，不得担任其**任职人民法院**所办理案件的辩护人。但系犯罪嫌疑人、被告人的**监护人、近亲属**则可以进行辩护。

【特别提示3】辩护人、诉讼代理人被责令退出法庭、强行带出法庭或者被处以罚款后，具结保证书，保证服从法庭指挥、不再扰乱法庭秩序的，**经法庭许可**，可以继续担任辩护人、诉讼代理人。辩护人、诉讼代理人具有下列情形之一的，**不得继续**担任同一案件的辩护人、诉讼代理人：①**擅自**退庭的；②**无正当理由**不出庭或者**不按时**出庭，严重影响审判顺利进行的；③被**拘留**或者具结保证书后**再次**被责令退出法庭、强行带出法庭的。

（二）辩护人的人数、诉讼地位与职责

1. 辩护人的人数

一名被告人可以委托1至2人作为辩护人。**1名辩护人不得为2名以上的同案被告人，或者未同案处理但犯罪事实存在关联的被告人辩护**。

2. 辩护人的诉讼地位

（1）辩护人在刑事诉讼中**只承担辩护职能**，是犯罪嫌疑人、被告人合法权益的专门维护者。辩护人在刑事诉讼中一般不能检举、揭发犯罪嫌疑人、被告人已经实施的犯罪行为。

（2）辩护人是**独立的诉讼参与人**，**享有独立的诉讼地位**，以**自己的名义**，独立进行辩护，**不受犯罪嫌疑人、被告人意思表示的约束**。辩护人与犯罪嫌疑人、被告人的关系，不同于诉讼代理人和当事人的关系。辩护律师参与诉讼是履行法律规定的职责，而不是基于犯罪嫌疑人、被告人的授权。辩护人不是犯罪嫌疑人、被告人的“代言人”。

（3）辩护人所**维护的只能是犯罪嫌疑人、被告人的合法权益**。因此辩护人只能**依据事实和法律**为犯罪嫌疑人、被告人进行辩护，而不能为其当事人谋取非法利益，更不得教唆犯罪嫌疑人、被告人翻供，帮助犯罪嫌疑人、被告人威胁、引诱证人改变证言或者进行其他妨碍诉讼的活动。

【特别提示】辩护人不仅独立于公、检、法，而且独立于犯罪嫌疑人、被告人，其是“**根据事实和法律**”进行辩护。

3. 辩护人的职责

《刑事诉讼法》第37条：“辩护人的责任是根据事实和法律，提出犯罪嫌疑人、被告人无罪、罪轻或者减轻、免除其刑事责任的材料和意见，维护犯罪嫌疑人、被告人的诉讼权利和其他合法权益。”具体而言，其职责包括：

（1）**从实体上为犯罪嫌疑人、被告人辩护**。即根据事实和法律，提出证明犯罪嫌疑人、被告人无罪、罪轻或者减轻、免除其刑事责任的材料和意见，帮助公安司法机关全面了解案情，正确适用法律，依法公正处理案件。

（2）**从程序上为犯罪嫌疑人、被告人辩护**。帮助犯罪嫌疑人、被告人依法正确行使自己的诉讼权利，并在发现犯罪嫌疑人、被告人的诉讼权利遭受侵犯时，向公安司法机关提出意

见，要求依法制止，或向有关单位提出控告。

（3）**为犯罪嫌疑人、被告人提供其他法律帮助**。辩护人应当解答犯罪嫌疑人、被告人提出的有关法律问题，为犯罪嫌疑人、被告人代写有关文书，案件宣判后，应当了解被告人的态度，征求其对判决的意见以及是否提起上诉等。

★★★★★（三）辩护人的诉讼权利

1. 阅卷权

（1）**非律师辩护人**：享有阅卷权，但须经人民法院、人民检察院许可。

（2）**辩护律师**

①**阅卷手续**：**无须经办案机关许可**即可阅卷。

②**阅卷时间**：**自人民检察院对案件【审查起诉之日】**起。在审查起诉阶段，辩护人应当到人民检察院阅卷；案件起诉到人民法院后，辩护人应当到人民法院阅卷。

③**阅卷范围**：案卷材料，包括**诉讼文书**和**证据材料（包括作为证据材料移送的讯问录音录像）**在内的案卷中的**所有材料**，合议庭、审判委员会的讨论记录以及其他依法不公开的材料不得查阅、摘抄、复制。

④**阅卷方法**：查阅、复印、拍照、扫描、电子数据拷贝等。

⑤**阅卷保障**：人民检察院、人民法院应当为辩护人查阅、摘抄、复制案卷材料提供便利和充分的时间，辩护律师提出阅卷要求的，检察院、法院**应当当时安排**辩护律师阅卷，无法当时安排的，应当向辩护律师说明并安排在3个工作日以内阅卷，**不得限制辩护律师阅卷的次数。**

2. 会见、通信权

（1）**非律师辩护人**：享有会见、通信权，但须经人民法院、人民检察院许可（在审查起诉阶段是由负责捕诉的部门进行审查并作出是否许可的决定）。

（2）**辩护律师**

①**会见人数**：犯罪嫌疑人、被告人委托2名律师担任辩护人的，2名辩护律师可以**共同会见**，也可以**单独会见**。辩护律师可以带1名律师助理协助会见。助理人员随同辩护律师参加会见的，应当出示律师事务所证明和律师执业证书或者申请律师执业人员实习证。办案机关应当核实律师助理的身份。

②**会见的证件要求**：辩护律师持“三证”，即**律师执业证书**、**律师事务所证明**和**委托书或者法律援助公函**，即有权要求会见在押的犯罪嫌疑人、被告人。

③**【须经许可方可会见的】**经侦查机关许可才能会见的案件：**危害国家安全犯罪**、**恐怖活动犯罪案件**，在侦查期间辩护律师会见在押的犯罪嫌疑人，应当经侦查机关许可。上述案件，侦查机关应当**事先通知**看守所。

④**安排会见的时间**：看守所应当及时安排会见，**至迟不得超过48小时**。

⑤**会见的内容**：辩护律师会见在押的犯罪嫌疑人、被告人，可以**了解**案件有关情况，提供法律咨询等；自案件移送**审查起诉之日起**，可以向犯罪嫌疑人、被告人**核实**有关证据（注意：侦查阶段只能了解情况，不能核实证据）。

⑥**会见的保障**

A. 辩护律师会见在押的犯罪嫌疑人、被告人时，看守所**应当采取必要措施，保障会见顺利和安全进行**。律师会见在押的犯罪嫌疑人、被告人的，看守所应当保障律师履行辩护职责需要的**时间和次数**，并与看守所工作安排和办案机关侦查工作相协调。

B. 辩护律师会见在押的或者被监视居住的犯罪嫌疑人、被告人时，**不得监听，不得派员在场**。

【特别提示】 在律师会见室不足的情况下，看守所经辩护律师书面同意，可以安排在讯问室会见，但应当关闭录音、监听设备。

⑦**通信权**：看守所应当及时传递辩护律师同犯罪嫌疑人、被告人的往来信件。看守所可以对信件**进行必要的检查，但不得截留、复制、删改**信件，**不得向办案机关提供信件内容，但信件内容涉及危害国家安全、公共安全、严重危害他人人身安全以及涉嫌串供、毁灭证据等情形的除外**。

3. **调查取证权**

（1）**非律师辩护人**：非律师辩护人没有亲自调查取证的权利，但**有申请检察院、法院调取未随案移送的证明犯罪嫌疑人、被告人无罪或罪轻的证据的权利**（详情见“申请调取无罪或罪轻证据的权利”的内容）。

（2）**辩护律师**

①**亲自调查取证权**

A. 经证人或者其他有关单位和个人同意，可以向他们收集与本案有关的材料（**经一关**）。

B. **经人民检察院或者人民法院许可**，并且经被害人或者其近亲属、被害人提供的证人同意，可以向他们收集与本案有关的材料（**经两关**）。

【特别提示】 辩护律师提出申请的，人民检察院、人民法院应当在7日以内作出是否许可的决定，并通知辩护律师。辩护律师书面提出有关申请时，办案机关不许可的，应当书面说明理由；辩护律师口头提出申请的，办案机关可以口头答复。

②**申请代为调查取证权**

A. 辩护律师可以申请人民检察院、人民法院向证人或者有关单位、个人收集、调取证据材料。检察院负责捕诉的部门、法院认为确有收集、调取必要，且不宜或者不能由辩护律师收集、调取的，应当同意。检察院、法院收集、调取证据材料时，辩护律师可以在场（**不得向辩护律师签发准许调查决定书，应当由人民检察院、人民法院自己取证**）。

【特别提示】 辩护律师书面提出有关申请时，办案机关不同意的，应当书面说明理由；辩护律师口头提出申请的，办案机关可以口头答复（**书面或口头皆可，怎么申请就怎么回复**）。

B. **辩护人（包括辩护律师与非律师辩护人）**认为在调查、侦查、审查起诉期间监察机关、公安机关、人民检察院收集的证明犯罪嫌疑人、被告人无罪或者罪轻的证据材料未提交的，有权申请人民检察院、人民法院调取。

4. **提出意见权**

提出意见权是指辩护人在不同诉讼阶段向办案机关提出辩护意见的权利。辩护人提出意见的，根据办案机关是否需要辩护人提出要求才“应当”听取其意见，可以将办案机关听取意见的情形分为以下两种：

（1）**无须辩护人提出要求即“应当”**听取意见的情形

①**审查起诉**：人民检察院审查案件，应当讯问犯罪嫌疑人，听取辩护人或者值班律师、被害人及其诉讼代理人的意见，并记录在案。辩护人或者值班律师、被害人及其诉讼代理人提出书面意见的，应当附卷。（《刑事诉讼法》第173条）

②**未成年的逮捕**：对未成年犯罪嫌疑人、被告人应当严格限制适用逮捕措施。人民检察院

审查批准逮捕和人民法院决定逮捕，应当讯问未成年犯罪嫌疑人、被告人，听取辩护律师的意见。(《刑事诉讼法》第 280 条第 1 款)

③**二审不开庭审理的**：第二审人民法院决定不开庭审理的，应当讯问被告人，听取其他当事人、辩护人、诉讼代理人的意见。(《刑事诉讼法》第 234 条第 2 款)

④**速裁程序宣判前**：适用速裁程序审理案件，在判决宣告前应当听取辩护人的意见。

⑤**认罪认罚案件法院改变罪名的**：对认罪认罚案件，人民检察院起诉指控的事实清楚，但指控的罪名与审理认定的罪名不一致的，人民法院应当听取人民检察院、被告人及其辩护人对审理认定罪名的意见，依法作出判决。

⑥**辩护律师申请排除非法证据的**：办案机关应当听取辩护律师的意见，按照法定程序审查核实相关证据，并依法决定是否予以排除。(《关于依法保障律师执业权利的规定》第 23 条第 3 款)

⑦**检察院办理死刑上诉、抗诉案件**：应当听取辩护人的意见。

(2) 须辩护律师提要求才“应当”，没有提要求则“可以”听取意见的情形

①**侦查终结**：在案件侦查终结前，辩护律师提出要求的，侦查机关应当听取辩护律师的意见，并记录在案。辩护律师提出书面意见的，应当附卷。(《刑事诉讼法》第 161 条)

> **【特别提示】**根据此规定，辩护律师既**可以提出书面意见**，也可以**口头提出辩护意见**。

②**审查批准逮捕**：人民检察院审查批准逮捕，可以询问证人等诉讼参与人，听取辩护律师的意见；辩护律师提出要求的，应当听取辩护律师的意见。(《刑事诉讼法》第 88 条第 2 款)

③**最高人民法院复核死刑案件**：最高人民法院复核死刑案件，应当讯问被告人，辩护律师提出要求的，应当听取辩护律师的意见。(《刑事诉讼法》第 251 条第 1 款)

5. 其他权利

辩护人除了享有上述诉讼权利以外，享有诉讼权利主要还包括：

(1) 申请解除期限届满强制措施的权利

①犯罪嫌疑人、被告人及其法定代理人、**近亲属**或者**辩护人**有权申请变更强制措施。人民法院、人民检察院和公安机关收到申请后，应当在 3 日以内作出决定；不同意变更强制措施的，应当告知申请人，并说明不同意的理由。

②人民法院、人民检察院或者公安机关对于被采取强制措施法定期限届满的犯罪嫌疑人、被告人应当予以释放、解除取保候审、监视居住或者依法变更强制措施。犯罪嫌疑人、被告人及其法定代理人、**近亲属或者辩护人**对于人民法院、人民检察院或者公安机关采取强制措施法定期限届满的，有权要求解除强制措施。

(2) 申请回避权

辩护人、诉讼代理人可以依照回避的规定要求相关人员回避、申请复议。

(3) 获得通知权

①公安机关**侦查终结**的案件，应当做到犯罪事实清楚，证据确实、充分，并且写出起诉意见书，连同案卷材料、证据一并移送同级人民检察院审查决定；同时将案件移送情况告知犯罪嫌疑人及其**辩护律师**。(《刑事诉讼法》第 162 条第 1 款)

> **【特别提示】**此处之所以告知辩护律师，是因为侦查阶段聘请辩护人的，只能聘请辩护律师。

②人民法院决定开庭审判后，应当确定合议庭的组成人员，将人民检察院的起诉书副本至迟在开庭 10 日以前送达被告人及其**辩护人**。人民法院应当至迟在开庭 3 日以前将开庭的时间、地点通知辩护人。（《刑事诉讼法》第 187 条第 1、3 款）

③人民法院应当将判决书送达辩护人、诉讼代理人。（《刑事诉讼法》第 202 条第 2 款）

④犯罪嫌疑人、被告人被**采取、变更或者解除强制措施的情况，侦查机关延长侦查羁押期限等情况，**办案机关应当依法及时告知辩护律师。（《关于依法保障律师执业权利的规定》第 6 条第 1 款）

⑤办案机关**作出移送审查起诉、退回补充侦查、提起公诉、延期审理、二审不开庭审理、宣告判决等**重大程序性决定的，应当依法及时告知辩护律师。（《关于依法保障律师执业权利的规定》第 6 条第 2 款）

⑥侦查机关应当在案件**移送审查起诉**后 3 日以内，人民检察院应当在**提起公诉**后 3 日以内，将案件移送情况告知辩护律师。（《关于依法保障律师执业权利的规定》第 14 条第 1 款）

（4）参加法庭调查和辩论权

①在法庭调查阶段，辩护人在公诉人讯问被告人后经审判长许可，可以向被告人发问；经审判长许可，可以对证人、鉴定人发问。

②法庭审理中，辩护人有权申请通知新的证人到庭，调取新的物证，重新鉴定或者勘验。

③在法庭辩论阶段，辩护人可以对证据和案件情况发表意见并且可以和控方展开辩论。

④辩护律师作**无罪辩护**的，**可以当庭**就量刑问题发表辩护意见，**也可以庭后提交量刑辩护意见**。（《关于依法保障律师执业权利的规定》第 35 条）

⑤辩护律师可以根据需要，向人民法院申请带**律师助理参加庭审**。经人民法院准许，可以带一名助理参加庭审。**律师助理**参加庭审仅能从事相关辅助工作，**不得发表辩护、代理意见**。

（5）提出申诉、控告权

辩护人、诉讼代理人认为公安机关、人民检察院、人民法院及其工作人员阻碍其依法行使诉讼权利的，有权向同级或者上一级人民检察院申诉或者控告。人民检察院对申诉或者控告应当及时进行审查，情况属实的，通知有关机关予以纠正。（《刑事诉讼法》第 49 条）

（6）人身保障权

违反相关规定的，应当依法追究法律责任，辩护人涉嫌犯罪的，应当由办理辩护人所承办案件的侦查机关以外的侦查机关办理。辩护人是律师的，应当及时通知其所在的律师事务所或者所属的律师协会。（《刑事诉讼法》第 44 条第 2 款）

（7）拒绝辩护权（内容见下文）

（8）非独立的上诉权：辩护人经被告人同意，可以提出上诉。

> **【特别提示】**我国刑事诉讼法并**没有赋予辩护律师**在侦查人员**讯问时**的**在场权**。

★★★（四）辩护人的诉讼义务

根据刑事诉讼法及相关司法解释，辩护人的诉讼义务主要包括：

1. **特定**证据展示义务

辩护人收集的有关犯罪嫌疑人不在犯罪现场、**未达到刑事责任年龄**、**属于不负刑事责任的精神病人**的证据，应当及时告知公安机关、人民检察院。

> **【特别提示】**虽然辩护人需要展示的上述三个证据均是有利于犯罪嫌疑人、被告人的证据，但是**并不是所有有利于犯罪嫌疑人、被告人的证据都需要展示**，而**仅限于**上述三个有利于的证据。

2. **保密义务**

辩护律师对在执业活动中知悉的委托人的有关情况和信息，有权予以保密。但是，辩护律师对在执业活动中知悉的委托人或者其他人，**准备或正在实施危害国家安全、公共安全**以及**严重危害他人人身安全**的犯罪的，应当及时告知司法机关，但公安司法机关应当为辩护律师保密。

【特别提示】对于“**已经结束**”的犯罪，**律师应当保密，而没有告知**的义务。

3. **不得干扰司法机关诉讼活动义务**

（1）辩护律师和其他辩护人不得帮助犯罪嫌疑人、被告人隐匿、毁灭、伪造证据或者串供，不得威胁、引诱证人作伪证及进行其他干扰司法机关诉讼活动的行为。否则，应当依法追究法律责任。

（2）辩护人涉嫌犯罪的，应当由办理辩护人所承办案件的侦查机关以外的侦查机关办理。辩护人是律师的，应当及时通知其所在的律师事务所或者所属的律师协会。

4. **告知义务**：辩护人接受委托后，应当及时告知办理案件的机关其接受委托的情况。根据《刑诉解释》第52条，审判期间，辩护人接受被告人委托的，应当在接受委托之日起3日以内，将委托手续提交人民法院。接受法律援助机构指派为被告人提供辩护的，适用前款规定。

5. 会见在押犯罪嫌疑人、被告人时，应当遵守看管场所的规定。

6. 参加法庭审判时要遵守法庭秩序。

7. 未经人民检察院或者人民法院许可，不得向被害人或被害人提供的证人收集与本案有关的材料。

8. 不得违反规定会见法官、检察官以及其他有关工作人员，向法官、检察官以及其他有关工作人员行贿，介绍贿赂或者指使、诱导当事人行贿，或者以其他不正当方式影响法官、检察官以及其他有关工作人员依法办理案件。

三、拒绝辩护

刑事诉讼中有两种拒绝辩护：一种是犯罪嫌疑人、被告人拒绝辩护人为其辩护；另一种是律师拒绝继续为犯罪嫌疑人、被告人辩护。

★★（一）律师拒绝继续为犯罪嫌疑人、被告人辩护

律师接受委托后，无正当理由的，不得拒绝辩护或者代理。但是，以下三种情形下，辩护律师有权拒绝辩护：

1. 委托**事项违法**。
2. 委托人**利用**律师提供的**服务从事违法活动**。
3. 委托人**故意隐瞒**与案件有关的**重要事实**的。

【特别提示】有且只有以上三种情形下，律师才有权拒绝辩护，其他任何理由都不构成律师可以拒绝辩护的理由。

★★★（二）犯罪嫌疑人、被告人拒绝辩护人为其辩护

在审判过程中，被告人可以拒绝辩护人继续为他辩护，也可以另行委托辩护人辩护。虽然刑事诉讼法未对侦查、审查起诉阶段拒绝辩护做出规定，但由于犯罪嫌疑人在侦查阶段即可委托辩护人，如果犯罪嫌疑人在侦查阶段、审查起诉阶段拒绝辩护人继续辩护或者要求更换辩护

人，也应当参照审判阶段的规定进行处理。

1. **强制法律援助辩护案件的拒绝辩护**

（1）被告人属于**应当提供**法律援助辩护的情形，被告人拒绝法律援助机构指派的律师为其辩护的，人民法院应当查明原因。**理由正当的，应当准许**，但被告人应当在5**日以内**另行委托辩护人；被告人未另行委托辩护人的，人民法院应当在3**日以内**书面通知法律援助机构另行指派律师为其提供辩护。

> **【特别提示】**另行委托辩护人或者通知法律援助机构指派律师的，自案件宣布休庭之日起至第15日止，由辩护人准备辩护，但被告人及其辩护人自愿缩短时间的除外。庭审结束后、判决宣告前另行委托辩护人的，可以不重新开庭；辩护人提交书面辩护意见的，应当接受。

（2）属于应当提供法律援助辩护的情形，被告人拒绝法律援助机构指派的律师为其辩护，人民法院同意的，**重新开庭后被告人再次拒绝**辩护人辩护的，**不予准许【只能拒绝一次，且需要正当理由】**。

2. **非强制法律援助辩护案件的拒绝辩护**

如果被告人拒绝辩护的，人民法院应当准许；应当准许被告人另行委托；再次拒绝的，可以准许，但是最终只能自行辩护**【可以无理由地拒绝**2**次，但**2**次后只能自行辩护】**。

> **【特别提示】**被告人在一个审判程序中更换辩护人**一般不得超过两次**。被告人当庭拒绝辩护人辩护，要求另行委托辩护人或者指派律师的，合议庭应当准许。被告人拒绝辩护人辩护后，**没有辩护人**的，应当**宣布休庭**；仍**有辩护人**的，庭审**可以继续**进行。有多名被告人的案件，部分被告人拒绝辩护人辩护后，没有辩护人的，根据案件情况，可以对该部分被告人另案处理，对其他被告人的庭审继续进行。（《刑诉解释》第311条第1、2、3款）

考点归纳（被告人拒绝辩护）	
强制法律援助辩护案件	属于强制法律援助辩护的情形，被告人**可以拒绝辩护人辩护**，但需要**正当理由**，且**只能拒绝**1**次**，重新开庭后再次拒绝的，无论有无理由，都不予准许，最后在法庭上必须有辩护人为其辩护。
非强制法律援助辩护案件	属于非强制法律援助辩护的情形，被告人**可以拒绝辩护人辩护，无需任何理由**，可以无理由地**拒绝**2**次**，但拒绝2次之后，权利用尽，最终**只能自行辩护**。

四、辩护的内容与分类

（一）辩护的内容

一般而言，辩护的内容是从**定罪、量刑、证据、程序**四个方面提出有利于犯罪嫌疑人、被告人的事实和理由，以维护犯罪嫌疑人、被告人的合法权益。具体内容包括：

1. 指控犯罪嫌疑人、被告人的犯罪事实能否成立；

2. 犯罪嫌疑人、被告人是否已经达到刑事责任年龄，有无不负刑事责任等其他不应追究其刑事责任的情形；

3. 对案件定性和认定罪名是否准确，适用的法律条文是否恰当；

4. 犯罪嫌疑人、被告人有无法律规定的从轻、减轻或者免除刑罚的情节，有无酌情考虑的从轻或者减轻判处的情节；

5. 证据与证据之间，证据与犯罪嫌疑人、被告人口供之间是否存在矛盾；

6. 犯罪嫌疑人、被告人主观上是否故意或者过失，是否属于意外事件，是否属于正当防卫或紧急避险；

7. 共同犯罪案件中，对主犯、从犯、胁从犯的划分是否清楚；

8. 诉讼程序是否合法等。

（二）辩护的分类

按照理论和司法实践的情况，根据对不同辩护内容的选择，可以对辩护进行如下分类。在具体案件的辩护中，则需要根据案件的具体情况选择最为适宜的辩护。

1. 无罪辩护

（1）事实上的无罪辩护：即针对案件事实认定展开的无罪辩护，具体包括下列几种情形：

①正面论证说明控方所指控的行为未实际发生，即**犯罪事实不存在**的辩护。

②正面论证说明控方所指控的行为虽然客观存在，但并非犯罪嫌疑人、被告人所为，而是其他人所为，即**犯罪行为并非嫌疑人所为**的辩护。

③通过提供对犯罪嫌疑人、被告人有利的证据和提出合理的疑点，反面论证说明控方所提出的证据不足以证明犯罪嫌疑人、被告人实施了被指控的行为，即**事实不清、证据不足**的无罪辩护。

（2）法律上的无罪辩护：即控方指控的具体行为确已发生，但根据有关法律规定不认为是犯罪或者不应承担刑事责任的辩护。通常从以下几个方面开展法律上的无罪辩护：

①**犯罪主体不适格**。即不符合犯罪构成中主体要求的特殊身份要件。

②**无刑事责任能力**。如未满 14 周岁完全不负刑事责任、不负刑事责任的精神病人。

③**正当行为**。如正当防卫和紧急避险。

④**主观无罪过**。如意外事件、不可抗力。

⑤**刑事责任消灭**。因刑事责任消灭不得对行为人追究刑事责任，因而可以开展无罪辩护，如犯罪人死亡、犯罪已过追诉时效、实体法律修改因而不再追究刑事责任等情形。

2. 罪名（轻罪）辩护：罪名辩护是指控方指控被告人实施了一个较重的罪名，而辩护人依据事实和法律进行反驳和辩解，认为犯罪嫌疑人、被告人只构成一个较轻的罪名，而不构成指控的较重的罪名的一种辩护，也称为**轻罪辩护**。

【特别提示】**这种辩护方案同样指出控方所指控的犯罪不能成立，所以从这个角度来说，也是一种无罪辩护方案**。但与无罪辩护不同的是，其所辩护的犯罪嫌疑人、被告人的行为并非无需承担任何刑事责任，而只是承担较轻的刑事责任。例如，控方指控构成职务侵占罪，而辩护人认为其侵占行为并非利用职务便利，因而只构成普通侵占罪。

3. 罪数辩护：罪数辩护，是指当案件涉及一罪与数罪的关系时，辩护人从有利于犯罪嫌疑人、被告人的角度，指出控方指控的罪数不正确的辩护。主要有三种形态：

（1）将控方起诉的数罪辩为一罪；

（2）将控方起诉的多罪辩为少罪；

（3）在另外一些情况下，从有利于犯罪嫌疑人、被告人的角度，罪数辩护也可以是将指控的一罪辩为数罪。

【特别提示】罪数辩护是一种有罪辩护，即控辩双方都认为犯罪嫌疑人、被告人的行为已经触犯刑法且应当承担刑事责任，但双方分歧在于罪数的确定上。

4. **量刑辩护**：量刑辩护，是指在犯罪嫌疑人、被告人确已实施犯罪行为且控方指控的罪名无误的情况下，辩护人从最大限度地降低最终可能判处的刑罚的角度出发，针对如何量刑开展论辩的辩护。辩护人可以从以下几个方面开展量刑辩护：

（1）从适用哪个**法定量刑幅度**的角度进行量刑辩护。

（2）通过指出各种**法定的从轻、减轻或免除刑罚的量刑情节**进行量刑辩护。

（3）通过指出**法律未予明确规定**，但也可能影响量刑的各种**酌定**量刑情节进行量刑辩护。

5. **程序性辩护**：程序性辩护，是指辩护人针对公检法办案机关办案行为中存在违反法律规定的诉讼程序而开展辩护的一种辩护方案。

【特别提示】辩护人选择程序性辩护的目的不仅仅是维护犯罪嫌疑人、被告人的诉讼权利，而是希望通过维护其诉讼权利来影响到法院的实体裁判，最终获得更有利于被告人的实体裁判。

【经典金题】

1. 王某因涉嫌盗窃罪被立案侦查。其委托张律师为其辩护律师。下列关于辩护律师的做法，哪项是正确的？（2020年仿真题，单选）[1]

A. 拘留期间，辩护律师向侦查机关提出申请得到批准后可到看守所会见犯罪嫌疑人

B. 侦查终结时，辩护律师向公安机关申请阅卷

C. 移送起诉后，辩护律师发现公安机关已收集的证明犯罪嫌疑人罪轻的证据没有提交，向检察院申请调取

D. 审判阶段，辩护律师带一名助理出席庭审的，助理有权与辩护律师一起发表辩护意见

2. 关于辩护律师在刑事诉讼中享有的权利和承担的义务，下列哪一说法是正确的？（2012

---

〔1〕【解析】A项：会见权是辩护人的重要权利。一般情况下，辩护律师凭“三证”即可要求会见：律师执业证书、律师事务所证明和委托书或者法律援助公函。看守所应当在48小时内安排会见。但有两类案件在侦查期间须经侦查机关许可方可会见：危害国家安全犯罪、恐怖活动犯罪案件。本案涉及的是盗窃罪，属于一般情况，辩护律师仅凭三证即可要求会见，而无需向侦查机关申请得到批准。A项错误。

B项：阅卷权是辩护人的诉讼权利。辩护律师的阅卷时间是：自人民检察院对案件【审查起诉之日起】；阅卷范围是：可以查阅、摘抄、复制本案的案卷材料。案卷材料包括案件的诉讼文书和证据材料。非律师辩护人也享有阅卷权，但非律师辩护人行使阅卷权须经许可。据此，侦查阶段辩护律师是没有阅卷权的。案件侦查终结时，意味着案件还没移送审查起诉，因此，辩护律师此时还没有阅卷权，B项错误。

C项：申请调取证据权是辩护律师与非律师辩护人均享有的权利。在侦查、审查起诉期间公安机关、检察院收集的证明犯罪嫌疑人、被告人无罪或者罪轻的证据材料未提交的，辩护人有权申请检察院、法院调取有关证据。因此，C项正确。

D项：参加法庭调查和辩论权是辩护人的诉讼权利。律师担任辩护人、诉讼代理人，经人民法院准许，可以带一名助理参加庭审。律师助理参加庭审的，可以从事辅助工作，但【不得发表辩护、代理意见】。据此，辩护律师可带助理参加庭审，但助理不得发表辩护意见。因此，D项错误。

综上所述，本题答案为C项。

年卷二第 27 题，单）〔1〕

A. 在侦查期间可以向犯罪嫌疑人核实证据

B. 会见在押的犯罪嫌疑人、被告人，可以了解案件有关情况

C. 收集到的有利于犯罪嫌疑人的证据，均应及时告知公安机关、检察院

D. 在执业活动中知悉犯罪嫌疑人、被告人曾经实施犯罪的，应及时告知司法机关

第三节 值班律师制度

【学习提要】值班律师制度是客观题的高频考点，在主观题中也容易出现题目。关于本节，考生需要重点掌握以下内容：值班律师的职责；值班律师的诉讼权利。

【法条依据】《刑事诉讼法》第 36 条：法律援助机构可以在人民法院、看守所等场所派驻值班律师。犯罪嫌疑人、被告人没有委托辩护人，法律援助机构没有指派律师为其提供辩护的，由值班律师为犯罪嫌疑人、被告人提供法律咨询、程序选择建议、申请变更强制措施、对案件处理提出意见等法律帮助。人民法院、人民检察院、看守所应当告知犯罪嫌疑人、被告人有权约见值班律师，并为犯罪嫌疑人、被告人约见值班律师提供便利。

【知识点精讲】

一、值班律师制度的基本内涵

（一）值班律师制度的概念

值班律师制度，是指法律规定的关于犯罪嫌疑人、被告人**没有委托辩护人**，法律援助机构也**没有指派律师**为其提供辩护的，由派驻在人民**法院、看守所、人民检察院**等场所的值班律师免费为犯罪嫌疑人、被告人提供**法律咨询、程序选择建议、申请变更强制措施、对案件处理提出意见**等**法律帮助的**一系列规则的总称。

（二）值班律师制度的基本内涵

1. 值班律师制度是对我国辩护制度的**重要补充**。

---

〔1〕**【解析】**AB 项：会见权是辩护人的重要权利。一般情况下，辩护律师凭“三证”即可要求会见：律师执业证书、律师事务所证明和委托书或者法律援助公函。看守所应当在 48 小时内安排会见。但有两类案件在侦查期间须经侦查机关许可方可会见：危害国家安全犯罪、恐怖活动犯罪案件。据此，辩护律师有权会见犯罪嫌疑人。从会见的内容来看，辩护律师在任何阶段都有权了解案件情况，但要核实证据，须等到案件移送审查起诉之日起。因此，侦查阶段中，辩护律师是无权核实证据的，其只能了解案件情况，A 项错误，B 项正确。

C 项：辩护人承担的主要义务有：特定证据展示义务；保密义务；不得毁灭证据、伪造证据、妨碍作证；等等。其中，特定证据展示义务要求辩护人收集的有关犯罪嫌疑人不在犯罪现场、未达到刑事责任年龄、属于依法不负刑事责任的精神病人的证据，应当及时告知公安机关、人民检察院。据此，我们可以得出以下两点结论：第一，辩护人并不是收集到的所有证据都须展示，其只需展示的只有三个证据：不在场证据；不够大（不到法定年龄）的证据；犯罪嫌疑人不正常（依法不负刑事责任的精神病人）的证据。第二，并不是辩护人收集到的所有有利于犯罪嫌疑人、被告人的证据都得展示。虽然上述三个证据都是有利于犯罪嫌疑人、被告人的，但除此以外，其余有利于犯罪嫌疑人、被告人的证据均不需要展示。据此，C 项错误。

D 项：辩护人承担的主要义务有：特定证据展示义务；保密义务；不得毁灭证据、伪造证据、妨碍作证；等等。其中，保密义务要求辩护律师对在执业活动中知悉的委托人的有关情况和信息予以保密。但是有例外，即辩护律师在执业活动中知悉委托人或者其他人，准备或者正在实施危害国家安全、公共安全以及严重危害他人人身安全的犯罪的，应当及时告知司法机关。本题中，被告人曾经实施犯罪不属于例外情形，因此应当予以保密，不得告知司法机关，D 项错误。

综上所述，本题答案为 B 项。

2. 值班律师制度是我国法律援助制度的重要组成部分，值班律师的派驻由法援机构负责，并由法援机构确定人选、进行指导和管理。

3. 值班律师在具体案件的身份**不是辩护人，不提供出庭辩护的服务，**但需要以其专业的法律知识为犯罪嫌疑人、被告人提供法律咨询、程序选择建议、申请变更强制措施、对案件处理提出意见等一系列法律帮助。

4. 值班律师制度的适用范围不限于认罪认罚从宽制度，而应该**覆盖所有案件的所有诉讼阶段**中犯罪嫌疑人、被告人**没有辩护人（既没有委托，也没有为其指派辩护律师）**的情形。

5. 法院、检察院、看守所等办案机关需要为值班律师制度的设立和运转承担相应的责任，具体包括应当告知犯罪嫌疑人、被告人有权约见值班律师，并为其约见值班律师提供便利。

★★★★★二、值班律师制度的内容

1. **值班律师的定位：免费**为犯罪嫌疑人、被告人提供**法律帮助**。

2. **可以派驻值班律师的场所：**法律援助机构可以在人民**法院**、人民检察院、**看守所**等场所派驻值班律师。

3. **值班律师的职责（法律帮助的内容）**

值班律师**（在所有案件）**依法提供以下法律帮助：

（1）提供法律咨询；

（2）提供程序选择建议；

（3）帮助犯罪嫌疑人、被告人申请变更强制措施；

（4）对案件处理提出意见；

（5）帮助犯罪嫌疑人、被告人及其近亲属申请法律援助；

（6）法律法规规定的其他事项。

值班律师**在认罪认罚案件中**，还应当提供以下法律帮助：

（1）向犯罪嫌疑人、被告人释明认罪认罚的性质和法律规定；

（2）对人民检察院指控罪名、量刑建议、诉讼程序适用等事项提出意见；

（3）犯罪嫌疑人签署认罪认罚具结书时在场。

4. **值班律师的诉讼权利**

（1）会见权

①值班律师办理案件时，可以**应犯罪嫌疑人、被告人的约见**进行会见，**也可以主动要求会见**。

②值班律师持**【律师执业证或者律师工作证】、【法律帮助申请表或者法律帮助通知书】**到看守所办理法律帮助会见手续，看守所应当及时安排会见。

③危害**国**家安全犯罪、**恐**怖活动犯罪案件，侦查期间值班律师会见在押犯罪嫌疑人的，**应当经侦查机关许可**。

（2）阅卷权

自人民检察院对案件**审查起诉之日起**，可以**查阅**案卷材料、了解案情，人民检察院、人民法院应当及时安排，并提供便利。已经实现卷宗电子化的地方，人民检察院、人民法院可以安排在线阅卷**（只能查阅，不能摘抄、复制）**。

（3）了解情况权

侦查阶段，值班律师可以向侦查机关了解犯罪嫌疑人涉嫌的罪名及案件有关情况。

（4）提出意见权

在审查起诉阶段，犯罪嫌疑人认罪认罚的，值班律师可以就下列事项向检察院提出意见：

（1）涉嫌的犯罪事实、指控罪名及适用的法律规定；

（2）从轻、减轻或者免除处罚等从宽处罚的建议；

（3）认罪认罚后案件审理适用的程序；

（4）其他需要提出意见的事项。

5. **值班方式**：值班方式可以采用现场值班、电话值班、网络值班相结合的方式。现场值班的，可以采取固定专人或轮流值班，也可以采取预约值班。

6. **被追诉人拒绝帮助**：依法应当通知值班律师提供法律帮助而犯罪嫌疑人、被告人明确拒绝的，公安机关、人民检察院、人民法院应当记录在案。前一诉讼程序犯罪嫌疑人、被告人明确拒绝值班律师法律帮助的，后一诉讼程序的办案机关仍需告知其有权获得值班律师法律帮助的权利，有关情况应当记录在案。

7. **法律帮助的衔接**：对于被羁押的犯罪嫌疑人、被告人，在不同诉讼阶段，可以由派驻看守所的同一值班律师提供法律帮助。对于未被羁押的犯罪嫌疑人、被告人，前一诉讼阶段的值班律师可以在后续诉讼阶段继续为犯罪嫌疑人、被告人提供法律帮助。

【经典金题】

下列关于值班律师的表述，正确的有？（2019 年仿真题，多选）〔1〕

A. 被害人有权申请值班律师提供法律帮助

B. 在审判阶段，值班律师可以出庭进行辩论

C. 值班律师提供程序选择建议主要是针对犯罪嫌疑人认罪认罚、适用速裁程序等方面

D. 在认罪认罚案件中，值班律师可以对检察院提出的量刑建议提出意见

第四节　刑事代理

【学习提要】本节中，考生应注意掌握刑事代理的种类，特别是公诉案件中的诉讼代理。

【法条依据】《刑事诉讼法》第 46 条：公诉案件的被害人及其法定代理人或者近亲属，附带民事诉讼的当事人及其法定代理人，自案件移送审查起诉之日起，有权委托诉讼代理人。自诉案件的自诉人及其法定代理人，附带民事诉讼的当事人及其法定代理人，有权随时委托诉讼代理人。

人民检察院自收到移送审查起诉的案件材料之日起三日以内，应当告知被害人及其法定代理人或者其近亲属、附带民事诉讼的当事人及其法定代理人有权委托诉讼代理人。人民法院自受理自诉案件之日

---

〔1〕【解析】A 项：值班律师制度，是指法律规定的关于犯罪嫌疑人、被告人没有委托辩护人，法律援助机构也没有指派律师为其提供辩护的，由派驻在人民法院、看守所、人民检察院等场所的值班律师免费为犯罪嫌疑人、被告人提供法律咨询、程序选择建议、申请变更强制措施、对案件处理提出意见等法律帮助的一系列规则的总称。由此可见，值班律师是为“犯罪嫌疑人、被告人”提供法律帮助，并非为所有诉讼参与人提供法律帮助，A 项中被害人是无权申请值班律师帮助的，A 项错误。

B 项：在我国，值班律师不是辩护人，只能提供基本的法律帮助，值班律师无权出庭辩论。因此，B 项错误。

C 项：值班律师在刑事诉讼中提供的只是“法律帮助”，而不是“辩护”。这些法律帮助包括：（1）提供法律咨询；（2）提供程序选择建议；（3）帮助犯罪嫌疑人、被告人申请变更强制措施；（4）对案件处理提出意见；（5）帮助犯罪嫌疑人、被告人及其近亲属申请法律援助；（6）法律法规规定的其他事项。对犯罪嫌疑人而言，程序选择主要是指适用普通程序还是简易程序或者速裁程序，如认罪认罚会在程序上获得什么好处。也就是主要围绕犯罪嫌疑人是否认罪认罚，以及适用普通程序或者速裁程序等方面进行。因此，C 项正确。

D 项：值班律师在认罪认罚案件中，还应当提供以下法律帮助：（1）向犯罪嫌疑人、被告人释明认罪认罚的性质和法律规定；（2）对人民检察院指控罪名、量刑建议、诉讼程序适用等事项提出意见；（3）犯罪嫌疑人签署认罪认罚具结书时在场。因此，D 项正确。

综上所述，本题的答案为 CD 项。

起三日以内，应当告知自诉人及其法定代理人、附带民事诉讼的当事人及其法定代理人有权委托诉讼代理人。

《刑事诉讼法》第47条：委托诉讼代理人，参照本法第三十三条的规定执行。

【知识点精讲】

一、刑事代理的含义和种类

（一）刑事代理的含义

刑事诉讼中的代理，是指代理人接受公诉案件的被害人及其法定代理人或者近亲属、自诉案件的自诉人及其法定代理人、附带民事诉讼的当事人及其法定代理人的委托，以被代理人的名义参加诉讼，由被代理人承担代理行为的法律后果的一项诉讼活动。

（二）刑事代理的种类

1. **从刑事代理产生的方式看**，刑事诉讼中的代理可分为三种：

（1）法定代理：即基于法律规定而产生的代理。

（2）委托代理：即基于被代理人的委托、授权而产生的代理。

（3）法律援助代理：基于法律援助指派律师而产生的代理

2. **从刑事代理的委托主体看**，刑事诉讼中的代理主要有：公诉案件被害人的代理，自诉案件的代理，附带民事诉讼当事人的代理，犯罪嫌疑人、被告人逃匿、死亡案件违法所得没收程序中的代理和依法不负刑事责任的精神病人的强制医疗程序中的代理五种情况。具体如下：

（三）委托代理

（1）公诉案件被害人的代理：**公诉案件的被害人**及其**法定代理人**或者**近亲属**，自案件**移送审查起诉之日**起，有权委托诉讼代理人。

> **【特别提示】** 近亲属的范围是：上、下、左、右（父母、子女、配偶、同胞兄弟姐妹）。

（2）自诉案件的代理：自诉案件的自诉人及其法定代理人，有权随时委托诉讼代理人。

（3）附带民事诉讼当事人的代理

律师在附带民事诉讼中的代理，**实质上是民事诉讼代理**。但附带民事诉讼代理人也有特殊之处，例如，附带民事诉讼的代理人可能身兼数职，比如既担任被告人的辩护人，又担任反诉中反诉人的代理人等。需要注意的是，附带民事诉讼中委托代理人的时间公诉案件与自诉案件有所不同：

①公诉案件附带民事诉讼的当事人及其法定代理人，自案件**移送审查起诉之日**起，有权委托诉讼代理人；

②自诉案件附带民事诉讼的当事人及其法定代理人，有权随时委托诉讼代理人。

（4）犯罪嫌疑人、被告人逃匿、死亡案件违法所得没收程序中的代理：犯罪嫌疑人、被告人的近亲属和其他利害关系人有权申请参加诉讼，也可以**委托诉讼代理人**参加诉讼。（《刑事诉讼法》第299条第2款）

（四）法律援助代理

1. **强制法律援助代理**

强制医疗程序中的代理：人民法院审理强制医疗案件，应当通知**被申请人或者被告人**的法定代理人到场。被申请人或者被告人**没有委托诉讼代理人的**，人民法院应当通知法律援助机构指派律师为其提供法律帮助。（《刑事诉讼法》第304条第2款）

2. **申请法律援助代理**

刑事公诉案件的被害人及其法定代理人或者近亲属，刑事自诉案件的自诉人及其法定代理人，刑事附带民事诉讼案件的原告人及其法定代理人，因**经济困难没有委托诉讼代理人**的，**可以向法律援助机构申请法律援助**。

考点归纳（辩护人与诉讼代理人的区别）		
	辩护人	诉讼代理人
1. 诉讼地位不同	具有**独立**诉讼地位	**非独立**的诉讼参与人
2. 进行诉讼活动的依据不同	依据**事实与法律**	在授权范围内进行，不得违背被代理人意志（代言人）
3. 产生的时间不同	（1）公诉：**第一次讯问**或者**采取强制措施**之日起 （2）自诉：随时	（1）公诉：**移送审查起诉**之日起 （2）自诉：随时
4. 委托的主体不同	犯罪嫌疑人、被告人及其监护人、近亲属	①**公诉**案件的被害人及其法定代理人或者**近亲属** ②**自诉**案件的自诉人及其法定代理人 ③**附带民事**诉讼的当事人及其法定代理人
5. 承担的诉讼职能不同	辩护职能	控诉职能（附带民事诉讼的当事人委托的诉讼代理人除外）

【主观题点睛】

【论述题】辩护律师如何提辩护意见

【问题】如果你是被告人一审阶段的辩护律师，请简述你的辩护意见。

【答案】

答：根据《刑事诉讼法》第37条的规定，“辩护人的责任是根据事实和法律，提出犯罪嫌疑人、被告人无罪、罪轻或者减轻、免除其刑事责任的材料和意见，维护犯罪嫌疑人、被告人的诉讼权利和其他合法权益。”作为本案一审阶段辩护律师，我将根据事实和法律，作出如下辩护意见：

第一，**从程序上提出维护被告人合法权益的辩护意见**。在本案中，（由于侦查人员在收集证据时存在非法取证情形/由于被告人被超期羁押——此处根据案情回答），因此我将向法院申请排除上述证据，要求法院不得将上述证据作为定案的依据/向法院申请解除强制措施。

第二，**从实体上提出维护被告人合法权益的辩护意见**。在本案中，我将做证据不足的无罪辩护。理由是：在排除了上述证据后，根据本案证据，现有证据不足以证明被告人有罪，因此，我将为被告人作证据不足的无罪辩护。

总之，我将从实体上与程序上提出维护被告人合法权益的辩护意见。

第七章　刑事证据

【复习提要】

证据制度是整个刑事诉讼法中最重要、最核心的内容之一，也是历年法律职业资格考试（法考）中分值最多的章节之一，在历年真题的案例分析和论述题中有多次考查。考生应当对证据制度有全面、综合的把握，不仅得掌握具体的考点，而且应当掌握如何综合运用证据来证明案件事实。基于证据制度在历年真题中多次考查了综合运用证据证明案件事实的题目，本章拟打破传统的框架，从“如何运用证据证明案件事实”的规律出发对本章进行重新编排，以期使各位考生在备考中既有具体知识点的理解，又能全面、综合运用本章的相关内容应对案例分析题与论述题。

第一，就考点而言，考生对下列知识点应重点掌握：证据的基本属性；法定证据种类的划分和审查；证据的理论分类；刑事证据规则的内容；刑事诉讼的证明对象、证明责任、证明标准等。

第二，就综合运用而言，要解决“如何运用证据来证明案件事实”的问题，首先，应当解决有哪些证据能够进入法庭作为认定案件事实的依据，即首先要解决证据能力问题。在考虑证据的证据能力时，应当从证据的属性、证据的审查判断以及证据规则的运用三个方面来考虑。其次，具有证据能力的证据进入法庭后，这些证据对于证明这个案件的价值有多大？即证据的证明力问题。再其次，证据进入法庭后，如何运用这些证据来证明案件事实？这涉及谁来证明（证明主体、证明责任）、哪些事实需要证明（证明对象）、受哪些规则约束（证据规则）以及证明至何程度（证明标准）的问题。具体而言，如下图：

【知识框架】

- 刑事证据制度
  - 证据的基本范畴
    - 证据的概念
    - 证据制度的基本原则
      - 证据裁判原则
      - 自由心证原则
      - 直接言词原则
    - 证据的法定种类
      - 物证、书证
      - 证人证言
      - 被害人陈述
      - 犯罪嫌疑人、被告人供述与辩解
      - 鉴定意见
      - 勘验、检查、辨认、侦查实验等笔录
      - 视听资料、电子数据
    - 证据的分类★★★
      - 原始证据和传来证据
      - 有罪证据和无罪证据
      - 实物证据和言词证据
      - 直接证据和间接证据

- 证据的运用（如何运用证据来证明案件事实）
  - 哪些证据能够作为证据使用？（证据能力）★★★★
    - 证据的属性
      - 客观性
      - 关联性
      - 合法性
    - 证据的收集、审查与判断
    - 证据规则
      - 非法证据排除规则★★★★
      - 传闻证据规则★★
      - 自白任意性规则
      - 意见证据规则
      - 最佳证据规则
  - 能作为证据来使用的证据对证明案件事实的价值多大？（证明力）
  - 用证据怎么证明？★★★★
    - 哪些案件事实需要证明？（证明对象）
    - 证明受哪些规则约束？（证据规则）
      - 关联性规则
      - 补强证据规则★★★★
    - 由谁来证明？（证明责任）★★★
    - 需要证明至何程度？（证明标准）★★★

第一节　刑事证据的基本范畴

【学习提要】

本节中，考生应熟练掌握刑事证据制度的基本原则，以及证据法定种类的特点和判断。此外，从历年法律职业资格考试真题来看，证据的分类是高频考点，考生需要掌握：原始证据与传来证据的区分；有罪证据与无罪证据的区分；言词证据与实物证据的区分；直接证据与间接证据的区分。

【法条依据】《刑事诉讼法》第 50 条：可以用于证明案件事实的材料，都是证据。证据包括：（一）物证；（二）书证；（三）证人证言；（四）被害人陈述；（五）犯罪嫌疑人、被告人供述和辩解；（六）鉴定意见；（七）勘验、检查、辨认、侦查实验等笔录；（八）视听资料、电子数据。

【知识点讲解】

一、刑事证据的概念

我国刑事诉讼中的证据，是指以法律规定的形式表现出来的能够证明案件真实情况的一切事实。对于刑事证据的概念，可以从以下三个方面理解：

1. 刑事证据本身是一种客观存在的材料。
2. 刑事证据是证明案件真实情况的根据和认定案件事实的手段。
3. 刑事证据必须符合法律规定的八种表现形式。

二、刑事证据制度的基本原则

通常认为，刑事证据制度的基本原则包括证据裁判原则、自由心证原则与直接言词原则。这里主要介绍证据裁判原则与自由心证原则，直接言词原则将在第十四章刑事审判概述中介绍。

（一）证据裁判原则

1. 含义

证据裁判原则，又称证据裁判主义、证据为本原则，是指对于案件事实的认定，必须有相应的证据予以证明。没有证据或者证据不充分，不能认定案件事实。

2. **内容**

一般而言，证据裁判原则包括以下几个方面的内容：

（1）认定案件事实**必须依靠证据**，没有证据就不能认定案件事实。

（2）用于认定案件事实的证据**必须具有证据能力**，即具有证据资格。

（3）用于定案的证据**必须是在法庭上查证属实的证据**，除非法律另有规定。

3. **我国的规定**

《刑诉解释》第69条规定："认定案件事实，必须以证据为根据。"《最高检规则》第61条第1款也规定："人民检察院认定案件事实，应当以证据为根据。"

（二）自由心证原则

1. **含义**

自由心证原则，是指对**证据的取舍**、证据的**证明力**大小以及案件事实的认知程度等，法律不预先加以明确规定，而由裁判主体**按照自己的良心、理性形成内心确信**，以此作为对案件事实认定的一项证据制度。

2. **内容**

（1）通常认为，自由心证原则包含两方面的内容：一是**自由判断**；二是**内心确信**。

（2）所谓自由判断，是指除法律另有规定的以外，证据及其证明力由法官自由判断，法律不做预先规定。法官判断证据证明力时，不受外部的任何影响或法律上关于证据证明力的约束。

【特别提示】 自由心证要受到整个法律体系中的一系列法律制度和规定的制约，法官应当在适用各种证据规则并慎重考虑庭审证据调查与辩论的全部过程的基础上，依据自由心证对案件事实做出判断。

（3）所谓"内心确信"，是指法官通过对证据的判断形成的内心信念，并且应达到深信不疑的程度，由此判定事实。"内心确信"禁止法官根据似是而非、尚有疑虑的主观感受判定事实。

★★★★三、证据的法定种类

证据的种类，是指根据证据事实内容的各种外部形式对证据所作的分类。证据种类实际上是证据在法律上的分类，是证据的法定形式。

（一）物证和书证

1. **物证**：指以物质属性、**外部特征**或**痕迹**等来证明案件真实情况的一切物品或痕迹。比如：笔迹、指纹等属于物证。

2. **书证**：指以文字、符号、图画等形式所表达的**思想内容**来证明案件真实情况的书面材料或者其他材料。

【特别提示1】 物证、书证往往形成于**案发过程中**，而不是诉讼中。

【特别提示2】 书证与物证的区别主要在于证明方式不同：书证以**内容**证明案件事实，物证则以**物质属性和外观特征**证明案件事实。书证与物证的联系主要是都要有实物载体，属于实物证据。如果一个物体同时以上述两种方式发挥证明作用，那它既是书证又是物证。

（二）证人证言，被害人陈述，犯罪嫌疑人、被告人供述与辩解

1. **证人证言**：证人就其所感知的案件情况向公安司法机关所作的陈述。

【特别提示】证人只能是**自然人**。

2. **被害人陈述**：刑事被害人就其受害情况和其他与案件有关的情况向公安司法机关所作的陈述。

3. **犯罪嫌疑人、被告人供述与辩解**

（1）概念：犯罪嫌疑人、被告人的供述和辩解，是指犯罪嫌疑人、被告人就有关案件的情况向侦查、检察和审判人员所作的陈述，通常称为**口供**。它的内容主要包括犯罪嫌疑人、被告人承认自己有罪的供述和说明自己无罪、罪轻的辩解。

【特别提示】犯罪嫌疑人、被告人检举他人犯罪的性质和内容的证据属于何种证据，应当具体分析。共犯同案犯罪嫌疑人、被告人检举其他共犯的犯罪事实属于犯罪嫌疑人、被告人供述和辩解的内容，不是证人证言。而单个犯罪嫌疑人、被告人检举他人的犯罪事实，或同案犯罪嫌疑人、被告人对非共犯的检举，则与自己的罪责无关，应属于证人证言。

（三）鉴定意见，有专门知识的人出具的报告，有关部门对事故进行调查形成的报告，勘验、检查、辨认、侦查实验等笔录

1. **鉴定意见**

（1）概念：指公安机关、人民检察院、人民法院为了解决案件中某些专门性问题，指派或聘请具有专门知识和技能的人，进行鉴定后所作的书面意见。

（2）特殊的鉴定意见：**精神病鉴定（不计入**办案期限）。

（3）鉴定意见应当告知：犯罪嫌疑人和被害人。

（4）证据效力：鉴定意见必须有**鉴定人**的签名，不能只有鉴定单位的名称和盖章。**【人的签名＋单位名称盖章＝有效】**

（5）拒不出庭：①控辩双方对鉴定意见有异议，且法院认为**有必要**，鉴定人才应当出庭作证（**但不得强制出庭**）。②鉴定人**拒不出庭作证的**，鉴定意见**不得作为定案的根据**（区别于证人）。

【提示】鉴定意见只能由自然人出具。决定一个人能否出具鉴定意见的因素是是否具有鉴定资质以及有没有接受指派或聘请。因此，生理上有缺陷，如缺根手指头，只要不影响鉴定资质的，是可以出具鉴定意见的。换言之，生理上有缺陷，有时可以出具鉴定意见。

2. **有专门知识的人出具的报告**

（1）因无鉴定机构，或者根据法律、司法解释的规定，指派、聘请有专门知识的人就案件的专门性问题出具的报告，可以作为证据使用。

（2）对前款规定的报告的审查与认定，参照适用鉴定意见的有关规定。

（3）经人民法院通知，出具报告的人拒不出庭作证的，有关报告不得作为定案的根据。（《刑诉解释》第100条第3款）

3. **有关部门对事故进行调查形成的报告**

有关部门对事故进行调查形成的报告，在刑事诉讼中可以作为证据使用；报告中涉及专门性问题的意见，经法庭查证属实，且调查程序符合法律、有关规定的，可以作为定案的根据。

4. **勘验、检查、辨认、侦查实验等笔录**

（1）勘验笔录：指办案人员对与犯罪有关的**场所、物品、尸体**等进行勘查、检验后所作

的记录。

（2）检查笔录：指办案人员为确定被害人、犯罪嫌疑人、被告人的某些特征、伤害情况和生理状态，对他们的**人身（活体）**进行检验和观察后所作的客观记载。

（3）辨认笔录：指客观、全面**记录辨认过程和辨认结果**，并由有关在场人员签名的记录。

（4）侦查实验笔录：指对侦查实验的试验条件、试验过程和试验结果的客观记载。

（四）视听资料、电子数据

1. **视听资料**：以**录音**、**录像**所储存的信息证明案件事实的材料。例如，录像带、CD、DVD 光盘、摄像头监控视频/图像资料、磁带等。

【特别提示】 用讯问的录像去**证明讯问过程**合法，是**视听资料**（不是供述）。

2. **电子数据**：以**数字化形式**存在的，用作证明案件情况的一切材料及其派生物。

电子数据包括但不限于下列信息、电子文件：

①网页、博客、微博、朋友圈、贴吧、网盘等网络平台发布的信息；

②手机短信、电子邮件、即时通信、通讯群组等网络应用服务的通信信息；

③用户注册信息、身份认证信息、电子交易记录、通信记录、登录日志等信息；

④文档、图片、音视频、数字证书、计算机程序等电子文件。

【特别提示 1】 以数字化形式记载的**证人证言**、**被害人陈述**以及犯罪嫌疑人、被告人**供述和辩解**等证据，**不属于电子数据**。

【特别提示 2】

1. **同一个证据材料有可能同时属于两种不同的证据法定种类（主要看该证据用什么去证明待证事实）**。比如，查获的一封书信，若以信中记载的**内容**（犯罪过程的描述）去证明案件事实，则是书证；若以信中**笔迹**去识别嫌疑人，则是物证。故**同一个**证据材料**既**可能是书证**也**可能是物证。

2. **对信息网络犯罪案件**：公安机关在调查核实过程中依法收集的**电子数据**等材料，**可以**根据有关规定**作为证据使用**（所谓调查核实，是指为确定是否符合立案条件而采取的初步调查措施，即还没立案）。

【特别提示 3】【载体不改变证据性质】

（1）作为视听资料的录音、录像，一般产生于诉讼开始之前，犯罪实施过程之中。如果是在刑事诉讼启动之后，公安司法机关为了收集、固定和保全证据而制作的录音、录像等，属于收集、固定证据的方法和载体，并没有形成新的证据，不属于刑事诉讼法规定的证据种类意义上的视听资料。例如，在询问证人、被害人，讯问犯罪嫌疑人、被告人过程中进行的录音、录像，应当分别属于证人证言，被害人陈述，犯罪嫌疑人、被告人的供述；勘验、检查中进行的录像，应当是勘验、检查笔录的组成部分。

（2）但是，如果侦查机关在侦查阶段讯问犯罪嫌疑人或者询问证人、被害人时录音、录像等，且该资料在法庭上用于证明讯问、询问**程序是否合法**这一争议问题时，该资料则属于视听资料。因为这种情况下，该证据材料是用来证明讯问或询问的过程是如何进行的，而不是证明供述、辩解或陈述的内容。

（五）行政证据、监察机关收集的证据用作刑事证据

1. **行政证据向刑事证据的转化**

（1）行政机关在行政执法和查办案件过程中收集的**物证、书证、视听资料、电子数据、鉴定意见、勘验、检查笔录**等证据材料，在刑事诉讼中可以作为证据使用。

> **【特别提示1】**上述行政证据要用作刑事证据，需要经过**转化**手续。

> **【特别提示2】**除了上述行政证据外，**其他的言词类的行政证据（如行政机关在行政执法时的询问笔录）不得作为定案的依据。**

2. **监察机关调查中收集的证据用作刑事诉讼证据**

监察机关依照本法规定收集的物证、书证、证人证言、被调查人供述和辩解、视听资料、电子数据等证据材料，**在刑事诉讼中可以作为证据使用**。

（六）来自境外的证据材料

（1）对来自境外的证据材料，检察院应当**随案移送**有关材料来源、提供人、提取人、提取时间等情况的说明。经**法院审查**，相关证据材料**能够证明**案件事实且**符合**刑事诉讼法**规定**的，**可以**作为证据使用，但提供人或者我国与有关国家签订的**双边条约**对材料的使用范围**有明确限制**的**除外**；材料来源不明或者真实性无法确认的，不得作为定案的根据。

（2）**当事人**及其**辩护人**、**诉讼代理人**提供来自境外的证据材料的，该证据材料应当经所在国**公证机关**证明，所在国中央外交主管机关或者其授权机关**认证**，并经中华人民共和国驻该国**使领馆认证**，或者履行中华人民共和国与该所在国订立的有关条约中规定的证明手续，但我国与该国之间有互免认证协定的除外。

（3）控辩双方提供的证据材料涉及外国语言、文字的，应当附**中文译本**。

★★★★四、刑事证据的分类

证据的分类，是在理论研究上将刑事证据按照不同的标准划分为不同的类别。这是一种学术归类，目的是便于人们分析和理解不同类别证据的特点，以便把握不同类别证据的规律并加以运用。

（一）按照证据的来源不同，分为原始证据与传来证据

1. **原始证据：**来自原始出处，即**直接**来源于案件事实的证据材料，即通常所讲的**一手**证据。

2. **传来证据：**通过**转手**、**摘抄**、**复制**、**转述**而来的证据，即通常所讲的**二手**证据、**三手**证据。

（二）按照与证明被追诉人有罪的关系不同，分为有罪证据与无罪证据

1. **有罪证据：**可以**肯定**嫌疑人、被告人**实施**犯罪行为以及可以证明犯罪行为轻重情节的证据。

2. **无罪证据：**能**否定**犯罪事实存在，或能够证明嫌疑人、被告人**未实施**犯罪行为的证据。

（三）按照证据的表现形式不同，分为言词证据与实物证据

1. **言词证据：**以人的**言词**为表现形式的证据。包括证人证言、被害人陈述、犯罪嫌疑人、被告人的供述和辩解、**鉴定意见**、**辨认笔录**。

2. **实物证据：**以各种**实物**、**痕迹**、图形、符号等载体和客观上存在的自然状况为表现形式的证据。包括物证、书证、视听资料、电子数据以及**勘验笔录、检查笔录**和**侦查实验笔录**。

（四）按照与证明对象的关系不同，分为直接证据与间接证据

1. **直接证据：**仅凭一个证据就能**单独、直接**反映案件主要事实**【人＋犯罪事实】**的。

【提示】（1）直接证据与间接证据的划分，与原始证据与传来证据的划分没有对应关系。

（2）直接证据与间接证据的划分，与证据的真伪没有关系。即在判断直接证据还是间接证据时，无须判断证据的真假。

（3）案件主要事实包括：①谁实施的犯罪；②谁没有实施犯罪；③没有犯罪事实存在。因此，直接证据包括肯定性直接证据与否定性直接证据：

①肯定性直接证据：仅凭一个证据就能指出谁实施犯罪**【肯定人＋犯罪事实】**的。

②否定性直接证据包括两个：A. 仅凭一个证据就能否定谁实施犯罪**【否定人】**的；B. 仅凭一个证据就能否定犯罪事实存在**【否定事实】**的。

2. **间接证据：**仅凭一个证据**不能单独、直接**反映案件主要事实，它必须结合其他证据才能反映案件主要事实的。

【做题思路】因为直接证据只有三种（一种肯定性直接证据和两种否定性直接证据），所以判断直接证据还是间接证据时，用排除法即可，即看有没有直接证据的三种情形，如果有，就是直接证据；如果没有，那么就是间接证据。

考点归纳（证据的理论分类）	
划分依据	**具体分类**
按照证据的**来源**	1. **原始证据：**凡来自原始出处，即**直接**来源于案件事实的证据材料，即通常所讲的**一手**证据。
	2. **传来证据：**通过**转手**、**摘抄**、**复制**、**转述**而来的证据，即通常所讲的**二手**证据、**三手**证据。
与证明被告人**有罪**的关系	1. **有罪证据：**可以**肯定**嫌疑人、被告人**实施**犯罪行为以及可以证明犯罪行为轻重情节的证据。
	2. **无罪证据：**能**否定**犯罪事实存在，或能够证明嫌疑人、被告人**未实施**犯罪行为的证据。
证据的**表现形式**	1. **言词证据：**以人的**言词**为表现形式的证据。包括证人证言、被害人陈述、犯罪嫌疑人、被告人的供述和辩解、**鉴定意见**、**辨认笔录**。
	2. **实物证据：**以各种**实物**、**痕迹**、图形、符号等载体和客观上存在的自然状况为表现形式的证据。包括物证、书证、视听资料、电子数据以及**勘验笔录**、**检查笔录**和**侦查实验笔录**。
与证明对象的关系	1. **直接证据（肯定和否定）：**仅凭一个证据就能**单独、直接**反映案件主要事实**【人＋犯罪事实】【否定人】【否定犯罪事实】**的。
	2. **间接证据：**仅凭一个证据**不能单独、直接**反映案件主要事实，它必须结合其他证据才能反映案件主要事实的。

续表

划分依据	具体分类
	【注意】（1）直接证据与间接证据的划分，与原始证据与传来证据的划分没有对应关系。 （2）直接证据与间接证据的划分，与证据的真伪没有关系。即在判断直接证据还是间接证据时，无须判断证据的真假。 （3）案件主要事实包括：①谁实施的犯罪（**谁干的**）；②谁没有实施犯罪（**谁没干**）；③没有犯罪事实存在（**没谁干**）。因此，直接证据包括 1 个肯定性直接证据与 2 个否定性直接证据： A. 肯定性直接证据：仅凭一个证据就能指出谁实施犯罪（**谁干的**）**【肯定人 + 犯罪事实】**的。 B. 否定性直接证据包括两个：a. 仅凭一个证据就能否定谁实施犯罪（**谁没干**）**【否定人】**的；b. 仅凭一个证据就能否定犯罪事实存在（**没谁干**）**【否定事实】**的。
	【做题技巧】因为直接证据只有三种（一种肯定性直接证据和两种否定性直接证据），所以判断直接证据还是间接证据时，用排除法即可，即看有没有直接证据的三种情形，如果有，就是直接证据；如果没有，那么就是间接证据。

【经典金题】

1. 法院审理一起受贿案时，被告人石某称因侦查人员刑讯不得已承认犯罪事实，并讲述受到刑讯的具体时间。检察机关为证明侦查讯问程序合法，当庭播放了有关讯问的录音录像，并提交了书面说明。关于该录音录像的证据种类，下列哪一选项是正确的？（2010 年卷二第 23 题，单选）[1]

---

[1] 【解析】所谓视听资料，是指以录音、录像所储存的信息证明案件事实的材料。例如，录像带、CD、DVD 光盘、摄像头监控视频/图像资料、磁带等。但是，不能说只要是录音、录像就是视听资料。因为录音、录像也有可能只是证据的载体，即用录音、录像的方式承载证据。载体不改变证据的性质。所承载的证据原来是何种证据种类，那么该录音、录像就是何种证据种类。如证人证言无论是书面、口头、录像，依然是证人证言，不会因为记载于书面就是书证，记载于录像就是视听资料。

同样是录音、录像，如何判断究竟是视听资料还是只是以录音、录像为载体的其他证据形式？主要是看录音、录像的形成时间。形成于诉讼外，即案发当时就形成的，是视听资料。如果是形成于诉讼中，即已经立案侦查了，只是用录音、录像的方式来记载证据，则此时是以录音、录像为载体的其他证据种类（记载的是何种证据，该录音、录像就是何种证据）。

当然，在判断究竟是形成于诉讼外还是诉讼中时，首先需要明确该证据是在哪个程序中用的，因为在不同的程序中，进入诉讼的标志有所不同。如果该录音、录像是用于定罪量刑这一程序中的，则立案是进入诉讼的标志。立案前形成的就是视听资料；立案后在侦查中形成的就是以录音、录像为载体的其他证据形式。如果该录音、录像是用于非法证据排除程序中的，则启动非法证据排除程序才进入非法证据排除程序，例如在审判中启动非法证据排除程序，那么侦查阶段相对于启动非法证据排除程序而言，则属于非法证据排除程序的诉讼外。

总结：做题时，遇到同样是侦查阶段形成的录音、录像，同样拿到法庭上去播放，究竟该录音、录像是视听资料还是只是载体，只要看播放该录音、录像的目的是什么即可。如果播放该录音、录像是为了证明【被告人有罪无罪】的，则意味该录音录像是在定罪量刑的程序中使用，在侦查阶段形成时已经进入诉讼中，那么此时录音、录像是记载被告人口供的载体，该证据属于【口供】。如果播放该录音、录像是为了证明【侦查机关取证合法性】的，则意味着该录音、录像是在非法证据排除程序中使用，则此时侦查阶段相对非法证据排除程序而言，就是诉讼外，因此该录音、录像属于【视听资料】。

ABCD 项：本案中，该录音录像是形成于侦查中，但在法庭上播放是为了证明侦查机关取证合法性，因此是在非法证据排除程序中使用，侦查阶段相对于非法证据排除程序而言属于非法证据排除程序的诉讼外，因此该录音、录像是在诉讼外形成的，属于视听资料，B 项正确。ACD 项错误。

综上所述，本题答案为 B 项。

A. 犯罪嫌疑人供述和辩解　　B. 视听资料

C. 书证　　D. 物证

2. 甲涉嫌盗窃室友乙存放在储物柜中的笔记本电脑一台并转卖他人，但甲辩称该电脑系其本人所有，只是暂存于乙处。下列哪一选项既属于原始证据，又属于直接证据？（2015 年卷二第 25 题，单选）〔1〕

A. 侦查人员在乙储物柜的把手上提取的甲的一枚指纹

B. 侦查人员在室友丙手机中直接提取的视频，内容为丙偶然拍下的甲打开储物柜取走电脑的过程

C. 室友丁的证言，内容是曾看到甲将一台相同的笔记本电脑交给乙保管

D. 甲转卖电脑时出具的现金收条

第二节　证据的运用

【学习提要】

本节内容在主观题中属于高频考点，且是主观题考试的命题重点，考生应熟练掌握证据的证据能力、证明力以及刑事诉讼证明的知识点，进而掌握如何运用证据来证明案件事实的解题方法。此外，考生应当重点掌握以下考点：证据能力之客观性的判断；证据能力之关联性的判断；证据能力之合法性的判断；证据的审查判断；非法证据排除规则；传闻证据规则的理解与适用；补强证据规则的理解与适用；最佳证据规则的理解与适用；自白任意性规则的理解与适用；关联性规则的理解与适用；证明对象的内容；证明责任的理解与适用；证明标准的理解。

【法条依据】

《刑事诉讼法》第 51 条：【证明责任】

公诉案件中被告人有罪的举证责任由人民检察院承担，自诉案件中被告人有罪的举证责任由自诉人承担。

《刑事诉讼法》第 53 条：公安机关提请批准逮捕书、人民检察院起诉书、人民法院判决书，必须忠实于事实真象。故意隐瞒事实真象的，应当追究责任。

《刑事诉讼法》第 54 条：人民法院、人民检察院和公安机关有权向有关单位和个人收集、调取证据。有关单位和个人应当如实提供证据。

行政机关在行政执法和查办案件过程中收集的物证、书证、视听资料、电子数据等证据材料，在刑事诉讼中可以作为证据使用。

对涉及国家秘密、商业秘密、个人隐私的证据，应当保密。

---

〔1〕【解析】A 项："提取"等同于剪切走，所以在把手上提取的甲的指纹属于原始证据；同时，仅凭这一枚指纹不能指出谁实施犯罪；也不能否定谁实施犯罪；也否定不了犯罪事实存在，用排除法，属于间接证据。A 项错误。

B 项："直接提取"等同于剪切走，所以在室友丙手机中直接提取的视频属于原始证据。同时，"取走"一词属于中性词，加之背景是同宿舍的室友，因此单凭"取走电脑"这个动作，有可能是偷，也有可能不是偷，所以指不出甲有实施犯罪；也不能否定甲实施犯罪；也否定不了犯罪事实存在，因此属于间接证据，B 项错误。

C 项：证人丁自己亲眼看到的案件事实发生过程，其证言属于原始证据；同时"看到甲将一台相同的笔记本电脑交给乙保管"，"相同"意味着是同一台电脑，因此，仅凭这一个证据就能否定甲盗窃的事实，因此属于否定性直接证据，C 项正确。

D 项：现金收条属于原始证据；同时，仅凭这个现金收条不能指出谁实施犯罪；也不能否定谁实施犯罪；也否定不了犯罪事实存在，用排除法，属于间接证据。D 项错误。

综上所述，本题答案为 C 项。

凡是伪造证据、隐匿证据或者毁灭证据的，无论属于何方，必须受法律追究。

《刑事诉讼法》第 55 条：【重证据、重调查研究、不轻信口供原则】

对一切案件的判处都要重证据，重调查研究，不轻信口供。只有被告人供述，没有其他证据的，不能认定被告人有罪和处以刑罚；没有被告人供述，证据确实、充分的，可以认定被告人有罪和处以刑罚。

证据确实、充分，应当符合以下条件：

（一）定罪量刑的事实都有证据证明；

（二）据以定案的证据均经法定程序查证属实；

（三）综合全案证据，对所认定事实已排除合理怀疑。

《刑事诉讼法》第 56 条：【非法证据排除规则】

采用刑讯逼供等非法方法收集的犯罪嫌疑人、被告人供述和采用暴力、威胁等非法方法收集的证人证言、被害人陈述，应当予以排除。收集物证、书证不符合法定程序，可能严重影响司法公正的，应当予以补正或者作出合理解释；不能补正或者作出合理解释的，对该证据应当予以排除。

在侦查、审查起诉、审判时发现有应当排除的证据的，应当依法予以排除，不得作为起诉意见、起诉决定和判决的依据。

《刑事诉讼法》第200条：在被告人最后陈述后，审判长宣布休庭，合议庭进行评议，根据已经查明的事实、证据和有关的法律规定，分别作出以下判决：

（1）案件事实清楚，证据确实、充分，依据法律认定被告人有罪的，应当作出有罪判决；

（2）依据法律认定被告人无罪的，应当作出无罪判决；

（3）证据不足，不能认定被告人有罪的，应当作出证据不足、指控的犯罪不能成立的无罪判决。

《刑诉解释》第 89 条：证人证言具有下列情形之一的，不得作为定案的根据：

（1）询问证人没有个别进行的；

（2）书面证言没有经证人核对确认的；

（3）询问聋、哑人，应当提供通晓聋、哑手势的人员而未提供的；

（4）询问不通晓当地通用语言、文字的证人，应当提供翻译人员而未提供的。

《刑诉解释》第 90 条：证人证言的收集程序、方式有下列瑕疵，经补正或者作出合理解释的，可以采用；不能补正或者作出合理解释的，不得作为定案的根据：

（1）询问笔录没有填写询问人、记录人、法定代理人姓名以及询问的起止时间、地点的；

（2）询问**地点**不符合规定的；

（3）询问笔录没有记录告知证人有关权利义务和法律责任的；

（4）询问笔录反映出在同一时段，同一询问人员询问不同证人的；

（5）询问**未成年人**，其**法定代理人**或者**合适成年人不在场**的。

《刑诉解释》第 94 条：被告人供述具有下列情形之一的，不得作为定案的根据：

（1）讯问笔录没有经被告人**核对确认**的；

（2）讯问聋、哑人，应当提供通晓聋、哑手势的人员而未提供的；

（3）讯问不通晓当地通用语言、文字的被告人，应当提供**翻译**人员而未提供的；

（4）讯问**未成年人**，其法定代理人或者合适成年人**不在场**的。

《刑诉解释》第 123 条：采用下列非法方法收集的被告人供述，应当予以排除：

（1）采用殴打、违法使用戒具等**暴力**方法或者**变相肉刑**的恶劣手段，使被告人遭受**难以忍受的痛苦**而违背意愿作出的供述；

（2）采用以暴力或者严重损害本人及其近亲属合法权益等相**威胁**的方法，使被告人遭受**难以忍受的痛苦**而违背意愿作出的供述；

（3）采用非法拘禁等非法**限制人身自由**的方法收集的被告人供述。

《刑诉解释》第 124 条：采用刑讯逼供方法使被告人作出供述，之后被告人受该刑讯逼供行为影响而作出的与该供述相同的重复性供述，应当一并排除，但下列情形除外：

（1）调查、侦查期间，监察机关、侦查机关根据控告、举报或者自己发现等，确认或者不能排除以非法方法收集证据而更换调查、侦查人员，其他调查、侦查人员再次讯问时告知有关权利和认罪的法律后果，被告人自愿供述的；

（2）审查逮捕、审查起诉和审判期间，检察人员、审判人员讯问时告知诉讼权利和认罪的法律后果，被告人自愿供述的。

《刑诉解释》第 140 条：没有直接证据，但间接证据同时符合下列条件的，可以认定被告人有罪：

（1）证据已经查证属实；

（2）证据之间相互印证，不存在无法排除的矛盾和无法解释的疑问；

（3）全案证据形成完整的证据链；

（4）根据证据认定案件事实足以排除合理怀疑，结论具有唯一性；

（5）运用证据进行的推理符合逻辑和经验。

《刑诉解释》第 141 条：根据被告人的供述、指认提取到了隐蔽性很强的物证、书证，且被告人的供述与其他证明犯罪事实发生的证据相互印证，并排除串供、逼供、诱供等可能性的，可以认定被告人有罪。

【知识点精讲】

所谓证据的运用，解决的是“如何运用证据来证明案件事实”的问题。要运用证据来证明案件事实，首先，应当解决有哪些证据能够进入法庭作为认定案件事实的依据，即证据能力问题。在考虑证据的证据能力时，应当从证据的客观性、关联性与合法性三个方面来考虑。其次，具有证据能力的证据进入法庭后，根据这些证据能否认定被告人有罪？也就是要判断这些证据对于证明这个案件的作用有多大即证据的证明力问题。图示如下：

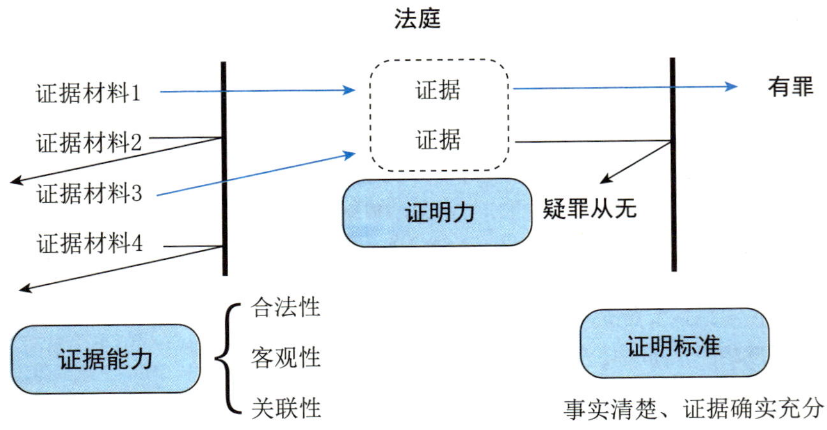

从历年法律职业资格考试真题来看，证据的运用不仅在客观题中容易考查，而且是主观题的核心考点之一。主观题考查的思路往往是在题干里给出一系列的证据情况，让考生根据本案证据，判断本案能否作出有罪判决。考生在对证据进行评价时，主要是从证据能力、证明力两个方面来考虑。在对证据作了证据能力判断后，再对具有证据能力的证据进行证明力判断。

一、证据的运用概述

（一）证据能力

1. 概念

证据能力，又称“证据的适格性”“证据资格”，是指某一材料能够被允许作为证据在诉讼中使用的能力或者资格。

2. 内容

判断某一材料是否具有证据能力（即能不能作为证据来使用）时应当考虑以下三个方面：

①合法性；②客观性；③关联性。

（二）证明力

1. 概念

是指已经具有证据能力的证据对于案件事实有无证明作用及证明作用如何等，也就是证据对证明案件事实的价值。

【特别提示】证明力是证据本身固有的属性，**一旦谈到证据的证明力，意味着该证据已经具有了证据能力**。当然，不同的证据，因各自的特性和与案件待证事实的关系不同，对于待证事实往往具有不同的证明价值，发挥着不同程度的证明作用。

★★★★★二、证据的运用之证据能力的判断（解决的是哪些证据材料能够作为证据来使用的问题）

判断证据的证据能力时，应当从以下三个方面进行考虑：一是证据是否具有证据的属性（客观性、关联性、合法性）；二是对证据的收集、审查与判断中，哪些证据不能作为定案的依据；三是根据证据规则的要求，哪些证据要排除，不能作为证据使用。

（一）证据的属性

刑事证据具有以下三个紧密联系的基本属性：客观性、关联性、合法性。

1. 客观性

客观性，是指证据是**客观存在的，不以人的主观意志为转移**。任何一种犯罪行为都是在一定的时间和空间发生的，只要有行为的发生，就必然留下各种痕迹和印象并形成证据，这是不以人的意志为转移的客观存在。

【特别提示】意见一般不能作为证据使用，但有四类意见是例外：

（1）鉴定意见。

（2）证人的猜测性、评论性、推断性的证言，不能作为证据使用，但根据一般生活**经验**判断**符合事实**的除外。

（3）具有专门知识的人出具的报告。

（4）有关部门就事故进行调查形成的报告。

2. 关联性

关联性，是指**证据必须与案件事实有客观联系**，对证明刑事案件事实具有某种实际意义。证据关联性主要从以下几个方面理解：

（1）**关联性是证据的一种客观属性**。证据的关联性不是办案人员的主观想象或者强加的联系，而是根源于证据事实同案件事实之间的客观联系。

（2）证据与案件事实相**关联的形式是多种多样、十分复杂的**。

【特别提示】**证据与案件事实相关联最常见的形式是因果联系**，即证据事实是犯罪的原因或结果的事实；其次是与犯罪相关的空间、时间、条件、方法、手段的事实。它们或者反映犯罪的动机，或者反映犯罪的手段，或者反映犯罪过程和实施犯罪的环境、条件，或者反映犯罪后果。还有反映犯罪事实不存在或犯罪并非犯罪嫌疑人、被告人所为等。由此可见，**证据与案件事实相关联的形式不仅仅是因果联系**。

（3）证据的**关联性是证据证明力的原因**。

证据对案件事实有无证明力以及证明力的大小，取决于证据本身与案件事实有无联系以及联系的紧密、强弱程度。一般来说，如果证据与案件事实之间的联系紧密，则该证据的证明力较强，在诉讼中所起的作用也较大。

【特别提示】 品格材料、前科、类似事件等与本案事实都不具有关联性，因此不能作为本案的证据使用。

（4）判断一个材料是否具有关联性，主要从以下两个方面进行判断：一是所用证据是证明什么事实的。二是所证明的事实是不是犯罪构成的事实。

3. 合法性

合法性是指对证据必须依法加以收集和运用。证据的合法性主要包括以下内容：

（1）证据的收集和运用**主体要合法**。只有法定的有权主体收集的证据才可作为定案的根据。

（2）证据的**表现形式应当合法**。

（3）证据收集的**程序合法**。【关联考点：非法证据排除规则（注意：程序合法性要求与非法证据排除规则不完全对等）以及证据的审查、判断】

（二）非法证据排除规则

★★★★1. 排除非法证据的范围

（1）犯罪嫌疑人、被告人供述

①**采用刑讯逼供等非法方法取得的供述，**应当排除。

②采用**冻、饿、晒、烤、疲劳审讯**等非法方法收集的被告人供述，应当排除。

【特别提示】 疲劳审讯须根据个案判断。

③采用以**暴力**或者严重损害本人及其近亲属**合法权益**等进行**威胁**的方法，使犯罪嫌疑人、被告人遭受难以忍受的**痛苦**而**违背意愿**作出的供述，应当予以排除。

【特别提示】 此种情形下对威胁的方法有要求，要么是暴力相威胁，要么是侵犯合法权益相威胁。采取其余方式威胁的，所取得的供述不排除。

④采用**非法拘禁**等非法限制人身自由的方法收集的犯罪嫌疑人、被告人供述，应当予以排除。

⑤**除**情况**紧急**必须现场讯问以**外**，在**规定的办案场所外**讯问取得的供述，应当排除。如犯罪嫌疑人、被告人被羁押在看守所，按法律规定只能在看守所进行讯问，此时如果将其提到看守所以外的其他地方进行讯问，所取得供述应当予以排除。

⑥**应当全程录音录像而**未依法对讯问进行**全程录音录像**取得的供述，以及不能排除以非法方法取得的供述，应当排除。

【特别提示】 以下案件应当全程录音录像：**无期**徒刑、**死刑**案件、其他重大犯罪案件以及**职务**犯罪案件。

⑦**重复性供述的排除**

<1>**原则**：采用刑讯逼供方法使犯罪嫌疑人、被告人作出供述，之后犯罪嫌疑人、被告人**受该刑讯逼供行为影响**而作出的与该供述**相同的重复性**供述，应当一并排除。

<2>**例外**：A.【**换人**】调查、侦查期间，监察机关、侦查机关根据控告、举报或者自己发现等，确认或者不能排除以非法方法收集证据而**更换调查、侦查人员**，其他调查、侦查人员再次讯问时**告知**诉讼权利和认罪的法律后果，被告人**自愿**供述的；

B.【**换阶段**】审查逮捕、审查起诉和审判期间，检察人员、审判人员讯问时告知诉讼权利和认罪的法律后果，犯罪嫌疑人、被告人自愿供述的。

（2）证人证言、被害人陈述

采用**暴力**、**威胁**以及**非法限制人身自由**等非法方法收集的证人证言、被害人陈述，应当予以排除。

【特别提示】以**引诱**方法取得的证人证言、被害人陈述并**不排除**。

（3）物证、书证：不符合法定程序，可能**严重影响司法公正**的，应当予以补正或者作出合理解释；**不能补正**或者作出**合理解释**的，对该证据应当予以排除。

2. 排除非法证据的程序

在**侦查、审查起诉、审判**时发现有应当排除的证据的，应当依法予以排除，不得作为起诉意见、起诉决定和判决的依据。

（1）侦查阶段的排除程序

①启动

<1>依申请。犯罪嫌疑人及其辩护人在侦查期间可以向**人民检察院**申请排除非法证据。对犯罪嫌疑人及其辩护人提供相关线索或者材料的，人民检察院应当调查核实。调查结论应当**书面**告知犯罪嫌疑人及其辩护人。

<2>依职权。对于可能判处**无期、死刑或其他重大案件**，侦查机关在侦查终结前，应当书面通知**人民检察院驻看守所检察人员**开展**讯问合法性核查**。检察人员应当在侦查终结前讯问犯罪嫌疑人，核查是否存在刑讯逼供等非法取证情形，并全程同步录音录像。（2025 年新增）

②最后处理

人民检察院核查结束后，应当制作重大案件讯问合法性核查意见书，送达侦查机关。对于经核查**确有**或**不能排除**刑讯逼供等非法方法取证情形的，应当**通知**侦查机关依法排除非法证据。经核查无异议或复查后，确有刑讯逼供等非法取证情形的，侦查机关应当及时排除非法证据，不得作为提请批准逮捕、移送审查起诉的根据。（2025 年新增）

（2）审查起诉阶段的排除程序

①启动

<1>**依申请**。审查逮捕、审查起诉期间，犯罪嫌疑人及其辩护人**申请排除非法证据，并提供相关线索或者材料的**，人民检察院**应当调查核实**。调查结论应当书面告知犯罪嫌疑人及其辩护人。

<2>**依职权**。人民**检察院**在审查起诉期间发现侦查人员以刑讯逼供等非法方法收集证据的，应当依法排除相关证据并提出纠正意见，必要时人民检察院可以自行调查取证。

②调查核实

<1>人民检察院办理审查逮捕、审查起诉案件，发现侦查人员以非法方法收集证据的，**应当及时调查核实**。（2025 年新增）

<2>调查核实的方式：讯问犯罪嫌疑人；询问办案人员；询问在场人员及证人；听取辩护律师意见；调取讯问笔录、讯问录音、录像；调取、查询犯罪嫌疑人出入看守所的身体检查记录及相关材料；进行伤情、病情检查或者鉴定；其他调查核实方式。

③最后处理

<1>人民检察院认为**可能存在**以刑讯逼供等非法方法收集证据情形的，**可以书面要求**侦查机关对证据收集的合法性作出说明（2025年新增）

<2>存在非法取证情形的，不得作为报请逮捕、批准或者决定逮捕、移送审查起诉以及提起公诉的依据。被排除的非法证据应当随案移送，并写明为依法排除的非法证据。

<3>对于确有以非法方法收集证据情形，尚未构成犯罪的，应当依法向被调查人所在机关提出纠正意见。对于需要补正或者作出合理解释的，应当提出明确要求。经审查，认为非法取证行为构成犯罪需要追究刑事责任的，应当依法移送立案侦查。

★★（3）审判阶段（一审）的排除程序

①启动

<1>**依申请**

A. **有权申请的主体：被告人**及其**辩护人**、**诉讼代理人**有权申请人民法院对以非法方法收集的证据依法予以排除。

B. **申请的初步责任：**申请排除以非法方法收集的证据的，应当**提供相关线索**或者**材料**（指涉嫌非法取证的人员、时间、地点、方式、内容等）。

C. **申请时间：**应当在**开庭审理前**提出，但在**庭审期间**发现相关**线索**或者材料等情形**除外**。

<2>**依职权**

法庭审理过程中，审判人员认为可能存在以非法方法收集证据情形的，应当对证据收集的合法性进行**法庭调查**。

②法院对申请的审查（针对开庭审理前申请的情形）

<1>**开庭审理前**，法院**可以**召开**庭前会议**，就非法证据排除等问题了解情况，听取意见。

【注意】庭前会议只能了解情况，听取意见，**不能作出是否排除的处理**。

<2>**在庭前会议中**，检察院可以通过出示有关证据材料等方式，对证据收集的**合法性**加以说明。**必要时，可以通知**调查人员、侦查人员或者其他人员参加庭前会议，说明情况。

③对证据合法性的调查

<1>**调查时间**

A. 控辩双方在庭前会议中对证据收集是否合法**未达成一致意见**，法院对证据收集的合法性**有疑问**的，应当在**庭审中**进行**调查**。

B. 庭审期间，法庭决定对证据收集的合法性进行调查的，应当先行当庭调查。但为防止庭审过分迟延，也可以在法庭调查结束前进行调查。

<2>**调查的证明**

A. **举证责任：人民检察院**应当对证据收集的合法性加以证明【承担证明责任】。

【注意】**辩方不承担**举证责任。

B. **证明方法**

a. 控方：由公诉人通过**宣读**调查、侦查讯问笔录、**出示**提讯登记、体检记录、对讯问合法性的核查材料等**证据材料**，有针对性地**播放讯问录音录像**，**提请**法庭通知有关调查人员、侦查人员或者其他人员出庭说明情况等方式，证明证据收集的合法性。

b. 辩方（不承担证明责任，但可以积极辩护）：被告人及其辩护人可以出示相关线索或者材料，并**申请**法庭**播放特定时段**的讯问**录音录像**。

c. 双方：公诉人、被告人及其辩护人可以对证据收集的合法性进行质证、辩论。

【特别提示】控辩双方申请法庭通知调查人员、侦查人员或者其他人员出庭说明情况，法庭认为**有必要的**，应当通知有关人员出庭。

④最后处理

法庭对证据收集的合法性进行调查后，**确认**或者**不能排除**存在以非法方法收集证据情形的，对有关证据**应当排除**。

（4）第二审程序中的排除程序

①具有下列情形之一的，第二审人民法院应当对证据收集的合法性进行**审查并处理**：

<1>第一审人民法院对当事人及其辩护人、诉讼代理人排除非法证据的**申请没有审查，且以该证据作为定案根据的**；

<2>人民检察院或者被告人、自诉人及其法定代理人**不服一审法院作出的有关证据收集合法性的调查结论**，提出抗诉、上诉的；

<3>当事人及其辩护人、诉讼代理人在**一审结束后才发现**相关线索或者材料，申请法院排除非法证据的。

②**调查程序**：第二审人民法院对证据收集合法性的调查，参照上述第一审程序的规定。

③最后处理：

<1>第一审人民法院对被告人及其辩护人排除非法证据的申请未予审查，并以有关证据作为定案根据，可能影响公正审判的，第二审人民法院**可以**裁定撤销原判，发回原审人民法院重新审判。

<2>第一审人民法院对依法应当排除的非法证据未予排除的，第二审人民法院**可以依法排除非法证据**。排除非法证据后，原判决认定事实和适用法律正确、量刑适当的，应当裁定驳回上诉或者抗诉，维持原判；原判决认定事实没有错误，但适用法律有错误，或者量刑不当的，应当改判；原判决事实不清楚或者证据不足的，可以裁定撤销原判，发回原审人民法院重新审判。

【经典金题】

1. 张某涉嫌抢劫罪被甲地公安机关立案侦查。在侦查阶段收集到以下证据，其中应当予以排除，不得作为定案依据的证据有哪些？（2018 年仿真题，多选）[1]

A. 侦查人员陈某与李某对张某采用强光持续照射眼睛的方式进行讯问，获取了张某的供述之后，二人再次对张某进行合法讯问，张某作出了与第一次供述相同的供述

B. 侦查人员在讯问时威胁张某，称若不如实供述，就将张某逃税漏税的事实向有关机关告发，张某遂作出了承认抢劫的供述

---

〔1〕【解析】本题考查的是非法证据排除规则的排除范围。

A 项：侦查人员采用强光持续照射眼睛的方式进行讯问取得供述属于刑讯逼供取得供述，要排除；而再次合法讯问取得供述，属于重复性的供述，也要排除，A 项正确。

B 项：对威胁取得的供述认定为非法证据，要求威胁的方法必须是以下两种之一：要么是暴力相威胁，要么是侵犯合法权益相威胁。本案中，侦查人员虽然是威胁犯罪嫌疑人，但逃税漏税本身就是违法行为，这并没有损害其合法权益。因此，本项中侦查人员威胁犯罪嫌疑人取得的供述不属于非法证据，不排除。因此，B 项错误。

C 项：侦查人员在凌晨抓获张某，意味着张某被抓获时不可能处于睡觉当中，加之天亮一般就是 5、6 点，因此，在凌晨抓获后连夜审讯至天亮不属于疲劳审讯。C 项错误。考生需要进一步知道的是，由于立法对何谓“疲劳审讯”没有作进一步细化规定，因此须根据个案判断。比如，如果侦查人员是在上午 9：30 抓获犯罪嫌疑人，但等到凌晨再讯问至天亮，这显然是不让其睡觉，不让其休息，这就属于疲劳审讯。因此，“疲劳审讯”必须根据个案判断。

D 项：采用非法拘禁等非法限制人身自由的方法收集的犯罪嫌疑人、被告人供述，应当予以排除。D 项正确。

综上所述，本题答案为 AD 项。

C. 侦查人员在凌晨抓获张某后对其连夜审讯至天亮而获得的张某的供述

D. 侦查人员对张某非法拘禁，张某因害怕而作出的有罪供述

2. 关于非法证据的排除，下列哪些说法是正确的？（2012 年卷二第 67 题，多选）[1]

A. 非法证据排除的程序，可以根据当事人等申请而启动，也可以由法庭依职权启动

B. 申请排除以非法方法收集的证据的，应当提供相关线索或者材料

C. 检察院应当对证据收集的合法性加以证明

D. 只有确认存在《刑事诉讼法》第 56 条规定的以非法方法收集证据情形时，才可以对有关证据应当予以排除

★★★★★（三）证据的审查与判断

刑事证据审查，是指公安司法人员对于已经收集到的各种证据材料，进行分析研究，审查判断，鉴别真伪，以确定各个证据有无证据能力，即“对每个证据逐一进行审查核实，以判断该证据材料是否具有证据能力”。由于法律所规定的各种证据具有不同特点，各自的审查判断方法也不尽相同。

公安司法人员对各种证据材料进行审查之后，无非有两种结果：一是该证据材料的收集完全符合收集的程序要求（没有问题），此时，该证据材料可以直接作为证据使用。二是该证据材料的收集不符合收集的程序要求（即有问题）。需要指出的是，并不是一旦发现“有问题”就一律将该证据材料排除，不能作为证据使用，而是区分不同的问题而有所不同。有的问题很严重，必须直接排除该证据材料，不能作为证据使用；有的问题不是很严重，则先给补正这个问题的机会，只有在不能补正的情况下才将该证据材料排除，不能作为证据使用。具体而言，各种证据在审查后，发现需要直接排除的问题以及可以补正且在不能补正的情况下予以排除的问题如下：

1. 物证、书证的审查判断

（1）需要直接排除的情形

①原物的照片、录像或者复制品，**不能反映原物**的外形和特征的；

②书证有更改或者更改迹象不能作出合理解释，或者书证的副本、复制件**不能反映原件**及其内容的；

③在勘验、检查、搜查过程中提取、扣押的物证、书证，**未附笔录或者清单，不能证明**物证、书证**来源**的。

> **【特别提示】**物证、书证的来源、收集程序有疑问，不能作出合理解释的，不得作为定案的根据。

（2）可补正或解释，不能补正或解释才排除的情形

物证、书证的收集程序、方式有下列瑕疵，经补正或者作出合理解释的，可以采用：

---

[1] 【解析】本题是考查非法证据排除程序，是对 2012 年《刑事诉讼法》修改时新增的非法证据排除规则的考查，体现出新增法律、司法解释容易出题的特点。

AB 项：根据规定，非法证据排除程序既可以依职权启动，也可以依申请启动。依申请启动的，为了防止辩方滥用申请权，要求辩方申请时应当提供相关线索或材料。据此，AB 项正确。

C 项：根据规定，在非法证据排除程序中，承担证明责任的是控方，即在法庭上由检察院承担证明取证合法性的证明责任。因此，C 项正确。

D 项：根据规定，法院是在“确认”或者“不能排除”存在非法取证情形的，对有关证据予以排除，而不仅仅是“确认”这种情形，据此，D 项错误。

综上所述，本题答案为 ABC 项。

①勘验、检查、搜查、提取笔录或者扣押清单上**没有调查人员或者侦查人员、物品持有人、见证人签名**，或者对物品的名称、特征、数量、质量等注明不详的；

②物证的照片、录像、复制品，书证的副本、复制件未注明与原件核对无异，**无复制时间，或者无被收集、调取人签名的；**

③物证的照片、录像、复制品，书证的副本、复制件**没有制作人关于制作过程和原物、原件存放地点的说明，或者说明中无签名的；**

④有其他瑕疵的。

2. 证人证言的审查判断（被害人陈述的审查判断适用证人证言审查判断的规定）

（1）需要直接排除的情形

①处于明显醉酒、中毒或者麻醉等状态，**不能正常感知或者正确表达的证人所提供的证言**，不得作为证据使用；

②证人的**猜测性、评论性、推断性**的证言，不得作为证据使用，但根据一般生活经验判断符合事实的除外；

③询问证人**没有个别**进行的；

④书面证言**没有经证人核对确认**的；

⑤询问聋、哑人，**应当提供通晓聋、哑手势的人员而未提供**的；

⑥询问不通晓当地通用语言、文字的证人，**应当提供翻译人员而未提供**的；

⑦经人民法院通知，**证人没有正当理由拒绝出庭或者出庭后拒绝作证，法庭对其证言的真实性无法确认的**，该证人证言不得作为定案的根据。（《刑诉解释》第91条第3款）

（2）可以补正或解释，如果不能补正或解释才排除的情形

证人证言的收集程序、方式有下列瑕疵，经补正或者作出合理解释的，可以采用；不能补正或者作出合理解释的，不得作为定案的根据：

①询问笔录没有填写询问人、记录人、法定代理人姓名以及询问的起止时间、地点的；

②询问**地点不符合规定**的；

③询问笔录没有记录告知证人有关权利义务和法律责任的；

④询问笔录反映出在同一时段，同一询问人员询问不同证人的；

⑤**询问未成年人**，其法定代理人或者合适成年人**不在场**的。

3. 被害人陈述的审查判断

对被害人陈述的审查与判断，**适用证人证言的有关规定**。

4. 犯罪嫌疑人、被告人供述的审查判断

（1）直接排除的情形

被告人供述具有下列情形之一的，不得作为定案的根据：

①讯问笔录**没有**经被告人**核对**确认的；

②讯问聋、哑人，应当提供通晓**聋、哑手势**的人员而**未提供**的；

③讯问不通晓当地通用语言、文字的被告人，应当提供**翻译人员**而未提供的；

④讯问**未成年人**，其**法定代理人**或者**合适成年人不在场的**。

【特别提示】符合非法证据排除规则中的供述，也应当排除。此外，行政机关在行政执法时的询问笔录等行政机关收集的言词证据应当排除，不得作为定案的依据。

（2）可补正或解释，不能补正或解释才排除的情形

讯问笔录有下列瑕疵，经补正或者作出合理解释的，可以采用；不能补正或者作出合理解释释的，不得作为定案的根据：

①讯问笔录填写的讯问时间、讯问地点、讯问人、记录人、法定代理人等有误或者存在**矛盾**的；

②讯问人**没有签名**的；

③首次讯问笔录没有记录告知被讯问人有关权利和法律规定的。

5. 鉴定意见的审查判断

直接排除的情形（违反规定的均排除）

①鉴定机构**不具备法定资质**，或者鉴定事项**超出**该鉴定机构业务范围、技术条件的；

②鉴定人**不具备法定资质**，**不具有**相关专业技术或者职称，或者**违反**回避规定的；

③送检材料、样本来源**不明**，或者因污染**不具备**鉴定条件的；

④鉴定对象与送检材料、样本**不一致**的；

⑤鉴定**程序违反规定**的；

⑥鉴定过程和方法**不符合**相关专业的规范要求的；

⑦鉴定文书**缺少**签名、盖章的；

⑧鉴定意见与案件待证事实**没有关联**的；

⑨违反有关规定的其他情形。

【特别提示1】**对有专门知识的人出具的报告的审查与认定，参照适用关于鉴定意见审查与认定的有关规定。**

【特别提示2】经法院通知，**鉴定人**或者出具报告的**有专门知识的人**拒不出庭作证的，鉴定意见或者有关报告**不得**作为定案的根据。

6. 辨认笔录的审查判断

（1）直接排除的情形

辨认笔录具有下列情形之一的，不得作为定案的根据：

①辨认不是在调查人员、侦查人员**主持**下进行的；

②**辨认前**使辨认人**见到**辨认对象的；

③辨认活动没有**个别**进行的；

④辨认对象没有**混杂**在具有类似特征的其他对象中，或者供辨认对象**数量**不符合规定的；

⑤辨认中给辨认人明显**暗示**或者明显有指认**嫌疑**的；

⑥违反有关规定、不能确定辨认笔录**真实性**的其他情形。

（2）可补正或解释，只有在不能补正或不能解释的情形下才排除的情形

有下列情形之一的，通过有关办案人员的补正或者作出合理解释的，辨认结果可以作为证据使用：

①主持辨认的侦查人员少于 2 人的；

②没有向辨认人详细询问辨认对象的具体特征的；

③对辨认经过和结果没有制作专门的规范的辨认笔录，或者辨认笔录没有侦查人员、辨认人、见证人的签名或者盖章的；

④辨认记录过于简单，只有结果没有过程的；

⑤案卷中只有辨认笔录，没有被辨认对象的照片、录像等资料，无法获悉辨认的真实情况的。

【特别提示】不同机关组织的辨认，供辨认的对象数量上有所不同：

A. 公安机关组织的对犯罪嫌疑人进行辨认的，被辨认的**人数不得少于 7 人**；对犯罪嫌疑人**照片进行辨认的，不得少于 10 人的照片**；辨认**物品**时，混杂的同类物品**不得少于 5 件**。

B. 检察机关组织的辨认，辨认犯罪嫌疑人时，**被辨认的人数不得少于 7 人，不得少于 10 人的照片**。辨认物品时，同类**物品不得少于 5 件，照片不得少于 5 张**。

C. 对**场所、尸体**等特定辨认对象进行辨认，或者辨认人能够准确描述物品独有特征的，陪衬物不受数量的限制。

如果违反上述关于数量上的要求，辨认笔录直接排除。需要指出的是，场所、尸体、独有特征的物的辨认，不存在因数量不符合规定而直接排除的问题。此外，考生做题时应注意题目中是公安机关还是检察机关组织的辨认。

7. 勘验、检查笔录的审查判断

（1）**直接排除的情形**：勘验、检查笔录存在明显不符合法律、有关规定的情形，**不能作出合理解释**的，**不得作为**定案的根据。

（2）**可解释的情形**：有合理解释的，则不排。

【特别提示】勘验、检查笔录没有“补正”这么一说。

8. 侦查实验笔录的审查判断

直接排除的情形：侦查实验的条件与事件发生时的**条件有明显差异**，或者存在影响实验结论科学性的其他情形的，侦查实验笔录不得作为定案的根据。

9. 视听资料、电子数据的审查判断

（1）**直接排除的情形**

①视听资料或电子数据系篡改、伪造或者无法确定真伪的；

②视听资料制作、取得的时间、地点、方式等有疑问，不能作出合理解释的；

③电子数据有增加、删除、修改等情形，影响电子数据真实性的；

④其他无法保证电子数据真实性的情形。

（2）**可补正或解释，只有在不能补正或不能解释时才排除的情形**

电子数据的收集、提取程序有下列瑕疵，经补正或者作出合理解释的，可以采用；不能补正或者作出合理解释的，不得作为定案的根据：

①未以封存状态移送的；

②笔录或者清单上没有侦查人员、电子数据持有人（提供人）、见证人签名或者盖章的；

③对电子数据的名称、类别、格式等注明不清的；

④有其他瑕疵的。

【经典金题】

1. 韩某涉嫌电信诈骗被提起公诉，法院发现扣押的电脑没有制作笔录清单，犯罪数额不清，鉴定意见只有机构盖章，没有鉴定人签字。法院审查后认为该案有自首情形，韩某提交了

过去表现良好的材料，下列说法正确的是？（2024 年仿真题，单选）[1]

A. 表现良好的材料可以作为定案根据

B. 鉴定意见可经过补证后作为定案依据

C. 电脑不得作为定案依据

D. 法院要求韩某提供自首证明材料

2. 关于证人证言的收集程序和方式存在瑕疵，经补正或者作出合理解释后，可以作为证据使用的情形，下列哪一选项是正确的？（2012 年卷二第 42 题，单选）[2]

A. 询问证人时没有个别进行的

B. 询问笔录反映出在同一时间内，同一询问人员询问不同证人的

C. 询问聋哑人时应当提供翻译而未提供的

D. 没有经证人核对确认并签名（盖章）、捺指印的

2. 赵某、石某抢劫杀害李某，被路过的王某、张某看见并报案。赵某、石某被抓获后，2 名侦查人员负责组织辨认。关于辨认笔录的审查与认定，下列选项正确的是？（2014 年卷二第

---

〔1〕【解析】本题是综合考查证据的属性、证据的审判判断以及庭审要求等。

A 项，根据规定，证据要求必须具有关联性才可以作为证据适用。平时表现好坏的材料属于品格材料，因与案件没有关联性，因此不能作为定案的依据。A 项错误。

B 项，关于证据的审查判断（哪些证据可以作为定案的依据，哪些不能作为定案的依据），因为不同的证据种类排除规则有所不同，因此在判断能否作为定案依据时，务必要先看清楚选项中涉及到的证据是属于哪种证据种类，然后根据不同证据种类的排除规则予以判断能否作为定案的依据。本题涉及的证据种类是证人证言，因此，须根据证人证言的排除规则来作答。而且，不管题目问的是直接排除（不能作为定案依据）还是经补正或作出合理解释后继续作为证据使用（能够作为定案依据），都用排除法，即只要把直接排除的情形记住，则其他的，即使有问题，都是经补正或作出合理解释后继续作为证据使用的情形。根据规定，鉴定意见是只要有问题都直接排除，因此鉴定意见是不能补正的，B 项错误。

C 项，根据规定，物证书证是三种情形直接排除：①复制件不能反映原件的；②复制品不能反映原物的；③未附笔录或清单，不能证明来源的。法院发现收集电脑未附笔录清单，等于来源不明，应当排除，C 项正确。

D 项，根据规定，法院发现被告人有自首情形但材料中没有的，正确做法是应当通知检察院移送，而不是让韩某提供（具体内容参见第十五章第一审程序相关内容），D 项错误。

综上所述，本题答案为 C 项。

〔2〕【解析】本题考查的是证据的审查判断。（哪些证据可以作为定案的依据，哪些不能作为定案的依据）。

考生在做此类题目时要注意，因为不同的证据种类排除规则有所不同，因此在判断能否作为定案依据时，务必要先看清楚选项中涉及的证据是属于哪种证据种类，然后根据不同证据种类的排除规则予以判断能否作为定案的依据。本题涉及的证据种类是证人证言，因此，须根据证人证言的排除规则来作答。而且，不管题目问的是直接排除（不能作为定案依据）还是经补正或作出合理解释后继续作为证据使用（能够作为定案依据），都用排除法，即只要把直接排除的情形记住，则其他的，即使有问题，都是经补正或作出合理解释后继续作为证据使用的情形。

根据规定，证人证言、被害人陈述都是 8 种情形直接排除，不能作为定案的依据：麻醉猜测未个别；核对翻译由暴胁。即①处于明显醉酒、中毒或者麻醉等状态，不能正常感知或者正确表达的证人所提供的证言，不得作为证据使用；②证人的猜测性、评论性、推断性的证言，不得作为证据使用，但根据一般生活经验判断符合事实的除外；③询问证人没有个别进行的；④书面证言没有经证人核对确认的；⑤询问聋、哑人，应当提供通晓聋、哑手势的人员而未提供的；询问不通晓当地通用语言、文字的证人，应当提供翻译人员而未提供的；⑥采用暴力手段收集的证人证言；⑦采用威胁手段取得的证人证言；⑧采用非法限制人身自由的非法手段取得的证人证言。

A 项：收集证人证言“没有个别进行”属于“未个别”，直接排除，不能补正或作出合理解释，A 项错误。

B 项：“询问笔录反映出在同一时间内，同一询问人员询问不同证人的”是有问题的，但这种情形没有规定在证人证言直接排除的 8 种情形中，因此，属于经补正或作出合理解释后继续作为证据使用的情形，B 项正确。

C 项：翻译问题属于直接排除的 8 种情形之一，因此不能补正或作出合理解释，C 项错误。

D 项：没有经证人核对确认属于直接排除的 8 种情形之一，因此不能补正或作出合理解释，D 项错误。

综上所述，本题答案为 B 项。

93 题，不定项）[1]

A. 如对尸体的辨认过程没有录像，则辨认结果不得作为定案证据

B. 如侦查人员组织辨认时没有见证人在场，则辨认结果不得作为定案的根据

C. 如在辨认前没有详细向辨认人询问被辨认对象的具体特征，则辨认结果不得作为定案证据

D. 如对赵某的辨认只有笔录，没有赵某的照片，无法获悉辨认真实情况的，也可补正或进行合理解释

（四）刑事证据规则

刑事证据规则，是指在刑事证据制度中，控辩双方收集和出示证据，法庭采纳、运用证据认定案件事实必须遵循的重要准则。

司法活动中的证明，是运用证据材料按照思维逻辑判断某种事实真相的过程。为了防止主观臆断，保证判断的准确性，对于证据的取舍和运用，不能不受到某些原则或规则的制约。无论是取证、举证、质证还是认证，都要在既定的规则框架下进行。这些规则在法律上体现为证据规则。

从内容上来看，证据规则大体包括两类：一类是调整证据能力的规则，例如非法证据排除规则、传闻证据规则、自白任意性规则、意见证据规则、最佳证据规则；另一类是调整证明力的规则，例如关联性规则、补强证据规则。

考点归纳	
调整**证据能力**的规则	（1）非法证据排除规则； （2）传闻证据规则； （3）自白任意性规则； （4）意见证据规则； （5）最佳证据规则。
调整**证明力**的规则	（1）关联性规则； （2）补强证据规则。

[1]【解析】本题考查的是辨认笔录的审查判断。

根据规定，辨认笔录是以下 5 种情形直接排除，不能作为定案的依据；其余的问题都是可以补正或解释的：①辨认不是在调查人员、侦查人员主持下进行的；②辨认前使辨认人见到辨认对象的；③辨认活动没有个别进行的；④辨认对象没有混杂在具有类似特征的其他对象中，或者供辨认对象数量不符合规定的；⑤辨认中给辨认人明显暗示或者明显有指认嫌疑的。

A 项：对尸体的辨认过程没有录像，不属于上述 5 种直接排除的情形，用排除法，意味着是属于可以补正或解释的，补正或解释后可以作为定案的依据。A 项错误。

B 项：没有见证人在场不属于上述 5 种直接排除的情形，用排除法，意味着是属于可以补正或解释的，补正或解释后可以作为定案的依据。B 项错误。此项也可以用反向总结判断：凡是没有见证人签名或者没有见证人在场的，都是可以补正或解释的。

C 项：辨认前没有详细向辨认人询问被辨认对象的具体特征，不属于上述 5 种直接排除的情形，用排除法，意味着是属于可以补正或解释的，补正或解释后可以作为定案的依据。C 项错误。

D 项："辨认只有笔录，没有赵某的照片，无法获悉辨认真实情况的"不属于上述 5 种直接排除的情形，用排除法，意味着是属于可以补正或解释的，补正或解释后可以作为定案的依据。据此，D 项正确。

综上所述，本题答案为 D 项。

1. **调整证据能力的证据规则**

(1) 传闻证据规则

①概念

传闻证据规则，也称**传闻证据排除规则**，即法律排除传闻证据作为认定犯罪事实的根据的规则。根据这一规则，如无法定理由，任何人在庭审期间以外的陈述，不得作为认定被告人有罪的证据。

②内容

传闻证据是指用法庭之外的陈述，包括口头陈述、书面陈述以及有意或无意地带有某种意思表示的非语言行为。

<1>传闻证据必须是一项陈述。陈述的主体是广义的证人，即包括证人、鉴定人、被害人、进行侦查的警察等。

<2>传闻证据主要包括两种形式：一是书面传闻证据，即亲身感受了案件事实的证人在庭审期日之外所作的书面证人证言，及警察、检察人员所作的（证人）询问笔录；二是言词传闻证据，即证人并非就自己亲身感知的事实作证，而是向法庭转述他从别人那里听到的情况。

<3>传闻证据是**在法庭外作出的**。

③排除之理由

首先，传闻证据很有可能失真。

其次，传闻证据无法当庭进行对质询问，真实性难以得到证实，将妨碍当事人权利的行使。

最后，传闻证据并非在法官面前作出的陈述，法官没有机会观察陈述者在作出陈述时的行为举止，有违直接言词原则。

④我国体现

我国现行法律**并没有确立传闻证据规则**，而只是**部分地体现了该规则的精神**：

<1>《刑事诉讼法》第61条规定：证人证言必须在法庭上经过公诉人、被害人和被告人、辩护人双方质证并且查实以后，才能作为定案的根据。

<2>《刑事诉讼法》第192条第3款规定：公诉人、当事人或者辩护人、诉讼代理人对鉴定意见有异议，人民法院认为鉴定人有必要出庭的，鉴定人应当出庭作证。经人民法院通知，鉴定人拒不出庭作证的，鉴定意见不得作为定案的根据。

> **【特别提示】**虽然《刑事诉讼法》第192条明确规定了证人应当出庭作证的情形，但是如果证人应当出庭而不出庭的，对该证人采取的惩罚措施是予以训诫，情节严重的，经院长批准，处以10日以下的拘留，而并非排除该证人的法庭外的证言。换言之，**该证人的法庭外的证言仍然可以作为证据使用**。

(2) 自白任意性规则

①概念

自白任意性规则，又称非任意自白排除规则，是指在刑事诉讼中，只有基于被追诉人自由意志而作出的自白（即承认有罪的供述），才具有可采性；违背当事人意愿或违反法定程序而强制作出的供述不是自白，而是逼供，不具有可采性，必须予以排除。

②我国体现

从法律规定来看，我国**已基本确立了自白任意规则**。

《刑事诉讼法》第52条规定，严禁刑讯逼供和以威胁、引诱、欺骗以及其他非法方法收集证据，不得强迫任何人证实自己有罪。

（3）意见证据规则

①概念

意见证据规则，是指**证人**只能陈述自己亲身感受和经历的事实，不得陈述对该事实的意见或者结论。

②排除的理由

首先，普通证人欠缺发表意见所具备的专门性知识或基本技能与经验；

其次，普通证人的意见证据对案件事实的认定并没有价值；

再次，证人发表意见实质上侵犯了事实审理者的职权；

最后，证人发表意见有可能对案件事实的认定产生误导。

③我国体现

我国没有确立意见证据规则，但司法解释有体现意见证据规则精神的规定。《刑诉解释》第88条第2款作了相关规定，即证人的猜测性、评论性、推断性的证言，不得作为证据使用，但根据一般生活经验判断符合事实的除外。

【特别提示】鉴定意见、根据一般生活经验判断符合事实的意见、有专门知识的人出具的报告（如价格认定书）、有关部门针对事故进行调查形成的报告，这四类都含有意见，但是不受意见证据规则约束，不影响其作为证据使用。

（4）最佳证据规则

①概念

最佳证据规则，又称**原始证据规则**，是指以文字、符号、图形等方式记载的内容来证明案情时，原件才是最佳证据。

②要求

<1>该规则要求书证的提供者应尽量提供原件，如果提供副本、抄本、复制本等非原始材料，则必须提供充足理由加以说明，否则，该书证不具有可采性。

<2>最佳证据规则的着眼点是书证的真实性、可靠性。

③我国体现

我国刑事诉讼法没有明确规定最佳证据规则，但司法解释有体现最佳证据规则的精神。

<1>《刑诉解释》第83条第1款规定：据以定案的物证应当是原物。原物不便搬运、不易保存，依法应当返还或者依法应当由有关部门保管、处理的，可以拍摄、制作足以反映原物外形和特征的照片、录像、复制品。必要时，审判人员可以前往保管场所查看原物。

<2>《刑诉解释》第84条第1款规定：据以定案的书证应当是原件。取得原件确有困难的，可以使用副本、复制件。

2. 调整证明力的证据规则

（1）关联性规则

①概念

关联性规则，是指只有与案件事实有关的材料，才能作为证据使用。而且，关联紧密程度决定了该证据的证明价值大小。

按照关联性规则，侦控、审判人员在调查收集证据时，应当限于与本案有关的证据材料，在审查判断证据时，应当注意排除与本案无关的证据材料。

②内容

一般而言，英美证据法认为下列几种证据不具关联性，不得作为认定案件事实的依据：

<1>**品格证据**。一个人的品格或者品格特征的证据，在证明这个人于特定环境下实施了与此品格相一致的行为问题上不具有关联性。

<2>**类似行为**。被告人在其他场合的某一行为与他在当前场合的类似行为通常没有关联性。

<3>**特定的诉讼行为**。如曾作有罪答辩，后来又撤回等，不得作为不利于被告人的证据采纳。

<4>**特定的事实行为**。如关于事件发生后某人实施补救措施的事实等，一般情况下不得作为行为人对该事实负有责任的证据加以采用。

<5>**被害人过去的行为**。如在性犯罪案件中，有关受害人过去性行为方面的名声或评价的证据，一律不予采纳。

③我国情况

我国刑事诉讼法没有确立关联性规则，但我国有关司法解释体现了关联性规则的精神。

<1>《刑诉解释》第139条第2款规定：对证据的证明力，应当根据具体情况，从证据与案件事实的关联程度、证据之间的联系等方面进行审查判断。

<2>《刑诉解释》第247条规定：控辩双方申请证人出庭作证，出示证据，应当说明证据的名称、来源和拟证明的事实。法庭认为有必要的，应当准许；对方提出异议，认为有关证据与案件无关或者明显重复、不必要，法庭经审查异议成立的，可以不予准许。

★★★（2）补强证据规则

①概念

指为了防止误认事实或者发生其他危险性，而在运用某些证明力显然薄弱的证据（主证据）认定案情时，必须有其他证据（补强证据）**补强其证明力**，才能被法庭采信为定案依据。

<1>所谓“补强证据”，是指用以增强另一证据证明力的证据。

<2>一开始收集到的对证实案情有重要意义的证据，称为“**主证据**”，而用以印证该证据真实性的其他证据，就称之为“**补强证据**”。

<3>一般来说，在刑事诉讼中需要补强的不仅包括被追诉人的供述，还包括证人证言、被害人陈述等特定证据。

②补强证据的条件

补强证据必须满足以下条件：

<1>补强证据必须具有**证据能力**。

<2>补强证据必须**具有独立的来源**。补强证据与补强对象之间不能重叠，而必须独立于补强对象，具有独立的来源，否则就无法担保补强对象的真实性。例如，被告人在审前程序中所作的供述就不能作为其当庭供述的补强证据。

<3>补强证据可以是**实物证据**（物证、书证）也可以是**言词证据**（证人证言、鉴定意见）。

<4>补强证据本身**必须具有担保补强对象真实的能力**。设立补强证据的重要目的就在于确保特定证据的真实性，从而降低误认风险，如果补强证据没有证明价值，就不可能支持特定证据的证明力。当然，补强证据的作用**仅仅在于担保特定补强对象的真实性，而非对整个待证事实或案件事实具有补强作用**。

③我国体现

<1>**口供补强规则**：只有被告人供述，没有其他证据的，不能认定被告人有罪和处以刑

罚。没有被告人供述，证据确实充分的，可以认定犯罪嫌疑人、被告人有罪和处以刑罚。

<2>一般证据的补强规则：下列证据应当慎重使用，有其他证据印证的，可以采信：

A. 生理上、精神上有缺陷，对案件事实的认知和表达存在一定困难，但尚未丧失正确认知、表达能力的被害人、证人和被告人所作的陈述、证言和供述；

B. 与被告人有亲属关系或者其他密切关系的证人所作的有利于被告人的证言；

C. 与被告人有利害冲突的证人所作的不利于被告人的证言。（《刑诉解释》第143条）

【经典金题】

1. 杨某涉嫌强奸8岁女孩，公安机关调取的证据显示杨某已年满14周岁，但杨某父母表示年龄在上户时调大了，杨某实际并未满14周岁，以下哪种意见证据可以作为证据使用？（2023年仿真题，单选）〔1〕

A. 鉴定机构表示骨龄鉴定有2年误差

B. 村民甲听说当年出生的男孩子很多，杨某也是当年出生的孩子之一

C. 户籍民警说，有人要求更改年龄，可能存在登记簿登记错误的情形

D. 人口普查员表示，户籍卡出生日期有涂改的字迹，有可能系事后涂改的

2. 下列哪一选项所列举的证据属于补强证据？（2014年卷二第28题，单选）〔2〕

A. 证明讯问过程合法的同步录像材料

B. 证明获取被告人口供过程合法，经侦查人员签名并加盖公章的书面说明材料

---

〔1〕【解析】本题考查的是意见证据规则的理解。

意见证据规则是指证人只能陈述自己亲身感受和经历的事实，不得陈述对该事实的意见或者结论。

A项：根据意见证据规则的要求，意见一般不能作为证据使用，但有四类意见是例外，其中一个是鉴定意见。A项属于鉴定意见，鉴定意见属于法定证据种类，可以作为证据使用，A项正确。

B项：村民甲听说当年出生的男孩子很多，杨某也是当年出生的孩子之一，这是证人陈述自己亲耳听到的事实，不是意见证据，因此不符合题干的要求，B项错误。

C项：户籍民警关于“可能存在登记簿登记错误的情形”，属于民警的推测，是意见证据，不得作为证据使用。C项错误。

D项：人口普查员关于“有可能系事后涂改的”属于推测性的证言，是意见证据，不能作为证据使用。D项错误。

综上所述，本题答案为A项。

〔2〕【解析】本题考查的是补强证据规则中补强证据的理解。

补强证据规则是指为了防止误认事实或者发生其他危险性，而在运用某些证明力显然薄弱的证据（主证据）认定案情时，必须有其他证据（补强证据）补强其证明力，才能被法庭采信为定案依据。补强证据规则是调整证明力的规则。补强证据需要具备的条件包括：①补强证据必须具有证据能力。②必须独立于补强对象，具有独立的来源。即不能和被补强证据同源。③补强证据可以是实物证据（物证、书证）也可以是言词证据（证人证言、鉴定意见）。④补强证据本身必须具有担保补强对象真实的能力，即具有补强主证据证明力的能力，但并不要求能够补强所有事实，而只需要补强部分事实、片段即可。

A项：证据是否具有合法性是证据能力所要解决的问题，补强证据不补强证据的证据能力，是已经具有证据能力的证据，通过补强证据来补强主证据的证明力，因此一旦讲到合法性，就已经与补强证据没有关系了。A项错误。

B项：该书面说明材料是为了证明获取口供过程合法，一旦讲到合法性，就已经与补强证据没有关系了，B项错误。

C项：补强证据必须独立于补强对象，具有独立的来源，即不能和被补强证据（主证据）同源。所谓同源，是指补强证据也是来源于这个案件的案件事实。进而言之，所谓来源于这个案件的案件事实，是指补强证据同样包含着可以证明这个案件事实（犯罪构成事实）的内容。一个证据一旦含有可以证明这个案件事实的内容，就意味着与主证据来源相同，都能证明这个案件事实了，这个证据就不是补强证据，而是主证据了。C项中，所收集到的物证能够与其他证据相印证，“相印证”意味着该物证含有可以证明这个案件事实的内容，该物证属于主证据，不是补强证据，C项错误。

D项：补强证据本身必须具有担保补强对象真实的能力，对证言真实性进行佐证的书证，因为佐证的是证据的真实性，因此属于补强证据。D项正确。

综上所述，本题答案为D项。

C. 根据被告人供述提取到的隐蔽性极强、并能与被告人供述和其他证据相印证的物证
D. 对与被告人有利害冲突的证人所作的不利于被告人的证言的真实性进行佐证的书证

三、刑事诉讼证明（证据的运用之如何证明）

（一）刑事诉讼证明的概念和特征

1. 概念

刑事诉讼证明是指**国家公诉机关和部分诉讼当事人**在**法庭审理中**依照法律规定的程序和要求向审判机关提出证据，运用证据阐明系争事实，并论证诉讼主张成立的活动。

2. 特征

★★（1）刑事**证明的主体是国家公诉机关和部分诉讼当事人**。其中，不同的诉讼中，证明主体有所不同：

①公诉案件中，证明主体是人民检察院。

②自诉案件中，证明主体是自诉人。如果被告人提起反诉的，提起反诉的被告人也是反诉中的证明主体。

③附带民事诉讼中，原告人是证明主体。如果被告人提出反诉或不同主张的，提出反诉或不同主张的被告人在反诉中或者针对该不同主张也是证明主体。

【特别提示】①公诉案件中的被告人不是证明主体。公诉案件中的被告人虽然在特定情况下承担一定的提出证据的责任（行为意义上的），但并非意味着被告人承担证明责任（内容参见本部分“刑事诉讼证明责任”），故原则上刑事诉讼中的被告人不是证明主体。

②公安机关和人民法院也不是证明主体。公安机关虽然承担主要的侦查任务，协助检察机关行使控诉职能，但是其侦查行为只是为公诉机关的刑事证明活动做准备，公安机关本身并不是刑事诉讼证明的主体。而法院的职责是居中裁断，对诉讼双方当事人的证明活动作出评价，因此法院不是证明主体，在法定情况下依照职权调查证据，是为了审查证据，而不是证明自己的主张。

③证明主体一定是刑事诉讼主体（包括国家专门机关与诉讼参与人）。其中，检察机关是国家专门机关，诉讼当事人属于诉讼参与人。**但是，刑事诉讼主体不一定都是证明主体。**

（2）刑事证明的客体是诉讼中需要运用证据加以证明的事项，即证明对象。

（3）严格意义上的刑事证明只存在于审判阶段。侦查人员、检察人员在审前阶段对证据的收集审查活动属于“查明”，而非“证明”。庭审前收集、提取证据是为法庭上的证明活动奠定基础，创造条件，而不属于严格意义上的刑事诉讼证明。

（4）刑事证明受证明责任的影响或支配。

（5）刑事证明作为一种具体的诉讼行为，直接受各类诉讼法律的规范和调整。

★★★（二）刑事诉讼证明对象（需要证明的事实）

刑事诉讼的证明对象也称证明客体、待证事实或要证事实，是必须运用证据予以证明的案件事实，主要有实体法所规定的行为人的行为是否构成犯罪以及应当处以何种刑罚的事实（**实体法事实**）。此外，在诉讼中对解决诉讼程序具有法律意义的事实（**程序法事实**），由于与正确处理案件密切相关，也是应当予以证明的事实。

1. **实体法事实**

（1）**犯罪构成要件的诸事实**。即关于犯罪主体、犯罪客体、客观方面和主观方面的事实。

诉讼理论将其概括为“7 何”：何人，何时，何地，基于何种动机、目的，采用何种方法、手段，实施了何种犯罪行为，造成何种危害后果等。

（2）**量刑情节的事实**。包括法定量刑情节与酌定量刑情节，如作为影响量刑的从重、从轻、减轻、免除刑罚的法定情节或者酌定情节。

（3）**足以排除行为违法性、可罚性或行为人刑事责任的事实**。

①排除行为违法性的事实包括：**正当防卫、紧急避险、行使职权行为（如两军交战而杀死敌军、执行死刑等）以及意外事件**等。

②排除行为可罚性的事实包括：《刑事诉讼法》第 16 条规定的不追究刑事责任的情形。

③排除行为人刑事责任的事实包括：未到承担刑事责任的法定年龄、不负刑事责任的精神病人的犯罪行为。

2. 程序法事实

能够成为证明对象的程序法事实，主要包括：

（1）关于回避的事实。

（2）对犯罪嫌疑人、被告人采取某种强制措施的事实。强制措施指的是逮捕，逮捕的三个条件之一就是“有证据证明有犯罪事实”。

（3）耽误诉讼期限是否有不能抗拒的原因或者其他正当理由的事实。

（4）违反法定程序的事实。

（5）有关管辖争议的事实。

（6）与执行的合法性有关的事实，如关于罪犯“是否怀孕”的事实。

（7）其他需要证明的程序性事实。

【特别提示】 **证据事实不是证明对象**。根据《刑事诉讼法》第 50 条的规定，案件事实情况是证明对象，而证据事实是证明手段。试想，如果证据事实要证明，那么整个刑事诉讼证明将会进入无限循环之中，因为每一个证据的事实都得有相应的证据予以证明，这显然不行。

3. 免证事实

免证事实，是免除控辩双方举证、由法院直接确认的事实。在法庭审理中，下列事实不必提出证据进行证明：

（1）为一般人共同知晓的常识性事实。

（2）人民法院生效裁判所确认的并且未依审判监督程序重新审理的事实。

（3）法律、法规的内容以及适用等属于审判人员履行职务所应当知晓的事实。

（4）在法庭审理中**不存在异议**的**程序**事实。

（5）法律规定的推定事实。

（6）自然规律或者定律。

【特别提示】 在我国，哪怕被告人认罪，即控辩双方对实体法事实不存在异议，控方对**实体法事实**仍然需要证明。

★★★★★（三）刑事诉讼证明责任

1. 概念

证明责任是诉讼法和证据法中的一项基本制度，是指人民检察院或某些当事人应当承担的**收集或提供证据**证明应予认定的案件事实或有利于自己的主张的责任，否则，**如果最终案件事**

实真伪不明时将承担其主张不能成立的后果。

【特别提示】证明责任所要解决的问题是：其一，应当由谁提供证据加以证明；其二，如果案件事实真伪不明，应当由谁来承担败诉或不利的诉讼后果。

2. **特点**

（1）证明责任**总是与一定的诉讼主张相联系**。在刑事诉讼中，检察机关向法院提出的诉讼主张，该起诉主张具有拘束法院审判的法律效力。

（2）证明责任是**提供证据责任**和**说服责任**的统一。提供证据责任，也称行为意义上的证明责任，指当事人就其主张的事实或反驳的事实提供证据加以证明；说服责任，也称结果意义上的证明责任，指负有证明责任的当事人应当承担运用证据对案件事实进行说明、论证，使法官形成对案件事实确信的责任。

（3）证明责任**总是和一定的不利的诉讼后果相联系**的。如果承担证明责任一方不能提出足够说服法官确认自己主张的证据，则需要承担败诉或者其他不利的后果。

【特别提示】证明责任包括**提供证据责任和说服责任**两个方面的内容，承担证明责任的主体**不仅要提出证据**，而且**必须尽力去说服裁判者相信所主张的事实存在或不存在**，如果最终不能说服法官确认自己主张的证据，案件**最终处于真伪不明时需要承担败诉风险或者其他不利后果**。需要指出的是，在刑事诉讼中，提供证据的责任并非承担证明责任的主体独有的，有的主体（如辩方）即使不是承担证明责任的主体也要承担一定的提供证据的责任，而案件最终真伪不明时由承担证明责任的主体承担败诉风险则是唯一的。因此，在判断一个主体是否承担证明责任时，依据的是在案件最终真伪不明时由谁来承担败诉风险。

3. **证明责任的分配**

（1）分配依据

在刑事诉讼（无论是公诉案件还是自诉案件）中，证明责任的分配依据包括以下三个原则与法则：

①“**谁主张，谁举证**”的古老法则。

②“**否认者不负证明责任**”的古老法则。

③现代**无罪推定**原则。

（2）具体分配

①公诉案件：证明被告人有罪的举证责任由**人民检察院**承担。

②自诉案件：证明被告人有罪的举证责任由**自诉人**承担。

【特别提示1】这表明，从整体上来看，刑事诉讼中的证明责任是一个专属于控诉方的概念。**辩方不承担证明责任**，既不承担证明自己有罪的责任，也不承担证明自己无罪的责任。但是，在**巨额财产来源不明案件**以及**非法持有型的犯罪**（如非法持有枪支、非法持有国家绝密、机密文件罪等）中，**犯罪嫌疑人、被告人负有提出证据的责任**，但这并不是说辩方在这两类案件中承担证明责任。在这两类案件中，仍然是控方承担证明责任，只不过法律对控方的证明责任作了较低要求。以巨额财产来源不明罪为例，控方仍然要承担财产、支出明显超过合法收入且差额巨大这一事实存在的责任。

【特别提示2】人民法院不承担证明责任，但可以调查核实证据。法院的职责是居中裁断，对诉讼双方当事人的证明活动作出评价，其在法定情况下依照职权调查证据，是为了审查证据，而不是证明自己的主张，因此法院不承担证明责任。

（四）刑事诉讼证明标准

刑事诉讼中的证明标准，是指法律规定的检察机关和当事人运用证据证明案件事实要求达到的程度。

1. 不同阶段的证明标准

（1）立案：①有证据证明犯罪事实发生；**②需要追究刑事责任。**

（2）逮捕：有证据证明有犯罪事实：①**有**证据证明发生了**犯罪事实**；②有证据证明该犯罪事实是**犯罪嫌疑人**实施的；③证据已有**部分**查证属实的。

（3）侦查终结：犯罪事实清楚，证据确实、充分。

（4）审查起诉：犯罪事实清楚，证据确实、充分。

（5）审判阶段（定罪）：犯罪事实清楚，证据确实、充分。

★★★2. 疑案的处理（达不到证明标准的案件的处理方式）——疑罪从无原则

（1）疑案的概念

通俗来说，疑案就是案件达不到证明标准，最终处于真伪不明的状态。由于我国定罪证明标准是“事实清楚，证据确实、充分”，因此达不到证明标准就是指达不到事实清楚，证据确实、充分的程度。而达不到事实清楚，证据确实、充分的程度的另一种表述是“事实不清，证据不足”。由此可见，**“事实不清，证据不足”本质上就是案件成为“疑案”的表述。【有证据，但证据达不到证明标准的程度就是疑罪】**。

（2）疑案的处理——疑罪从无

根据证明责任的分配以及现代无罪推定原则的要求，**疑案要作疑罪从无处理**。根据我国《刑事诉讼法》和相关司法解释的规定，疑罪从无具体体现在以下两个方面：

①**审查起诉：**对于2次补充侦查的案件，人民检察院仍然认为**证据不足**，不符合起诉条件的，应当作出**不起诉**的决定。（《刑事诉讼法》第175条第4款）

②**一审阶段：**一审审理后，证据不足，不能认定被告人有罪的，应当作出**证据不足**、指控的犯罪不能成立的**无罪判决**。（《刑事诉讼法》第200条第3项）

（3）没有体现疑罪从无的情形

①**二审阶段：二审法院经过审理后，**发现原判决**事实不清或者证据不足**的，**可以**在查清事实后**改判**，**也可**裁定撤销原判，**发回重新审判**。（《刑事诉讼法》第236条第3项）

②**死刑缓期二年执行案件的复核程序：**高级人民法院复核后，发现原判**事实不清、证据不足**的，**可以**裁定不予核准，并撤销原判，**发回重新审判**，或者在查清的基础上依法**改判**。（《刑诉解释》第428条第4项）

③**死刑立即执行案件的复核程序：**最高人民法院复核后，发现**原判事实不清、证据不足**的，**应当**裁定不予核准，并撤销原判，**发回重新审判**。（《刑诉解释》第429条第3项）

<table>
<tr><th colspan="3">考点归纳</th></tr>
<tr><td>证明主体</td><td colspan="2">(1) 公诉案件中，证明主体是人民检察院。
(2) 自诉案件中，证明主体是自诉人。如果被告人提起反诉的，提起反诉的被告人也是反诉中的证明主体。
(3) 附带民事诉讼中，原告人是证明主体。如果被告人提出反诉或不同主张的，提出反诉或不同主张的被告人在反诉中或者针对该不同主张也是证明主体。
【注意 1】公诉案件中的被告人不是证明主体。公安机关和人民法院也不是证明主体。
【注意 2】证明主体一定是刑事诉讼主体（包括国家专门机关与诉讼参与人）。其中，检察机关是国家专门机关，诉讼当事人属于诉讼参与人。</td></tr>
<tr><td rowspan="3">证明对象</td><td>实体法事实</td><td>定罪、量刑的事实；以及足以排除行为违法性、可罚性或行为人刑事责任的事实。
(1) 定罪、量刑事实包括：身份、刑事责任能力、罪过、犯罪时间、地点、手段、后果、共犯中的作用、附民事实、涉案财物处理等。
(2) 足以排除行为违法性、可罚性或行为人刑事责任的事实包括：正当防卫、紧急避险、行使职权行为以及意外事件；《刑事诉讼法》第 16 条规定的不追究刑事责任的情形；未到承担刑事责任的法定年龄、不负刑事责任的精神病人的犯罪行为。</td></tr>
<tr><td>程序法事实</td><td>管辖、回避（只针对请客送礼、违反规定会见的情形）；逮捕；期间的恢复；非法证据排除。</td></tr>
<tr><td>免证事实</td><td>(1) 为一般人共同知晓的常识性事实；
(2) 人民法院生效裁判所确认并且未依审判监督程序重新审理的事实；
(3) 法律、法规的内容以及适用等属于审判人员履行职务所应当知晓的事实；
(4) 在法庭审理中不存在异议的程序事实【无异议的实体事实不免证】；
(5) 法律规定的推定事实；
(6) 自然规律或者定律。</td></tr>
<tr><td rowspan="3">证明责任</td><td>特点</td><td>(1) 证明责任总是与一定的诉讼主张相联系。
(2) 证明责任是提出证据责任与说服责任的统一。【仅仅提出证据不等于就是承担证明责任】
(3) 证明责任总是和一定的不利诉讼后果相联系。</td></tr>
<tr><td>分配原则</td><td>在刑事诉讼（无论是公诉案件还是自诉案件）中，证明责任的分配依据包括以下三个原则与法则：
(1) “谁主张，谁举证”的古老法则；
(2) “否认者不负证明责任”的古老法则；
(3) 现代无罪推定原则【最主要依据】。
【注意】从整体上看，刑事诉讼中的证明责任是一个专属于控方的概念。</td></tr>
<tr><td>具体承担</td><td>(1) 公诉案件：证明被告人有罪的举证责任由人民检察院承担。
(2) 自诉案件：证明被告人有罪的举证责任由自诉人承担。
【注意 1】被告人一般不承担证明责任，既不证明自己有罪，也不证明自己无罪。但是，在巨额财产来源不明案件，非法持有国家绝密、机密文件、资料、物品罪这两类案件中，辩方负有一定的提出证据的责任（提出证据的责任≠证明责任）。
【注意 2】人民法院不承担证明责任，但可以调查核实证据。</td></tr>
</table>

续表

证明标准	立案	（1）**有证据**证明犯罪事实发生；（2）**需要追究刑事责任**。
	逮捕	有证据证明有犯罪事实：（1）**有证据**证明发生了**犯罪事实**；（2）有证据证明该犯罪事实是**犯罪嫌疑人**实施的；（3）证据已**部分**查证属实。
	侦查终结	犯罪事实清楚，证据确实、充分。
	审查起诉	犯罪事实清楚，证据确实、充分。
	定罪	**犯罪事实清楚，证据确实、充分**。其中，证据确实、充分，应当符合以下条件： （1）**定罪量刑**的事实都**有证据证明**； （2）据以定案的证据**均**经法定程序**查证属实**；**【用于定案的全部证据】** （3）综合全案证据，对所认定事实**已排除合理怀疑**。（《刑事诉讼法》第55条第2款）
	疑罪从无	（1）**【审查起诉】**对于2**次**补充侦查的案件，人民检察院仍然认为**证据不足**，不符合起诉条件的，应当作出不起诉的决定。 （2）**【一审程序】**一审审理后，证据不足，不能认定被告人有罪的，应当作出证据不足、指控的犯罪不能成立的无罪判决。 **【注意】**二审、死缓复核程序、死刑立即执行复核程序，在疑罪的情况下不体现疑罪从无。

【经典金题】

1. 关于我国刑事诉讼的证明主体，下列哪些选项是正确的？（2017年卷二第70题，多选）〔1〕

A. 故意毁坏财物案中的附带民事诉讼原告人是证明主体

B. 侵占案中提起反诉的被告人是证明主体

C. 妨害公务案中就执行职务时目击的犯罪情况出庭作证的警察是证明主体

D. 证明主体都是刑事诉讼主体

---

〔1〕【解析】本题考查的是证明主体的范围。

证明主体包括检察机关和部分诉讼当事人。其中，诉讼当事人中，属于证明主体的包括：（1）自诉人；（2）针对自诉提起的反诉中，原自诉案件中的被告人（即反诉中的自诉人）；（3）附带民事诉讼的原告人；（4）针对附带民事诉讼提起的反诉，原附带民事诉讼中的被告人。需要注意的是，公诉案件中的被告人不是证明主体。公安机关和人民法院也不是证明主体。而且，证明主体一定是刑事诉讼主体（包括国家专门机关与诉讼参与人）。其中，检察机关是国家专门机关，诉讼当事人属于诉讼参与人。

A项：附带民事诉讼是民事诉讼，只不过这个民事诉讼依附于刑事诉讼而已。既然是民事诉讼，也就遵循“谁主张，谁举证”原则，由附带民事诉讼原告人对其民事赔偿请求承担证明责任。因此，附带民事诉讼原告人是证明主体，A项正确。

B项：针对自诉提起的反诉中，原自诉案件中的被告人（即反诉中的自诉人）是证明主体，B项正确。

C项：同样是警察，同样是出庭，如果警察出庭是就执行职务时目击的犯罪情况出庭作证的，此时警察是证人身份，如果警察就其在侦查中取证合法性出庭的，则此时警察仍然只是侦查人员身份。C项中，警察是就执行职务时目击的犯罪情况出庭作证，因此属于证人，证人不是证明主体。C项错误。

D项：证明主体一定是刑事诉讼主体（包括国家专门机关与诉讼参与人）。其中，检察机关是国家专门机关，诉讼当事人属于诉讼参与人。因此，D项正确。

综上所述，本题答案为ABD项。

2. 下列哪些选项属于刑事诉讼中的证明对象？（2016 年卷二第 69 题，多选）〔1〕

A. 行贿案中，被告人知晓其谋取的系不正当利益的事实

B. 盗窃案中，被告人的亲友代为退赃的事实

C. 强奸案中，用于鉴定的体液检材是否被污染的事实

D. 侵占案中，自诉人申请期间恢复而提出的其突遭车祸的事实，且被告人和法官均无异议

3. 关于《刑事诉讼法》规定的证明责任分担，下列哪一选项是正确的？（2016 年卷二第 30 题，单选）〔2〕

A. 公诉案件中检察院负有证明被告人有罪的责任，证明被告人无罪的责任由被告方承担

---

〔1〕【解析】本题考查的是刑事诉讼中的证明对象。

刑事诉讼中的证明对象，也称证明客体、待证事实或要证事实，是证明主体运用一定的证明方法所要证明的一切法律要件事实。内容包括：（1）实体法事实：定罪、量刑的事实；以及足以排除行为违法性、可罚性或行为人刑事责任的事实。①定罪、量刑的事实包括：身份、刑事责任能力、罪过、犯罪时间、地点、手段、后果、共犯中的作用、附带民事诉讼的事实、涉案财物处理、法定量刑情节、酌定量刑情节等。②足以排除行为违法性、可罚性或行为人刑事责任的事实包括：正当防卫、紧急避险、行使职权行为以及意外事件；《刑事诉讼法》第 16 条规定的不追究刑事责任的情形；未到承担刑事责任的法定年龄、不负刑事责任的精神病人的犯罪行为。（2）程序法事实：管辖、回避（只针对请客送礼、违反规定会见的情形）；逮捕；期间的恢复；非法证据排除。

需要指出的是，证据事实不是证明对象，不需要证明。

此外，免证事实包括：①为一般人共同知晓的常识性事实；②人民法院生效裁判所确认并且未依审判监督程序重新审理的事实；③法律、法规的内容以及适用等属于审判人员履行职务所应当知晓的事实；④在法庭审理中不存在异议的程序事实（无异议的实体事实不免证）；⑤法律规定的推定事实；⑥自然规律或者定律。

A 项：行贿罪的构成要件中，要求行为人的目的是谋取不正当利益，所以，被告人知晓其谋取的系不正当利益的事实系应被证明的实体法事实，属于刑事诉讼中的证明对象。因此，A 项正确。

B 项：盗窃案中，被告人的亲友代为退赃的事实涉及酌定量刑情节，属于量刑事实，需要证明，B 项正确。

C 项：强奸案中，用于鉴定的体液检材是否被污染的事实属于证据事实，不需要证明。C 项错误。

D 项：申请期间恢复而提出的其突遭车祸的事实，且被告人和法官均无异议，是在法庭审理中不存在异议的程序事实，属于免证事实，不需要证明，D 项错误。

综上所述，本题答案为 AB 项。

〔2〕【解析】本题考查的是刑事诉讼中的证明责任。

证明责任所要解决的问题是：诉讼中出现的事实，应当由谁提出证据加以证明，以及在诉讼结束时如果案件仍然处于真伪不明的状态，应当由谁来承担败诉或不利的诉讼后果的问题。据此，承担证明责任，要求承担以下两项责任：（1）行为意义上的证明责任：提出证据的责任；（2）结果意义上的证明责任：在案件最终真伪不明时承担败诉或不利诉讼后果的责任。

在刑事诉讼（无论是公诉案件还是自诉案件）中，证明责任的分配依据包括以下三个原则与法则：①“谁主张，谁举证”的古老法则；②“否认者不负证明责任”的古老法则；③现代无罪推定原则。据此，刑诉中由控方承担证明责任。需要注意的是，辩护一方也会提出证据来打破控方的证据链、说明控方指控事实不成立，但是辩方提出证据的行为并非承担证明责任，而是在积极地辩护，使控方无法轻易达到证明标准、证明指控事实。所以在判断承担证明责任的主体的时候不能看行为意义上的证明责任（即是否提出证据），而要看结果意义上的证明责任（即最后案件真伪不明时谁承担败诉风险）。

具体分配上，①控方承担证明责任，即公诉案件中证明犯罪嫌疑人、被告人有罪的责任由检察院承担。自诉案件中自诉人应对其控诉承担证明责任。②辩方不承担证明责任，但有例外情形需要提出证据。具体而言，被告人一般不承担证明责任，既不证明自己有罪，也不证明自己无罪。但是，在巨额财产来源不明案件，非法持有国家绝密、机密文件、资料、物品犯罪案件这两类案件中，辩方负有一定的提出证据的责任（提出证据的责任不等于证明责任）。

A 项：公诉案件中检察院负有证明被告人有罪的责任，这是正确的。但是，被告方不承担证明自己无罪的责任，也不承担证明自己有罪的责任，因此，A 项错误。

B 项：在刑事诉讼（无论是公诉案件还是自诉案件）中，证明责任的分配依据包括以下三个原则与法则：①“谁主张，谁举证”的古老法则；②“否认者不负证明责任”的古老法则；③现代无罪推定原则。而且，最主要的是依据现代无罪推定原则确定的。B 项错误。

CD 项：巨额财产来源不明案件以及非法持有国家绝密、机密文件、资料、物品犯罪案件这两类案件中，辩方负有一定的提出证据的责任（提出证据的责任不等于证明责任），但是说服责任仍然是控方承担，因此，C 项错误，D 项正确。

综上所述，本题答案为 D 项。

B. 自诉案件的证明责任分配依据“谁主张，谁举证”的法则确定

C. 巨额财产来源不明案中，被告人承担说服责任

D. 非法持有枪支案中，被告人负有提出证据的责任

【主观题点睛】

1. 根据本案证据，能否作出有罪的结论？

【经典案例】（2015 年卷四第 3 题）

案情：某日凌晨，A 市某小区地下停车场发现一具男尸，经辨认，死者为刘瑞，达永房地产公司法定代表人。停车场录像显示一男子持刀杀死了被害人，但画面极为模糊，小区某保安向侦查人员证实其巡逻时看见形似刘四的人拿刀捅了被害人后逃走（开庭时该保安已辞职无法联系）。

侦查人员在现场提取了一只白手套，一把三棱刮刀（由于疏忽，提取时未附笔录）。侦查人员对现场提取的血迹进行了 ABO 血型鉴定，认定其中的血迹与犯罪嫌疑人刘四的血型一致。

刘四到案后几次讯问均不认罪，后来交代了杀人的事实并承认系被他人雇佣所为，公安机关据此抓获了另外两名犯罪嫌疑人康雍房地产公司开发商张文、张武兄弟。

侦查终结后，检察机关提起公诉，认定此案系因开发某地块利益之争，张文、张武雇佣社会人员刘四杀害了被害人。

法庭上张氏兄弟、刘四同时翻供，称侦查中受到严重刑讯，不得不按办案人员意思供认，但均未向法庭提供非法取证的证据或线索，未申请排除非法证据。

公诉人指控定罪的证据有：①小区录像；②小区保安的证言；③现场提取的手套、刮刀；④ABO 血型鉴定；⑤侦查预审中三被告人的有罪供述及其相互证明。三被告人对以上证据均提出异议，主张自己无罪。

问题：请根据《刑事诉讼法》及相关司法解释的规定，对以上证据分别进行简要分析，并作出是否有罪的结论。

答题要求：

1. 无本人分析、照抄材料原文不得分；

2. 结论、观点正确，逻辑清晰，说理充分，文字通畅。

【参考答案】在本案中，侦查机关**收集到的证据材料有：**①小区录像；②小区保安的证言；③现场提取的手套、刮刀；④ABO 血型鉴定；⑤侦查预审中三位被告人的有罪供述及其相互证明。三位被告人对以上证据均提出异议，主张自己无罪；⑥男尸。上述证据中，小区保安的证言因为**无法核对确认**，应当予以排除，不得作为定案的依据；手套、刮刀证据属于物证，因为**未附笔录**，因此予以排除，不得作为定案的依据。侦查预审中三被告人的有罪供述虽然被告人提出刑讯逼供，但**没有提供相关线索或材料**，也**没有申请**非法证据**排除**，因此**不予以排除**，能够作为定案的依据。其余证据是合法取得，可以作为定案的依据。综上，本案收集到的证据材料中，**能够作为定案依据的证据有：**小区录像；ABO 血型鉴定；被告人的庭前供述与庭上翻供；男尸。

根据《刑事诉讼法》第 200 条和第 55 条规定，要认定被告人有罪，要求对被告人有罪的证明达到**事实清楚，证据确实、充分，排除合理怀疑**的程度。根据《刑诉解释》第 140 条第 4 项规定，排除合理怀疑要求对被告人实施犯罪的证明达到**结论唯一**的程度。本案中，上述能够作为证据使用的证据中，由于小区录像、ABO 血型鉴定、男尸均是间接证据，被告人的供述虽然是直接证据，但庭上翻供属于否定性直接证据，二者矛盾。因此，上述证据表明有可能是被告人实施犯罪，也有可能是别人实施犯罪，排除不了别人实施犯罪的可能性，亦即对被告人实施犯罪**得不出唯一结论**，意味着**达不到事实清楚，证据确实、充分的程度**，因此，根据《刑事

诉讼法》第200条第3项规定，**应当作出事实不清，证据不足的无罪判决**。

综上，根据本案证据，不能认定被告人有罪。

2. 非法证据排除程序

经典出题思路：**“法院应当如何处理辩护方关于非法证据排除的申请”“对于非法证据排除的申请，法院应当如何调查”“对于非法证据排除的申请，法院应当如何处理”等问题，可按照以下模板回答。**

（1）辩方申请排除非法证据的，法院应当要求辩方提供相关线索或材料。辩方提供相关线索或材料的，法院**应当决定启动非法证据排除程序**。

（2）法院启动后，对证据收集合法性有疑问的，可以**召开庭前会议**就非法证据排除等问题**了解情况、听取意见**，但不能实质性处理。

（3）在开庭以后，法院可在辩方申请后，也可以在**法庭调查结束前**，对**非法证据**进行**调查**。

（4）法院应当要求**检察院**对证据收集的合法性加以证明。**控方**可以出示相关证据进行**证明**。现有证据材料不能证明证据收集的合法性的，检察院可以提请法院通知**有关侦查人员**或者其他人员**出庭说明情况**。

（5）法院**不能排除**非法收集证据可能性或**确认存在**非法收集证据情形的，应当将证据排除，不得作为定案根据，并将结果告知当事人及其辩护人。

第八章　强制措施

【复习提要】

本章是刑事诉讼法总论部分最复杂、知识点最琐碎的一章，而且也是历年考试必考的章节。基本上每年考试真题都会涉及本章知识点的考查。而且，今年强制措施还涉及一个新增司法解释，即最高人民法院、最高人民检察院、公安部、国家安全部《关于取保候审若干问题的规定》（2022 年 9 月 5 日发布）的内容，根据新增法律法规必考的规律，考生应当掌握每一种强制措施的主体、对象、适用程序以及羁押必要性审查等。

【知识框架】

- 强制措施
  - 强制措施概述
  - 强制措施的种类
    - 拘传★
      - 适用主体
      - 适用对象
      - 适用程序
      - 拘传与传唤的区别
    - 取保候审★★★★
      - 适用主体
      - 适用对象
      - 取保的方式（保证人、保证金）
      - 取保的程序
      - 候审的义务以及违反义务的结果
    - 监视居住★★★
      - 适用主体
      - 适用程序
    - 拘留★★
      - 适用主体
      - 适用对象
      - 拘留的程序（决定机关、执行机关、具体程序）
      - 拘留与监委会留置措施的衔接
    - 逮捕★★★★★
      - 适用条件
      - 逮捕的权限
      - 适用程序（逮捕的批准与决定程序、执行逮捕）
      - 特殊的犯罪嫌疑人、被告人的逮捕程序
      - 羁押必要性审查★★★★
    - 强制措施的变更与解除★★
    - 监察机关移送案件的强制措施
      - 基本原则
      - 具体程序

第一节　强制措施概述

【学习提要】

本节是对强制措施的总体概述，考生应当掌握强制措施的特征以及适用强制措施的原则，特别是变更性原则的理解与适用。

【法条依据】

《刑事诉讼法》第66条　人民法院、人民检察院和公安机关根据案件情况，对犯罪嫌疑人、被告人可以拘传、取保候审或者监视居住。

【知识点精讲】

一、强制措施的概念与特点

（一）强制措施的概念

刑事强制措施是指**公安机关、检察院、法院**为了**保证刑事诉讼的顺利进行**，依法对**犯罪嫌疑人、被告人的人身自由**进行**限制或者剥夺**的各种强制性方法。

我国刑事强制措施共有五种：拘传、取保候审、监视居住、拘留和逮捕。

（二）强制措施的特征

从强制措施的概念可以看出来，我国刑事诉讼中的强制措施具有以下几个特点：

1. 主体的特定性

有权适用强制措施的主体只能是公安机关（包括其他侦查机关）、人民检察院和人民法院，其他任何机关、团体和个人都无权采取。

> **【特别提示】** 强制措施的适用主体只能是公（包括其他侦查机关）、检、法，因此，公民将符合条件的人扭送公、检、法处理的行为不属于强制措施的适用。

2. 适用对象的唯一性

强制措施的适用对象仅限于犯罪嫌疑人、被告人，对于其他诉讼参与人和案外人不得采用强制措施。

> **【特别提示】**（1）只要是犯罪嫌疑人、被告人，不管是公诉案件还是自诉案件，都可以适用强制措施。
>
> （2）证人、被害人、附带民事诉讼当事人、被告单位的诉讼代表人均不是犯罪嫌疑人、被告人，因此对上述人员均不可以适用强制措施。需要注意的是，被告单位的诉讼代表人只是代表单位参加诉讼，不可能是犯罪嫌疑人、被告人，因为如果某人是犯罪嫌疑人、被告人，其绝对不能担任诉讼代表人，这点必须与民诉区分开来。关于诉讼代表人的内容，请参见第十五章）

3. 内容限于限制或剥夺人身权利

强制措施的内容是限制或者剥夺犯罪嫌疑人、被告人的人身自由，不包括对物的处分。对犯罪嫌疑人、被告人的财产进行搜查、扣押等，属于对物的强制处分，不是对人身权利的限制或剥夺，因此不属于强制措施。

4. 目的具有预防性

强制措施**是预防性措施**，而**不是惩戒性措施**，即适用强制措施的目的是保证刑事诉讼的顺利进行，防止犯罪嫌疑人、被告人逃避侦查、起诉和审判，进行毁灭、伪造证据或继续犯罪等妨害刑事诉讼的行为。

5. **适用上具有法定性**

强制措施是一种**法定措施**，刑事诉讼法对各种强制措施的适用机关、适用条件和程序都进行了严格的规定，公安司法人员在适用时不得突破法律的规定，必须依照法定的程序进行。因此，也可称之为法定性原则。

6. **时间上具有临时性**

强制措施是一种**临时性**措施，随着刑事诉讼的进程，强制措施应当根据案件的进展情况予以**变更**或者**解除**。

二、适用强制措施的原则与应当考虑的因素

（一）适用强制措施的原则

由于强制措施涉及宪法所保障的公民的人身自由权，因此其适用必须慎重，遵循相应的原则。具体而言，适用强制措施应当遵循**必要性原则、相当性原则和变更性原则**。

1. **必要性原则**

必要性原则是指只有在为保证刑事诉讼的顺利进行而有必要时方能采取，若无必要，不得随意适用强制措施。

2. **相当性原则**

相当性原则，又称为**比例原则**，是指适用何种强制措施，应当与犯罪嫌疑人、被告人的人身危险性程度和涉嫌犯罪的轻重程度相适应。

【特别提示】比例原则强调的是，适用**不同种类的强制措施**，要与被追诉人的危险性等因素相适应。

3. **变更性原则**

变更性原则是指强制措施的适用，需要随着诉讼的进展、犯罪嫌疑人、被告人及案件情况的变化而及时变更或解除。

【特别提示1】所谓变更，是指**不同种类**的强制措施之间的变更。如果还是同一种强制措施，只是变更了执行方式（如取保候审由保证人保证变为保证金保证），则不是变更性原则的体现。

【特别提示2】根据变更性原则，随着案件情况的变化，强制措施**可以**由较轻的强制措施变更为较重的强制措施，例如，违反取保候审，可以变更为监视居住；反之，**符合一定条件的，也可以由较重的强制措施变更为较轻的强制措施**，例如，逮捕后超期羁押的，可以变更为取保候审。据此，有两点需要掌握：一，是可以变更的，不是不可以变更的；二，只是“可以”变更，不是“应当”变更。

（二）适用强制措施应当考虑的因素

除遵循上述三项原则外，适用强制措施还要全面考虑一系列的因素：

1. 犯罪嫌疑人、被告人所实施行为的**社会危害性**。社会危害性越大，采取强制措施的必要性也就越大，适用的强制措施的强制力度也就越高。

2. 犯罪嫌疑人、被告人**逃避**侦查、起诉和审判或者进行各种妨害刑事诉讼行为的可能性。可能性越大，采取强制措施的必要性及强度就越高。

3. 公安司法机关**对案件事实的调查情况和对案件证据的掌握情况**。适用强制措施必须按照法定条件，只有根据已经查明的案件事实和已有的证据，才能确定对犯罪嫌疑人、被告人具体采用的强制措施的种类。

4. 犯罪嫌疑人、被告人的**个人情况**。如其身体健康状况，是否是正在怀孕、哺乳自己婴儿的妇女等，以确定是否对其采用强制措施和采用何种强制措施。

三、公民的扭送

扭送是公民将具有法定情形的人立即送交公安司法机关处理的行为。

根据《刑事诉讼法》第 84 条的规定，任何公民对于有下列情形的人都可以立即扭送公安机关、人民检察院或者人民法院处理：

1. 正在实行犯罪或者在犯罪后即时被发觉的；
2. 通缉在案的；
3. 越狱逃跑的；
4. 正在被追捕的。

扭送的主体是公民，而不是公安机关、检察院、法院等专门机关，其不是强制措施的一种，而只是公民配合公安司法机关采取强制措施的一种辅助手段。

【经典金题】

我国强制措施的适用应遵循变更性原则。下列哪些情形符合变更性原则的要求？（2017 年卷二第 71 题，多选）[1]

A. 拘传期间因在身边发现犯罪证据而直接予以拘留

B. 犯罪嫌疑人在取保候审期间被发现另有其他罪行，要求其相应地增加保证金的数额

C. 犯罪嫌疑人在取保候审期间违反规定后对其先行拘留

D. 犯罪嫌疑人被羁押的案件，不能在法律规定的侦查羁押期限内办结的，予以释放

第二节　强制措施的种类

【学习提要】从历年考试真题来看，强制措施的种类是每年必考的知识点，尤其是取保候审与逮捕的内容，每年都有题目涉及相关内容，考生应当对本节的内容熟练掌握。根据《刑事诉讼法》的规定，我国由轻到重分别有以下五种刑事强制措施：拘传、取保候审、监视居住、

---

〔1〕【解析】本题考查的是强制措施的适用原则。

变更性原则是指强制措施的适用，需要随着诉讼的进展、犯罪嫌疑人、被告人及案件情况的变化而及时变更或解除。需要指出的是，变更性原则是指【不同种类】的强制措施之间的变更或者释放，如果还是同一种强制措施，只是变更了执行方式，则不是变更性原则的体现。

A 项：在身边发现犯罪证据属于可以先行拘留的情形，因此由拘传变更为拘留，符合变更性原则的要求，A 项正确。

B 项：取保候审期间，发现另有其他罪行而增加保证金的数额，但是仍然为取保候审，并没有变更为其他的强制措施。不符合变更性原则的要求，B 项错误。

C 项：根据变更性原则的要求，违反较轻的强制措施，可以变更为比它更重的强制措施。C 项中，违反取保候审可以变更为拘留，符合变更性原则的要求，C 项正确。

D 项：由于不能在法律规定的侦查羁押期限内办结，对犯罪嫌疑人从逮捕措施变更为释放，符合变更性原则的要求，D 项正确。

综上所述，本题答案为 ACD 项。

拘留和逮捕。考生应当重点掌握以下内容：拘传的决定机关与执行机关；拘传的程序。取保候审的适用对象；保证人的条件；保证人的义务；保证金保证的内容；取保候审的法定义务与酌定义务；违反取保候审义务的责任；取保候审的程序。监视居住的适用条件；监视居住的义务；监视居住的程序。拘留的适用情形；拘留的程序，特别是拘留的适用主体、“3 个 24 小时”；拘留的期限。逮捕的条件；逮捕的主体，特别是检察院批准逮捕与决定逮捕的情形；审查批捕应当讯问犯罪嫌疑人的情形；审查批捕阶段的补充侦查；逮捕的执行，特别是“2 个 24 小时”；羁押必要性审查的适用。

【法条依据】

《刑事诉讼法》第 119 条　第 2 款、第 3 款 传唤、拘传持续的时间**不得超过十二小时**；案情特别**重大、复杂**，需要采取拘留、逮捕措施的，传唤、拘传持续的时间**不得超过二十四小时。**

不得以连续传唤、拘传的形式变相拘禁犯罪嫌疑人。传唤、拘传犯罪嫌疑人，应当保证犯罪嫌疑人的**饮食和必要的休息时间**。

《刑事诉讼法》第 67 条　人民法院、人民检察院和公安机关对有下列情形之一的犯罪嫌疑人、被告人，可以取保候审：

（一）可能判处**管制**、**拘役**或者独立适用**附加刑**的；

（二）可能判处**有期**徒刑以上刑罚，采取取保候审**不致发生社会危险性**的；

（三）患有严重疾**病**、生活不能自理，怀**孕**或者正在哺乳自己婴儿的妇女，采取取保候审**不致发生社会危险性**的；

（四）**羁押期限届满**，案件尚**未办结**，需要采取取保候审的。

取保候审由**公安机关执行**。

《刑事诉讼法》第 70 条　保证人应当履行以下义务：

（一）监督被保证人遵守本法第 71 条的规定；

（二）发现被保证人可能发生或者已经发生违反本法第 71 条规定的行为的，应当及时向执行机关报告。

被保证人有违反本法第 71 条规定的行为，保证人未履行保证义务的，对保证人处以罚款，构成犯罪的，依法追究刑事责任。

《刑事诉讼法》第 71 条　被取保候审的犯罪嫌疑人、被告人应当遵守以下规定：

（一）未经执行机关批准不得离开所居住的市、县；

（二）住址、工作单位和联系方式发生变动的，在二十四小时以内向执行机关报告；

（三）在传讯的时候及时到案；

（四）不得以任何形式干扰证人作证；

（五）不得毁灭、伪造证据或者串供。

人民法院、人民检察院和公安机关可以根据案件情况，责令被取保候审的犯罪嫌疑人、被告人遵守以下一项或者多项规定：

（一）不得进入特定的场所；

（二）不得与特定的人员会见或者通信；

（三）不得从事特定的活动；

（四）将护照等出入境证件、驾驶证件交执行机关保存。

被取保候审的犯罪嫌疑人、被告人违反前两款规定，已交纳保证金的，没收部分或者全部保证金，并且区别情形，责令犯罪嫌疑人、被告人具结悔过，重新交纳保证金、提出保证人，或者监视居住、予以逮捕。

对违反取保候审规定，需要予以逮捕的，可以对犯罪嫌疑人、被告人先行拘留。

最高人民法院、最高人民检察院、公安部、国家安全部《关于取保候审若干问题的规定》：

第 2 条　对犯罪嫌疑人、被告人取保候审的，由公安机关、国家安全机关、人民检察院、人民法院根据案件的具体情况依法作出决定。

公安机关、人民检察院、人民法院决定取保候审的，由公安机关执行。国家安全机关决定取保候审的，以及人民检察院、人民法院办理国家安全机关移送的刑事案件决定取保候审的，由国家安全机关执行。

第4条　对犯罪嫌疑人、被告人决定取保候审的，应当责令其提出保证人或者交纳保证金。

对同一犯罪嫌疑人、被告人决定取保候审的，不得同时使用保证人保证和保证金保证。对未成年人取保候审的，应当优先适用保证人保证。

第5条　采取保证金形式取保候审的，**保证金的起点数额为人民币一千元**；被取保候审人为**未成年人的**，保证金的起点数额为**人民币五百元**。

决定机关应当综合考虑保证诉讼活动正常进行的需要，被取保候审人的社会危险性，案件的性质、情节，可能判处刑罚的轻重，被取保候审人的经济状况等情况，确定保证金的数额。

《刑事诉讼法》第74条　人民法院、人民检察院和公安机关对符合逮捕条件，有下列情形之一的犯罪嫌疑人、被告人，可以监视居住：

（一）患有严重疾**病**、生活不能自理的；

（二）怀**孕**或者正在哺乳自己婴儿的妇女；

（三）系**生活不能自理**的人的**唯一扶养人**；

（四）因为案件的特殊情况或者办理案件的需要，采取监视居住措施更为适宜的；

（五）**羁押期限届满**，案件尚**未办结**，需要采取监视居住措施的。

对符合**取保候审**条件，但犯罪嫌疑人、被告人**不能提出保证人**，也**不交纳保证金**的，可以监视居住。

监视居住由**公安机关执行**。

《刑事诉讼法》第82条　公安机关对于现行犯或者重大嫌疑分子，如果有下列情形之一的，可以先行拘留：

（一）正在预备犯罪、实行犯罪或者在犯罪后即时被发觉的；

（二）被害人或者在场亲眼看见的人指认他犯罪的；

（三）在身边或者住处发现有犯罪证据的；

（四）犯罪后企图自杀、逃跑或者在逃的；

（五）有毁灭、伪造证据或者串供可能的；

（六）不讲真实姓名、住址，身份不明的；

（七）有流窜作案、多次作案、结伙作案重大嫌疑的。

《刑事诉讼法》第85条　公安机关拘留人的时候，必须出示拘留证。

拘留后，应当立即**将被拘留人送看守所羁押，至迟不得超过二十四小时**。除无法通知或者涉嫌**危害国家安全犯罪、恐怖活动犯罪**通知可能有碍侦查的情形以外，应当在拘留后**二十四小时以内，通知**被拘留人的**家属**。有碍侦查的情形消失以后，应当立即通知被拘留人的家属。

《刑事诉讼法》第86条　公安机关对被拘留的人，应当在拘留后的**二十四小时以内进行讯问**。在发现不应当拘留的时候，必须立即释放，发给释放证明。

《刑事诉讼法》第80条　逮捕犯罪嫌疑人、被告人，必须经过人民检察院批准或者人民法院决定，由公安机关执行。

《刑事诉讼法》第81条　对**有证据**证明有犯罪事实，**可能判处徒刑以上**刑罚的犯罪嫌疑人、被告人，采取取保候审尚**不足以防止**发生下列社会**危险性**的，应当予以逮捕：

（一）可能**实施新的犯罪**的；

（二）有危害**国家安全**、**公共安全**或者**社会秩序**的现实危险的；

（三）可能**毁灭**、**伪造证据**，**干扰证人作证**或者**串供**的；

（四）可能对被害人、举报人、控告人实施**打击报复**的；

（五）企图**自杀**或者**逃跑**的。

批准或者决定逮捕，应当将犯罪嫌疑人、被告人涉嫌犯罪的性质、情节，认罪认罚等情况，作为是否可能发生社会危险性的考虑因素。

对**有证据**证明有犯罪事实，可能判处**十年有期徒刑以上**刑罚的，或者**有证据**证明有犯罪事实，可能判处**徒刑以上**刑罚，曾经**故意**犯罪或者**身份不明**的，应当予以逮捕。

被取保候审、监视居住的犯罪嫌疑人、被告人违反取保候审、监视居住规定，情节严重的，可以予以逮捕。

《刑事诉讼法》第 89 条　人民检察院审查批准逮捕犯罪嫌疑人由检察长决定。重大案件应当提交检察委员会讨论决定。

《刑事诉讼法》第 90 条　人民检察院对于公安机关提请批准逮捕的案件进行审查后，应当根据情况分别作出批准逮捕或者不批准逮捕的决定。对于批准逮捕的决定，公安机关应当立即执行，并且将执行情况及时通知人民检察院。对于**不批准逮捕的**，人民检察院应当说明理由，**需要补充侦查的，应当同时通知公安机关**。

《刑事诉讼法》第 93 条　公安机关逮捕人的时候，必须出示逮捕证。

逮捕后，应当立即将被逮捕人送看守所羁押。除无法通知的以外，应当在逮**捕后二十四小时以内，通知被逮捕人的家属**。

《刑事诉讼法》第 94 条　人民法院、人民检察院对于各自决定逮捕的人，公安机关对于经人民检察院批准逮捕的人，都必须在**逮捕后的二十四小时以内进行讯问**。在发现不应当逮捕的时候，必须立即释放，发给释放证明。

《刑事诉讼法》第 95 条　犯罪嫌疑人、被告人被逮捕后，人民**检察院仍应当对羁押的必要性进行审查**。对不需要继续羁押的，应当建议予以释放或者变更强制措施。有关机关应当在十日以内将处理情况通知人民检察院。

《刑事诉讼法》第 96 条　人民法院、人民检察院和公安机关如果发现对犯罪嫌疑人、被告人采取强制措施不当的，应当**及时撤销或者变更**。公安机关释放被逮捕的人或者变更逮捕措施的，应当通知原批准的人民检察院。

《最高检规则》第 280 条　人民检察院办理审查逮捕案件，可以讯问犯罪嫌疑人；具有下列情形之一的，**应当**讯问犯罪嫌疑人：

（一）对是否符合逮捕条件有**疑**问的；

（二）犯罪嫌疑人要求向检察人员当**面**陈述的；

（三）侦查活动可能有重大**违法**行为的；

（四）案情重大、疑**难**、复杂的；

（五）犯罪嫌疑人**认**罪认罚的；

（六）犯罪嫌疑人系**未**成年人的；

（七）犯罪嫌疑人是盲、**聋、**哑人或者是尚未完全丧失辨认或者控制自己行为能力的**精神病人**的。

讯问未被拘留的犯罪嫌疑人，讯问前应当听取公安机关的意见。

办理审查逮捕案件，对被拘留的犯罪嫌疑人不予讯问的，应当送达听取犯罪嫌疑人意见书，由犯罪嫌疑人填写后及时收回审查并附卷。经审查认为应当讯问犯罪嫌疑人的，应当及时讯问。

【知识点精讲】

根据《刑事诉讼法》的规定，我国**由轻到重**分别有以下五种刑事强制措施：拘传、取保候审、监视居住、拘留和逮捕。以下就各种具体强制措施的种类分述之。

一、拘传

（一）拘传的概念

拘传是指公安司法机关对未羁押的犯罪嫌疑人、被告人，依法强制其到案接受讯问的一种强制措施。

拘传是我国刑事诉讼强制措施体系中强制力度最轻的一种，适用的目的是强制犯罪嫌疑人、被告人到案接受讯问，没有羁押的效力，不得超过法定期限，在讯问后，应当将被拘传人立即放回。

（二）拘传的内容

1. 适用对象

拘传的对象是**未被羁押的犯罪嫌疑人、被告人**，对于已经被拘留、逮捕的犯罪嫌疑人，可以直接进行讯问，不需要适用拘传。

> **【特别提示】**5 种强制措施均只能适用于犯罪嫌疑人、被告人，对自诉人、被害人、附带民事诉讼的原告人和被告人，以及证人、鉴定人、翻译人员等诉讼参与人、被告单位的诉讼代表人不能适用强制措施。

2. 决定机关

人民法院、人民检察院和公安机关都有权决定适用拘传。

> **【特别提示】**其他行使侦查权的机关也有权决定拘传，如国家安全机关、军队保卫部门。

3. 执行机关

人民法院、人民检察院和公安机关都有权**执行**拘传。

> **【特别提示】**5 种强制措施中，除了拘传公检法在各自主持的阶段都可执行外，其余 4 种强制措施（取保候审、监视居住、拘留和逮捕），不管是谁决定的，也不管是处于哪个阶段，都只能由公安机关执行。

4. 执行程序

（1）证件要求

经县级以上公安机关负责人、检察院检察长、法院院长批准，签发《拘传证》（法院称为《拘传票》）。拘传时，应当出示《拘传证》或《拘传票》。对在现场发现的犯罪嫌疑人，侦查人员经出示工作证件，可以**口头传唤**。但是，绝不能口头拘传，拘传必须出示拘传证或拘传票。

> **【特别提示】**签发拘传证、拘传票的只能是县级以上公、检、法机关负责人。派出所所长是无权签发拘传证的。

（2）地点

拘传犯罪嫌疑人，应当在**被拘传人所在的市、县内**进行。

（3）人数

执行拘传的人员不得少于 2 人。对于抗拒拘传的，可以使用诸如警棍、警绳、手铐等戒具，强制其到案。

（4）讯问要求

①执行拘传后，应当立即进行讯问。

②一次拘传的时间不得超过 12 **小时**，案件特别重大、复杂需要采取**拘留、逮捕**措施的，拘传持续的时间**不得超过** 24 **小时**。**不得以连续拘传的形式**变相拘禁犯罪嫌疑人、被告人。

③两次拘传**间隔的时间一般不少于** 12 **小时**。期间，应保持其饮食和必要休息时间。

（三）拘传与传唤的区别

传唤是指人民法院、人民检察院和公安机关使用传票的形式通知犯罪嫌疑人、被告人及其他当事人在指定的时间自行到指定的地点接受讯问、询问或审理的一种措施。

拘传和传唤两者的区别表现在：

1. 适用对象不同

拘传适用于未被羁押的犯罪嫌疑人、被告人；传唤适用于所有当事人，即包括：犯罪嫌疑人、被告人、被害人、自诉人、附带民事诉讼原告人和被告人。

2. 强制力不同

拘传具有强制性，是强制措施，可以使用戒具强制其到案；传唤不具有强制性，不是强制措施，需自动到案。

3. 适用时是否一定需要法律文书不同

拘传时必须出示《拘传证》；传唤在大多数情况下也需要出示《传唤通知书》，但《刑事诉讼法》第119条第1款规定：对在现场发现的犯罪嫌疑人，侦查人员经出示工作证件，可以口头传唤，但应当在讯问笔录中注明。

【特别提示】根据拘传和传唤的适用对象可以知道，对未被羁押的犯罪嫌疑人、被告人，既可以拘传，也可以传唤。但是，需要注意的是，传唤不是拘传的必经程序，人民法院、人民检察院和公安机关根据案件的具体情况，可以不经传唤，直接拘传犯罪嫌疑人、被告人。

考点归纳（拘传与传唤的区别）			
	对象不同	强制力不同	手续
拘传	**未被羁押**的犯罪嫌疑人、被告人	具有强制性，是**强制措施**	**不能口头拘传，必须持有拘传证**
传唤	当事人（不含证人）	不具有强制性	原则上要传唤通知书；现场发现，**可以口头**

★★★★★二、取保候审

（一）取保候审的概念

取保候审是指在刑事诉讼过程中，公安机关、人民检察院、人民法院责令犯罪嫌疑人、被告人提出保证人或者交纳保证金，保证犯罪嫌疑人、被告人不逃避或妨碍侦查、起诉和审判，并随传随到的一种强制措施。

取保候审只是限制犯罪嫌疑人、被告人的人身自由，是一种强度较轻的强制措施。

（二）取保候审的适用机关和适用对象

1. 决定机关

人民法院、人民检察院和公安机关（国家安全机关）均有权决定适用取保候审（即在不同阶段由该阶段的主持机关来决定）。

2. 执行机关

不管哪个机关决定适用取保候审，一律只能由公安机关执行。

【特别提示1】不管什么阶段，也不管是谁决定的，均由公安机关执行。

【特别提示2】具体由被取保候审人**居住地的派出所**执行。被取保候审人居住地**在异地**的，应当及时通知**居住地公安机关**，由其指定被取保候审人居住地的派出所执行。必要时，办案部门可以协助执行。**居住地包括户籍所在地、经常居住地**。经常居住地是指被取保候审人离开户籍所在地最后连续居住一年以上的地方。取保候审一般应当在户籍所在地执行，但已形成经常居住地的，可以在经常居住地执行。被取保候审人居住地变更的，由负责执行的公安机关通知**变更后的居住地公安机关执行，并通知**作出取保候审决定的人民法院、人民检察院。

【特别提示3】国家安全机关决定取保候审的，以及人民检察院、人民法院在办理国家安全机关移送的刑事案件时决定取保候审的，由国家安全机关执行。

3. **适用对象**：无需逮捕的犯罪嫌疑人、被告人。

4. **适用情形**：

人民法院、人民检察院和公安机关对有下列情形之一的犯罪嫌疑人、被告人，可以取保候审：

（1）可能判处**管制**、**拘役**或者独立适用**附加刑**的；

（2）可能判处**有期徒刑以上**刑罚，采取取保候审不**致发生社会危险性**的；

（3）有严重**疾病**、生活不能自理，**怀孕**或者正在**哺乳**自己婴儿的妇女，取保候审不致发生社会危险性的；

（4）羁押期限届满，案件尚未办结，需要采取取保候审的。

【特别提示1】不符合逮捕条件的，均可以取保候审。

【特别提示2】对于采取取保候审**足以防止发生社会危险性的**犯罪嫌疑人，**应当依法适用**取保候审。决定取保候审的，**不得中断**对案件的侦查、起诉和审理。严禁以取保候审变相放纵犯罪。

5. **不能适用的情形**

（1）对**累犯，犯罪集团的主犯，以自伤、自残办法逃避侦查的犯罪嫌疑人，严重暴力犯罪以及其他严重犯罪**的犯罪嫌疑人不得取保候审，但犯罪嫌疑人具有以下两种情形的除外：

①患有严重疾病、生活不能自理，怀孕或者正在哺乳自己婴儿的妇女，采取取保候审不致发生社会危险性的。

②羁押期限届满，案件尚未办结，需要继续侦查的。

（2）人民检察院对于**严重危害社会治安**的犯罪嫌疑人，以及其他**犯罪性质恶劣、情节严重**的犯罪嫌疑人不得取保候审。

（三）取保的方式——保证人保证或保证金保证

取保候审的保证方式有两种：**一是保证人保证；二是保证金保证**。对同一犯罪嫌疑人、被告人决定取保候审的，**不能同时适用保证人保证和保证金保证，只能择一适用。对未成年人取保候审的，应当优先适用保证人保证。**

1. **保证人保证**

保证人保证，又称**人保**，是指公安机关、人民检察院、人民法院责令犯罪嫌疑人、被告人提出保证人并出具保证书，保证被保证人在取保候审期间履行法定义务和酌定义务，不逃避和妨碍侦查、起诉和审判，并随传随到的保证方式。

（1）保证人的条件

①与**本案**无牵连；

②**有能力**履行保证义务；

③享有**政治权利，人身自由没有被限制；**

④有**固定**的**住处**和固定的**收入**。

（2）保证人的人数

对犯罪嫌疑人、被告人决定适用取保候审的，可以责令其提出1**至**2**名**保证人。

（3）保证人的义务

①**监督**义务：监督被保证人遵守《刑事诉讼法》第70条规定的义务。

②**报告**义务：发现被保证人可能发生或者已经发生违反《刑事诉讼法》第71条规定的行为的，应当及时向执行机关报告。

（4）保证人违反义务需承担的责任

①**行政责任**：被保证人违反应当遵守的规定，保证人未履行保证义务的，查证属实后，经县级以上**公安机关负责人**批准，对保证人处1000**元以上**2**万元以下**罚款。

②**刑事责任**：被保证人违反应当遵守的规定，**保证人未履行保证义务构成犯罪的**，依法追究刑事责任。

【特别提示】（1）在2012年《刑事诉讼法》修改之前，保证人违反义务需承担行政责任、刑事责任和民事责任。但是，2012年《刑事诉讼法》修改后，民事责任被删除了。也就是说，按照现行法律规定，**保证人违反义务不再需要承担民事责任**，而只需要承担行政责任和刑事责任。

（2）取保候审保证人是否履行了保证义务，由公安机关认定，**对保证人的罚款决定，也由公安机关作出**。

2. **保证金保证**

保证金保证，又称**财产保**，是指公安机关、人民检察院、人民法院责令犯罪嫌疑人、被告人缴纳保证金并出具保证书，保证被保证人在取保候审期间履行法定义务和酌定义务，不逃避和妨碍侦查、起诉和审判，并随传随到的保证方式。

（1）保证金数额的确定

①保证金起点数额为人民币1000元。对于未成年犯罪嫌疑人可以责令交纳500元以上的保证金。

②取保候审的**决定机关**应当综合考虑保证诉讼活动正常进行的需要，被取保候审人的社会危险性，案件的性质、情节，可能判处刑罚的轻重，被取保候审人的经济状况等情况，确定保证金的数额**【注意：不需要考虑当地经济水平】**。

【特别提示】在取保候审中，决定机关只负责**三件事：决定取保候审；解除取保候审**，以及**保证金数额的确定**。其余的都由执行机关（公安机关）负责（包括保证金的收取、保管、确定是否违反规定、没收、退还、罚款）。

（2）**保证金的收取和管理**

保证金应当由县级以上**执行机关（公安机关）**统一收取和管理。

①保证金应当以**人民币**交纳。

②提供保证金的人应当将保证金存入**执行机关**指定银行的专门账户。

③保证金应当由**办案部门以外的部门**管理。严禁截留、坐支、挪用或者以其他任何形式侵吞保证金。

④被取保候审人应当在三日内**一次性**交纳保证金。

> **【特别提示】**县级以上公安机关应当在其指定的银行设立取保候审保证金专门账户，委托银行代为收取和保管保证金。提供保证金的人，应当一次性将保证金存入取保候审保证金专门账户。

（四）候审的义务——被取保候审人的义务以及义务的遵守和违反

1. 候审义务

（1）**法定义务**

《刑事诉讼法》第71条规定，被取保候审的犯罪嫌疑人、被告人**应当**遵守以下规定：

①未经执行机关批准不得离开所居住的市、县；[1]

> **【特别提示】**此处的执行机关是公安机关，具体由**负责执行的派出所**批准。由**人民法院、人民检察院决定**取保候审的，执行机关**批准**被取保候审人离开所居住的市、县**前，应当征**得决定机关**同意**。

②住址、工作单位和联系方式发生变动的，在24**小时以**内向**执行机关**报告；

③在传讯的时候及时到案；

④不得以任何形式干扰证人作证；

⑤不得毁灭、伪造证据或者串供。

（2）**酌定义务**

人民法院、人民检察院和公安机关**可以**根据案件情况，责令被取保候审的犯罪嫌疑人、被告人遵守以下一项或者多项规定：

①不得进入特定场所；[2]

---

[1]《关于取保候审若干问题的规定》第19条："被取保候审人未经批准不得离开所居住的市、县。被取保候审人需要离开所居住的市、县的，应当向**负责执行的派出所**提出书面申请，并注明事由、目的地、路线、交通方式、往返日期、联系方式等。被取保候审人有紧急事由，来不及提出书面申请的，可以先通过电话、短信等方式提出申请，并及时补办书面申请手续。经审查，具有工作、学习、就医等正当合理事由的，由派出所负责人批准。负责执行的派出所**批准后，应当通知决定机关**，并告知被取保候审人遵守下列要求：（1）保持联系方式畅通，并在传讯的时候及时到案；（2）严格按照批准的地点、路线、往返日期出行；（3）不得从事妨害诉讼的活动；（4）返回居住地后及时向执行机关报告。对于因正常工作和生活需要经常性跨市、县活动的，可以根据情况，简化批准程序。"

[2]《关于取保候审若干问题的规定》第7条："决定取保候审时，可以根据案件情况责令被取保候审人不得进入下列'特定的场所'：（1）可能导致其再次实施犯罪的场所；（2）可能导致其实施妨害社会秩序、干扰他人正常活动行为的场所；（3）与其所涉嫌犯罪活动有关联的场所；（4）可能导致其实施毁灭证据、干扰证人作证等妨害诉讼活动的场所；（5）其他可能妨害取保候审执行的特定场所。"

②不得与特定的人员会见或通信；[1]

③不得从事特定的活动；[2]

④将护照等出入境证件、驾驶证件交执行机关保存。

2. 义务的遵守与违反

（1）**遵守**义务（没有违反义务）的处理

①如果是保证人保证，那么保证人不需要承担责任。

②如果是保证金保证，**保证金应当退还犯罪嫌疑人、被告人**。犯罪嫌疑人、被告人在取保候审期间未违反《刑事诉讼法》第71条规定的，取保候审结束的时候，凭解除取保候审的通知或者有关法律文书**到银行领取退还**的保证金。

（2）**违反**义务的处理

①只是违规

被取保候审的犯罪嫌疑人、被告人违反义务，已交纳保证金的，**没收**部分或者全部**保证金**，并且区别情形，责令犯罪嫌疑人、被告人**具结悔过，重新交纳保证金、提出保证人**，或者**监视居住**、予以**逮捕**。对违反取保候审规定，需要予以逮捕的，可以对犯罪嫌疑人、被告人先行拘留。

> **【特别提示】** 针对没收保证金的决定不服的，被取保候审人或者其法定代理人可以在5日以内向**作出没收决定的公安机关**申请**复议**。被取保候审人或者其法定代理人对复议决定不服的，可以在收到复议决定书后5日以内向上一级公安机关申请复核一次。

②对违反取保候审规定，需要予以逮捕的，**可以**对犯罪嫌疑人、被告人**先行拘留**。

> **【特别提示】** 需要予以逮捕的，可以对被取保候审人先行拘留，并提请人民检察院、人民法院依法作出逮捕决定。人民法院、人民检察院决定逮捕的，由**所在地同级**公安机关执行。

③涉嫌实施新的犯罪：被取保候审人没有违反规定，但在取保候审期间**涉嫌故意实施新的犯罪**被立案侦查的，公安机关应当**暂扣**保证金，待人民法院**判决生效后，决定是否没收**保证金。对**故意实施新的犯罪的，应当没收保证金**；对**过失**实施新的犯罪或者**不构成**犯罪的，应当**退还**保证金。

（五）取保候审的程序

1. 取保候审的启动

（1）依职权

公安机关、检察院、法院根据案件的具体情况，可以直接主动地依职权**决定**取保候审。

---

[1]《关于取保候审若干问题的规定》第8条："决定取保候审时，可以根据案件情况责令被取保候审人不得与下列'特定的人员'会见或者通信：（1）证人、鉴定人、被害人及其法定代理人和近亲属；（2）同案违法行为人、犯罪嫌疑人、被告人以及与案件有关联的其他人员；（3）可能遭受被取保候审人侵害、滋扰的人员；（4）可能实施妨害取保候审执行、影响诉讼活动的人员。前款中的'通信'包括以信件、短信、电子邮件、通话，通过网络平台或者网络应用服务交流信息等各种方式直接或者间接通信。"

[2]《关于取保候审若干问题的规定》第9条："决定取保候审时，可以根据案件情况责令被取保候审人不得从事下列'特定的活动'：（1）可能导致其再次实施犯罪的活动；（2）可能对国家安全、公共安全、社会秩序造成不良影响的活动；（3）与所涉嫌犯罪相关联的活动；（4）可能妨害诉讼的活动；（5）其他可能妨害取保候审执行的特定活动。"

（2）依申请

被羁押的犯罪嫌疑人、被告人及其法定代理人、**近亲属、辩护人**有权申请取保候审。

【特别提示】公安机关、检察院、法院收到申请后，应当在3日以内作出决定；不同意变更强制措施的，应当告知申请人，并说明不同意的理由。

2. 取保候审的期限

（1）取保候审最长不得超过12个月。公安机关、检察院、法院三机关取保候审的期限**分别有12个月**的最长期限。

（2）被取保候审人违反义务，被依法没收保证金后，**同一个办案机关**仍决定对其继续取保候审的，取保候审期限**应当连续计算**。

（3）公安机关已经决定对犯罪嫌疑人取保候审的，案件移送人民检察院审查起诉后，以及人民检察院、公安机关已对犯罪嫌疑人决定取保候审的，案件起诉到人民法院后，办案机关认为符合取保候审条件仍然需要取保候审的，应当依法重新作出取保候审决定，取保候审的期限**应当重新计算，且应当重新办理取保候审手续，**原取保候审措施自动解除，不再办理解除手续。人民检察院对继续采取保证金方式取保候审的，被取保候审人没有违反义务的，不变更保证金数额，不再重新收取保证金。

3. 取保候审的解除

（1）取保候审期限届满，**决定机关应当作出解除**取保候审或者**变更**强制措施的决定，并送交执行机关。

（2）决定机关未解除取保候审或者未对被取保候审人采取其他刑事强制措施的，被取保候审人及其法定代理人、近亲属或者辩护人有权要求决定机关解除取保候审。

（3）犯罪嫌疑人、被告人，法定代理人、近亲属、辩护人认为取保候审超期，要求解除取保候审的，**决定机关**应当在7日内审查决定。

（4）取保候审的**自动解除**。有下列情形之一的，取保候审自动解除，不再办理解除手续，决定机关应当及时通知执行机关：

①取保候审依法变更为监视居住、拘留、逮捕，变更后的强制措施已经开始执行的；

②人民检察院作出不起诉决定的；

③人民法院作出的无罪、免予刑事处罚或者不负刑事责任的判决、裁定已经发生法律效力的；

④被判处管制或者适用缓刑，社区矫正已经开始执行的；

⑤被单处附加刑，判决、裁定已经发生法律效力的；

⑥被判处监禁刑，刑罚已经开始执行的。

执行机关收到决定机关上述决定书或者通知后，应当立即执行，并将执行情况及时通知决定机关。

【特别提示】侦查或起诉阶段已经采取取保候审，而后续阶段又决定取保候审的，受案机关作出取保候审决定并执行后，原取保候审措施**自动解除**，不再办理解除手续。对继续采取保证金保证的，原则上**不变更保证金数额，不再重新收取保证金。**

【经典金题】

1. 胡某（2004年出生）住在H市，2022年12月在G市旅行期间殴打吕某致其轻伤，2023年1月该案被G市公安机关立案侦查并将胡某取保候审，关于胡某的取保候审，下列选

项正确的是？（2023年仿真题，单选）〔1〕

A. 如公安机关对胡某撤销案件，则取保候审自动解除

B. 胡某的取保候审应当在G市执行

C. 公安机关应当对胡某优先适用保证人保证

D. 公安机关可以要求胡某不得向吕某发送短信

2. 未成年人郭某涉嫌犯罪被检察院批准逮捕。在审查起诉中，经羁押必要性审查，拟变更为取保候审并适用保证人保证。关于保证人，下列哪一选项是正确的？（2014年卷二第30题，单选）〔2〕

A. 可由郭某的父亲担任保证人，并由其交纳1000元保证金

B. 可要求郭某的父亲和母亲同时担任保证人

C. 如果保证人协助郭某逃匿，应当依法追究保证人的刑事责任，并要求其承担相应的民事连带赔偿责任

D. 保证人未履行保证义务应处罚款的，由检察院决定

3. 甲与邻居乙发生冲突致乙轻伤，甲被刑事拘留期间，甲的父亲代为与乙达成和解，公安机关决定对甲取保候审。关于甲在取保候审期间应遵守的义务，下列哪一选项是正确的？

---

〔1〕【解析】本题考查的是取保候审的程序。

A项：根据规定，只有以下情形下，取保候审才自动解除：一是变更后的强制措施/社区矫正/监禁刑罚已经开始执行；二是不起诉；三是无罪、免罚、不负责、单罚附加刑已生效的情形。据此，没有撤销案件的情形，A项错误。

B项：根据相关规定，取保候审应当在居住地执行，而胡某的居住地为H市，B项错误。

C项：根据相关规定，只有未成年人案件才优先适用保证人保证，C项错误。

D项：根据相关规定，人民法院、人民检察院和公安机关可以根据案件情况，责令被取保候审的犯罪嫌疑人、被告人遵守以下一项或者多项规定：①不得进入特定场所；②不得与特定的人员会见或通信；③不得从事特定的活动；④将护照等出入境证件、驾驶证件交执行机关保存。据此，要求胡某不得向吕某发送短信，属于酌定义务的要求，D项"可以"要求是正确的。D项正确。

综上所述，本题答案为D项。

〔2〕【解析】本题考查的是取保候审的程序。

A项：人保与财产保的方式只能择一适用，不能同时适用，A项错误。

B项：根据规定，保证人是1~2名，且保证人的条件是：（1）与本案无牵连；（注意：可以和本案当事人有牵连）（2）有能力履行保证义务；（3）享有政治权利，人身自由没有被限制；（4）有固定的住处和收入。由此可见，只要其父亲和母亲与本案无牵连，则可以同时担任郭某的保证人。因此，B项正确。

C项：根据现行法律规定，保证人违反义务只需要承担行政责任（罚款）与刑事责任（涉嫌犯罪时），绝对不需要承担民事责任。据此，C项中"要求其承担相应的民事连带赔偿责任"的说法是错误的，C项错误。需要提醒考生的是，2012年之前，根据1998年制定的《最高人民法院关于执行〈中华人民共和国刑事诉讼法〉若干问题的解释》（简称为《刑诉解释》）第73条规定，保证人违反义务需要承担行政责任、刑事责任和民事责任。但是2012年底修改后的《刑诉解释》第68条把保证人的民事责任删除了。从此以后，保证人无须承担民事责任。这个变化在2014年的真题中进行考查，这就提醒考生需要注意本年度修改过的考点的相关内容。

D项：根据总结：在取保候审中，决定机关（不同阶段，决定机关分别为公、检、法）只负责三件事：①决定取保候审，②解除取保候审，以及③保证金数额的确定。其余的事都由执行机关（公安机关）负责（包括保证金的收取、保管、确定是否违反规定、没收、退还、罚款）。据此，未履行保证义务应处罚款，不属于三件事之一，因此应由执行机关，也就是公安机关决定罚款的数额。D项错误。

综上所述，本题答案为B项。

（2016 年卷二第 31 题，单选）[1]

A. 将驾驶证件交执行机关保存

B. 不得与乙接触

C. 工作单位调动的，在 24 小时内报告执行机关

D. 未经公安机关批准，不得进入特定的娱乐场所

★★★三、监视居住

（一）监视居住的概念

监视居住是指公安机关、人民检察院、人民法院在刑事诉讼过程中，对于符合逮捕条件但具有法定情形的犯罪嫌疑人、被告人，责令其在一定期限内不得离开住所或者指定的居所，并对其活动予以监视和控制的一种强制措施。

（二）适用机关与适用对象

1. 决定机关

人民法院、人民检察院、公安机关和国家安全机关均有权**【在各自主持的阶段】**决定适用监视居住。

2. 执行机关

不管哪个机关决定适用监视居住，一律只能由公安机关执行。

【特别提示】如果涉及危害国家安全的犯罪，由国家安全机关执行监视居住。

3. 适用对象

（1）替代逮捕

公安机关、检察院、法院对符合逮捕条件，有下列情形之一的犯罪嫌疑人、被告人，可以监视居住：

①患有严重疾**病**、生活不能自理的；

②怀**孕**或者正在哺乳自己婴儿的妇女；

③系生活不能自理的人的**唯**一扶养人；

④因为案件的**特**殊情况或者办理案件的**需要**，采取监视居住措施更为适宜的；

⑤羁押期**限**届满，案件尚未办结，需要采取监视居住措施的。

（2）替代取保候审

符合取保候审条件，但不能提出保证人，也不交纳保证金的，可以监视居住。

---

〔1〕【解析】本题考查的是取保候审的义务。

根据规定，被取保候审的犯罪嫌疑人、被告人【应当】遵守以下规定：（不得离、变要报、传要到、不得扰、不得灭）（1）未经执行机关批准不得离开所居住的市、县；（2）住址、工作单位和联系方式发生变动的，在 24 小时以内向执行机关报告；（3）在传讯的时候及时到案；（4）不得以任何形式干扰证人作证；（5）不得毁灭、伪造证据或者串供。

人民法院、人民检察院和公安机关【可以】根据案件情况，责令被取保候审的犯罪嫌疑人、被告人遵守以下一项或者多项规定：（1）不得进入特定的场所；（2）不得与特定的人员会见或者通信；（3）不得从事特定的活动；（4）将护照等出入境证件、驾驶证件交执行机关保存。

ABCD 项：本题的关键是看清楚题干问的是“应当”还是“可以”。从本题题干来看，问的是“应”遵守的义务，因此所问的是法定义务。ABCD 四个选项中，ABD 项为酌定义务第 1、2、4 项的内容，C 项为法定义务第 2 项的内容，因此，C 项正确，ABD 项错误。

综上所述，本题答案为 C 项。

（三）被监视居住人的义务以及违反义务的处理

1. **被监视居住人的义务**

被监视居住的犯罪嫌疑人、被告人**应当**遵守以下规定：

（1）未经执行机关批准不得离开执行监视居住的**处所**。

【特别提示】人民法院、人民检察院决定监视居住的，公安机关在作出批准决定前，应当征得决定机关同意。

（2）未经执行机关批准**不得会见**他人或者通信。

【特别提示】“他人”是指被监视居住人和辩护律师以外的人。

（3）在传讯的时候及时到案。

（4）不得以任何形式干扰证人作证。

（5）不得毁灭、伪造证据或者串供。

（6）将护照等出入境证件、身份证件、驾驶证件交执行机关保存。

2. **违反义务的处理**

被监视居住的犯罪嫌疑人、被告人有违反上述义务情形，情节严重的，**可以**予以逮捕；需要予以逮捕的，**可以**对犯罪嫌疑人、被告人先行拘留。

（四）监视居住的程序

1. **期限**

监视居住6个月，公安机关、检察院、法院分别计算，各有6个月。在此期限内不得中断对案件的侦查、起诉和审理。

2. **执行场所**

（1）住处监视居住：监视居住应当在犯罪嫌疑人、被告人的**住处**执行。

（2）指定居所监视居住：

原则上，监视居住应当在犯罪嫌疑人、被告人的住处执行，只有以下两种情况下可以适用指定居所监视居住：

①**无固定住处**的，可以在指定的居所执行。

②对于**涉嫌危害国家安全犯罪、恐怖活动犯罪**，在住处执行可能有碍侦查的，经**上一级公安机关**批准，也可以在指定的居所执行。

【特别提示】不得在羁押场所、专门的办案场所执行。

3. **监督方式**

执行机关可以采取电子监控、不定期检查等监视方法对其遵守监视居住规定的情况进行监督；在侦查期间，可以对被监视居住的犯罪嫌疑人的通信（电话、传真、信函、邮件、网络等）进行监控。

4. 24小时通知

（1）《刑事诉讼法》第75条第2款：指定居所监视居住的，除无法通知的以外，应当在执行监视居住后24小时以内，**通知被监视居住人的家属**。

（2）《公安部规定》第113条第1款：指定居所监视居住的，除无法通知的以外，应当制作监视居住通知书，在执行监视居住后24小时以内，由决定机关**通知被监视居住人的家属**。

（3）《最高检规则》第117条第1款：在指定的居所执行监视居住，除无法通知的以外，人民检察院应当在执行监视居住后24小时以内，将指定居所监视居住的**原因**通知被监视居住人的家属。

（4）《刑诉解释》第161条第2款：对被告人**指定居所监视居住**后，人民法院应当在24**小时以内**，将监视居住的**原因**和**处所**通知其**家属**；确实无法通知的，应当记录在案。

【特别提示】 根据《刑事诉讼法》的规定，指定居所监视居住后24小时内通知家属，通知时并未要求通知监视居住的原因和处所。《公安部规定》采取与《刑事诉讼法》一致的规定。而《最高检规则》则要求24小时内通知家属时，将指定居所监视居住的原因通知家属。《刑诉解释》则要求24小时内通知家属时，将指定居所监视居住的原因和处所均通知家属。据此，如果指定居所监视居住后24小时内通知家属时，没有通知家属指定居所监视居住的原因和处所是没有违反我国《刑事诉讼法》的规定的，也没有违反《公安部规定》，它只是违反了《最高检规则》和《刑诉解释》的规定。

5. **监视居住的解除**

（1）依职权

监视居住期限届满或者发现不应追究犯罪嫌疑人、被告人刑事责任的，应当及时解除监视居住。解除监视居住的，应当由办案人员提出意见，报部门负责人审核，最后由**公安机关负责人、人民检察院检察长或者人民法院院长决定**。解除监视居住的决定，应当及时通知执行机关，并将解除或撤销监视居住的决定书送达犯罪嫌疑人、被告人。

（2）依申请

犯罪嫌疑人、被告人及其法定代理人、近亲属或者辩护人认为监视居住期限届满或不应继续监视居住的，有权向人民法院、人民检察院、公安机关提出申请，要求解除监视居住。人民法院、人民检察院和公安机关收到申请后，应当在3日以内作出决定；不同意解除或变更的，应当告知申请人，并说明不同意的理由。

（3）刑期的折抵

指定居所监视居住可以折抵刑期：

①被判处管制的，监视居住1日折抵刑期1日；

②被判处拘役、有期徒刑的，监视居住2日折抵刑期1日。

【特别提示】 只有指定居所监视居住的情形才能折抵。

【经典金题】

在符合逮捕条件时，对下列哪些人员可以适用监视居住措施？（2012年卷二第68题，多选）〔1〕

---

〔1〕【解析】本题考查的是监视居住的适用情形。本题实际上考查的是当年法律修改过的内容。2012年3月，我国《刑事诉讼法》第二次修改，修改的内容很多，修改的内容也成为当年的主要出题点。如本题，实际上在2012年《刑事诉讼法》修改之前，监视居住的适用条件与取保候审是一模一样的，但是2012年《刑事诉讼法》修改了监视居住的适用条件，使监视居住成为逮捕的替代性措施（因为监视居住的适用以符合逮捕条件为前提）。这一重大变化，在2012年真题中就有所考查。这就要提醒考生注意本年度法律、司法解释修改过的地方。

ABCD项：根据规定，公检法对符合逮捕条件，有下列情形之一的犯罪嫌疑人、被告人，可以监视居住：①患有严重疾病、生活不能自理的；②怀孕或者正在哺乳自己婴儿的妇女；③系生活不能自理的人的唯一扶养人；④因为案件的特殊情况或者办理案件的需要，采取监视居住措施更为适宜的；⑤羁押期限届满，案件尚未办结，需要采取监视居住措施的。据此，ABC项属于可以监视居住的①②③情形，D项不属于可以监视居住的情形。ABC项正确，D项错误。

综上所述，本题答案为ABC项。

A. 甲患有严重疾病、生活不能自理　　B. 乙正在哺乳自己婴儿
C. 丙系生活不能自理的人的唯一扶养人　　D. 丁系聋哑人

★★★四、拘留

（一）刑事拘留的概念

刑事拘留，是指公安机关、人民检察院等侦查机关对直接受理的案件，在**侦查过程**中，遇有紧急情况，依法临时剥夺某些**现行犯**或者**重大嫌疑分子**的人身自由的一种强制措施

刑事拘留具有以下三方面特点：

1. 有权决定拘留的机关是**公安机关、人民检察院等侦查机关**。需要指出的是，对监察机关调查终结移送人民检察院起诉的已采取留置措施的案件，人民检察院虽然不是侦查机关，但也有权对犯罪嫌疑人先行拘留。但是，无论是哪个机关决定的刑事拘留，有权执行拘留的机关只能是公安机关（如果是危害国家安全犯罪，则由国家安全机关执行）。

2. 拘留是**在紧急情况下**采取的一种处置办法。

3. 拘留是一种**临时**措施。拘留的期限较短，随着诉讼的进程，拘留一定要发生变更，或者转为逮捕，或者变更为取保候审或监视居住，或者释放被拘留的人。

（二）刑事拘留与行政拘留、司法拘留的区别

我国法律共规定有三种拘留：刑事拘留、行政拘留和司法拘留。三者之间存在相当大的差别。

1. 刑事拘留与行政拘留的区别

（1）法律性质不同

刑事拘留是刑事诉讼中的保障性措施，是一种诉讼行为，本身不具有惩罚性。行政拘留是治安管理的一种处罚方式，实质上是一种行政制裁，具有惩罚性。

（2）适用对象不同

刑事拘留适用于刑事诉讼中的现行犯或者重大嫌疑分子，他们有可能被追究刑事责任。行政拘留适用于尚未构成犯罪的一般违法行为人。

（3）适用目的不同

刑事拘留适用目的是保证刑事诉讼活动顺利进行。行政拘留适用目的是惩罚和教育一般违法行为人。

（4）羁押期限不同

刑事拘留一般不超过 10 日，案情重大、复杂的不超过 14 日，检察机关自侦案件特殊情况下可延长至 17 日，对流窜作案、多次作案、结伙作案的重大嫌疑分子的拘留期限，不超过 37 日。行政拘留的期限则为 1～15 日。

（5）适用机关不同

有权决定适用刑事拘留的机关是公安机关和人民检察院。行政拘留只能由公安机关适用。

2. 刑事拘留与司法拘留的区别

司法拘留是指在刑事诉讼、民事诉讼、行政诉讼过程中，对于严重妨碍诉讼程序顺利进行的诉讼参与人以及其他人员采用的一种强制性处分。

（1）法律性质不同

刑事拘留是一种预防性措施，它是针对可能出现妨碍刑事诉讼的行为而采用的。司法拘留是一种排除性措施，是针对已经出现的妨碍诉讼程序的严重行为而采取的。

（2）适用机关不同

刑事拘留由公安机关或人民检察院决定，由公安机关执行。司法拘留由人民法院决定，并

由人民法院的司法警察执行，然后交公安机关有关场所看管。

（3）适用对象不同

刑事拘留只适用于现行犯或者重大嫌疑分子。司法拘留适用于实施了妨碍诉讼程序行为的所有人员，既包括当事人、诉讼参与人和证人，也包括案外人。

（4）羁押期限不同

刑事拘留的羁押期限见下表。司法拘留的羁押期限最长为15日。

（5）与判决的关系不同

刑事拘留的羁押期限可以折抵刑期。司法拘留与判决结果没有关系，不得因被司法拘留而要求减轻或者免除判决应负的义务和刑罚。

考点归纳：刑事拘留与行政拘留、司法拘留的区别			
	刑事拘留	**行政拘留**	**司法拘留**
法律性质不同	预防性措施，不具有惩罚性	治安管理的一种处罚方式，实质上是一种行政制裁，具有惩罚性	排除性措施，是针对已经出现的妨碍诉讼程序的严重行为而采取
适用对象不同	刑事诉讼中的现行犯或者重大嫌疑分子	尚未构成犯罪的一般违法行为人	实施了妨碍诉讼程序行为的所有人员，既包括当事人、诉讼参与人和证人，也包括案外人
适用目的不同	为保证刑事诉讼活动顺利进行	惩罚和教育一般违法行为人	排除妨碍诉讼程序的行为，对严重妨碍诉讼程序顺利进行的诉讼参与人以及其他人员采用的强制性处分
羁押期限不同	刑事拘留一般不超过10日，案情重大、复杂的不超过14日，检察机关自侦案件特殊情况下可延长至17日，对流窜作案、多次作案、结伙作案的重大嫌疑分子的拘留期限，不超过37日。	期限为1～15日	期限最长为15日
适用机关不同	公安机关和人民检察院决定，由公安机关执行。	只能由公安机关适用	人民法院决定，并由人民法院的司法警察执行，然后交公安机关有关场所看管

（三）刑事拘留的适用机关和适用情形

1. 决定机关

公安机关和人民检察院对符合法定情形的现行犯或重大嫌疑分子享有刑事拘留的决定权。

【特别提示】人民法院没有刑事拘留的决定权，但人民法院在符合条件的情形下可以决定采取司法拘留。

2. **执行机关**：拘留的执行权属于**公安机关和国家安全机关**（办理危害国家安全的案件）。

【特别提示】不管是公安机关决定还是人民检察院决定的拘留，负责执行的机关均只能是公安机关和国家安全机关（办理危害国家安全的案件）。

3. **适用情形**

（1）公安机关有权决定拘留的情形

公安机关对于**现行犯**或者**重大嫌疑分子**，如果有下列情形之一的，**可以**先行拘留：

①**现行犯**

A. 正在**预备**犯罪、**实行**犯罪或者在**犯罪后即时被发觉**的；

B. 被害人或者在场亲眼看见的人**指认**他犯罪的；

C. 在身边或者住处**发现有**犯罪**证据**的；

D. 犯罪后企图**自杀、逃跑或者在逃**的；

②**重大嫌疑分子**

E. 有**毁灭**、伪造证据或者串供**可能**的；

F. 不讲真实姓名、住址，**身份不明**的；

G. 有流窜作案、多次作案、结伙作案**重大嫌疑**的。

【特别提示】“流窜作案”，是指**跨市、县**管辖范围连续作案，或者在居住地作案后逃跑到外市、县继续作案；**“多次作案”**，是指 3 **次以上**作案；**“结伙作案”**，是指 2 **人以上**共同作案。

③**转换适用：**对于**违反取保候审、监视居住规定**，需要予以逮捕的，可以对犯罪嫌疑人、被告人**先行拘留**。

（2）**人民检察院**有权决定先行拘留的情形

人民检察院在直接受理的案件的侦查过程中，可以在以下两种情形下决定拘留：

①犯罪后企图自杀、逃跑或者在逃的；

②有毁灭、伪造证据或者串供可能的。

（四）拘留的程序

1. **决定主体：公安机关**和**人民检察院**享有刑事拘留的决定权。

【特别提示】法院没有刑事拘留的决定权，只有司法拘留权。

2. **执行主体：**拘留的执行权属于公安机关和国家安全机关（办理危害国家安全的案件）。

3. **执行程序**

（1）证件要求

①公安机关执行拘留时，**必须出示拘留证。紧急情况下**，符合《公安部规定》第 124 条的（即公安机关可以决定先行拘留的情形），经出示人民警察证，可以将犯罪嫌疑人**口头传唤**至公安机关后立即审查，办理法律手续。（《公安部规定》第 125 条）

②拘留证由县级以上公安机关的负责人签发；人民检察院不签发拘留证。

（2）**24 小时内送看守所**

拘留后，应立即将被拘留人送看守所羁押，至迟不得超过 24 小时。

【特别提示】根据《公安部规定》第 126 条第 2 款规定，异地执行拘留的，无法及时将犯罪嫌疑人押解回管辖地的，应当在宣布拘留后立即将其送**抓获地看守所羁押**，至迟不得超过 24 小时。到达管辖地后，应当立即将犯罪嫌疑人送看守所羁押。

（3）**24 小时内通知家属**

除**无法通知**或**涉嫌危害国家安全犯罪、恐怖活动犯罪**通知可能有碍侦查的情形外，人民检察院和公安机关应当在拘留后24小时以内，通知被拘留人的家属。无法通知、有碍侦查的情形消失以后，应当立即通知被拘留人的家属。

> **【特别提示1】** 遵循“谁决定、谁通知；谁决定，谁讯问”原则。

> **【特别提示2】** 无法通知的具体情形包括：①犯罪嫌疑人、被告人不讲真实姓名、住址、身份不明的；②没有家属的；③提供的家属联系方式无法取得联系的；④因自然灾害等不可抗力导致无法通知的。有碍侦查的具体情形包括：①可能毁灭、伪造证据，干扰证人作证或者串供的；②可能引起同案犯逃避、妨碍侦查的；③犯罪嫌疑人的家属与犯罪有牵连的。有碍侦查的情形消失以后，应当立即通知被拘留人的家属。

（4）24小时内讯问

公安机关或者人民检察院对于被拘留的犯罪嫌疑人应当在24小时以内进行讯问。在发现不应当拘留的时候，必须立即释放，发给释放证明。

> **【特别提示】** 谁决定的拘留，由谁来负责讯问。

（5）异地拘留的要求

执行异地拘留应当通知被拘留人所在地的公安机关，被拘留人所在地的公安机关应当予以配合。

（6）拘留期限

①公安机关立案侦查的案件

《刑事诉讼法》第91条：“公安机关对被拘留的人，认为需要逮捕的，应当在拘留后的3日以内，提请人民检察院审查批准。在特殊情况下，提请审查批准的时间可以**延长1日至4日**。对于**流**窜作案、**多**次作案、**结**伙作案的重大嫌疑分子，提请审查批准的时间可以**延长至**30日。人民检察院应当自接到公安机关提请批准逮捕书后的7**日**以内，作出批准逮捕或者不批准逮捕的决定。人民检察院不批准逮捕的，公安机关应当在接到通知后立即释放，并且将执行情况及时通知人民检察院。对于需要继续侦查，并且符合取保候审、监视居住条件的，依法取保候审或者监视居住。”

关于公安机关的拘留期限，可总结如下：

<1>**一般**：3+7=10，<2>**特殊**：3+4+7=14，<3>**流、结、多**：30+7=37

②检察院立案侦查的案件

<1>犯罪嫌疑人**已被拘留**的：检察院办理直接受理侦查的案件，需要逮捕犯罪嫌疑人的，负责侦查的部门应当在拘留后7**日**以内将案件移送本院负责捕诉的部门审查。负责捕诉的部门应当在收到逮捕犯罪嫌疑人意见书后的7**日**以内，报请检察长决定是否逮捕，特殊情况下，决定逮捕的时间可以延长1**日至**3**日**。

> **【特别提示】** A. 一般情况：7+7=14 B. 特殊情况：7+7+3=17

<2>犯罪嫌疑人**未被拘留**的：负责捕诉的部门应当在收到逮捕犯罪嫌疑人意见书后15日以内，报请检察长决定是否逮捕；重大、复杂案件，不得超过20日。

（五）拘留后的变更

拘留是在紧急情况下采用的一种处置办法，具有临时性，因此拘留的期限较短，且拘留一定要发生变更，或者转为逮捕，或者变更为取保候审或监视居住，或者释放被拘留人。

1. 变更为逮捕

需要逮捕的，在拘留期限内，依法办理提请批准逮捕手续。

2. 变更为取保候审或监视居住

（1）应当追究刑事责任，但不需要逮捕的，依法办理取保候审或者监视居住手续后，向人民检察院移送审查起诉。

（2）拘留期限届满，案件尚未办结，需要继续侦查的，依法办理取保候审或监视居住的手续。

3. 释放被拘留人

具有不需要追究刑事责任的情形之一的，释放被拘留人，发给释放证明书；需要行政处理的，依法予以处理或者移送有关部门。

【经典金题】

章某涉嫌故意伤害致人死亡，因犯罪后企图逃跑被公安机关先行拘留。关于本案程序，下列哪一选项是正确的？（2015 年卷二第 28 题，单选）[1]

A. 拘留章某时，必须出示拘留证，紧急情况下，经出示人民警察证，应当将犯罪嫌疑人口头传唤至公安机关后立即审查，办理法律手续

B. 拘留章某后，应在 12 小时内将其送看守所羁押

C. 拘留后对章某的所有讯问都必须在看守所内进行

D. 因怀疑章某携带管制刀具，拘留时公安机关无需搜查证即可搜查其身体

★★★★★五、逮捕

（一）逮捕的概念

逮捕是指公安机关、人民检察院和人民法院为了防止犯罪嫌疑人或者被告人实施妨碍刑事诉讼的行为，逃避侦查、起诉、审判或者发生社会危险性，而依法暂时剥夺其人身自由的一种强制措施。

逮捕是刑事强制措施中最严厉的一种。

---

[1] 【解析】本题考查的是拘留的程序。

A 项：根据《公安部规定》第 125 条规定，公安机关执行拘留时，必须出示拘留证，但紧急情况下，对于符合先行拘留情形之一的，可以将犯罪嫌疑人口头传唤至公安机关后立即审查，办理法律手续。据此，是“可以”口头传唤，而非“应当”传唤。A 项错误。

B 项：拘留有 3 个 24 小时，分别是：24 小时送看守所（拘留后，应当立即将被拘留人送看守所羁押，至迟不得超过 24 小时）；24 小时通知（应当在拘留后 24 小时以内，通知被拘留人的家属）；24 小时讯问（公安机关、检察机关对被拘留的人，应当在拘留后的 24 小时以内进行讯问）。不过，24 小时通知有例外，无法通知或者涉嫌危害国家安全犯罪、恐怖活动犯罪通知可能有碍侦查的情形，可以不在 24 小时通知。但有碍侦查的情形消失以后，应当立即通知被拘留人的家属。而且 3 个 24 小时遵循“谁决定、谁通知；谁决定，谁讯问”原则。据此，拘留章某后应在 24 小时内将其送看守所羁押，不是“12 小时”。B 项错误。

C 项：拘留有 3 个 24 小时（24 小时送看守所羁押；24 小时通知；24 小时讯问），是指同一个 24 小时，且是第一个 24 小时内要完成这三件事，而完成这三件事并没有先后顺序之分。换言之，拘留后，可以先送看守所再讯问；也可以先讯问再送看守所，意味着拘留之后并不是对犯罪嫌疑人的讯问必须在看守所进行。因此，C 项错误。

D 项：在执行逮捕、拘留的时候，遇有下列紧急情况之一，不另用搜查证也可以进行搜查：（一）可能随身携带凶器的；……可知，章某随身携带管制刀具属于可能随身携带凶器的情况，不另用搜查证即可搜查其身体。因此，D 项正确。本选项考查的是第十二章侦查中搜查的核心内容，如果考生因为还没复习到第十二章而导致本选项出错，不必太在意。

综上所述，本题答案为 D 项。

（二）逮捕的适用条件

逮捕的适用情形分为一般逮捕、径行逮捕和转化逮捕，它们的适用条件也有所不同。

1. 一般逮捕【**应当逮捕**】的条件

（1）证据要件——有证据证明有犯罪事实。

有证据证明有犯罪事实是指同时具备下列情形：

①有证据证明发生了犯罪事实；

②有证据证明该犯罪事实是犯罪嫌疑人实施的；

③证明犯罪嫌疑人实施犯罪行为的证据已经查证属实的。

（2）刑罚要件——可能判处徒刑以上刑罚。

初步判定犯罪嫌疑人、被告人可能被判处有期徒刑以上的刑罚，而不是可能被判处管制、拘役、独立适用附加刑等轻刑或者可能被免除刑罚的，才符合逮捕条件。

（3）社会危险性要件——采取取保候审尚不足以防止发生社会危险性的。

社会危险性是指采取取保候审尚不足以防止发生下列一项或多项社会危险性的：

①可能实施新的犯罪的；

②有危害国家安全、公共安全或者社会秩序的现实危险的；

③可能毁灭、伪造证据，干扰证人作证或者串供的；

④可能对被害人、举报人、控告人实施打击报复的；

⑤企图自杀或者逃跑的。

批准或者决定逮捕，应当将犯罪嫌疑人、被告人涉嫌犯罪的性质、情节，认罪认罚等情况，作为是否可能发生社会危险性的考虑因素。

> **【特别提示】**同时符合上述三个条件的，应当予以逮捕。

2. 径行逮捕【应当逮捕】的条件

符合下列三种情形之一的，应当径行逮捕：

（1）对有证据证明有犯罪事实，可能判处10**年有期徒刑**以上刑罚的。

（2）有证据证明有犯罪事实，可能判处徒刑以上刑罚，**曾经故意**犯罪的。

（3）有证据证明有犯罪事实，可能判处徒刑以上刑罚，**身份不明**的。

3. 转化逮捕【可以逮捕】的条件

被取保候审、监视居住的犯罪嫌疑人、被告人，**违反取保候审、监视居住规定，情节严重的，可以**予以逮捕。

> **【特别提示1】**这种情况下，需要对犯罪嫌疑人予以逮捕的，可以先行拘留。

> **【特别提示2】**凡是违反较轻的强制措施，都“可以”变更为比它要重的强制措施。反过来，也可以由重的变更为轻的（比如超期羁押）。这里的“可以”有两层含义：第一，是可以的，不是不可以的；第二，只是“可以”，不是“应当”。

（三）逮捕的主体

1. 人民检察院

（1）**批准**逮捕权：对于**公安**机关**在侦查过程中**认为需要逮捕而移送要求审查批准逮捕的案件，人民检察院有批准权。

（2）**决定**逮捕权：

①人民检察院**立案侦查的**刑事案件（自侦案件），在侦查阶段认为对犯罪嫌疑人需要逮捕的，人民检察院有权决定逮捕。

> **【特别提示】**人民检察院办理**直接受理侦查**的案件，需要逮捕犯罪嫌疑人的，由负责侦查的部门制作逮捕犯罪嫌疑人意见书，连同案卷材料、讯问犯罪嫌疑人录音、录像一并移送本院**负责捕诉的部门**审查。

②**【所有案件到了审查起诉阶段】**人民检察院**在审查起诉**中，认为犯罪嫌疑人符合法律规定的逮捕条件，应予逮捕的，依法有权自行决定逮捕。

2. **人民法院：决定**逮捕权

（1）法院直接受理的**自诉案件**，对被告人需要逮捕的，人民法院有权决定逮捕。

（2）检察院提起公诉的案件，人民法院在**审判阶段**发现需要逮捕被告人的，有权决定逮捕。

3. **公安机关：执行**逮捕权：公安机关无权自行决定逮捕，但逮捕的执行权属于公安机关。人民检察院和人民法院决定或批准逮捕的都必须交付公安机关执行。

（四）逮捕的批准与决定程序

1. 人民检察院对公安机关提请逮捕的批准程序

（1）公安机关提请逮捕

公安机关要求逮捕犯罪嫌疑人的时候，应当经县级以上公安机关负责人批准，制作提请批准逮捕书，连同案卷材料、证据，一并移送同级人民检察院审查批准。

（2）检察院审查批捕

公安机关提请批准逮捕——→检察院审查
- 审查方法（兼听则明）
  - 查阅公安机关移送的案卷材料
  - 讯问嫌疑人、听取辩护律师意见等
- 审查结果
  - 批准逮捕——→公安机关执行逮捕
  - 不批准逮捕——→公安机关救济

①审查主体：由检察院负责捕诉的部门进行审查。

②审查方法

<1>查阅公安机关移送的案卷材料。

<2>讯问犯罪嫌疑人。

人民检察院办理审查逮捕案件，可以讯问犯罪嫌疑人；具有下列情形之一的，**应当**讯问犯罪嫌疑人：

A. 对是否符合逮捕条件有**疑**问的；

B. 犯罪嫌疑人要求向检察人员当**面**陈述的；

C. 侦查活动可能有重大**违**法行为的；

D. 案情重大疑**难**复杂的；

E. 犯罪嫌疑人**认**罪认罚的；

F. 犯罪嫌疑人系**未**成年人的；

G. 犯罪嫌疑人是盲、**聋**、哑人或者是尚未完全丧失辨认或者控制自己行为能力的**精神病**人的。

【记忆技巧】疑、面、违、难、认、幼、聋、傻。

<3>听取辩护律师意见

A. 人民检察院审查批准逮捕，**可以**听取辩护律师的意见。如果辩护律师**提出**表达意见的

要求的，人民检察院办案人员**应当听取**辩护律师的意见。

B. 对于犯罪嫌疑人、被告人是未成年人的，**应当听取**辩护律师的意见。

<4> **人民检察院审查批准逮捕，可以询问证人等诉讼参与人，听取辩护律师的意见；辩护律师提出要求的，应当听取辩护律师的意见。**

③审查期限

<1>对公安机关提请批准逮捕的犯罪嫌疑人**已被拘留**的，人民检察院应当在 7 日内作出是否批准逮捕的决定。

<2>**未被拘留的**，应当在接到提请批准逮捕书后的 15 **日**以内作出是否批准逮捕的决定，重大、复杂的案件不得超过 20 日。

④审查结果

<1>**批准逮捕**：符合逮捕条件的，作出批准逮捕的决定，连同案卷材料送达公安机关执行，并可以制作继续侦查提纲，送交公安机关。公安机关应当立即执行，并将执行情况及时通知检察院。

<2>**不批准逮捕**：对于不符合逮捕条件的，**作出不批准逮捕的决定**，制作不批准逮捕决定书，说明不批准逮捕的理由，**需要补充侦查的**，应当同时**通知公安机关**。

⑤公安机关针对不批捕的救济

公安机关认为不批准逮捕有错误，可以向**同级人民检察机关复议**。如果意见不被接受，可以向**上一级人民检察院提请复核**。

【特别提示 1】 公安机关收到不批准逮捕决定书后，应当立即释放在押的犯罪嫌疑人或者变更强制措施。复议不停止执行，即使复议，也必须将被拘留的犯罪嫌疑人立即释放或变更强制措施。

【特别提示 2】 人民检察院作出不批准逮捕决定，并且通知公安机关补充侦查的案件，公安机关在**补充侦查后又要求复议**的，人民检察院应当告知公安机关**重新提请批准逮捕**。公安机关坚持要求复议的，人民检察院不予受理。

2. **人民检察院决定逮捕的程序**

（1）**公安机关、监察机关**移送检察院负责捕诉的部门**审查起诉**的案件

在**审查起诉**阶段，人民检察院对于公安机关和监察机关移送审查起诉的案件认为需要逮捕犯罪嫌疑人的，可以决定逮捕。

（2）人民检察院立案侦查的案件

人民检察院办理**直接受理侦查**的案件，**【在侦查阶段】**需要逮捕犯罪嫌疑人的，由负责侦查的部门制作逮捕犯罪嫌疑人意见书，连同案卷材料、讯问犯罪嫌疑人录音、录像一并移送本院**负责捕诉的部门**审查。

3. **人民法院决定逮捕的程序**

（1）自诉案件

对于直接受理的自诉案件，认为需要逮捕被告人时，由办案人员提交**法院院长决定**，对于重大、疑难、复杂案件的被告人的逮捕，提交**审判委员会**讨论决定。

（2）公诉案件

对于检察机关提起公诉时未予逮捕的被告人，人民法院认为符合逮捕条件应予逮捕的，也**可以**决定逮捕。

（五）逮捕的执行程序

1. **执行主体：**逮捕犯罪嫌疑人、被告人，一律由公安机关执行。

2. **执行要求**

（1）执行逮捕的人员不得少于2人。

（2）公安机关在接到执行逮捕的通知后，应当由县级以上公安机关负责人签发逮捕证，立即执行。

（3）执行逮捕时，必须向被逮捕人出示逮捕证，并责令被逮捕人在逮捕证上签名、捺指印。被逮捕人拒绝在逮捕证上签名、捺指印的，应在逮捕证上注明。

3. 逮捕后的要求（只有2个24小时）

（1）逮捕犯罪嫌疑人、被告人后，应当**立即**将被羁押人送看守所羁押。

（2）除无法通知的以外，应当在逮捕后的24**小时以内**，通知被逮捕人的家属。逮捕通知书**应当写明逮捕原因和羁押处所**。

（3）人民法院、人民检察院对于各自决定逮捕的人，公安机关对于经人民检察院批准逮捕的人，应当在逮捕后的24**小时以内**进行讯问；如果发现不应当逮捕的，应当立即释放并发给释放证明。

【特别提示】通知与讯问遵循"在本案中谁想捕的，谁通知、谁讯问"原则。

4. **异地逮捕的要求**

异地逮捕的，公安机关**应当通知**被逮捕人**所在地**的公安机关，被逮捕人所在地的公安机关**应当协助执行**。

（六）特殊身份的犯罪嫌疑人、被告人的强制措施

1. **人大代表身份的犯罪嫌疑人的强制措施**

（1）**总体原则：**人民检察院对担任**县级以上**各级人民代表大会代表的犯罪嫌疑人决定采取**拘传、取保候审、监视居住、拘留、逮捕强制措施**的，应当报请该代表所属的人民代表大会主席团或者常务委员会**许可**。（《最高检规则》第148条）

（2）**例外情况：**

①担任县级以上人民代表大会代表的犯罪嫌疑人因**现行犯**被人民检察院**拘留的**，人民检察院应当立即向该代表所属的人民代表大会主席团或者常务委员会**报告**。报告的程序参照《最高检规则》第148条报请许可的程序规定。

②对担任**乡、民族乡、镇**的人民代表大会代表的犯罪嫌疑人决定采取强制措施的，由县级人民检察院向乡、民族乡、镇的人民代表大会**报告**。

（3）**具体报请程序（以逮捕县级以上人大代表为例）：**

①本级：报请本级人大主席团或者常委会许可。

②上级：层报该代表所属的人大同级的检察院报请许可。

③下级：可以**直接报请**该代表所属的人大主席团或者常委会许可，也可以**委托**该代表所属的人大**同级**的检察院报请许可。**【同级原则，上对下可以例外】**

④两级以上：分别依照以上规定报请许可。**【分别报批原则】**

⑤外地：应当委托该代表所属的人大**同级**的检察院报请许可；担任两级以上人大代表的，应当分别委托该代表所属的人大同级的检察院报请许可。**【地区原则】**

【特别提示】①对于**公安**机关**提**请人民检察院批准逮捕的案件，犯罪嫌疑人担任人民代表大会代表的，报请许可手续由**公安**机关负责**办理**。

②担任县级以上人民代表大会代表的犯罪嫌疑人，经报请该代表所属人民代表大会主席团或者常务委员会许可后被刑事**拘留**的，适用**逮捕措施时不需要再次报请许可**。

2. 逮捕涉嫌犯罪的外国人、无国籍人的特殊要求

（1）外国人、无国籍人涉嫌危害**国**家安全犯罪或者涉及国与国之间**政治**、**外交**关系以及在**适用法律上确有疑难**的案件，需要逮捕犯罪嫌疑人的，按照刑事诉讼法关于管辖的规定，分别由基层人民检察院或者设区的市级人民检察院审查并提出意见，**层报**最高人民检察院审查。最高人民检察院认为需要逮捕的，经**征求外交部**的意见后，作出批准逮捕的批复；认为不需逮捕的，**直接作出不批捕的批复**。承办案件的人民检察院根据批复，依法作出批准或者不批准逮捕的决定。层报过程中任何一个上级人民检察院认为不需要逮捕的，均有权作出不批准逮捕的批复，报送承办案件的人民检察院根据批复依法作出不批准逮捕的决定。承办案件的人民检察院认为不需要逮捕的，可以直接依法作出不批准逮捕的决定，无需上报。

（2）外国人、无国籍人涉嫌**其他犯罪案件**，决定批准逮捕的人民检察院应当在作出批准逮捕决定后48小时以内报上一级检察院**备案**，同时向同级人民政府外事部门通报。上一级人民检察院经审查发现错误的，应当依法及时纠正。

（七）逮捕的变更、撤销与羁押必要性审查

1. 逮捕的变更、撤销（办案机关主动变更、撤销）

（1）启动

①依职权：公、检、法如果发现对犯罪嫌疑人、被告人采取强制措施不当的，**应当及时撤销或者变更**。公安机关释放被逮捕的人或者变更逮捕措施的，应当通知原批准的人民检察院。

②依申请：犯罪嫌疑人、被告人及其**法定代理人、近亲属**或者**辩护人**有权申请变更强制措施。公、检、法自收到申请后3日内作出决定，不同意的应当告知申请人并说明理由。

（2）逮捕可以变更

①对有**下列情形之一的，法院可以**变更强制措施：

<1>患有严重疾病、生活不能自理的；

<2>怀孕或者正在哺乳自己婴儿的；

<3>系生活不能自理的人的唯一扶养人。

②一般变更为取保候审；如果交不出保证金+没有保证人，就变更为监视居住。

（3）应当立即释放，必要时变更

被逮捕的被告人具有下列情形之一的，**法院**应当**立即释放**；必要时，可以**变更**强制措施：

①**【不能关】**第一审人民法院判决被告人**无罪**、**不负刑事责任**或者**免予**刑事**处罚**的；

②**【不能关】**第一审人民法院判处**管制**、宣告**缓刑**、**单独适用附加刑，判决尚未发生法律效力**；

③【羁押期限**超刑期**】被告人**被羁押的时间**已到第一审人民法院对其判处的刑期期限；

④**【期满未办结】**案件不能在法律规定的期限内**审结**。

2. 羁押必要性审查（检察院进行法律监督，审查出来要变更，建议办案机关变更）

（1）概念：对**被逮捕**的犯罪嫌疑人、被告人有无继续羁押的必要性进行审查，对不需要继续羁押的，建议办案机关予以释放或者变更强制措施的监督活动。

（2）审查主体：办案机关对应的同级检察院**负责捕诉的部门**依法对**侦查**和**审判阶段**的羁

押必要性进行审查。**审查起诉阶段**，负责捕诉的部门经审查认为**不需要继续羁押**的，应当**直接释放**犯罪嫌疑人或者**变更**强制措施。

（3）**启动方式**

①**依职权：检察院可以依职权**主动进行羁押必要性审查。

已经**逮捕**的犯罪嫌疑人**认罪认罚**的，人民检察院**应当**及时对**羁押必要性**进行**审查**。经审查，认为没有继续羁押必要的，应当予以释放或者变更强制措施。

【注意1】人民检察院对审查起诉阶段未经羁押必要性审查、可能判处三年有期徒刑以下刑罚的在押犯罪嫌疑人，在提起公诉前应当依职权**开展一次**羁押必要性审查。

【注意2】人民检察院、公安机关发现犯罪嫌疑人、被告人可能存在下列情形之一的，**应当**立即开展羁押必要性审查、评估并及时作出审查、评估决定：

<1>因患有严重疾病、生活不能自理等原因不适宜继续羁押的；

<2>怀孕或者正在哺乳自己婴儿的妇女；

<3>系未成年人的唯一抚养人；

<4>系生活不能自理的人的唯一扶养人；

<5>继续羁押犯罪嫌疑人、被告人，羁押期限将超过依法可能判处的刑期的；

<6>案件事实、情节或者法律、司法解释发生变化，可能导致犯罪嫌疑人、被告人被判处拘役、管制、独立适用附加刑、免予刑事处罚或者判决无罪的；

<7>案件证据发生重大变化，可能导致没有证据证明有犯罪事实或者犯罪行为系犯罪嫌疑人、被告人所为的；

<8>存在其他对犯罪嫌疑人、被告人采取羁押强制措施不当情形，应当及时撤销或者变更的。

②**依申请：**

犯罪**嫌疑人**、**被告人**及其**法定代理人**、**近亲属**或者**辩护人**、**值班律师**可以**向人民**检察院申请开展羁押必要性审查，申请人提出申请时，**应当说明**不需要继续羁押的**理由**，**有相关证据或者其他材料的，应当予以提供**。

（4）**审查期限：**人民检察院在侦查阶段、审判阶段收到羁押必要性审查申请或者建议的，应当在10**日以内**决定是否向公安机关、人民法院提出释放或者变更的建议。人民检察院在审查起诉阶段、公安机关在侦查阶段收到变更申请的，应当在3**日以内**作出决定。

（5）**审查程序**

①**审查方式：可以**采取以下方式进行羁押必要性审查：

<1>审查犯罪嫌疑人、被告人不需要继续羁押的理由和证明材料；

<2>听取犯罪嫌疑人、被告人及其法定代理人、近亲属或者辩护人、值班律师意见；

<3>听取被害人及其法定代理人、诉讼代理人、近亲属或者其他有关人员的意见，了解和解、谅解、赔偿情况；

<4>听取办案机关的意见，必要时查阅、复制原案卷宗中有关证据材料；

<5>调查核实犯罪嫌疑人、被告人的身体健康状况；

<6>向看守所调取有关犯罪嫌疑人、被告人羁押期间表现的材料；

<7>需要采取的其他方式。

听取意见情况应当制作笔录，与书面意见、调查核实获取的其他证据材料等一并附卷。

【注意】根据《最高检规则》第577条第2款规定，必要时，人民检察院开展羁押必要性审查可以依照有关规定进行公开审查。（原来的《人民检察院办理羁押必要性审查案件规定（试行）》第14条规定：人民检察院可以对羁押必要性审查案件进行公开审查。但是，涉及**国**

家秘密、商业秘密、个人隐私的案件除外。但《人民检察院 公安机关羁押必要性审查、评估工作规定》出台后，《人民检察院办理羁押必要性审查案件规定（试行）》即废止。因此，虽然原来有不少法考真题涉及到此考点，但此考点在本年度可考性不强）

②**全面审查、评估**：开展羁押必要性审查、评估工作，应当**全面审查、评估**犯罪嫌疑人、被告人涉嫌犯罪事实、主观恶性、悔罪表现、案件进展情况、可能判处的刑罚、身体状况、有无社会危险性和继续羁押必要等因素。

审查、评估犯罪嫌疑人、被告人是否有继续羁押的必要性，可以**采取自行或者委托社会调查、开展量化评估等方式，调查评估情况作为作出审查、评估决定的参考。**

③人民检察院开展羁押必要性审查，**可以**按照《人民检察院羁押听证办法》**组织听证**。

（6）审查结果

①【应当】【建议】办案机关【释放或变更】强制措施：

人民检察院发现犯罪嫌疑人、被告人具有下列情形之一的，**应当**向办案机关提出释放或者变更强制措施的建议（对**【不能关；超刑期；事实清，取保监】**，**应当**向办案机关提出**释放**或者**变更**强制措施的**建议**）：

<1>**【不能关】**案件证据发生重大变化，**没有证据**证明有犯罪事实或者犯罪行为系犯罪嫌疑人、被告人所为的；

<2>**【不能关】**案件事实、情节或者法律、司法解释发生变化，犯罪嫌疑人、被告人可能被判处拘役、管制、独立适用附加刑、**免予刑事处罚**或者**判决无罪**的；

<3>**【羁押期限超刑期】**继续羁押犯罪嫌疑人、被告人，**羁押期限**将**超过**依法可能判处的**刑期**的；

<4>**【事实清，取保监】**案件**事实**基本查**清**，证据已经收集固定，**符合取保候审**或者**监视居住**条件的。

<5>其他对犯罪嫌疑人、被告人采取羁押强制措施不当，应当及时释放或者变更的。

②【可以】【建议】办案机关【释放或变更】强制措施：

人民检察院审查后发现犯罪嫌疑人、被告人具有下列情形之一的，且具有悔罪表现，不予羁押不致发生社会危险性的，**可以**向公安机关、人民法院提出释放或者变更强制措施建议；审查起诉阶段的，可以决定释放或者变更强制措施。

<1>预备犯或者中止犯；

<2>主观恶性较小的初犯；

<3>共同犯罪中的从犯或者胁从犯；

<4>过失犯罪的；

<5>防卫过当或者避险过当的；

<6>认罪认罚的；

<7>与被害方依法自愿达成和解协议或者获得被害方谅解的；

<8>已经或者部分履行赔偿义务或者提供担保的；

<9>患有严重疾病、生活不能自理的；

<10>怀孕或者正在哺乳自己婴儿的妇女；

<11>系未成年人或者已满七十五周岁的人；

<12>系未成年人的唯一抚养人；

<13>系生活不能自理的人的唯一扶养人；

<14>可能被判处一年以下有期徒刑的；

<15>可能被宣告缓刑的；

<16>其他不予羁押不致发生社会危险性的情形。

公安机关评估后发现符合上述情形的，可以决定释放或者变更强制措施。

③【一般】不予释放或变更强制措施

经审查、评估，发现犯罪嫌疑人、被告人具有下列情形之一的，一般不予释放或者变更强制措施：

<1>涉嫌危害国家安全犯罪、恐怖活动犯罪、黑社会性质组织犯罪、重大毒品犯罪或者其他严重危害社会的犯罪；

<2>涉嫌故意杀人、故意伤害致人重伤或死亡、强奸、抢劫、绑架、放火、爆炸、投放危险物质等严重侵犯公民人身财产权利、危害公共安全的严重暴力犯罪；

<3>涉嫌性侵未成年人的犯罪；

<4>涉嫌重大贪污、贿赂犯罪，或者利用职权实施的严重侵犯公民人身权利的犯罪；

<5>可能判处十年有期徒刑以上刑罚的；

<6>因违反取保候审、监视居住规定而被逮捕的；

<7>可能毁灭、伪造证据，干扰证人作证或者串供的；

<8>可能对被害人、举报人、控告人实施打击报复的；

<9>企图自杀或者逃跑的；

<10>其他社会危险性较大，不宜释放或者变更强制措施的。

犯罪嫌疑人、被告人具有前款规定情形之一，但因患有严重疾病或者具有其他不适宜继续羁押的特殊情形，不予羁押不致发生社会危险性的，可以依法变更强制措施为监视居住、取保候审。

【注意】最高人民检察院、公安部《人民检察院、公安机关羁押必要性审查、评估工作规定》（2023年11月30日印发）

第1条　犯罪嫌疑人、被告人被逮捕后，人民检察院应当依法对羁押的必要性进行审查。不需要继续羁押的，应当建议公安机关、人民法院予以释放或者变更强制措施。对于审查起诉阶段的案件，应当及时决定释放或者变更强制措施。

公安机关在移送审查起诉前，**发现**采取逮捕措施不当或者犯罪嫌疑人及其法定代理人、近亲属或者辩护人、值班律师**申请**变更羁押强制措施的，**应当对羁押的必要性进行评估**。不需要继续羁押的，应当及时决定释放或者变更强制措施。

★★★第4条　人民检察院依法开展羁押必要性审查，**由捕诉部门负责**。负责刑事执行、控告申诉、案件管理、检察技术的部门应当予以配合。

公安机关对羁押的必要性进行评估，由**办案部门负责，法制部门统一审核**。

犯罪嫌疑人、被告人在异地羁押的，羁押地人民检察院、公安机关应当予以配合。

第6条　人民检察院在刑事诉讼过程中**可以**对被逮捕的犯罪嫌疑人、被告人**依职权主动**进行羁押必要性审查。

人民检察院对审查起诉阶段未经羁押必要性审查、可能判处**三年有期徒刑以下**刑罚的在押犯罪嫌疑人，在提起公诉前应当依职权**开展一次**羁押必要性审查。

公安机关根据案件侦查情况，可以对被逮捕的犯罪嫌疑人继续采取羁押强制措施**是否适当进行评估。**

★★★第7条　人民检察院、公安机关发现犯罪嫌疑人、被告人可能存在下列情形之一的，**应当**立即开展羁押必要性审查、评估并及时作出审查、评估决定：

（1）因患有严重疾病、生活不能自理等原因不适宜继续羁押的；

（2）怀孕或者正在哺乳自己婴儿的妇女；

（3）系未成年人的唯一抚养人；

（4）系生活不能自理的人的唯一扶养人；

（5）继续羁押犯罪嫌疑人、被告人，羁押期限将超过依法可能判处的刑期的；

（6）案件事实、情节或者法律、司法解释发生变化，可能导致犯罪嫌疑人、被告人被判处拘役、管制、独立适用附加刑、免予刑事处罚或者判决无罪的；

（7）案件证据发生重大变化，可能导致没有证据证明有犯罪事实或者犯罪行为系犯罪嫌疑人、被告人所为的；

（8）存在其他对犯罪嫌疑人、被告人采取羁押强制措施不当情形，应当及时撤销或者变更的。

未成年犯罪嫌疑人、被告人被逮捕后，人民检察院、公安机关应当做好跟踪帮教、感化挽救工作，发现对未成年在押人员不予羁押不致发生社会危险性的，应当及时启动羁押必要性审查、评估工作，依法作出释放或者变更决定。

第 8 条　**犯罪嫌疑人、被告人及其法定代理人、近亲属或者辩护人、值班律师可以向人民检察院申请开展羁押必要性审查。申请人提出申请时，应当说明不需要继续羁押的理由，有相关证据或者其他材料的，应当予以提供。**

申请人依据刑事诉讼法第 97 条规定，向人民检察院、公安机关提出变更羁押强制措施申请的，人民检察院、公安机关应当按照本规定对羁押的必要性进行审查、评估。

第 9 条　经人民检察院、公安机关依法审查、评估后认为有继续羁押的必要，不予释放或者变更的，犯罪嫌疑人、被告人及其法定代理人、近亲属或者辩护人、值班律师未提供新的证明材料或者没有新的理由而再次申请的，人民检察院、公安机关可以不再开展羁押必要性审查、评估工作，并告知申请人。

经依法批准延长侦查羁押期限、重新计算侦查羁押期限、退回补充侦查重新计算审查起诉期限，导致在押人员被羁押期限延长的，变更申请不受前款限制。

第 10 条　办案机关对应的同级人民检察院负责控告申诉或者案件管理的部门收到羁押必要性审查申请的，应当在当日将相关申请、线索和证据材料移送**本院负责捕诉的部门**。负责刑事执行检察的部门收到有关材料或者发现不需要继续羁押的，应当及时将有关材料和意见移送负责捕诉的部门。

负责案件办理的公安机关的其他相关部门收到变更申请的，应当在当日移送**办案部门**。

其他人民检察院、公安机关收到申请的，应当告知申请人向负责案件办理的人民检察院、公安机关提出申请，或者在二日以内将申请材料移送负责案件办理的人民检察院、公安机关，并告知申请人。

第 11 条　看守所在工作中发现在押人员不适宜继续羁押的，应当及时提请办案机关依法变更强制措施。

看守所建议人民检察院开展羁押必要性审查的，应当以书面形式提出，并附证明在押人员身体状况的证据材料。

人民检察院收到看守所建议后，应当立即开展羁押必要性审查，依法及时作出审查决定。

★★★第 12 条　开展羁押必要性审查、评估工作，应当**全面审查、评估**犯罪嫌疑人、被告人涉嫌犯罪事实、主观恶性、悔罪表现、案件进展情况、可能判处的刑罚、身体状况、有无社会危险性和继续羁押必要等因素，具体包括以下内容：

（1）犯罪嫌疑人、被告人基本情况，涉嫌罪名、犯罪性质、情节，可能判处的刑罚；

（2）案件所处诉讼阶段，侦查取证进展情况，犯罪事实是否基本查清，证据是否收集固定，犯罪嫌疑人、被告人认罪情况，供述是否稳定；

（3）犯罪嫌疑人、被告人是否有前科劣迹、累犯等从严处理情节；

（4）犯罪嫌疑人、被告人到案方式，是否被通缉到案，或者是否因违反取保候审、监视居住规定而被逮捕；

（5）是否有不在案的共犯，是否存在串供可能；

（6）犯罪嫌疑人、被告人是否有认罪认罚、自首、坦白、立功、积极退赃、获得谅解、与被害方达成和解协议、积极履行赔偿义务或者提供担保等从宽处理情节；

（7）犯罪嫌疑人、被告人身体健康状况；

（8）犯罪嫌疑人、被告人在押期间的表现情况；

（9）犯罪嫌疑人、被告人是否具备采取取保候审、监视居住措施的条件；

（10）对犯罪嫌疑人、被告人的羁押是否符合法律规定，是否即将超过依法可能判处的刑期；

（11）犯罪嫌疑人、被告人是否存在可能作撤销案件、不起诉处理、被判处拘役、管制、独立适用附加刑、宣告缓刑、免予刑事处罚或者判决无罪的情形；

（12）与羁押必要性审查、评估有关的其他内容。

犯罪嫌疑人、被告人系未成年人的，应当重点审查其成长经历、犯罪原因以及有无监护或者社会帮教条件。

★★★第 13 条　开展羁押必要性审查、评估工作，**可以**采取以下方式：

（1）审查犯罪嫌疑人、被告人不需要继续羁押的理由和证明材料；

（2）听取犯罪嫌疑人、被告人及其法定代理人、近亲属或者辩护人、值班律师意见；

（3）听取被害人及其法定代理人、诉讼代理人、近亲属或者其他有关人员的意见，了解和解、谅解、赔偿情况；

（4）听取公安机关、人民法院意见，必要时查阅、复制原案卷宗中有关证据材料；

（5）调查核实犯罪嫌疑人、被告人身体健康状况；

（6）向看守所调取有关犯罪嫌疑人、被告人羁押期间表现的材料；

（7）进行羁押必要性审查、评估需要采取的其他方式。

听取意见情况应当制作笔录，与书面意见、调查核实获取的其他证据材料等一并附卷。

第 14 条　审查、评估犯罪嫌疑人、被告人是否有继续羁押的必要性，可以**采取自行或者委托社会调查、开展量化评估等方式，调查评估情况作为作出审查、评估决定的参考。**

犯罪嫌疑人、被告人是未成年人的，经本人及其法定代理人同意，可以对未成年犯罪嫌疑人、被告人进行心理测评。

公安机关应当**主动或者按照人民检察院要求**收集、固定犯罪嫌疑人、被告人是否具有社会危险性的证据。

第 15 条　人民检察院开展羁押必要性审查，**可以**按照《人民检察院羁押听证办法》**组织听证。**

★★★第 16 条　人民检察院审查后发现犯罪嫌疑人、被告人具有下列情形之一的，**应当**向公安机关、人民法院提出释放或者变更强制措施建议；审查起诉阶段的，应当及时决定释放或者变更强制措施。

（1）案件证据发生重大变化，没有证据证明有犯罪事实或者犯罪行为系犯罪嫌疑人、被告人所为的；

（2）案件事实、情节或者法律、司法解释发生变化，犯罪嫌疑人、被告人可能被判处拘役、管制、独立适用附加刑、免予刑事处罚或者判决无罪的；

（3）继续羁押犯罪嫌疑人、被告人，羁押期限将超过依法可能判处的刑期的；

（4）案件事实基本查清，证据已经收集固定，符合取保候审或者监视居住条件的；

（5）其他对犯罪嫌疑人、被告人采取羁押强制措施不当，应当及时释放或者变更的。

公安机关评估后发现符合上述情形的，应当及时决定释放或者变更强制措施。

★★★第 17 条　人民检察院审查后发现犯罪嫌疑人、被告人具有下列情形之一的，且具有悔罪表现，不予羁押不致发生社会危险性的，**可以**向公安机关、人民法院提出释放或者变更强制措施建议；审查起诉阶段的，可以决定释放或者变更强制措施。

（1）预备犯或者中止犯；

（2）主观恶性较小的初犯；

（3）共同犯罪中的从犯或者胁从犯；

（4）过失犯罪的；

（5）防卫过当或者避险过当的；

（6）认罪认罚的；

（7）与被害方依法自愿达成和解协议或者获得被害方谅解的；

（8）已经或者部分履行赔偿义务或者提供担保的；

（9）患有严重疾病、生活不能自理的；

（10）怀孕或者正在哺乳自己婴儿的妇女；

（11）系未成年人或者已满七十五周岁的人；

（12）系未成年人的唯一抚养人；

（13）系生活不能自理的人的唯一扶养人；

（14）可能被判处一年以下有期徒刑的；

（15）可能被宣告缓刑的；

（16）其他不予羁押不致发生社会危险性的情形。

公安机关评估后发现符合上述情形的，可以决定释放或者变更强制措施。

★★★第 18 条　经审查、评估，发现犯罪嫌疑人、被告人具有下列情形之一的，**一般不予**释放或者变更强制措施：

（1）涉嫌危害国家安全犯罪、恐怖活动犯罪、黑社会性质组织犯罪、重大毒品犯罪或者其他严重危害社会的犯罪；

（2）涉嫌故意杀人、故意伤害致人重伤或死亡、强奸、抢劫、绑架、放火、爆炸、投放危险物质等严重侵犯公民人身财产权利、危害公共安全的严重暴力犯罪；

（3）涉嫌性侵未成年人的犯罪；

（4）涉嫌重大贪污、贿赂犯罪，或者利用职权实施的严重侵犯公民人身权利的犯罪；

（5）可能判处十年有期徒刑以上刑罚的；

（6）因违反取保候审、监视居住规定而被逮捕的；

（7）可能毁灭、伪造证据，干扰证人作证或者串供的；

（8）可能对被害人、举报人、控告人实施打击报复的；

（9）企图自杀或者逃跑的；

（10）其他社会危险性较大，不宜释放或者变更强制措施的。

犯罪嫌疑人、被告人具有前款规定情形之一，但因患有严重疾病或者具有其他不适宜继续羁押的特殊情形，不予羁押不致发生社会危险性的，可以依法变更强制措施为监视居住、取保候审。

★★★第 19 条　人民检察院在侦查阶段、审判阶段收到羁押必要性审查申请或者建议的，应当在 **10 日**以内决定是否向公安机关、人民法院提出释放或者变更的建议。

人民检察院在审查起诉阶段、公安机关在侦查阶段收到变更申请的，应当**在 3 日以内**作出决定。

审查过程中涉及病情鉴定等专业知识，需要委托鉴定，指派、聘请有专门知识的人就案件的专门性问题出具报告，或者委托技术部门进行技术性证据审查，以及组织开展听证审查的期间，不计入羁押必要性审查期限。

第 20 条　人民检察院开展羁押必要性审查，应当规范制作羁押必要性审查报告，写明犯罪嫌疑人、被告人基本情况、诉讼阶段、简要案情、审查情况和审查意见，并在检察业务应用系统相关捕诉案件中准确填录相关信息。

审查起诉阶段，人民检察院依职权启动羁押必要性审查后认为有继续羁押必要的，可以在审查起诉案件审查报告中载明羁押必要性审查相关内容，不再单独制作羁押必要性审查报告。

公安机关开展羁押必要性评估，应当由办案部门制作羁押必要性评估报告，提出是否具有羁押必要性的意见，送法制部门审核。

第 21 条　人民检察院经审查认为需要对犯罪嫌疑人、被告人予以释放或者变更强制措施的，在侦查和审判阶段，应当规范制作羁押必要性审查建议书，说明不需要继续羁押犯罪嫌疑人、被告人的理由和法律依据，及时送达公安机关或者人民法院。在审查起诉阶段的，应当制作决定释放通知书、取保候审决定书或者监视居住决定书，交由**公安机关执行**。

侦查阶段，公安机关认为需要对犯罪嫌疑人释放或者变更强制措施的，应当制作释放通知书、取保候审决定书或者监视居住决定书，同时将处理情况通知原批准逮捕的人民检察院。

第 22 条　人民检察院向公安机关、人民法院发出羁押必要性审查建议书后，应当跟踪公安机关、人民法院处理情况。

公安机关、人民法院应当在收到建议书 10 日以内将处理情况通知人民检察院。认为需要继续羁押的，应当说明理由。

公安机关、人民法院未在 10 日以内将处理情况通知人民检察院的，人民检察院应当依法提出监督纠正意见。

第23条　对于依申请或者看守所建议开展羁押必要性审查的，人民检察院办结后，应当制作羁押必要性审查结果通知书，将提出建议情况和公安机关、人民法院处理情况，或者有继续羁押必要的审查意见和理由及时书面告知申请人或者看守所。

公安机关依申请对继续羁押的必要性进行评估后，认为有继续羁押的必要，不同意变更强制措施的，应当书面告知申请人并说明理由。

第24条　经审查、评估后犯罪嫌疑人、被告人被变更强制措施的，公安机关应当加强对变更后被取保候审、监视居住人的监督管理；人民检察院应当加强对取保候审、监视居住执行情况的监督。

侦查阶段发现犯罪嫌疑人严重违反取保候审、监视居住规定，需要予以逮捕的，公安机关应当依照法定程序重新提请批准逮捕，人民检察院应当依法作出批准逮捕的决定。审查起诉阶段发现的，人民检察院应当依法决定逮捕。审判阶段发现的，人民检察院应当向人民法院提出决定逮捕的建议。

第25条　人民检察院直接受理侦查案件的羁押必要性审查参照本规定。

第26条　公安机关提请人民检察院审查批准延长侦查羁押期限，应当对继续羁押的必要性进行评估并作出说明。

人民检察院办理提请批准延长侦查羁押期限、重新计算侦查羁押期限备案审查案件，应当依法加强对犯罪嫌疑人羁押必要性的审查。

六、监察机关移送案件的强制措施

1. 对于监察机关移送起诉的**已采取留置措施**的案件，检察院**应当**对犯罪嫌疑人**先行拘留，留置措施自动解除**。

2. 检察院应当在拘留后的10**日**以内作出是否逮捕、取保候审或者监视居住的**决定**。在**特殊**情况下，决定的时间可以**延长**1～4**日**。

3. 检察院决定采取强制措施的期间**不计入**审查起诉期限。

【经典金题】

1. 检察机关审查批准逮捕，下列哪些情形存在时应当讯问犯罪嫌疑人？（2013年卷二第67题，多选）〔1〕

A. 犯罪嫌疑人的供述前后反复且与其他证据矛盾

B. 犯罪嫌疑人要求向检察机关当面陈述

C. 侦查机关拘留犯罪嫌疑人36小时以后将其送交看守所羁押

D. 犯罪嫌疑人是聋哑人

2. 在侦查过程中，下列哪些行为违反我国《刑事诉讼法》的规定？（2013年卷二第69题，

---

〔1〕【解析】本题考查的是审查批捕的程序。

ABCD项：根据规定，“疑、面、违、难、认、幼、聋、傻”8种情形下审查批捕时应当讯问犯罪嫌疑人。即人民检察院办理审查逮捕案件，可以讯问犯罪嫌疑人；有下列情形之一的，应当讯问犯罪嫌疑人：（1）对是否符合逮捕条件有疑问的；（2）犯罪嫌疑人要求向检察人员当面陈述的；（3）侦查活动可能有重大违法行为的；（4）案情重大疑难复杂的；（5）犯罪嫌疑人认罪认罚的；（6）犯罪嫌疑人系未成年人的；（7）犯罪嫌疑人是盲、聋、哑人或者是尚未完全丧失辨认或者控制自己行为能力的精神病人的。

A项：“犯罪嫌疑人的供述前后反复且与其他证据矛盾”，意味着检察院对是否符合逮捕条件有疑问，属于应当讯问犯罪嫌疑人的情形，A项正确。

B项：“犯罪嫌疑人要求向检察机关当面陈述”属于应当讯问犯罪嫌疑人的情形，B项正确。

C项：根据拘留的3个24小时，要求拘留后24小时送看守所，而“侦查机关拘留犯罪嫌疑人36小时以后将其送交看守所羁押”，已经超过了12个小时，属于侦查活动可能有重大违法行为的情形，属于应当讯问犯罪嫌疑人的情形，C项正确。

D项：“犯罪嫌疑人是聋哑人”属于应当讯问犯罪嫌疑人的情形，D项正确。

综上所述，本题答案为ABCD项。

多选）〔1〕

A. 侦查人员拒绝律师讯问时在场的要求

B. 公安机关变更逮捕措施，没有通知原批准的检察院

C. 公安机关认为检察院不批准逮捕的决定有错误，提出复议前继续拘留犯罪嫌疑人

D. 侦查机关未告知犯罪嫌疑人家属指定居所监视居住的理由和处所

3. 甲、乙涉嫌非法拘禁罪被取保候审。本案提起公诉后，法院认为对甲可继续适用取保候审，乙因有伪造证据的行为而应予逮捕。对于法院适用强制措施，下列哪些选项是正确的？（2017 年卷二第 72 题，多选）〔2〕

---

〔1〕【解析】本题考查的是辩护律师的诉讼权利、不同强制措施的程序。

A 项：根据辩护律师的诉讼权利，到目前为止，我国《刑事诉讼法》并没有赋予辩护律师在侦查人员讯问时的在场权。因此，侦查人员拒绝律师讯问时在场的要求没有违反我国《刑事诉讼法》的规定。A 项正确，不当选。

B 项：根据我国《刑事诉讼法》第 96 条规定："人民法院、人民检察院和公安机关如果发现对犯罪嫌疑人、被告人采取强制措施不当的，应当及时撤销或者变更。公安机关释放被逮捕的人或者变更逮捕措施的，应当通知原批准的人民检察院。"据此，公安机关变更逮捕措施的，应当通知原批准的检察院，B 项做法违反了《刑事诉讼法》的规定，B 项错误，当选。

C 项：根据我国《刑事诉讼法》第 92 条规定："公安机关对人民检察院不批准逮捕的决定，认为有错误的时候，可以要求复议，但是必须将被拘留的人立即释放。如果意见不被接受，可以向上一级人民检察院提请复核。上级人民检察院应当立即复核，作出是否变更的决定，通知下级人民检察院和公安机关执行。"据此，公安机关认为检察院不批准逮捕的决定有错误，提出复议前必须立即释放犯罪嫌疑人，C 项做法违反了《刑事诉讼法》的规定，C 项错误，当选。

D 项：《刑事诉讼法》第 75 条第 2 款规定："指定居所监视居住的，除无法通知的以外，应当在执行监视居住后 24 小时以内，通知被监视居住人的家属。"《公安部规定》第 113 条第 1 款规定："指定居所监视居住的，除无法通知的以外，应当制作监视居住通知书，在执行监视居住后 24 小时以内，由决定机关通知被监视居住人的家属。"《最高检规则》第 117 条第 1 款规定："在指定的居所执行监视居住，除无法通知的以外，人民检察院应当在执行监视居住后 24 小时以内，将指定居所监视居住的原因通知被监视居住人的家属。"《刑诉解释》第 161 条第 2 款规定："对被告人指定居所监视居住后，人民法院应当在 24 小时以内，将监视居住的原因和处所通知其家属；确实无法通知的，应当记录在案。"

由此可见，根据《刑事诉讼法》与《公安部规定》的规定，通知时【并未要求】通知监视居住的原因和处所。而《最高检规则》则要求通知家属时，将指定居所监视居住的【原因】通知家属。《刑诉解释》则要求通知家属时，将指定居所监视居住的【原因和处所】均通知家属。因此，D 项中，侦查机关未告知犯罪嫌疑人家属指定居所监视居住的理由和处所，它只是违反了《最高检规则》和《刑诉解释》的规定，但并没有违反《刑事诉讼法》的规定，D 项正确，不当选。

综上所述，本题为选非题，答案为 BC 项。这道题考得实在太细，但是当年考查是有其背景的，因为 2012 年《刑事诉讼法》规定指定居所监视居住时，通知家属时并未要求通知监视居住的原因和处所，引起学界进行讨论，而随后修改的《公安部规定》《最高检规则》《刑诉解释》采取了不同的规定，这道题实际上是对当年热点问题的考查。因此考生做错此题不必太在意，这道题更重要的意义是提醒考生，要关注本年度中刑诉制度的重要修改之处。

〔2〕【解析】本题综合考查强制措施的变更性原则，取保候审的方式以及逮捕的程序。

A 项：根据规定，案件提起公诉后，在法院对甲继续采取取保候审的情况下，决定取保的法院有权变更取保的担保方式，即对甲可变更为保证人保证。因此，A 项正确。

B 项：根据总结：（1）违反较轻的强制措施，"可以"变更为比它更重的强制措施。（2）法院没有搜查权，也没有刑事拘留权。根据以上总结，违反较轻的强制措施，要变更为比它更重的强制措施时，要求以该机关要有这种"重的强制措施的"权限为前提。由于法院没有刑事拘留权，因此，乙违反取保候审，可以逮捕乙，但不能先行拘留乙。B 项错误。有部分同学可能会问：B 项中的拘留不能理解成司法拘留吗？答案是不能，首先，因为题干问的是"法院适用强制措施"，如果理解成司法拘留，也不符合题干所问。其次，虽然法院有权采取司法拘留，但是刑事诉讼中的司法拘留不是随便适用的，只有两种情形下才能司法拘留：一是证人无正当理由拒不出庭，情节严重，经院长批准可以处以 10 日以下的司法拘留；二是违反法庭秩序，情节严重，经院长批准可以处以 15 日以下的司法拘留或者 1000 元以下的罚款。本题中显然不具有上述情形，因此法院也不能采取司法拘留。

C 项：逮捕有 2 个 24 小时，分别是：24 小时通知；24 小时讯问。而且遵循"谁想捕，谁通知；谁想捕，谁讯问"原则。据此，C 项正确。

D 项：根据规定，检察院启动羁押必要性审查，既可以依职权主动启动，也可以依犯罪嫌疑人、被告人及其法定代理人、近亲属或者辩护人的申请而启动，据此，逮捕乙后，同级检察院可依职权主动启动对乙的羁押必要性审查，D 项正确。

综上所述，本题答案为 ACD 项。

A. 对甲可变更为保证人保证

B. 决定逮捕之前可先行拘留乙

C. 逮捕乙后应在 24 小时内讯问

D. 逮捕乙后，同级检察院可主动启动对乙的羁押必要性审查

【主观题点睛】**程序挑错题或判断题**

经典提问方式：强制措施中存在哪些错误？某某机关采取某种强制措施是否正确？

【案情】

2019 年 5 月 23 日 23 时许，公安机关接到陈某报案，称其在回家的路上发现一男子躺在地上，旁边有血迹。公安机关经侦查认定，死者是陈某同村村民黄某，疑被他人用钝器打击头部致颅脑损伤死亡。公安机关认为，报案人陈某有作案时间，并存在撒谎行为，具有重大作案嫌疑。2019 年 6 月 17 日 10 时，公安机关以涉嫌故意杀人罪对陈某刑事拘留，并在 2019 年 6 月 18 日 11 时对陈某进行了讯问。陈某对故意杀人的事实供认不讳，并表示认罪认罚。

2019 年 6 月 26 日，公安机关提请检察机关批准逮捕陈某，并提交了相应的证据材料：犯罪嫌疑人陈某的有罪供述（其中前三次为无罪供述，后三次为有罪供述），被害人的尸检报告，现场勘验笔录等。由于陈某供述的作案工具前后不一，目前还并未确定实施杀人行为的具体作案工具，因此，本案关键的物证并没有找到。检察机关收到公安机关提交的报捕材料后，到看守所对陈某进行了讯问，在讯问过程中，发现陈某的胳膊上有伤痕，在询问其伤情时，陈某并未进行直接回应，再加上陈某的供述前后不一致，因此检察机关怀疑陈某可能是被迫作出的有罪供述，最终检察机关作出了不批准逮捕的决定。公安机关认为不批准逮捕的决定不当，在继续拘留陈某的同时，向检察机关提起了复议。

【问题】

1. 本案中公安机关在拘留陈某的过程中存在哪些错误？为什么？

2. 检察机关不批准逮捕陈某的决定是否正确？为什么？

3. 公安机关收到检察机关不批准逮捕决定后的做法是否正确？为什么？

【参考答案】

1. 答：（1）公安机关对陈某拘留的讯问时间违反了法律规定。根据《刑事诉讼法》及相关司法解释规定，应当在拘留后的 24 小时以内进行讯问。本案中在 6 月 17 日 10 时拘留陈某，但公安机关一直到 6 月 18 日 11 时才讯问，已经超过了 24 小时。

（2）公安机关在拘留陈某的过程中，提请批准逮捕的时间是不符合法律规定的。根据《刑事诉讼法》的规定，在一般情况下，侦查机关最长在 7 日内提请检察机关批准逮捕，对于流窜作案、多次作案、结伙作案的重大嫌疑分子，提请审查批准的时间可以延长至 30 日。本案不属于流窜作案、结伙作案、多次作案的情形，因此，不能超过 7 日的提请批捕期限。本案是在拘留后第 9 天提请批准逮捕的，超过了法定的提请批准逮捕期限。

2. 答：检察机关不批准逮捕陈某的决定是正确的。根据《刑事诉讼法》及相关司法解释规定，逮捕的条件之一是有证据证明有犯罪事实，其中，有证据证明有犯罪事实是指同时具备下列情形：有证据证明发生了犯罪事实；有证据证明该犯罪事实是犯罪嫌疑人实施的；证明犯罪嫌疑人实施犯罪行为的证据已经查证属实。本案中，公安机关提交的证据中，只有犯罪嫌疑人陈某的供述属于肯定性直接证据，但由于陈某的供述前后不一致，且检察机关在讯问陈某时，发现陈某的供述合法性和真实性都存疑，加之本案关键物证的作案工具并未确定，且去向不明，被害人的尸检报告、现场勘验笔录等均是间接证据，指不出谁实施犯罪，因此，根据现有证据，并不能证明犯罪嫌疑人陈某实施了犯罪行为，据此，检察机关不批准逮捕的决定是正确的。

3. 答：本案中，公安机关收到检察机关不批准逮捕的决定后，认为不批准逮捕决定不当，向检察机关提出复议是符合法律规定的，但是继续拘留赵某的做法是不正确的，因为根据《刑事诉讼法》及相关司法解释规定，检察机关决定不逮捕犯罪嫌疑人的，公安机关有权向原决定机关复议，如果针对复议结果不服，还有权继续向上一级检察院复核，但必须立即释放犯罪嫌疑人，并且在执行完毕后3日以内将执行回执送达作出不批准逮捕决定的人民检察院。

第九章　附带民事诉讼

【复习提要】

附带民事诉讼，是指公安司法机关在解决被告人刑事责任的同时，附带解决由遭受物质损失的被害人或者人民检察院提起的，由于犯罪嫌疑人、被告人的犯罪行为所引起的物质损失的赔偿而进行的诉讼。本章的重点为附带民事诉讼成立的条件、附带民事诉讼当事人、附带民事诉讼的提起。从历年考题来看，本章考点是常规考点，每年会涉及一道题目。考生应当重点掌握附带民事诉讼成立的条件，尤其是司法解释明确规定的法院不予受理的情形；附带民事诉讼的原告人；附带民事诉讼被告人的范围，尤其是共同侵害人不在案的情况；附带民事诉讼赔偿范围以及附带民事诉讼中一些特有的规定，如调解原则、财产保全制度、当事人缺席的处理规则等。

【知识框架】

- 附带民事诉讼
  - 附带民事诉讼概述
    - 概念
    - 特点
  - 附带民事诉讼的成立条件★★★★★★
    - 以刑事诉讼成立为前提
    - 必须有适格的原告人（原告人符合法定条件）
    - 必须有明确的被告人
    - 被害人遭受的必须是物质损失
    - 被害人物质损失是因被告人犯罪行为造成的
    - 符合管辖的规定
  - 附带民事诉讼程序★★★★★★
    - 附带民事诉讼的提起
    - 财产保全
    - 附带民事诉讼的审理
      - 受理
      - 审理
      - 最后处理

第一节　附带民事诉讼概述

【学习提要】

本节是对附带民事诉讼的简要概述，要求考生把握附带民事诉讼的基本特点。

【知识点精讲】

一、附带民事诉讼的概念

附带民事诉讼，是指公安司法机关在解决被告人刑事责任的同时，附带解决由遭受物质损失的被害人或者人民检察院提起的，由于犯罪嫌疑人、被告人的犯罪行为所引起的物质损失的赔偿而进行的诉讼。

二、附带民事诉讼的特点

理解附带民事诉讼的特点，是掌握附带民事诉讼的真机所在。总体而言，附带民事诉讼有以下特点：

1. 附带民事诉讼性质是特殊的民事诉讼。附带民事诉讼所要解决的是犯罪行为所引起的物质损失赔偿问题。由于物质损害赔偿问题属于民事问题，附带民事诉讼从性质上属于民事诉讼。

2. 附带民事诉讼依附于刑事诉讼。

【特别提示】要解决犯罪行为所引起的物质损失赔偿问题，途径有二：一是直接**单独提起民事诉讼**，走纯粹的民事诉讼程序；二是在**刑事诉讼中顺便地、附带地提起附带民事诉讼**。由此可见，解决犯罪行为所引起的物质损失赔偿问题不一定都附在刑事诉讼中。如果单独提起民事诉讼，那是纯民事诉讼法的内容。如果在刑事诉讼中提起附带民事诉讼解决，则是本专题解决的问题。由此可见，一旦提到“附带民事诉讼”，意味着已经默认相关权利主体选择了在刑事诉讼中提起附带民事诉讼解决物质损失赔偿问题。

3. “刑事附带民事诉讼”实际上是有两个诉讼。其中，一个是刑事诉讼，另一个是民事诉讼。

【特别提示】“刑事附带民事诉讼”虽然是两个诉讼，但是附带民事诉讼这个诉讼毕竟是在刑事诉讼过程中提起的，其成立与解决都与刑事诉讼密不可分，依附于刑事诉讼。就实体而言，对损害事实的认定，不仅要遵循刑法关于具体罪名犯罪构成要件的规定，而且要受民事法律规范调整；就程序法而言，除刑事诉讼法有特殊规定的以外，应当适用民事诉讼法的有关规定。因此，附带民事诉讼的法律依据既包括民事实体法与程序法，也包括刑事实体法与程序法。

第二节　附带民事诉讼的成立条件

【学习提要】

本节是考试的重点，考生应当掌握附带民事诉讼的几个成立条件，特别是附带民事诉讼的原告人和被告人、赔偿范围，从历年考题来看，考生应当重点掌握以下内容：附带民事诉讼原告人的范围；附带民事诉讼被告人的范围；共同侵害人的处理；物质损失的范围；不能提起附带民事诉讼的情形。

【法条依据】

《刑事诉讼法》第101条　被害人由于被告人的犯罪行为而遭受物质损失的，在刑事诉讼过程中，有权提起附带民事诉讼。被害人死亡或者丧失行为能力的，被害人的法定代理人、近亲属有权提起附带民事诉讼。

如果是国家财产、集体财产遭受损失的，人民检察院在提起公诉的时候，可以提起附带民事诉讼。

《刑诉解释》第175条第1款　被害人因人身权利受到犯罪侵犯或者财物被犯罪分子毁坏而遭受**物质损失**的，有权在刑事诉讼过程中提起附带民事诉讼；被害人死亡或者丧失行为能力的，其**法定代理人、近亲属**有权提起附带民事诉讼。

《刑诉解释》第181条　被害人或者其法定代理人、近亲属仅对**部分共同侵害人**提起附带民事诉讼的，人民法院**应当告知**其可以对其他共同侵害人，包括没有被追究刑事责任的共同侵害人，一并提起附带民事诉讼，但共同犯罪案件中同案犯**在逃的除外**。

被害人或者其法定代理人、近亲属**放弃**对其他共同侵害人的诉讼权利的，人民法院**应当告知**其相应法律后果，并在裁判文书中说明其放弃诉讼请求的情况。

《刑诉解释》第 192 条　对附带民事诉讼作出判决，应当根据犯罪行为造成的物质损失，结合案件具体情况，确定被告人应当赔偿的数额。

犯罪行为造成被害人人身损害的，应当赔偿医疗费、护理费、交通费等为治疗和康复支付的合理费用，以及因误工减少的收入。造成被害人残疾的，还应当赔偿残疾生活辅助器具费等费用；造成被害人死亡的，还应当赔偿丧葬费等费用。

驾驶机动车致人伤亡或者造成公私财产重大损失，构成犯罪的，依照《中华人民共和国道路交通安全法》第 76 条的规定确定赔偿责任。

附带民事诉讼当事人就民事赔偿问题达成调解、和解协议的，赔偿范围、数额不受第 2 款、第 3 款规定的限制。

【知识点精讲】

一、以刑事诉讼已经成立为前提

附带民事诉讼是由刑事诉讼所追究的涉嫌犯罪的行为引起的，是在追究被告人刑事责任的同时，附带解决其应承担的民事赔偿责任问题。因此，附带民事诉讼必须以刑事诉讼的成立为前提，如果刑事诉讼不能成立，附带民事诉讼也不能成立，但可以另行提起独立的民事诉讼。

> **【特别提示】**人民法院准许人民检察院撤回起诉的公诉案件，对已经提起的附带民事诉讼，可以进行调解；**不宜调解或者经调解不能达成协议**的，应当**裁定驳回**起诉，并**告知**附带民事诉讼原告人可以**另行提起民事诉讼**。

★★二、原告人符合法定条件

1. 因为犯罪行为而遭受**物质损失**的**被害人**。

2. 当被害人是**未成年人**或**精神病人**等限制行为能力人时，其**法定代理人**可以**代为**提起附带民事诉讼。

> **【特别提示】**此种情形中，原告人仍然是被害人本人，其法定代理人只是代为提起附带民事诉讼。

3. 被害人**死亡**或者**丧失行为能力**的，其**法定代理人**、**近亲属**可以**提起**附带民事诉讼。

> **【特别提示】**①此种情形中，如果法定代理人、近亲属提起附带民事诉讼的，法定代理人、近亲属就是原告人。②近亲属的范围是：**夫、妻、父、母、子、女、同胞兄弟姐妹**。

4. **国家财产、集体财产**遭受损失，**受损失的单位未提起**，**检察院**在提起公诉时可以提起附带民事诉讼。

> **【特别提示】**①对于**破坏生态环境和资源保护**，**食品药品安全**领域侵害众多消费者合法权益，**侵害英雄烈士**的姓名、肖像、名誉、荣誉等侵害社会公共利益的行为，人民检察院也可以提起**附带民事公益诉讼**。
>
> ②人民检察院提起附带民事诉讼的，应当列为**附带民事诉讼原告人**。

【总结】附带民事诉讼的原告人，不一定就是被害人本人。

★★★三、有明确的被告人

（一）附带民事诉讼被告人的范围

1. 刑事被告人以及未被追究刑事责任的其他共同侵害人；
2. 刑事被告人的监护人；
3. 死刑罪犯的遗产继承人；
4. 共同犯罪案件中，案件审结前死亡的被告人的遗产继承人；
5. 对被害人的物质损失依法应当承担赔偿责任的其他单位和个人。

【特别提示】附带民事诉讼被告人的亲友自愿代为赔偿的，**可以**准许。但是，此时附带民事诉讼被告人的亲友并不是附带民事诉讼的当事人。

【例1】**问：**甲为该案唯一刑事被告人及附带民事诉讼被告人，且刑事诉讼和附带民事诉讼共同审理，若甲在刑事诉讼审理过程中死亡，能否将甲的遗产继承人列为附带民事诉讼被告人？

答：不能。被告人在审判阶段死亡，根据《刑事诉讼法》第16条，刑事审判终止审理，若现有证据能证明被告人无罪的，宣告被告人无罪。但无论是终止审理还是宣告无罪，刑事诉讼都不再存在，也就不存在附带民事诉讼，也就无所谓能否列为附带民事诉讼被告人。此时附带民事诉讼原告人可以另行提起民事诉讼。

【例2】**问：**张三为该案唯一刑事被告人及附带民事诉讼被告人，张三涉嫌严重犯罪可能被判处死刑立即执行，为防止诉讼拖延，先审理刑事诉讼再审理附带民事诉讼。此时能否将张三的遗产继承人列为附带民事诉讼被告人？

答：可以。在此种情况下刑事诉讼审理完毕张三被执行死刑，刑事诉讼因为张三被执行死刑而程序终结。此时张三的死亡是由于国家刑罚导致的，即刑事诉讼由于国家原因终结，个人不因为国家行为承担不利后果，故已经提起的附带民事诉讼继续审理，但身为该案唯一刑事被告人及附带民事诉讼被告人的张三已经死亡，那么此时需要根据《民事诉讼法》处理——先确定被告人的遗产继承人，将该遗产继承人纳进附带民事诉讼成为被告人。

【例3】甲、乙两人共同犯罪，甲、乙被提起刑事附带民事诉讼（即二人共同成为刑事被告人和附带民事被告人），刑事诉讼和民事诉讼一并审理。此时在案件审理过程中甲死亡，那么关于甲的刑事诉讼部分终结审理，但共同成为刑事被告人的乙未死亡，刑事诉讼部分继续进行，那么附带民事诉讼也未终结。但身为附带民事诉讼被告人的甲已死亡，只能先确定甲的遗产继承人再将其纳入附带民事诉讼中成为附带民事诉讼被告人。

（二）共同侵害人的处理

1. 被害人或者其法定代理人、近亲属仅对部分共同侵害人提起附带民事诉讼的，法院**应当告知**其可以对其他共同侵害人，包括没有被追究刑事责任的共同侵害人，一并提起附带民事诉讼，但**共同犯罪案件中同案犯在逃的除外**。

2. 被害人或者其法定代理人、近亲属放弃对其他共同侵害人的诉讼权利的，法院**应当告知**其相应法律后果，并在裁判文书中说明其放弃诉讼请求的情况。

3. 共同犯罪案件，**同案犯在逃的，不应列为附带民事诉讼被告人**。逃跑的同案犯到案后，被害人或者其法定代理人、近亲属可以对其提起附带民事诉讼，但**已经从其他共同犯罪人处获得足额赔偿的除外**。

★★★★四、被害人遭受的必须是物质损失，且须由被告人的犯罪行为造成

（一）赔偿范围限于物质损失，精神损失一般不赔偿

因受到犯罪侵犯，提起附带民事诉讼或者单独提起民事诉讼要求赔偿精神损失的，人民法院**一般不予受理**。

> **【特别提示】精神损失一般不予受理，意味着“可以”赔，也“可以”不赔。**由于立法对何种情况下可以赔偿没有作具体规定，因此目前是由法院自由裁量。

1. **物质损失＝实际损失＋必然损失**

（1）**实际损失**：是指因为犯罪行为导致已经发生的费用。主要包括以下内容：犯罪行为造成被害人人身损害的，应当赔偿**医疗费**、**护理费**、**交通费**等为治疗和康复支付的合理费用，以及**因误工减少的收入**。造成被害人残疾的，还应当赔偿**残疾生活辅助器具费**等费用；造成被害人死亡的，还应当赔偿**丧葬费**等费用。

（2）**必然损失**：是指因为犯罪行为所引起的，但现在没有发生，将来不需要履行任何行为都必然由被害人支出的费用。比如，今后继续医疗的费用；又如，故意伤害案中，甲把乙眼球打脱落，乙装了假眼球（几年后会变脏），乙几年后换假眼球的钱就是必然损失。

> **【特别提示】**附带民事诉讼当事人就民事赔偿问题达成调解、和解协议的，赔偿范围、数额**不受上述规定的限制**。

2. **不属于赔偿范围的情形**

附带民事诉讼的范围仅限于物质损失，根据《刑事诉讼法》和相关司法解释的规定，以下情形不属于附带民事诉讼的赔偿范围：

（1）**伤残赔偿金原则上不赔偿，只在交通肇事犯罪案件中赔偿**。所谓残疾赔偿金，是指单独就残疾这件事赔偿被害人一笔钱。伤残赔偿金与残疾生活辅助器具费等费用应当区分开来。

（2）**死亡赔偿金原则上不赔偿，只在交通肇事犯罪案件中赔偿**。死亡赔偿金是指单独就死亡这件事赔偿被害人家属一笔钱。应当将死亡赔偿金与丧葬费区分开来。

（3）**可期待收益的损失不属于赔偿范围**。可期待收益的损失不等于必然损失。所谓可期待收益指的是，被害人将来通过履行一定的行为而会获得一笔对价作为报酬，但是因为犯罪行为导致其将来没法履行这些行为，进而无法获得这笔报酬，这笔报酬的损失即可期待收益的损失。最典型的可期待收益损失就是合同行为。比如，甲乙签订合同，以甲将来履行合同义务获得乙支付的200万元对价，但因犯罪人的犯罪行为导致甲重伤，甲无法履行合同义务，进而损失了200万元的可期待收益，该200万元损失不在附带民事诉讼的赔偿范围之内。

（4）**被告人非法占有、处置被害人财产的，应当依法予以追缴或者责令退赔**。被害人提起附带民事诉讼的，人民法院不予受理。追缴、退赔的情况，**可以**作为量刑情节考虑。

（5）**国家机关工作人员在行使职权时，侵犯他人人身、财产权利构成犯罪，被害人或者其法定代理人、近亲属提起附带民事诉讼的，人民法院不予受理，但应当告知其可以依法申请国家赔偿。**

（二）物质损失必须是由被告人的犯罪行为直接造成的

考点归纳：不能提起附带民事诉讼的情形
以下情形不能提起附带民事诉讼，即使提起，法院亦不予受理： （1）**伤残赔偿金**不能提（交通肇事犯罪案件除外）； （2）**死亡赔偿金**不能提（交通肇事犯罪案件除外）； （3）**可期待收益损失**不能提； （4）**赃物、赃款**不能提； （5）**国家机关工作人员**的**职务行为（包括职务犯罪）**导致的物质损失不能提； （6）物质损失**不是犯罪行为造成的**不能提。 考生对上述不能提起附带民事诉讼的情形应当理解掌握，在做题时学会灵活运用。

五、符合管辖

属于人民法院受理附带民事诉讼的范围。

【经典金题】

法院可以受理被害人提起的下列哪一附带民事诉讼案件？（2015 年卷二第 30 题，单选）〔1〕

A. 抢夺案，要求被告人赔偿被夺走并变卖的手机

B. 寻衅滋事案，要求被告人赔偿所造成的物质损失

C. 虐待被监管人案，要求被告人赔偿因体罚虐待致身体损害所产生的医疗费

D. 非法搜查案，要求被告人赔偿因非法搜查所导致的物质损失

---

〔1〕【解析】本题考查的是附带民事诉讼的赔偿范围。

附带民事诉讼赔偿的范围限于物质损失，精神损失一般不赔偿。这里有 2 点需要注意：一是精神损失一般不予受理，意味着“可以”赔，也“可以”不赔。由于立法对何种情况下可以赔偿没有作具体规定，因此目前是由法院自由裁量，也就是说，法院说赔就赔，法院说不赔就不赔。二是物质损失的范围。物质损失包括实际损失和必然损失，其中实际损失包括医疗费、护理费、交通费等为治疗和康复支付的合理费用，以及因误工减少的收入。造成被害人残疾的，还应当赔偿残疾生活辅助器具费等费用；造成被害人死亡的，还应当赔偿丧葬费等费用。

从出题的角度来看，考生应掌握哪些情形不能提起附带民事诉讼，即使提起，法院也不予受理的：（1）伤残赔偿金不能提（交通肇事犯罪案件除外）；（2）死亡赔偿金不能提（交通肇事犯罪案件除外）；（3）可期待收益损失不能提（最典型的就是合同行为）；（4）赃物、赃款不能提；（5）国家机关工作人员的职务行为（包括职务犯罪）导致的物质损失不能提；（6）物质损失不是犯罪行为造成的不能提。

A 项：被夺走并变卖的手机属于赃物，由于赃物、赃款不能提附民，如果提起的，法院不予受理，A 项错误。

B 项：被告人因犯罪所造成的物质损失，属于典型的实际损失，法院可以受理。B 项正确。

C 项：虐待被监管人案，由于虐待被监管人案是监管人员利用职权实施的犯罪，属于国家机关工作人员的职务犯罪，所造成的医疗费不能提附民，如果要赔偿，只能通过国家赔偿（行政程序）赔，不能提起附带民事诉讼要求赔偿，C 项错误。

D 项：非法搜查案属于国家机关工作人员在行使职权时的犯罪，所造成的医疗费不能提附民，如果要赔偿，只能通过国家赔偿（行政程序）赔，不能提起附带民事诉讼要求赔偿，D 项错误。

需要说明的是，D 项有争议。非法搜查涉及《刑法》第 245 条规定：“非法搜查他人身体、住宅，或者非法侵入他人住宅的，处三年以下有期徒刑或者拘役。司法工作人员滥用职权，犯前款罪的，从重处罚。”一般非法搜查的就是国家工作人员，非国家工作人员一般构成非法侵入住宅，D 项没有说明非法搜查的是国家工作人员还是非国家工作人员，又因本题是单选题，单选选最佳答案，因此选 B 项。

综上所述，本题答案为 B 项。

第三节　附带民事诉讼的程序

【学习提要】

本节内容是附带民事诉讼的程序，考生应当重点掌握以下内容：附带民事诉讼提起的期间；附带民事诉讼在一审期间提起的处理；财产保全制度；当事人缺席的后果；附带民事诉讼的调解。

【法条依据】

《刑事诉讼法》第102条　人民法院在必要的时候，可以采取保全措施，查封、扣押或者冻结被告人的财产。附带民事诉讼原告人或者人民检察院可以申请人民法院采取保全措施。人民法院采取保全措施，适用民事诉讼法的有关规定。

《刑事诉讼法》第103条　人民法院审理附带民事诉讼案件，可以进行调解，或者根据物质损失情况作出判决、裁定。

《刑事诉讼法》第104条　附带民事诉讼应当同刑事案件一并审判，只有为了防止刑事案件审判的过分迟延，才可以在刑事案件审判后，由同一审判组织继续审理附带民事诉讼。

【知识点精讲】

一、附带民事诉讼的提起

（一）提起的期间

1. **原则：从立案到一审判决宣告之前提起**。

例外：第一审期间未提起附带民事诉讼，在**第二审期间提起**的，第二审人民法院可以依法进行**调解；调解不成**的，**告知**当事人可以在刑事判决、裁定生效后**另行提起民事诉讼**。

二、在侦查、审查起诉阶段提出赔偿要求的处理

1. 侦查、审查起诉期间，有权提起附带民事诉讼的人提出赔偿要求的，有两种处理方式：

（1）当事人双方达成和解协议并签署和解协议书。

（2）当事人双方在公安机关或人民检察院的主持下进行调解，调解达成协议并制作调解书。

2. 双方当事人在侦查、审查起诉期间已经达成和解协议并全部履行，被害人或者其法定代理人、近亲属**【到了审判阶段】**又提起附带民事诉讼的，人民法院**不予受理**，但**有证据证明和解违反自愿、合法原则的除外**。

3. 侦查、审查起诉期间，有权提起附带民事诉讼的人提出赔偿要求，经公安机关、人民检察院调解，当事人双方**已经达成协议**并**全部履行**，被害人或者其法定代理人、近亲属**【到了审判阶段】**又提起附带民事诉讼的，人民法院**不予受理**，但有证据证明调解**违反自愿、合法原则**的除外。

★★★★三、在一审期间提起附带民事诉讼的处理

（一）提起方式

1. 公民（口头或者书面）书写诉状确有困难的，可以口头起诉。

2. 检察院或单位（**书面**）。

（二）财产保全

1. **概念：**指对可能因被告人的行为或者其他原因，使附带民事判决难以执行的案件，司

法机关对被告人的财产采取一定的保全措施，从而保证附带民事判决能够得到执行。附带民事诉讼的财产保全包括两种情形：诉中保全和诉前保全。

2. **种类**

（1）**诉中保全**

①法院对可能因被告人的行为或者其他原因，使附带民事判决难以执行的案件，根据附带民事诉讼**原告人**[1]申请，法院**可以**裁定采取保全措施，**查封、扣押**或者**冻结**被告人的财产；

②附带民事诉讼原告人未提出申请的，必要时，法院也**可以**采取保全措施。

③【**担保要求**】人民法院采取诉中财产保全措施，**可以**责令申请人提供担保，申请人不提供担保的，裁定驳回申请。

④人民法院接受申请后，对情况紧急的，必须在48小时内作出裁定；裁定采取保全措施的，应当立即开始执行。

（2）**诉前保全**

①因**情况紧急**，不立即申请保全将会使其合法权益受到难以弥补的损害的，可以在提起附带民事诉讼前，向**被保全财产所在地、被申请人居住地**或者**对案件有管辖权的法院**申请采取保全措施。

②【**担保要求**】对于诉前财产保全，申请人**应当**提供担保，不提供担保的，裁定驳回申请。

③人民法院接受申请后，必须在48小时内作出裁定；裁定采取保全措施的，应当立即开始执行。

④申请人在人民法院受理刑事案件后15**日内未提起**附带民事诉讼的，人民法院应当**解除**保全措施。

【特别提示】人民法院采取财产保全措施，**适用《民事诉讼法》第103条至第107条的有关规定**，但民事诉讼法第104条第3款的规定除外。

①《民事诉讼法》第103条，第104条第1、2款规定：法院采取**诉中保全**，**可以**责令申请人提供担保，申请人不提供担保的，裁定驳回申请。法院采取**诉前保全**，申请人**应当**提供担保，不提供担保的，裁定驳回申请。

②《民事诉讼法》第105条规定，**保全限于请求的范围，或者与本案有关的财物**。

③《民事诉讼法》第106条规定，财产保全采取**查封、扣押、冻结或者法律规定的其他方法**。人民法院保全财产后，应当立即通知被保全财产的人。财产已被查封、冻结的，不得重复查封、冻结。

④《民事诉讼法》第107条规定，财产纠纷案件，被申请人提供担保的，人民法院应当裁定解除保全。

3. **保全方法**：人民法院可以采取的保全措施包括**查封、扣押与冻结**三种。

4. **保全对象**

财产保全的对象限于**被告人的财产**，非被告人的财产不得进行保全。人民法院保全财产后，应当立即通知被保全财产的人。财产已被查封、冻结的，不得重复查封、冻结。被申请人提供担保的，人民法院应当裁定解除保全。申请有错误的，申请人应当赔偿被申请人因保全所遭受的损失。

---

[1] 如果是人民检察院提起的附带民事诉讼，由于此时人民检察院就是原告人，因此人民检察院此时也可以申请法院采取保全措施。

（三）一审阶段附带民事诉讼的审理

1. **受理**

人民法院收到附带民事起诉状后，应当进行审查，并应当在7日内决定是否立案。符合法定条件的，应当受理；不符合的，**裁定**不予受理。

> **【特别提示】**人民法院受理附带民事诉讼后，应当在**5日**以内将附带民事起诉状副本**送达**附带民事诉讼被告人及其法定代理人，或者将口头起诉的内容**及时通知**附带民事诉讼被告人及其法定代理人，并**制作笔录**。

2. **审理**

（1）审理原则与组织

附带民事诉讼应当同刑事案件一并审判，只有为了防止刑事案件审判的过分迟延，才可以在刑事案件审判后，由**同一审判组织**继续审理附带民事诉讼。

（2）证明责任

附带民事诉讼当事人对自己提出的主张，有责任提供证据。

（3）调解：可以根据**自愿、合法**的原则进行调解。调解达成协议的，应当制作**调解书**。调解书经双方当事人签收后，即具有法律效力。调解达成协议并**即时履行完毕**的，**可以不制作**调解书，但应当制作笔录，经双方当事人、审判人员、书记员**签名**或者盖章后即发生法律效力。调解未达成协议或者调解书签收前当事人反悔的，附带民事诉讼应当同刑事诉讼**一并判决**。

3. **处理**

（1）当事人缺席的后果

①附带民事诉讼原告人经传唤，无正当理由拒不到庭，或者未经法庭许可中途退庭的，**应当按撤诉**处理。

②刑事被告人**以外**的附带民事诉讼被告人经传唤，无正当理由拒不到庭，或者未经法庭许可中途退庭的，附带民事部分**可以缺席判决**。

③刑事被告人**以外**的附带民事诉讼被告人**下落不明**，或者用公告送达以外的其他方式无法送达，可能导致刑事案件审判**过分迟延**的，**可以不将其列为**附带民事诉讼**被告人**，**告知**附带民事诉讼原告人**另行提起民事诉讼**。

（2）最后处理

①应当结合被告人赔偿被害人物质损失的情况认定其悔罪表现，并在量刑时予以考虑。追缴、退赔的情况，**可以**作为量刑情节考虑。

> **【特别提示】**附带民事诉讼被告人的亲友自愿代为赔偿的，**可以**准许，并可作为酌定量刑情节考虑。

②法院认定公诉案件被告人的行为**不构成犯罪**，对已经提起的附带民事诉讼，经调解不能达成协议的，**可以**一并作出刑事附带民事判决，也**可以告知**附带民事原告人**另行提起民事**诉讼。

四、附带民事诉讼的第二审程序（详见第十六章第二审程序）

【经典金题】

1. 韩某和苏某共同殴打他人，致被害人李某死亡、吴某轻伤，韩某还抢走吴某的手机。后韩某被抓获，苏某在逃。关于本案的附带民事诉讼，下列哪一选项是正确的？（2014 年卷二

第32题，单选）〔1〕

A. 李某的父母和祖父母都有权提起附带民事诉讼

B. 韩某和苏某应一并列为附带民事诉讼的被告人

C. 吴某可通过附带民事诉讼要求韩某赔偿手机

D. 吴某在侦查阶段与韩某就民事赔偿达成调解协议并全部履行后又提起附带民事诉讼，法院一般不予受理

2. 甲、乙殴打丙，致丙长期昏迷，乙在案发后潜逃，检察院以故意伤害罪对甲提起公诉。关于本案，下列哪些选项是正确的？（2016年卷二第71题，多选）〔2〕

A. 丙的妻子、儿子和弟弟都可成为附带民事诉讼原告人

B. 甲、乙可作为附带民事诉讼共同被告人，对故意伤害丙造成的物质损失承担连带赔偿责任

C. 丙因昏迷无法继续履行与某公司签订的合同造成的财产损失不属于附带民事诉讼的赔偿范围

D. 如甲的朋友愿意代为赔偿，法院应准许并可作为酌定量刑情节考虑

---

〔1〕【解析】本题综合考查附带民事诉讼成立条件中的附带民事诉讼原告人、附带民事诉讼被告人、附带民事诉讼的赔偿范围以及附带民事诉讼程序。

A项：关于附带民事诉讼原告人，根据规定，被害人死亡或者丧失行为能力的，其法定代理人、近亲属可以提起附带民事诉讼。此时，被害人的法定代理人、近亲属就是原告人。而近亲属的范围是上、下、左、右（即父母、子女、夫妻、同胞兄弟姐妹）。本案中，被害人李某死亡，因此其近亲属可以提起附带民事诉讼。但是近亲属的范围不包括祖父母，因此A项错误。

B项：关于附带民事诉讼被告人。根据规定，共同犯罪案件，同案犯在逃的，不应列为附带民事诉讼被告人。本案中，共同犯罪人苏某在逃，因此苏某不能列为附带民事诉讼的共同被告人，B项错误。

C项：关于附带民事诉讼的赔偿范围。6种情形不能提起附带民事诉讼，即使提起，法院也不予受理（详见上文考点归纳）。其中第4种就是赃物、赃款不能提。本案中，手机是赃物，因此不能提附带民事诉讼赔偿。C项错误。

D项：关于附带民事诉讼程序。根据规定，侦查、审查起诉期间，有权提起附带民事诉讼的人提出赔偿要求，经公安机关、人民检察院调解，当事人双方已经达成协议并【全部履行】，被害人或者其法定代理人、近亲属到了审判阶段又提起附带民事诉讼的，人民法院不予受理，但有证据证明调解违反自愿、合法原则的除外。据此，吴某在侦查阶段与韩某就民事赔偿达成调解协议并【全部履行】后又提起附带民事诉讼，不予受理是原则，例外情况下，即有证据证明调解违反自愿、合法原则，可以受理。因此，D项正确。

综上所述，本题答案为D项。

〔2〕【解析】本题综合考查附带民事诉讼成立条件中的附带民事诉讼原告人、附带民事诉讼被告人、附带民事诉讼的赔偿范围以及附带民事诉讼程序。实际上，本题与2014年的真题【1402032】如出一辙。

A项：关于附带民事诉讼原告人，根据规定，被害人死亡或者丧失行为能力的，其法定代理人、近亲属可以提起附带民事诉讼。此时，被害人的法定代理人、近亲属就是原告人。而近亲属的范围是上、下、左、右（即父母、子女、夫妻、同胞兄弟姐妹）。本案中，被害人丙长期昏迷，意味着丧失行为能力，因此其近亲属可以提起附带民事诉讼，丙的妻子、儿子和弟弟都属于丙的近亲属，因此都可以成为附带民事诉讼原告人。A项正确。

B项：关于附带民事诉讼被告人。根据规定，共同犯罪案件，同案犯在逃的，不应列为附带民事诉讼被告人。逃跑的同案犯到案后，被害人或者其法定代理人、近亲属可以对其提起附带民事诉讼，但已经从其他共同犯罪人处获得足额赔偿的除外。本案中，共同犯罪人乙潜逃，因此乙不能列为附带民事诉讼的共同被告人，B项错误。

C项：关于附带民事诉讼的赔偿范围。6种情形不能提起附带民事诉讼（详见1502030第二段解析）本案中，丙因昏迷无法继续履行与某公司签订的合同造成的财产损失属于典型的可期待收益的损失，因此不属于附带民事诉讼的赔偿范围，C项正确。

D项：关于附带民事诉讼程序。根据规定，附带民事诉讼被告人的亲友自愿代为赔偿的，是“可以”准许，并可作为酌定量刑情节考虑。据此，D项中法院“应”准许的说法是错误的，D项错误。【需要指出的是，本选项属于旧题新做。因为根据2021年之前的司法解释，亲友自愿代为赔偿的，法院是“应当”准许，因此当年官方公布答案中D项正确。但2021年《刑诉解释》将原来的“应当”改为“可以”了，因此旧题新做，现在只能按“可以”回答。】

综上所述，本题答案为AC项。

3. 甲系某地交通运输管理所工作人员，在巡查执法时致一辆出租车发生重大交通事故，司机乙重伤，乘客丙当场死亡，出租车严重受损。甲以滥用职权罪被提起公诉。关于本案处理，下列哪一选项是正确的？（2017 年卷二第 28 题，单选）[1]

A. 乙可成为附带民事诉讼原告人

B. 交通运输管理所可成为附带民事诉讼被告人

C. 丙的妻子提起附带民事诉讼的，法院应裁定不予受理

D. 乙和丙的近亲属可与甲达成刑事和解

【主观题点睛】

对于被害人提起的附带民事诉讼，法院应当如何处理？

根据刑事诉讼法及相关司法解释规定，法院可以根据**自愿、合法**的原则进行**调解**。经调解达成协议的，应当制作调解书。调解书经双方当事人签收后，即具有法律效力。调解达成协议并即时履行完毕的，可以不制作调解书，但应当制作笔录，经双方当事人、审判人员、书记员签名或者盖章后即发生法律效力。调解未达成协议或者调解书签收前当事人反悔的，附带民事诉讼应当同刑事诉讼一并判决。

---

[1] 【解析】本题考查的是附带民事诉讼的赔偿范围。

6 种情形不能提起附带民事诉讼。本题破解的关键在于须定位清楚本案涉及的滥用职权罪是职务犯罪，一旦定位清楚，问题就迎刃而解了。

ABC 项：由于本案是交通运输管理所的工作人员甲“在巡查执法时”的犯罪，以滥用职权罪这一职务犯罪被提起公诉，因此属于职务犯罪，属于不能提起附带民事诉讼的情形，如果提起的，法院应不予受理。据此，AB 项错误，C 项正确。

D 项：关于当事人和解的公诉案件诉讼程序（又称为公诉案件的刑事和解制度），公诉案件的刑事和解只能适用于平等主体之间的犯罪，职务犯罪是利用职权实施的，因此不属于平等主体之间的犯罪，因此职务犯罪不能适用刑事和解。据此 D 项错误。（由于当事人和解的公诉案件诉讼程序在第二十章才会详细讲解，考生如果因为还未复习到第二十章而导致 D 项出错的话，不必太过于在意。）

综上所述，本题答案为 C 项。

第十章　期间、送达

【复习提要】

刑事诉讼的期间，是指公安司法机关和诉讼参与人完成某项刑事诉讼行为必须遵守的法定期限。期间和期日属于不同的概念，不能混淆。关于期间，考生应当掌握期间的计算（包括一般计算、特殊计算、重新计算）、不计入办案期限的情形、期间的恢复等内容。

刑事诉讼的送达，是指人民法院、人民检察院和公安机关依照法定程序和方式，将诉讼文件送交诉讼参与人、有关机关和单位的诉讼活动。送达并非是刑事诉讼法的重点内容，考生对送达的方式有所了解即可。

【知识框架】

- 期间、送达
  - 期间
    - 期间的概念
    - 期间与期日的区别
    - 期间的计算
      - 一般计算★★★
      - 特殊计算★★★
      - 期间的重新计算★★★
      - 期间的恢复★★★
      - 不计入办案期限★★★
  - 送达
    - 送达的概念
    - 送达的方式
      - 直接送达
      - 留置送达
      - 委托送达
      - 邮寄送达
      - 转交送达
    - 送达回证

第一节　期　间

【学习提要】

本节内容为期间，关于期间，考生应当重点掌握期间的计算以及期间的恢复。

【法条依据】

《刑事诉讼法》第105条　期间以时、日、月计算。

期间开始的时和日不算在期间以内。

法定期间不包括路途上的时间。上诉状或者其他文件在期满前已经交邮的，不算过期。

期间的最后一日为节假日的，以节假日后的第一日为期满日期，但犯罪嫌疑人、被告人或者罪犯在押期间，应当至期满之日为止，不得因节假日而延长。

《刑事诉讼法》第106条　【期间恢复】

当事人由于不能抗拒的原因或者有其他正当理由而耽误期限的，在障碍消除后五日以内，可以申请继续进行应当在期满以前完成的诉讼活动。

前款申请是否准许，由人民法院裁定。

【知识点精讲】

一、期间的概念

刑事诉讼的期间，是指公安司法机关和诉讼参与人完成某项刑事诉讼行为必须遵守的法定期限。刑事诉讼期间分为法定期间和指定期间两种。

法定期间，是指由法律明确规定的期间，按照涉及的诉讼制度和诉讼阶段主要分为辩护与代理期间、强制措施期间、侦查羁押期间、审查起诉期间、一审程序期间、上诉与抗诉期间、二审程序期间、再审程序期间、执行期间等。

指定期间，是指由公安司法机关指定的期间。

刑事诉讼期间不能随意确定，需要考虑以下因素：（1）保证查明犯罪事实，正确处理案件；（2）能够及时惩罚犯罪；（3）保障公民依法行使诉讼权利；（4）督促公安司法机关提高办案效率，保障公民合法权利。

公安司法机关和诉讼参与人都应当严格遵守刑事诉讼法关于期间的规定，只有在规定期间内所进行的诉讼活动才是有效的。公安司法机关违反法定期间属于违法行为，将产生相应的法律后果。

二、期间与期日的区别

（一）期日的概念

期日是指公安司法机关和诉讼参与人共同进行刑事诉讼活动的特定时间。《刑事诉讼法》对期日未作具体规定，在诉讼实践中，由公安机关、人民检察院、人民法院根据法律规定的期间和案件的具体情况予以指定。

（二）期间与期日的区别

期间与期日都是刑事诉讼中规范时间的规定，但二者也存在一定的区别：

1. 时间跨度的不同

期间是指一定时间内的时间，即由一个期日起至另一个期日止的一段时间。期日是一个特定的时间单位，如某日、某时。

2. 参与形式的不同

期间是指公安司法机关和诉讼参与人各自单独进行某项诉讼活动的时间。期日是公安司法机关和诉讼参与人共同进行某项刑事诉讼活动的时间。

3. 指定主体的不同

期间原则上由法律规定，不得任意变更。期日由公安司法机关指定，遇到重大理由时，可以另行指定期日。

4. 终止时间确定的不同

期间在具体案件中一旦确定开始时间，终止的时间也随之确定。期日只规定开始的时间，不规定终止的时间。

5. 开始后的要求不同

期间开始后不要求立即实施，只要是在期间届满之前实施都是有效的。期日开始后必须立即实施或者开始某项诉讼活动。

★三、期间的计算

（一）期间的一般计算与特殊计算

《刑事诉讼法》第105条规定："期间以时、日、月计算。期间开始的时和日不算在期间以内。法定期间不包括路途上的时间。上诉状或者其他文件在期满前已经交邮的，不算过期。期间的最后一日为节假日的，以节假日后的第一日为期满日期，但犯罪嫌疑人、被告人或者罪犯在押期间，应当至期满之日为止，不得因节假日而延长。"根据此规定，期间的一般计算与特殊计算内容如下：

1. 计算单位

期间以时、日、月为计算单位。

2. 计算方法

（1）时的一般计算：以时为计算单位的，开始的时不计算在期间以内，从下一个整点起算。

①例如，某个犯罪嫌疑人是某日8点30分被逮捕的，那么相关机关将逮捕的原因和羁押场所通知其家属的时间应从该日9点起开始起算，即8点30分逮捕的，最晚在第二日9点整之前通知其家属。

②以时为计算单位的，如果某个犯罪嫌疑人是某日8**点整被逮捕**的，那么相关机关将逮捕的原因和羁押场所通知其家属的时间应从该日8**点整起开始起算**。换言之，最晚应当在第二日的8点整之前通知其家属。

（2）日的一般计算：以日计算的，开始之日不计算在期间以内，应当从次日起开始计算。

①例如，根据刑事诉讼法的规定，被告人针对刑事判决书不服的上诉期是10日。被告人在5月15日收到判决书，其上诉期限从5月16日起开始起算，上诉期限截至5月25日。也就是说，5月25日这一日为被告人最后有权上诉的时间，如果这一日被告人不上诉，则过了这一日，被告人就丧失上诉权。由于开始的时和日都不算，因而这两种计量单位之间不能互相换算。例如，拘留犯罪嫌疑人后，公安机关应当在24小时以内对其进行讯问，不可以用1日代替。

②《刑诉解释》第386条规定："在上诉、抗诉期满前撤回上诉、抗诉的，第一审判决、裁定在上诉、抗诉期满之日起生效。"据此，如果上诉期最后一日没有上诉或者撤回上诉的，上诉期满的第二日（5月26日）是被告人丧失上诉权，不能再上诉的时间，但是该判决书的生效时间则是上诉期满之日（5月25日）。

（3）月的一般计算

以月计算的，根据司法解释的相关规定，规则是：

①按公历月计算，不分大月、小月，开始月和开始月的开始日都计算在期间内，自本月某日至下月某日为1个月。例如，4月20日收案至5月20日为1个月的审理期限。

②如果期满日相当于开始月的某日实际不存在，应当将期满日向前迁移，亦即以期满月的最后一日为期满日，而不得向后顺延到再下一个月。例如，1月30日开始补充侦查，期满之日本应为2月30日，但是由于2月没有30日，所以，此时的期满之日应是当年2月的最后一日，即28日或者29日。

③遇有以半月为期的，不分大、小月，均以15天计，不受当月实际天数的影响。

（4）以年计算的刑期

自本年本月某日至次年同月同日的**前一日**为一年；次年同月同日不存在的，自本年本月某日至次年同月**最后一日**的**前一日**为一年。以月计算的刑期，自本月某日至下月同日的**前一日**为一个月；刑期起算日为本月最后一日的，至下月最后一日的**前一日**为一个月；下月同日不存在的，自本月某日至下月最后一日的**前一日**为一个月；半个月一律按15日计算。

①**问：**某罪犯于2018年3月31日开始执行1年有期徒刑，那么该罪犯应于何日被释放？

答：2019年3月30日。

②**问：**某罪犯于2018年2月29日开始执行1年有期徒刑，那么该罪犯应于何日被释放？

答：2019年2月27日。

③**问：**某罪犯于2019年3月16日开始执行7个月有期徒刑，那么该罪犯应于何日被释放？

答：2019年10月15日。

④**问：**某罪犯于2019年6月30日开始执行2个月有期徒刑（仅为假设），那么该罪犯应于何日被释放？

答：2019年8月30日。

⑤**问：**某罪犯于2019年12月30日开始执行2个月有期徒刑（仅为假设），那么该罪犯应于何日被释放？

答：2020年2月27日。

（5）期间的特殊计算

①期间的最后一日为法定节假日的，以节假日后的第一个工作日为期间届满的日期。但犯罪嫌疑人、被告人或者罪犯在押期间，应当至期满之日为止，不得因节假日而延长。

例如，被告人上诉的期间届满之日为10月1日，则应顺延至国庆节后的第一个工作日。但是，对于犯罪嫌疑人、被告人或者罪犯在押期间，应当至期间届满之日为止，不得因节假日而延长在押期间至节假日后的第一个工作日。例如，对犯罪嫌疑人侦查羁押期限届满，应当释放在押犯罪嫌疑人的日期是10月1日，则应当天释放，而不能顺延至节后的第一个工作日。

②对于法定期间的计算，不包括路途上的时间

首先，上诉状或者其他文件在期满前已经交邮的，即使文书到达司法机关时已经超过了法定期限，仍然应当认定为没有超期。上诉状或者其他文件是否在法定期限内交邮以邮戳为准。

其次，这一规定同样适用于公安司法机关。例如，缉捕犯罪嫌疑人，如果从外地押解至侦查机关所在地需要2天时间，则24小时内讯问犯罪嫌疑人和通知其家属的法定期间应当扣除2天。此外，有关诉讼文书材料在公安司法机关之间传递过程中的时间，也应当在法定期间内予以扣除。

【举例】（1）**问：**假如由甲市侦查机关负责侦办的某案犯罪嫌疑人逃逸至乙市，该犯罪嫌疑人于3月9日上午8：30在乙市被抓获，在同一天下午3：30押解回甲市，最晚何时将犯罪嫌疑人送往看守所？

答：路途时间不计算在内，因此从下午3：30开始计算，但“时”要从下一个整点计算。因此要在3月10日下午4：00前将犯罪嫌疑人送往看守所。

（2）**问：**假如被告人6月15日收到一审刑事判决书，该被告人于6月24日将上诉状投递进邮局并盖戳，该上诉状于6月28日送达至二审法院。那么该被告人有没有丧失上诉权？

答：没有丧失，上诉时间以盖戳为准，即6月24日，6月24～28日的路途时间不计算在内。

（3）**问：**假如被告人6月15日收到一审刑事判决书（6月25日为星期六），那么被告人最晚在哪一日进行上诉？

答：6月27日为最后上诉期限。

（4）**问：**如果某案犯罪嫌疑人在3月1日被逮捕，那么最晚要在哪一天变更犯罪嫌疑人的强制措施或者将其释放？（假设五一假期为5日）

答：5月1日，因为“在押期间不得因节假日而延长”

【经典金题】

卢某妨害公务案于2016年9月21日一审宣判，并当庭送达判决书。卢某于9月30日将上诉书交给看守所监管人员黄某，但黄某因忙于个人事务直至10月8日上班时才寄出，上诉书于10月10日寄到法院。关于一审判决生效，下列哪一选项是正确的？（2017年卷二第29题，单选）〔1〕

A. 一审判决于9月30日生效

B. 因黄某耽误上诉期间，卢某将上诉书交予黄某时，上诉期间中止

C. 因黄某过失耽误上诉期间，卢某可申请期间恢复

D. 上诉书寄到法院时一审判决尚未生效

（二）期间的恢复、重新计算和不计入办案期限

1. 期间的恢复

（1）概念

期间的恢复，是指当事人由于不能抗拒的原因或者有其他正当理由而耽误期限的，在障碍消除后5日以内，可以申请继续进行应当在期满以前完成的诉讼活动的一种补救措施。

【特别提示】期间的恢复仅适用于当事人的期限。

（2）条件

期间的恢复必须具备以下条件：

①**当事人**提出恢复期间的申请。

②期间的耽误是由于**不能抗拒**的原因或有其他正当理由。例如，发生地震、洪水、台风、战争、大火等当事人本身无法抗拒的原因或者是当事人发生车祸、突患严重疾病等情况，使当事人无法进行诉讼行为。

③**当事人的申请应当在障碍消除后的5日以内提出。**

④期间恢复的申请经**人民法院裁定**批准。

2. 期间的重新计算

（1）概念

期间的重新计算，是指由于发生了法定的情况，原来已进行的期间归于无效，而从新发生情况之时起计算期间。

【特别提示】重新计算期间仅适用于公安司法机关的办案期限。

---

〔1〕【解析】本题综合考查期间的一般计算。

ABCD项：根据规定，不服一审判决，上诉的期限为10日。首先，日的一般计算，开始的日不计算在内，从次日起算。本案中，被告人是9月21日收到一审判决书，因此从9月22日开始算上诉的10天期限。

其次，10月1日处于“十一”黄金周放假时间，根据规定，期间的最后一日为节假日的，以节假日后的第一日为期满日期，亦即顺延至节后第一个工作日为最后一日。因为10月8日为节后的第一个工作日，因此被告人最晚可以在10月8日这一天上诉，即被告人在10月8日这一天仍然有权上诉。

最后，监管人员恰好是在10月8日这一天寄出被告人卢某的上诉书的，虽然上诉书是10月10日寄到法院，但是根据“法定期间不包括路途上的时间”，亦即从10月8日至10月10日这段路途时间不计算在内，据此，被告人卢某在本案中真正上诉的时间为10月8日，是在上诉期内提出的上诉，因此能够成功引起二审程序，导致一审判决不能生效。因此，ABC项错误，D项正确。

综上所述，本题答案为D项。

（2）**适用情形**

①在侦查期间，发现犯罪嫌疑人另有重要罪行的，自发现之日起，依法重新计算侦查羁押期限。

【特别提示】①“另有重要罪行”是指与逮捕时的罪行不同种的重大犯罪以及同种犯罪并将影响罪名认定、量刑档次的重大犯罪。②重新计算侦查羁押期限，直接由公安机关决定，不再经人民检察院批准，但须报人民检察院备案，人民检察院可以进行监督。

②补充侦查完毕移送检察院后，检察院重新计算审查起诉期限。

③补充侦查完毕移送法院后，法院重新计算审理期限。

④改变管辖的案件，从改变后的法院收到案件之日起计算审理期限。

⑤改变管辖的案件，从改变后的检察院收到案件之日起计算审查起诉期限。

⑥二审发回原审法院重新审判的案件，原审法院从收到发回的案件之日起，重新计算审理期限。

⑦简易程序转为普通程序审理的案件，审理期限应当从决定转为普通程序之日起计算。

⑧速裁程序决定转为普通程序或者简易程序审理的案件，审理期限应当从作出决定之日起计算。

3. **期间不计入办案期限**

期间不计入办案期限仅适用于公安司法机关的办案期限。包括：

（1）犯罪嫌疑人**不讲真实姓名、住址，身份不明**的，侦查羁押期限自查清其身份之日起计算，但是不得停止对其犯罪行为的侦查取证。

（2）犯罪嫌疑人、被告人在押的案件，对他们做**精神病鉴定的期间**，不计入办案期限。除此以外的其他鉴定时间都应当计入办案期限。

（3）**中止审理**的期限不计入审理期限。

（4）**决定开庭审理的第二审公诉案件**，自通知人民检察院查阅案卷后的第 2 日起，人民检察院应当在 1 个月内查阅完毕。**检察院阅卷的时间**不计入审理期限。

（5）对于公安机关移送的**没收违法所得**案件，人民检察院经审查认为需要补充证据的，**公安机关补充证据**的时间不计入人民检察院办案期限。

（6）审理申请没收违法所得案件，公告期间和请求刑事司法协助的时间不计入审理期限。

（7）对于监察机关移送起诉的已采取留置措施的案件，人民检察院应当对犯罪嫌疑人先行拘留，留置措施自动解除。人民检察院应当在拘留后的 10 日以内作出是否逮捕、取保候审或者监视居住的决定。在特殊情况下，决定的时间可以延长 1 日至 4 日。人民检察院决定采取强制措施的期间不计入审查起诉期限。

第二节　送　达

【学习提要】

送达并非刑事诉讼法的重点内容，考生对送达的方式有所了解即可。

【法条依据】

《刑事诉讼法》第 107 条　送达传票、通知书和其他诉讼文件应当交给收件人本人；如果本人不在，可以交给他的成年家属或者所在单位的负责人员代收。

收件人本人或者代收人拒绝接收或者拒绝签名、盖章的时候，送达人可以邀请他的邻居或者其他见证人到场，说明情况，把文件留在他的住处，在送达证上记明拒绝的事由、送达的日期，由送达人签名，即认为已经送达。

【知识点精讲】

一、概念

刑事诉讼中的送达，是指**人民法院、人民检察院和公安机关**依照法定程序和方式，将**诉讼文件**送交**诉讼参与人、有关机关和单位**的诉讼活动。其实质是司法机关的告知行为。

二、送达的方式

送达的方式和程序是法定的，有关机关没有按照法定程序送达的，属于程序违法。根据《刑事诉讼法》和相关司法解释的规定，我国刑事诉讼中的送达方式有以下几种：

1. 直接送达

又称交付送达，即公安司法机关指派专人将诉讼文书直接送交收件人的行为。收件人本人亲自签收以及本人不在时，由其**成年家属**或者**单位负责人**代为签收，都属于直接送达。

2. 留置送达

在收件人本人或者代收人拒绝签收向其送达的诉讼文书时，公安司法机关的送达人依法将文件留在收件人或代收人住处的送达方式。

（1）条件：收件人或代收人拒绝签收是留置送达的必要条件。

（2）程序：收件人或者代收人拒绝签收的，送达人可以邀请**见证人到场**，说明情况，在送达回证上注明拒收的事由和日期，由送达人、见证人签名或者盖章，将诉讼文书留在收件人、代收人的住处或者单位；也可以把诉讼文书留在受送达人的住处，并采用拍照、录像等方式记录送达过程，即视为送达。

（3）效力：诉讼文件的留置送达与交给收件人或代收人具有同样的法律效力。

【特别提示】①收件人或者代收人拒绝签收的，也可以把诉讼文书留在受送达人的住处，并采用拍照、录像等方式记录送达过程，即视为送达。②调解书不适用留置送达。

3. 委托送达

公安司法机关直接送达诉讼文书有困难的，委托收件人所在地的公安司法机关代为交给收件人的送达方式。

【特别提示】委托送达的前提是，收件人所在地与送达主体的所在地不一致，直接送达有困难。

4. 邮寄送达

公安司法机关在直接送达有困难的情况下，通过邮局将诉讼文书、送达回证用挂号邮寄给收件人的送达方式。

【特别提示】①通过邮局以挂号信的方式将需送达文书邮寄给受送达人。签收日期为送达日期。②人民法院向域外居住的当事人送达文书的，受送达人所在国法律允许的，可以邮寄送达。自邮寄之日起满3个月，送达回证未退回，但根据各种情况足以认定已经送达的，视为送达。

5. **转交送达**

公安司法机关将诉讼文书交收件人所在机关、单位代收后再转给收件人的送达方式。这种送达方式通常适用于**军人、正在接受专门矫治教育等的人或者正在服刑的人**。

【特别提示】 军人，通过所在部队团级以上单位的政治部门转交；服刑人员，通过所在监狱或者其他执行机关转交；正在接受专门矫治教育等的人，可以通过相关机构转交。

第十一章　立　案

【复习提要】

立案在我国刑事诉讼中具有特殊的意义，是开启刑事诉讼程序的标志。立案是我国刑事诉讼程序独立的诉讼阶段。本章主要考查立案的材料来源、立案的条件、立案程序和立案监督（尤其是不立案的监督）等几个问题。考生应当掌握报案、控告、举报的区别；立案的条件；重点掌握被害人对不立案的救济途径，特别是控告人身份的被害人对公安机关不立案的救济途径，以及人民检察院对公安机关不立案的监督。

【立案程序的流程图】

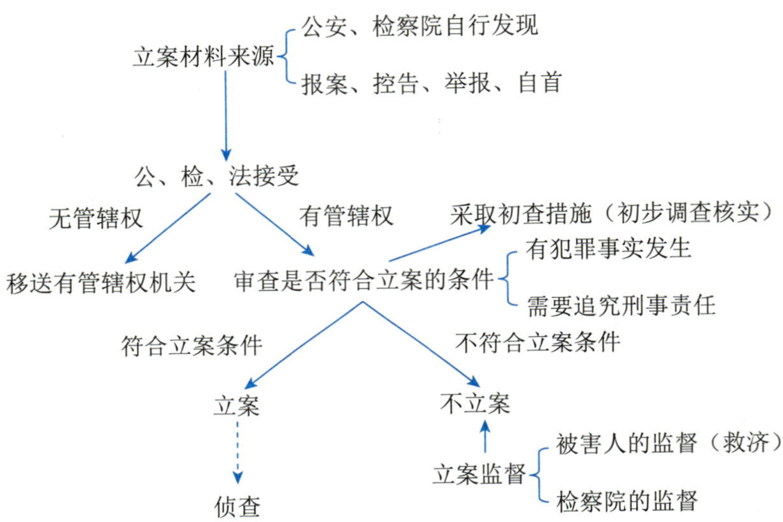

【知识框架】

- 立案
  - 立案的概念
  - 立案的材料来源
    - 公安、检察院自行发现
    - 报案、控告、举报、自首★★★★
  - 立案的条件
    - 有犯罪事实发生
    - 需要追究刑事责任
  - 立案的程序
    - 立案材料的接受与处理
    - 初查措施
    - 处理结果
  - 立案监督
    - 被害人监督（救济）
    - 检察院监督

第一节　立案的概念及立案材料的来源

【学习提要】

本节作为立案的基本知识，考生须辨清报案、举报、控告的区别。

【法条依据】

《刑事诉讼法》第 110 条　任何单位和个人发现有犯罪事实或者犯罪嫌疑人，有权利也有义务向公安机关、人民检察院或者人民法院报案或者举报。

被害人对侵犯其人身、财产权利的犯罪事实或者犯罪嫌疑人，有权向公安机关、人民检察院或者人民法院报案或者控告。

公安机关、人民检察院或者人民法院对于报案、控告、举报，都应当接受。对于不属于自己管辖的，应当移送主管机关处理，并且通知报案人、控告人、举报人；对于不属于自己管辖而又必须采取紧急措施的，应当先采取紧急措施，然后移送主管机关。

犯罪人向公安机关、人民检察院或者人民法院自首的，适用第三款规定。

【知识点精讲】

一、立案的概念

（一）概念

立案是指公安机关、人民检察院、人民法院对自己发现的案件材料和报案、控告、举报、自首等方面的材料，依照管辖范围进行审查，以判断是否确有犯罪事实存在和是否应追究刑事责任，并依法**决定是否作为刑事案件进行侦查**或者**审判**的一种诉讼活动。

（二）特征

立案是刑事诉讼一个独立的诉讼阶段，具有三项特征：

第一，立案是刑事诉讼的起始程序。立案程序是**整个刑事诉讼的开始**。

第二，立案是刑事诉讼的必经程序。刑事诉讼包括立案、侦查、审查起诉、审判、执行五个阶段，任何刑事案件进入刑事诉讼程序都必须经过立案阶段。但是，**不是每一个刑事案件都必须经过五个诉讼阶段**。例如，自诉案件不需要经过侦查阶段，由被害人直接向人民法院起诉；还有些案件，在人民检察院作出不起诉决定后，即告终结，就不需要经过审判和执行程序。

第三，立案是法定机关的专门活动。例如，侦查立案是法律赋予侦查机关的专属权力，其他任何机关或个人都无权立案。

二、立案的材料来源

立案的材料来源，是指公安司法机关获取有关犯罪事实以及犯罪嫌疑人情况的材料的渠道或途径。根据法律规定和司法实践，立案的材料来源主要有：

1. 公安机关、人民检察院等侦查机关自行发现的犯罪事实或获得的犯罪线索。

> 【特别提示】这里的主体不包括人民法院，因为法院遵循不告不理原则，不能主动追究犯罪。

2. 报案：报案是指**单位和个人以及被害人**发现有犯罪事实发生，但**尚不知犯罪嫌疑人为何人**时，向公安机关、人民检察院、人民法院告发的行为。

3. 举报：举报是指**单位和个人**对其发现的犯罪事实或者犯罪嫌疑人向公安机关、人民检察院和人民法院进行告发、揭露的行为。

4. 控告：控告指**被害人**（包括自诉人和被害单位）就其人身权利、财产权利遭受不法侵害的事实及犯罪嫌疑人的有关情况，向公安司法机关揭露和告发，要求依法追究其刑事责任的诉讼行为。

5. 自首：自首是指犯罪嫌疑人作案以后自动投案，如实供述自己罪行，并接受公安司法机关的审查和裁判的行为。

6. 其他来源。

考点归纳：报案、举报、控告的区别			
	报案	举报	控告
主体	所有人	被害人以外的人	被害人
内容	不知道犯罪嫌疑人是谁	知道犯罪嫌疑人是谁	知道犯罪嫌疑人是谁

【特别提示】由报案、举报、控告的区别可以看出来，被害人在刑事诉讼中有可能是报案人身份，也有可能是控告人身份。考生需要注意，被害人的报案人身份与控告人身份不同，导致诉讼权利也不同。关于被害人报案人与控告人身份导致的诉讼权利差异，请参见本章“立案监督”的内容。

第二节　立案的条件

【学习提要】

本节考生须掌握公诉案件的立案条件，偶尔会和其他知识点搭配在一起成为某个选择题中的一个选项。

【法条依据】

《刑事诉讼法》第 112 条　人民法院、人民检察院或者公安机关对于报案、控告、举报和自首的材料，应当按照管辖范围，迅速进行审查，认为有犯罪事实需要追究刑事责任的时候，应当立案；认为没有犯罪事实，或者犯罪事实显著轻微，不需要追究刑事责任的时候，不予立案，并且将不立案的原因通知控告人。控告人如果不服，可以申请复议。

【知识点精讲】

一、公诉案件的立案条件

公诉案件中，立案必须同时满足以下两个条件：一是**有犯罪事实发生**，称为事实条件；二是**需要追究刑事责任**，称为法律条件。

（一）事实条件：有犯罪事实发生

1. 有犯罪事实，是指客观上**发生了某种危害社会的犯罪行为**。这是立案的首要条件，如果没有犯罪事实发生，也就谈不上立案的问题了。

2. 立案只是追究犯罪的开始，“有犯罪事实”**仅要求有犯罪行为发生即可，至于整个犯罪的过程、犯罪的具体情节、犯罪人是谁等，不要求在立案阶段全部弄清楚，**这些问题应当通过立案后的侦查或审判活动来解决。

（二）法律条件

查明有无《刑事诉讼法》第16条规定的不予追究刑事责任的情形，如果没有该条规定的情形，就可以立案。

【特别提示】《刑事诉讼法》第16条规定：有下列情形之一的，不追究刑事责任，已经追究的，应当撤销案件，或者不起诉，或者终止审理，或者宣告无罪：(1) 情节显著轻微、危害不大，不认为是犯罪的；(2) 犯罪已过追诉时效期限的；(3) 经特赦令免除刑罚的；(4) 依照《刑法》告诉才处理的犯罪，没有告诉或者撤回告诉的；(5) 犯罪嫌疑人、被告人死亡的；(6) 其他法律规定免予追究刑事责任的。

二、自诉案件的立案条件

自诉案件的立案，因法院立案后不经侦查和审查起诉程序，直接进行审判程序，所以其条件比公安、检察院的立案条件要严格，**除遵守公诉案件的两个条件外，还应具备下列条件：**

1. 属于刑事自诉案件的范围。
2. 属于该人民法院管辖。
3. 有刑事案件的被害人及符合法定条件其他人的告诉。**如果被害人死亡、丧失行为能力或因受强制、恐吓等无法告诉，或者是限制行为能力人及因年老、患病、盲、聋、哑等不能亲自告诉，其法定代理人、近亲属告诉或者代为告诉的，**人民法院应当依法受理。
4. 有明确的被告人、具体的诉讼请求和能证明被告人犯罪事实的证据。

第三节　立案的程序

【学习提要】

本节在法考客观题中较易出现，考生须掌握对立案材料接受的程序以及对立案材料如何进行审核。

【法条依据】

《公安部规定》第174条　对接受的案件，或者发现的犯罪线索，公安机关应当迅速进行审查。发现案件事实或者线索不明的，必要时，**经办案部门负责人批准，可以进行调查核实。**

调查核实过程中，公安机关可以依照有关法律和规定采取**询问、查询、勘验、鉴定和调取证据材料等不限制被调查对象人身、财产权利的措施**。但是，**不得对被调查对象采取强制措施，不得查封、扣押、冻结被调查对象的财产，不得采取技术侦查措施。**

【知识点精讲】

立案程序，是指立案阶段中各种诉讼活动的步骤和形式。根据刑事诉讼法的规定，立案程序包括对立案材料的接受、审查和处理。

一、对立案材料的接受

1. **公安机关、人民检察院或者人民法院**对于报案、控告、举报，都应当接受。

【特别提示】对立案材料的必须接受的主体仅限于公、检、法。也就是说，如果报案人向工商局报案，工商局是不能接受立案材料的。

2. 对于**不属于自己管辖的，应当移送主管机关处理**，并且通知报案人、控告人、举报人；对于不属于自己管辖而又必须采取紧急措施的，应当先采取紧急措施，然后移送主管机关。

3. 报案、控告和举报可以用**书面**或**口头**形式提出。接受口头报案、控告和举报的工作人员，应当写成笔录，经宣读无误后，由报案人、控告人、举报人签名或者盖章。向人民法院提出自诉、上诉、申诉、申请等的，应当以书面形式提出。书写有困难的，除另有规定的以外，可以口头提出，由人民法院工作人员制作笔录或者记录在案，并向口述人宣读或者交其阅读。（《刑诉解释》第651条）

4. 接受控告、举报的工作人员应当向控告人、举报人说明诬告应负的法律责任。

5. 公安司法机关应当为报案人、控告人、举报人保密，并保障**他们及其近亲属的安全**。报案人、控告人、举报人如果不愿意公开自己的姓名和报案、控告、举报的行为，应当为他们保密。

二、对立案材料的审查

（一）迅速审查原则

对接受的案件，或者发现的犯罪线索，公安机关应当迅速进行审查。

（二）审查的内容

1. 是否有犯罪事实发生；2. 是否需要追究刑事责任。

★★★★（三）审查可采取的措施：初查措施（调查核实）

（1）人民检察院直接受理侦查案件的线索，由负责侦查的部门统一受理、登记和管理。负责控告申诉检察的部门接受的控告、举报，或者本院其他办案部门发现的案件线索，属于人民检察院直接受理侦查案件线索的，应当在7日以内移送负责侦查的部门。负责侦查的部门对案件线索进行审查后，认为属于本院管辖，**需要进一步调查核实的，应当报检察长决定。**（《最高检规则》第166条）

（2）对接受的案件，或者发现的犯罪线索，公安机关应当迅速进行审查。发现案件事实或者线索不明的，必要时，**经办案部门负责人批准，可以进行调查核实**。调查核实过程中，公安机关可以依照有关法律和规定采取**询问、查询、勘验、鉴定和调取证据材料**等**不限制被调查对象人身、财产权利的措施**。但是，**不得对被调查对象采取强制措施，不得查封、扣押、冻结被调查对象的财产，不得采取技术侦查措施**。（《公安部规定》第174条）

（3）调查核实**一般不得**接触被调查对象。必须接触被调查对象的，应当经**检察长**批准。（《最高检规则》第168条）

（4）进行调查核实，可以采取询问、查询、勘验、检查、鉴定、调取证据材料等不限制被调查对象人身、财产权利的措施。**不得对被调查对象采取强制措施，不得查封、扣押、冻结被调查对象的财产，不得采取技术侦查措施。**（《最高检规则》第169条）

> **【特别提示】**调查核实并不等于侦查，调查核实是在对立案材料进行审查时（此时还没决定是否立案）认为线索不明等而进行的，发生在决定立案之前；而侦查则是立案之后进行的。因此，调查核实不能采取强制措施和强制性侦查手段，只能采用任意性措施。

三、对立案材料的处理

（一）立案

对立案材料进行审查后，认为有犯罪事实需要追究刑事责任的，应当立案。

（二）不立案

认为没有犯罪事实，或者具有《刑事诉讼法》第16条规定不予追究刑事责任的，不予立案。

【特别提示】无论是立案还是不立案，都必须是**书面**决定。对有控告人的案件，决定不予立案的，应当制作**不予立案决定书**，并在3日以内**送达控告人**。

【经典金题】

公安机关获知有多年吸毒史的王某近期可能从事毒品制售活动，遂对其展开初步调查工作。关于这一阶段公安机关可以采取的措施，下列哪些选项是正确的？（2016年卷二第72题，多选）〔1〕

A. 监听　　B. 查询王某的银行存款

C. 询问王某　　D. 通缉

第四节　立案监督

【学习提要】

此部分为立案的重点内容，考生应重点掌握被害人、行政执法机关、检察院立案监督的程序，这是客观题考试中的高频考点。

【法条依据】

《刑事诉讼法》第113条　人民检察院认为公安机关对应当立案侦查的案件而不立案侦查的，或者被害人认为公安机关对应当立案侦查的案件而不立案侦查，向人民检察院提出的，人民检察院应当要求公安机关说明不立案的理由。人民检察院认为公安机关不立案理由不能成立的，应当通知公安机关立案，公安机关接到通知后应当立案。

【知识点精讲】

一、立案监督的概念

立案监督，是指有监督权的机关和公民依法对立案活动进行监视、督促或者审核的诉讼活动。立案监督包括检察机关对立案活动的监督以及其他单位和个人对立案活动进行的监督。

二、检察院的立案监督

★★★★（一）对公安机关应当立案而不立案的监督

1.【须先说理】检察院发现公安机关可能存在应当立案而不立案情形的，应当依法进行审查。人民检察院经审查，**认为需要公安机关说明不立案理由的，应当**要求公安机关书面说明不立案的理由。**公安机关**应当在收到通知书之日起**7日内书面说明**不立案的**理由**。（《最高检规则》第557条第2款、第559条第1款、第560条）

---

〔1〕【解析】由于初查工作（初步调查工作）是公安机关或其他机关对是否符合立案条件所采取的调查核实措施，因此，初查意味着还没有立案，对被调查对象只能采取询问、查询、勘验、鉴定和调取证据材料等不限制被调查对象人身、财产权利的措施。但是，不得对被调查对象采取强制措施，不得查封、扣押、冻结被调查对象的财产，不得采取技术侦查措施。因此监听、通缉对被调查人人身、财产权利进行限制的不得采取，BC项正确。

【特别提示】根据此规定，检察院审查后**并非一定进行立案监督**（即只是**"可以"**进行立案监督），只有在**"认为需要公安机关说明不立案理由的"**，才**"应当"要求公安机关说明不立案的理由**。

2. 公安机关说明不立案的理由后，检察院对公安机关的**理由进行审查**，理由不成立的，经检察长决定，**应当通知**公安机关立案，并发出通知立案书。

3. 公安机关应当在收到通知立案书之日起15**日内立案**。

【特别提示】公安机关收到通知立案书后，超过15**日没有立案**，检察院应当发出**纠正违法通知书**，公安机关仍不纠正的，报上一级检察院协同同级公安机关处理。**【也就是说，检察院此时不能代为立案】**

（二）对公安机关不应立案而立案的监督

1. **【须先说理】**对于不应立案而立案的情况，检察院应当要求公安机关收到通知书之日起7**日内**，**书面说明**立案的**理由**。

2. 对公安机关的**理由进行审查**，理由不成立的，经**检察长决定**，发出**通知撤销案件书**，通知公安机关撤销案件。

3. 公安机关对通知撤销案件书没有异议的，**立即**撤销案件；并将相关决定书及时送达检察院。

【特别提示】（1）**【先复议，再复核】**公安机关认为检察院撤销案件**通知有错**的，可要求**同级检察院复议**，检察院应当重新审查，7日内作出复议决定，并通知公安机关；公安机关对**复议决定不服**的，可提请**上一级检察院复核**，上一级检察院15日内作出复核决定并通知下级检察院和公安机关执行；

（2）公安机关收到通知撤销案件书后，**既不申请复议复核又不撤销案件**的，检察院应当发出**纠正违法通知书**，公安机关仍不纠正的，报上一级检察院协同同级公安机关处理。

（三）人民检察院对本院自侦案件的立案监督

人民检察院负责**捕诉**的部门发现本院负责侦查的部门对应当立案侦查的案件不立案侦查或者对不应当立案侦查的案件立案侦查的，**应当建议**负责侦查的部门立案侦查或者撤销案件。建议**不被采纳**的，应当**报请检察长决定**。（《最高检规则》第566条）

三、被害人的监督与救济

（一）如果是控告人身份，可以向公安机关申请复议、复核【先复议、再复核】

1. **控告人**对不予立案决定不服的，可以在收到不予立案通知书后7**日**以内向**作出决定的公安机关**申请复议；

2. 控告人对不予立案的复议决定不服的，可以在收到复议决定书后7**日**以内向**上一级公安机关申请复核**。上一级公安机关应当在收到复核申请后30**日**以内作出决定。对上级公安机关撤销不予立案决定的，下级公安机关应当执行。（《公安部规定》第179条第2款）

【特别提示】被害人有可能是控告人身份，也有可能是报案人身份。而且，由于控告这个词只能被害人用，因此，一旦说是控告人，那肯定是被害人，但是被害人不一定是控告人。如果被害人仅仅是报案人身份，是不享有此项权利的。

（二）被害人不管是控告人身份还是报案人身份都可以向检察院提出申诉

被害人及其法定代理人、近亲属或者行政执法机关认为公安机关对应当立案侦查的案件不立案侦查，还可以向人民检察院提出申诉。人民检察院应当要求公安机关说明不立案的理由。

（三）向法院提起自诉

对于不予立案的情形，且犯罪侵犯被害人的人身或者财产权利的，被害人有权直接向法院提起自诉。

【特别提示】被害人向公安申请复议、复核；向检察院申诉；向法院提起自诉，**无顺序限制**。

四、行政执法机关对其移送案件不立案的监督和救济

（一）向公安机关申请复议

移送案件的行政执法机关对不予立案决定不服的，可以在收到不予立案通知书后 3 **日**以内向作出决定的公安机关申请复议；公安机关应当在收到行政执法机关的复议申请后 3 **日**以内作出决定，并书面通知移送案件的行政执法机关。（《公安部规定》第 181 条）

【特别提示】**行政执法机关只能申请复议，没有申请复核权。**

（二）向检察院提出申诉

被害人及其法定代理人、近亲属或者行政执法机关认为公安机关对应当立案侦查的案件不立案侦查，还可以向人民检察院提出申诉。人民检察院应当要求公安机关说明不立案的理由。

考点归纳		
被害人监督（救济）	1. 向公安机关申请复议、复核	（1）控告人对不予立案决定不服的，可以在收到不予立案通知书后 7 日以内向作出决定的公安机关申请复议； （2）控告人对不予立案的复议决定不服的，可以在收到复议决定书后 7 日以内向上一级公安机关申请复核。上一级公安机关应当在收到复核申请后 7 日以内作出决定。对上级公安机关撤销不予立案决定的，下级机关应当执行。
	2. 向检察院提出申诉	被害人及其法定代理人、近亲属或者行政执法机关认为公安机关对应当立案侦查的案件不立案侦查，还可以向人民检察院提出申诉。人民检察院应当要求公安机关说明不立案的理由。
	3. 向法院提起自诉	对于不予立案的情形，且犯罪侵犯被害人的人身或者财产权利的，被害人有权直接向法院提起自诉。
	【特别提示】被害人向公安申请复议、复核；向检察院申诉；向法院提起自诉，**无顺序限制**。	

续表

行政执法机关监督	1. 向公安机关申请复议	移送案件的行政执法机关对不予立案决定不服的，可以在收到不予立案通知书后 3 日以内向作出决定的公安机关申请复议；公安机关应当在收到行政执法机关的复议申请后 3 日以内作出决定，并书面通知移送案件的行政执法机关。(《公安部规定》第 181 条)
		【特别提示】行政执法机关只能申请复议，没有申请复核权。
	2. 向检察院提出申诉	被害人及其法定代理人、近亲属或者行政执法机关认为公安机关对应当立案侦查的案件不立案侦查，还可以向人民检察院提出申诉。人民检察院应当要求公安机关说明不立案的理由。
检察院监督	检察院认为公安机关对应当立案而不立案侦查的，应当要求公安机关说明不立案的理由。公安机关应当在 7 日内说明情况书面答复检察院。检察院认为公安机关不立案的理由不能成立的，应当通知公安机关。公安机关在收到《通知立案书》后，应当在 15 日内决定立案。	

【经典金题】

1. 甲公司以虚构工程及伪造文件的方式，骗取乙工程保证金 400 余万元。公安机关接到乙控告后，以尚无明确证据证明甲涉嫌犯罪为由不予立案。关于本案，下列哪一选项是正确的？(2015 年卷二第 32 题，单)[1]

A. 乙应先申请公安机关复议，只有不服复议决定的才能请求检察院立案监督

B. 乙请求立案监督，检察院审查后认为公安机关应立案的，可通知公安机关立案

C. 公安机关接到检察院立案通知后仍不立案的，经省级检察院决定，检察院可自行立案侦查

D. 乙可直接向法院提起自诉

2. 甲乙二人在餐厅吃饭时言语不合进而互相推搡，乙突然倒地死亡，县公安局以甲涉嫌过失致人死亡立案侦查。经鉴定乙系特殊体质，其死亡属意外事件，县公安局随即撤销案件。

---

〔1〕【解析】A 项：乙在本案是控告人身份，因此，针对公安机关不立案决定，乙有权申请公安机关复议。同时，所有被害人都有权针对公安机关不立案的决定请求检察院进行立案监督。并且，被害人向公安机关申请复议与请求检察院进行立案监督【没有先后顺序】，复议不是请求检察院立案监督的必经程序，因此，A 项错误。B 项：检察院经审查，认为需要公安机关说明不立案理由的，应当要求公安机关书面说明不立案的理由。公安机关说明不立案的理由后，检察院对公安机关的理由进行审查，理由不成立的，经检察长决定，应当通知公安机关立案，并发出通知立案书。公安机关应当在收到通知立案书之日起 15 日内立案。据此，B 项有两处错误：一是“可以”错误，应为“应当”；二是检察院对于公安机关不立案监督有步骤要求（说理前置），应该先要求公安机关说明不立案的理由，理由不成立的才应当通知公安机关立案，而不能直接通知公安机关立案，因此，B 项错误。C 项：根据规定，公安机关收到通知立案书后，超过 15 日没有立案，检察院应当发出纠正违法通知书，公安机关仍不纠正的，报上一级检察院协同同级公安机关处理。换言之，检察院此时不能代为立案。C 项错误。D 项：公诉转自诉的两个核心条件是：第一，原来的公诉案件侵犯被害人的人身权利或财产权利；第二，公安机关或检察院已经作出不追究刑事责任的决定。同时符合这两个条件的，公诉案件的被害人可以直接向法院提起自诉。本案中，原来的公诉案件侵犯乙的财产权，且公安机关已经作出不立案的决定，因此，乙可直接向法院提起自诉，D 项正确。

关于乙的近亲属的诉讼权利，下列哪一选项是正确的？（2016 年卷二第 33 题，单）〔1〕

A. 就撤销案件向县公安局申请复议

B. 就撤销案件向县公安局的上一级公安局申请复核

C. 向检察院侦查监督部门申请立案监督

D. 直接向法院对甲提起刑事附带民事诉讼

〔1〕【解析】AB 项：作为控告人身份的被害人，如果对不予立案决定不服的，可以在收到不予立案通知书后 7 日以内向作出决定的公安机关申请复议；对不予立案的复议决定不服的，可以在收到复议决定书后 7 日以内向上一级公安机关申请复核。据此，申请复议、复核的权利是专属于控告人身份的被害人的，如果不是控告人身份的被害人，都无权申请复议、复核。本案中，乙的近亲属并不是被害人，因此不可能是控告人，因此乙的近亲属无权申请复议、复核。AB 项错误。【本题还可以从另外的角度答题：申请复议、复核是立案监督的内容，立案阶段不追究刑事责任的表述为“不立案”，本案“撤销案件”其实是侦查阶段不追究刑事责任的表述，意味着案件处于侦查阶段，显然也没有申请复议、复核的权利，AB 项错误】

C 项：立案阶段不追究刑事责任的表述为“不立案”，本案“撤销案件”其实是侦查阶段不追究刑事责任的表述，意味着案件处于侦查阶段。因此，案件处于侦查阶段，要申请监督，只能申请侦查监督，而不是立案监督，C 项错误。

D 项：很多考生认为公安机关已经撤销案件，没有了刑事诉讼，意味着不能提起附带民事诉讼，因此认为 D 项也错误。但是，D 项是直接向法院对甲提起“刑事附带民事诉讼”，其实 D 项问了两个问题：一是乙的近亲属能否向法院对甲提起刑事诉讼（由于是私人提起刑事诉讼，意味着问的是能否提起自诉）；二是乙的近亲属能否直接向法院对甲提起附带民事诉讼。就第一个问题而言，其实是在问是否符合公诉转自诉的条件。本案中，由于公安机关已经作出不追究刑事责任（撤销案件）的决定，且被害人乙已经死亡，因此符合公诉转自诉的条件，所以乙的近亲属可以直接向法院对甲提起刑事诉讼（即自诉）。就第二个问题而言，本案因为公安机关撤销案件，虽然公诉案件不存在了。但是附带民事诉讼不一定要附在公诉案件中，也可以附在自诉案件中（因为自诉案件也是刑事诉讼），那么乙的近亲属（作为死亡被害人的近亲属）就有权提起附带民事诉讼。因此 D 项正确。本题破解的关键是看清楚 D 项提起的是“刑事附带民事诉讼”，是提起两个诉讼。本题作进一步延伸：如果 D 项中的问法改为：直接向法院对甲提起附带民事诉讼——则是错的。因为已经没有了公诉，又不提起自诉，那就真的没有刑事诉讼这个基础了，自然不能提起附带民事诉讼。

综上所述，本题答案为 D 项。

第十二章　侦　查

【复习提要】

侦查，是指公安机关、人民检察院在办理案件过程中，依照法律进行的专门调查工作和有关的强制性措施。在历年考题中，侦查一章平均每年考查3题左右，可以说是每年必考且所占分数很高的重点章节。考生应当全面、细致掌握刑事诉讼法关于各种侦查行为的程序性规定以及特殊要求。同时，本章补充侦查的内容也是一个高频考点。此外，考生还应当熟悉侦查羁押期限以及侦查的司法控制等内容。

【侦查程序流程图】

- 立案
- ↓
- 侦查
  - （采取）侦查行为
    - 讯问犯罪嫌疑人
    - 询问证人、被害人
    - 勘验、检查
    - 搜查
    - 查封、扣押物证、书证
    - 鉴定
    - 辨认
    - 通缉
    - 技术侦查
  - 采取强制措施（内容详见专题八）
- ↓
- 侦查终结
  - 侦查终结的条件
  - 侦查终结案件处理（↑ 侦查救济和侦查监督）
    - 撤销案件——刑事诉讼程序终结
    - 移送检察院审查起诉——进入审查起诉阶段

【知识框架】

- 侦查
  - 侦查概述
    - 侦查的概念
    - 侦查工作的性质
    - 侦查的司法控制★★
  - 侦查行为
    - 讯问犯罪嫌疑人★★★★★
    - 询问证人、被害人★★★★★
    - 勘验、检查★★★
    - 搜查★★★
    - 查封、扣押物证、书证★★★
    - 鉴定★★★
    - 辨认★★★★★
    - 通缉★★
    - 技术侦查★★★★★★★

- 侦查终结
  - 侦查终结的条件★
  - 侦查终结案件处理
    - 撤销案件
    - 移送检察院审查起诉
- 侦查羁押期限
- 补充侦查
  - 审查批捕阶段的补充侦查★★★★★
  - 审查起诉阶段的补充侦查★★★★★
  - 审判阶段的补充侦查★★★★★
- 侦查救济和侦查监督

第一节　侦查概述

【学习提要】

本节为侦查的背景知识内容，考生重点掌握侦查的司法控制。

【知识点精讲】

一、侦查的概念

《刑事诉讼法》第108条第1项规定："'侦查'是指**公安机关、人民检察院**对于刑事案件，依照法律进行的**收集证据、查明案情的工作和有关的强制性措施**。"

所谓"收集证据、查明案情的工作"具体包括讯问犯罪嫌疑人，询问证人、被害人，勘验、检查，侦查实验，搜查，查封、扣押物证、书证，查询、冻结存款、汇款、债券、股票等财产，鉴定，技术侦查等诉讼活动。

所谓"有关的强制性措施"，是指《刑事诉讼法》所规定的为收集证据、查明犯罪事实和查获犯罪嫌疑人而采取的限制、剥夺人身自由，对人身、财物进行强制或缉拿犯罪嫌疑人的措施。需要注意的是，这里的"强制性措施"和"强制措施"不是一个概念，我国通说认为，强制措施是专指第八章中规定的拘传、取保候审、监视居住、拘留和逮捕五种限制或剥夺人身自由的措施，由此可见强制措施是专门针对人身自由的。而强制性措施不仅仅包括针对人身自由的强制措施，还包括对物的强制处分权等。具体而言，根据《刑事诉讼法》第一编第六章和第二编第二章的规定，有关的强制性措施包括两类：一类是在侦查活动中采用的强制措施，包括拘传、取保候审、监视居住、拘留、逮捕五种；另一类是在进行专门调查工作中采用的强制性方法，如强制检查、强行搜查、强制扣押等。

二、侦查的任务和侦查工作的原则

（一）侦查的任务

1. 收集证据，查明犯罪事实，查获犯罪嫌疑人。

2. 采取必要的强制措施，防止现行犯和犯罪嫌疑人继续进行犯罪活动或者逃避侦查、起诉和审判，从而保证刑事追诉的有效进行。

（二）侦查工作的原则

1. 迅速及时原则；
2. 客观全面原则；
3. 深入细致原则；
4. 依靠群众原则；

5. 程序法制原则；

6. 保守秘密原则；

7. 比例原则。

三、对侦查实施的司法控制

（一）强行性侦查措施和任意性侦查措施

根据侦查行为是否带有强制性、是否会侵犯犯罪嫌疑人的人身、财产权利，可以将侦查行为区分为**强行性侦查措施**和**任意性侦查措施**。

1. 强行性侦查措施是指具有强制性，容易侵犯犯罪嫌疑人的人身、财产权利的侦查措施，主要包括：强制措施、搜查、扣押、查封、冻结、技术侦查措施等等。

2. 任意性侦查措施是指具有任意性，不会侵犯犯罪嫌疑人的人身、财产权利的侦查措施，主要包括：勘验、检查、鉴定、询问等等。

（二）侦查的司法控制

侦查的司法控制，是指由中立的司法机关对侦查机关的侦查行为进行控制和制约。

1. 对侦查进行司法控制的必要性

（1）由于强行性侦查措施的适用大都涉及公民的各种权利，如果缺乏有效的制约手段或者必要的程序保障措施，侦查活动就有可能会出现两种情况：**一是侦查手段的滥用；二是违法行为的存在和缺乏制裁**。这些问题会导致对人权造成严重侵犯。基于司法公正和保障人权的需要，必然要求对侦查权的行使予以制约与控制。

（2）**侦查是为了查清案件事实真相，为最终将犯罪嫌疑人交付法院审判做好准备工作。因此侦查权的运行应主动适应司法的要求，司法权也应介入侦查程序中，对侦查行为进行适当约束。**

2. 如何对侦查活动进行控制和制约

在我国，对侦查行为进行制约，包括**事前审查**与**事后审查**两种形式。

（1）**事前审查**：是指侦查机关采取侦查行为不能独立作出决定，而需事先获得批准、决定方能实施。**针对侦查手段滥用的情形**，应当实施事前审查。由于强行性侦查行为容易被滥用，因此，**事前审查主要针对的是强行性侦查行为**。

（2）**事后审查**：是指侦查机关采取侦查行为可以由侦查机关独立作出决定，无需事先获得批准、决定即可实施，但侦查措施实施后需接受**侦查监督**，包括检察院作为专门法律监督机关的侦查监督，以及**公民**对于侦查机关在侦查过程中对其合法权益的侵害，**可以寻求司法途径进行救济**，例如有权申诉或者控告。事后审查**针对违法的行为和缺乏制裁的情形**，公民对于侦查机关在侦查过程中对其合法权益的侵害，可以寻求**司法途径**进行救济，也就是采取**提起行政诉讼的方式**进行。**事后审查主要针对任意性侦查措施**。

第二节　侦查行为

【学习提要】

本节为本章的重点内容，每一种侦查行为的程序性规定和特殊要求都是历年考试的重点内容，可以说是每年必考的知识点。

【法条依据】

《刑事诉讼法》第 118 条　讯问的主体

讯问犯罪嫌疑人必须由人民检察院或者公安机关的**侦查人员**负责进行。讯问的时候，侦查人员不得少于二人。

犯罪嫌疑人被送交看守所**羁押以后**，侦查人员对其进行讯问，应当在**看守所**内进行。

《刑事诉讼法》第 123 条　侦查人员在讯问犯罪嫌疑人的时候，可以对讯问过程进行录音或者录像；对于可能判处**无期徒刑**、**死刑**的案件或者其他**重大犯罪案件**，**应当**对讯问过程**进行录音或者录像**。

录音或者录像应当**全程**进行，保持完整性。

《刑事诉讼法》第 124 条　询问证人的地点、方式与要求

侦查人员询问证人，可以在**现场**进行，也可以到**证人所在单位**、**住处**或者**证人提出的地点**进行，在必要的时候，可以通知证人到**人民检察院或者公安机关**提供证言。在现场询问证人，应当出示工作证件，到证人所在单位、住处或者证人提出的地点询问证人，应当出示人民检察院或者公安机关的证明文件。

询问证人应当**个别**进行。

《刑事诉讼法》第 128 条　勘验、检查的范围

侦查人员对于与犯罪有关的场所、物品、人身、尸体应当进行勘验或者检查。在必要的时候，可以**指派或者聘请具有专门知识的人**，在**侦查人员的主持**下进行勘验、检查。

《刑事诉讼法》第 141 条　查封、扣押物证、书证的范围

在侦查活动中发现的可用以证明犯罪嫌疑人有罪或者无罪的各种财物、文件，应当查封、扣押；与案件无关的财物、文件，不得查封、扣押。

对查封、扣押的财物、文件，要妥善保管或者封存，不得使用、调换或者损毁。

《刑事诉讼法》第 144 条　查封、冻结财产

人民检察院、公安机关根据侦查犯罪的需要，可以依照规定查询、冻结犯罪嫌疑人的存款、汇款、债券、股票、基金份额等财产。有关单位和个人应当配合。

犯罪嫌疑人的存款、汇款、债券、股票、基金份额等财产已被冻结的，不得重复冻结。

《刑事诉讼法》第 146 条　鉴定的范围 鉴定人的种类

为了查明案情，需要解决案件中某些专门性问题的时候，应当指派、聘请有专门知识的人进行鉴定。

《刑事诉讼法》第 150 条　技术侦查措施实施原则

公安机关在立案后，对于危害国家安全犯罪、恐怖活动犯罪、黑社会性质的组织犯罪、重大毒品犯罪或者其他严重危害社会的犯罪案件，根据侦查犯罪的需要，经过严格的批准手续，可以采取技术侦查措施。

人民检察院在立案后，对于利用职权实施的严重侵犯公民人身权利的重大犯罪案件，根据侦查犯罪的需要，经过严格的批准手续，可以采取技术侦查措施，按照规定交有关机关执行。

追捕被通缉或者批准、决定逮捕的在逃的犯罪嫌疑人、被告人，经过批准，可以采取追捕所必需的技术侦查措施。

《刑事诉讼法》第 155 条　通缉的条件及程序

应当逮捕的犯罪嫌疑人如果在逃，公安机关可以发布通缉令，采取有效措施，追捕归案。

各级公安机关在自己管辖的地区以内，可以直接发布通缉令；超出自己管辖的地区，应当报请有权决定的上级机关发布。

【知识点精讲】

侦查行为，是指公安机关、人民检察院在办理案件过程中，依照法律进行的收集证据、查明案情的工作。刑事诉讼法规定的侦查行为有以下 9 种。

侦查行为
1. 讯问犯罪嫌疑人
2. 询问证人、被害人
3. 勘验、检查
4. 搜查
5. 查封、扣押物证、书证
6. 鉴定
7. 辨认
8. 通缉
9. 技术侦查

★★★★一、讯问犯罪嫌疑人

讯问犯罪嫌疑人，是指侦查人员依照法定程序以言词方式向犯罪嫌疑人查问案件事实的一种侦查行为。讯问犯罪嫌疑人应当遵循下列程序和要求：

（一）讯问主体

讯问犯罪嫌疑人必须由侦查人员负责进行。讯问犯罪嫌疑人，侦查人员**不得少于2人**。

（二）讯问地点

1. **未被羁押的：对于不需要逮捕、拘留的犯罪嫌疑人，可以传唤到犯罪嫌疑人所在市、县内的指定地点**或者到**他的住处**进行讯问，但是应当出示公安机关或人民检察院的证明文件。对在现场发现的犯罪嫌疑人，经出示工作证件，可以**口头传唤**，但应当在讯问笔录中注明。

2. 已被羁押的：犯罪嫌疑人被送交看守所羁押以后，侦查人员对其进行讯问，**应当在看守所**内进行。

【特别提示】《公安部规定》第198条规定："讯问犯罪嫌疑人，**除下列情形以外，应当在公安机关执法办案场所的讯问室进行**：

①**紧急**情况下在**现场**进行讯问的；

②对有严重伤病或者残疾、**行动不便**的，以及正在**怀孕**的犯罪嫌疑人，在其**住处**或者就诊的**医疗机构**进行讯问的。

对于**已送交看守所**羁押的犯罪嫌疑人，应当**在看守所讯问室**进行讯问。

对于正在被执行**行政拘留**、**强制隔离戒毒**的人员以及正在**监狱服刑**的罪犯，可以在其**执行场所进行讯问**。

对于不需要拘留、逮捕的犯罪嫌疑人，经办案部门负责人批准，可以传唤到犯罪嫌疑人所在市、县**公安机关执法办案场所**或者到**他的住处**进行讯问。"

（三）讯问时间

1. 传唤、拘传持续的时间**不得超过12小时**；案情特别重大、复杂，需要采取**拘留**、**逮捕**措施的，传唤、拘传持续的时间**不得超过24小时**。两次传唤、拘传间隔的时间一般不得少于12小时。

2. 不得以连续传唤、拘传的形式变相拘禁犯罪嫌疑人。传唤、拘传犯罪嫌疑人，应当保证犯罪嫌疑人必要的饮食、休息时间。

（四）讯问的方法和步骤

1. 侦查人员在讯问犯罪嫌疑人的时候，应当首先讯问犯罪嫌疑人**是否有犯罪行为**，让他陈述有罪的情节或者无罪的辩解，然后向他提出问题。

2. 犯罪嫌疑人对侦查人员的提问，**应当如实回答**。但是对与本案无关的问题，有拒绝回答的权利。

3. 侦查人员在讯问犯罪嫌疑人的时候，应当**告知犯罪嫌疑人享有的诉讼权利**，如实供述自己罪行可以从宽处理和**认罪认罚的法律规定**。

4. 对同案犯罪嫌疑人进行讯问，应当**个别**进行。

5. 禁止用刑讯逼供和以威胁、引诱、欺骗等手段逼取口供。

6. 录音、录像。

（1）侦查人员在讯问犯罪嫌疑人的时候，**可以**对讯问过程进行录音或者录像；对于可能判处**无期徒刑、死刑**的案件或者**其他重大犯罪案件，应当**对讯问过程进行录音或者录像。

【特别提示】“可能判处无期徒刑、死刑的案件”，是指应当适用的法定刑或者量刑档次包含无期徒刑、死刑的案件。而“其他重大犯罪案件”，是指致人重伤、死亡的严重危害公共安全犯罪、严重侵犯公民人身权利犯罪，以及黑社会性质组织犯罪、严重毒品犯罪等重大故意犯罪案件。

（2）**人民检察院立案侦查的犯罪案件**，在每次讯问犯罪嫌疑人时，应当对讯问过程实行**全程录音、录像，并在笔录中注明。**

（3）**录音或录像应当全程进行**，保持完整性。

（4）依法应当对讯问过程录音录像的案件，相关录音录像未随案移送的，必要时，人民法院可以通知人民检察院在指定时间内移送。人民检察院未移送，导致不能排除属于刑事诉讼法第56条规定的以非法方法收集证据情形的，对有关证据应当依法排除；导致有关证据的真实性无法确认的，不得作为定案的根据。

7. 针对信息网络犯罪案件，讯问异地与案件有关联的犯罪嫌疑人的，可以由办案地公安机关通过远程**网络视频**等方式进行并制作笔录。远程讯问的，应当对讯问过程**同步录音录像**，并随案移送。

8. 讯问犯罪嫌疑人，**应当制作笔录**。讯问笔录应当交犯罪嫌疑人核对，对于没有阅读能力的，应当向他宣读。如果记载有遗漏或者差错，犯罪嫌疑人可以提出补充或者改正。犯罪嫌疑人承认笔录没有错误后，应当签名或者盖章。侦查人员也应当在笔录上签名。**犯罪嫌疑人请求自行书写供述的，应当准许。但不得以自行书写的供述代替讯问笔录。**必要的时候，侦查人员也可以要求犯罪嫌疑人亲笔书写供词。

（五）讯问特殊犯罪嫌疑人的要求

1. 讯问**未成年犯罪嫌疑人：应当**通知未成年犯罪嫌疑人的**法定代理人**到场。无法通知、法定代理人不能到场或者法定代理人是共犯的，也可以通知**合适成年人**到场，并将有关情况记录在案。到场的**法定代理人**可以**代为行使**未成年犯罪嫌疑人的**诉讼权利**。

【特别提示1】合适成年人是指未成年犯罪嫌疑人的**其他成年亲属**，所在学校、单位、居住地或者办案单位所在地**基层组织**或者**未成年人保护组织的代表**。

【特别提示2】只有到场的法定代理人可以代为行使未成年犯罪嫌疑人的诉讼权利。到场的合适成年人不能代为行使未成年犯罪嫌疑人的诉讼权利。

2. 讯问女性未成年犯罪嫌疑人，应当有**女工作人员在场**。

3. 讯问聋、哑人、不通晓当地通用语言文字的犯罪嫌疑人，应当有通晓聋、哑手势或当地通用语言文字且与本案无利害关系的人员参加，并且将这种情况记入笔录。

【经典金题】

李某的女儿李小某（16岁）因涉嫌盗窃被公安机关立案侦查，在侦查过程中，下列表述

正确的有？（2020年仿真题，不定项）[1]

A. 侦查人员讯问李小某时应当通知李某到场

B. 在A中，若李某无法到场，也可以通知李某的女朋友韩某到场

C. 侦查人员讯问李小某时，应当有女工作人员在场

D. 侦查人员讯问李小某时，应当以一次为原则，避免反复讯问

★★★★二、询问证人、被害人

询问证人、被害人，是指侦查人员依照法定程序以言词方式向证人、被害人查问案件事实情况的一种侦查行为。

根据《刑事诉讼法》第127条的规定，**询问被害人适用询问证人的程序**。因此，以下就询问证人、被害人的程序规定和特殊要求作阐述。具体而言，询问证人、被害人应当遵循下列程序和要求：

（一）询问主体

询问证人只能由侦查人员进行，且不得少于2人。

（二）询问地点

1. 侦查人员询问证人，可以在**现场**进行，也可以到**证人所在单位、住处或者证人提出的地点**进行，在必要的时候，可以通知证人到**侦查机关**提供证言。

2. 在现场询问证人，应当出示工作证件，到证人所在单位、住处或者证人提出的地点询问证人，应当出示人民检察院或者公安机关的证明文件。

（三）询问的方法和步骤

1. 询问证人应当**个别进行**。

2. 为了保证证人如实提供证据，询问证人时，**应当告知**他应当如实地提供证据、证言和有意作伪证或者隐匿罪证要负的法律责任。

3. 询问证人，一般应先让证人就他所知道的情况作连续的详细叙述，并问明所叙述的事实的来源，然后根据其叙述结合案件中应当判明的事实和有关情节，向证人提出问题，让证人回答。

4. 对证人的叙述，应当制作笔录。询问笔录应当交证人核对，对于没有阅读能力的，应当向他宣读。如果记载有遗漏或者差错，证人可以提出补充或者改正。证人承认笔录没有错误后，应当签名或者盖章。侦查人员也应当在笔录上签名。证人请求自行书写供述的，应当准许。必要的时候，侦查人员也可以要求证人亲笔书写书面证言。（与讯问犯罪嫌疑人相同）

5. 检察院侦查过程中，询问重大或者有社会影响的案件的**重要证人，应当**对询问过程实行**全程录音、录像**，并在询问笔录中注明。（《最高检规则》第194条第2款）

---

[1] 【解析】AB项：根据规定，讯问未成年犯罪嫌疑人，应当通知未成年犯罪嫌疑人的法定代理人到场。无法通知、法定代理人不能到场或者法定代理人是共犯的，也可以通知未成年犯罪嫌疑人的其他成年亲属，所在学校、单位、居住地或者办案单位所在地基层组织或者未成年人保护组织的代表到场，并将有关情况记录在案。到场的法定代理人可以代为行使未成年犯罪嫌疑人的诉讼权利。据此，A项中，李某系李小某的法定代理人，侦查人员讯问李小某时应当通知李某到场；B项中，本案中，李某的女朋友并非李小某的其他成年亲属，也不是学校、基层组织或未成年人保护组织的代表。因此，A项正确，B项错误。

C项：根据规定，讯问女性未成年犯罪嫌疑人，应当有女工作人员在场。据此，本案中，李小某系女性未成年犯罪嫌疑人，侦查人员在讯问时应当安排女工作人员在场。因此，C项正确。

D项：根据规定，询问未成年被害人、证人应当以一次为原则，避免反复询问。可知，若询问未成年的证人或者被害人，一般以一次为原则，应当避免反复询问，但讯问未成年犯罪嫌疑人没有次数限制。因此，D项错误。

综上所述，本题答案为AC项。

6. 严禁以暴力、威胁、引诱、欺骗的手段取证。

7. **信息网络犯罪**案件，**询问异地**证人、被害人的，规则同前述的**讯问异地**犯罪嫌疑人的规定。

8. **询问笔录**：询问证人，**应当制作询问笔录**。询问笔录应当交证人核对；对于没有阅读能力的，应当向他宣读。**如果记载有遗漏或者差错，证人可以提出补充或者改正**。证人承认笔录没有错误后，应当签名或者盖章。侦查人员也应当在笔录上签名。**证人请求自行书写证言的，应当准许**。必要的时候，侦查人员也可以要求证人亲笔书写证言。

【特别提示】针对信息网络犯罪案件，**远程询问**的，规则同前述的**远程讯问**的规定。

（四）询问特殊证人、被害人的要求

1. **询问未成年证人、被害人**：（1）在询问的时候，**应当**通知未成年证人的**法定代理人**到场。无法通知、法定代理人不能到场的，也可以通知**合适成年人**到场，并将有关情况记录在案。**到场的法定代理人可以代为行使未成年证人、被害人的诉讼权利**。

【特别提示1】合适成年人是指未成年证人、被害人的**其他成年亲属**，所在学校、单位、居住地**基层组织或者未成年人保护组织的代表**。

【特别提示2】只有到场的法定代理人可以代为行使未成年证人、被害人的诉讼权利。到场的合适成年人不能代为行使未成年证人、被害人的诉讼权利。

（2）审理未成年人遭受性侵害或者暴力伤害案件，在询问未成年被害人、证人时，**应当采取同步录音录像等措施，尽量一次完成**；未成年被害人、证人是女性的，应当由女性工作人员进行。（《刑诉解释》第556条第2款）

2. 询问**聋、哑或不通晓当地通用语言文字的证人、被害人**：应当有通晓聋、哑手势或当地通用语言文字且与本案无利害关系的人员参加，并且将这种情况记入笔录。

【特别提示】**询问被害人**，适用询问证人的相关规定。

【经典金题】

1. 在一起聚众斗殴案件发生时，证人甲乙丙丁四人在现场目睹事实经过，侦查人员对上述四名证人进行询问。关于询问证人的程序和方式，下列哪一选项是错误的？（2013年卷二第30题，单选）[1]

A. 在现场立即询问证人甲

B. 传唤证人乙到公安机关提供证言

C. 到证人丙租住的房屋询问证人丙

---

[1] 【解析】ABCD项：根据规定，侦查人员询问证人，可以在现场进行，也可以到证人所在单位、住处或者证人提出的地点进行，在必要的时候，可以通知证人到人民检察院或者公安机关提供证言。在现场询问证人，应当出示工作证件，到证人所在单位、住处或者证人提出的地点询问证人，应当出示人民检察院或者公安机关的证明文件。A项中在现场询问证人甲，C项中在证人住处询问丙，D项在证人提出的地点询问丁均符合上述法条的规定。因此，ACD项正确，不当选。B项中，传唤的适用对象是当事人，证人不是当事人，只能用“通知”，因此，B项错误，当选。

综上所述，本题为选非题，答案为B项。

D. 到证人丁提出的其工作单位附近的快餐厅询问证人丁

三、勘验、检查

勘验、检查，是侦查人员对于与犯罪有关的场所、物品、尸体、人身进行勘查和检验的一种侦查行为。

勘验和检查的性质是相同的，只是对象有所不同。勘验的对象是现场、物品和尸体，而检查的对象是活人的身体。勘验、检查应当遵循下列程序和要求：

（一）主体

侦查人员对于与犯罪有关的**场所、物品、人身、尸体**应当进行勘验或者检查。在必要的时候，可以指派或者聘请**具有专门知识的人**，在**侦查人员的主持下**进行勘验、检查。（《刑事诉讼法》第128条）

【特别提示】由上述规定可知，勘验、检查（侦查活动）可以有非侦查人员的参加，但主持人只能是侦查人员。

（二）对象

1. 勘验的对象：现场、物品和尸体。

2. 检查的对象：活人的身体。

（三）程序要求

1. 侦查人员执行勘验、检查，**必须持有侦查机关的证明文件**。

2. 检察院勘验、检查时，应当邀请2名与案件无关的见证人在场。（《最高检规则》第197条）

3. 勘验、检查的情况应当写成笔录，由参加勘验、检查的人和见证人签名或者盖章。

（四）种类

1. **现场勘验**

（1）任何单位和个人，都有义务保护犯罪现场，并且立即通知公安机关派员勘验。

（2）勘验时，**应当**邀请2名与案件无关的**见证人**在场。

（3）现场勘验在必要时可以指派或聘请具有专门知识的人在侦查人员的主持下进行勘验。

（4）勘查现场，应当拍摄现场照片、绘制现场图，制作笔录，由参加勘查的人和见证人签名。对重大案件的现场，应当录像。

2. **物证检验：**是指对在侦查活动中收集到的物品或者痕迹进行检查、验证，以确定该物证与案件事实之间的关系的一种侦查活动。

3. **尸体检验**

（1）尸体检验，是指由侦查机关指派或聘请的法医或医师对非正常死亡的尸体进行尸表检验或者尸体解剖的一种侦查活动。

（2）对于**死因不明**的尸体，为了确定死因，经**县级以上公安机关负责人**批准，可以解剖尸体，并且**通知死者家属到场**，让其在解剖尸体通知书上签名。

（3）死者家属无正当理由拒不到场或者拒绝签名的，侦查人员应当在解剖尸体通知书上注明。对身份不明的尸体，无法通知死者家属的，应当在笔录中注明。

4. **人身检查**

（1）对**被害人**身体检查，应征求本人的同意，**不得强制**进行。

（2）对**犯罪嫌疑人**进行人身检查，如果有必要，**可以强制**进行。

（3）检查妇女的身体，应当由**医师或者女工作人员**进行。

【特别提示】医师既可以是男医师，也可以是女医师。

（4）强制取样：为了确定被害人、犯罪嫌疑人的某些特征、伤害情况或者生理状态，可以对人身进行检查，**提取指纹信息，采集血液、尿液等生物样本**。采集血液等生物样本应当由医师进行。

5. 侦查实验

（1）为查明案情，必要时，**经公安机关负责人或者检察长批准**，可以进行侦查实验。

（2）进行侦查实验，禁止**一切足以造成危险、侮辱人格或者有伤风化**的行为。

（3）对侦查实验的经过和结果，应当制作侦查实验笔录，由参加实验的人签名。（《公安部规定》第221条）

6. **复验、复查**：人民检察院审查案件的时候，对公安机关的勘验、检查，认为需要复验、复查的，**应当要求公安机关复验、复查**，人民检察院可以派员参加；**也可以自行复验、复查，**商请公安机关派员参加，必要时也可以指派检察技术人员或者聘请其他有专门知识的人参加。（《最高检规则》第335条）

【经典金题】

关于勘验、检查，下列哪一选项是正确的？（2014年卷二第34题，单选）[1]

A. 为保证侦查活动的规范性与合法性，只有侦查人员可进行勘验、检查

B. 侦查人员进行勘验、检查，必须持有侦查机关的证明文件

C. 检查妇女的身体，应当由女工作人员或者女医师进行

D. 勘验、检查应当有见证人在场，勘验、检查笔录上没有见证人签名的，不得作为定案的根据

★★★四、搜查

搜查，是指侦查人员对犯罪嫌疑人以及可能隐藏罪犯或者罪证的人的身体、物品、住处和其他有关的地方进行搜索、检查的一种侦查行为。搜查是一种强制性的侦查措施。搜查应当遵循下列程序和要求：

（一）主体

1. 搜查必须由公安机关或者人民检察院的**侦查人员进行**，其他任何机关、单位和个人都无权对公民人身和住宅进行搜查。

2. 执行搜查的侦查人员不得少于2人。

---

[1]【解析】A项：根据规定，侦查人员对于与犯罪有关的场所、物品、人身、尸体应当进行勘验或者检查。在必要的时候，可以指派或者聘请具有专门知识的人，在侦查人员的主持下进行勘验、检查。据此，除了侦查人员，有专门知识的人也可以进行勘验、检查。因此，A项错误。考生仍需要知道的是，虽然勘验、检查可以有有专门知识的人参加，但主持人只能是侦查人员。

B项：根据规定，侦查人员执行勘验、检查，必须持有人民检察院或者公安机关的证明文件。对于检察院立案侦查的案件，检察院是侦查机关；对于公安机关侦查的案件，公安机关是侦查机关。因此，B项正确。

C项：根据规定，检查妇女的身体，应当由女工作人员或者医师进行。据此，医师没有性别要求。因此，C项错误。

D项：根据反向总结，凡是没有见证人在场或者没有见证人签名的，所取得的证据（不管哪种证据种类），都是可以补正或解释的，补正或解释后可以作为定案的依据。因此，勘验、检查笔录上没有见证人签名的，经解释后，可以作为定案的依据。

综上所述，本题答案为B项。

（二）范围

可以是**犯罪嫌疑人**，也可以是其他**可能隐藏罪犯或者犯罪证据的**人；可以对**人身**进行，也可以对被搜查人的**住处、物品和其他有关场所**进行。

（三）程序与要求

1. 搜查时，必须向被搜查人出示搜查证，否则，被搜查人有权拒绝搜查。但是，侦查人员**在执行逮捕、拘留的时候，遇有紧急情况，不另用搜查证也可以进行搜查**。（《公安部规定》第223、224条）

【特别提示1】"紧急情况"在侦查实践中是指：①可能随身携带凶器的；②可能隐藏爆炸、剧毒等危险物品的；③可能隐匿、毁弃、转移犯罪证据的；④可能隐匿其他犯罪嫌疑人的。在这些紧急情况下，来不及办理搜查的审批手续，所以，允许以拘留证、逮捕证进行搜查。

【特别提示2】搜查结束后，搜查人员**应当在24小时以内补办有关手续**。

2. 公安机关的搜查证，要由**县级以上公安机关负责人**签发。人民检察院的搜查证，要由检察长签发。

3. 进行搜查时，应当有**被搜查人或者他的家属，邻居或者其他见证人**在场。

【特别提示】所谓见证人，是指接受公安司法机关邀请，在现场见证侦查行为合法性的人。《刑诉解释》第80条规定：下列人员不得担任刑事诉讼活动的见证人：（1）生理上、精神上有缺陷或者年幼，**不具有相应辨别能力或者不能正确表达的人**；（2）**与案件有利害关系，可能影响案件公正处理的人**；（3）行使勘验、检查、搜查、扣押等刑事诉讼职权的**公安、司法机关的工作人员或者其聘用的人员**。对见证人是否属于前款规定的人员，人民法院可以通过相关笔录载明的见证人的姓名、身份证件种类及号码、联系方式以及常见人口信息登记表等材料进行审查。由于客观原因无法由符合条件的人员担任见证人的，应当在笔录材料中注明情况，并对相关活动进行全程录像。据此，只要家属、邻居与本案没有利害关系，则见证人就可以是邻居，也可以是家属，还可以是其他见证人。

4. 搜查妇女的身体，应当由**女工作人员进行**。

5. 侦查机关可以要求有关单位和个人交出可以证明犯罪嫌疑人有罪或者无罪的物证、书证、视听资料等证据。**遇到阻碍搜查的，侦查人员可以强制搜查。**

6. 搜查的情况应当制作笔录，由侦查人员和被搜查人或者他的家属、邻居或者其他见证人签名。如果被搜查人拒绝签名，或者被搜查人在逃，他的家属拒绝签名或者不在场的，侦查人员应当在笔录中注明。

五、查封、扣押、查询、冻结

查封、扣押，是指侦查机关依法对与案件有关的物品、文件、款项等强制查封、扣留或者冻结的一种侦查行为。查封、扣押物证、书证应当遵循下列程序和要求：

（一）主体

只能由侦查人员进行，不得少于2人。

（二）对象

1. 在侦查活动中发现的**与本案有关的可用以证明犯罪嫌疑人有罪或者无罪的各种财物、**

文件，应当查封、扣押；与案件无关的财物、文件，不得查封、扣押。

2. 已经查封、扣押的，经查明确实与案件无关的，应当在 3 **日以内**解除。

【特别提示】查封、扣押和查询、冻结的对象有所不同。具体如下：

（1）查封、扣押的对象：针对在侦查活动中发现的可用以证明犯罪嫌疑人有罪或者无罪的各种**财物、文件**，以及犯罪嫌疑人的邮件、电子邮件、电报等。

（2）只能用查封的对象：针对在侦查过程中需要查封土地、房屋等不动产，或者船舶、航空器以及其他不宜移动的大型机器、设备等特定动产。

（3）**查询、冻结**的对象：针对的是犯罪嫌疑人的存款、汇款、债券、股票、基金份额等财产。

（三）程序与要求

1. 查封、扣押的程序要求

（1）查封、扣押物证、书证通常是在**勘验、搜查**时进行的。也有例外，比如侦查人员**巡查时**偶然发现涉案赃物的，可以直接扣押。又如，侦查人员在**拘留、逮捕时**发现涉案赃物的，也可以直接扣押**【据此，扣押并非只在搜查中进行】**。

（2）法律对扣押没有作出严格的限制。因此，**扣押时不需要专门出示查封、扣押证。**

（3）对查封、扣押的财物、文件，应当会同在场见证人和被查封、扣押财物、文件持有人查点清楚，当场开列**清单一式二份**，由侦查人员、见证人和持有人签名或者盖章，一份交给持有人，另一份附卷备查。

（4）对查封、扣押的财物、文件，要妥善保管或者封存，不得使用、调换或者损毁。

（5）侦查人员认为需要扣押犯罪嫌疑人的邮件、电报的时候，经**公安机关或者人民检察院**批准，即可通知**邮电机关**将有关的邮件、电报**检交扣押**。不需要继续扣押的时候，应及时通知邮电机关。

（6）对查封、扣押的财物、文件、邮件、电报，经查明确实与案件无关的，应当在 3 **日以内解除**查封、扣押，予以退还。

（7）对被告单位慎用查封、扣押、冻结等措施：采取查封、扣押、冻结等措施，应当严格依照法定程序进行，最大限度降低对被告单位正常生产经营活动的影响。（《刑诉解释》第 343 条）

2. 查询、冻结的程序要求

（1）公安机关根据侦查犯罪的需要，可以依照规定查询、冻结犯罪嫌疑人的存款、汇款、债券、股票、基金份额等财产，并可以要求有关单位和个人配合。

（2）**冻结存款、汇款等财产的期限为 6 个月**。冻结**债券、股票、基金份额**等证券的期限为 **2 年**。有特殊原因需要延长期限的，公安机关应当在冻结期限届满前办理继续冻结手续。每次续冻存款、汇款等财产的期限最长不得超过 **6 个月；**每次续冻债券、股票、基金份额等证券的期限最长不得超过 **2 年**。继续冻结的，应当按照《公安部规定》第 240 条的规定重新办理冻结手续。逾期不办理继续冻结手续的，视为自动解除冻结。

【特别提示】续冻的次数没有限制。

（3）犯罪嫌疑人的存款、汇款、债券、股票、基金份额等财产已被冻结的，**不得重复冻结，但可以轮候冻结。**

（4）对冻结的存款、汇款、债券、股票、基金份额等财产，经查明确实与案件无关的，应当在3**日以内解除**冻结，予以退还。

在侦查活动中发现的可以证明犯罪嫌疑人有罪、无罪或者犯罪情节轻重的各种财物和文件，应当查封或者扣押；与案件无关的，不得查封或者扣押。查封或者扣押**应当经检察长批准**。(《最高检规则》第210条第1款)

查询、冻结前款规定的财产，应当制作查询、冻结财产通知书，通知银行或者其他金融机构、邮政部门执行。冻结财产的，**应当经检察长批准**。(《最高检规则》第212条第2款)

对犯罪嫌疑人使用违法所得与合法收入共同购置的**不可分割的财产**，可以**先行查封、扣押、冻结**。对**无法分割**退还的财产，应当在**结案后予以拍卖、变卖**，对**不属于违法所得的部分予以退还**。(《最高检规则》第211条)

六、鉴定

鉴定，是指公安机关、人民检察院为了查明案情，**指派或者聘请**具有专门知识的人对案件中的某些专门性问题进行鉴别和判断的一种侦查活动。鉴定应当遵循下列程序和要求：

（一）主体

接受侦查机关指派或聘请的鉴定人。鉴定人只能是自然人。

（二）事项

专门性事实问题。

（三）程序和要求

1. **选定鉴定人**。鉴定人的选定有两种方式：

（1）指派。即由公安机关或者人民检察院，指派其内部的刑事技术鉴定部门具有鉴定资格的专业人员进行鉴定。

（2）聘请。即由公安机关或者人民检察院聘请其他部门的专业人员进行鉴定。

2. 侦查机关应当为鉴定人进行鉴定**提供必要条件**，及时向鉴定人送交有关检材和对比样本等原始材料，介绍与鉴定有关的情况，并且明确提出要求鉴定解决的问题，但是不得暗示或者强迫鉴定人作出某种鉴定意见。

3. 鉴定人进行鉴定时，应当遵守自己的职业道德，坚持实事求是的原则。鉴定人故意作虚假鉴定的，应当承担法律责任。

4. 鉴定人进行鉴定后，**应当写出鉴定意见，并且签名**。鉴定意见应当对侦查人员提出的问题作出明确的回答，并说明其科学或者技术上的根据。**多人参加鉴定，鉴定人有不同意见的，应当注明。**

5. 侦查人员对鉴定人作出的鉴定意见，应当进行审查，如果有疑问，可以要求鉴定人作补充鉴定。必要时，也可以另行指派或者聘请鉴定人重新鉴定。

6. 侦查机关应当将用作证据的鉴定意见**告知犯罪嫌疑人、被害人**。如果**犯罪嫌疑人、被害人提出申请，可以补充鉴定或者重新鉴定**。(《刑事诉讼法》第148条)

> **【特别提示】**犯罪嫌疑人、被害人或被害人的法定代理人、近亲属、诉讼代理人提出申请，可以补充鉴定或者重新鉴定，鉴定费用由请求方承担，但原鉴定违反法定程序的，由人民检察院承担。犯罪嫌疑人的辩护人或者近亲属以犯罪嫌疑人有患精神病可能而申请对犯罪嫌疑人进行鉴定的，鉴定费用由申请方承担。(《最高检规则》第221条第2、3款规定)

7. 对犯罪嫌疑人**作精神病鉴定的时间不计入办案期限**，其他鉴定时间都应当计入办案期限。

★★★七、辨认

辨认，是指侦查人员为了查明案情，在必要时让**被害人、证人以及犯罪嫌疑人**对与犯罪有关的**物品、文件、尸体、场所或者犯罪嫌疑人**进行辨认的一种侦查行为。辨认应当遵循下列程序和要求：

（一）主持人

辨认应当在侦查人员的主持下进行。

（二）主体

被害人、证人和犯罪嫌疑人都可以是辨认的主体。

（三）对象

与犯罪有关的物品、文件、尸体、场所、犯罪嫌疑人。

（四）辨认规则

1. **主持人规则**：主持的侦查人员**不得少于2人**。

2. **个别规则**：几名辨认人对同一辨认对象进行辨认时，应当由辨认人**个别**进行。

3. **混杂规则**：

（1）**相似性要求**：辨认时，应当将辨认对象混杂在**特征相类似**的其他对象中，不得给辨认人任何暗示。

（2）数量上的要求：

①**公安机关**：**7人；10张人的照片；物5件；物的照片**10张（不少于）。但是，对**场所**、**尸体**或者具有**独有特征的物品**进行辨认的，陪衬物不受数量的限制。（《公安部规定》第260条：辨认时，应当将辨认对象**混杂在特征相类似的其他对象**中，不得在辨认前向辨认人展示辨认对象及其影像资料，**不得**给辨认人任何**暗示**。辨认犯罪嫌疑人时，被辨认的人数不得少于7人；对犯罪嫌疑人照片进行辨认的，不得少于10人的照片。辨认物品时，混杂的同类物品不得少于5件；对物品的照片进行辨认的，不得少于10个物品的照片。对**场所**、**尸体**等特定辨认对象进行辨认，或者辨认人能够准确描述**物品独有特征**的，陪衬物不受数量的限制）

②**检察机关**：**7人；10张人的照片；物5件；物的照片**5张（不少于）；（《最高检规则》第226条：辨认时，应当将辨认对象**混杂**在其他对象中。不得在辨认前向辨认人展示辨认对象及其影像资料，不得给辨认人任何暗示。辨认犯罪嫌疑人时，被辨认的人数不得少于7人，照片不得少于10张。辨认物品时，同类物品不得少于5件，照片不得少于5张）

4. **防止预断规则**：在辨认前，应当避免辨认人见到被辨认对象。

> **【特别提示】** 在辨认前，应当向辨认人详细询问被辨认对象的具体特征。需要注意的是，这一要求与“禁止辨认人见到被辨认对象”并不矛盾。向辨认人详细询问具体特征，只能由辨认人单向提供信息，侦查人员不得向辨认人提供侦查机关掌握而辨认人不知晓的信息。

5. **禁止暗示规则**：辨认时，不得给辨认人任何暗示。

（五）其他程序要求

1. 必要的时候，可以有见证人在场。

2. 对犯罪嫌疑人的辨认，辨认人不愿公开进行的，可以在不暴露辨认人的情况下进行，侦查人员应当为其保密。

3. 对于辨认的情况，应当制作笔录，由主持和参加辨认的侦查人员、辨认人、见证人签名或盖章。公安机关侦查的案件，必要时，应当对辨认过程进行录音或者录像；检察机关侦查的案件，对辨认对象应当拍照，**必要时可以对辨认过程进行录音、录像。**

4. 现场监督：必要时，可以有见证人在场。(《最高检规则》第225条)

【经典金题】

赵某、石某抢劫杀害李某，被路过的王某、张某看见并报案。赵某、石某被抓获后，2名侦查人员负责组织辨认。关于辨认的程序，下列选项正确的是？（2014年卷二第92题，不定项）[1]

A. 在辨认尸体时，只将李某尸体与另一尸体作为辨认对象

B. 在2名侦查人员的主持下，将赵某混杂在9名具有类似特征的人员中，由王某、张某个别进行辨认

C. 在对石某进行辨认时，9名被辨认人员中的4名民警因紧急任务离开，在2名侦查人员的主持下，将石某混杂在5名人员中，由王某、张某个别进行辨认

D. 根据王某、张某的要求，辨认在不暴露他们身份的情况下进行

八、通缉

通缉，是公安机关通令缉拿应当逮捕而在逃的犯罪嫌疑人的一种侦查行为。

（一）决定主体

公安机关和人民检察院。

（二）发布主体

只有公安机关有权发布通缉令。

（三）发布范围

各级公安机关在自己管辖的地区以内，可以直接发布通缉令；如**超出自己管辖的地区，应当报请有权决定的上级机关发布**。需在全国范围内或跨协作区缉拿重要逃犯的，由省、自治区、直辖市公安厅、局报请公安部，由公安部发布通缉令。

【特别提示1】超出自己管辖的地区，应报请有权决定的上级机关决定并由该上级机关的同级公安机关发布。

【特别提示2】依法应当留置的被调查人如果在逃，监察机关可以决定在本行政区域内通缉，由公安机关发布通缉令，追捕归案。通缉范围超出本行政区域的，应当报请有权决定的上级监察机关决定。

（四）通缉对象

只能是**依法应当逮捕而在逃**的犯罪嫌疑人，也包括**已被捕而在羁押期间逃跑**的犯罪嫌

---

[1] 【解析】A项：辨认对象是尸体时，是没有数量上的要求的，A项正确。

B项：根据规定，主持辨认的侦查人员不得少于2人。此外，将赵某混杂在9名具有类似特征的人员中，一共是10人，符合7人及以上的要求，王某、张某个别进行辨认，符合个别原则的要求，B项正确。

C项：将石某混杂在5名人员中，一共是6人，不符合7人及以上的要求，据此，C项错误。

D项：根据规定，对犯罪嫌疑人的辨认，辨认人不愿意公开进行时，可以在不暴露辨认人的情况下进行，并应当为其保守秘密。据此，D项正确。

综上所述，本题答案为ABD项。

疑人。

★★★★★九、技术侦查措施

技术侦查，是国家安全机关和公安机关为了侦查犯罪而采取的特殊侦查措施，包括电子侦听、电话监听、电子监控、秘密拍照或录像、秘密获取某些物证、邮件等秘密的专门技术手段。

（一）主体

1. 决定主体：公安机关（国家安全机关）、人民检察院。

2. 执行主体：公安机关（国家安全机关）。

（二）案件范围

1. **公安机关**可决定的范围：公安机关**在立案后**，对于**危害国家安全犯罪、恐怖活动犯罪、黑社会性质的组织犯罪、重大毒品犯罪或者其他严重危害社会的犯罪案件**，根据侦查犯罪的需要，经过严格的批准手续，可以采取技术侦查措施。

> **【特别提示】**“其他严重危害社会的犯罪案件”一般指故意杀人、故意伤害致人重伤或死亡、抢劫、强奸、绑架、放火、爆炸、投放危险物质等严重暴力犯罪案件；集团性、系列性、跨区域性重大犯罪案件；利用电信、计算机网络、寄递渠道等实施的重大犯罪案件，以及针对计算机网络事实的重大犯罪案件；其他严重危害社会的犯罪案件，依法可能判处7年以上有期徒刑的。

2. **检察院**可决定的范围：人民检察院在**立案后**，对于**利用职权实施的严重侵犯公民人身权利的重大犯罪案件**，根据侦查犯罪的需要，经过严格的批准手续，可以采取技术侦查措施，按照规定交有关机关执行。

3. **公、检均可**决定的范围：追捕被通缉或者批准、决定逮捕的在逃的犯罪嫌疑人、被告人，经过批准，可以采取追捕所必需的技术侦查措施。

（三）种类

技术侦查措施是指由**设区的市一级以上公安机关负责技术侦查的部门**实施的**记录监控、行踪监控、通信监控、场所监控**等措施。（《公安部规定》第264条第1款）

（四）适用对象

技术侦查措施的适用对象是**犯罪嫌疑人、被告人以及与犯罪活动直接关联的人员**。（《公安部规定》第264条第2款）

> **【特别提示】**根据侦查犯罪的需要，确定采取技术侦查措施的种类和适用对象。

（五）程序要求（针对公安侦查的案件）

1. **批准手续**：公安机关侦查的案件，需要采取技术侦查措施的，应当制作呈请采取技术侦查措施报告书，报**设区的市一级以上公安机关负责人**批准，制作采取技术侦查措施决定书。

2. **执行主体**：由**设区的市一级以上公安机关负责技术侦查的部门实施**。采取技术侦查措施，必须严格按照批准的措施种类、适用对象和期限执行。

3. **执行期限**：（1）批准决定自签发之日起3**个月以内有效**。对于不需要继续的，应当及时解除。

（2）**【可以延长】**对于复杂、疑难案件，期限届满仍有必要继续采取技术侦查措施的，应当在期限届满前10日以内制作呈请延长技术侦查措施期限报告书，写明延长的期限及理由，经过**原批准机关**批准，有效期可以延长，**每次不得超过3个月**。

【特别提示】**延长没有次数的限制**。因此，技术侦查的期限可以超过9个月，可以超过15个月，只要每次延长不超过3个月即可。

4. **种类或适用对象的变更**：在有效期限内，需要**变更**技术侦查措施**种类或者适用对象**的，应当**重新办理批准手续**：即重新制作呈请采取技术侦查措施报告书，报**设区的市一级以上公安机关负责人**批准。

5. 采取技术侦查措施收集的材料作为证据使用的，批准采取技术侦查措施的法律文书应当附卷，**辩护律师可以依法查阅、摘抄、复制**。

6. 侦查人员对采取技术侦查措施过程中知悉的国家秘密、商业秘密和个人隐私，应当**保密**。

7. 采取技术侦查措施获取的材料，只能用于对犯罪的侦查、起诉和审判，不得用于其他用途；**与案件无关的材料，应当及时销毁**。

8. 公安机关依法采取技术侦查措施，有关单位和个人应当配合，并对有关情况予以保密。

（六）证据使用

1. 采取技术侦查措施收集的材料在刑事诉讼中可以作为证据使用。如果使用该证据可能危及有关人员的人身安全，或者可能产生其他严重后果的，应当采取**不暴露有关人员身份、技术方法**等保护措施，必要的时候，可以由审判人员**在庭外对证据进行核实**。

2. 采取技术侦查措施收集的证据，除可能危及有关人员的人身安全，或者可能产生其他严重后果的，由法院依职权庭外调查核实的外，未经法庭调查程序查证属实，不得作为定案的根据。

【总结】**因为技术侦查是其中一种侦查行为。故：**

①技术侦查必须在立案以后才能采取。

②技术侦查收集到的证据只能用于刑事诉讼中。

③技术侦查收集到的证据能够直接使用，而不需要转化。

④不管哪种侦查行为，收集到的证据均需要经过法庭调查核实，因为技术侦查可能涉及卧底的安全，因此允许对技术侦查收集到的证据进行庭外核实。

（七）秘密侦查

为了查明案情，在必要的时候，经**县级以上公安机关负责人**决定，可以由侦查人员或者公安机关指定的其他人员隐匿身份实施侦查。隐匿身份实施侦查时，**不得使用促使他人产生犯罪意图的方法诱使他人**犯罪**【犯意型的诱惑侦查】，不得采用可能危害公共安全**或者**发生重大人身危险**的方法。

【犯意型诱惑侦查与机会型诱惑侦查的区分】

【例1】校园经常发生色狼侵犯女学生的案件，为抓获犯罪嫌疑人，有管辖权的公安机关决定由该警局女警扮演学生在校园里面闲逛。在某天夜晚，该色狼出现，欲侵犯女警扮演的女学生，此时女警察将该色狼抓获。——**机会型诱惑侦查（允许）**

【例2】甲在入住宾馆的时候接到宾馆“特殊服务”的电话，甲同意接受服务，在服务人员上门时被警察抓获，后得知该电话为警察所打。——**犯意型诱惑侦查（禁止）**

（八）控制下交付

对涉及**给付毒品等违禁品或者财物**的犯罪活动，为查明参与该项犯罪的人员和犯罪事实，根据侦查需要，经**县级以上公安机关负责人**决定，可以实施控制下交付。

【经典金题】

某县公安机关办理一起贩毒案，决定采取监听和控制下交付。对此，下列哪一说法是正确的？（2020 年仿真题，单选）〔1〕

A. 须报上一级公安机关审批

B. 可对涉嫌贩毒和购买毒品的人进行监听

C. 对于在监听中获知的犯罪嫌疑人的其他违法行为，应将材料移送行政机关处理

D. 对于在监听中获知的商业秘密不得作为证据使用

第三节　侦查终结

【学习提要】

本节考生须重点掌握侦查羁押期限，其可以总结为下列公式：2 + 1 + 2 + 2 + X。考生应当熟悉每个数字代表的涵义，可能会作为选项在客观题中考查。

【法条依据】

《刑事诉讼法》第 156 条　对犯罪嫌疑人逮捕后的侦查羁押期限不得超过二个月。案情复杂、期限届满不能终结的案件，可以经上一级人民检察院批准延长一个月。

第 157 条　因为特殊原因，在较长时间内不宜交付审判的特别重大复杂的案件，由最高人民检察院报请全国人民代表大会常务委员会批准延期审理。

第 158 条　【重大复杂案件的侦查羁押期限】下列案件在本法第一百五十六条规定的期限届满不能侦查终结的，经省、自治区、直辖市人民检察院批准或者决定，可以延长二个月：

（一）交通十分不便的边远地区的重大复杂案件；

（二）重大的犯罪集团案件；

（三）流窜作案的重大复杂案件；

（四）犯罪涉及面广，取证困难的重大复杂案件。

第 159 条　对犯罪嫌疑人可能判处十年有期徒刑以上刑罚，依照本法第一百五十八条规定延长期限届满，仍不能侦查终结的，经省、自治区、直辖市人民检察院批准或者决定，可以再延长二个月。

第 160 条　在侦查期间，发现犯罪嫌疑人另有重要罪行的，自发现之日起依照本法第一百五十六条的规定重新计算侦查羁押期限。

---

〔1〕【解析】A 项：根据规定，技术侦查措施是指由设区的【市一级】以上公安机关负责技术侦查的部门实施的记录监控、行踪监控、通信监控、场所监控等措施。同时根据相关规定，对涉及给付毒品等违禁品或者财物的犯罪活动，为查明参与该项犯罪的人员和犯罪事实，根据侦查需要，经【县级】以上公安机关负责人决定，可以实施控制下交付。据此，本题中，监听和控制下交付两种技术侦查措施的决定机关有所不同，具体而言，监听需要经过设区的市一级以上公安机关负责人批准，而【控制下交付】只需要经过【县级】以上公安机关负责人决定即可。因此，A 项错误。

B 项：根据规定，技术侦查措施的适用对象是犯罪嫌疑人、被告人以及与犯罪活动直接关联的人员。据此，本案中，贩毒人员是犯罪嫌疑人，而购买毒品的人员是与贩毒活动直接关联的人员。因此，可以同时对他们实施监听。因此，B 项正确。

C 项：根据规定，采取技术侦查措施获取的材料，只能用于对犯罪的侦查、起诉和审判，【不得用于其他用途】。据此，采用技术侦查措施获得的材料只能用于刑事案件的诉讼过程，不得用于行政行为的作出。因此，C 项错误。

D 项：根据规定，公安机关依照规定实施隐匿身份侦查和控制下交付收集的材料在刑事诉讼中【可以】作为证据使用。同时，侦查人员对采取技术侦查措施过程中知悉的国家秘密、商业秘密和个人隐私，应当保密。据此，采取技术侦查措施获得的商业秘密【可以】作为证据使用，但应当遵守保密规定。因此，D 项错误。

综上所述，本题答案为 B 项。

犯罪嫌疑人不讲真实姓名、住址，身份不明的，应当对其身份进行调查，侦查羁押期限自查清其身份之日起计算，但是不得停止对其犯罪行为的侦查取证。对于犯罪事实清楚，证据确实、充分，确实无法查明其身份的，也可以按其自报的姓名起诉、审判。

【知识点精讲】

侦查终结，是侦查机关对于自己立案侦查的案件，经过一系列的侦查活动，根据已经查明的事实、证据，依照法律规定，足以对案件作出起诉、不起诉或者撤销案件的结论，决定不再进行侦查，并对犯罪嫌疑人作出处理的一种诉讼活动。

一、侦查终结的条件和对案件的处理

（一）侦查终结的条件

1. **首要**条件：案件事实清楚；

2. **重要**条件：证据确实、充分；

3. 法律手续完备。

以上三个条件必须同时具备，缺一不可。

（二）听取意见

在案件侦查终结前，**辩护律师**提出要求的，侦查机关**应当听取**辩护律师的意见，并记录在案。辩护律师提出书面意见的，应当附卷。（《刑事诉讼法》第161条）

（三）侦查终结对案件的处理

1. 移送起诉：公安机关侦查终结的案件，应当做到犯罪事实清楚，证据确实、充分，并且写出起诉意见书，**连同案卷材料、证据一并移送同级人民检察院审查决定**；同时将案件移送情况告知犯罪嫌疑人及其辩护律师。犯罪嫌疑人自愿认罪的，应当记录在案，随案移送，并在起诉意见书中写明有关情况。

2. **撤销案件**

（1）在侦查过程中，发现不应对犯罪嫌疑人追究刑事责任的，应当撤销案件；犯罪嫌疑人已被逮捕的，应当立即释放，发给释放证明，并且**通知**原批准逮捕的人民检察院。

（2）犯罪嫌疑人**自愿如实供述**涉嫌犯罪的事实，有**重大立功或者案件涉及国家重大利益**的，经**最高人民检察院**核准，公安机关**可以**撤销案件。根据此规定撤销案件的，公安机关应当及时对查封、扣押、冻结的财物及其孳息作出处理。（《刑事诉讼法》第182条）

★★★二、侦查羁押期限

侦查中的羁押期限，是指犯罪嫌疑人在侦查中**被逮捕以后**到侦查终结的期限。需要注意的是，羁押期限的起算是**从犯罪嫌疑人被逮捕之日**开始。

1. **一般情形**：2个月，对犯罪嫌疑人逮捕后的侦查羁押期限不得超过2个月，无须批准。

2. **案情复杂**：延长1个月，案情复杂、期限届满不能终结的案件，可以经上一级人民检察院批准延长1个月。

3. **交、集、流、广四类案件**：继续延长2个月，下列案件在上述3个月内仍不能侦查终结的，经省、自治区、直辖市人民检察院批准或者决定，可以延长2个月：①交通十分不便的边远地区的重大复杂案件；②重大的犯罪集团案件；③流窜作案的重大复杂案件；④犯罪涉及面广，取证困难的重大犯罪案件。

4. **10年有期徒刑以上刑罚的继续延长2个月**：对犯罪嫌疑人可能判处10年有期徒刑以上刑罚，依照《刑事诉讼法》第158条规定延长期限届满，仍不能侦查终结的，经省、自治区、直辖市人民检察院批准或者决定，可以再延长2个月。

5. **因特殊原因无限延长**：因为特殊原因，在较长时间内不宜交付审判的**特别重大复杂的案件**，由**最高人民检察院**报请**全国人民代表大会常务委员会**批准延期审理。（《刑事诉讼法》第157条）

【特别提示】侦查羁押期限可以总结为下列公式：2+1+2+2+X。

三、侦查羁押期限的特殊情形

1. 在侦查期间，发现犯罪嫌疑人另有重要罪行的，自发现之日起依照《刑事诉讼法》第156条的规定重新计算侦查羁押期限。

【特别提示】（1）重新计算侦查羁押期限由**公安机关**决定，报人民检察院**备案**。（2）另有重要罪行是指与逮捕时的罪行**不同种的重大犯罪和同种的影响罪名认定、量刑档次的重大犯罪**。

2. **不讲真实姓名、住址、身份不明**应当对其身份进行调查，侦查羁押期限**自查清其身份之日起**计算，但不得停止对犯罪行为的侦查取证。

3. 对被羁押的犯罪嫌疑人**作精神病鉴定的时间，不计入侦查羁押期限**。其他鉴定期间都应当计入办案期间。

【考点归纳】	
侦查终结的条件	**相应的处理**
（1）认为犯罪嫌疑人有罪，符合犯罪事实清楚，证据确实充分条件	移送负责捕诉的部门审查起诉
（2）发现犯罪嫌疑人无罪或符合《刑事诉讼法》第16条的规定	撤销案件
【注意】侦查机关在案件侦查终结前，辩护律师提出要求的，侦查机关应当听取辩护律师的意见，并记录在案。辩护律师提出书面意见的，应当附卷。	
侦查羁押期限	2+1+2+2+X

第四节　补充侦查与补充调查

【学习提要】

本节为考试重点内容，考生需重点把握审查批捕阶段、审查起诉阶段以及审判阶段的补充侦查程序。

【法条依据】

《刑事诉讼法》第175条　人民检察院审查案件，可以要求公安机关提供法庭审判所必需的证据材料；认为可能存在本法第五十六条规定的以非法方法收集证据情形的，可以要求其对证据收集的合法性作出说明。

人民检察院审查案件，对于需要补充侦查的，可以退回公安机关补充侦查，也可以自行侦查。

对于补充侦查的案件，应当在一个月以内补充侦查完毕。补充侦查以二次为限。补充侦查完毕移送人民检察院后，人民检察院重新计算审查起诉期限。

对于二次补充侦查的案件，人民检察院仍然认为证据不足，不符合起诉条件的，应当作出不起诉的决定。

【知识点精讲】

补充侦查，是指公安机关或者人民检察院依照法定程序，在原有侦查工作的基础上进行补充收集证据的一种侦查活动。

补充侦查并不是每一个刑事案件都必须进行的活动，它只适用于没有完成原有侦查任务，部分事实、情节尚未查明的某些刑事案件。根据《刑事诉讼法》第 90 条、第 170 条、第 175 条和第 204 条的规定，补充侦查在程序上有三种：即**审查批捕**阶段的补充侦查、**审查起诉**阶段的补充侦查和**法庭审理**阶段的补充侦查。

【特别提示】对于监察机关调查的案件而言，则称为补充调查。而且监察机关调查完毕移送检察机关审查起诉的案件，只有审查起诉阶段的补充调查。

★★★一、审查批捕阶段的补充侦查

人民检察院对于公安机关提请批准逮捕的案件进行审查后，应当根据情况分别作出批准逮捕或者不批准逮捕的决定。对于**批准逮捕**的决定，公安机关**应当立即执行**，并且将执行情况及时通知人民检察院。对于**不批准逮捕**的，人民检察院应当**说明理由，需要补充侦查**的，**应当同时通知**公安机关。

【特别提示】对于批准逮捕后要求公安机关继续侦查、不批准逮捕后要求公安机关补充侦查或者审查起诉阶段退回公安机关补充侦查的案件，人民检察院应当分别制作继续侦查提纲或者补充侦查提纲，写明需要继续侦查或者补充侦查的事项、理由、侦查方向、需补充收集的证据及其证明作用等，送交公安机关。(《最高检规则》第 257 条)

【特别提示】根据此规定可以得出以下结论：第一，审查批捕阶段，只有不批准逮捕的，才能补充侦查。第二，审查批捕阶段的补充侦查，只能由公安机关补充侦查，而不能由检察院自行补充侦查。第三，需要补充侦查的，是“通知”公安机关，而不是“退回”公安机关。

★★★二、审查起诉阶段的补充侦查或审查起诉阶段针对监察机关移送案件的补充调查

审查起诉阶段的补充侦查，是指案件已经由**公安机关**、**人民检察院负责侦查的部门**或者**监察机关**移送检察院审查起诉，检察院在审查起诉时发现案件符合特定条件的情形而决定的补充侦查或退回补充调查（针对监察机关移送的案件）。根据《刑事诉讼法》第 176 条第 1 款规定，检察院如果认为犯罪嫌疑人的犯罪事实已经查清，证据确实、充分，依法应当追究刑事责任的，则应当作出起诉决定。

【特别提示】人民检察院认为**犯罪事实不清、证据不足或者存在遗漏罪行、遗漏同案犯罪嫌疑人等情形**需要补充侦查的，**应当制作补充侦查提纲**，连同案卷材料一并退回公安机关补充侦查。人民检察院**也可以自行侦查**，必要时可以要求公安机关提供协助。(《最高检规则》第 342 条)

（一）公安机关、检察院自侦案件在【审查起诉阶段】的补充侦查

1. 补充侦查的情形：犯罪事实不清、证据不足或者存在遗漏罪行、遗漏同案犯罪嫌疑人等情形

（1）**【公安机关侦查的案件】**人民检察院认为**犯罪事实不清、证据不足或者存在遗漏罪行、遗漏同案犯罪嫌疑人**等情形需要补充侦查的，应当制作补充侦查提纲，连同案卷材料一并**退回公安机关补充侦查**。人民检察院**也可以自行侦查**，必要时可以要求公安机关提供协助。

（2）**【监察机关调查的案件】**人民检察院对于监察机关移送起诉的案件，认为需要补充调查的，**应当退回监察机关补充调查**。必要时，**可以自行补充侦查**。需要退回补充调查的案件，人民检察院应当出具补充调查决定书、补充调查提纲，写明补充调查的事项、理由、调查方向、需补充收集的证据及其证明作用等，连同案卷材料一并送交监察机关。

（3）**【检察机关立案侦查的案件】**人民检察院负责捕诉的部门对本院负责侦查的部门移送起诉的案件进行审查后，认为**犯罪事实不清、证据不足或者存在遗漏罪行、遗漏同案犯罪嫌疑人**等情形需要补充侦查的，应当制作补充侦查提纲，连同案卷材料一并**退回负责侦查的部门补充侦查**。必要时，**也可以自行侦查**，可以要求负责侦查的部门予以协助。

2. 退回补充侦查的要求

（1）主体：**退回公安机关、检察院负责侦查的部门**进行补充侦查。

（2）期限与次数：退回补充侦查的，应当在 **1 个月**内补充侦查完毕。补充侦查以 **2 次**为限。

（3）**【公安机关、检察院负责侦查的部门】**第 1 次补充侦查后的处理：侦查机关在第 1 次补充侦查后，有两种处理方式，**一是撤销案件**，二是**继续移送检察院负责捕诉的部门审查起诉**。如果移送审查起诉的，检察院继续审查起诉。

（4）**【检察院负责捕诉的部门】**继续审查起诉后的处理：

①经过 1 次补充侦查的案件，检察院认为事实清楚，证据确实充分，应当决定提起公诉。

②经过 1 次补充侦查的案件，检察院认为**事实不清，证据不足，可以**决定**不起诉**；也**可以**继续**退回**补充侦查。

> **【特别提示】**侦查机关移送检察院负责捕诉部门再次审查起诉的，检察院负责捕诉部门再次审查起诉时，人民检察院重新计算审查起诉期限。

（5）**【公安机关、检察院负责侦查的部门】**第 2 次补充侦查后的处理：侦查机关在第 2 次补充侦查后，有两种处理方式，一是**撤销案件**，二是**继续移送检察院负责捕诉的部门审查起诉**。如果移送审查起诉的，检察院还要再次审查起诉。

（6）再次审查起诉后**检察院负责捕诉的部门**的处理：

①经过 2 次补充侦查的案件，检察院认为事实清楚，证据确实充分的，应当决定提起公诉。

②经过 2 次补充侦查的案件，仍然事实不清，证据不足，不符合起诉条件的，应当作出不起诉的决定。

> **【特别提示】**侦查机关移送检察院负责捕诉部门再次审查起诉的，检察院负责捕诉部门再次审查起诉时，人民检察院重新计算审查起诉期限。

3. 自行侦查

（1）主体：**人民检察院（负责捕诉的部门）**。

（2）期限：应当在审查起诉期限内补充侦查完毕。

【总结】审查起诉阶段退回补充侦查只有两次机会，无论是否改变管辖。

（二）监察机关移送的案件在审查起诉阶段的补充调查

1. 补充调查的情形：人民检察院对于监察机关移送起诉的案件，依照本法和监察法的有关规定进行审查。人民检察院经审查，认为**需要补充核实的**，应当退回监察机关补充调查，必要时可以自行补充侦查。

2. 补充调查：人民检察院对于监察机关移送起诉的案件，认为需要补充调查的，**应当退回监察机关补充调查。必要时，可以自行补充侦查**。需要退回补充调查的案件，人民检察院应当出具补充调查决定书、补充调查提纲，写明补充调查的事项、理由、调查方向、需补充收集的证据及其证明作用等，连同案卷材料一并送交监察机关。人民检察院决定退回补充调查的案件，犯罪嫌疑人已被采取强制措施的，应当将退回补充调查情况书面通知强制措施执行机关。**监察机关需要讯问的，人民检察院应当予以配合。**

3. 期限次数：人民检察院经审查，认为需要补充核实的，应当退回监察机关补充调查，必要时可以自行补充侦查。对于补充调查的案件，应当在1个月内补充调查完毕。补充调查以2次为限。

4. 自行侦查：《最高检规则》第344条，对于监察机关移送起诉的案件，**具有下列情形之一的，人民检察院可以自行补充侦查：**（一）证人证言、犯罪嫌疑人供述和辩解、被害人陈述的内容主要情节一致，**个别情节不一致的；**（二）物证、书证等证据材料**需要补充鉴定的；**（三）其他由人民检察院查证**更为便利、更有效率、更有利于查清案件事实的情形**。自行补充侦查完毕后，应当将相关证据材料入卷，**同时抄送监察机关**。人民检察院自行补充侦查的，可以商请监察机关提供协助。

5. 处理结果：《最高检规则》第349条，人民检察院对已经退回监察机关二次**补充调查**或者退回公安机关二次补充侦查的案件，在审查起诉中又发现**新的犯罪事实，应当将线索移送监察机关或者公安机关。对已经查清的犯罪事实，应当依法提起公诉。**

> **【特别提示】**监察机关移送的案件在审查起诉阶段的补充调查，可以参照公安机关移送案件在审查起诉阶段补充侦查的内容。

审查起诉阶段补充侦查的示意图

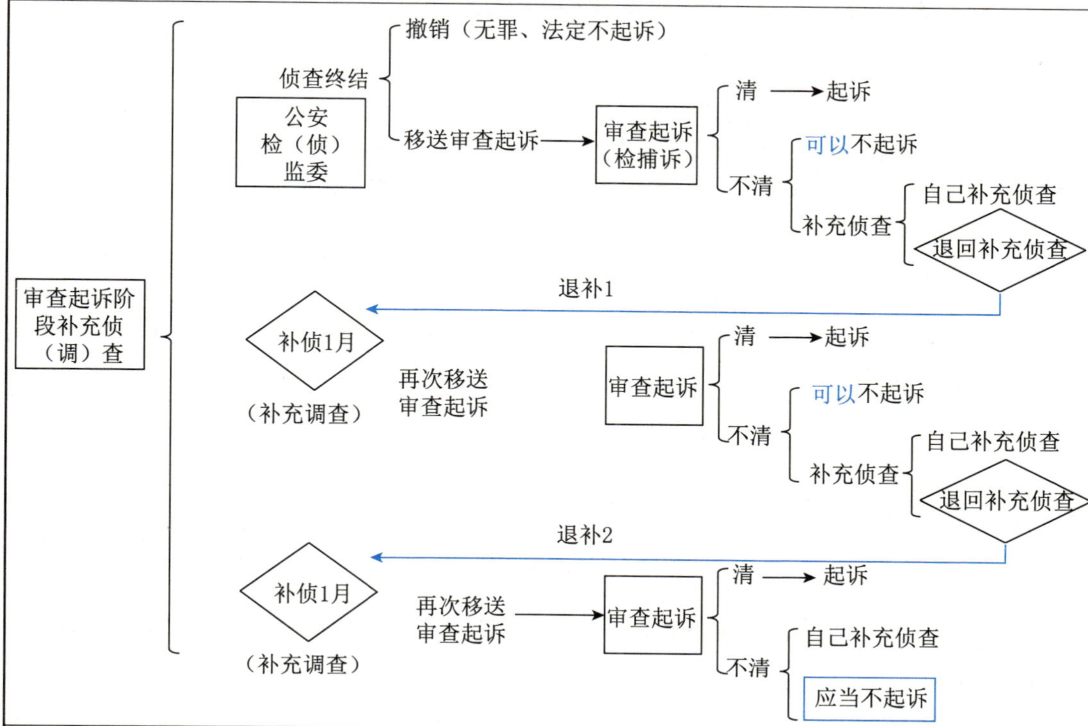

【示意图要点总结】 关于审查起诉阶段的补充侦查,考生需要掌握以下几点:

第一,审查起诉阶段的补充侦查一定是以“事实不清、证据不足”或者“遗漏罪行、遗漏同案犯罪嫌疑人”为补充侦查的前提条件。如果事实清楚,证据确实充分,是不可能出现补充侦查的。

第二,检察院作出事实不清、证据不足的不起诉决定不要求必须先经过补充侦查。也就是说,检察院审查后认为事实不清、证据不足的,可以直接作出不起诉决定,而不一定补充侦查。

第三,经过 1 次补充侦查后,侦查机关继续移送审查起诉的,检察院再次审查时,发现仍然事实不清,证据不足,其处理既“可以不起诉”,也可以继续“退回补充侦查”。

第四,经过 2 次补充侦查,侦查机关继续移送审查起诉的,检察院再次审查时,发现仍然事实不清,证据不足,其处理只能是“应当不起诉”。

(三)审判阶段的补充侦查

1. 补充侦查的启动

(1)审判期间,公诉人发现案件需要补充侦查,建议延期审理的,合议庭**可以**同意,但建议延期审理不得超过两次。

(2)审判期间,被告人提出**新的立功线索**的,人民法院**可以建议**人民检察院补充侦查。

> **【特别提示】** 审判期间,合议庭发现被告人可能有**自首、坦白、立功等法定量刑情节**,而人民检察院移送的案卷中没有相关证据材料的,**应当通知**人民检察院移送。

2. 补充侦查的主体: 只能由**检察院**补充侦查,不能退回公安机关补充侦查,必要时可以由公安机关协助。

3. 期限次数: 每次 1 个月,2 次为限。

4. 补充侦查的后果: 人民检察院未将补充的证据材料移送人民法院的,人民法院**可以根**

据在案证据作出判决、裁定。

5. **期限计算**：出现补充侦查的，审判期限应当**重新计算**。

<table>
<tr><th colspan="4">考点归纳</th></tr>
<tr><td>审查批捕阶段</td><td colspan="3">检察院对于公安机关提请批准逮捕的案件进行审查后，应当根据情况分别作出批准逮捕或者不批准逮捕的决定。对于批准逮捕的决定，公安机关应当立即执行，并且将执行情况及时通知检察院。对于不批准逮捕的，检察院应当说明理由，需要补充侦查的，应当同时通知公安机关。（《刑事诉讼法》第 90 条）
【注意】对于批准逮捕后要求公安机关继续侦查、不批准逮捕后要求公安机关补充侦查或者审查起诉阶段退回公安机关补充侦查的案件，人民检察院应当分别制作继续侦查提纲或者补充侦查提纲，写明需要继续侦查或者补充侦查的事项、理由、侦查方向、需补充收集的证据及其证明作用等，送交公安机关。（《最高检规则》第 257 条）</td></tr>
<tr><td rowspan="8">审查起诉阶段</td><td rowspan="5">退回补充侦查（补充调查）</td><td>补侦主体</td><td>公安机关、监察机关（注意，监察机关用的词为“补充调查”）、检察院负责侦查的部门
【注意】对需要补充侦查的，检察院负责捕诉的部门应当制作补充侦查提纲，连同案卷材料一并退回公安机关补充侦查、退回监察机关补充调查、退回检察院负责侦查的部门补充侦查。</td></tr>
<tr><td>适用情形</td><td>认为犯罪事实不清、证据不足或者存在遗漏罪行、遗漏同案犯罪嫌疑人等情形需要补充侦查的</td></tr>
<tr><td>期限次数</td><td>每次 1 个月，以 2 次为限。【注意】即使改变了管辖前后总共也不能超过 2 次。</td></tr>
<tr><td>补侦后果</td><td>①经过 1 次补充侦查、补充调查后移送起诉，仍然事实不清、证据不足的，可以不起诉，也可以继续补充侦查。
②经过第 2 次补充侦查、补充调查后移送起诉，仍然事实不清、证据不足的，经检察长批准，应当不起诉。</td></tr>
<tr><td>期限计算</td><td>补充侦查完毕，审查起诉的期限需要重新计算。</td></tr>
<tr><td rowspan="3">自行侦查</td><td>主体</td><td>检察院（负责捕诉的部门）</td></tr>
<tr><td>期限</td><td>应当在审查起诉期限内补充侦查完毕。</td></tr>
<tr><td colspan="2">【注意】监察机关移送起诉的案件检察院负责捕诉的部门可以自行补充侦查的情形：
对于监察机关移送起诉的案件，具有下列情形之一的，人民检察院可以自行补充侦查：
（1）证人证言、犯罪嫌疑人供述和辩解、被害人陈述的内容主要情节一致，个别情节不一致的；
（2）物证、书证等证据材料需要补充鉴定的；
（3）其他由人民检察院查证更为便利、更有效率、更有利于查清案件事实的情形。
自行补充侦查完毕后，应当将相关证据材料入卷，同时抄送监察机关。人民检察院自行补充侦查的，可以商请监察机关提供协助。（《最高检规则》第 344 条）</td></tr>
</table>

【总结】

注意：审查起诉阶段退回补充侦查只有两次机会，无论是否改变管辖

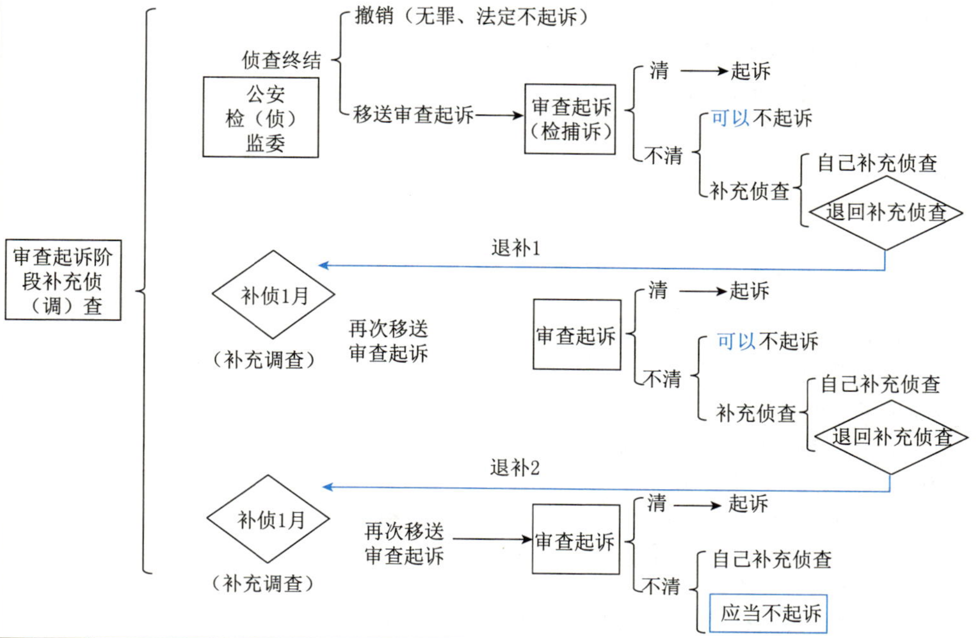

审判阶段	补侦的启动	（1）审判期间，公诉人发现案件需要补充侦查，建议延期审理的，合议庭**可以**同意，但建议延期审理不得超过2次。 （2）审判期间，被告人提出**新的立功线索**的，人民法院**可以建议**人民检察院补充侦查。 **【注意】**审判期间，合议庭发现被告人可能有**自首、坦白、立功等法定量刑情节**，而人民检察院移送的案卷中没有相关证据材料的，**应当通知**人民检察院移送。
	补侦主体	只能由**检察院**补充侦查，不能退回公安机关补充侦查，必要时可以由公安机关协助。
	期限次数	每次1个月，2次为限。
	补侦后果	人民检察院未将补充的证据材料移送人民法院的，人民法院**可以**根据在案证据作出判决、裁定。
	期限计算	出现补充侦查的，审判期限应当**重新计算**。

【经典金题】

关于补充侦查，下列哪些选项是正确的？（2015 年卷二第 70 题，多选）[1]

A. 审查批捕阶段，只有不批准逮捕的，才能通知公安机关补充侦查

B. 审查起诉阶段的补充侦查以两次为限

C. 审判阶段检察院应自行侦查，不得退回公安机关补充侦查

D. 审判阶段法院不得建议检察院补充侦查

第五节　侦查救济与侦查监督

【学习提要】

本节中考生要重点掌握侦查监督的途径和方式，对于违法行为如何处理。

【法条依据】

《刑事诉讼法》

第 117 条　当事人和辩护人、诉讼代理人、利害关系人对于司法机关及其工作人员有下列行为之一的，有权向该机关申诉或者控告：

（一）采取强制措施法定期限届满，不予以释放、解除或者变更的；

（二）应当退还取保候审保证金不退还的；

（三）对与案件无关的财物采取查封、扣押、冻结措施的；

（四）应当解除查封、扣押、冻结不解除的；

（五）贪污、挪用、私分、调换、违反规定使用查封、扣押、冻结的财物的。

受理申诉或者控告的机关应当及时处理。对处理不服的，可以向同级人民检察院申诉；人民检察院直接受理的案件，可以向上一级人民检察院申诉。人民检察院对申诉应当及时进行审查，情况属实的，通知有关机关予以纠正。

【知识点精讲】

一、侦查救济——对违法侦查行为的申诉、控告

申诉、控告是当事人、辩护人、诉讼代理人及利害关系人依法享有的一项诉讼权利。对特定违法侦查行为的申诉、控告是其应有的一项重要内容。

（一）申诉、控告的范围

当事人和辩护人、诉讼代理人、利害关系人对于司法机关及其工作人员有下列行为之一

---

[1]【解析】A 项：根据规定，审查批捕阶段的补充侦查，有两点需要注意：第一，审查批捕阶段的补充侦查，只能由公安机关补充侦查；第二，审查批捕阶段的补充侦查，以不批准逮捕为前提。因为批准逮捕了，就剩下执行逮捕了，无所谓补充侦查。只有不批准逮捕的，才能补充侦查，据此，A 项正确。

B 项：根据规定，检察院审查起诉阶段，退回监察机关补充调查、退回公安机关补充侦查的案件，均应当在一个月以内补充调查、补充侦查完毕。补充调查、补充侦查以二次为限。可知，审查起诉阶段退回补充侦查以两次为限。因此，B 项正确。

C 项：根据规定，在审判过程中，对于需要补充提供法庭审判所必需的证据或者补充侦查的，人民检察院应当自行收集证据和进行侦查，必要时可以要求监察机关或者公安机关提供协助；也可以书面要求监察机关或者公安机关补充提供证据。可知，审判阶段检察院应自行侦查，不得退回公安机关补充侦查。因此，C 项正确。

D 项：根据规定，审判期间，被告人提出新的立功线索的，人民法院可以建议人民检察院补充侦查。据此，审判阶段法院是可以建议检察院补充侦查的，而且只是“可以建议”，而不是“应当建议”，但只能是“有且只有唯一的情形下”才“可以建议”：被告人提出新的立功线索的。若不是这种情形，其他任何情形下法院也不得建议检察院补充侦查。据此，D 项错误。

综上所述，本题答案为 ABC 项。

的，有权向**该机关**申诉或者控告：

1. 采取强制措施法定期限届满，不予以释放、解除或者变更的；

2. 应当退还取保候审保证金不退还的；

3. 对与案件无关的财物采取查封、扣押、冻结措施的；

4. 应当解除查封、扣押、冻结不解除的；

5. 贪污、挪用、私分、调换、违反规定使用查封、扣押、冻结的财物的。（《刑事诉讼法》第117条）

（二）申诉、控告的程序

1. 提起主体：当事人、辩护人、诉讼代理人及利害关系人。

2. 受理主体：对于司法机关及其工作人员有《刑事诉讼法》第117条规定的行为之一的，提起主体有权向该机关申诉或者控告。

【特别提示】此处的司法机关并不是我们通常意义上的司法机关，还包括了**公安机关**。

（三）对申诉、控告的处理

1. 对提起的申诉、控告，受理申诉或者控告的机关应当及时处理。

2. **对处理不服的，可以向同级人民检察院**申诉；人民检察院直接受理的案件，可以向上一级人民检察院申诉。人民检察院对申诉应当及时进行审查，情况属实的，通知有关机关予以纠正。

二、侦查监督

侦查监督是指人民检察院依法对侦查机关的侦查活动是否合法进行的监督。侦查监督是人民检察院刑事诉讼法律监督的重要组成部分，在刑事诉讼中具有十分重要的意义。

（一）侦查监督的范围

侦查监督的范围，是指人民检察院通过履行侦查监督职能予以发现和纠正的违法行为。根据《最高检规则》第567条规定，侦查监督的内容共有16项，主要是：

1. 采用刑讯逼供以及其他非法方法收集犯罪嫌疑人供述的；

2. 讯问犯罪嫌疑人依法应当录音或者录像而没有录音或者录像，或者未在法定羁押场所讯问犯罪嫌疑人的；

3. 采用暴力、威胁以及非法限制人身自由等非法方法收集证人证言、被害人陈述，或者以暴力、威胁等方法阻止证人作证或者指使他人作伪证的；

4. 伪造、隐匿、销毁、调换、私自涂改证据，或者帮助当事人毁灭、伪造证据的；

5. 违反刑事诉讼法关于决定、执行、变更、撤销强制措施的规定，或者强制措施法定期限届满，不予释放、解除或者变更的；

6. 应当退还取保候审保证金不退还的；

7. 违反刑事诉讼法关于讯问、询问、勘验、检查、搜查、鉴定、采取技术侦查措施等规定的；

8. 对与案件无关的财物采取查封、扣押、冻结措施，或者应当解除查封、扣押、冻结而不解除的；

9. 贪污、挪用、私分、调换、违反规定使用查封、扣押、冻结的财物及其孳息的；

10. 不应当撤案而撤案的；

11. 侦查人员应当回避而不回避的；

12. 依法应当告知犯罪嫌疑人诉讼权利而不告知，影响犯罪嫌疑人行使诉讼权利的；

13. 对犯罪嫌疑人拘留、逮捕、指定居所监视居住后依法应当通知家属而未通知的；

14. 阻碍当事人、辩护人、诉讼代理人、值班律师依法行使诉讼权利的；

15. 应当对证据收集的合法性出具说明或者提供证明材料而不出具、不提供的；

16. 侦查活动中的其他违反法律规定的行为。

（二）侦查监督的途径和方式

1. 对侦查违法行为的发现

检察院发现公安机关和侦查人员的违法行为，主要有以下几种方式：

（1）人民检察院在**审查逮捕、审查起诉**中，应当审查公安机关的侦查活动是否合法；

（2）人民检察院根据需要可以派员参加公安机关对于**重大案件的讨论和其他侦查活动**，从中发现违法行为；

（3）**通过受理**诉讼参与人对于公安机关和侦查人员侵犯其诉讼权利和人身侮辱的行为向人民检察院提出的控告并及时审查，从中发现违法行为；

（4）通过**审查公安机关执行人民检察院批准或者不批准逮捕决定的情况**，以及**释放被逮捕的犯罪嫌疑人或者变更逮捕措施的情况**，发现违法行为。

2. 对侦查违法行为的处理

（1）**口头**通知纠正：对于情节较轻的，可以由检察人员以**口头方式**向侦查人员或者公安机关负责人提出纠正意见，并及时向本部门负责人汇报；必要的时候，由部门负责人提出。

（2）**书面**通知纠正：对于情节较重的违法情形，应当报请检察长批准后，向公安机关发出**纠正违法通知书**。人民检察院发出纠正违法通知书的，应当根据公安机关的回复，监督落实情况；没有回复的，应当督促公安机关回复。人民检察院提出的纠正意见不被接受，公安机关要求复查的，应当在收到公安机关的书面意见后 7 日以内进行复查。经过复查，认为纠正违法意见正确的，应当及时向上一级人民检察院报告；认为纠正违法意见错误的，应当及时撤销。

（3）进行调查核实并依法处理：在侦查、审查起诉和审判阶段，检察人员发现侦查人员以非法方法收集证据的，应当报经检察长批准，及时进行调查核实。检察人员调查完毕后，应当制作调查报告，根据查明的情况提出处理意见，报请检察长决定后依法处理。

（4）移送有关部门依法**追究刑事责任**：构成犯罪的，移送有关部门依法追究刑事责任。

第六节 核准追诉

一、概念

核准追诉，是指法定最高刑为**无期徒刑**、**死刑**的犯罪，已过 20 年追诉期限的，不再追诉。如果认为必须追诉的，须报请**最高人民检察院**核准。

二、具体要求

1. 须报请最高人民检察院核准追诉的案件，公安机关在**核准之前可以**依法对犯罪嫌疑人**采取强制措施**。

【特别提示】对已经采取强制措施的案件，强制措施期限届满不能作出是否核准追诉决定的，应当对犯罪嫌疑人**变更强制措施或者延长侦查羁押期限**。

2. 公安机关报请核准追诉并提请逮捕犯罪嫌疑人，人民检察院经审查认为必须追诉而且符合法定逮捕条件的，**可以依法批准逮捕**，同时要求公安机关在**报请核准追诉期间不得停止对案件的侦查**。

3. **未经**最高人民检察院**核准**，不得对案件提起**公诉**。

4. 公安机关报请核准追诉的案件，由**同级**人民检察院受理并**层报最高人民检察院**审查决定。

5. 最高人民检察院收到省级人民检察院报送的报请核准追诉案件报告书及案卷材料后，应当及时审查，必要时指派检察人员到案发地了解案件有关情况。**经检察长批准，作出是否核准追诉的决定**，并制作核准追诉决定书或者不予核准追诉决定书，逐级下达至最初受理案件的人民检察院，由其送达报请核准追诉的公安机关。

6. 最高人民检察院决定核准追诉的案件，最初受理案件的人民检察院应当监督公安机关的侦查工作。最高人民检察院决定不予核准追诉，公安机关未及时撤销案件的，同级人民检察院应当提出纠正意见。犯罪嫌疑人在押的，应当立即释放。

【经典金题】

1996年11月，某市发生一起故意杀人案。2017年3月，当地公安机关根据案发时现场物证中提取的DNA抓获犯罪嫌疑人陆某。2017年7月，最高检察院对陆某涉嫌故意杀人案核准追诉。在最高检察院核准前，关于本案处理，下列哪一选项是正确的？（2017年卷二第23题，单选）[1]

A. 不得侦查本案　　B. 可对陆某先行拘留

C. 不得对陆某批准逮捕　　D. 可对陆某提起公诉

【主观题点睛】

出题思路：程序挑错题、与证据制度结合考查

【案例】张一和王二实施盗窃被当场抓获。侦查人员甲、乙负责本案的侦查工作。侦查人员甲、乙在现场向张一、王二两人出示工作证件后，口头拘传了两人。在拘传后，甲、乙对张一、王二进行了长达13小时的讯问，且讯问时并没有将张一、王二二人分开。

问题：侦查人员的那些侦查行为存在违法之处？

答：（1）甲、乙二人对张一、王二进行口头拘传违法。根据刑事诉讼法及相关司法解释规定，拘传必须出示拘传证，因此，侦查人员、甲、乙二人对张一、王二口头拘传是违法的。

---

[1]【解析】核准追诉，是指法定最高刑为无期徒刑、死刑的犯罪，已过20年追诉期限的，不再追诉。如果认为必须追诉的，须报请最高人民检察院核准。本案涉及故意杀人，可能判处无期徒刑、死刑，且1996年11月发生的案件，至2016年11月就已过20年追诉期限，此时，如果要追诉的，须报请最高人民检察院核准。

ABCD项：根据规定，须报请最高人民检察院核准追诉的案件，公安机关在核准之前可以依法对犯罪嫌疑人采取强制措施。公安机关报请核准追诉并提请逮捕犯罪嫌疑人，人民检察院经审查认为必须追诉而且符合法定逮捕条件的，可以依法批准逮捕，同时要求公安机关在报请核准追诉期间不得停止对案件的侦查。未经最高人民检察院核准，不得对案件提起公诉。据此，在最高检察院核准前，不得停止对案件侦查，亦即在最高检察院核准前可以侦查，A项错误。而公安机关在核准之前可以依法对犯罪嫌疑人采取强制措施，据此，B项正确。人民检察院经审查认为必须追诉而且符合法定逮捕条件的，可以依法批准逮捕，据此，C项错误。未经最高人民检察院核准，不得对案件提起公诉，据此，最高检察院核准前，不得对陆某提起公诉，D项错误。

综上所述，本题答案为B项。

（2）甲、乙对张一、王二进行了长达 13 小时的讯问违法。根据刑事诉讼法及相关司法解释规定，传唤、拘传持续的时间不得超过 12 小时。据此，对张一、王二进行了长达 13 小时的讯问违法。

（3）讯问时并没有将张一、王二二人分开违法。根据刑事诉讼法及相关司法解释规定，张一、王二两人是同案犯，侦查人员讯问同案的犯罪嫌疑人，应当个别进行。

第十三章　起　诉

【复习提要】

刑事起诉，是指享有控诉权的国家机关和公民依法向法院提起诉讼，请求法院对指控的内容进行审判，以确定被告人刑事责任并依法予以刑事制裁的诉讼活动。本考生应重点掌握以下知识点：检察院审查起诉中针对不同特殊情形的处理方式；提起公诉的条件；不起诉的种类；不起诉的适用条件和救济程序。

【起诉程序的流程图】

- 侦查终结（事实清楚，证据确实充分）
  - ↓ 移送
- 检察院审查起诉
  - 审查
    - 审查的主体
    - 审查的内容
    - 审查的步骤和方法
  - 审查后的处理
    - 特殊情形的处理
    - 起诉
    - 不起诉

【知识框架】

- 审查起诉
  - 起诉概述
    - 起诉的概念
    - 刑事公诉的一般理论★
  - 提起公诉的程序
    - 审查起诉★★★★
    - 提起公诉
  - 不起诉
    - 不起诉的种类
      - 法定不起诉★★★★
      - 酌定不起诉★★★★
      - 存疑不起诉★★★★
      - 附条件不起诉★★★★
      - 认罪认罚不起诉★★★★★
    - 不起诉的程序
    - 不起诉的制约和救济★★★★

第一节　起诉概述

【学习提要】

本节作为起诉章节的基本知识，考生应理解刑事公诉的一般理论。本节在法考中考试频率较低，偶尔以选项的形式出现在法考客观题中。

【知识点精讲】

一、起诉的概念

刑事起诉，是指享有控诉权的国家机关和公民依法向法院提起诉讼，请求法院对指控的内容进行审判，以确定被告人刑事责任并依法予以刑事制裁的诉讼活动。根据我国刑事诉讼法的有关规定，刑事起诉可分为两种：公诉和自诉。

1. **公诉**：公诉是指依法享有刑事起诉权的**国家专门机关代表国家向法院提起诉讼**，要求法院通过审判确定被告人犯有被指控的罪行并给予相应的刑事制裁的诉讼活动。

2. **自诉**：自诉是指刑事**被害人及其法定代理人、近亲属等，以个人名义向法院起诉**，要求保护被害人的合法权益，追究被告人刑事责任的诉讼活动。

★二、刑事公诉的一般理论

人类社会最早的起诉方式是自诉。犯罪发生后，一般由被害人及其近亲属等直接向有管辖权的司法机关控告犯罪人。随着社会的发展和进步，国家的统治者逐步意识到，犯罪行为并不仅仅是对被害人个人利益的侵犯，更重要的是，犯罪的泛滥也从根本上危害了国家和社会利益，对整个统治秩序都构成威胁。为了更有效地维护统治阶级的利益，控制社会秩序，国家开始设立专门的机构和官员来承担起诉职能，这就促使刑事公诉制度的形成。

（一）公诉制度的类型

现代各国的刑事公诉制度主要分两种类型：一种是**公诉独占主义**；另一种是**公诉兼自诉制度**。

1. **公诉独占主义**：即刑事案件的**起诉权被国家垄断**，排除被害人的自诉。

2. **公诉兼自诉制度**：即较为严重案件的起诉权由**检察机关代表行使，少数轻微的刑事案件允许公民自诉**。

3. 我国刑事诉讼实行以**公诉为主、自诉为辅**的犯罪追诉机制，即在对刑事犯罪实行国家追诉的同时，兼采被害人追诉主义。

（二）起诉原则

对于符合起诉条件的公诉案件是否必须向审判机关起诉的问题，存在两种不同的原则：一是起诉法定主义或起诉合法主义；二是起诉便宜主义或起诉合理主义。

1. **起诉法定主义**：也称起诉合法主义，是指只要被告人的行为符合法定起诉条件，公诉机关不享有自由裁量的权力，必须起诉，不论具体情节。

2. **起诉便宜主义**：也称起诉合理主义，是指被告人的行为在具备起诉条件时是否起诉，由检察官根据被告人及其行为具体情况及刑事政策等因素自由裁量。

3. 现代刑事诉讼普遍强调**起诉法定主义与起诉便宜主义的二元并存、相互补充**的起诉原则。在起诉原则上，我国以起诉法定主义为主，兼采起诉便宜主义，检察官的起诉裁量权受到严格限制。在我国刑事诉讼中，体现起诉便宜主义的制度主要是酌定不起诉制度。

第二节　提起公诉的程序

【学习提要】

本节属于必考内容，在客观题、主观题中均常出现。本节的重点在于提起公诉的程序以及不起诉的内容。考生对于本节知识点须重点掌握，准确记忆。

【法条依据】

《刑事诉讼法》

第169条　凡需要提起公诉的案件，一律由人民检察院审查决定。

第170条　人民检察院对于监察机关移送起诉的案件，依照本法和监察法的有关规定进行审查。人民检察院经审查，认为需要补充核实的，应当退回监察机关补充调查，必要时可以自行补充侦查。

对于监察机关移送起诉的已采取留置措施的案件，人民检察院应当对犯罪嫌疑人先行拘留，留置措施自动解除。人民检察院应当在拘留后的10日以内作出是否逮捕、取保候审或者监视居住的决定。在特殊情况下，决定的时间可以延长1日至4日。人民检察院决定采取强制措施的期间不计入审查起诉期限。

第171条　人民检察院审查案件的时候，必须查明：

（一）犯罪事实、情节是否清楚，证据是否确实、充分，犯罪性质和罪名的认定是否正确；

（二）有无遗漏罪行和其他应当追究刑事责任的人；

（三）是否属于不应追究刑事责任的；

（四）有无附带民事诉讼；

（五）侦查活动是否合法。

第172条　人民检察院对于监察机关、公安机关移送起诉的案件，应当在1个月以内作出决定，重大、复杂的案件，可以延长15日；犯罪嫌疑人认罪认罚，符合速裁程序适用条件的，应当在10日以内作出决定，对可能判处的有期徒刑超过1年的，可以延长至15日。

人民检察院审查起诉的案件，改变管辖的，从改变后的人民检察院收到案件之日起计算审查起诉期限。

第173条　人民检察院审查案件，应当讯问犯罪嫌疑人，听取辩护人或者值班律师、被害人及其诉讼代理人的意见，并记录在案。辩护人或者值班律师、被害人及其诉讼代理人提出书面意见的，应当附卷。

犯罪嫌疑人认罪认罚的，人民检察院应当告知其享有的诉讼权利和认罪认罚的法律规定，听取犯罪嫌疑人、辩护人或者值班律师、被害人及其诉讼代理人对下列事项的意见，并记录在案：

（一）涉嫌的犯罪事实、罪名及适用的法律规定；

（二）从轻、减轻或者免除处罚等从宽处罚的建议；

（三）认罪认罚后案件审理适用的程序；

（四）其他需要听取意见的事项。

人民检察院依照前两款规定听取值班律师意见的，应当提前为值班律师了解案件有关情况提供必要的便利。

第174条　犯罪嫌疑人自愿认罪，同意量刑建议和程序适用的，应当在辩护人或者值班律师在场的情况下签署认罪认罚具结书。

犯罪嫌疑人认罪认罚，有下列情形之一的，不需要签署认罪认罚具结书：

（一）犯罪嫌疑人是盲、聋、哑人，或者是尚未完全丧失辨认或者控制自己行为能力的精神病人的；

（二）未成年犯罪嫌疑人的法定代理人、辩护人对未成年人认罪认罚有异议的；

（三）其他不需要签署认罪认罚具结书的情形。

第175条　人民检察院审查案件，可以要求公安机关提供法庭审判所必需的证据材料；认为可能存在本法第56条规定的以非法方法收集证据情形的，可以要求其对证据收集的合法性作出说明。

人民检察院审查案件，对于需要补充侦查的，可以退回公安机关补充侦查，也可以自行侦查。

对于补充侦查的案件，应当在1个月以内补充侦查完毕。补充侦查以2次为限。补充侦查完毕移送人民检察院后，人民检察院重新计算审查起诉期限。

对于2次补充侦查的案件，人民检察院仍然认为证据不足，不符合起诉条件的，应当作出不起诉的决定。

第176条　人民检察院认为犯罪嫌疑人的犯罪事实已经查清，证据确实、充分，依法应当追究刑事责任的，应当作出起诉决定，按照审判管辖的规定，向人民法院提起公诉，并将案卷材料、证据移送人民法院。

犯罪嫌疑人认罪认罚的，人民检察院应当就主刑、附加刑、是否适用缓刑等提出量刑建议，并随案移送认罪认罚具结书等材料。

第177条　犯罪嫌疑人没有犯罪事实，或者有本法第16条规定的情形之一的，人民检察院应当作出不起诉决定。

对于犯罪情节轻微，依照刑法规定不需要判处刑罚或者免除刑罚的，人民检察院可以作出不起诉决定。

人民检察院决定不起诉的案件，应当同时对侦查中查封、扣押、冻结的财物解除查封、扣押、冻结。对被不起诉人需要给予行政处罚、处分或者需要没收其违法所得的，人民检察院应当提出检察意见，移送有关主管机关处理。有关主管机关应当将处理结果及时通知人民检察院。

第178条　不起诉的决定，应当公开宣布，并且将不起诉决定书送达被不起诉人和他的所在单位。如果被不起诉人在押，应当立即释放。

第179条　对于公安机关移送起诉的案件，人民检察院决定不起诉的，应当将不起诉决定书送达公安机关。公安机关认为不起诉的决定有错误的时候，可以要求复议，如果意见不被接受，可以向上一级人民检察院提请复核。

第180条　对于有被害人的案件，决定不起诉的，人民检察院应当将不起诉决定书送达被害人。被害人如果不服，可以自收到决定书后7日以内向上一级人民检察院申诉，请求提起公诉。人民检察院应当将复查决定告知被害人。对人民检察院维持不起诉决定的，被害人可以向人民法院起诉。被害人也可以不经申诉，直接向人民法院起诉。人民法院受理案件后，人民检察院应当将有关案件材料移送人民法院。

第181条　对于人民检察院依照本法第177条第2款规定作出的不起诉决定，被不起诉人如果不服，可以自收到决定书后7日以内向人民检察院申诉。人民检察院应当作出复查决定，通知被不起诉的人，同时抄送公安机关。

第182条　犯罪嫌疑人自愿如实供述涉嫌犯罪的事实，有重大立功或者案件涉及国家重大利益的，经最高人民检察院核准，公安机关可以撤销案件，人民检察院可以作出不起诉决定，也可以对涉嫌数罪中的一项或者多项不起诉。

根据前款规定不起诉或者撤销案件的，人民检察院、公安机关应当及时对查封、扣押、冻结的财物及其孳息作出处理。

【知识点精讲】

★★★★一、审查起诉（人民检察院如何审查）

审查起诉，是指人民检察院在提起公诉阶段，为了确定经侦查终结的刑事案件是否应当提起公诉，而对侦查机关确认的犯罪事实和证据、犯罪性质和罪名进行审查核实，并作出处理决定的一项诉讼活动。刑事案件一律由人民检察院审查决定是否需要提起公诉。

（一）审查起诉应当遵循的程序与要求

1. **审查主体：** 凡需要提起**公诉**的案件，一律由人民**检察院**审查决定。

2. **管辖：** 各级人民检察院提起公诉，应当与人民法院审判管辖相适应。

3. **审查期限：**

（1）**正常计算：** 人民检察院对于监察机关、公安机关移送起诉的案件，应当在1**个月**以内作出决定，重大、复杂的案件，可以**延长**15**日**；犯罪嫌疑人认罪认罚，符合速裁程序适用条件的，应当在10**日**以内作出决定，对可能判处的有期徒刑超过1年的，可以**延长至**15日。

（2）**重新计算：** ①人民检察院审查起诉的案件，改变管辖的，**从改变后的人民检察院收到案件之日起计算审查起诉期限；②补充侦查完毕移送审查起诉后，** 人民检察院重新计算审查起诉期限。

（3）**不计入审查期限**：对于**监察机关移送起诉的已采取留置措施的案件**，人民检察院应当对犯罪嫌疑人先行拘留，留置措施自动解除。人民检察院应当在拘留后的10**日以内**作出是否逮捕、取保候审或者监视居住的决定。在特殊情况下，决定的时间可以**延长**1**日至**4**日**。**人民检察院决定采取强制措施的期间不计入审查起诉期限**。（《刑事诉讼法》第170条第2款）

（4）**中止计算**：①犯罪嫌疑人逃跑的；②犯罪嫌疑人长期患精神病、重大疾病。

4. 审查的内容

人民检察院审查案件的时候，必须查明：（1）犯罪事实、情节是否清楚，证据是否确实、充分，犯罪性质和罪名的认定是否正确；（2）有无遗漏罪行和其他应当追究刑事责任的人；（3）是否属于不应追究刑事责任的；（4）有无附带民事诉讼；（5）侦查活动是否合法。

5. 审查的步骤与方法

（1）案件的受理：

根据2019年《最高检规则》第158条第1款的规定"人民检察院负责案件管理的部门对接收的案卷材料审查后，认为具备受理条件的，应当及时进行登记，并立即将案卷材料和案件受理登记表移送办案部门办理。"

（2）审查的步骤和方法：

①应当审阅案卷材料。

②**应当讯问犯罪嫌疑人**。人民检察院审查案件，应当讯问犯罪嫌疑人。（《刑事诉讼法》第173条第1款）

③应当听取辩护人或者值班律师、被害人及其诉讼代理人的意见。

④审查核实证据。

<1>**【非法证据排除】**人民检察院审查案件，可以要求公安机关提供法庭审判所必需的证据材料；认为可能存在《刑事诉讼法》第56条规定的以非法方法收集证据情形的，可以要求其对证据收集的合法性作出说明。（《刑事诉讼法》第175条）

<2>**【鉴定】**人民检察院认为需要对案件中某些专门性问题进行鉴定而监察机关或者公安机关没有鉴定的，应当要求监察机关或者公安机关进行鉴定。必要时，也可以由人民检察院进行鉴定，或者由人民检察院聘请有鉴定资格的人进行鉴定。（《最高检规则》第332条第1款）

<3>**【复验、复查】**人民检察院审查案件时，对监察机关或者公安机关的勘验、检查，认为需要复验、复查的，应当要求其复验、复查，人民检察院可以派员参加；也可以自行复验、复查，商请监察机关或者公安机关派员参加，必要时也可以指派检察技术人员或者聘请其他有专门知识的人参加。（《最高检规则》第335条）

<4>**【调取证据】**在审查起诉期间，人民检察院可以根据辩护人的申请，向公安机关调取在侦查期间收集的证明犯罪嫌疑人、被告人无罪或者罪轻的证据材料。

<5>**【证据排除】**经审查讯问犯罪嫌疑人录音、录像，发现公安机关、本院负责侦查的部门讯问不规范，讯问过程存在违法行为，录音、录像内容与讯问笔录不一致等情形的，**应当逐一列明并向公安机关、本院负责侦查的部门书面提出，要求其予以纠正、补正或者书面作出合理解释**。发现讯问笔录与讯问犯罪嫌疑人录音、录像内容**有重大实质性差异**的，或者公安机关、本院负责侦查的部门**不能补正或者作出合理解释**的，**该讯问笔录不能作为批准或者决定逮捕、提起公诉的依据**。（《最高检规则》第264条）

<6>**【录音、录像调取】**对于**公安机关提请批准逮捕、移送起诉的案件**，检察人员审查时发现存在《最高检规则》第75条第1款规定情形的，**可以**调取公安机关讯问犯罪嫌疑人的录音、录像并审查相关的录音、录像。**对于重大、疑难、复杂的案件，必要时**可以审查全部录

音、录像。对于**监察机关**移送起诉的案件，认为需要调取有关录音、录像的，**可以商请监察机关调取**。对于人民检察院**直接受理侦查**的案件，审查时发现负责侦查的部门未按照《最高检规则》第75条第3款的规定移送录音、录像或者移送不全的，**应当要求其补充移送**。对取证合法性或者讯问笔录真实性等产生疑问的，**应当**有针对性地审查相关的录音、录像。**对于重大疑难、复杂的案件，可以审查全部录音、录像**。（《最高检规则》第263条）

⑤**审查起诉中决定逮捕**：人民检察院在审查起诉阶段认为需要逮捕犯罪嫌疑人的，应当经检察长决定。（《最高检规则》第337条）

6. **审查后的处理**：人民检察院对案件进行审查后，应当依法作出起诉或者不起诉以及是否提起附带民事诉讼、附带民事公益诉讼的决定（《最高检规则》第339条）

（1）**决定提起公诉**：对于符合提起公诉条件的，应当作出起诉决定（关于"提起公诉"的内容，详见下文"提起公诉"的内容）。

（2）**决定不起诉**：根据不同的情形，分别作出不同种类的不起诉决定（法定不起诉、酌定不起诉、存疑不起诉、附条件不起诉或者认罪认罚不起诉）（关于"不起诉"的内容，详见下文"不起诉"的内容）。

（二）审查起诉中遇到特殊情形的处理

1. **材料不齐备的**：认为案卷材料不齐备的，应当及时要求移送案件的单位补送相关材料。对案卷装订不符合要求的，应当要求移送案件的单位重新装订后移送。

2. **无管辖权**：连同案卷材料**移送**有管辖权的检察院，同时通知公安机关。

【特别提示】

（1）人民检察院立案侦查时认为属于直接受理侦查的案件，在审查起诉阶段发现属于**监察机关**管辖的，应当**及时商监察机关办理**。属于**公安机关**管辖，案件事实清楚，证据确实、充分，**符合起诉条件的**，可以**直接起诉**；**事实不清、证据不足的，应当**及时**移送**有管辖权的机关办理。

（2）在审查起诉阶段，发现**公安机关移送起诉的案件属于监察机关管辖**，或者**监察机关移送起诉的案件属于公安机关管辖**，但案件事实清楚，证据确实、充分，符合起诉条件的，经征求监察机关、公安机关意见后，没有不同意见的，可以直接起诉；**提出不同意见**，或者**事实不清、证据不足**的，**应当**将案件退回移送案件的机关并说明理由，**建议**其移送有管辖权的机关办理。（《最高检规则》第357条）

3. **补充侦查——有犯罪事实不清、证据不足或者存在遗漏罪行、遗漏同案犯罪嫌疑人等情形**

（1）**【公安机关侦查的案件】**人民检察院认为**犯罪事实不清、证据不足或者存在遗漏罪行、遗漏同案犯罪嫌疑人**等情形需要补充侦查的，应当制作补充侦查提纲，连同案卷材料一并**退回公安机关补充侦查**。人民检察院**也可以自行侦查**，必要时可以要求公安机关提供协助。（《最高检规则》第342条）

（2）**【监察机关调查的案件】**人民检察院对于监察机关移送起诉的案件，认为需要补充调查的，**应当退回监察机关补充调查**。必要时，**可以自行补充侦查**。需要退回补充调查的案件，人民检察院应当出具补充调查决定书、补充调查提纲，写明补充调查的事项、理由、调查方向、需补充收集的证据及其证明作用等，连同案卷材料一并送交监察机关。（《最高检规则》第343条第1、2款）

（3）**【检察机关立案侦查的案件】**人民检察院负责捕诉的部门对本院负责侦查的部门移送

起诉的案件进行审查后，认为**犯罪事实不清、证据不足或者存在遗漏罪行、遗漏同案犯罪嫌疑人**等情形需要补充侦查的，应当制作补充侦查提纲，连同案卷材料一并**退回负责侦查的部门补充侦查**。必要时，**也可以自行侦查**，可以要求负责侦查的部门予以协助。（《最高检规则》第345条）

（关于审查起诉阶段的补充侦查的内容，详见第十二章“补充侦查”的内容）

4. 有遗漏罪行或者遗漏同案犯罪嫌疑人等情形

人民检察院在办理公安机关移送起诉的案件中，发现**遗漏罪行**或者有依法应当移送起诉的**同案犯罪嫌疑人未移送**起诉的，应当要求公安**补充侦查**或者**补充移送起诉**；对于犯罪事实清楚，证据确实、充分的，也可以直接提起公诉。（《最高检规则》第356条）

【第3点与第4点的关系】根据本条规定，人民检察院在办理公安机关移送审查起诉的案件中，经阅卷、提讯犯罪嫌疑人或经自行侦查，发现除已被移送审查起诉的犯罪嫌疑人以外，还有其他应当追究刑事责任的**同案犯罪嫌疑人**，或者犯罪嫌疑人**还有其他罪行**的，有两种处理途径：一是**应当要求公安机关将遗漏的罪行或者同案犯罪嫌疑人补充移送审查起诉，如果案件事实不清，证据不足，可以按照法律规定退回公安机关补充侦查**。二是**如果事实清楚，证据确实、充分，也可以直接提起公诉**。[1]

5. 经过2次退回补充侦查后发现新的犯罪事实

2次退回补充侦查或者2次退回补充调查的案件，在审查起诉中又发现新的犯罪事实的，**应当移送**公安机关或者监察机关**立案侦查或立案调查**。对已经查清的犯罪事实，应当依法**提起公诉**。

6. 无犯罪事实：应当作出不起诉决定。

7. 同案犯在逃：对于移送起诉的案件，犯罪嫌疑人在逃的，应当要求公安机关采取措施保证犯罪嫌疑人到案后再移送起诉。**共同犯罪**案件中**部分**犯罪嫌疑人**在逃**的，对**在案犯罪嫌疑人**的移送起诉**应当受理**。（《最高检规则》第158条第3款）

人民检察院直接受理侦查的共同犯罪案件，如果同案犯罪嫌疑人在逃，但在案犯罪嫌疑人犯罪事实清楚，证据确实、充分的，对在案犯罪嫌疑人应当根据《最高检规则》第237条的规定分别移送起诉或者移送不起诉。由于同案犯罪嫌疑人在逃，**在案犯罪嫌疑人**的犯罪事实**无法查清**的，对在案犯罪嫌疑人应当根据案件的不同情况分别报请**延长**侦查羁押期限、**变更**强制措施或者**解除强制措施**。（《最高检规则》第252条）

【经典金题】

甲、乙共同实施抢劫，该案经两次退回补充侦查后，检察院发现甲在两年前曾实施诈骗犯罪。关于本案，下列哪一选项是正确的？（2016年卷二第35题，单选）[2]

A. 应将全案退回公安机关依法处理

B. 对新发现的犯罪自行侦查，查清犯罪事实后一并提起公诉

C. 将新发现的犯罪移送公安机关侦查，待公安机关查明事实移送审查起诉后一并提起公诉

D. 将新发现的犯罪移送公安机关立案侦查，对已查清的犯罪事实提起公诉

---

〔1〕 参见童建明、万春主编：《〈人民检察院刑事诉讼规则〉条文释义》，中国检察出版社2020年版，第377页。

〔2〕【解析】ABCD项：根据《最高检规则》第349条的规定：“人民检察院对已经退回监察机关2次补充调查或者退回公安机关2次补充侦查的案件，在审查起诉中又发现新的犯罪事实，应当将线索移送监察机关或者公安机关。对已经查清的犯罪事实，应当依法提起公诉。”根据上述规定，本案检察院正确的处理方式应该是将新发现的犯罪移送公安机关立案侦查，对已查清的犯罪事实提起公诉。因此，ABC项错误，D项正确。

综上所述，本题答案为D项。

二、提起公诉

（一）提起公诉的条件：

1. 犯罪事实已经查清。
2. 证据确实、充分。
3. 依法应当追究刑事责任。

以上 3 个条件必须同时具备，缺一不可。

（二）提起公诉的程序要求

1. 制作起诉书。
2. 按照审判管辖要求提起公诉。
3. 将案卷材料、证据移送人民法院。

> **【特别提示】** 人民检察院提起公诉时，如果案件符合简易程序适用条件的，可以建议人民院适用简易程序；如果案件符合速裁程序适用条件的，可以建议人民法院适用速裁程序。

★★★★三、不起诉

不起诉，是指人民检察院对公安机关侦查终结移送起诉的案件或者对自行侦查终结的案件，经过审查后，认为犯罪嫌疑人没有犯罪事实或者具有《刑事诉讼法》第 16 条规定的不追究刑事责任的情形；或者犯罪嫌疑人犯罪情节轻微依法不需要判处刑罚或免除刑罚；或者经补充侦查尚未达到起诉条件；或者对于未成年人涉嫌刑法分则第四章、第五章、第六章规定的犯罪，可能判处 1 年有期徒刑以下刑罚，符合起诉条件，但有悔罪表现且经过考察，符合条件的犯罪嫌疑人依法作出不将案件移送人民法院进行审判的决定。或者犯罪嫌疑人自愿如实供述涉嫌犯罪的事实，有重大立功或者案件涉及国家重大利益的，经最高人民检察院核准而作出的不将案件移送人民法院进行审判的决定。

（一）不起诉的种类

1. 法定不起诉（又称绝对不起诉或应当不起诉）

（1）法定不起诉，是**指犯罪嫌疑人没有犯罪事实**，或者**具有《刑事诉讼法》第 16 条规定的不追究刑事责任情形之一**的，经**检察长或者检察委员会决定**，**应当**作出不起诉决定。这里的“应当不起诉”，是指人民检察院只能依法作出不起诉决定，没有自由裁量的余地。

（2）根据《刑事诉讼法》的规定，法定不起诉有以下 7 种情形：

①犯罪嫌疑人没有犯罪事实；

②犯罪嫌疑人实施的行为情节显著轻微，危害不大，不认为是犯罪的；

③犯罪嫌疑人的犯罪已过追诉时效期限的；

④犯罪嫌疑人的犯罪经特赦令免除刑罚的；

⑤依照《刑法》告诉才处理的犯罪，没有告诉或者撤回告诉的；

⑥犯罪嫌疑人、被告人死亡的；

⑦其他法律规定免予刑事责任的；

（3）对于有以上 7 种情形之一的，**人民检察院的处理方式只能是一种：应当**作出不起诉决定。

【特别提示1】负责捕诉的部门对于本院负责侦查的部门移送起诉的案件，发现具有上述规定情形的，应当退回本院负责侦查的部门，建议撤销案件。

【特别提示2】人民检察院对于监察机关或者公安机关移送起诉的案件，发现有犯罪事实但并非犯罪嫌疑人所为，需要重新调查或者侦查的，应当在【对该犯罪嫌疑人】作出不起诉决定后书面说明理由，将案卷材料退回监察机关或者公安机关并建议重新调查或者侦查。

2. **酌定不起诉（又称相对不起诉）**

（1）酌定不起诉，是指人民检察院对于犯罪情节轻微，依照《刑法》规定不需要判处刑罚或者免除刑罚的，**经检察长批准**，可以作出不起诉决定。

（2）酌定不起诉必须同时具备以下两个条件：

①犯罪嫌疑人实施的行为触犯了《刑法》，符合犯罪构成的要件，**已经构成犯罪。**

②犯罪行为情节轻微，**依照《刑法》规定不需要判处刑罚或者免除刑罚。**

（3）对于同时符合以上两个条件的，人民检察院的处理方式是：**可以作出起诉的决定，也可以作出不起诉的决定。**

【特别提示】检察院是否决定起诉，由检察院根据具体案情和犯罪嫌疑人的悔罪表现来自由裁量。

【注意】刑法规定的不需要判处刑罚的情形，主要指：①犯罪嫌疑人在中华人民共和国领域外犯罪，依照我国刑法规定应当负刑事责任，但在外国已经受过刑事处罚的。②犯罪嫌疑人又聋又哑，或者是盲人犯罪的。③犯罪嫌疑人因防卫过当或紧急避险超过必要限度，并造成不应有危害而犯罪的。④为犯罪准备工具，制造条件的。⑤在犯罪过程中自动中止或自动有效地防止犯罪结果发生的。⑥在共同犯罪中，起次要或辅助作用。⑦被胁迫、被诱骗参加犯罪。⑧犯罪嫌疑人自首或者在自首后有立功表现的。

3. **存疑不起诉（又称证据不足不起诉）**

（1）存疑不起诉，是指检察机关对于经补充调查或者补充侦查，仍认为证据不足，不符合起诉条件的，**经检察长批准，**作出不起诉决定。

（2）存疑不起诉的条件：存疑。即检察院认为案件“事实不清，证据不足”。

（3）对于案件事实不清，证据不足的，人民检察院的处理方式是：**可以**直接作出不起诉的决定；**也可以**退回补充侦查。如果人民检察院选择退回补充侦查，则处理如下：

①检察院对于经过1次退回补充调查或者补充侦查的案件，仍然认为证据不足，不符合起诉条件的，可以作出不起诉决定，也可以再次退回补充调查或者补充侦查。

②人民检察院对于经过2次退回补充调查或补充侦查的案件，仍认为证据不足，不符合起诉条件的，经检察长批准，依法作出不起诉决定。

【注意】因**证据不足决定不起诉**的，在发现新证据，符合起诉条件时，可以提起公诉，人民法院应当受理。（《最高检规则》第369条）

4. **附条件不起诉**

对于**未成年人**涉嫌**《刑法》分则第四章、第五章、第六章**规定的犯罪，可能判处**1年有期徒刑以下**刑罚，**符合起诉条件**，但**有悔罪表现的**，人民检察院可以作出附条件不起诉的决定。

★★★★★5. **认罪认罚特别不起诉**

（1）犯罪嫌疑人自愿如实供述涉嫌犯罪的事实，有重大立功或者案件涉及国家重大利益的，经最高人民检察院核准，人民检察院可以作出不起诉决定，也可以对涉嫌数罪中的一项或者多项不起诉。（《刑事诉讼法》第182条第1款）

（2）认罪认罚不起诉必须同时具备以下3个条件：

①犯罪嫌疑人**自愿如实供述**涉嫌犯罪的事实。

②犯罪嫌疑人有**重大立功**或者**案件涉及国家重大利益**。

③在程序上必须经**最高人民检察院**核准。

（3）对于同时符合以上三个条件的，人民检察院的处理方式是：**可以**作出不起诉决定，**也可以**对涉嫌数罪中的一项或者多项不起诉。

【特别提示】（1）重大立功，是指犯罪嫌疑人有检举、揭发司法机关尚未掌握或者尚未完全掌握的其他犯罪嫌疑人的**重大犯罪**行为；提供侦破**其他重大案件**的重要线索，经查证属实；阻止他人重大犯罪活动；协助司法机关抓捕其他**重大犯罪嫌疑人**等（此处的3个"重大"是指被检举揭发的犯罪嫌疑人、被告人可能判处**无期徒刑**以上刑罚或者案件在**省**、自治区、直辖市或者**全国**范围内**有较大影响**等）。

（2）案件涉及国家重大利益，是指人民法院对案件的审理以及对犯罪嫌疑人的宣判和惩处，将会直接或间接地影响国家政治、外交、国防、科技、经济等领域特别重大的利益。

（二）不起诉的程序

1. **不起诉决定的程序**

作出不起诉决定，必须**经检察长批准**后才能作出。

【特别提示】人民检察院直接受理侦查的案件，以及监察机关移送起诉的案件，拟作不起诉决定的，应当报请**上一级**人民检察院批准。（《最高检规则》第371条）

2. **不起诉的宣告**

（1）人民检察院决定不起诉的，应当**制作不起诉决定书**（书面）。

（2）不起诉的决定，由人民检察院公开宣布。不起诉决定书**自公开宣布之日起**生效。

3. **不起诉决定书的送达**

（1）**被不起诉人及其辩护人**以及被不起诉人的所在单位。

（2）对于**监察机关或者公安机关移送起诉**的案件，人民检察院决定不起诉的，应当将不起诉决定书送达监察机关或者公安机关。

（3）应当送达**被害人**或者其**近亲属**及其**诉讼代理人**。

【特别提示】送达时，应当告知被害人或者其近亲属及其诉讼代理人，如果对不起诉决定不服，可以自收到不起诉决定书后7日以内向上一级人民检察院申诉；也可以不经申诉，直接向人民法院起诉。依照《刑事诉讼法》第177条第2款作出**酌定不起诉决定**的，应当告知被不起诉人，如果对不起诉决定不服，可以自收到不起诉决定书后7日以内向人民检察院申诉。

4. **对被不起诉人和涉案财物的处理**

（1）被不起诉人**在押**的，应当**立即释放**；被采取其他强制措施的，应当通知执行机关解除。

（2）根据案件的不同情况，可以对被不起诉人予以训诫或者责令具结悔过、赔礼道歉、赔偿损失。

（3）需要对侦查中查封扣押、冻结的财物解除查封、扣押、冻结的，应当**书面**通知解除。

（4）人民检察院决定不起诉的案件，需要**没收违法所得**的，经**检察长批准**，应当**提出检察意见**，移送有关主管机关处理，并要求有关主管机关及时通报处理情况。具体程序可以参照《最高检规则》第248条的规定办理。[1]

（三）对不起诉的制约和救济

1. 公安机关的制约

（1）对于公安机关移送起诉的案件，公安机关认为人民检察院的不**起诉决定有错误的时候，可以向作出不起诉决定的人民检察院要求复议**。

（2）如果意见不被接受，可以向**上一级**人民检察院提请**复核**。

> **【特别提示】**
>
> （1）公安机关的复议、复核权只能针对公安机关自己侦查的案件被不起诉的情况下，才能行使。也就是说，如果案件是监察机关调查或者检察院自侦的，公安机关则无权复议、复核。
>
> （2）只要是公安机关侦查的案件，对于检察院作出法定不起诉、酌定不起诉、存疑不起诉、附条件不起诉，公安机关均有权复议、复核。需要指出的是，关于认罪认罚不起诉公安机关能否复议的问题，目前法律没有作出规定。

2. 监察机关的制约：对于监察机关移送起诉的案件，监察机关认为不起诉的决定有错误的，可以向**上一级**人民检察院提请复议。（《监察法》第47条第4款）

3. 被害人的救济：

（1）被害人如果不服，可以自收到决定书后7日以内向**上一级人民检察院**申诉，请求提起公诉。人民检察院应当将复查决定告知被害人。

（2）对人民检察院维持不起诉决定的，被害人可以**向人民法院**起诉。

（3）被害人也可以不经申诉，**直接向人民法院起诉**。（《刑事诉讼法》第180条）

> **【特别提示】**被害人对人民检察院对未成年犯罪嫌疑人作出的**附条件不起诉的决定和不起诉的决定**，可以向上一级人民检察院申诉，不适用《刑事诉讼法》第180条关于被害人可以向人民法院起诉的规定。

4. 被不起诉人的救济：对于人民检察院作出的**酌定不起诉决定**，被不起诉人如果不服，可以自收到决定书后7日以内**向作出不起诉决定**的人民检察院申诉。人民检察院应当作出复查决定，通知被不起诉的人，同时抄送公安机关。（《刑事诉讼法》第181条）

---

[1] 《最高检规则》第248条规定："人民检察院撤销案件时，对犯罪嫌疑人的违法所得及其他涉案财产应当区分不同情形，作出相应处理：（1）因犯罪嫌疑人死亡而撤销案件，依照刑法规定应当追缴其违法所得及其他涉案财产的，按照本规则第十二章第四节（没收程序）的规定办理。（2）因其他原因撤销案件，对于查封、扣押、冻结的犯罪嫌疑人违法所得及其他涉案财产需要没收的，应当提出检察意见，移送有关主管机关处理。（3）对于冻结的犯罪嫌疑人存款、汇款、债券、股票、基金份额等财产需要返还被害人的，可以通知金融机构、邮政部门返还被害人；对于查封、扣押的犯罪嫌疑人的违法所得及其他涉案财产需要返还被害人的，直接决定返还被害人。人民检察院申请人民法院裁定处理犯罪嫌疑人涉案财产的，应当向人民法院移送有关案卷材料。"

考点归纳		
1. 种类	(1) 法定不起诉	符合《刑事诉讼法》第16**条**规定的情形之一，或者没**有犯罪事实**的，经检察长批准，**应当**作出不起诉决定。 【注意1】检察院负责捕诉的部门对于本院负责侦查的部门移送起诉的案件，发现具有上述规定情形的，应当退回本院负责侦查的部门，建议撤销案件。 【注意2】人民检察院对于监察机关或者公安机关移送起诉的案件，发现有**犯罪事实但并非犯罪嫌疑人所为**，需要重新调查或者侦查的，应当在**【对该犯罪嫌疑人】**作出**不起诉决定**后书面说明理由，将**案卷材料退回监察机关或者公安机关并建议重新调查或者侦查**。
	(2) 酌定不起/相对不起诉	人民检察院对于①犯罪嫌疑人的**行为已经构成犯罪**；②**犯罪情节轻微**，依照刑法不需要判处刑罚或免除刑罚的，经检察长批准，**可以作出不起诉决定**（意味着也可以作出起诉决定）。
	(3) 证据不足不起诉/存疑不起诉	①经过1次补充调查或补充侦查后，认为证据不足，**可以再次退回补充侦查或补充调查**；若没有再次退回补充调查或补充侦查必要的，经检察长批准，**可以作出不起诉决定**。 ②经过2**次**补充调查或补充侦查后，仍然证据不足，不符合起诉条件，经检察长批准，**应当作出不起诉决定**。 【注意】检察院作出**存疑不起诉**后，在发现新的证据，符合起诉条件时，**可以**提起公诉。
	(4) 附条件不起诉	对于**未成年人**涉嫌《刑法》分则第**四、五、六**章规定的犯罪，可能判处1**年**有期徒刑以下刑罚，**符合起诉条件**，但有**悔罪表现**的，检察院**可以**作出附条件不起诉的决定。
	(5) 认罪认罚特别不起诉	犯罪嫌疑人自愿如实供述涉嫌犯罪的事实，有**重大立功**或者案件**涉及国家重大利益**的，经**最高人民检察院**核准，人民检察院**可以**作出**不起诉**决定，**也可以**对涉嫌数罪中的**一项或者多项**不起诉。
2. 程序	(1) 不起诉决定的程序	不起诉决定，必须**经检察长批准**后才能作出。 【注意】**检察院直接受理侦查**的案件，以及**监察机关移送**起诉的案件，拟作不起诉决定的，应当报请**上一级**人民检察院批准。
	(2) 不起诉的宣告	①检察院决定不起诉的，应当制作不起诉决定书。 ②必须是**书面**的，应当由检察院公开宣布，不起诉决定书**自公开宣布之日起**生效。
	(3) 不起诉决定书的送达	①**被不起诉人及其辩护人**以及被不起诉人的所在单位。 ②对于**监察机关或者公安机关移送起诉**的案件，检察院决定不起诉的，应当将不起诉决定书送达监察机关或者公安机关。 ③应当送达**被害人**或者其**近亲属**及其**诉讼代理人**。 【注意】送达时要告知有权救济。
	(4) 对被不起诉人和涉案财物的处理	①被不起诉人**在押**的，应当**立即释放**；被采取其他强制措施的，应当通知执行机关解除。 ②需要对侦查中查封扣押、冻结的财物解除查封、扣押、冻结的，应当**书面**通知解除。

续表

3. 救济	(1) 公安机关	对于公安机关移送审查起诉的案件，公安机关认为不起诉的决定有错误的时候，可以要求**复议**，如果意见不被接受，可以向上一级人民检察院提请**复核**。
	(2) 监察机关	对于监察机关移送起诉的案件，监察机关认为不起诉的决定有错误的，可以向**上一级**人民检察院提请复议。(《监察法》第47条第4款)
	(3) 被害人	可以向上一级检察院**申诉**，对申诉不服的可以向法院提起**自诉**。也可以不经申诉，直接向法院提起自诉。 【注意】**附条件不起诉的被害人**只可以**向上一级**人民**检察院申诉，不能向法院提起自诉**。检察院即使最后附条件不起诉考验后作出不起诉决定，被害人也不能向法院提起自诉。
	(4) 被不起诉人	针对人民检察院作出的酌定不起诉决定，被不起诉人不服，可以在收到不起诉决定书后向**作出决定的人民检察院**提出申诉。

附：关于监察法与刑事诉讼法的五点衔接：★★★★★

1. 交叉管辖的衔接	监察委员会调查与人民检察院在案件管辖发生交叉时，一般应当由监察委主调查，人民检察院予以协助。但**经沟通**，可以全案交给监察委员会，也可以分别管辖。
2. 调查程序与审查起诉程序的衔接	监察委员会调查终结后，认为需要追究刑事责任的，直接**移送**人民检察院审查起诉。
3. 留置与拘留的衔接	对于监察机关移送起诉的已采取留置措施的案件，人民检察院应当对犯罪嫌疑人先行拘留，留置措施**自动解除**。人民检察院应当在拘留后的10日以内作出是否逮捕、取保候审或者监视居住的决定。在特殊情况下，决定的时间可以延长1日至4日。人民检察院决定采取强制措施的期间**不计入**审查起诉期限。
4. 审查起诉与补充调查的衔接	人民检察院对于监察机关移送起诉的案件，依照本法和监察法的有关规定进行审查。人民检察院经审查，认为需要补充核实的，应当**退回**监察机关补充调查，**必要时**可以**自行补充侦查**。
5. 不起诉与监察委救济的衔接	对于监察机关移送起诉的案件，监察机关认为不起诉的决定有错误的，可以向**上一级**人民检察院提请**复议**。

【经典金题】

甲因涉嫌盗窃乙800元现金被某县公安机关立案侦查并被逮捕羁押于某县看守所，侦查终结后移送某县检察院审查起诉。此时最高司法机关发布了新的司法解释，将盗窃罪追究刑事责任的犯罪数额调整至1000元以上。检察院遂对甲作出不起诉决定。下列表述正确的是？（2019

年仿真题，单选）[1]

A. 某县检察院对甲所作不起诉属于酌定不起诉

B. 若乙不服某县检察院的不起诉决定，可以向某县法院提起自诉

C. 若甲不服某县检察院的不起诉决定，可以向某县检察院申诉

D. 若检察院发现了新的犯罪事实，认为符合起诉条件的，可以向某县法院提起公诉

第三节　审查起诉阶段认罪认罚案件的办理

【学习提要】

在本节中，考生应全面掌握审查起诉阶段认罪认罚案件办理的具体要求。

【法条依据】

《刑事诉讼法》

第173条　人民检察院审查案件，应当讯问犯罪嫌疑人，听取辩护人或者值班律师、被害人及其诉讼代理人的意见，并记录在案。辩护人或者值班律师、被害人及其诉讼代理人提出书面意见的，应当附卷。

犯罪嫌疑人认罪认罚的，人民检察院应当告知其享有的诉讼权利和认罪认罚的法律规定，听取犯罪嫌疑人、辩护人或者值班律师、被害人及其诉讼代理人对下列事项的意见，并记录在案：

（一）涉嫌的犯罪事实、罪名及适用的法律规定；

（二）从轻、减轻或者免除处罚等从宽处罚的建议；

（三）认罪认罚后案件审理适用的程序；

（四）其他需要听取意见的事项。

人民检察院依照前两款规定听取值班律师意见的，应当提前为值班律师了解案件有关情况提供必要的便利。

第174条　犯罪嫌疑人自愿认罪，同意量刑建议和程序适用的，应当在辩护人或者值班律师在场的情况下签署认罪认罚具结书。

犯罪嫌疑人认罪认罚，有下列情形之一的，不需要签署认罪认罚具结书：

（一）犯罪嫌疑人是盲、聋、哑人，或者是尚未完全丧失辨认或者控制自己行为能力的精神病人的；

（二）未成年犯罪嫌疑人的法定代理人、辩护人对未成年人认罪认罚有异议的；

（三）其他不需要签署认罪认罚具结书的情形。

第176条　人民检察院认为犯罪嫌疑人的犯罪事实已经查清，证据确实、充分，依法应当追究刑事

---

[1]【解析】A项：根据《刑事诉讼法》第177条第2款的规定：“对于犯罪情节轻微，依照《刑法》规定不需要判处刑罚或者免除刑罚的，人民检察院可以作出不起诉决定。”可知，酌定不起诉的前提是“犯罪情节轻微”，即根据调整后的盗窃罪犯罪数额，甲的盗窃数额应当达到1000元以上才构成犯罪，本案中甲盗窃800元并不构成犯罪，故对甲所作的不起诉决定不属于酌定不起诉。因此，A项错误。

B项：根据《最高检规则》第377条第1款的规定：“……送达时，应当告知被害人或者其近亲属及其诉讼代理人，如果对不起诉决定不服，可以自收到不起诉决定书后7日以内向上一级人民检察院申诉；也可以不经申诉，直接向人民法院起诉。……”可知，若乙不服某县检察院的不起诉决定，可以向某县法院提起自诉。因此，B项正确。

C项：根据《刑事诉讼法》第181条的规定：“对于人民检察院依照本法第177条第2款规定作出的不起诉决定，被不起诉人如果不服，可以自收到决定书后7日以内向人民检察院申诉。人民检察院应当作出复查决定，通知被不起诉的人，同时抄送公安机关。”可知，只有被检察院决定酌定不起诉的犯罪嫌疑人才有权申诉，但本案中检察院对甲作出的不起诉决定并不属于酌定不起诉，故甲无权申诉。因此，C项错误。

D项：检察院发现新犯罪事实可以提起公诉的情形仅仅针对“存疑不起诉”，本案是法定不起诉。因此，D项错误。

综上所述，本题答案为B项。

责任的，应当作出起诉决定，按照审判管辖的规定，向人民法院提起公诉，并将案卷材料、证据移送人民法院。

犯罪嫌疑人认罪认罚的，人民检察院应当就主刑、附加刑、是否适用缓刑等提出量刑建议，并随案移送认罪认罚具结书等材料。

第182条　犯罪嫌疑人自愿如实供述涉嫌犯罪的事实，有重大立功或者案件涉及国家重大利益的，经最高人民检察院核准，公安机关可以撤销案件，人民检察院可以作出不起诉决定，也可以对涉嫌数罪中的一项或者多项不起诉。

根据前款规定不起诉或者撤销案件的，人民检察院、公安机关应当及时对查封、扣押、冻结的财物及其孳息作出处理。

第222条　基层人民法院管辖的可能判处3年有期徒刑以下刑罚的案件，案件事实清楚，证据确实、充分，被告人认罪认罚并同意适用速裁程序的，可以适用速裁程序，由审判员1人独任审判。

人民检察院在提起公诉的时候，可以建议人民法院适用速裁程序。

【知识点精讲】

一、保障义务

人民检察院办理犯罪嫌疑人认罪认罚案件，应当保障犯罪嫌疑人获得有效法律帮助，确保其了解认罪认罚的性质和法律后果，自愿认罪认罚。犯罪嫌疑人自愿认罪认罚、没有辩护人的，在审查起诉阶段，人民检察院应当通知值班律师为其提供法律帮助。符合通知辩护条件的，应当依法通知法律援助机构指派律师为其提供辩护。

二、权利告知

犯罪嫌疑人认罪认罚的，人民检察院应当告知其享有的诉讼权利和认罪认罚的法律规定，保障犯罪嫌疑人的程序选择权。告知应当采取书面形式，必要时应当充分释明。

三、应当听取意见

犯罪嫌疑人认罪认罚的，人民检察院应当听取犯罪嫌疑人、辩护人或者值班律师、被害人及其诉讼代理人对下列事项的意见，并记录在案：

（1）涉嫌的犯罪事实、罪名及适用的法律规定；

（2）从轻、减轻或者免除处罚等从宽处罚的建议；

（3）认罪认罚后案件审理适用的程序；

（4）其他需要听取意见的事项。

四、签署认罪认罚具结书

犯罪嫌疑人自愿认罪，同意量刑建议和程序适用的，应当在辩护人或者值班律师在场的情况下签署认罪认罚具结书。犯罪嫌疑人认罪认罚，有下列情形之一的，不需要签署认罪认罚具结书：

1. 犯罪嫌疑人是**盲、聋、哑**人，或者是**尚未完全丧失辨认或者控制自己行为能力**的精神病人的；

2. **未成年**犯罪嫌疑人的**法定代理人、辩护人对未成年人认罪认罚有异议**的；

3. 其他不需要签署认罪认罚具结书的情形。

有前款情形，犯罪嫌疑人未签署认罪认罚具结书的，不影响认罪认罚从宽制度的适用。

五、处理

1. **起诉**

（1）犯罪嫌疑人认罪认罚的，人民检察院**应当**就主刑、附加刑、是否适用缓刑等提出**量刑建议**。量刑建议一般应当为**确定刑**。对新类型、不常见犯罪案件，量刑情节复杂的重罪案件等，也可以提出幅度刑量刑建议。

> **【特别提示】**犯罪嫌疑人虽然认罪认罚，但所犯罪行具有下列情形之一的，提出量刑建议应当**从严把握**从宽幅度或者**依法不予从宽**：①危害**国**家安全犯罪、**恐**怖活动犯罪、**黑**社会性质组织犯罪的**首要分子、主犯**；②犯罪性质和危害后果**特别严重**、犯罪手段**特别残忍**、社会影响**特别恶劣**的；③虽然**罪**行较**轻**但具有**累犯、惯犯**等恶劣情节的；④**性侵等严重侵害未成年人**的；⑤其他应当从严把握从宽幅度或者不宜从宽的情形。

（2）犯罪嫌疑人认罪认罚，人民检察院经审查，认为符合速裁程序适用条件的，提起公诉时，可以建议人民法院适用速裁程序审理。

【注意】检察院应当在10日以内作出是否提起公诉的决定，对可能判处的有期徒刑超过一年的，可以延长至15日。

2. **不起诉**

（1）**【酌定不起诉】**自愿认罪认罚，且符合酌定不起诉条件的，**可以**作出不起诉决定。

（2）**【认罪认罚特别不起诉】**犯罪嫌疑人自愿如实供述涉嫌犯罪的事实，有重大立功或者案件涉及国家重大利益的，经最高人民检察院核准，人民检察院可以作出不起诉决定，也可以对涉嫌数罪中的一项或者多项不起诉。

【注意】根据前款规定不起诉或者撤销案件的，人民检察院、公安机关应当及时对查封、扣押、冻结的财物及其孳息作出处理。

六、反悔

1. **作出酌定不起诉决定后的反悔**

因犯罪嫌疑人认罪认罚，人民检察院依照《刑事诉讼法》第177条第2款作出不起诉决定后，犯罪嫌疑人否认指控的犯罪事实或者不积极履行赔礼道歉、退赃退赔、赔偿损失等义务的，人民检察院应当进行审查，区分下列情形依法作出处理：

（1）发现犯罪嫌疑人没有犯罪事实，或者符合《刑事诉讼法》第16条规定的情形之一的，**应当撤销原不起诉决定**，依法**重新作出不起诉决定**；

（2）认为犯罪嫌疑人仍属于**犯罪情节轻微**，依照《刑法》规定**不需要判处刑罚或者免除**刑罚的，可以维持原不起诉决定；

（3）排除认罪认罚因素后，**符合起诉条件的**，**应当**根据案件具体情况撤销原不起诉决定，依法提起公诉。

2. **起诉前的反悔**

犯罪嫌疑人认罪认罚，签署认罪认罚具结书，在人民检察院提起**公诉前反悔**的，**具结书失效**，人民检察院应当在全面审查事实证据的基础上，**依法提起公诉**。

【经典金题】

林杨案，余周案，楚凌案和潘武案均事实清楚，证据确实充分，检察院在提起公诉时建议法院适用速裁程序审理，法院接受检察院的建议对四个案件适用速裁程序集中开庭审理。关于

这些案件的审理，下列选项正确的是？（2019 年仿真题，单选）〔1〕

A. 法院可以安排值班律师为没有委托辩护人的林杨进行辩护

B. 法院在受理余周涉嫌危险驾驶罪一案后，应当在 10 日内审结

C. 对于楚凌案，法院认为检察院所指控的罪名需要变更，可以在庭后听取控辩双方的意见，定期作出宣判

D. 在潘武案的审理过程中，法院如果认为其应当判处的刑罚不符合速裁程序的适用条件，应当组成合议庭重新审理该案

第四节 提起自诉的程序

【学习提要】

本节考试频率较前三节低，且常以选择题方式出现或者在选择题中设问。考生在学习本节时应重点记忆自诉案件提起的条件。

【法条依据】

《刑事诉讼法》

第 114 条 对于自诉案件，被害人有权向人民法院直接起诉。被害人死亡或者丧失行为能力的，被害人的法定代理人、近亲属有权向人民法院起诉。人民法院应当依法受理。

第 210 条 自诉案件包括下列案件：

（一）告诉才处理的案件；

（二）被害人有证据证明的轻微刑事案件；

（三）被害人有证据证明对被告人侵犯自己人身、财产权利的行为应当依法追究刑事责任，而公安机关或者人民检察院不予追究被告人刑事责任的案件。

【知识点精讲】

一、自诉案件的范围

根据《刑事诉讼法》第 210 条规定以及有关司法解释规定，自诉案件包括下列案件：

---

〔1〕【解析】A 项：根据《刑事诉讼法》第 36 条第 1 款的规定："……犯罪嫌疑人、被告人没有委托辩护人，法律援助机构没有指派律师为其提供辩护的，由值班律师为犯罪嫌疑人、被告人提供法律咨询、程序选择建议、申请变更强制措施、对案件处理提出意见等法律帮助。"可知，值班律师仅能提供法律帮助，不能提供辩护服务。因此，A 项错误。

B 项：根据《刑事诉讼法》第 225 条："适用速裁程序审理案件，人民法院应当在受理后十日以内审结；对可能判处的有期徒刑超过一年的，可以延长至十五日。"余周涉嫌危险驾驶罪，根据《刑法》第 133 条之一的规定，危险驾驶罪处拘役，并处罚金。因此，B 项正确。

C 项：根据《刑事诉讼法》第 201 条第 1 款的规定："对于认罪认罚案件，人民法院依法作出判决时，一般应当采纳人民检察院指控的罪名和量刑建议，但……（4）起诉指控的罪名与审理认定的罪名不一致的；"根据最高人民法院关于适用《中华人民共和国刑事诉讼法》的解释第 352 条规定"对认罪认罚案件，人民检察院起诉指控的事实清楚，但指控的罪名与审理认定的罪名不一致的，人民法院应当听取人民检察院、被告人及其辩护人对审理认定罪名的意见，依法作出判决。"因此，C 项错误。

D 项：根据《刑事诉讼法》第 226 条的规定："人民法院在审理过程中，发现有被告人的行为不构成犯罪或者不应当追究其刑事责任、被告人违背意愿认罪认罚、被告人否认指控的犯罪事实或者其他不宜适用速裁程序审理的情形的，应当按照公诉案件或者简易程序的规定重新审理。"在潘武案中，如果法院认为不符合速裁程序适用条件的，可以转为普通程序或者简易程序，简易程序可由审判员一人独任审判。因此，D 项错误。

综上所述，本条答案为 B。

1. 告诉才处理的案件。

（1）概念：告诉才处理的案件，是指只有经被害人或其法定代理人、近亲属提出控告和起诉，人民法院才予以受理的案件。

（2）告诉才处理的案件具体包括：

①侮辱、诽谤案（严重危害社会秩序和国家利益的除外）；

②暴力干涉婚姻自由案（致使被害人死亡的除外）；

③虐待案（被害人没有能力告诉或者因受到强制、威吓无法告诉的除外）；

④侵占案。

2. 被害人有证据证明的轻微刑事案件。这类自诉案件必须满足两个条件：一是必须是轻微的刑事案件；二是被害人必须有相应的证据证明被告人有罪。这类案件主要包括：①故意伤害案（轻伤）；②非法侵入住宅案；③侵犯通信自由案；④重婚案；⑤遗弃案；⑥生产、销售伪劣商品案；⑦侵犯知识产权案；⑧属于《刑法》分则第四章、第五章规定的，对被告人可能判处3年有期徒刑以下刑罚的案件。

3. 被害人有证据证明对被告人侵犯自己人身、财产权利的行为应当依法追究刑事责任，且有证据证明曾经提出控告，而公安机关或者人民检察院不予追究被告人刑事责任的案件。

二、自诉案件的提起条件

根据自诉案件的特征和法律的有关规定，自诉案件提起诉讼的条件有以下几点：

1. 有适格的自诉人：《刑事诉讼法》第114条规定，对于自诉案件，被害人有权向人民法院直接起诉。被害人**死亡或者丧失行为能力**的，被害人的法定代理人、近亲属**有权向人民法院起诉**。人民法院应当依法受理。

2. 有明确的被告人和具体的诉讼请求：如果自诉人不能提出明确的被告人或者被告人下落不明的，自诉案件不能成立。

3. 属于自诉案件范围：详见上述自诉案件的范围。

4. 被害人有证据证明：被害人提起刑事自诉必须有能够证明被告人犯有指控的犯罪的证据。

5. 属于受诉人民法院管辖：自诉人应当依据刑事诉讼法关于级别管辖和地区管辖的规定，向有管辖权的人民法院提起自诉。

第十四章　刑事审判概述

【复习提要】

刑事审判是指人民法院在控辩双方和其他诉讼参与人的参加下，依照法定的程序对提交审判的刑事案件进行审理并作出裁判的活动。本章节是关于刑事审判的基础理论。本章节的重点是刑事审判的基本原则和基本制度。考生应当重点掌握刑事审判的特征、审判公开原则、直接言词原则、集中审理原则，审判组织中合议庭的组成、人民陪审员制度等。

【知识框架】

- 刑事审判概述
  - 刑事审判的概念
    - 刑事审判的概念
    - 刑事审判的特征★★
    - 刑事审判程序
    - 刑事审判的意义
  - 刑事审判模式
    - 当事人主义★★
    - 职权主义★★
    - 混合式★★
    - 我国刑事审判模式★★★
  - 刑事审判原则
    - 审判公开原则★★★
    - 直接言词原则★★★
    - 辩论原则
    - 集中审理原则★★★
  - 基本制度
    - 审级制度
      - 概念
      - 两审终审制
    - 审判组织
      - 独任庭
      - 合议庭★★★
      - 审判委员会
    - 人民陪审制度★★★★★★★

第一节　刑事审判的概念

【学习提要】

本节内容为刑事审判的基础知识，包括概念、特征、程序和意义四部分，了解刑事审判的概念，有助于对刑事审判从整体上进行把握。

【知识点精讲】

一、刑事审判的概念

在我国，刑事审判是指人民法院在控辩双方和其他诉讼参与人的参加下，依照法定的程序对提交审判的刑事案件进行**审理**并作出**裁判**的活动。刑事审判活动由审理和裁判两部分活动组成。**审理是裁判的前提和基础，裁判是审理的目的和结果。**

★★二、刑事审判的特征

人民法院行使刑事审判权具有以下几个基本特征。

（一）审判程序启动的被动性

人民法院审判案件奉行“不告不理”的原则。“不告不理”原则有两项要求：第一，**没有起诉就没有审判**。即没有检察机关或自诉人的起诉，不能主动启动程序审判一个案件；第二，审判的范围仅限于起诉的**事实**范围。即不能审判控方未指控的犯罪事实。

> **【特别提示】**由于法院奉行“不告不理”原则，**因此法院绝对不能主动追究犯罪**。但是，由于我国的审判模式体现出超职权主义的特点，虽然法官不能主动追究犯罪，但是一旦有了控方的起诉，法官就可以依职权调查核实证据。

（二）独立性

人民**法院**依法独立行使审判权，法官在评议时独立、平等地发表意见。

（三）中立性

法院在审判中相对于控辩双方保持中立的诉讼地位。法院只代表法律。审判中立，是被告人获得公正审判的重要保证。

（四）职权性

刑事案件一经起诉到法院，即产生诉讼系属的法律效力，法院**有义务、有权力进行审判并作出裁判**。

（五）程序性

审判活动应当**严格遵循法定程序**，否则，可能使审判活动无效并需重新进行。

（六）亲历性

案件的**审判者必须自始至终参与审理**，审查所有证据，对案件作出判决需要充分听取控辩双方的意见。

（七）公开性

除为保护特定的社会利益依法不公开审理外，其他案件都应当公开审理，将审判活动置于公众和社会的监督之下。

（八）公正性

公正是诉讼的终极目标，是诉讼的生命。审判应依照公正的程序进行，进而最大限度地实现实体上的公正。审判的公正性也源自于裁判者的独立性与中立性。

（九）终局性

法院的生效判决对案件的解决具有最终决定意义。判决一旦生效，诉讼的任何一方原则上不能要求法院再次审判该案件，其他任何机关也不得对该案重新处理，有关各方有履行判决或不妨害裁判执行的义务。

三、刑事审判程序

刑事审判程序是指人民法院审判刑事案件的步骤和方式、方法的总和。刑事诉讼法中规定了以下几种基本程序。

（一）第一审程序

是指人民法院根据审判管辖的规定，对人民检察院提起公诉和自诉人自诉的案件进行初次审判的程序。

（二）第二审程序

是指人民法院对上诉、抗诉案件进行审判的程序。

（三）特殊案件的复核程序

包括死刑复核程序以及人民法院根据《刑法》第63条第2款的规定在法定刑以下判处刑罚的案件的复核程序。

（四）审判监督程序

这是对已经发生法律效力的判决、裁定，在发现确有错误时，进行重新审判的程序。

四、刑事审判的意义

《中共中央关于全面推进依法治国若干重大问题的决定》中提出："推进以审判为中心的诉讼制度改革，确保侦查、审查起诉的案件事实证据经得起法律的检验。全面贯彻证据裁判规则，严格依法收集、固定、保存、审查、运用证据，完善证人、鉴定人出庭制度，保证庭审在查明事实、认定证据、保护诉权、公正裁判中发挥决定性作用。"

在现代法治社会，刑事审判具有维护追诉正当性、保护被告人不受错误追究、保障辩护权实现等多方面的意义。

第二节　刑事审判的原则

【学习提要】

本节在法考客观题中属于重点考查内容，审判公开原则、直接言词原则和集中审理原则均为高频次考点。

考生应当能够准确分辨在具体情况中体现的原则，不仅要掌握原则，对原则的例外也应当加以记忆。

【法条依据】

《刑事诉讼法》

第11条　人民法院审判案件，除本法另有规定的以外，一律公开进行。被告人有权获得辩护，人民法院有义务保证被告人获得辩护。

第188条　人民法院审判第一审案件应当公开进行。但是有关国家秘密或者个人隐私的案件，不公开审理；涉及商业秘密的案件，当事人申请不公开审理的，可以不公开审理。

不公开审理的案件，应当当庭宣布不公开审理的理由。

第198条　法庭审理过程中，对与定罪、量刑有关的事实、证据都应当进行调查、辩论。

经审判长许可，公诉人、当事人和辩护人、诉讼代理人可以对证据和案件情况发表意见并且可以互相辩论。

审判长在宣布辩论终结后，被告人有最后陈述的权利。

第202条　宣告判决，一律公开进行。

当庭宣告判决的，应当在5日以内将判决书送达当事人和提起公诉的人民检察院；定期宣告判决的，应当在宣告后立即将判决书送达当事人和提起公诉的人民检察院。判决书应当同时送达辩护人、诉讼代理人。

【知识点精讲】

刑事审判原则，是指在刑事审判阶段适用、对审判机关开展诉讼活动起指导性作用的行为准则。刑事诉讼应当遵循的基本原则有以下几项：

★★★一、审判公开原则

（一）含义

人民法院审判案件，除法律另有规定的以外，一律公开进行。

【特别提示】审理公开是原则，不公开是例外。而且无论审理是否公开，**宣判一律公开**，合议庭**评议一律不公开**。

（二）要求

1. 公开的内容包括**审理公开**和**判决公开**。

2. 审判公开包括**向当事人公开**和**向社会公开**。

3. 凡是公开审判的案件，应当在开庭3日以前先期公布案由、被告人姓名、开庭时间和地点。

【特别提示】不公开审理的案件，应当在开庭审判时，说明不公开审理的理由。

（三）例外

审判公开是原则，但是以下案件**审理**不公开。

1. 绝对不公开的案件：（1）有关**国家秘密**的案件（如间谍案）；（2）有关**个人隐私**的案件（如强奸案或猥亵案）；（3）审判的时候被告人**不满18周岁**的案件。以上三种案件，绝对不能公开审理。

2. 相对不公开的案件：涉及**商业秘密**的案件，**当事人申请**不公开审理的，**可以**不公开审理。

【特别提示】

①《刑诉解释》第557条规定：开庭审理时被告人不满18周岁的案件，一律不公开审理。**经未成年被告人及其法定代理人同意**，未成年被告人所在学校和未成年人保护组织**可以派代表到场**。到场代表的人数和范围，由法庭决定。到场代表经法庭同意，可以参与对未成年被告人的法庭教育工作。

对依法公开审理，但可能**需要封存犯罪记录**的案件，不得组织人员旁听。

②即使案件审理不公开，**宣判也一律公开，合议庭评议一律不公开**。

★★★二、直接言词原则

（一）含义要求

直接言词原则是直接原则和言词原则的合称，是指法官必须在法庭亲自听取被告人、证人及其他诉讼参与人的陈述，案件事实和证据必须以口头方式向法庭提出，调查证据以口头辩论、质证、辨认方式进行。

（二）直接原则

1. **直接审理**原则：法官在审理案件时，法官、公诉人、当事人及其他诉讼参与人除法律有特殊规定外，**必须在场**，否则审判活动无效。

2. **直接采证**原则：刑事审判程序中证据的调查与采取，应由**法官亲自进行**，只有经直接调查并经衡量、评判后采信的证据，才能作为判决依据。

3. **言词原则**：法庭审理应以**口头陈述方式**进行。即要求被告人、被害人以口头方式陈述，证人、鉴定人以口头方式作证，控诉机关与被告人及其辩护人以口头方式进行辩论。除非法律另有规定，未经口头调查的证据，不得作为定案依据。

三、辩论原则

（一）含义

辩论原则是指在庭审中，控辩双方应以口头的方式进行辩论，法院裁判的作出应以充分的辩论为必经程序。

（二）要求

1. **辩论的主体**是控辩双方和其他当事人。

2. 辩论的内容包括**证据问题、事实问题、程序问题和法律适用问题**。

3. 辩论的阶段既体现在法庭审理中的专门辩论阶段，也体现在法庭调查阶段对证据的审查和对事实的认定过程中。

4. 辩论的方式应先是口头，再通过反诘进行交叉辩论，使双方观点形成实质性交锋。

★★★四、集中审理原则

（一）含义

集中审理原则，又称**不中断审理**原则，是指法院开庭审理案件，应在**不更换审判人员**的条件下连续进行，不得中断审理的诉讼原则。

（二）要求

1. 每起案件**自始至终应由同一法庭**进行审判。

2. 法庭**成员不得更换**。

【特别提示】法庭成员（包括法官和陪审员）必须始终在场参加审理。对于法庭成员因故不能继续参加审理的，应由始终在场的候补法官、候补陪审员替换之。如果没有足够的法官、陪审员可以替换，则应重新审判。

3. **集中证据调查与法庭辩论**。

4. **庭审不中断并迅速作出裁判**。法庭审理应不中断地进行，法庭因故延期审理较长时间者，应重新进行以前的庭审。庭审结束后，应迅速作出裁判予以宣告。

【特别提示】部分合议庭成员不能履职的处理

①**庭审结束后、评议前**：部分合议庭成员不能继续履行审判职责的，人民法院应当依法更换合议庭组成人员，重新开庭审理。

②**评议后、宣判前**：部分合议庭成员因调动、退休等正常原因不能参加宣判，在不改变原评议结论的情况下，可以由审判本案的其他审判员宣判，裁判文书上仍署审判本案的合议庭成员的姓名。

【经典金题】

开庭审判过程中，一名陪审员离开法庭处理个人事务，辩护律师提出异议并要求休庭，审判长予以拒绝，40 分钟后陪审员返回法庭继续参与审理。陪审员长时间离开法庭的行为违背

下列哪一审判原则？（2013 年卷二第 37 题，单选）〔1〕

A. 职权主义原则　　B. 证据裁判规则

C. 直接言词原则　　D. 集中审理原则

第三节　审级制度

【学习提要】

本节要求考生对两审终审制进行了解。

【法条依据】

《刑事诉讼法》

第 10 条　人民法院审判案件，实行两审终审制。

第 244 条　第二审的判决、裁定和最高人民法院的判决、裁定，都是终审的判决、裁定。

第 259 条　判决和裁定在发生法律效力后执行。

下列判决和裁定是发生法律效力的判决和裁定：

（一）已过法定期限没有上诉、抗诉的判决和裁定；

（二）终审的判决和裁定；

（三）最高人民法院核准的死刑的判决和高级人民法院核准的死刑缓期二年执行的判决。

【知识点精讲】

一、审级制度

1. **概念：**法律规定案件起诉后最多经过几级法院审判必须终结的诉讼制度。

2. **我国法院分四级：**基层人民法院、中级人民法院、高级人民法院、最高人民法院。

3. **我国实行的审级制度：两审终审制。**

---

〔1〕【解析】A 项：职权主义原则又称审问式诉讼构造，指法官在审判程序中居于主动和控制地位，而限制控辩双方积极性的诉讼构造。强调将诉讼的主动权委诸国家专门机关，法官主动依职权调查证据，法官推进诉讼进程。职权主义原则强调的是法官不是完全消极中立，允许法官依职权调查证据。本案中，人民陪审员离开法庭 40 分钟后返回法庭继续参与审理，与职权主义原则的内容不相关，不涉及违背问题，A 项错误。

B 项：证据裁判原则，又称证据裁判主义、证据为本原则，是指对于案件事实的认定，必须有相应的证据予以证明。证据裁判原则的内容包括：（1）认定案件事实必须依靠证据，没有证据就不能认定案件事实。（2）用于认定案件事实的证据必须具有证据能力，即具有证据资格。（3）用于定案的证据必须是在法庭上查证属实的证据，除非法律另有规定。（4）综合全案证据必须达到法定的证明标准才能认定案件事实。本案中，人民陪审员离开法庭 40 分钟后返回法庭继续参与审理，与证据裁判原则的内容不相关，不涉及违背问题，B 项错误。

C 项：直接言词原则，是指法官必须在法庭上亲自听取当事人、证人及其他诉讼参与人的口头陈述，案件事实和证据必须由控辩双方当庭口头提出并以口头辩论和质证的方式进行调查。它包括直接原则与言词原则。直接言词原则有两项要求：第一，裁判者亲自接触证据；第二，证据的调查以口头方式进行。也就是说，判断是否违背直接言词原则，只要从以上两点判断即可。本案中，人民陪审员离开法庭 40 分钟后返回法庭继续参与审理，意味着人民陪审员在离开法庭的 40 分钟里没有亲自接触证据，因此违背了直接言词原则，C 项正确。

D 项：集中审理原则，又称不中断审理原则，指法院开庭审理案件，应在不更换审判人员的条件下连续进行，不得中断审理的诉讼原则。集中审理原则有两项要求：第一，除法定理由外，审理过程不换人；第二，除法定理由外，审理过程不中断。也就是说，判断是否违背集中审理原则，只要从以上两点判断即可。本案中，虽然人民陪审员离开法庭 40 分钟后返回法庭继续参与审理，但审理过程没有断过，审理过程也没有换过人，因此，没有违背集中审理原则，D 项错误。

综上所述，本题答案为 C 项。

★二、两审终审制

（一）含义

两审终审制，是指一个案件至多经过两级人民法院审判即宣告终结的制度。

【特别提示】 两审终审**不等于两次审判**。例如，甲市A区法院作出一审判决后，被告人上诉到甲市中级人民法院启动二审程序（这是第二次审判）。甲市中级人民法院在二审中认为事实不清、证据不足，于是发回A区法院重新审判。A区法院重新按一审程序审判（这是第三次审判）。

（二）要求

1. 地方各级人民法院按照第一审程序对案件审理后所作的判决、裁定，尚不能立即发生法律效力，只有**在法定上诉期限内，有上诉权的人没有上诉，同级人民检察院也没有抗诉，**第一审法院所作出的判决、裁定才发生法律效力。

2. 在法定期限内，如果有上诉权的人提出上诉，或者同级人民检察院提出了抗诉，上一级人民法院应依照第二审程序对该案件进行审判。上一级人民法院审理第二审案件作出的判决、裁定，是终审的判决、裁定，除死刑案件和法定刑以下判处刑罚案件外，立即发生法律效力。

（三）例外

1. **一审就终审的：最高人民法院审理的第一审案件**为一审终审，其判决、裁定一经作出，立即发生法律效力，不存在提起二审程序的问题。

2. **两审仍不能生效的：**

（1）判处死刑的案件，必须依法经过**死刑复核程序**核准后，才能发生法律效力，交付执行。

（2）地方各级人民法院根据《刑法》第63条第2款规定**在法定刑以下判处刑罚的案件，**必须经最高人民法院的核准，其判决、裁定才能发生法律效力并交付执行。

第四节　审判组织

【学习提要】

本节重点知识点为合议庭的组成方式、组成规则与活动规则，考生应当对此部分重点记忆。审判组织是指人民法院审判案件的组织形式。

【法条依据】

《刑事诉讼法》

第183条　基层人民法院、中级人民法院审判第一审案件，应当由审判员3人或者由审判员和人民陪审员共3人或者7人组成合议庭进行，但是基层人民法院适用简易程序、速裁程序的案件可以由审判员1人独任审判。

高级人民法院审判第一审案件，应当由审判员3人至7人或者由审判员和人民陪审员共3人或者7人组成合议庭进行。

最高人民法院审判第一审案件，应当由审判员3人至7人组成合议庭进行。

人民法院审判上诉和抗诉案件，由审判员3人或者5人组成合议庭进行。

合议庭的成员人数应当是单数。

第 184 条　合议庭进行评议的时候，如果意见分歧，应当按多数人的意见作出决定，但是少数人的意见应当写入笔录。评议笔录由合议庭的组成人员签名。

第 185 条　合议庭开庭审理并且评议后，应当作出判决。对于疑难、复杂、重大的案件，合议庭认为难以作出决定的，由合议庭提请院长决定提交审判委员会讨论决定。审判委员会的决定，合议庭应当执行。

第 216 条　适用简易程序审理案件，对可能判处 3 年有期徒刑以下刑罚的，可以组成合议庭进行审判，也可以由审判员 1 人独任审判；对可能判处的有期徒刑超过 3 年的，应当组成合议庭进行审判。

适用简易程序审理公诉案件，人民检察院应当派员出席法庭。

第 222 条　基层人民法院管辖的可能判处 3 年有期徒刑以下刑罚的案件，案件事实清楚，证据确实、充分，被告人认罪认罚并同意适用速裁程序的，可以适用速裁程序，由审判员 1 人独任审判。

人民检察院在提起公诉的时候，可以建议人民法院适用速裁程序。

【知识点精讲】

审判组织是指人民法院审判案件的组织形式。人民法院审判刑事案件的组织形式有 3 种，即**独任庭**、**合议庭**和**审判委员会**。

一、独任庭

（一）概念

独任庭是指由审判员 1 人独任审判的制度。

（二）内容

1. 独任审判只能由**一名审判员**进行审理，不能由人民陪审员审理。
2. 独任庭仅适用于**基层人民法院**，其他三级人民法院不能适用。
3. **除了适用简易程序、速裁程序外**，普通程序和其他审判程序均不能适用。

（三）具体规定

1. 适用**简易程序**审理案件，对**可能判处 3 年有期徒刑以下刑罚**的，可以组成合议庭进行审判，也**可以**由审判员 1 人**独任审判**；对可能判处的有期徒刑超过 3 年的，应当组成合议庭进行审判。

2. 基层人民法院管辖的可能判处 3 年有期徒刑以下刑罚的案件，案件事实清楚，证据确实、充分，被告人认罪认罚并同意适用速裁程序的，**可以适用速裁程序**，**由审判员 1 人独任审判**。

★★★二、合议庭

（一）概念

合议庭，是由审判人员或者由审判人员和人民陪审员组成审判集体，其对具体案件进行审判的制度被称为合议制。

（二）组成方式

1. 基层、中级人民法院的一审程序：

（1）3 人（审判员）；

（2）3 人或 7 人（审判员 + 人民陪审员）。

2. 高级人民法院的一审程序：

（1）3、5、7 人（审判员）；

（2）3 人或 7 人（审判员 + 人民陪审员）。

3. **最高人民法院的一审程序**：3、5、7 人（审判员）。

4. **第二审程序**：3、5 人，只能由**审判员**组成。

5. **死刑复核程序：**3 人，只能由审判员组成（包括死刑立即执行复核和死缓复核）。

6. **发回重审/再审程序：**应当另行组成**合议庭**（分别按照一审、二审程序组成）。

【特别提示】陪审员参加审判的限制

①**陪审员**只能参加基层法院、中级法院或者是高级法院的**一审**。

②只要有陪审员参加，只能是 3 人或者 7 人合议庭。

③**二审没有陪审员**参加。

【注意】1. 合议庭的成员人数应当是**单数**。

2. 合议庭的审判长由符合审判长任职条件的法官担任；**院长**或**庭长**参加审判时，**应当**自己**担任审判长**。

三、审判委员会

审判委员会是人民法院内部设立的对审判工作实行集体领导的组织。审判委员会具有审判组织的性质。

1. 讨论决定案件的前提

合议庭开庭审理并且评议后，应当作出判决。对于**疑难、复杂、重大**的案件，合议庭认为**难以作出决定**的，由**合议庭**提请**院长**决定提交审判委员会讨论决定。

【特别提示】

①独任审判的案件，开庭审理后，独任审判员认为有必要的，也可以提请院长决定提交审判委员会讨论决定。

②人民陪审员可以要求合议庭将案件提请院长决定是否提交审判委员会讨论决定。

③对提请院长决定提交审判委员会讨论决定的案件，院长认为不必要的，可以建议合议庭复议一次。

2. 讨论决定的案件范围

（1）应当提请的

对下列案件，合议庭应当提请院长决定提交审判委员会讨论决定：

①高级人民法院、中级人民法院拟判处**死刑立即执行**的案件，以及中级人民法院拟判处**死刑缓期执行**的案件；

②**各级法院本院**已经发生法律效力的判决、裁定**确有错误需要再审**的案件；

③人民检察院依照**审判监督程序**提出**抗诉**的案件。

（2）可以提请的

对合议庭成员意见有**重大分歧**的案件、**新类型**案件、**社会影响重大**的案件以及**其他疑难、复杂、重大**的案件，合议庭认为难以作出决定的，**可以**提请院长决定提交审判委员会讨论决定。

3. 决定的效力与救济

审判委员会的决定，合议庭、独任审判员**应当**执行；有不同意见，**可以建议院长提交**审判委员会复议。

第五节　人民陪审员制度

【学习提要】

人民陪审员制度是法考客观题重要考点。考生需要对本节内容重点掌握。

【法条依据】

《刑事诉讼法》

第 13 条　人民法院审判案件，依照本法实行人民陪审员陪审的制度。

第 183 条　基层人民法院、中级人民法院审判第一审案件，应当由审判员 3 人或者由审判员和人民陪审员共 3 人或者 7 人组成合议庭进行，但是基层人民法院适用简易程序、速裁程序的案件可以由审判员一人独任审判。

高级人民法院审判第一审案件，应当由审判员 3 人至 7 人或者由审判员和人民陪审员共 3 人或者 7 人组成合议庭进行。

最高人民法院审判第一审案件，应当由审判员 3 人至 7 人组成合议庭进行。

人民法院审判上诉和抗诉案件，由审判员 3 人或者 5 人组成合议庭进行。

合议庭的成员人数应当是单数。

【知识点精讲】

一、适用范围

1. **适用审级：**只适用于**第一审程序**。但是，最高人民法院的第一审程序不适用人民陪审员制度。

2. **案件范围**

(1)**【应当组成合议庭】**基层人民法院、中级人民法院、高级人民法院审判下列第一审刑事案件，由审判员和人民陪审员组成合议庭进行：

①涉及群体利益、公共利益的；

②人民群众广泛关注或者其他社会影响较大的；

③案情复杂或者有其他情形，需要由人民陪审员参加审判的。

(2)**【应当组成 7 人合议庭的情形】**基层人民法院、中级人民法院、高级人民法院审判下列第一审刑事案件，由审判员和人民陪审员组成 **7 人合议庭**进行：

①可能判处 10 **年**以上有期徒刑、**无期徒刑**、**死刑**，且社会**影响重大**的；

②涉及**征地拆迁**、**生态环境保护**、**食品药品安全**，且社会**影响重大**的；

③其他社会影响重大的。

【例】**问：**某案中由于被拆迁户反抗，拆迁方故意伤人致死，在当地产生重大社会影响。此案应当适用人民陪审员审判吗？

答：此案属于征地拆迁案件，且同时符合社会影响重大的，应当由审判员和陪审员组成 7 人合议庭审判案件。

(3) 第一审刑事案件被告人、民事案件原告或者被告、行政案件原告**申请**由人民陪审员参加合议庭审判的，人民法院**可以**决定由人民陪审员和法官组成合议庭审判。

二、人民陪审员的条件

1. 积极条件

（1）拥护中华人民共和国宪法；

（2）年满 28 **周岁**；

（3）遵纪守法、品行良好、公道正派；

（4）具有正常履行职责的身体条件；

（5）**【陪审员学历要求有例外】一般应当**具有**高中**以上文化程度。

【提示】人民陪审员条件变化：一升一降，升年龄、降学历。“一般应当”意味着存在例外。例如，在偏远、欠发达地区，一些长者和前辈，**没有学历**但是在当地比较**有权威**。这种情况下，即使他没有任何学历也可以担任人民陪审员。

2. 消极条件

【职业原因】（1）人民代表大会常务委员会的组成人员，**监察委员会**、人民法院、人民检察院、公安机关、国家安全机关、司法行政机关的工作人员；（2）律师、公证员、仲裁员、基层法律服务工作者；（3）其他因职务原因不适宜担任人民陪审员的人员；

【曾有违法违纪行为】（4）受过刑事处罚的；（5）被开除公职的；（6）被吊销律师、公证员执业证书的；（7）被纳入失信被执行人名单的；（8）因受惩戒被免除人民陪审员职务的；（9）其他有严重违法违纪行为，可能影响司法公信的。

【例】**问：**大学里讲授法律专业的老师可以担任陪审员吗？

答：可以，此处大学老师实际的职业不是法律职业，而是教育行业。

三、人民陪审员的选任、任期

1. **名额数：**人民陪审员的名额，由基层法院根据审判案件的需要，提请**同级**人大常委会确定。人民陪审员的名额数不低于本院法官数的 3 **倍**。

2. **产生方式：一是随机抽选；二是个人申请或单位推荐。**产生后由基层人民法院院长提请同级人民代表大会常务委员会任命。

（1）随机抽选

司法行政机关会同基层人民法院、公安机关，从辖区内的**常住居民名单**中随机抽选拟任命人民陪审员数 5 **倍**以上的人员作为人民陪审员候选人，对人民陪审员候选人进行资格审查，征求候选人意见。司法行政机关会同基层人民法院，从通过资格审查的人民陪审员候选人名单中**随机抽选**确定人民陪审员人选，由基层人民法院院长提请同级人民代表大会常务委员会任命。

（2）个人申请或单位推荐

因审判活动需要，可以**通过个人申请**和**所在单位、户籍所在地**或者**经常居住地的基层群众性自治组织、人民团体推荐**的方式产生人民陪审员候选人，经司法行政机关会同基层人民法院、公安机关进行资格审查，确定人民陪审员人选，由基层人民法院院长提请同级人民代表大会常务委员会任命。依照此种方式产生的人民陪审员，不得超过人民陪审员名额数的 1/5。

3. **任期：**人民陪审员的任期为 5 **年**，一般不得连任。

法官数：50人 —————— 陪审员≥150人
（不低于3倍）

方式一：

[150人] 自荐/推荐≤30人
（不超过1/5）
随机（120人） 常住居民≥600人（不低于5倍） 600¯人 随机：120人

方式二：

随机（150人） 常住居民≥750人（不低于5倍） 750¯人 随机：150人

四、具体案件中确定人民陪审员的方式

1. **如何抽取**

基层人民法院审判案件需要由人民陪审员参加合议庭审判的，应当在人民陪审员名单中**随机抽取确定**。中级人民法院、高级人民法院审判案件需要由人民陪审员参加合议庭审判的，在**其辖区内**的基层人民法院的人民陪审员名单中随机抽取确定。

2. **抽取多少人**

（1）组成方式：人民陪审员和法官组成合议庭审判案件，由法官担任审判长，可以组成3人合议庭，也可以由**法官3人与人民陪审员4人**组成7人合议庭。

【提示】3人合议庭的组成，可以是2名法官+1名人民陪审员；也可以是1名法官+2名人民陪审员。而在7人合议庭中，只有固定搭配，即3名法官+4名人民陪审员组成合议庭。

（2）抽取人数：人民法院可以根据案件审判需要，从人民陪审员名单中随机抽取**一定数量的候补人民陪审员，并确定递补顺序**，一并告知当事人。

【提示】因案件类型需要具有相应专业知识的人民陪审员参加合议庭审判的，可以根据具体案情，在符合专业需求的人民陪审员名单中随机抽取确定。

五、人民陪审员的权利与义务

1. **权利**

（1）**【完整表决权】**人民陪审员参加3**人**合议庭审判案件，对事实认定、法律适用，独立发表意见，**行使表决权**。

【注意】人民陪审员不得担任审判长。

（2）**【法律适用无表决权】**人民陪审员参加7**人**合议庭审判案件，对事实认定独立发表意见，并与法官共同表决；对**法律适用**，可以发表意见，但**不参加表决**。

（3）**【评议原则】**合议庭评议案件时，实行**少数服从多数**的原则。人民陪审员同合议庭其他组成人员意见分歧的，应当将其意见写入笔录。

（4）中级、基层人民法院应当保障人民陪审员均衡参审，结合本院实际情况，一般在不超过30件的范围内合理确定每名人民陪审员年度参加审判案件的数量上限，报高级人民法院备案，并向社会公告。（《最高人民法院关于适用〈中华人民共和国人民陪审员法〉若干问题的解释》第17条）。

（5）**【表彰奖励】**对于在审判工作中有显著成绩或者有其他突出事迹的人民陪审员，依照有关规定给予表彰和奖励。

（6）**【工资补助】**人民陪审员参加审判活动期间，由人民法院依照有关规定按实际工作日给予补助。

（7）【**原单位不得克扣工资**】人民陪审员参加审判活动期间，所在单位不得克扣或者变相克扣其工资、奖金及其他福利待遇。

（8）【**费用补助**】人民陪审员因参加审判活动而支出的交通、就餐等费用，由人民法院依照有关规定给予补助。

2. 义务

（1）【**培训**】人民陪审员的培训、考核和奖惩等日常管理工作，由基层人民法院会同司法行政机关负责。对人民陪审员应当有计划地进行培训。人民陪审员应当按照要求参加培训。

（2）【**回避**】人民陪审员的回避，参照有关法官回避的法律规定执行。

（3）【**履职义务**】应当忠实履行审判职责，保守审判秘密，注重司法礼仪，维护司法形象。

【经典金题】

罗某作为人民陪审员参与D市中级法院的案件审理工作。关于罗某的下列哪一说法是正确的？（2015年卷二第35题，单选）[1]

A. 担任人民陪审员，必须经D市人大常委会任命

B. 同法官享有同等权利，也能担任合议庭审判长

C. 可参与中级法院二审案件审理，并对事实认定、法律适用独立行使表决权

D. 可要求合议庭将案件提请院长决定是否提交审委会讨论决定

---

〔1〕【解析】A项：根据规定，司法行政机关会同基层人民法院，从通过资格审查的人民陪审员候选人名单中随机抽选确定人民陪审员人选，由基层人民法院院长提请同级人民代表大会常务委员会任命。据此，陪审员由基层人大常委会任命，A项错误。

B项：根据规定，人民陪审员根据参加3人庭还是7人庭权利有所不同。如果参加3人庭，人民陪审员同法官享有同等权利，即对事实和法律问题都有表决权；如果参加7人庭，人民陪审员同法官的权利就不同了，即人民陪审员只审事实（只对事实问题有表决权），不审法律（对法律问题没有表决权），但法官既审事实，又审法律。因此B项中"同法官享有同等权利"已经是错误的。同时，人民陪审员参加审判，不能担任审判长，据此，后半句也是错误的，B项错误。

C项：根据规定，人民陪审员只能参与一审案件审理（包括基层法院、中级法院和高级法院的一审案件审理），最高法院的一审案件是不能参与的，也不能参与二审案件的审理。C项前半句是错误的。同时，人民陪审员如果参加的是7人庭，则其对法律适用没有表决权，据此，后半句也是错的，C项错误。

D项：根据规定，合议庭组成人员意见有重大分歧的，人民陪审员或者法官可以要求合议庭将案件提请院长决定是否提交审判委员会讨论决定。据此，D项正确。

综上所述，本题答案为D项。

第十五章 第一审程序

【复习提要】

第一审程序是人民法院审判活动的基本程序，是刑事诉讼中一个极其重要的阶段。第一审程序是指刑事诉讼法规定的人民法院对人民检察院提起公诉、自诉人提起自诉的案件进行初次审判时的程序。第一审刑事案件分为公诉案件和自诉案件，与此相应，第一审程序分为公诉案件的第一审程序和自诉案件的第一审程序。此外，我国《刑事诉讼法》还根据案件本身的特点，对那些案情较为简单，证据确实、充分，处刑较轻的公诉或自诉案件的审判规定了简易程序和速裁程序。

本章节是历年考试的重中之重，每年都会考查，考生应当重点掌握的考点有：庭前审查以及审查后的处理；庭前会议；法庭审判的基本流程；证人出庭作证制度；一审中特殊情形的处理；违反法庭秩序的处理；延期审理、中止审理和终止审理等。

导论

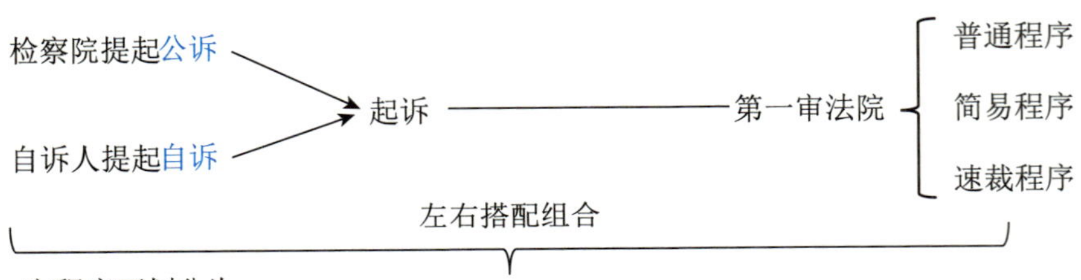

第一审程序可划分为:

1. 公诉案件的第一审普通程序
2. 公诉案件的简易程序
3. 公诉案件的速裁程序
4. 自诉案件的第一审普通程序
5. 自诉案件的简易程序

【注意】自诉案件不适用速裁程序。

【第一审程序流程图（公诉案件）】

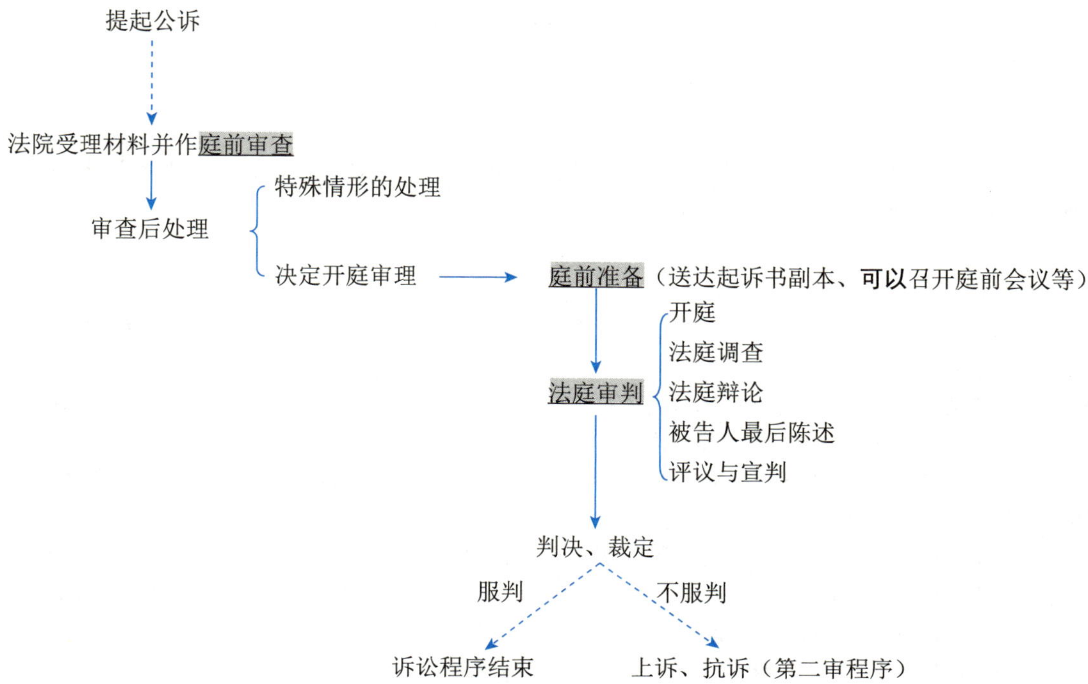

【知识框架】

- 第一审程序
  - 公诉案件第一审程序
    - 庭前审查
      - 决定开庭审理
      - 特殊情形的处理★★
    - 庭前准备
      - 准备事项
      - 庭前会议★★★★★
    - 法庭审判
      - 开庭
      - 法庭调查
      - 法庭辩论
      - 被告人最后陈述
      - 评议与宣判
  - 自诉案件第一审程序
    - 自诉案件的审查与受理
    - 自诉案件第一审程序的特点★★★★
  - 简易程序
    - 简易程序的适用范围★★★★★
    - 简易程序的特点★★★★★
    - 简易程序向普通程序的转化★★★
  - 速裁程序
    - 速裁程序的适用范围★★★★★★★★
    - 速裁程序的特点★★★★★★★★★
    - 速裁程序向普通程序、简易程序的转化★★★★

第一节　公诉案件的第一审程序

【学习提要】

本节的重点在于庭前审查特殊情形的处理；庭前会议；法庭审判；法庭审理中特殊问题的处理和审理的延期、中止与终止情形。

【法条依据】

《刑事诉讼法》

第 186 条　人民法院对提起公诉的案件进行审查后，对于起诉书中有明确的指控犯罪事实的，应当决定开庭审判。

第 187 条　人民法院决定开庭审判后，应当确定合议庭的组成人员，将人民检察院的起诉书副本至迟在开庭 10 日以前送达被告人及其辩护人。

在开庭以前，审判人员可以召集公诉人、当事人和辩护人、诉讼代理人，对回避、出庭证人名单、非法证据排除等与审判相关的问题，了解情况，听取意见。

人民法院确定开庭日期后，应当将开庭的时间、地点通知人民检察院，传唤当事人，通知辩护人、诉讼代理人、证人、鉴定人和翻译人员，传票和通知书至迟在开庭 3 日以前送达。公开审判的案件，应当在开庭 3 日以前先期公布案由、被告人姓名、开庭时间和地点。

上述活动情形应当写入笔录，由审判人员和书记员签名。

第 188 条　人民法院审判第一审案件应当公开进行。但是有关国家秘密或者个人隐私的案件，不公开审理；涉及商业秘密的案件，当事人申请不公开审理的，可以不公开审理。

不公开审理的案件，应当当庭宣布不公开审理的理由。

第 189 条　人民法院审判公诉案件，人民检察院应当派员出席法庭支持公诉。

第 190 条　开庭的时候，审判长查明当事人是否到庭，宣布案由；宣布合议庭的组成人员、书记员、公诉人、辩护人、诉讼代理人、鉴定人和翻译人员的名单；告知当事人有权对合议庭组成人员、书记员、公诉人、鉴定人和翻译人员申请回避；告知被告人享有辩护权利。

被告人认罪认罚的，审判长应当告知被告人享有的诉讼权利和认罪认罚的法律规定，审查认罪认罚的自愿性和认罪认罚具结书内容的真实性、合法性。

第 191 条　公诉人在法庭上宣读起诉书后，被告人、被害人可以就起诉书指控的犯罪进行陈述，公诉人可以讯问被告人。

被害人、附带民事诉讼的原告人和辩护人、诉讼代理人，经审判长许可，可以向被告人发问。

审判人员可以讯问被告人。

第 192 条　公诉人、当事人或者辩护人、诉讼代理人对证人证言有异议，且该证人证言对案件定罪量刑有重大影响，人民法院认为证人有必要出庭作证的，证人应当出庭作证。

人民警察就其执行职务时目击的犯罪情况作为证人出庭作证，适用前款规定。

公诉人、当事人或者辩护人、诉讼代理人对鉴定意见有异议，人民法院认为鉴定人有必要出庭的，鉴定人应当出庭作证。经人民法院通知，鉴定人拒不出庭作证的，鉴定意见不得作为定案的根据。

第 193 条　经人民法院通知，证人没有正当理由不出庭作证的，人民法院可以强制其到庭，但是被告人的配偶、父母、子女除外。

证人没有正当理由拒绝出庭或者出庭后拒绝作证的，予以训诫，情节严重的，经院长批准，处以 10 日以下的拘留。被处罚人对拘留决定不服的，可以向上一级人民法院申请复议。复议期间不停止执行。

第 194 条　证人作证，审判人员应当告知他要如实地提供证言和有意作伪证或者隐匿罪证要负的法律责任。公诉人、当事人和辩护人、诉讼代理人经审判长许可，可以对证人、鉴定人发问。审判长认为发问的内容与案件无关的时候，应当制止。

审判人员可以询问证人、鉴定人。

第 195 条　公诉人、辩护人应当向法庭出示物证，让当事人辨认，对未到庭的证人的证言笔录、鉴定人的鉴定意见、勘验笔录和其他作为证据的文书，应当当庭宣读。审判人员应当听取公诉人、当事人和辩护人、诉讼代理人的意见。

第 196 条　法庭审理过程中，合议庭对证据有疑问的，可以宣布休庭，对证据进行调查核实。

人民法院调查核实证据，可以进行勘验、检查、查封、扣押、鉴定和查询、冻结。

第 197 条　法庭审理过程中，当事人和辩护人、诉讼代理人有权申请通知新的证人到庭，调取新的物证，申请重新鉴定或者勘验。

公诉人、当事人和辩护人、诉讼代理人可以申请法庭通知有专门知识的人出庭，就鉴定人作出的鉴定意见提出意见。

法庭对于上述申请，应当作出是否同意的决定。

第 2 款规定的有专门知识的人出庭，适用鉴定人的有关规定。

第 198 条　法庭审理过程中，对与定罪、量刑有关的事实、证据都应当进行调查、辩论。

经审判长许可，公诉人、当事人和辩护人、诉讼代理人可以对证据和案件情况发表意见并且可以互相辩论。

审判长在宣布辩论终结后，被告人有最后陈述的权利。

第 199 条　在法庭审判过程中，如果诉讼参与人或者旁听人员违反法庭秩序，审判长应当警告制止。对不听制止的，可以强行带出法庭；情节严重的，处以 1000 元以下的罚款或者 15 日以下的拘留。罚款、拘留必须经院长批准。被处罚人对罚款、拘留的决定不服的，可以向上一级人民法院申请复议。复议期间不停止执行。

对聚众哄闹、冲击法庭或者侮辱、诽谤、威胁、殴打司法工作人员或者诉讼参与人，严重扰乱法庭秩序，构成犯罪的，依法追究刑事责任。

第 200 条　在被告人最后陈述后，审判长宣布休庭，合议庭进行评议，根据已经查明的事实、证据和有关的法律规定，分别作出以下判决：

（一）案件事实清楚，证据确实、充分，依据法律认定被告人有罪的，应当作出有罪判决；

（二）依据法律认定被告人无罪的，应当作出无罪判决；

（三）证据不足，不能认定被告人有罪的，应当作出证据不足、指控的犯罪不能成立的无罪判决。

第 201 条　对于认罪认罚案件，人民法院依法作出判决时，一般应当采纳人民检察院指控的罪名和量刑建议，但有下列情形的除外：

（一）被告人的行为不构成犯罪或者不应当追究其刑事责任的；

（二）被告人违背意愿认罪认罚的；

（三）被告人否认指控的犯罪事实的；

（四）起诉指控的罪名与审理认定的罪名不一致的；

（五）其他可能影响公正审判的情形。

人民法院经审理认为量刑建议明显不当，或者被告人、辩护人对量刑建议提出异议的，人民检察院可以调整量刑建议。人民检察院不调整量刑建议或者调整量刑建议后仍然明显不当的，人民法院应当依法作出判决。

第 202 条　宣告判决，一律公开进行。

当庭宣告判决的，应当在 5 日以内将判决书送达当事人和提起公诉的人民检察院；定期宣告判决的，应当在宣告后立即将判决书送达当事人和提起公诉的人民检察院。判决书应当同时送达辩护人、诉讼代理人。

第 203 条　判决书应当由审判人员和书记员署名，并且写明上诉的期限和上诉的法院。

第 204 条　在法庭审判过程中，遇有下列情形之一，影响审判进行的，可以延期审理：

（一）需要通知新的证人到庭，调取新的物证，重新鉴定或者勘验的；

（二）检察人员发现提起公诉的案件需要补充侦查，提出建议的；

（三）由于申请回避而不能进行审判的。

第205条　依照本法第204条第2项的规定延期审理的案件，人民检察院应当在1个月以内补充侦查完毕。

第206条　在审判过程中，有下列情形之一，致使案件在较长时间内无法继续审理的，可以中止审理：

（一）被告人患有严重疾病，无法出庭的；

（二）被告人脱逃的；

（三）自诉人患有严重疾病，无法出庭，未委托诉讼代理人出庭的；

（四）由于不能抗拒的原因。

中止审理的原因消失后，应当恢复审理。中止审理的期间不计入审理期限。

第207条　法庭审判的全部活动，应当由书记员写成笔录，经审判长审阅后，由审判长和书记员签名。

法庭笔录中的证人证言部分，应当当庭宣读或者交给证人阅读。证人在承认没有错误后，应当签名或者盖章。

法庭笔录应当交给当事人阅读或者向他宣读。当事人认为记载有遗漏或者差错的，可以请求补充或者改正。当事人承认没有错误后，应当签名或者盖章。

第208条　人民法院审理公诉案件，应当在受理后2个月以内宣判，至迟不得超过3个月。对于可能判处死刑的案件或者附带民事诉讼的案件，以及有本法第158条规定情形之一的，经上一级人民法院批准，可以延长3个月；因特殊情况还需要延长的，报请最高人民法院批准。

人民法院改变管辖的案件，从改变后的人民法院收到案件之日起计算审理期限。

人民检察院补充侦查的案件，补充侦查完毕移送人民法院后，人民法院重新计算审理期限。

第209条　人民检察院发现人民法院审理案件违反法律规定的诉讼程序，有权向人民法院提出纠正意见。

【知识点精讲】

一、公诉案件庭前审查

公诉案件庭前审查，是指人民法院对人民检察院提起公诉的案件进行庭前审查，**以决定是否开庭审判的活动**。

对于**人民检察院提起公诉的案件，人民法院都应当受理**。人民法院受理案件后，应当对案件进行庭前审查。人民法院对提起公诉的案件进行庭前审查，应当遵循以下程序与要求：

（一）审查范围

全部案卷材料和证据。

（二）审查方式

（1）应为书面审查，即通过审阅起诉书等，并围绕需要审查的内容逐项予以审查。

（2）公诉案件的庭前审查是一种**程序性审查**，并不是对案件进行实质性审理，它不解决对被告人的定罪量刑问题。

（三）审查期限

人民法院对公诉案件是否受理，应当在7日内审查完毕。

（四）审查内容

《刑诉解释》第218条规定，对提起公诉的案件，人民法院应当在收到起诉书（一式8份，每增加一名被告人，增加起诉书5份）和案卷、证据后，审查以下内容：

（1）是否属于本院管辖；

（2）起诉书是否写明被告人的身份，是否受过或者正在接受刑事处罚、行政处罚、处分，被采取留置措施的情况，被采取强制措施的时间、种类、羁押地点，犯罪的时间、地点、手段、后果以及其他可能影响定罪量刑的情节；有多起犯罪事实的，是否在起诉书中将事实分别列明；

（3）是否移送证明指控犯罪事实及影响量刑的证据材料，包括采取技术调查、侦查措施的法律文书和所收集的证据材料；

（4）是否查封、扣押、冻结被告人的违法所得或者其他涉案财物，查封、扣押、冻结是否逾期；是否随案移送涉案财物、附涉案财物清单；是否列明涉案财物权属情况；是否就涉案财物处理提供相关证据材料；

（5）是否列明被害人的姓名、住址、联系方式；是否附有证人、鉴定人名单；是否申请法庭通知证人、鉴定人、有专门知识的人出庭，并列明有关人员的姓名、性别、年龄、职业、住址、联系方式；是否附有需要保护的证人、鉴定人、被害人名单；

（6）当事人已委托辩护人、诉讼代理人或者已接受法律援助的，是否列明辩护人、诉讼代理人的姓名、住址、联系方式；

（7）是否提起附带民事诉讼；提起附带民事诉讼的，是否列明附带民事诉讼当事人的姓名、住址、联系方式等，是否附有相关证据材料；

（8）监察调查、侦查、审查起诉程序的各种法律手续和诉讼文书是否齐全；

（9）被告人认罪认罚的，是否提出量刑建议、移送认罪认罚具结书等材料；

（10）有无刑事诉讼法第 16 条第 2 项至第 6 项规定的不追究刑事责任的情形。

（五）审查后的处理

1. **开庭**：对于起诉书中**有明确的指控犯罪事实**并且**附有案卷材料、证据**的，应当决定开庭审判，不得以上述材料不充足为由而不开庭审判。

（1）分案审理

对一案起诉的**共同犯罪**或者**关联**犯罪案件，被告人**人数众多**、案情**复杂**，人民法院经审查认为，**分案审理更有利于保障庭审质量和效率**的，可以分案审理。**分案审理不得影响当事人的质证权等诉讼权利的行使。**

（2）并案审理

对分案起诉的共同犯罪或者关联犯罪案件，人民法院经审查认为，**合并审理更有利于查明案件事实、保障诉讼权利、准确定罪量刑**的，可以**并案**审理。

★★2. 特殊情形的处理

（1）**不属于本院管辖的**：应当退回人民检察院。

（2）属于刑事诉讼法**第 16 条第 2 项至第 6 项规定**情形的：应当退回人民检察院；属于告诉才处理的案件，应当同时告知被害人有权提起自诉。

（3）**被告人不在案的**：应当退回人民检察院；但是，对人民检察院按照缺席审判程序提起公诉的，应当依照缺席审判程序的相关规定作出处理。

（4）**需要补充材料的**：应当通知人民检察院在 3 日以内补送。

（5）**【仅限证据不足宣告无罪】**依照《刑事诉讼法》第 200 条第 3 项规定“证据不足，不能认定被告人有罪”而宣告被告人无罪后，人民检察院根据新的事实、证据重新起诉的：应当依法受理。

【特别提示】①仅限因证据不足而宣告无罪的情形。(《刑事诉讼法》第200条第3项规定：证据不足，不能认定被告人有罪的，应当作出证据不足、指控的犯罪不能成立的无罪判决。)

②对因证据不足宣告无罪后检察院根据新事实、证据重新起诉而法院受理的案件，法院应当在判决中写明被告人曾被检察院提起公诉，因证据不足，指控的犯罪不能成立，被法院依法判决宣告无罪的情况；**前案依照《刑事诉讼法》第200条第3项规定作出的判决不予撤销**。(《刑诉解释》第298条)

(6) 检察院要求撤回起诉，法院**裁定准许撤诉的案件，没有新的影响定罪量刑的事实**、证据，重新起诉的：应当退回人民检察院。

(7) 被告人真实**身份不明，但符合起诉条件的**：应当依法受理。

【经典金题】

李某涉嫌诈骗罪被提起公诉。某县法院审理后认为事实不清，证据不足对李某判决无罪。李某没有上诉，某县检察院也没有抗诉，案件生效。一年后，某县检察院发现了李某实施诈骗的新证据，下列选项正确的是？(2019年仿真题，单选)[1]

A. 某县检察院通知某县法院启动审判监督程序

B. 某县检察院向某县法院提出检察建议，建议某县法院撤销原判

C. 某县检察院向上一级检察院提请抗诉

D. 某县检察院向某县法院重新起诉，某县法院应当受理

二、庭前准备

为了保证法庭审判的顺利进行，开庭前必须做好必要的准备工作。开庭审理前，人民法院应当进行下列工作。

(一) 确定审判长及合议庭组成人员

人民法院的**书记员的职责是完成审判庭的记录工作，不属于合议庭成员**。

(二) 开庭10日以前

开庭10日以前**将起诉书副本送达被告人、辩护人**。

(三) 通知当事人在开庭5日以前提供证据

通知当事人、法定代理人、辩护人、诉讼代理人在**开庭5日以前**提供证人、鉴定人名单，以及拟当庭出示的证据；申请证人、鉴定人、有专门知识的人出庭的，应当列明有关人员的姓名、性别、年龄、职业、住址、联系方式。

(四) 开庭3日以前

1. 开庭3日以前将开庭的时间、地点**通知人民检察院**。

---

[1] **【解析】**ABCD项：一般情况下，如果宣告无罪后，有新事实、证据证明原生效裁判有错误的，应当启动审判监督程序予以纠正（内容见第十八章）。但是我国立法规定了一个例外，即宣告无罪后，有新事实、证据，可以由检察院再次按普通程序重新起诉，法院应当依法受理。这个例外规定在《刑诉解释》第219条第5项中。根据《刑诉解释》第219条第5项规定，法院对提起公诉的案件审查，依照《刑事诉讼法》第200条第3项规定宣告被告人无罪后，人民检察院根据新的事实、证据重新起诉的，应当依法受理。而《刑事诉讼法》第200条第3项的规定是："证据不足，不能认定被告人有罪的，应当作出证据不足、指控的犯罪不能成立的无罪判决。"据此，检察院重新起诉，法院应当依法受理必须同时符合两个条件：一是宣告无罪的原因只能是证据不足，亦即并不是所有的宣告无罪都能根据新事实、证据重新起诉；二是有新的事实、证据。在本案中，某县法院是因为证据不足宣告的无罪，且检察院发现新的证据，因此，某县检察院向某县法院重新起诉，某县法院应当受理。ABC项错误，D项正确。

综上所述，本题答案为D项。

2. 开庭3日以前将传唤当事人的传票和通知辩护人、诉讼代理人、法定代理人、证人、鉴定人等出庭的**通知书送达**；通知有关人员出庭，也可以采取电话、短信、传真、电子邮件、即时通讯等能够确认对方收悉的方式；对被害人人数众多的涉众型犯罪案件，可以通过互联网公布相关文书，通知有关人员出庭。

3. 公开审理的案件，在开庭3日以前**公布案由**、被告人姓名、开庭时间和地点。

【特别提示】不公开审理的案件，应当在开庭审判时，说明不公开审理的理由。

★★★★★（五）召开庭前会议

1. 启动方式与可以召开的情形

（1）**【依职权主动召开】**案件具有下列情形之一的，人民法院**可以**召开庭前会议：

①证据材料较多、案情重大复杂的；

②控辩双方对事实、证据存在较大争议的；

③社会影响重大的；

④需要召开庭前会议的其他情形。

（2）**【依申请召开】控辩双方可以申请**人民法院召开庭前会议，提出申请应当说明理由。人民法院经审查认为有必要的，应当召开庭前会议；决定不召开的，应当告知申请人。

2. 参加主体

（1）庭前会议由审判长主持，合议庭其他审判员也可以主持庭前会议。

【特别提示】人民陪审员可以参加，但不能主持庭前会议。根据《人民法院办理刑事案件庭前会议规程（试行）》第3条第1款的规定，根据案件情况，承办法官可以指导法官助理主持庭前会议。

（2）召开庭前会议**应当**通知公诉人、辩护人到场，**检察官助理、律师助理**可以协助。但被告人不是必须到场，根据情况**可以通知**被告人到场，也可以不通知被告人到场（参加庭前会议不是被告人的权利）。（2025年新增）

【例外－应当通知被告人到场的情形】①庭前会议准备就**非法证据排除**了解情况、听取意见，或者准备**询问控辩双方对证据材料的意见**的，**应当通知**被告人到场。有多名被告人的案件，可以根据情况确定参加庭前会议的被告人。

②被告人申请的，应当通知被告人到场。

3. 会议方式

庭前会议**一般不公开**进行。根据案件情况，庭前会议可以采用视频等方式进行。

4. 可以向控辩双方了解情况，听取意见

《刑诉解释》第228条　庭前会议可以就下列事项向控辩双方**了解情况，听取意见**：

（1）是否对案件管辖有异议；

（2）是否申请有关人员回避；

（3）是否申请不公开审理；

（4）是否申请排除非法证据；

（5）是否提供新的证据材料；

（6）是否申请重新鉴定或者勘验；

（7）是否申请收集、调取证明被告人无罪或者罪轻的证据材料；

（8）是否申请证人、鉴定人、有专门知识的人、调查人员、侦查人员或者其他人员出庭，是否对出庭人员名单有异议；

（9）是否对涉案财物的权属情况和人民检察院的处理建议有异议；

（10）与审判相关的其他问题。

对上述规定中**可能导致庭审中断的程序性事项**，控辩双方应当就是否提出相关申请或者要求**发表明确意见**，人民法院可以**在庭前会议后依法作出处理**，并在庭审中说明处理决定和理由。控辩双方没有新的理由，在庭审中再次提出有关申请或者异议的，法庭可以在说明庭前会议情况和处理决定理由后，依法予以驳回。（2025年新增）

【总结】庭前会议一律只能了解情况，听取意见，哪怕是程序性问题，都**不能作出实质性的处理**，要作出实质性的处理，原则上要等到开庭后才行。除非在庭前会议中听取意见，了解情况后发现，该程序性事项不处理会导致庭审中断的，才允许在开庭前进行处理，但必须是**庭前会议后**作出处理。

5. **效力**

（1）庭前会议中，审判人员可以询问控辩双方对证据材料有无异议，对**有异议**的证据，应当在**庭审时**重点调查；**无异议的，庭审时**举证、质证**可以简化**。庭前会议中，控辩双方**不质证、不辩论**。（2025年新增）

（2）庭前会议中，人民法院**可以**开展**附带民事调解**。若开展调解，法院应当通知附带民事诉讼当事人及其**法定代理人、诉讼代理人**到场。（2025年新增）

（3）人民法院在庭前会议中听取控辩双方对案件事实、证据材料的意见后，对明显事实不清、证据不足的案件，可以**建议人民检察院**补充材料或者撤回起诉。建议撤回起诉的案件，人民检察院不同意的，开庭审理后，没有新的事实和理由，一般不准许撤回起诉。

（4）对召开庭前会议的案件，可以在开庭时告知庭前会议情况。

（5）**【已达成一致】**对庭前会议中达成一致意见的事项，法庭在向控辩双方**核实后，可以当庭予以确认；**

【未达成一致】未达成一致意见的事项，法庭可以归纳控辩双方争议焦点，听取控辩双方意见，依法作出处理。控辩双方在庭前会议中就有关事项达成一致意见，**在庭审中反悔的，除有正当理由外，法庭一般不再进行处理。**

6. **笔录：**庭前会议情况应当制作笔录。

（六）出庭要求

1. 人民法院审判公诉案件，人民检察院**应当派员出席法庭**支持公诉。

2. 被害人、诉讼代理人经传唤或者通知未到庭，**不影响开庭审理的**，人民法院**可以开庭审理**。

3. 辩护人经通知未到庭，**被告人同意的**，法院可以开庭审理，但被告人属于应当提供法律援助情形的除外。

4. 被害人人数众多，且案件不属于附带民事诉讼范围的，被害人可以推选若干代表人参加庭审。（《刑诉解释》第224条）

【经典金题】

高某利用职务便利多次收受贿赂，还雇凶将举报他的下属王某打成重伤。关于本案庭前会

议，下列哪些选项是正确的？（2015 年卷二第 72 题，多选）[1]

A. 高某可就案件管辖提出异议

B. 王某提起附带民事诉讼的，可调解

C. 高某提出其口供系刑讯所得，法官可在审查讯问时同步录像的基础上决定是否排除口供

D. 庭前会议上出示过的证据，庭审时举证、质证可简化

★★★★★三、法庭审判

法庭审判是指人民法院的审判组织（合议庭或独任庭）通过开庭的方式，在公诉人、当事人和其他诉讼参与人的参加下，调查核实证据，查清案件事实，充分听取控辩双方对证据、案件事实和法律适用的意见，依法确定被告人的行为是否构成犯罪，应否受到刑事处罚以及给予何种处罚的诉讼活动。

法庭审判由合议庭的审判长或独任审判员主持。依据《刑事诉讼法》的规定，法庭审判程序大致可分为开庭、法庭调查、法庭辩论、被告人最后陈述、评议和宣判五个阶段。

开庭→法庭调查→法庭辩论→被告人最后陈述→评议和宣判

法庭审判流程图

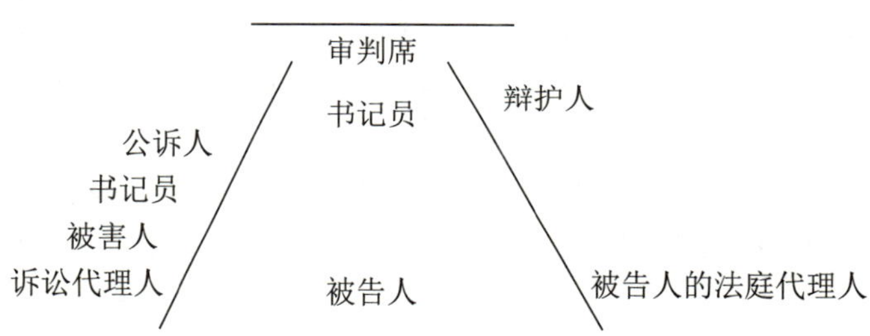

（一）开庭

开庭的具体程序和内容如下。

1. **书记员**：开庭审理前，书记员应当依次进行下列工作：

（1）**受审判长委托**，查明公诉人、当事人、辩护人、诉讼代理人、证人及其他诉讼参与人是否到庭；

---

[1]【解析】庭前会议是法院开庭前召开的会议，因此庭前会议不是正式庭审，而仍然是法院开庭前的内部准备工作之一。既然是内部准备工作，法院可以召开，也可以不召开。而且由于庭前会议还未开庭，因此庭前会议只能进行程序性审查，不能进行实质性处理，只是了解情况、听取意见。要处理，要等到开庭以后，但是有一个例外（不是开庭后处理）：如果法院在庭前会议中了解情况，听取意见后，发现这个程序性事项不处理有可能导致庭审中断的，允许法院在庭前会议后，在开庭前的这段时间里处理。需要指出的是，这仍然不是在庭前会议中处理。反而是附带民事诉讼，由于是民事诉讼，尊重处分权，任何时候，包括在庭前会议中都能解决，只不过庭前会议意味着还未开庭，所以庭前会议中要解决附带民事诉讼问题，只能以调解的方式解决。

A 项：根据规定，高某就案件管辖提出异议是允许的。因此，A 项正确。

B 项：根据规定，王某提起附带民事诉讼的，人民法院可以开展附带民事调解。因此，B 项正确。

C 项：庭前会议中可以提出非法证据排除，但法院只能了解情况，听取意见，不能对证据是否排除作出实质性处理。因此，C 项错误。

D 项：根据规定，庭前会议中，审判人员可以询问控辩双方对证据材料有无异议，对有异议的证据，应当在庭审时重点调查；无异议的，庭审时举证、质证可以简化。据此，出示过的证据，只有控辩双方没有异议的，庭审时举证、质证才可以简化。因此，D 项错误。

综上所述，本题答案为 AB 项。

（2）核实旁听人员中是否有证人、鉴定人、有专门知识的人；
（3）请公诉人、辩护人、诉讼代理人及其他诉讼参与人入庭；
（4）宣读法庭规则；
（5）请审判长、审判员、人民陪审员入庭；
（6）审判人员就座后，向审判长报告开庭前的准备工作已经就绪。

2. **审判长**：

（1）开庭的时候，审判长查明当事人是否到庭。

【特别提示】根据《刑诉解释》第 234 条规定，审判长可以委托书记员代为查明。但是，查明当事人是否到庭是审判长的工作，书记员只是受委托代为查明而已。

（2）审判长**宣布案件的来源、起诉的案由**、附带民事诉讼当事人的姓名及是否公开审理；**不公开审理的，应当宣布理由**。

（3）审判长**宣布合议庭的组成人员**、法官助理、书记员、公诉人、辩护人、诉讼代理人、鉴定人和翻译人员的名单。

（4）审判长应当告知当事人及其法定代理人、辩护人、诉讼代理人在法庭审理过程中**依法享有的诉讼权利**：有权申请回避；有权提出证据，申请通知新的证人到庭、调取新的证据，申请重新鉴定或者勘验；有权自行辩护；有权在法庭辩论终结后作最后陈述。

（5）审判长应当询问当事人及其法定代理人、辩护人、诉讼代理人是否申请回避、申请何人回避和申请回避的理由。

（6）**被告人认罪认罚的，审判长应当告知被告人享有的诉讼权利和认罪认罚的法律规定，审查认罪认罚的自愿性和认罪认罚具结书内容的真实性、合法性**。（《刑事诉讼法》第 190 条第 2 款）

【特别提示】对于**共同犯罪**案件，应将各被告人**同时传唤到庭**，**逐一查明**身份及基本情况后，**集中宣布**上述事项和被告人在法庭审理过程中享有的权利，询问是否申请回避，以避免重复，节省开庭时间。但是，从法庭调查阶段公诉人宣读完起诉书后，讯问同案审理的被告人，就应当分别进行。必要时，可以传唤同案被告人到庭对质。

（二）法庭调查

法庭调查是在审判人员主持下，在公诉人、当事人和其他诉讼参与人的参加下，审判人员当庭对**案件事实和证据**进行审查、核实的诉讼活动。法庭调查是案件进入实体审理的一个重要阶段，是法庭审判的中心环节。

法庭对案件事实和证据进行审查、核实，不仅应当对**与定罪有关**的事实、证据进行调查，而且对**与量刑有关**的事实、证据，也应当进行调查。

【特别提示】法庭调查主要是对案件事实和证据进行调查核对，但不排斥在此阶段对量刑问题进行辩论。

根据《刑事诉讼法》及相关司法解释的规定，法庭调查的程序与具体内容如下**【法庭调查环节遵循的步骤】：宣读起诉书（宣读后，法庭应当宣布开庭审理前对证据收集合法性的审查及处理情况）——被告人、被害人分别陈述——讯问、发问被告人、被害人——出示、核实证据——调取新证据——合议庭调查核实证据**

1. **公诉人宣读起诉书**

（1）审判长宣布法庭调查开始后，先由公诉人宣读起诉书，有附带民事诉讼的，再由附带民事诉讼原告人或者其诉讼代理人宣读附带民事起诉状。

（2）公诉人宣读起诉书后，审判长应当询问被告人对起诉书指控的犯罪事实和罪名有无异议。

（3）公诉人宣读起诉书后，法庭应当**宣布开庭审理前对证据收集合法性的审查及处理情况**。

（4）宣读起诉书时，如果一案有数名被告人，应同时在场。

2. **被告人、被害人陈述**：公诉人宣读起诉书后，在审判长主持下，被告人、被害人可以就起诉书指控的犯罪事实分别进行陈述。

3. **讯问、发问被告人、被害人**

（1）**在审判长主持下，公诉人可以就起诉书指控的犯罪事实讯问被告人。**

（2）**经审判长准许**，被害人及其法定代理人、诉讼代理人可以就公诉人讯问的犯罪事实补充发问。

（3）**经审判长准许**，附带民事诉讼原告人及其法定代理人、诉讼代理人可以就附带民事部分的事实向被告人发问。

（4）**经审判长准许**，被告人的法定代理人、辩护人，附带民事诉讼被告人及其法定代理人、诉讼代理人可以在控诉方、附带民事诉讼原告方就某一问题讯问、发问完毕后向被告人发问。根据案件情况，就证据问题对被告人的讯问、发问可以在举证、质证环节进行。

（5）**经审判长准许**，控辩双方可以向被害人、附带民事诉讼原告人发问。

（6）必要时，**审判人员**可以讯问被告人，可以向被害人、附带民事诉讼当事人发问。

> **【特别提示】** 公诉人、当事人、法定代理人、辩护人、诉讼代理人都有权讯问或发问，但针对的对象有所不同。而且只有公诉人讯问被告人不需要经审判长准许，其余人员的讯问、发问，以及公诉人向被害人、附带民事诉讼原告人发问都必须经审判长准许。

（7）讯问**同案审理**的被告人，**应当分别进行**。（《刑诉解释》第 243 条）

（8）审理过程中，法庭认为有必要的，可以传唤同案被告人、分案审理的共同犯罪或者关联犯罪案件的被告人等到庭对质。（《刑诉解释》第 269 条）

> **【特别提示】** 据此，除了开庭查明情况及宣读起诉书时为了提高诉讼效率同案被告人可以同时在场外，从讯问被告人开始就必须分别进行。

4. **出示、核实证据**：证据只有经过查证核实才能成为定案的根据。因此，在讯问、发问当事人以后，应当核查各种证据。具体程序如下：

★**【遵循先控方举证后辩方出示原则】** 在刑事诉讼中，公诉案件是由人民检察院承担证明责任，因此，出示、核查证据应从控方向法庭举证开始。在控诉一方举证后，被告人及其法定代理人、辩护人可以提请审判长通知证人、鉴定人等出庭作证，或者出示证据。

★**经审判长同意，公诉人可以按照以下方式举证、质证：（《最高检规则》第 399 条第 2 款）**

①**【需要单独举证、质证】** 对于**可能影响定罪量刑的关键证据**和控辩双方**存在争议的证据，一般应当**单独举证、质证；

②**【仅说明即可】** 对于不影响定罪量刑且控辩双方**无异议的证据**，可以仅就证据的名称

及证明的事项、内容作出说明；

③**【分组示证、质证】**对于证明方向一致、证明内容相近或者证据种类相同，存在内在逻辑关系的证据，可以归纳、分组示证、质证。

注意：【证据偷袭】公诉人申请出示**开庭前未移送**人民法院的证据，辩护方提出异议的，审判长**应当**要求公诉人**说明理由**；理由成立并确有出示必要的，应当准许。**辩护方**提出需要对新的证据**作辩护准备**的，法庭可以**宣布休庭**，并确定准备辩护的时间。

★**控辩双方向法庭提供的证据，都应当经当庭质证、辨认和辩论**。具体程序是：

①询问证人

<1>**【证人应当出庭的条件】**公诉人、当事人或者辩护人、诉讼代理人对证人证言**有异议**，且该证人证言对案件定罪量刑**有重大影响**，人民法院认为证人**有必要**出庭作证的。**（有异议、有影响、有必要，三个条件缺一不可。）**

<2>**【证人拒不出庭的后果】**经人民法院通知，证人没有正当理由不出庭作证的，人民法院可以**强制其到庭**，但是**被告人**的**配偶、父母、子女除外**。证人没有正当理由拒绝出庭或者出庭后拒绝作证的，予以训诫，情节严重的，经**院长**批准，处以**10 日**以下的拘留。被处罚人对拘留决定不服的，可以向上一级人民法院申请复议。**复议期间不停止执行**。

<3>**【强制到庭程序】**强制证人出庭的，应当由**院长签发**强制证人出庭令，由**法警**执行。必要时，可以**商请公安机关**协助。

<4>**【证人可以不出庭情形】有以下情形之一的，可以**准许证人**不出庭**：第一，庭审期间身患严重**疾病**或者行动极为不便的；第二，居所**远离**开庭地点且交通极为不便的；第三，身处**国外**短期无法回国的；第四，有其他客观原因，确实无法出庭的。具有前款规定情形的，可以通过**视频**等方式**作证**。

【提示】证人出庭后，一般先向法庭陈述证言；其后，经审判长许可，由申请通知证人出庭的一方发问，发问完毕后，对方也可以发问。法庭依职权通知证人出庭的，发问顺序由审判长根据案件情况确定。

②询问鉴定人

<1>**【鉴定人应当出庭的条件】**控辩双方对鉴定意见**有异议**，人民法院认为鉴定人**有必要**出庭的。（有异议、有必要，两个条件必须同时符合。**注意对比证人**。）

<2>**【鉴定人拒不出庭的后果】**经人民法院通知，鉴定人拒不出庭作证的，鉴定意见**不得作为定案的根据**。

③调查人员、侦查人员或有关人员出庭

控辩双方对侦破经过、证据来源、证据真实性或者合法性等**有异议**，申请调查人员、侦查人员或者有关人员出庭，人民法院**认为有必要**的，**应当**通知调查人员、侦查人员或者有关人员出庭。（《刑诉解释》第 249 条第 2 款）

④有专门知识的人（专家辅助人）出庭作证

公诉人、当事人及其辩护人、诉讼代理人申请法庭通知有专门知识的人出庭，就鉴定意见提出意见的，**应当说明理由**。法庭**认为有必要**的，**应当通知**有专门知识的人出庭。

申请有专门知识的人出庭，不得超过 2 人。有多种类鉴定意见的，可以相应增加人数。

⑤出示物证、宣读鉴定意见和有关笔录

<1>出示证据的一方就所出示的证据的**来源、特征**等作必要的**说明**。

<2>举证方当庭出示证据后，由对方发表质证意见。

5. 调取新证据

（1）法庭审理过程中，控辩双方申请通知新的证人到庭，调取新的证据，申请重新鉴定或者勘验的，应当提供证人的基本信息、证据的存放地点，说明拟证明的事项，申请重新鉴定或者勘验的理由。法庭认为**有必要**的，**应当同意**，并宣布**休庭**；根据案件情况，可以决定**延期**审理。

（2）补充侦查

①公诉人主动提出补充侦查：

<1>审判期间，**公诉人发现案件需要补充侦查，建议延期审理的，**合议庭可以同意，但建议延期审理**不得超过两次**。

<2>人民检察院将补充收集的证据移送人民法院的，人民法院应当通知辩护人、诉讼代理人查阅、摘抄、复制。

<3>补充侦查期限届满后，人民检察院**未将补充的证据材料移送**人民法院的，人民法院**可以根据在案证据作出判决、裁定**。

②法院建议补充侦查：

审判期间，被告人提出**新的立功线索**的，人民法院**可以建议**人民检察院补充侦查。

6. 合议庭调查核实证据

（1）**【有疑问】**法庭对证据有疑问的，可以告知公诉人、当事人及其法定代理人、辩护人、诉讼代理人**补充证据**或者作出**说明**；必要时，可以宣布**休庭**，**对证据进行调查核实**。

（2）**【调查核实手段】**人民法院调查核实证据，可以进行勘验、检查、查封、扣押、鉴定和查询、冻结。**（不能搜查）**

（3）**【庭外证据】**对公诉人、当事人及其法定代理人、辩护人、诉讼代理人补充的和审判人员庭外调查核实取得的证据，**应当经过当庭质证**才能作为定案的根据。但是，对**不影响定罪量刑**的**非关键证据**、有利于被告人的量刑证据以及认定被告人有犯罪前科的裁判文书等证据，经**庭外征求意见**，控辩双方**没有异议**的除外。

7. 涉案财物处理：法庭审理过程中，应当对查封、扣押、冻结财物及其孳息的权属、来源等情况，是否属于违法所得或者依法应当追缴的其他涉案财物进行调查，由公诉人说明情况、出示证据、提出处理建议，并听取被告人、辩护人等诉讼参与人的意见。

案外人对查封、扣押、冻结的财物及其孳息提出权属异议的，人民法院应当听取案外人的意见；必要时，可以通知案外人出庭。

经审查，不能确认查封、扣押、冻结的财物及其孳息属于违法所得或者依法应当追缴的其他涉案财物的，不得没收。

8. 对与量刑有关的事实、证据进行调查

（1）法庭审理过程中，对与量刑有关的事实、证据，应当进行调查。人民法院除应当审查被告人是否具有法定量刑情节外，还应当根据案件情况审查以下影响量刑的情节：①案件起因；②被害人有无过错及过错程度，是否对矛盾激化负有责任及责任大小；③被告人的近亲属是否协助抓获被告人；④被告人平时表现，有无悔罪态度；⑤退赃、退赔及赔偿情况；⑥被告人是否取得被害人或者其近亲属谅解；⑦影响量刑的其他情节。

（2）对**被告人认罪**的案件，在确认被告人了解起诉书指控的犯罪事实和罪名，自愿认罪且知悉认罪的法律后果后，法庭调查可以**主要围绕量刑和其他有争议的问题**进行。

（3）被告人**不认罪或者辩护人作无罪辩护**的案件，法庭调查应当在**查明定罪事实的基础上，查明有关量刑事实**。

（三）法庭辩论

合议庭认为案件事实已经调查清楚的，应当由审判长宣布法庭调查结束，开始就定罪、量刑、涉案财物处理的事实、证据、适用法律等问题进行法庭辩论。

【特别提示】 法庭辩论不仅集中在法庭调查后专门的法庭辩论阶段，在法庭调查阶段，控辩双方也可以对案件事实是否清楚、证据是否确实、充分互相进行辩论。

根据《刑事诉讼法》和相关司法解释的规定，法庭辩论应当按照下列程序与要求进行。

1. **法庭辩论的顺序：** 法庭辩论应当在审判长的主持下，按照下列顺序进行。

（1）公诉人发言。公诉人的首轮发言被称作发表公诉词。

【特别提示】 公诉人在法庭审判过程中有两次“首先发言”。第一次，在法庭调查阶段，即公诉人在法庭上宣读起诉书；第二次，在法庭辩论阶段，即发表公诉词。

（2）被害人及其诉讼代理人发言。

（3）被告人自行辩护。

（4）辩护人辩护。

（5）控辩双方进行辩论。

【特别提示】 对附带民事诉讼部分的辩论应当在刑事诉讼部分的辩论结束后进行，具体顺序为先由附带民事诉讼原告人及其诉讼代理人发言，后由被告人及其诉讼代理人答辩。

2. **法庭辩论的程序**

（1）人民检察院**可以提出量刑建议**并**说明理由**，建议判处管制、宣告缓刑的，一般应当附有调查评估报告，或者附有委托调查函。量刑建议一般应当为确定刑。对新类型、不常见犯罪案件，量刑情节复杂的重罪案件等，也可以提出幅度刑量刑建议。当事人及其辩护人、诉讼代理人可以对量刑提出意见并说明理由。

（2）对被告人认罪的案件，法庭辩论时，应当**引导控辩双方主要围绕量刑和其他有争议的问题进行**。对被告人不认罪或者辩护人作无罪辩护的案件，法庭辩论时，可以引导控辩双方**先辩论定罪问题，后辩论量刑和其他问题**。

（3）法庭辩论过程中，审判长应当充分听取控辩双方的意见，对控辩双方**与案件无关、重复**或者指责对方的发言应当**提醒、制止**。

（4）法庭辩论过程中，合议庭发现与定罪、量刑有关的新的事实，有必要调查的，审判长可以**宣布暂停辩论，恢复法庭调查**，在对新的事实调查后，继续法庭辩论。

（5）公诉人当庭发表与起诉书不同的意见，属于变更、追加、补充或者撤回起诉的，人民法院应当要求人民检察院在指定时间内以书面方式提出；必要时，可以宣布休庭。人民检察院在指定时间内未提出的，人民法院应当根据法庭审理情况，就起诉书指控的犯罪事实依法作出判决、裁定。人民检察院变更、追加、补充起诉的，人民法院应当给予被告人及其辩护人必要的准备时间。

（6）辩护人应当及时将书面辩护意见提交人民法院。

（四）被告人最后陈述

被告人最后陈述是被告人的一项重要诉讼权利。审判长应当告知被告人享有此项权利。

1. **含义**

（1）被告人最后陈述是法庭审判中一个**独立的阶段**。

（2）审判长宣布法庭辩论终结后，合议庭应当保证被告人充分行使最后陈述的权利。

（3）被告人最后陈述是被告人一项不可剥夺、不可替代、不可省略的权利，无论是普通程序还是简易程序、速裁程序，均不得剥夺。

2. 禁止性规定

（1）被告人在最后陈述中多次重复自己意见的，法庭可以制止。

（2）被告人陈述内容蔑视法庭、公诉人，损害他人及社会公共利益，或者与本案无关的，应当制止。

（3）在公开审理的案件中，被告人最后陈述的内容涉及国家秘密、个人隐私或者商业秘密的，应当制止。

【特别提示】《刑诉解释》第288条规定，被告人在最后陈述中提出**新的事实、证据**，合议庭认为可能影响正确裁判的，应当**恢复法庭调查**；被告人提出**新的辩解理由**，合议庭认为可能影响正确裁判的，应当**恢复法庭辩论**。

（五）评议与宣判

被告人最后陈述后，审判长应当宣布休庭，由合议庭进行评议。合议庭评议案件，应当根据已经查明的事实、证据和有关法律规定，作出判决、裁定。合议庭经过评议作出裁判后，应当宣判。

1. 评议

（1）评议一律秘密进行。

（2）合议庭评议案件，应当根据已经查明的事实、证据和有关法律规定，在充分考虑控辩双方意见的基础上，确定被告人是否有罪、构成何罪，有无从重、从轻、减轻或者免除处罚的情节，应否处以刑罚、判处何种刑罚，附带民事诉讼如何解决，查封、扣押、冻结的财物及其孳息如何处理等，并依法作出判决、裁定。

2. 判决类型：对第一审公诉案件，人民法院审理后，应当按照下列情形分别作出判决、裁定：

（1）有罪判决

①起诉指控的事实清楚，证据确实、充分，依据法律认定指控被告人的罪名成立的，应当作出有罪判决。

②起诉指控的事实清楚，证据确实、充分，但指控的罪名不当的，应当依据法律和审理认定的事实作出有罪判决。

【特别提示】具有第②项规定情形的，人民法院应当在判决前听取控辩双方的意见，保障被告人、辩护人充分行使辩护权。必要时，可以再次开庭，组织控辩双方围绕被告人的行为构成何罪及如何量刑进行辩论。

（2）无罪判决

①案件事实清楚，证据确实、充分，依据法律认定被告人无罪的，应当判决宣告被告人无罪。

②**证据不足，不能认定被告人有罪的**，应当以证据不足、指控的犯罪不能成立，判决宣告被告人无罪。

【特别提示】

①案件部分事实清楚，证据确实、充分的，应当作出有罪或者无罪的判决；对事实不清、证据不足部分，不予认定，应当作出无罪判决。

②因证据不足，不能认定被告人有罪而被判无罪的案件，如果有新事实和证据重新起诉，人民法院应当受理，并应当在判决中写明被告人曾被人民检察院提起公诉，因证据不足，指控的犯罪不能成立，被人民法院依法判决宣告无罪的情况；前案依照《刑事诉讼法》第200条第3项规定（即证据不足）作出的判决不予撤销。

（3）依法不负刑事责任的判决

①被告人因未达到刑事责任年龄，不予刑事处罚的，应当判决宣告被告人不负刑事责任。

②被告人是精神病人，在不能辨认或者不能控制自己行为时造成危害结果，不予刑事处罚的，应当判决宣告被告人不负刑事责任。被告人符合强制医疗条件的，应当依照强制医疗程序进行审理并作出判决。

3. 宣判

（1）宣告判决，一律公开进行。宣告判决结果时，法庭内全体人员应当起立。

（2）宣判形式

①**当庭宣判**：当庭宣判，应当在5日以内将判决书送达人民检察院、当事人、法定代理人、辩护人、诉讼代理人，并可以送达被告人的近亲属。被害人死亡，其近亲属申请领取判决书的，人民法院应当及时提供。

②**定期宣判**：定期宣判，应当在宣告后立即将判决书送达当事人和提起公诉的人民检察院。判决书应当同时送达辩护人、诉讼代理人。

（3）宣判时，公诉人、辩护人、被害人、自诉人或者附带民事诉讼的原告人未到庭的，不影响宣判的进行。

（4）在开庭后，宣告判决前，人民检察院要求撤回起诉的，人民法院应当审查人民检察院撤回起诉的理由，并作出是否准许的裁定。

4. 文书要求

（1）评议笔录：合议庭成员、法官助理、书记员应当在评议笔录上签名。

（2）法庭笔录

①开庭审理的全部活动，应当由书记员制作笔录；笔录经审判长审阅后，分别由**审判长和书记员**签名。

②法庭笔录应当在庭审后交由当事人、法定代理人、辩护人、诉讼代理人阅读或者向其宣读。法庭笔录中的出庭证人、鉴定人、有专门知识的人、调查人员、侦查人员或者其他人员的证言、意见部分，应当在庭审后分别交由有关人员阅读或者向其宣读。前两款所列人员认为记录有遗漏或者差错的，可以请求补充或者改正；确认无误后，**应当签名**；拒绝签名的，应当记录在案；要求改变庭审中陈述的，不予准许。

（3）判决书、裁定书：判决书应当由合议庭成员、法官助理和**书记员**署名，并且写明上诉的期限和上诉的法院。

【特别提示】适用普通程序审理的被告人认罪的案件，裁判文书可以适当简化。

【经典金题】

1. 李某因涉嫌投放危险物质罪被某市人民检察院向某市中级人民法院提起公诉，法院在开庭审理前召开了庭前会议，李某申请法庭排除其供述。3天后，某市中级法院公开开庭审理本案。在法庭调查阶段，请对以下程序进行排序：①公诉人讯问李某；②公诉人宣读起诉书；③李某辨认公诉人提出的毒药并进行质证；④被告人申请证人出庭作证；⑤法庭宣布庭前会议中申请排除非法证据的审查情况。（2019年仿真题，单选）〔1〕

A. ②①⑤③④　　B. ②⑤①③④

C. ⑤②①④③　　D. ②⑤①④③

2. 关于刑事诉讼中的证人出庭作证，下列说法正确的是？（2021年仿真题，多选）〔2〕

A. 丁某对法院因其拒不出庭作证的拘留处罚决定提出复议，拘留处罚暂缓执行

B. 法院认为证人刘某有篡改证言的可能性，将强制其出庭并交公安机关执行

C. 江某因身处国外短期无法回国而通过视频作证

D. 被害人的配偶于某经法院通知无正当理由拒不出庭作证，法院强制其到庭作证

四、公诉案件第一审程序的审理期限

《刑事诉讼法》第208条第1款规定，人民法院审理公诉案件，应当在受理后2个月以内宣判，至迟不得超过3个月。对于可能判处死刑的案件或者附带民事诉讼的案件，以及有《刑事诉讼法》第158条规定情形之一的（交通十分不便的边远地区的重大复杂案件；重大的犯罪集团案件；流窜作案的重大复杂案件；犯罪涉及面广，取证困难的重大复杂案件），经上一级人民法院批准，可以延长3个月；因特殊情况还需要延长的，报请最高人民法院批准。

据此，公诉案件第一审程序的审理期限如下：

（1）2个月：人民法院审理公诉案件，应当在受理后2个月以内宣判。

（2）延长1个月：至迟不得超过3个月。

---

〔1〕【解析】ABCD项：法庭审判由合议庭的审判长或独任审判员主持。依据《刑事诉讼法》的规定，法庭审判程序大致可分为开庭、法庭调查、法庭辩论、被告人最后陈述、评议和宣判五个阶段。

根据规定，法庭调查环节遵循的步骤是：宣读起诉书（宣读后，法庭应当宣布开庭审理前对证据收集合法性的审查及处理情况）——被告人、被害人分别陈述——讯问、发问被告人、被害人——出示、核实证据——调取新证据——合议庭调查核实证据。本案中，法庭调查的顺序应当是：公诉人宣读起诉书——法庭宣布庭前会议中申请排除非法证据的审查情况——公诉人讯问李某——李某辨认公诉人提出的毒药并进行质证——被告人申请证人出庭作证。即②⑤①③④。因此，B项正确，ACD项错误。

综上所述，本题答案为B项。

〔2〕【解析】A项：根据规定，证人没有正当理由拒绝出庭或者出庭后拒绝作证的，予以训诫，情节严重的，经院长批准，处以10日以下的拘留。被处罚人对拘留决定不服的，可以向上一级人民法院申请复议。复议期间不停止执行。据此，丁某对拘留处罚决定提出复议的，复议期间不停止执行。因此，A项错误。考生需要知道，关于复议、复核，有一个小的总结：【所有的复议、复核，都不停止原决定的执行】。

B项：根据规定，强制证人出庭的，应当由院长签发强制证人出庭令，由法警执行。必要时，可以商请公安机关协助。据此，一般情况下是由法警执行，必要时，商请公安机关协助。也就是说，法警才是执行主体，B项错误。

C项：根据规定，证人具有下列情形之一，无法出庭作证的，人民法院可以准许其不出庭：①庭审期间身患严重疾病或者行动极为不便的；②居所远离开庭地点且交通极为不便的；③身处国外短期无法回国的；④有其他客观原因，确实无法出庭的。具有前款规定情形的，可以通过视频等方式作证。据此，江某属于上述规定第③项的情形，可以通过视频作证，C项正确。

D项：根据规定，经人民法院通知，证人没有正当理由不出庭作证的，人民法院可以强制其到庭，但是【被告人】的配偶、父母、子女除外。据此，被告人的配偶不可强制其出庭作证，但【被害人】的配偶可以强制其出庭作证。因此，D项正确。

综上所述，本题答案为CD项。

（3）再延长3个月：对于可能判处死刑的案件或者附带民事诉讼的案件，以及有以下情形之一的：交通十分不便的边远地区的重大复杂案件、重大的犯罪集团案件、流窜作案的重大复杂案件、犯罪涉及面广，取证困难的重大复杂案件，经上一级人民法院批准，可以延长3个月。

（4）无限延长：因特殊情况还需要延长的，报请最高人民法院批准。

【注意】公诉案件一审审限可总结为：2+1+3+X。

【特别提示】人民法院改变管辖的案件，从**改变后的人民法院收到案件之日起**计算审理期限。人民检察院补充侦查的案件，补充侦查完毕移送人民法院后，人民法院**重新计算**审理期限。

★★★五、一审中特殊问题的处理

（一）法院发现新事实或需要补查补证的

1. **【应通知】**审判期间，人民法院发现**新的事实**，可能影响定罪量刑的，或者**需要补查补证的**，应当通知人民检察院，由其决定是否补充、变更、追加起诉或者补充侦查。（注意**决定权**在检察院）

2. **【法院不能自行变更】**人民检察院不同意或者在指定时间内未回复书面意见的，人民法院应当**就起诉指控的事实**，依照《刑诉解释》第295条的规定作出判决、裁定。

（二）检察院追加起诉

发现遗漏同案犯罪嫌疑人或者罪行的，应当要求公安机关补充移送起诉或者补充侦查；对于犯罪事实清楚，证据确实、充分的，可以直接追加、补充起诉。

（三）检察院变更起诉

人民法院宣告判决前，人民检察院发现被告人的真实身份或者犯罪事实与起诉书中叙述的身份或者指控犯罪事实不符的，或者事实、证据没有变化，但罪名、适用法律与起诉书不一致的，可以变更起诉。

（四）撤诉问题

1. **【公诉案件】**在开庭后、宣告判决前，人民检察院要求撤回起诉的，人民法院应当审查撤回起诉的理由，作出是否准许的裁定。

2. **【自诉案件】**自诉人要撤诉的，**须经法院审查**。人民法院经审查，认为撤回自诉确属自愿的，应当裁定准许。

【注意】如果有新的事实、证据材料，可以再起诉。

【总结】法院要遵循不告不理原则。不告不理原则有两项要求：第一，没有起诉，就没有审判。第二，法院审判的范围仅限于起诉的事实范围。受不告不理原则的约束，法院在审理案件过程中遇有不同的情形，处理方式有所不同：

（1）法院依法审理后**认定的罪名与检察机关指控的罪名不一致**，法院如何处理？——应当**按照审理认定的罪名作出有罪判决**。人民法院应当在判决前听取控辩双方的意见，保障被告人、辩护人充分行使辩护权。必要时，可以再次开庭，组织控辩双方围绕被告人的行为构成何罪进行辩论。（但如果法院认为构成告诉才处理的罪名的，只能裁定终止审理，并将材料退回检察院，并告知被害人有权向法院提起自诉。）

（2）人民法院在审判期间**发现新的事实**，可能影响定罪量刑的，或者需要补查补证的，法院如何处理？——法院**应当通知检察院**，由检察院决定是否补充、追加、变更起诉或补充侦查。

（3）审判期间，**被告人提出新的立功线索的**，法院如何处理？——法院**可以建议人民检察院补充侦查**。

（4）审判期间，合议庭发现被告人可能有**自首、坦白、立功等法定量刑情节**，而人民检察院移送的案卷中没有相关证据材料的，法院如何处理？——法院**应当通知人民检察院在指定时间内移送。**

【经典金题】

1. 关于我国刑事诉讼中起诉与审判的关系，下列哪一选项是正确的？（2015 年卷二第 36 题，单选）[1]

A. 自诉人提起自诉后，在法院宣判前，可随时撤回自诉，法院应准许

B. 法院只能就起诉的罪名是否成立作出裁判

C. 在法庭审理过程中，法院可建议检察院补充、变更起诉

D. 对检察院提起公诉的案件，法院判决无罪后，检察院不能再次起诉

2. 法院在审理胡某持有毒品案时发现，胡某不仅持有毒品数量较大，而且向他人出售毒

---

〔1〕【解析】法院要遵循不告不理原则。不告不理原则有两项要求：第一，没有起诉，就没有审判。也就是说，没有起诉，法院绝对不能主动启动程序追究犯罪。第二，法院审判的范围仅限于起诉的事实范围。所谓事实范围，包含两层含义：一是法院审判是针对“事实”裁判，而不是针对“罪名”裁判；二是起诉什么事实，法院才能审判什么事实。如果事实是法院发现的，但检察院没有起诉，法院也不能主动追加进来审判。此种情况下，根据规定，法院的做法是：应当通知检察院，由检察院决定是否补充、追加、变更起诉或补充侦查。

受不告不理原则的约束，法院在审理案件过程中遇有不同的情形，处理方式有所不同：

①法院依法审理后认定的罪名与检察机关指控的罪名不一致，法院如何处理？——应当按照审理认定的罪名作出有罪判决。人民法院应当在判决前听取控辩双方的意见，保障被告人、辩护人充分行使辩护权。必要时，可以再次开庭，组织控辩双方围绕被告人的行为构成何罪进行辩论。（但如果法院认为构成告诉才处理的罪名的，只能裁定终止审理，并将材料退回检察院，并告知被害人有权向法院提起自诉。）

②人民法院在审判期间发现新的事实，可能影响定罪量刑的，或者需要补查补证的，法院如何处理？——法院应当通知检察院，由检察院决定是否补充、追加、变更起诉或补充侦查。

③审判期间，被告人提出新的立功线索的，法院如何处理？——法院可以建议人民检察院补充侦查。

④审判期间，合议庭发现被告人可能有自首、坦白、立功等法定量刑情节，而人民检察院移送的案卷中没有相关证据材料的，法院如何处理？——法院应当通知人民检察院在指定时间内移送。

A 项：根据规定，判决宣告前，自诉案件的当事人可以自行和解，自诉人可以撤回自诉。人民法院经审查，认为和解、撤回自诉确属自愿的，应当裁定准许；认为系被强迫、威吓等，并非自愿的，不予准许。据此，自诉人提起自诉后，在法院宣判前，可随时撤回自诉，法院需要审查自愿性，而不是应当准许。因此，A 项错误。

B 项：根据不告不理原则，法院是针对事实裁判，而非罪名，B 项错误。

C 项：按照 2021 年修改前的《刑诉解释》的规定，人民法院在审判期间发现新的事实，可能影响定罪的，法院可以建议检察院补充、变更起诉。因此当年 C 项是正确的。但是，2021 年《刑诉解释》修改后，对于法院在审判期间发现新的事实，可能影响定罪的，法院的做法是：应当通知检察院，由检察院决定是否补充、追加、变更起诉或补充侦查，而不能直接建议检察院补充、变更起诉，这也是不告不理原则的要求，据此，旧题新做，C 项也错误。

D 项：一般情况下，如果宣告无罪后，有新事实、证据证明原生效裁判有错误的，应当启动审判监督程序予以纠正（内容见第十八章）。但是我国立法规定了一个例外，即宣告无罪后，有新事实、证据，可以由检察院再次按普通程序重新起诉，法院应当依法受理。这个例外规定在《刑诉解释》第 219 条第 5 项中。根据《刑诉解释》第 219 条第 5 项规定，法院对提起公诉的案件审查，依照《刑事诉讼法》第 200 条第 3 项规定宣告被告人无罪后，人民检察院根据新的事实、证据重新起诉的，应当依法受理。而《刑事诉讼法》第 200 条第 3 项的规定是：“证据不足，不能认定被告人有罪的，应当作出证据不足、指控的犯罪不能成立的无罪判决。”据此，检察院再次起诉，法院应当依法受理必须同时符合两个条件：一是宣告无罪的原因只能是证据不足，亦即并不是所有的宣告无罪都能根据新事实、证据重新起诉；二是有新的事实、证据。据此，法院判决无罪后，检察院是可以再次起诉的，只要同时符合以上两个条件即可。D 项错误。

综上所述，本题无答案。

品，构成贩卖毒品罪。关于本案，下列哪一选项是正确的？（2016 年卷二第 36 题，单选）〔1〕

A. 如胡某承认出售毒品，法院可直接改判

B. 法院可在听取控辩双方意见基础上直接改判

C. 法院可建议检察院补充或者变更起诉

D. 法院可建议检察院退回补充侦查

3. 法院审理郑某涉嫌滥用职权犯罪案件，在宣告判决前，检察院发现郑某和张某接受秦某巨款，涉嫌贿赂犯罪。对于新发现犯罪嫌疑人和遗漏罪行的处理，下列哪些做法是正确的？（2013 年卷二第 66 题，多选）〔2〕

A. 法院可以主动将张某、秦某追加为被告人一并审理

B. 检察院可以补充起诉郑某、张某和秦某的贿赂犯罪

C. 检察院可以将张某、秦某追加为被告人，要求法院一并审理

D. 检察院应当撤回起诉，将三名犯罪嫌疑人以两个罪名重新起诉

★★★六、延期审理、中止审理和终止审理

（一）延期审理

1. 概念：延期审理是指在法庭审判过程中，遇有足以影响审判进行的情形时，法庭决定延期审理，待影响审判进行的原因消失后，再行开庭审理。

2. 文书：延期审理的文书是“决定”。

3. 适用情形：根据《刑事诉讼法》第 204 条和《刑诉解释》第 99 条第 2 款规定，在法庭审判过程中，遇有下列情形之一，影响审判进行的，可以延期审理：

（1）**需要通知新的证人到庭，调取新的物证，重新鉴定或者勘验的；**

（2）检察人员发现提起公诉的案件**需要补充侦查**，提出建议的；

（3）由于**申请回避**而不能进行审判的；

（4）鉴定人由于不能抗拒的原因或者有其他正当理由无法出庭的，人民法院可以根据情况决定**延期审理**或者**重新鉴定**。

【特别提示】简易程序转为普通程序审理的案件，公诉人需要为出席法庭进行准备的，可以建议人民法院延期审理。

---

〔1〕【解析】ABCD 项：本案中，法院在审理胡某非法持有毒品案时，发现他还有“向他人出售毒品”的新事实，因此，法院的做法应当是：应当通知检察院，由检察院决定是否补充、追加、变更起诉或补充侦查。

C 选项，根据 2012 年《刑诉解释》第 243 条规定，审判期间，人民法院发现新的事实，可能影响定罪的，可以建议人民检察院补充或者变更起诉。因此当年 C 选项是正确的。但是，2021 年《刑诉解释》修改后，对于法院在审判期间发现新的事实，可能影响定罪的，法院的做法是：应当通知检察院，由检察院决定是否补充、追加、变更起诉或补充侦查，而不能直接建议检察院补充、变更起诉，这也是不告不理原则的要求，据此，旧题新做，C 项也错误。

综上所述，本题无答案。

〔2〕【解析】A 项：法院要遵循不告不理原则。不告不理原则有两项要求：第一，没有起诉，就没有审判。也就是说，没有起诉，法院绝对不能主动启动程序追究犯罪。第二，法院审判的范围仅限于起诉的事实范围。所谓事实范围，包含两层含义：一是法院审判是针对“事实”裁判，而不是针对“罪名”裁判；二是起诉什么事实，法院才能审判什么事实。如果事实是法院发现的，但检察院没有起诉，法院也不能主动追加进来审判。此种情况下，根据规定，法院的做法是：应当通知检察院，由检察院决定是否补充、追加、变更起诉或补充侦查。据此，法院不能主动追加进来一并审判。A 项错误。

BCD 项：根据 2019 年《最高检规则》第 423 条的规定，人民法院宣告判决前，人民检察院发现遗漏同案犯罪嫌疑人或者罪行的，对于犯罪事实清楚，证据确实、充分的，可以直接追加、补充起诉。据此，BC 项正确，D 项错误。

综上所述，本题答案为 BC 项。

4. 期限计算

（1）一般情形的延期审理不影响审限，即一般情形的延期审理待恢复庭审后期限**继续计算**。

（2）两种情形下的延期审理，审限**重新计算**：

①对于人民检察院补充侦查的案件，补充侦查完毕移送人民法院后，人民法院重新计算审理期限。

②简易程序转为普通程序审理的案件，审理期限应当从**决定转为普通程序之日起重新计算**。

（二）中止审理

1. 概念：中止审理是指人民法院在审判案件过程中，因发生某种情况影响了审判的正常进行，而决定暂停审理，待其消失后，再行开庭审理。

2. 文书：中止审理的文书是“**裁定**”。

3. 适用情形：《刑事诉讼法》第206条第1款在审判过程中，有下列情形之一，致使案件在较长时间内无法继续审理的，可以中止审理：

（1）被告人患有**严重疾病**，无法出庭的；

（2）被告人**脱逃**的；

（3）自诉人患有**严重疾病**，无法出庭，未委托诉讼代理人出庭的；

（4）由于不能抗拒的原因。

【特别提示】有多名被告人的案件，部分被告人具有上述规定的中止情形的，人民法院可以对全案中止审理；根据案件情况，也可以对该部分被告人中止审理，对其他被告人继续审理。对中止审理的部分被告人，可以根据案件情况另案处理。（《刑诉解释》第314条）

4. 期限计算：中止审理的原因消失后，应当恢复审理。中止审理的期间**不计入**审理期限。

考点归纳：中止审理与延期审理的区别

	中止审理	延期审理
时间不同	适用于人民法院受理案件后至作出判决前	仅适用于法庭审理过程中
原因不同	导致中止审理的原因是出现了不能抗拒的情况，其消除与诉讼本身无关，因此，中止审理将暂停一切诉讼活动	导致延期审理的原因是诉讼自身出现了障碍，其消失依赖于某种诉讼活动的完成，因此，延期审理不能停止法庭审理以外的诉讼活动
再开庭的可预见性	再行开庭的时间往往无法预见	再行开庭的时间可以预见，甚至当庭即可决定

【特别提示】在历年考试中，题目里会出现不同的情形让考生判断处理方式是“延期审理”还是“中止审理”。考生在做题时，如果对二者的适用情形记得不是很准确，那么可以根据选项中具体情形产生的原因来判断。若选项中的具体情形是法院不能控制的原因（不可抗力）导致的，则用的是“中止审理”；若选项中的具体情形是法院能够控制的原因导致的，则用的是“延期审理”。

（三）终止审理

1. 概念：终止审理是指人民法院在审判案件过程中，遇有法律规定的情形使审判不应当或者不需要继续进行时终结案件的诉讼活动。

2. 文书：终止审理的文书是“裁定”。具有《刑事诉讼法》第16条第2项至第6项所规定的下列情形的，法院应当作出终止审理的裁定：

（1）犯罪已过追诉时效期限的；

（2）经特赦令免除刑罚的；

（3）依照刑法告诉才处理的犯罪，没有告诉或者撤回告诉的；

（4）犯罪嫌疑人、被告人死亡的；

（5）其他法律规定免予追究刑事责任的。

【特别提示1－告诉才处理的案件】属于告诉才处理的案件，应当**裁定终止**审理，并**告知**被害人有权提起自诉。

【特别提示2－被告人死亡】被告人死亡的，应当**裁定终止**审理；但有证据证明被告人无罪，经缺席审理确认无罪的，应当判决宣告被告人无罪。

【审判阶段和前述庭前审查有《刑事诉讼法》第16条规定的情形的处理比较】

问：一个审理过程中发现的做法为终止审理，庭前审查发现是退回给检察院，为什么？

答：因为庭前审查阶段本质上这个案件还没系属到法院，只是先进行审查。对应的情形实际发生在检察院，主动权并没有系属法院，因此应当退回检察院。但是一旦受理之后，如果在审理过程（包括庭前准备和法庭审判阶段）当中发现，主动权已经在法院。如果发现有第16条情形的，应当裁定终止审理。

七、单位犯罪案件的审理程序

我国刑事诉讼法所规定的刑事诉讼基本原则、诉讼制度、诉讼权利与义务同样适用于公、检、法机关处理单位犯罪的案件。此外，《刑诉解释》还就单位犯罪嫌疑人的审理程序作了以下特别规定。

（一）管辖

刑事案件由犯罪地的人民法院管辖。如果由被告人居住地的人民法院审判更为适宜的，可以由被告人居住地的人民法院管辖。

被告单位登记的住所地为其居住地。主要营业地或者主要办事机构所在地与登记的住所地不一致的，主要营业地或者主要办事机构所在地为其居住地。

（二）庭前审查

人民法院受理单位犯罪案件，除依照有关规定进行审查外，还应当审查起诉书是否列明被告单位的名称、住所地、联系方式、法定代表人、实际控制人主要负责人以及代表被告单位出庭的诉讼代表人的姓名、职务、联系方式。需要检察院补充材料的，应当通知检察院在3日以内补送。

（三）诉讼代表人的确定（详见第三章国家专门机关与诉讼参与人）

（四）诉讼代表人的权限

被告单位的诉讼代表人**享有《刑事诉讼法》规定的有关被告人的诉讼权利**。开庭时，诉讼代表人席位置于审判台前左侧，与辩护人席并列。

（五）追加起诉

对应当认定为单位犯罪的案件，检察院只作为自然人犯罪起诉的，法院**应当建议检察院对**

犯罪单位追加起诉。检察院仍以自然人犯罪起诉的，法院**应当依法审理**，按照单位犯罪中的直接负责的主管人员或者其他直接责任人员追究刑事责任，并援引刑法分则关于追究单位犯罪中直接负责的主管人员和其他直接责任人员刑事责任的条款。

（六）违法所得的处理

被告单位的违法所得及其他涉案财物，尚未被依法追缴或者查封、扣押、冻结的，人民法院**应当**决定追缴或者查封、扣押、冻结。

采取查封、扣押、冻结等措施，应当严格依照法定程序进行，最大限度降低对被告单位正常生产经营活动的影响。

（七）财产担保

为保证判决的执行，法院**可以**先行查封、扣押、冻结被告单位的财产，或者由被告单位提出担保。

（八）被告单位变更后的处理

1. 审判期间，被告单位被吊销营业执照、宣告破产但尚未完成清算、注销登记的，应当继续审理；被告单位被撤销、注销的，对单位犯罪直接负责的主管人员和其他直接责任人员应当继续审理。

2. 审判期间，被告单位合并、分立的，应当将原单位列为被告单位，并注明合并、分立情况。对被告单位所判处的罚金**以其在新单位的财产及收益为限**。

八、法庭秩序

法庭秩序，是指《人民法院法庭规则》所规定的，为保证法庭审理的正常进行，诉讼参与人、旁听人员应当遵守的纪律和规定。

（一）法庭纪律要求

法庭纪律要求：庭审期间，全体人员应当服从法庭指挥，遵守法庭纪律，尊重司法礼仪，不得实施下列行为：

1. 鼓掌、喧哗、随意走动；
2. 吸烟、进食；
3. 拨打、接听电话，或者使用即时通讯工具；
4. 对庭审活动进行录音、录像、拍照或者使用即时通讯工具等传播庭审活动；
5. 其他危害法庭安全或者扰乱法庭秩序的行为。

旁听人员不得进入审判活动区，不得随意站立、走动，不得发言和提问。

记者经许可实施第 1 款第 4 项规定的行为，应当在指定的时间及区域进行，不得干扰庭审活动。

（二）违反法庭秩序的处理

法庭审理过程中，诉讼参与人或者旁听人员扰乱法庭秩序的，审判长应当按照下列情形分别处理：

1. 情节较轻的：**情节较轻的，应当警告制止；根据具体情况，也可以进行训诫**。
2. 训诫无效的：可以指令法警强行带出法庭。
3. 情节严重的：报经**院长**批准后，可以对行为人**处 1000 元以下的罚款**或者 **15 日以下**的拘留。

【特别提示】该决定可以直接向上一级人民法院申请复议，也可以通过决定罚款、拘留的法院向上一级人民法院申请复议。复议期间，不停止决定的执行。

4. 未经许可拍摄的：未经许可对庭审活动进行录音、录像、拍照或者使用即时通讯工具等传播庭审活动的，可以暂扣相关设备及存储介质，删除相关内容。

5. 构成犯罪的：实施下列行为之一，危害法庭安全或者扰乱法庭秩序，构成犯罪的，依法追究刑事责任：①非法携带枪支、弹药、管制刀具或者爆炸性、易燃性、毒害性、放射性以及传染病病原体等危险物质进入法庭；②哄闹、冲击法庭；③侮辱、诽谤、威胁、殴打司法工作人员或者诉讼参与人；④毁坏法庭设施，抢夺、损毁诉讼文书、证据；⑤其他危害法庭安全或者扰乱法庭秩序的行为。

（三）辩护人、诉讼代理人扰乱法庭秩序

1. 辩护人严重扰乱法庭秩序，被责令退出法庭、强行带出法庭或者被处以罚款、拘留，被告人自行辩护的，庭审继续进行；被告人要求另行委托辩护人，或者被告人属于应当提供法律援助情形的，应当宣布休庭。

2. 辩护人、诉讼代理人被责令退出法庭、强行带出法庭或者被处以罚款后，具结保证书，保证服从法庭指挥、不再扰乱法庭秩序的，经法庭许可，可以继续担任辩护人、诉讼代理人。

3. 辩护人、诉讼代理人具有下列情形之一的，不得继续担任同一案件的辩护人、诉讼代理人：

（1）擅自退庭的；

（2）无正当理由不出庭或者不按时出庭，严重影响审判顺利进行的；

（3）被拘留或者具结保证书后再次被责令退出法庭、强行带出法庭的。

第二节　自诉案件的第一审程序

【学习提要】

本节的重点在于自诉案件第一审程序的特点，考生需要对该部分理解并掌握。

【法条依据】

《刑事诉讼法》

第 210 条　自诉案件包括下列案件：

（一）告诉才处理的案件；

（二）被害人有证据证明的轻微刑事案件；

（三）被害人有证据证明对被告人侵犯自己人身、财产权利的行为应当依法追究刑事责任，而公安机关或者人民检察院不予追究被告人刑事责任的案件。

第 211 条　人民法院对于自诉案件进行审查后，按照下列情形分别处理：

（一）犯罪事实清楚，有足够证据的案件，应当开庭审判；

（二）缺乏罪证的自诉案件，如果自诉人提不出补充证据，应当说服自诉人撤回自诉，或者裁定驳回。

自诉人经两次依法传唤，无正当理由拒不到庭的，或者未经法庭许可中途退庭的，按撤诉处理。

法庭审理过程中，审判人员对证据有疑问，需要调查核实的，适用本法第 196 条的规定。

第 212 条　人民法院对自诉案件，可以进行调解；自诉人在宣告判决前，可以同被告人自行和解或者撤回自诉。本法第 210 条第 3 项规定的案件不适用调解。

人民法院审理自诉案件的期限，被告人被羁押的，适用本法第 208 条第 1 款、第 2 款的规定；未被羁押的，应当在受理后 6 个月以内宣判。

第 213 条　自诉案件的被告人在诉讼过程中，可以对自诉人提起反诉。反诉适用自诉的规定。

【知识点精讲】

一、自诉案件的审查与受理

（一）审查

1. 审查时间：对自诉案件，人民法院应当在15日内审查完毕。

2. 审查内容（**法院受理自诉案件的条件**）

（1）**有适格的自诉人**。在法律规定的自诉案件范围内，遭受犯罪行为直接侵害的被害人有权向人民法院提起自诉。

【特别提示】被害人**死亡、丧失行为能力或受强制威吓**等无法告诉，或者**限制行为能力人以及因年老、患病、盲、聋、哑**等不能亲自告诉，其法定代理人、近亲属告诉或者代为告诉的，法院应当依法受理。

（2）**属于自诉案件的受案范围**。

【特别提示】自诉案件的范围是：①告诉才处理的案件（侮辱、诽谤案；暴力干涉婚姻自由案；虐待案；侵占案）；②被害人有证据证明的轻微刑事案件（公诉和自诉交叉）；③被害人有证据证明对被告人侵犯自己人身、财产权利的行为应当依法追究刑事责任，而公安机关或者人民检察院不予追究被告人刑事责任的案件，即公诉转自诉案件。

（3）**受诉人民法院有管辖权**。

（4）**有明确的被告人、具体的诉讼请求**。

（5）**有能证明被告人犯罪事实的证据**。

（二）审查后的处理

1. 受理（立案）：经审查，符合受理条件的，应当决定立案，并书面通知自诉人或者代为告诉人。对犯罪事实清楚，有足够证据的自诉案件，应当开庭审理。

【特别提示】被告人实施两个以上犯罪行为，分别属于公诉案件和自诉案件，人民法院可以一并审理。对自诉部分的审理，适用自诉案件第一审程序的规定。

2. 不予受理：具有下列情形之一的，**应当说服自诉人撤回起诉；自诉人不撤回起诉的，裁定不予受理**：

（1）不属于自诉案件的；

（2）**缺乏罪证的**；

（3）犯罪已过追诉时效期限的；

（4）被告人死亡的；

（5）被告人下落不明的；

（6）除因证据不足而撤诉的以外，自诉人撤诉后，就同一事实又告诉的；

（7）经人民法院调解结案后，自诉人反悔，就同一事实再行告诉的；

（8）属于刑诉解释第1条第2项规定的案件，公安机关正在立案侦查或者人民检察院正在审查起诉的；

（9）不服人民检察院对未成年犯罪嫌疑人作出的附条件不起诉决定或者附条件不起诉考验期满后作出的不起诉决定，向人民法院起诉的。

> **【特别提示】** 1. 对已经立案，经审查缺乏罪证的自诉案件，自诉人提不出补充证据的，人民法院**应当说服其撤回起诉或者裁定驳回起诉**；自诉人撤回起诉或者被驳回起诉后，又提出了新的足以证明被告人有罪的证据，再次提起自诉的，**人民法院应当受理**。
>
> 2. 自诉人对于不予受理或者驳回起诉的裁定不服的，可以提起**上诉**。第二审人民法院查明第一审人民法院作出的**不予受理**裁定**有错误**的，应当在撤销原裁定的同时，**指令第一审人民法院立案受理**；查明第一审人民法院**驳回起诉裁定**有错误的，应当在撤销原裁定的同时，指令第一审人民法院**进行审理**。

3. 证据调取：

（1）自诉案件当事人因客观原因不能取得的证据，申请人民法院调取的，应当说明理由，并提供相关线索或者材料。人民法院认为有必要的，应当及时调取。

（2）对通过信息网络实施的侮辱、诽谤行为，被害人向人民法院告诉，但提供证据确有困难的，人民法院可以要求公安机关提供协助。

4. **并案审理**。被告人实施**两个以上**犯罪行为，分别属于公诉案件和自诉案件，法院**可以一并审理**。

★★★★二、自诉案件第一审程序的特点

自诉案件第一审审判程序参照刑事诉讼法关于公诉案件第一审程序的规定进行。此外，刑事诉讼法对自诉案件的审判程序作了一些特殊性规定。总体而言，自诉案件第一审程序有以下特点：

（一）可以适用简易程序

三类自诉案件均可以适用简易程序。

> **【特别提示】** 自诉案件**不适用速裁程序**。

（二）可以调解

1. **前两类自诉案件（告诉才处理的案件和被害人有证据证明的轻微刑事案件）可以调解**。

2. **第三类自诉案件**（被害人有证据证明对被告人侵犯自己人身、财产权利的行为应当依法追究刑事责任，而公安机关或者人民检察院不予追究被告人刑事责任的案件）不适用调解。

（三）可以提起反诉

1. 前两类自诉案件的被告人或者其法定代理人在诉讼过程中，可以对自诉人提起反诉。**但第三类自诉案件被告人不可以提起反诉**。

2. 反诉案件适用自诉案件的规定，应当与自诉案件一并审理。**自诉人撤诉的，不影响反诉案件的继续审理**。

3. 二审不能提起反诉。二审期间，自诉案件当事人提起反诉的，**应当告知其另行起诉**。

> **【特别提示】** 由于此处的反诉因为针对的本诉性质上属于刑事诉讼，因此此处的反诉也是刑事诉讼。

（四）可以和解与撤诉

1. **三类自诉案件**均可以和解与撤诉。

2. 判决宣告前，自诉案件的当事人可以自行和解，自诉人可以撤回自诉。人民法院经审查，认为和解、撤回自诉**确属自愿的，应当裁定准许**；认为系被强迫、威吓等，**并非自愿的，不予准许**。

3. 自诉人经**两次**传唤，无正当理由拒不到庭，或者未经法庭准许中途退庭的，人民法院应当**裁定按撤诉处理**。

4. 裁定准许撤诉或者当事人自行和解的自诉案件，被告人被采取强制措施的，人民法院应当**立即解除**。

5. 部分自诉人撤诉或者被裁定按撤诉处理的，**不影响案件的继续审理**。

（五）自诉案件具有可分性（《刑诉解释》第323条）

1. **被告人的可分性**：自诉人明知有其他共同侵害人，但只对**部分侵害人提起自诉的**，人民法院**应当受理**，并告知其放弃告诉的法律后果；自诉人放弃告诉，判决宣告后**又对其他共同侵害人就同一事实提起自诉的，人民法院不予受理**。

2. **自诉人的可分性**：共同被害人中**只有部分人告诉**的，人民法院应当通知其他被害人参加诉讼，并告知其不参加诉讼的法律后果。被通知人接到通知后表示不参加诉讼或者不出庭的，视为放弃告诉。第一审宣判后，被通知人就同一事实又提起自诉的，人民法院不予受理。但是，当事人另行提起民事诉讼的，不受本解释限制。

（六）审限特殊

1. **被告人未被羁押的**：适用普通程序审理的被告人未被羁押的自诉案件，应当在受理后**6个月以内**宣判。

2. **被告人被羁押的**：如果被告人被羁押的，审理期限与公诉案件的相同。

【特别提示】关于自诉案件第一审程序的审理特点，考生除掌握以上内容外，还应当注意以下两点。第一，**前4个特点用语都是“可以”，而不是“应当”**。如果题目指出“某一类自诉案件应当适用简易程序”，则这种表述是错误的。第二，关于不同特点适用对象的总结。**三类自诉案件都可以适用的是：简易程序、和解与撤诉。只有前两类自诉案件才能适用的是：调解与反诉**。

【经典金题】

赵某（16周岁，高中学生）在游乐园游玩时因琐事与李某（15周岁，高中学生）发生争执，赵某殴打李某致其轻伤。李某向法院提起自诉，要求追究赵某的刑事责任。关于本案，说法错误的是？（2018年仿真题，单选）[1]

---

[1] 【解析】A项：根据《刑诉解释》第320条第2款第6项的规定，具有下列情形之一的，应当说服自诉人撤回起诉；自诉人不撤回起诉的，裁定不予受理：除因证据不足而撤诉的以外，自诉人撤诉后，就同一事实又告诉的。据此，法院受理李某的自诉案件后，李某自愿撤诉，2个月后，李某又以同一事实对赵某提起自诉，法院裁定不予受理。因此，A项错误，当选。

B项：根据规定，犯罪嫌疑人、被告人除自己行使辩护权以外，还可以委托一至二人作为辩护人。下列的人可以被委托为辩护人：①律师；②人民团体或者犯罪嫌疑人、被告人所在单位推荐的人；③犯罪嫌疑人、被告人的监护人、亲友。赵某的父亲作为被告人的监护人，且具备律师身份，是可以担任赵某的辩护人的。因此，B项正确，不当选。

C项：根据规定，公诉案件的被害人及其法定代理人或者近亲属，附带民事诉讼的当事人及其法定代理人，自案件移送审查起诉之日起，有权委托诉讼代理人。自诉案件的自诉人及其法定代理人，附带民事诉讼的当事人及其法定代理人，有权随时委托诉讼代理人。本案中，李某是自诉人，其母亲作为其法定代理人有权随时委托诉讼代理人。因此，C项正确，不当选。

D项：根据规定，人民法院对自诉案件，可以进行调解；自诉人在宣告判决前，可以同被告人自行和解或者撤回自诉。但公诉转自诉的案件不适用调解。据此，法院对于告诉才处理的案件和被害人有证据证明的轻微刑事案件可以进行调解。本案是故意伤害案（轻伤），属于被害人有证据证明的轻微刑事案件，故本案可以进行调解。因此，D项正确，不当选。

综上所述，本题为选非题，答案为A项。

A. 法院受理李某的自诉案件后，李某自愿撤诉，2个月后，李某又以同一事实对赵某提起自诉，法院应当受理

B. 赵某的父亲是一名律师，其可以同时担任赵某的辩护人

C. 李某的母亲可以为李某委托诉讼代理人

D. 法院在审理本案时，可以进行调解

第三节　认罪认罚案件的审理

【学习提要】

本节内容为刑事诉讼法修改新增内容，是法考客观题必考考点。考生应将该部分知识点结合值班律师、简易程序、速裁程序等知识点熟练掌握。

【法条依据】

《刑事诉讼法》

第190条　开庭的时候，审判长查明当事人是否到庭，宣布案由；宣布合议庭的组成人员、书记员、公诉人、辩护人、诉讼代理人、鉴定人和翻译人员的名单；告知当事人有权对合议庭组成人员、书记员、公诉人、鉴定人和翻译人员申请回避；告知被告人享有辩护权利。

被告人认罪认罚的，审判长应当告知被告人享有的诉讼权利和认罪认罚的法律规定，审查认罪认罚的自愿性和认罪认罚具结书内容的真实性、合法性。

第201条　对于认罪认罚案件，人民法院依法作出判决时，一般应当采纳人民检察院指控的罪名和量刑建议，但有下列情形的除外：

（一）被告人的行为不构成犯罪或者不应当追究其刑事责任的；

（二）被告人违背意愿认罪认罚的；

（三）被告人否认指控的犯罪事实的；

（四）起诉指控的罪名与审理认定的罪名不一致的；

（五）其他可能影响公正审判的情形。

人民法院经审理认为量刑建议明显不当，或者被告人、辩护人对量刑建议提出异议的，人民检察院可以调整量刑建议。人民检察院不调整量刑建议或者调整量刑建议后仍然明显不当的，人民法院应当依法作出判决。

【知识点精讲】

一、含义

1. **认罪**：是指犯罪嫌疑人、被告人**自愿如实供述**自己的罪行，对指控的犯罪事实**没有异议**。

2. **认罚**：是指犯罪嫌疑人、被告人真诚悔罪，**愿意接受处罚**。

3. **从宽**：包括在**程序**上从简、**实体**上从宽处理。

（1）对认罪认罚案件，人民法院**一般应当对被告人从轻处罚**；符合非监禁刑适用条件的，应当适用非监禁刑；具有法定减轻处罚情节的，可以减轻处罚。

（2）对认罪认罚案件，应当根据被告人认罪认罚的阶段早晚以及认罪认罚的主动性、稳定性、彻底性等，在从宽幅度上体现差异。

（3）共同犯罪案件，**部分被告人认罪认罚**的，可以依法对该**部分被告人从宽处罚**，但应当注意全案的量刑平衡。

二、程序适用

对认罪认罚案件，应当根据案件情况，依法适用速裁程序、简易程序或者普通程序审理。

三、审查内容

对认罪认罚案件，法庭审理时**应当告知**被告人享有的诉讼权利和认罪认罚的法律规定，审查认罪认罚的**自愿性**和认罪认罚**具结书内容的真实性、合法性**。

四、判决

1. **定罪：【指控和审理罪名不一致】**对认罪认罚案件，人民检察院起诉指控的事实清楚，但指控的罪名与审理认定的**罪名不一致**的，人民法院**应当听取**人民检察院、被告人及其辩护人对审理认定罪名的意见，**依法作出判决**。

2. **量刑：**

（1）**【一般应当采纳量刑建议】**对于认罪认罚案件，人民法院依法作出判决时，一般应当采纳人民检察院指控的罪名和量刑建议。

（2）**【调整量刑建议】**但有下列情形的除外：①被告人的行为不构成犯罪或者不应当追究其刑事责任的；②被告人违背意愿认罪认罚的；③被告人否认指控的犯罪事实的；④起诉指控的罪名与审理认定的罪名不一致的；⑤其他可能影响公正审判的情形。对认罪认罚案件，人民法院经审理认为**量刑建议明显不当**，或者被告人、辩护人对量刑建议**提出异议的**，人民检察院可以调整量刑建议。人民检察院不调整或者调整后仍然明显不当的，人民法院**应当依法作出判决**。

【注意－调整量刑建议的时间】适用速裁程序审理认罪认罚案件，需要调整量刑建议的，应当在**庭前**或者**当庭**作出调整。

【继续适用速裁程序需满足量刑条件】调整量刑建议后，仍然符合速裁程序适用条件的，继续适用速裁程序审理。

对量刑建议是否明显不当，应当根据审理认定的犯罪事实、认罪认罚的具体情况，结合相关犯罪的法定刑、类似案件的刑罚适用等作出审查判断。

五、不同审判阶段认罪认罚的处理

1. **提起公诉前未认罪认罚，在审判阶段认罪认罚的：**人民法院可以不再通知人民检察院提出或者调整量刑建议。

【注意】对上述规定的案件（提起公诉前未认罪认罚，审判阶段认罪认罚），人民法院应当就定罪量刑听取控辩双方意见，根据《刑事诉讼法》第 15 条（即认罪认罚从宽原则）和《刑诉解释》第 355 条（即本部分内容中“含义”中的从宽的内容）的规定作出判决。

2. **一审阶段未认罪认罚，在二审中认罪认罚的：**应当根据其认罪认罚的具体情况决定是否从宽，并依法作出裁判。确定从宽幅度时应当与第一审程序认罪认罚有所区别。

六、审理过程中反悔的

人民法院应当根据审理查明的事实，依法作出裁判。需要转换程序的，依照《刑诉解释》的相关规定处理。

第四节　简易程序

【学习提要】

本节为法考客观题重点考查内容，考生对简易程序的适用范围、特点和程序转化应当熟练掌握。

【法条依据】

《刑事诉讼法》

第 214 条　基层人民法院管辖的案件，符合下列条件的，可以适用简易程序审判：

（一）案件事实清楚、证据充分的；

（二）被告人承认自己所犯罪行，对指控的犯罪事实没有异议的；

（三）被告人对适用简易程序没有异议的。

人民检察院在提起公诉的时候，可以建议人民法院适用简易程序。

第 215 条　有下列情形之一的，不适用简易程序：

（一）被告人是盲、聋、哑人，或者是尚未完全丧失辨认或者控制自己行为能力的精神病人的；

（二）有重大社会影响的；

（三）共同犯罪案件中部分被告人不认罪或者对适用简易程序有异议的；

（四）其他不宜适用简易程序审理的。

第 216 条　适用简易程序审理案件，对可能判处 3 年有期徒刑以下刑罚的，可以组成合议庭进行审判，也可以由审判员 1 人独任审判；对可能判处的有期徒刑超过 3 年的，应当组成合议庭进行审判。

适用简易程序审理公诉案件，人民检察院应当派员出席法庭。

第 217 条　适用简易程序审理案件，审判人员应当询问被告人对指控的犯罪事实的意见，告知被告人适用简易程序审理的法律规定，确认被告人是否同意适用简易程序审理。

第 218 条　适用简易程序审理案件，经审判人员许可，被告人及其辩护人可以同公诉人、自诉人及其诉讼代理人互相辩论。

第 219 条　适用简易程序审理案件，不受本章第一节关于送达期限、讯问被告人、询问证人、鉴定人、出示证据、法庭辩论程序规定的限制。但在判决宣告前应当听取被告人的最后陈述意见。

第 220 条　适用简易程序审理案件，人民法院应当在受理后 20 日以内审结；对可能判处的有期徒刑超过 3 年的，可以延长至 1 个半月。

第 221 条　人民法院在审理过程中，发现不宜适用简易程序的，应当按照本章第一节或者第二节的规定重新审理。

【知识点精讲】

简易程序，是指基层人民法院审理某些案件事实清楚，证据充分，被告人承认自己所犯罪行，对起诉书指控的犯罪事实没有异议的刑事案件所适用的比普通程序相对简化的审判程序。

★★★★★一、简易程序的适用范围

（一）可以适用的条件

基层人民法院管辖的案件，符合下列条件的，**可以**适用简易程序审判：

1. 案件**事实清楚、证据充分**的；
2. 被告人**承认自己所犯罪行**，对**指控的犯罪事实**没有异议的；
3. 被告人**对适用简易程序没有异议**的。

【特别提示】

①**适用简易程序是被告人的权利**。如果被告人不同意适用，则不能适用。

②对未成年人刑事案件，人民法院决定适用简易程序审理的，应当征求**未成年被告人及其法定代理人、辩护人的意见**。上述人员提出异议的，不适用简易程序。(《刑诉解释》第566条)

③法院决定适用简易程序，不需要征得被害人的同意。

(二) 禁止适用的情形

有下列情形之一的，不适用简易程序：

1. 被告人是**盲、聋、哑人**的；
2. 被告人是**尚未完全丧失辨认或者控制自己行为能力的精神病人**的；
3. 案件**有重大社会影响**的；
4. 共同犯罪案件中**部分被告人不认罪或者对适用简易程序有异议**的；
5. 辩护人作**无罪辩护**的；
6. 被告人认罪但经审查认为**可能不构成犯罪**的；
7. 不宜适用简易程序审理的**其他**情形。

【特别提示】由于简易程序只能适用于基层法院，因此，由中级法院一审的以下案件**也不得适用简易程序：①危害国家安全、恐怖活动案件（无论判什么刑罚均由中院管辖）；②可能判处无期徒刑、死刑的案件**；③犯罪嫌疑人、被告人逃匿、死亡案件违法所得的没收程序；④缺席审判程序。

【注意】考生还应当知道，根据上述禁止适用的情形可以知道，以下案件是**可以适用简易程序的：未成年人刑事案件；自诉案件；共同犯罪案件；被告人没有辩护人的案件**。

★★★★★二、简易程序的特点

(一) 适用审级

简易程序只适用于第一审程序，且只适用于**基层法院**。

【注意】由此可见，中级法院、高级法院、最高法院的一审不能适用。第二审程序也不能适用。

(二) 启动主体

1. 基层**法院**对符合简易程序适用条件的案件，**可以决定**适用简易程序，并在开庭前通知人民检察院和辩护人。
2. 人民**检察院**在提起公诉的时候，**可以建议**人民法院适用简易程序。
3. **被告人及其辩护人可以申请**人民法院适用简易程序。

【特别提示】法院对人民检察院建议或者被告人及其辩护人申请适用简易程序审理的案件，符合简易程序适用条件的，可以决定适用简易程序；不符合简易程序适用条件的，应当通知人民检察院或者被告人及其辩护人。

(三) 审判组织

适用简易程序审理案件，对可能判处3**年有期徒刑以下刑罚的**，**可以**组成合议庭进行审判，**也可以**由审判员1**人独任**审判；对可能判处的有期徒刑**超过**3**年的**，**应当**组成合议庭进行审判。

【特别提示】适用简易程序独任审判过程中，发现对被告人可能判处的有期徒刑超过3年的，应当转由合议庭审理。

（四）通知控辩双方

适用简易程序审理案件，人民法院应当在**开庭前**，将开庭的时间、地点通知人民检察院、自诉人、被告人、辩护人，也可以通知其他诉讼参与人。通知可以**采用简便方式**，但应当记录在案。

（五）检察院派员出庭

适用简易程序审理**公诉案件**，人民检察院应当派员出席法庭。

（六）通知辩护人出庭

适用简易程序审理案件，被告人**有辩护人的**，应当通知其出庭。

（七）当庭询问被告人对指控犯罪事实的意见

适用简易程序审理案件，审判长或者独任审判员**应当当庭询问被告人对指控的犯罪事实的意见**，告知被告人适用简易程序审理的法律规定，**确认被告人是否同意适用简易程序**。

（八）程序较为简化

1. 适用简易程序审理案件，**不受**《刑事诉讼法》普通程序**关于送达期限、讯问被告人、询问证人、鉴定人、出示证据、法庭辩论程序规定的限制**。

【特别提示】不受限制，意味着既可以遵循普通程序的规定，也可以不遵循普通程序的规定。

2. 适用简易程序审理案件，可以对庭审作如下简化：

（1）公诉人可以**摘要**宣读起诉书；

（2）公诉人、辩护人、审判人员对被告人的讯问、发问**可以简化**或者**省略**；

（3）对控辩双方**无异议的证据，可以仅就证据的名称及所证明的事项作出说明**；对控辩双方**有异议**，或者法庭认为有必要调查核实的证据，应当**出示**，**并进行质证**；

（4）控辩双方对与定罪量刑有关的事实、证据**没有异议**的，法庭审理**可以直接围绕罪名确定**和**量刑问题**进行。

【特别提示】

①适用简易程序审理案件，判决宣告前**应当听取被告人的最后陈述**。

②适用简易程序审理案件，经审判人员许可，被告人及其辩护人可以同公诉人、自诉人及其诉讼代理人**互相辩论**。

（九）审限较短

适用简易程序审理案件，人民法院应当在受理后20**日以内审结**；对可能判处的有期徒刑**超过**3**年的**，**可以延长至**1**个半月**。

（十）一般应当当庭宣判

适用简易程序审理案件，**一般应当**当庭宣判，裁判文书可以简化。

★★★三、简易程序向普通程序的转化（《刑诉解释》第368条）

（一）转化事由

适用简易程序审理案件，在法庭审理过程中，具有下列情形之一的，应当转为普通程序审理：

1. 被告人的行为**可能不构成犯罪**的；
2. 被告人**可能不负刑事责任**的；
3. 被告人当庭对起诉指控的犯罪事实**予以否认**的；
4. 案件**事实不清、证据不足**的；
5. 不应当或者不宜适用简易程序的其他情形。

【特别提示】已经适用了简易程序审理，但凡发现不符合简易程序适用条件，或者有禁止适用的情形的，均要转化成普通程序审理，而且什么时候发现，什么时候就得转化。

（二）期限计算

转为普通程序审理的案件，审理期限**应当从决定转为普通程序之日起**重新计算。

（三）转化后的程序要求

转为普通程序审理的案件，公诉人需要为出庭法庭进行准备的，**可以建议**人民法院**延期审理**。（《最高检规则》第436条）

【经典金题】

下列哪一案件可适用简易程序审理？（2017年卷二第34题，单选）〔1〕

A. 甲为境外非法提供国家秘密案，情节较轻，可能判处3年以下有期徒刑

B. 乙抢劫案，可能判处10年以上有期徒刑，检察院未建议适用简易程序

C. 丙传播淫秽物品案，经审查认为，情节显著轻微，可能不构成犯罪

D. 丁暴力取证案，可能被判处拘役，丁的辩护人作无罪辩护

第五节　速裁程序

【学习提要】

本节内容为刑事诉讼法修改新增内容，是法考客观题必考内容，考生应当对速裁程序的适用范围、特点以及程序转化熟练掌握。

---

〔1〕【解析】A项：为境外非法提供国家秘密案，属于危害国家安全犯罪，不管判什么刑罚，根据审判管辖的总结：国、恐、无、死、没、缺，危害国家安全犯罪最低管辖法院在中级法院，因此不属于基层法院管辖的案件，不能适用简易程序，A项错误。

B项：适用简易程序，既可以由检察院建议适用，也可以由辩方申请适用，如果检察院没有建议，辩方也没有申请，甚至允许法院主动决定适用。因此，适用简易程序不以检察院建议为前提。B项中，抢劫罪可能判处10年以上有期徒刑，由于抢劫罪不涉及“国、恐、无、死、没、缺”，且有期徒刑案件在基层法院管辖，因此B项正确。

C项：根据不适用简易程序的情形，被告人认罪，但可能不构成犯罪的，不能适用简易程序，据此，C项错误。

D项：根据不适用简易程序的情形，辩护人作无罪辩护的，不能适用简易程序，据此，D项错误。

综上所述，本题答案为B项。

【法条依据】

《刑事诉讼法》

第 222 条　基层人民法院管辖的可能判处 3 年有期徒刑以下刑罚的案件，案件事实清楚，证据确实、充分，被告人认罪认罚并同意适用速裁程序的，可以适用速裁程序，由审判员 1 人独任审判。

人民检察院在提起公诉的时候，可以建议人民法院适用速裁程序。

第 223 条　有下列情形之一的，不适用速裁程序：

（一）被告人是盲、聋、哑人，或者是尚未完全丧失辨认或者控制自己行为能力的精神病人的；

（二）被告人是未成年人的；

（三）案件有重大社会影响的；

（四）共同犯罪案件中部分被告人对指控的犯罪事实、罪名、量刑建议或者适用速裁程序有异议的；

（五）被告人与被害人或者其法定代理人没有就附带民事诉讼赔偿等事项达成调解或者和解协议的；

（六）其他不宜适用速裁程序审理的。

第 224 条　适用速裁程序审理案件，不受本章第一节规定的送达期限的限制，一般不进行法庭调查、法庭辩论，但在判决宣告前应当听取辩护人的意见和被告人的最后陈述意见。

适用速裁程序审理案件，应当当庭宣判。

第 225 条　适用速裁程序审理案件，人民法院应当在受理后 10 日以内审结；对可能判处的有期徒刑超过 1 年的，可以延长至 15 日。

第 226 条　人民法院在审理过程中，发现有被告人的行为不构成犯罪或者不应当追究其刑事责任、被告人违背意愿认罪认罚、被告人否认指控的犯罪事实或者其他不宜适用速裁程序审理的情形的，应当按照本章第一节或者第三节的规定重新审理。

【知识点精讲】

速裁程序，是指基层人民法院审理某些案件事实清楚，证据确实充分，被告人认罪认罚的案件所适用的比简易程序更为简化的审判程序。速裁程序是认罪认罚从宽制度的重要组成部分，对提高我国刑事诉讼效率有重要意义。

★★★★★★★★一、速裁程序的适用范围

（一）可以适用的条件

基层人民法院管辖的可能判处 3 **年有期徒刑以下**刑罚的案件，案件**事实清楚，证据确实、充分**，被告人**认罪认罚**并**同意适用速裁程序**的，可以适用速裁程序，由审判员 1 人独任审判。

据此，速裁程序的适用，必须同时具备以下 4 个条件：

1. 基层人民法院管辖的可能判处 3 年有期徒刑以下刑罚的案件；
2. 案件事实清楚，证据确实、充分；
3. 被告人认罪认罚；
4. 被告人同意适用速裁程序的。

（二）禁止适用的情形

有下列情形之一的，不适用速裁程序：

1. 被告人是盲、聋、哑人；
2. 被告人是尚未完全丧失辨认或者控制自己行为能力的精神病人的；
3. 被告人是未成年人的；
4. 案件有重大社会影响的；
5. 共同犯罪案件中部分被告人对指控的犯罪事实、罪名、量刑建议或者适用速裁程序有异议的；
6. 被告人与被害人或者其法定代理人没有就附带民事诉讼赔偿等事项达成调解或者和解

协议的；

7. 辩护人作无罪辩护的；

8. 其他不宜适用速裁程序审理的。

【特别提示】 由于速裁程序只能适用于基层法院，因此，由中级法院一审的以下案件也不得适用速裁程序：①危害国家安全、恐怖活动案件；②可能判处无期徒刑、死刑的案件；③犯罪嫌疑人、被告人逃匿、死亡案件违法所得的没收程序；④缺席审判程序。

★★★★★★★★★二、速裁程序的特点

（一）适用审级

速裁程序只适用于第一审程序，且只适用于**基层法院**。

【注意】 由此可见，中级法院、高级法院、最高法院的一审不能适用。第二审程序也不能适用。

（二）启动主体

1. 基层**法院**对符合速裁程序适用条件的案件，可以决定适用速裁程序。

2. 人民**检察院**在提起公诉的时候，可以建议人民法院适用速裁程序。

3. **被告人及其辩护人**可以向法院提出适用速裁程序的申请。

【特别提示】 检察院只有建议权，被告方也只有申请权，是否适用决定权仍然在法院手上。

（三）审判组织

由审判员 1 **人独任审判**。

（四）程序较为简化

适用速裁程序审理案件，不受普通程序规定的送达期限的限制，**一般不进行法庭调查、法庭辩论**，但在判决宣告前**应当听取辩护人的意见和被告人的最后陈述意见**。（《刑事诉讼法》第 224 条第 1 款）

（五）审限较短

适用速裁程序审理案件，人民法院应当在受理后 10 日以内审结；对可能判处的有期徒刑超过 1 年的，可以延长至 15 日。

（六）应当当庭宣判

适用速裁程序审理案件，应当当庭宣判。（《刑事诉讼法》第 224 条第 2 款）

三、速裁程序的审理

1. 适用速裁程序审理案件，不受普通程序规定的送达期限的限制，**一般不进行法庭调查、法庭辩论，但在判决宣告前应当听取辩护人的意见和被告人的最后陈述意见。**

2. 人民法院适用速裁程序审理案件，可以在向被告人送达起诉书时一并送达权利义务告知书、开庭传票，并核实被告人自然信息等情况。根据需要，可以**集中送达**。

3. 人民法院适用速裁程序审理的案件，人民检察院**应当派员出席法庭**。（《最高检规则》第 441 条）

4. 人民法院适用速裁程序审理案件，**可以集中开庭，逐案审理**。公诉人简要宣读起诉书后，审判人员应当当庭询问被告人对指控事实、证据、量刑建议以及适用速裁程序的意见，核

实具结书签署的自愿性、真实性、合法性，并核实附带民事诉讼赔偿等情况。

5. 适用速裁程序审理案件，**应当当庭宣判**。裁判文书可以简化。

6. 被告人不服适用速裁程序作出的第一审判决提出**上诉**的案件，可以不开庭审理。

四、程序转化

适用速裁程序审理案件，在法庭审理过程中，具有下列情形之一的，应当转为普通程序或者简易程序审理：

1. 被告人的行为可能不构成犯罪或者不应当追究刑事责任的；
2. 被告人违背意愿认罪认罚的；
3. 被告人否认指控的犯罪事实的；
4. 案件疑难、复杂或者对适用法律有重大争议的；
5. 其他不宜适用速裁程序的情形。

【特别提示】速裁程序与简易程序都是为了提高审判效率而设置的，二者在适用范围、适用审级、启动方式、程序简化等方面有着十分相似的地方，有的案件甚至有可能同时符合简易程序和速裁程序的适用条件。因此，考生务必十分注意二者的区别。

	简易程序	速裁程序
适用审级	只适用于**一审程序**，且只适用于**基层法院**。	
启动方式	（1）基层法院**可以决定**适用。 （2）检察院**可以建议**法院适用。	
可以适用的条件	（1）案件事实清楚、证据充分的； （2）被告人承认自己所犯罪行，对指控的**犯罪事实没有异议的**； （3）被告人对适用简易程序没有异议的。 【特别提示】简易程序只要求对犯罪事实没有异议即可，不要求对罪名、量刑建议没有异议。	（1）可能判处3**年有期徒刑以下刑罚**的案件； （2）案件事实清楚，证据确实、充分； （3）被告人**认罪认罚**； （4）被告人同意适用速裁程序的。 【特别提示】认罪认罚不仅要求认罪，而且要求认罚，即要求对**“指控的犯罪事实、罪名、量刑建议”没有异议**。
禁止适用的情形	（1）被告人是盲、聋、哑人； （2）被告人是尚未完全丧失辨认或者控制自己行为能力的精神病人； （3）有重大社会影响的； （4）共同犯罪案件中部分被告人**不认罪**或者对适用简易程序有异议的； （5）辩护人作无罪辩护的； （6）被告人认罪但经审查认为可能不构成犯罪的； （7）不宜适用简易程序审理的其他情形。 【特别提示】**未成年人案件可以适用简易程序**。	（1）被告人是盲、聋、哑人的； （2）被告人是尚未完全丧失辨认或者控制自己行为能力的精神病人的； （3）被告人是**未成年人的**； （4）案件有重大社会影响的； （5）共同犯罪案件中部分被告人**对指控的犯罪事实、罪名、量刑建议**或者适用速裁程序有异议的； （6）**被告人与被害人或者其法定代理人没有就附带民事诉讼赔偿等事项达成调解或者和解协议的**； （7）辩护人作无罪辩护的； （8）其他不宜适用速裁程序审理的。

续表

	简易程序	速裁程序
审判组织	(1) 对可能判处3年**有期徒刑以下刑罚**的,可以组成合议庭进行审判,也**可以由审判员1人独任审判**。 (2) 对可能判处的有期徒刑**超过3年的,应当组成合议庭进行审判**。	由审判员1**人独任审判**。
程序简化程度	(1) 适用简易程序审理案件,不受普通程序规定的**关于送达期限、讯问被告人、询问证人、鉴定人、出示证据、法庭辩论程序规定**的限制; (2) 被告人有辩护人的,**应当通知其出庭**; (3) 应当当庭询问被告人对指控的犯罪事实的意见; (4) 在判决宣告前,应当听取被告人的最后陈述意见。	(1) 适用速裁程序审理案件,不受普通程序规定的送达期限的限制; (2) 一般不进行法庭调查、法庭辩论; (3) 在判决宣告前**应当听取辩护人的意见**; (4) 在判决宣告前,应当听取被告人的最后陈述意见。
审理期限	适用简易程序审理案件,人民法院应当在受理后20**日以内审结**;对可能判处的有期徒刑超过3**年的,可以延长至**1**个半月**。	适用速裁程序审理案件,人民法院应当在受理后10**日以内**审结;对可能判处的有期徒刑**超过**1**年的,可以延长至**15**日**。
宣判方式	适用简易程序审理案件,**一般应当**当庭宣判。	适用速裁程序审理案件,**应当**当庭宣判。
程序转化的条件	(1) 被告人的行为**可能不构成犯罪**的; (2) 被告人**可能不负刑事责任的**; (3) 被告人**当庭对起诉指控的犯罪事实予以否认**的; (4) 案件**事实不清、证据不足的**; (5) 不应当或者不宜适用简易程序的其他情形。	(1) 被告人的行为可能不构成犯罪或者不应当追究刑事责任的; (2) 被告人违背意愿认罪认罚的; (3) 被告人否认指控的犯罪事实的; (4) 案件疑难、复杂或者对适用法律有重大争议的; (5) 其他不宜适用速裁程序的情形。
转化走向	**只能转化成普通程序**。	根据案件具体情况和条件**可以转化成普通程序**,也**可以转化成简易程序**。

【考点归纳】速裁程序	
含义	指基层人民法院审理某些案件事实清楚,证据确实充分,被告人认罪认罚的案件所适用的比简易程序更为简化的审判程序

<table>
<tr><td rowspan="2">适用范围</td><td>适用条件</td><td>①可能判处 3 年有期徒刑以下刑罚的案件
②案件事实清楚，证据确实、充分
③被告人认罪认罚
④被告人同意适用速裁程序</td></tr>
<tr><td>禁止适用</td><td>①被告人是盲、聋、哑人的
②被告人是尚未完全丧失辨认或者控制自己行为能力的精神病人的
③被告人是未成年人的
④案件有重大社会影响的
⑤共同犯罪案件中部分被告人对指控的犯罪事实、罪名、量刑建议或者适用速裁程序有异议的
⑥被告人与被害人或者其法定代理人没有就附带民事诉讼赔偿等事项达成调解或者和解协议的
⑦辩护人作无罪辩护的
⑧其他不宜适用速裁程序审理的</td></tr>
<tr><td>特点</td><td colspan="2">①适用审级：速裁程序只适用于第一审程序，且只适用于基层法院
②启动主体：基层法院对符合速裁程序适用条件的案件，可以决定适用速裁程序；人民检察院在提起公诉的时候，可以建议人民法院适用速裁程序
③审判组织：由审判员 1 人独任审判
④程序较为简化：适用速裁程序审理案件，不受普通程序规定的送达期限的限制，一般不进行法庭调查、法庭辩论，但在判决宣告前应当听取辩护人的意见和被告人的最后陈述意见
⑤审限较短：适用速裁程序审理案件，人民法院应当在受理后 10 日以内审结；对可能判处的有期徒刑超过 1 年的，可以延长至 15 日
⑥应当当庭宣判：适用速裁程序审理案件，应当当庭宣判</td></tr>
<tr><td>程序转化</td><td>转化事由</td><td>在法庭审理过程中，具有下列情形之一的，应当转为普通程序或者简易程序审理：
①被告人的行为可能不构成犯罪或者不应当追究刑事责任的
②被告人违背意愿认罪认罚的
③被告人否认指控的犯罪事实的
④案件疑难、复杂或者对适用法律有重大争议的
⑤其他不宜适用速裁程序的情形</td></tr>
</table>

【经典金题】

1. 苏某因醉酒驾驶涉嫌危险驾驶罪，被提起公诉。苏某认罪认罚，法院适用速裁程序，下列选项的做法正确的是？（2024 年仿真题 · 不定项）[1]

A. 若审判过程中发现苏某可能不构成犯罪的，应当转换为简易程序

B. 检察院没有派员出庭参加公诉

C. 审判中未开展法庭调查和法庭辩论

---

〔1〕【解析】本题考查的是速裁程序的审理特点。

A 项，根据规定，速裁程序转化为简易程序要以符合简易程序的适用条件为前提。被告人认罪但经审查认为可能不构成犯罪的的不能适用简易程序，故不能转为简易程序，A 项错误。

B 项，根据规定，速裁程序中，检察院应当派员出庭，B 项错误。

C 项，根据规定，速裁程序中，一般不进行法庭调查、法庭辩论，C 项正确。

D 项，根据规定，量刑不当，应当改判（如果受制上诉不加刑，又想加重刑罚的，只能维持原判），而不是发回重审，D 项错误。

综上所述，本题答案为 C 项。

D. 若苏某不服提起上诉，二审法院审理后认为一审判决事实清楚但量刑不当，遂裁定撤销原判发回重审

2. 当事人因为诽谤提起自诉，法院立案受理。因为案情重大，危害社会公共秩序，检察院以涉嫌诽谤罪提起公诉。关于本案，下列说法正确的是？（2021 年仿真题，多选）[1]

A. 自诉案件，认罪认罚且同意适用速裁程序，可以适用速裁程序

B. 自诉案件，应和公诉案件一并审理

C. 公诉案件，认罪认罚且同意适用速裁程序，可以适用速裁程序

D. 不论公诉或自诉案件，均可以和解

第六节　判决、裁定与决定

一、判决、裁定与决定的概念

1. **判决**：我国刑事案件的判决，是人民法院经过法庭审理，根据已经查明的事实、证据和有关的法律规定，就被告人是否犯罪、犯了什么罪、应否处以刑罚和处以什么刑罚的问题所作的一种结论。它解决的是实体事项。

2. **裁定**：裁定是人民法院在审理案件或者判决执行过程中对有关诉讼程序问题和部分实体问题所作的一种处理。

3. **决定**：决定是用于解决诉讼程序问题、特定实体问题（强制医疗）的一种法院裁判形式。

【考点归纳】判决、裁定与决定的区别

区别	判决	裁定	决定
1. **适用对象**	实体问题	**程序性问题**（恢复诉讼期限/终止审理/维持原判/撤销原判发回重审/驳回起诉） **实体性问题**（减刑/假释/撤销缓刑/减免罚金）	程序性问题（2012 年《刑事诉讼法》修改时增加了唯一的例外：**强制医疗的决定**是针对实体问题）
2. **适用阶段**	审判阶段	审判、执行阶段	整个诉讼过程
3. **适用机关**	法院	法院	公检法、执行机关

---

〔1〕【解析】A 项：目前，我国立法对自诉案件是否适用速裁程序并未作出明确规定。对于该问题，最高人民法院于 2021 年修改《刑诉解释》时，曾对此问题有所回应。立法起草小组指出，因自诉案件由自诉人自行提起，没有经过侦查、审查起诉的程序，法院很难判断证据是否确实、充分，且自诉案件自诉人与被告人往往存在较大争议等，故自诉案件不适合用速裁程序审理。因此，A 项错误。

B 项：本案中的诽谤行为涉及重大公共利益，自诉转为公诉案件，就不存在一并审理的情形。因此，B 项错误。

C 项：根据规定，基层人民法院管辖的可能判处 3 年有期徒刑以下刑罚的案件，案件事实清楚，证据确实、充分，被告人认罪认罚并同意适用速裁程序的，可以适用速裁程序，由审判员一人独任审判。本项中诽谤可能判处 3 年有期徒刑以下刑罚，且被告人认罪认罚并同意适用速裁程序的，可以适用速裁程序。因此，C 项正确。

D 项：根据自诉案件的审理特点，3 类自诉案件均可以和解。公诉案件符合一定的条件（见第二十章第二节当事人和解的公诉案件诉讼程序）也可以进行和解。因此，D 项正确。

综上所述，本题答案为 CD 项。

续表

区别	判决	裁定	决定
4. 作出方式	书面	书面 + 口头	书面 + 口头
5. 排他性	一个案件只能有一个生效判决	一个案件可以有多个裁定	一个案件可以有多个决定
6. 法律效力	不服未生效的判决，可以上诉或抗诉	未生效的裁定，可以上诉或抗诉	一经作出立即生效，不得上诉或抗诉，部分决定可申请复议一次（如回避、司法拘留、罚款）

【主观题点睛】（2020 年主观题仿真题）

【案情】 林某明知洪某（已被判处刑罚）实施犯罪，而为其提供网游网站，且洪某将玩家充值到游戏里的 1.2 万元转走。同时，林某明知张某（已被判处刑罚）实施犯罪，而为其提供钓鱼网站，后张某窃取玩家账号和密码，将账户内的资金转走。

甲市 B 区公安局侦查后，认为林某明知他人利用信息网络实施犯罪，仍为其提供网站，构成帮助犯，并将案件移送甲市 B 区检察院审查起诉，甲市 B 区检察院向甲市 B 区法院提起公诉。

本案证据有物价局出具的价格认定书、供述、讯问录音录像、邀请有专门知识的人对鉴定意见发表了意见等。

【部分问题】

1. 一审中检察院举证、质证的方式？

【参考答案】

《最高检规则》第 399 条规定："在法庭审理中，公诉人应当客观、全面、公正地向法庭出示与定罪、量刑有关的证明被告人有罪、罪重或者罪轻的证据。按照审判长要求，或者经审判长同意，公诉人可以按照以下方式举证、质证：（一）对于可能影响定罪量刑的关键证据和控辩双方存在争议的证据，一般应当单独举证、质证；（二）对于不影响定罪量刑且控辩双方无异议的证据，可以仅就证据的名称及其证明的事项、内容作出说明；（三）对于证明方向一致、证明内容相近或者证据种类相同，存在内在逻辑关系的证据，可以归纳、分组示证、质证。公诉人出示证据时，可以借助多媒体设备等方式出示、播放或者演示证据内容。定罪证据与量刑证据需要分开的，应当分别出示。"

本题中林某分别协助洪某、张某实施犯罪，本案查明的证据有物价局出具的价格认定书、供述、讯问录音录像、邀请有专门知识的人对鉴定意见发表了意见等，因此根据刑事诉讼法及相关法律法规规定，检察院可以通过如下方式举证、质证：（1）对于林某与洪某这一罪以及林某与张某这一罪应当分别举证；（2）在庭审中出示证据的时候，检察院可以分组出示证据，也可以单独举证、质证；（3）在庭审中出示证据的时候，检察院应先出示主要证据，再出示次要证据；（4）在庭审中出示证据的时候，检察院应先出示定罪证据，再出示量刑证据。

第十六章　第二审程序

【复习提要】

第二审程序，又称上诉审程序，是指第二审人民法院根据上诉人的上诉或者人民检察院的抗诉，对第一审人民法院尚未发生法律效力的判决或裁定进行审判所应遵循的程序。从历年考试真题来看，本章节是考试的重点章节，在客观题平均每年考查 2 道选择题，而且在历年主观题考查中经常涉及。考生在本章节须重点掌握的知识点包括：第二审程序的提起主体；第二审程序提起的形式与途径；第二审程序提起的期限与效力；上诉和抗诉的撤回；全面审查原则和上诉不加刑原则；第二审审理的方式与程序；特殊案件的第二审程序；第二审程序的审理结果；等等。尤其是对全面审查原则和上诉不加刑原则、第二审审理的方式与程序、特殊案件的第二审程序以及第二审程序的审理结果，考生应当在理解的基础上加以把握。

【第二审程序的流程图】

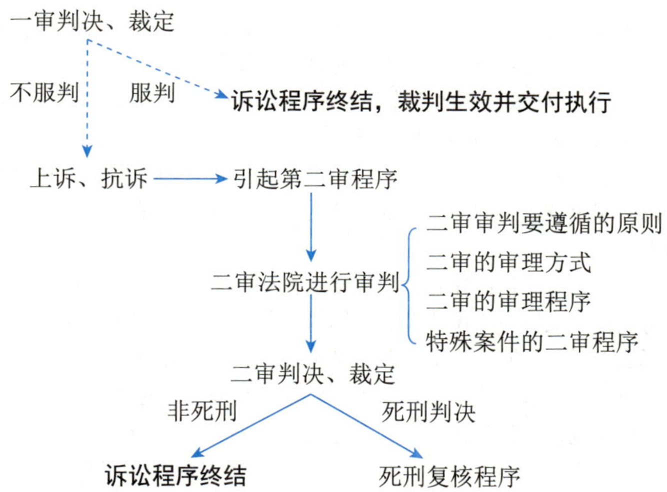

【知识框架】

- 第二审程序
  - 第二审程序概念
  - 第二审程序的提起
    - 上诉、抗诉的主体★★★
    - 上诉、抗诉的理由
    - 上诉、抗诉的形式★
    - 上诉、抗诉的途径★★★
    - 上诉、抗诉的期限★★
    - 上诉、抗诉的撤回★★
  - 第二审程序的审判
    - 第二审程序的审判原则★★★★★★
    - 第二审程序的审理★★★★★
    - 特殊案件的二审程序★★★★
    - 第二审法院经过审理后的处理★★★★★
  - 查封、扣押、冻结的财物及其处理
  - 在法定刑以下判处刑罚的核准程序（了解）

第一节　第二审程序概念和提起

【学习提要】

本节中第二审程序的提起需要考生重点记忆。

【法条依据】

《刑事诉讼法》

第227条 【上诉的提起】被告人、自诉人和他们的法定代理人，不服地方各级人民法院第一审的判决、裁定，有权用书状或者口头向上一级人民法院上诉。被告人的辩护人和近亲属，经被告人同意，可以提出上诉。

附带民事诉讼的当事人和他们的法定代理人，可以对地方各级人民法院第一审的判决、裁定中的附带民事诉讼部分，提出上诉。

对被告人的上诉权，不得以任何借口加以剥夺。

第228条　地方各级人民检察院认为本级人民法院第一审的判决、裁定确有错误的时候，应当向上一级人民法院提出抗诉。

第229条 【公诉案件被害人请求抗诉】被害人及其法定代理人不服地方各级人民法院第一审的判决的，自收到判决书后5日以内，有权请求人民检察院提出抗诉。人民检察院自收到被害人及其法定代理人的请求后5日以内，应当作出是否抗诉的决定并且答复请求人。

第230条 【上诉、抗诉的期限】不服判决的上诉和抗诉的期限为10日，不服裁定的上诉和抗诉的期限为5日，从接到判决书、裁定书的第2日起算。

第231条　被告人、自诉人、附带民事诉讼的原告人和被告人通过原审人民法院提出上诉的，原审人民法院应当在3日以内将上诉状连同案卷、证据移送上一级人民法院，同时将上诉状副本送交同级人民检察院和对方当事人。

被告人、自诉人、附带民事诉讼的原告人和被告人直接向第二审人民法院提出上诉的，第二审人民法院应当在3日以内将上诉状交原审人民法院送交同级人民检察院和对方当事人。

第232条 【抗诉的方式】地方各级人民检察院对同级人民法院第一审判决、裁定的抗诉，应当通过原审人民法院提出抗诉书，并且将抗诉书抄送上一级人民检察院。原审人民法院应当将抗诉书连同案卷、证据移送上一级人民法院，并且将抗诉书副本送交当事人。

上级人民检察院如果认为抗诉不当，可以向同级人民法院撤回抗诉，并且通知下级人民检察院。

第233条 【上诉、抗诉案件的审查】第二审人民法院应当就第一审判决认定的事实和适用法律进行全面审查，不受上诉或者抗诉范围的限制。

共同犯罪的案件只有部分被告人上诉的，应当对全案进行审查，一并处理。

【知识点精讲】

一、第二审程序的概念

（一）概念

第二审程序，又称上诉审程序，是指第一审人民法院的上一级人民法院，根据上诉人的上诉或者人民检察院的抗诉，对第一审人民法院尚未发生法律效力的判决或裁定进行审判所适用的程序。

（二）第二审程序的特点

1. **二审程序并非审理刑事案件的必经程序。**一个案件是否经过第二审程序，关键在于上诉权人是否提起上诉或人民检察院是否提起抗诉。

2. **第二审程序并不简单等同于对同一案件进行第二次审理的程序。**因为对同一个案件的第二次审理，既可能是第二审程序，也可能是第一审程序，还可能是审判监督程序，如上一级法院认为下级法院审理、裁判了应由自己作为第一审法院审理的案件，有权依法撤销判决、变更管辖，将案件管辖权收归自己，作为第一审案件重新审理。

3. **除了基层人民法院以外**，其他各级人民法院都可以成为上级人民法院。

★★★二、第二审程序的提起

（一）概述

二审程序并非审理刑事案件的必经程序。一个案件要启动二审程序，必须要有上诉或者抗诉。当然，上诉或者抗诉还必须符合法定条件，才能正式启动二审程序。这些法定条件包括：第一，上诉、抗诉的提起主体要适格；第二，上诉、抗诉的提起形式与途径要符合法律规定；第三，上诉、抗诉要在法定期限内提起；等等。以下就提起第二审程序的相关内容作阐述。

（二）上诉与抗诉的主体

1. 上诉的主体

（1）独立上诉主体

①**被告人**、**自诉人**及其**法定代理人**。

②**附带民事诉讼的当事人**及其**法定代理人**对一审法院的判决、裁定中的附带民事诉讼部分享有独立上诉权。

> **【特别提示】** 附带民事诉讼的当事人及其法定代理人**无权对刑事判决、裁定部分提起上诉**。

（2）非独立上诉主体：被告人的**辩护人**和**近亲属**，经被告人同意方可上诉。

【例外】 **缺席**审判程序和违法所得**没收**程序中的近亲属，享有独立的上诉权。

> **【特别提示】**
>
> 1. 最高人民法院作为第一审法院的，其作出的一审裁判就是终审判决和裁定，不能上诉、抗诉。
>
> 2. 公诉案件被害人及其法定代理人没有上诉权，也没有抗诉权，只有针对一审判决请求检察院抗诉的权利。根据《刑事诉讼法》第229条规定，被害人及其法定代理人不服地方各级人民法院第一审的判决的，自收到判决书后5日以内，有权请求人民检察院提出抗诉。人民检察院自收到被害人及其法定代理人的请求后5日以内，应当作出是否抗诉的决定并且答复请求人。

2. **抗诉的主体**：一审法院的同级人民检察院。

（三）上诉、抗诉的提起理由、提起形式、提起途径与期限

1. 提起理由

上诉无需理由。只要上诉主体不服第一审裁判，并在法定期限内依法提起上诉，就必然能够启动第二审程序。

人民检察院认为本级人民法院第一审判决、裁定**确有错误**，才能提出抗诉。

2. **提起形式**

上诉既可以**书面**方式提出，亦可采取**口头**的形式。口头上诉的，人民法院应当制作笔录。

抗诉应当采用**书面**形式，必须制作抗诉书，不能采用口头形式。

3. 提起途径（递交上诉状、抗诉书的具体途径）

上诉可以通过**原审人民法院**提出（上诉状或口头上诉），也可以**直接向上一级人民法院**提出（上诉状或口头上诉）。

人民检察院应当**通过原审人民法院提交抗诉书**，并且将抗诉书抄送上一级人民检察院，不能直接向第二审人民法院提出。原审人民法院应当在抗诉期满后 3 日内将抗诉书连同案卷、证据移送上一级人民法院，并将抗诉书副本送交当事人。（《刑事诉讼法》第 232 条、《刑诉解释》第 384 条）

【特别提示】上级人民检察院如果认为抗诉不当，可以向同级人民法院撤回抗诉，并且通知下级人民检察院。

【特别提示】此处的上诉、抗诉提出，均是指递交上诉状（提出口头上诉）、抗诉书的具体途径。从权利（权力）行使来说，无论是上诉还是抗诉，**都是向一审法院的上一级法院上诉、抗诉**。只不过递交上诉状、抗诉书的具体途径有所不同而已。

4. 期限

（1）不服第一审**判决**的上诉和抗诉的期限为 10 日。

（2）不服第一审**裁定**的上诉和抗诉的期限为 5 日。

【特别提示】上诉、抗诉期限，**从接到判决书、裁定书的第 2 日**起算。

（3）对附带民事判决、裁定的上诉、抗诉期限，应当按照刑事部分的上诉、抗诉期限确定。附带民事部分另行审判的，上诉期限**也应当按照刑事诉讼法规定的期限确定**。

（4）被害人及其法定代理人不服地方各级人民法院第一审的**判决**的，自收到判决书后 **5 日以内**，有权请求人民检察院提出抗诉。人民检察院自收到被害人及其法定代理人的请求后 **5 日以内**，应当作出是否抗诉的决定并且答复请求人。

5. 提起的效力

（1）上诉、抗诉都能启动二审程序。

（2）上诉、抗诉都能使一审裁判不能马上生效。

【小结】二审抗诉路径图示详解

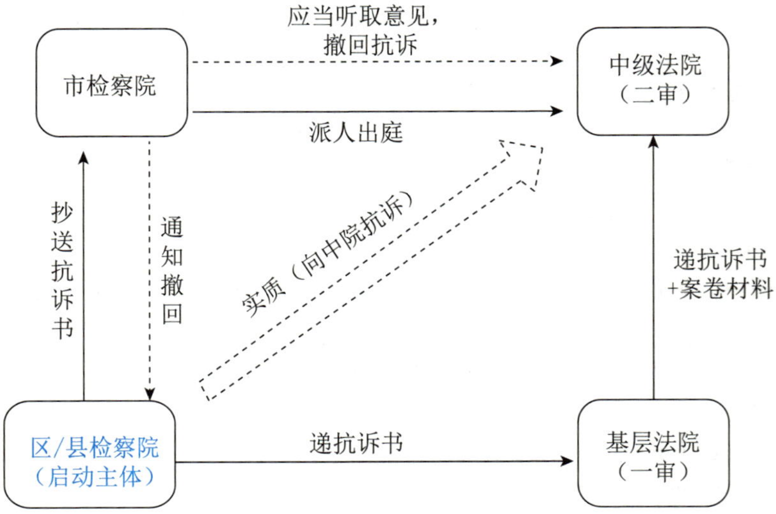

【特别提示】关于“二审抗诉示意图”的解读

1. 二审抗诉针对的对象是一审未生效的裁定、判决。

2. 有权提起二审抗诉的主体是一审法院的同级人民检察院。

3. 该同级检察院是向它自己的上一级法院提起二审抗诉（向上抗）。

4. 县检察院虽然是向中级法院抗诉，但是县检察院不能直接向中级法院递交抗诉书，而只能通过一审法院递交。法律这样规定的原因是：所有案卷材料都在一审法院，直接向一审法院递交效率是最高的。

5. 有权提起二审抗诉的主体是县检察院，但是我国遵循“同级原则”，亦即县检察院不能出席中级法院支持二审抗诉，而由市检察院代为出庭支持抗诉。

（四）上诉、抗诉的撤回

1. 上诉、抗诉的撤回

（1）上诉的撤回

①期限内撤回：上诉期限内上诉人要求撤回上诉的，人民法院应当准许。

【特别提示】是否提出上诉，以权利人在上诉期满前最后一次的意思表示为准。

②期满后撤回：

<1>上诉期满后上诉人要求撤回上诉的，第二审人民法院应当进行审查：

A. 认为原判**认定事实和适用法律正确，量刑适当的**，应当裁定准许撤回上诉。

B. 认为原判**确有错误**的，应当**不予准许**，继续按照上诉案件审理。

<2>被判处**死刑立即执行**的被告人提出上诉，在第二审**开庭后宣告裁判前申请撤回上诉的**，应当**不予准许**，继续按照上诉案件审理。(《刑诉解释》第383条第3款)

【特别提示】也就是说，只要是死刑立即执行案件，**上诉期满后，宣告裁判前**无论案件事实是否清楚，证据是否充分，案件是否存在错误等，一律不得撤回。

（2）抗诉的撤回

①期限内撤回：人民检察院在**抗诉期限内撤回抗诉**的，第一审人民法院**不再向上一级人民法院移送案件**。

②期满后撤回：在抗诉期满后第二审人民法院**宣告裁判前撤回抗诉**的，第二审人民法院**可以裁定准许**，但是认为原判存在将无罪判为有罪、轻罪重判等情形的，应当不予准许，继续审理。

上级人民检察院认为下级人民检察院抗诉不当，向第二审人民法院**要求撤回抗诉的，适用上述规定**。

2. 上诉、抗诉撤回后第一审裁判的生效时间

（1）**期限内**撤回上诉、抗诉的

在上诉、抗诉**期满前撤回上诉、抗诉的**，第一审判决、裁定在上诉、抗诉**期满之日起生效**。

（2）**期满后**撤回上诉、抗诉的

在上诉、抗诉**期满后要求撤回上诉、抗诉，第二审人民法院裁定准许**的，第一审判决、裁定应当自**第二审裁定书送达上诉人或者抗诉机关之日起生效**。

【经典金题】

黄某倒卖文物案于2014年5月28日一审终结。6月9日（星期一），法庭宣判黄某犯倒卖文物罪，判处有期徒刑4年并立即送达了判决书，黄某当即提起上诉，但于6月13日经法院准许撤回上诉；检察院以量刑畸轻为由于6月12日提起抗诉，上级检察院认为抗诉不当，于6月17日向同级法院撤回了抗诉。关于一审判决生效的时间，下列哪一选项是正确的？（2015年卷二第38题，单选）[1]

A. 6月9日　　B. 6月17日

C. 6月19日　　D. 6月20日

第二节　第二审程序的审判

【学习提要】

本节为法考客观题中重点考查内容，无论是二审审理的原则，特别是上诉不加刑原则，审理程序还是审理后的处理都要求考生重点掌握。

【法条依据】

《刑事诉讼法》

第234条　【二审审理方式】第二审人民法院对于下列案件，应当组成合议庭，开庭审理：

（一）被告人、自诉人及其法定代理人对第一审认定的事实、证据提出异议，可能影响定罪量刑的上诉案件；

（二）被告人被判处死刑的上诉案件；

（三）人民检察院抗诉的案件；

（四）其他应当开庭审理的案件。

第二审人民法院决定不开庭审理的，应当讯问被告人，听取其他当事人、辩护人、诉讼代理人的意见。

第二审人民法院开庭审理上诉、抗诉案件，可以到案件发生地或者原审人民法院所在地进行。

第235条　人民检察院提出抗诉的案件或者第二审人民法院开庭审理的公诉案件，同级人民检察院都应当派员出席法庭。第二审人民法院应当在决定开庭审理后及时通知人民检察院查阅案卷。人民检察院应当在1个月以内查阅完毕。人民检察院查阅案卷的时间不计入审理期限。

第236条　第二审人民法院对不服第一审判决的上诉、抗诉案件，经过审理后，应当按照下列情形分别处理：

（一）原判决认定事实和适用法律正确、量刑适当的，应当裁定驳回上诉或者抗诉，维持原判；

（二）原判决认定事实没有错误，但适用法律有错误，或者量刑不当的，应当改判；

（三）原判决事实不清楚或者证据不足的，可以在查清事实后改判；也可以裁定撤销原判，发回原

---

[1]【解析】ABCD项：根据规定，上诉、抗诉必须在法定期限内提出。不服判决的上诉、抗诉的期限为10日；不服裁定的上诉、抗诉的期限为5日。上诉、抗诉的期限，从接到判决书、裁定书的第二日起计算。此外，根据规定，在上诉、抗诉期满前撤回上诉、抗诉的，第一审判决、裁定在上诉、抗诉期满之日起生效。

在本案中，被告人黄某于6月9日收到一审判决书，其有10天的上诉期，从6月10日开始算上诉期限，6月19日是黄某能上诉的最后一天，也就是说6月19日是期满之日。由于黄某在6月13日撤回上诉，检察院也于6月17日撤回抗诉。因此第一审判决在上诉、抗诉期满之日起生效。因此，一审判决是在6月19日生效。这个规定很特殊，实际上立法是采取了倒推的方式确定生效时间。也就是说，6月19日这一天是最后能上诉的时间，如果这一天上诉，则判决不生效；如果这一天不上诉、抗诉，那么过了这一天，判决就不能再上诉、抗诉，丧失了上诉权或抗诉权，但是算生效时间的时候以6月19日作为生效时间。据此，C项正确，ABD项错误。

综上所述，本题答案为C项（当年司法部公布的答案也是C项）。

审人民法院重新审判。

原审人民法院对于依照前款第3项规定发回重新审判的案件作出判决后，被告人提出上诉或者人民检察院提出抗诉的，第二审人民法院应当依法作出判决或者裁定，不得再发回原审人民法院重新审判。

第237条 【上诉不加刑及其限制】第二审人民法院审理被告人或者他的法定代理人、辩护人、近亲属上诉的案件，不得加重被告人的刑罚。第二审人民法院发回原审人民法院重新审判的案件，除有新的犯罪事实，人民检察院补充起诉的以外，原审人民法院也不得加重被告人的刑罚。

人民检察院提出抗诉或者自诉人提出上诉的，不受前款规定的限制。

第238条 【一审违反法定程序案件的处理】第二审人民法院发现第一审人民法院的审理有下列违反法律规定的诉讼程序的情形之一的，应当裁定撤销原判，发回原审人民法院重新审判：

（一）违反本法有关公开审判的规定的；

（二）违反回避制度的；

（三）剥夺或者限制了当事人的法定诉讼权利，可能影响公正审判的；

（四）审判组织的组成不合法的；

（五）其他违反法律规定的诉讼程序，可能影响公正审判的。

第239条 【重审】原审人民法院对于发回重新审判的案件，应当另行组成合议庭，依照第一审程序进行审判。对于重新审判后的判决，依照本法第二百二十七条、第二百二十八条、第二百二十九条的规定可以上诉、抗诉。

第240条 【对裁定的二审】第二审人民法院对不服第一审裁定的上诉或者抗诉，经过审查后，应当参照本法第二百三十六条、第二百三十八条和第二百三十九条的规定，分别情形用裁定驳回上诉、抗诉，或者撤销、变更原裁定。

第241条 第二审人民法院发回原审人民法院重新审判的案件，原审人民法院从收到发回的案件之日起，重新计算审理期限。

第242条 【二审程序】第二审人民法院审判上诉或者抗诉案件的程序，除本章已有规定的以外，参照第一审程序的规定进行。

第243条 【二审审限】第二审人民法院受理上诉、抗诉案件，应当在2个月以内审结。对于可能判处死刑的案件或者附带民事诉讼的案件，以及有本法第一百五十八条规定情形之一的，经省、自治区、直辖市高级人民法院批准或者决定，可以延长2个月；因特殊情况还需要延长的，报请最高人民法院批准。

最高人民法院受理上诉、抗诉案件的审理期限，由最高人民法院决定。

第244条 【二审效力】第二审的判决、裁定和最高人民法院的判决、裁定，都是终审的判决、裁定。

【知识点精讲】

★★★★一、第二审程序的审判原则

（一）全面审查原则

1. 含义：第二审人民法院应当就第一审判决认定的事实和适用法律进行全面审查，不受上诉或者抗诉范围的限制。共同犯罪的案件只有部分被告人上诉的，应当对全案进行审查，一并处理。这就是第二审程序的全面审查原则。

2. 具体内容

（1）不管有无**上诉或抗诉**：既要审查上诉或者抗诉的部分，又要审查没有上诉或者抗诉的部分。

（2）不管**事实**还是**法律**：既要审查一审判决事实是否正确，证据是否确实、充分，又要审查法律有无错误。

（3）不管**刑事**还是**民事**：既要审查刑事诉讼部分，又要审查附带民事诉讼部分。

（4）不管**实体**还是**程序**：既要审查实体问题，又要审查程序问题。

（5）**共犯不管上诉与否**：

①共同犯罪案件，只有部分被告人提出上诉，或者自诉人只对部分被告人的判决提出上诉，或者人民检察院只对部分被告人的判决提出抗诉的，第二审法院应当对**全案**进行审查，一并处理。（《刑诉解释》第389条）

②共同犯罪案件，上诉的被告人死亡，其他被告人未上诉的，第二审法院仍应**对全案进行审查**。第二审法院应当对死亡的被告人终止审理；但有证据证明被告人无罪，经缺席审理确认无罪的，应当判决宣告被告人无罪。（《刑诉解释》第390条第1款）

（二）上诉不加刑原则

1. 含义：所谓上诉不加刑原则，是指第二审法院审判只有被告人或者其法定代理人、辩护人、近亲属上诉的案件，不得对被告人的刑罚作出实质不利的改判。

【特别提示】

（1）上诉不加刑原则只适用于被告人一方上诉引起的二审程序。**人民检察院提出抗诉或者自诉人提出上诉的，不受该原则的限制**。

（2）一审判决后，被告人上诉，检察院或自诉人对刑事部分没有意见，但附带民事诉讼的原告人对附带民事部分的判决提起上诉，二审法院也不得加刑。

2. 具体要求：上诉不加刑的**“刑”包括三方面内容：刑种、刑期、刑罚的执行方法**。审理被告人或者其法定代理人、辩护人、近亲属提出上诉的案件，不得对被告人的刑罚作出实质不利的改判，并应当执行下列规定：

（1）原判认定的罪名不当的，可以改变罪名，但不得加重刑罚或者对刑罚执行产生不利影响；

（2）原判认定的罪数不当的，可以改变罪数，并调整刑罚，但不得加重决定执行的刑罚或者对刑罚执行产生不利影响；

（3）原判对被告人宣告缓刑的，不得撤销缓刑或者延长缓刑考验期；

（4）原判没有宣告职业禁止、禁止令的，不得增加宣告；原判宣告职业禁止、禁止令的，不得增加内容、延长期限；

（5）原判对被告人判处死刑缓期执行没有限制减刑、决定终身监禁的，不得限制减刑、决定终身监禁；

（6）原判判处的刑罚不当、应当适用附加刑而没有适用的，不得直接加重刑罚、适用附加刑。原判判处的刑罚畸轻，必须依法改判的，应当在第二审判决、裁定生效后，依照审判监督程序重新审判；

【特别提示】必须依法改判的，应当在第二审判决、裁定生效后，依照审判监督程序重新审判。

（7）被告人或者其法定代理人、辩护人、近亲属提出上诉，人民检察院未提出抗诉的案件，第二审人民法院发回重新审判后，除有新的犯罪事实且人民检察院补充起诉的以外，原审人民法院不得加重被告人的刑罚。原审人民法院对上诉发回重新审判的案件依法作出判决后，人民检察院抗诉的，第二审人民法院不得改判为重于原审人民法院第一次判处的刑罚；（《刑诉解释》第403条）

（8）**【共犯问题】**同案审理的案件，只有部分被告人上诉的，既不得加重上诉人的刑罚，也不得加重其他同案被告人的刑罚；

（9）**【共犯问题】**人民检察院只对部分被告人的判决提出抗诉，或者自诉人只对部分被告人的判决提出上诉的，第二审人民法院不得对其他同案被告人加重刑罚。（《刑诉解释》第402条）

【上诉不加刑原则的理解与适用的9个例子】

【例1】甲、乙两个人共同犯罪，一审判决生效后，甲不服上诉，乙服判，没有上诉。检察院也没有抗诉。引起了二审程序。

1. 二审法院是否需要审查乙的部分，为什么？

答：根据全面审查原则，需要审查。

2. 二审法院能否加重甲的刑罚，为什么？

答：根据上诉不加刑原则，不可以。

3. 二审法院能否加重乙的刑罚，为什么？

答：不能。如果甲上诉允许二审法院加重乙的刑罚，对乙并不公平。因此如果只有甲上诉，检察院也没有抗诉的，既不能加重甲的刑罚，也不能加重乙的刑罚。

【例2】甲、乙二人共同犯罪，一审判决生效之后，甲不服上诉。乙服判没有上诉。检察院对甲提起抗诉，但是对乙没有提起抗诉。

1. 二审法院是否需要审查乙的部分，为什么？

答：根据全面审查原则，需要审查。

2. 二审法院能否加重甲的刑罚，为什么？

答：可以，因为检察院对甲抗诉，可以加重甲的刑罚。

3. 二审法院能否加重乙的刑罚，为什么？

答：不可以。有同学可能认为检察院已经提起抗诉就可以加重乙的刑罚。实际上，检察院**抗诉是分离**的，**对谁抗诉才能加重谁**的刑罚。本案中，检察院只对甲提起抗诉，对乙并没有抗诉，所以**只能加重甲**的刑罚。【答题必须清楚检察院的抗诉是针对谁。】

【例3】某人犯甲、乙两罪，一审中甲罪被判处有期徒刑10年，乙罪被判处有期徒刑5年。数罪并罚执行12年。一审判决生效之后，被告人不服甲罪，认为10年刑罚过重，但是对乙罪服判。他针对甲罪上诉，检察院没有抗诉。

1. 二审法院是否需要审查乙罪部分，为什么？

答：根据全面审查原则，需要审查。

2. 二审法院经过审查之后，发现甲罪的确判处10年过重，但乙罪判处5年过轻。能否将甲罪改判5年有期徒刑，将乙罪改判10年有期徒刑，同样决定执行的刑罚12年，为什么？

答：可以调整刑罚，不管调整后个别罪名的刑罚是比原来个别罪名的刑罚重或轻，但是绝对**不能够加重执行刑罚**。因此，可以将甲罪改判5年有期徒刑，将乙罪改判10年有期徒刑。只要保证总的执行刑期**不超过**原来的12年。【这是新的规定变化，需要注意。】

3. 一审时法院判甲、乙两罪数罪并罚执行12年，但二审法院审理之后认为同样的事实只构成一罪，能否调整罪数，为什么？

答：可以。比如甲罪是盗窃罪，乙罪是抢夺罪，二审法院认为同样的事实只构成抢夺罪，则可以改变罪数为抢夺罪一罪来定罪。但是抢夺罪总刑罚不能超过原来一审中判决的12年。

【归纳小结：数罪并罚的案件，**既能调整罪数，也能调整刑罚**，但绝对**不能加重执行刑罚**，或者**对刑罚执行产生不利的影响**。】

【例4】被告人一审被判盗窃罪，判处有期徒刑3年。被告人不服上诉，检察院没有提起抗诉。二审法院经过审查之后认为案件应该判处抢夺罪，且应判处5年有期徒刑。

1. 二审法院能否改判5年？

答：不可以加重刑罚。

2. 二审法院维持3年有期徒刑不变的基础上，能否改为抢夺罪？

答：可以，因为原则上不加刑就可以。

3. 继续问：那改一改，还是这个案情，一审判盗窃罪12年，只有被告人不服上诉，二审法院能不能在维持12年不变的基础上，将盗窃罪改为绑架罪？

答：不可以。因为绑架罪10年以上是**不能假释**的，而盗窃罪可以假释，将盗窃罪改成绑架罪之后会导致**刑罚执行产生不利影响**。

【例5】被告人一审被判处有期徒刑1年，缓期1年执行。被告人不服上诉，检察院没有抗诉。二审法院经过审查之后认为有误，能否改判为有期徒刑1年？

答：不可以。如果是宣告缓刑，只有被告人一方上诉的，**既不能够撤销缓刑**，也**不能延长缓刑考验期**。

【例6】被告人一审被判处死刑缓期执行，被告人一方上诉，检察院没有抗诉的案件，二审法院能否改判为死刑缓期执行限制减刑，或者决定终身监禁？

答：不能，这也变相加重了刑罚。

【例7】被告人一审被判处抢劫罪有期徒刑13年。被告人不服上诉，检察院没有抗诉。二审法院经过审理之后认为抢劫罪定罪正确，但是应该判处15年有期徒刑，即量刑错误。二审法院的正确做法是？

答：只能**维持**原判。二审判决生效后，通过审判监督程序重新审判。特别注意，此处不能发回重审。发回重审有条件限制，量刑错误不属于发回重审的情形。因此，这种情况下二审法院只能维持原判。

【例8】一审判决中没有宣告禁止令，只有被告人一方上诉的案件，二审法院能否增加禁止令？

答：不可以。同理，如果一审判决禁止令为3年，只有被告人一方上诉的案件，二审法院也不可以延长为5年禁止令。

【例9】检察院以盗窃罪起诉被告人，一审判处盗窃罪。被告人不服上诉，检察院没有抗诉。二审法院发回重审。审理过程中，检察院发现被告人除了有盗窃事实外，还有抢夺事实，检察院**补充起诉**抢夺罪。

1. 此时原审法院能否加重被告人刑罚？

答：可以。第一，有**新的犯罪事实**即抢夺事实。第二，检察院已经**补充起诉**。

2. 如果原审法院在重新审判过程中，检察院认为针对**相同事实**应该以诈骗罪进行起诉，因此变更为诈骗罪。原审法院能否加重被告人的刑罚，为什么？

答：不可以。因为**没有新**的犯罪**事实**，只是起诉罪名错误进行了变更。

3. 如果一审检察院起诉被告，认为其构成抢夺罪。一审判处抢夺罪，被告人不服上诉，检察院没有抗诉，二审法院发回重审。重审过程中，检察院发现被告人除了有抢夺事实以外，还有**暴力抗拒**行为。检察院**变更**罪名为**抢劫罪**起诉。原审法院能否加重他的刑罚？

答：可以。首先，新发现的暴力抗拒行为属于**新的事实**。其次，虽然此处没有使用补充两个字，但是实际已经进行了补充，因为这两种罪名属于刑法中的转化犯情形，**变更为抢劫罪起诉**已经进行了增加。因此，进行判断时不能受补充两个字的影响，必须判断本质是单纯罪名变更还是**因为新事实而转化成他罪**。

【经典金题】

甲因涉嫌诈骗罪与盗窃罪被A市B区检察院提起公诉。A市B区法院开庭审理后，以甲犯诈骗罪判处有期徒刑5年，犯盗窃罪判处有期徒刑5年，数罪并罚决定执行有期徒刑8年。一审宣判后，甲以量刑过重为由向A市中级法院提起上诉，检察院未提起抗诉。A市中级法院审理后以事实不清、证据不足为由撤销原判，发回B区法院重新审判。B区法院重新审理后以甲犯诈骗罪判处有期徒刑6年，对盗窃罪不予认定。检察院对该判决不服提起抗诉。关于本案，正确做法是？（2022年仿真题，不定项）〔1〕

A. 对于检察院抗诉的二审，A市中级法院不得加重对诈骗罪判处6年有期徒刑

B. 对于检察院抗诉的二审，A市中级法院对盗窃罪不得判高于5年有期徒刑

C. 对于检察院抗诉的二审，A市中级法院对甲最终判处的刑罚不得高于有期徒刑8年

D. 对于检察院抗诉的二审，A市中级法院发现事实不清、证据不足，可以撤销原判，发回重审

★★★★二、第二审程序的审理

（一）二审审理方式

1. **应当开庭（重点）**：第二审人民法院对于下列案件，应当组成合议庭，开庭审理：

（1）被告人、自诉人及其法定代理人对第一审认定的**事实、证据提出异议，可能影响定罪量刑的上诉案件**；

（2）被告人**被判处死刑（包括死刑立即执行、死缓）**的上诉案件；

（3）人民检察院**抗诉**的案件；

（4）其他应当开庭审理的案件。

> **【特别提示】** 被判处死刑的被告人没有上诉，同案的其他被告人上诉的案件，第二审法院应当开庭审理。被判处死刑的案件范围既包括死刑立即执行，也包括死刑缓期执行。

2. 可不开庭：

第二审人民法院依法不开庭审理的，应当讯问被告人，听取其他当事人、辩护人、诉讼代理人的意见。合议庭全体成员应当阅卷，必要时应当提交书面阅卷意见。

【注意】 二审不开庭不是书面审理，而是**调查讯问式审理**。

> **【特别提示】** 考生须注意，二审的审理方式是指开庭还是不开庭审理，而不是指公开还是不公开审理。

（二）二审审理程序

1. 开庭地点：第二审人民法院开庭审理上诉、抗诉案件，可以到案件发生地或者原审人

---

〔1〕【解析】ABC项：根据规定，被告人或者其法定代理人、辩护人、近亲属提出上诉，人民检察院未提出抗诉的案件，第二审人民法院发回重新审判后，除有新的犯罪事实且人民检察院补充起诉的以外，原审人民法院不得加重被告人的刑罚。对上述规定的案件，原审人民法院对上诉发回重新审判的案件依法作出判决后，人民检察院抗诉的，第二审人民法院【不得改判为重于】原审人民法院第一次判处的刑罚。据此，如果只有被告人一方上诉的案件，二审法院发回重审的，原审法院重新作出一审判决后检察院才抗诉到二审法院的，二审法院不得改判为重于原审人民法院第一次判处的刑罚。本案中，原一审法院B区法院第一次判处总的刑罚是有期徒刑8年，只有被告人一方上诉，二审法院发回重审后，B区法院改判为6年有期徒刑，此时，检察院抗诉至二审法院。二审法院就不能判处重于B区法院第一次判处的8年有期徒刑。因此，AB项错误，C项正确。

D项：根据规定，二审法院以事实不清、证据不足发回重审的次数只有一次。本案中，二审法院以事实不清、证据不足为由发回过重审过一次了，重审后检察院抗诉至二审法院后，二审法院就不能再以此为由发回重审了。如果二审法院发现仍然事实不清、证据不足的，只能在查清的基础上改判。因此，D项错误。

综上所述，本题答案为C项。

民法院所在地进行；当然，也可以在二审法院进行。

2. **检察院派员出庭**：人民检察院**提出抗诉的案件**或者第二审人民法院**开庭审理的公诉案件，同级**人民检察院都应当派员出席法庭。**抗诉**案件，检察院接到开庭通知后**不派员出庭**，且**未说明原因**的，法院可以裁定按检察院**撤回抗诉处理**，并通知一审法院和当事人。

3. **检察院阅卷**：第二审人民法院应当在决定**开庭**审理后及时通知人民检察院查阅案卷。人民检察院应当在**1 个月以内**查阅完毕。人民检察院**查阅案卷的时间不计入审理期限**。

4. **二审辩护**问题

（1）第二审期间，被告人除自行辩护外，还**可以继续委托第一审辩护人或者另行委托辩护人辩护**。

（2）共同犯罪案件，只有部分被告人提出上诉，或者自诉人只对部分被告人的判决提出上诉，或者人民检察院只对部分被告人的判决提出抗诉的，**其他同案被告人也可以委托辩护人辩护**。

5. 新证据的处理：第二审期间，人民检察院或者被告人及其辩护人提交新证据的，人民法院应当**及时通知对方查阅、摘抄或者复制**。（《刑诉解释》第 395 条）

6. **同案被告人的出庭**

（1）对同案审理案件中**未上诉的被告人，未被申请出庭或者人民法院认为没有必要到庭的，可以不再传唤到庭**。

（2）同案审理的案件，**未提出上诉**、人民检察院**也未对其判决提出抗诉的被告人要求出庭的**，应当准许。出庭的被告人**可以参加法庭调查辩论**，也**可以委托辩护人辩护**。

7. 委托宣判

（1）第二审人民法院可以委托第一审人民法院代为宣判，并向当事人送达第二审判决书、裁定书。第一审人民法院应当在代为宣判后 5 日内将宣判笔录送交第二审人民法院，并在送达完毕后及时将送达回证送交第二审人民法院。

（2）委托宣判的，第二审人民法院应当**直接向同级人民检察院**送达第二审判决书、裁定书。

【特别提示】第二审的判决、裁定（除法律另有规定以外）和最高人民法院的判决、裁定，都是终审的判决、裁定。

（三）二审审理期限

1. 2 个月：第二审人民法院受理上诉、抗诉案件，应当在 2 个月以内审结。

2. 延长 2 个月：对于**可能判处死刑**的案件或者**附带民事诉讼**的案件，以及有《刑事诉讼法》第 158 条规定（**四类特定案件：交、集、流、广**）情形之一的，经省、自治区、直辖市**高级人民法院**批准或者决定，可以延长 2 个月。

3. 无限延长：因特殊情况还需要延长的，报请**最高人民法院**批准。

【特别提示】最高人民法院受理上诉、抗诉案件的**审理期限，由最高人民法院决定**。

【经典金题】

龚某因生产不符合安全标准的食品罪被一审法院判处有期徒刑 5 年，并被禁止在刑罚执行完毕之日起 3 年内从事食品加工行业。龚某以量刑畸重为由上诉，检察院未抗诉。关于本案二

审，下列哪一选项是正确的？（2016 年卷二第 38 题，单选）〔1〕

A. 应开庭审理

B. 可维持有期徒刑 5 年的判决，并将职业禁止的期限变更为 4 年

C. 如认为原判认定罪名不当，二审法院可在维持原判刑罚不变的情况下改判为生产有害食品罪

D. 发回重审后，如检察院变更起诉罪名为生产有害食品罪，一审法院可改判并加重龚某的刑罚

★★★★三、第二审法院经过审理后的处理

（一）维持原判（裁定）

1. 原判决认定事实和适用法律正确、量刑适当的，应当裁定驳回上诉或者抗诉，维持原判。

2. 一审判决量刑过轻，但受上诉不加刑原则的限制，只能裁定维持原判。

（二）改判（判决）

1. 应当改判：原判决认定事实没有错误，但适用法律有错误，或者量刑不当的，应当改判。

2. 可以改判：原判决事实不清楚或者证据不足的，可以在查清事实后改判。

（三）发回重审（裁定）

1. **可以发回：**原判决事实不清楚或者证据不足的，可以在查清事实后改判；也可以裁定撤销原判，发回原审人民法院重新审判。

2. **应当发回：**第二审人民法院发现第一审人民法院的审理有下列违反法律规定的诉讼程序的情形之一的，**应当裁定撤销原判，发回原审人民法院重新审判：**

（1）违反《刑事诉讼法》有关公开审判的规定的；

（2）违反回避制度的；

（3）审判组织的组成不合法的；

（4）剥夺、限制了当事人的法定诉讼权利，可能影响公正审判的；

（5）其他违反法律规定的诉讼程序，可能影响公正审判的。

---

〔1〕【解析】A 项：根据规定，下列案件，二审法院审理【应当开庭】审理：（1）被告人、自诉人及其法定代理人对第一审认定的事实、证据提出异议，可能影响定罪量刑的上诉案件；（2）被告人被判处死刑（包括死刑立即执行、死缓）的上诉案件；（3）人民检察院抗诉的案件；（4）应当开庭审理的其他案件。本案中，龚某没有被判死刑，也不是针对事实证据有异议的上诉，检察院也没有抗诉，故不属于必须开庭审理的案件，可以不开庭。因此，A 项错误。

B 项：由于本案检察院没有抗诉，因此适用上诉不加刑原则。根据上诉不加刑原则的要求，原判没有宣告职业禁止、禁止令的，不得增加宣告；原判宣告职业禁止、禁止令的，不得增加内容、延长期限。据此，原判职业禁止的期限只是 3 年，二审法院不得变更为 4 年。B 项错误。

C 项：根据上诉不加刑原则的要求，原判认定的罪名不当的，可以改变罪名，但不得加重刑罚或者对刑罚执行产生不利影响。据此，如果认为原判认定罪名不当，二审法院可以在维持原判刑罚不变的情况下改判为生产有害食品罪。C 项正确。

D 项：根据规定，被告人或者其法定代理人、辩护人、近亲属提出上诉，人民检察院未提出抗诉的案件，第二审人民法院发回重新审判后，除有【新的犯罪事实】且人民检察院【补充起诉】的以外，原审人民法院【不得加重】被告人的刑罚。据此，对于发回重审案件，原审法院一般也不能加重被告人的刑罚，必须同时符合两个条件才能加重：一是有新的犯罪事实，二是人民检察院补充起诉。本案中，检察院仅是变更起诉罪名为生产有害食品罪，并没有新的犯罪事实，因此一审法院仍然不可加重龚某的刑罚。D 项错误。

综上所述，本题答案为 C 项。

【特别提示】虽然"应当裁定撤销原判，发回重审"针对的情形都是程序违法的情形，但是并非所有的程序违法均一律应发回重审。只有三种程序违法的情形一律发回：违反公开审判；违反回避制度；审判组织不合法。除此以外，其余的程序违法行为要发回重审，还得满足一个条件，即"可能影响公正审判的"才行。

【总结】二审审理结果

①没错——维持。

②事实不清，证据不足——可以发回重审，也可以在查清的基础上改判。（只能发回一次）

③程序错误——应当发回重审。

④量刑错误——应当**改判（有可能改判为重的，也有可能改判为轻的）**，但如果只有被告人一方上诉，即受制于上诉不加刑原则，而又想加重刑罚的，只能**维持原判**。

【经典金题】

1. 甲因非法集资诈骗被人民法院一审判决为集资诈骗罪，判处有期徒刑12年，甲不服上诉，二审法院以事实不清裁定发回重审；一审法院重审后改判为非法吸收公众存款罪，判处有期徒刑3年，检察院以罪名不当提起抗诉。二审法院下列做法正确的是？（2024年仿真题，多选）〔1〕

A. 二审期间，检察院撤回抗诉，二审法院予以准许

B. 检察院抗诉后，二审法院可以事实不清将案件再次发回重审

C. 检察院抗诉后，二审法院以甲集资诈骗罪判处有期徒刑13年

D. 检察院未派员出庭也未做说明，二审法院按撤回抗诉处理

2. 某市中级人民法院对甲被指控故意杀人一案进行了第一审审理，判处甲无期徒刑。检察院认为量刑过轻，提出抗诉。关于本案的第二审程序，下列说法正确的是？（2018年仿真

---

〔1〕【解析】本题考查的是二审程序（抗诉的撤回、审理结果、上诉不加刑原则、审理程序）。

A项：根据规定，人民法院在抗诉期满后要求撤回抗诉的，第二审人民法院可以裁定准许，但是认为原判存在将无罪判为有罪、轻罪重判等情形的，应当不予准许，继续审理。本案中不存在上述情形，人民法院可以裁定准许撤回。故A项正确。

B项：根据规定，二审法院以原判决事实不清或者证据不足发回重审的次数只限一次。故B项错误。

C项：根据规定，被告人或者其法定代理人、辩护人、近亲属提出上诉，检察院未提出抗诉的案件，第二审法院发回重新审判后，除有新的犯罪事实且检察院补充起诉的以外，原审人民法院不得加重被告人的刑罚。对前款规定的案件，原审法院对上诉发回重新审判的案件依法作出判决后，检察院抗诉的，第二审法院不得改判为重于原审法院第一次判处的刑罚。本案检察院在第一次审判后未抗诉，应遵循上诉不加刑原则，发回重审后也不存在有新的犯罪事实且检察院补充起诉的情形，二审法院不得改判为重于原审法院第一次判决（有期徒刑12年）更重的刑罚。故C项错误。

D项：根据规定，抗诉案件，检察院接到开庭通知后不派员出庭，且未说明原因的，法院可以裁定按检察院撤回抗诉处理，并通知一审法院和当事人。故D项正确。

综上所述，本题答案为AD项。

题，多选）〔1〕

A. 如果甲不服一审判决，可以口头方式提起上诉

B. 二审法院可以不开庭审理

C. 二审法院仅就甲的量刑问题进行审查

D. 第二审法院经审查，认为原判事实不清、证据不足，需要发回重新审判的，可以撤销原判，发回重审

★★四、特殊案件的二审程序

（一）共同犯罪案件

1. **共犯二审的全面审查问题**：只有部分被告人提出上诉，或者自诉人只对部分被告人的判决提出上诉，或者人民检察院只对部分被告人的判决提出抗诉的，第二审法院应当对全案进行审查，一并处理。

2. **共犯死亡的处理问题**：上诉的被告人死亡，其他被告人未上诉的，第二审法院仍应对全案进行审查。经审查，死亡的被告人不构成犯罪的，应当宣告无罪；构成犯罪的，应当终止审理。对其他同案被告人仍应作出判决、裁定。

3. **共犯的上诉不加刑问题**

（1）共同犯罪案件，只有部分被告人提出上诉的，既不能加重提出上诉的被告人的刑罚，也不能加重其他同案被告人的刑罚。

（2）共同犯罪案件，人民检察院只对部分被告人的判决提出抗诉的，第二审人民法院对其他第一审被告人不得加重刑罚。

4. **共犯的分案与并案处理问题**

有多名被告人的案件，部分被告人的犯罪事实不清、证据不足或者有新的犯罪事实需要追诉，且有关犯罪与其他同案被告人没有关联的，第二审人民法院根据案件情况，可以对该部分被告人**分案处理**，将该部分被告人**发回原审人民法院重新审判**。原审人民法院重新作出判决后，被告人上诉或者人民检察院抗诉，其他被告人的案件尚未作出第二审判决、裁定的，第二审人民法院可以**并案审理**。**（《刑诉解释》第404条第2款）**

（二）自诉案件

1. 二审的**反诉**：第二审期间，自诉案件的当事人提出反诉的，**应当告知其另行起诉**。

2. 二审的**调解**：对第二审自诉案件，必要时可以调解。**调解结案的，应当制作调解书，**

---

〔1〕【解析】A项：根据规定，被告人、自诉人和他们的法定代理人，不服地方各级法院第一审的判决、裁定，有权用书状或者口头向上一级法院上诉。被告人的辩护人和近亲属，经被告人同意，可以提出上诉。据此，被告人上诉既可以书面形式，也可以口头形式。A项正确。

B项：根据规定，二审法院在以下三种情形下应当开庭审理：一是针对事实证据有异议的上诉；二是案件有死刑（包括死刑立即执行、死缓）；三是检察院抗诉的。其余的情形都是可以不开庭审理的。本案是由检察院抗诉而启动二审程序的，属于应当开庭审理的情形。B项错误。

C项：二审法院要遵循全面审查原则，亦即，第二审人民法院应当就第一审判决认定的事实和适用法律进行全面审查，不受上诉或者抗诉范围的限制。据此，二审法院不仅要针对量刑进行审查，而且要对事实部分等进行审查。C项错误。

D项：根据二审审理结果的总结：①没错——维持。②事实不清，证据不足——可以发回重审，也可以在查清的基础上改判（只能发回一次）。③程序错误——应当发回重审。④法律错误、量刑错误——应当改判（可能改判为轻的，也可能改判为重的，但是如果只有被告人一方上诉，又想加重刑罚的，则受制于上诉不加刑原则，只能维持原判）。据此，二审认为原判事实不清、证据不足，可以撤销原判，发回重审。D项正确。

综上所述，本题答案为AD项。

第一审判决、裁定视为自动撤销。

3. 二审的**和解**：对第二审自诉案件，当事人可以自行和解。当事人**自行和解的，**依照《刑诉解释》第 329 条的规定处理，即审查是否确属自愿；裁定准许撤回自诉的，应当撤销第一审判决、裁定。

（三）附带民事诉讼案件的二审程序

1. **刑民分开生效**

（1）**【只有刑事部分上诉】**第一审民事部分的判决，在上诉期满后即发生法律效力。

（2）**【只有附民上诉】**第一审刑事判决，在上诉期满后即发生法律效力。

【注意】应当送监执行的一审刑事被告人是二审附民被告人的，二审附带民事诉讼案件审结前，可以**暂缓送监执行**。

2. **全案审查**：审理附带民事诉讼的上诉、抗诉案件，应当对全案进行审查。

3. **存在错误时的不同处理**

（1）**【附民已生效】**对刑事部分提出上诉、抗诉，附带民事部分已经发生效力的案件，如果发现民事部分确有错误，应当依照**审判监督程序**对附带民事部分予以纠正。

（2）**【刑事已生效】**对附带民事部分提出上诉、抗诉，刑事部分已经发生法律效力的案件，应当对全案进行审查，并按照下列情形分别处理：

①第一审判决的刑事部分**并无不当**的，只需就**附带民事部分**作出处理；

②第一审判决的刑事部分**确有错误**的，依照**审判监督程序**对刑事部分进行再审，并将附带民事部分与刑事部分**一并审理**。（《刑诉解释》第 407、409 条）

4. **增加请求或者反诉**：第二审期间，第一审附带民事诉讼原告人增加独立的诉讼请求或者第一审附带民事诉讼被告人提出反诉的，第二审人民法院可以根据自愿、合法的原则进行**调解**；调解不成的，**告知当事人另行起诉**。

5. **增加数额**：**可以**调解，调解不成依法作出裁判。

【总结】二审附带民事诉讼程序

- 刑事附带民事二审
  - 只刑事上诉
    - 民事部分期满生效
    - 刑事部分不生效
    - 全面审→民错
      - 民错，刑不错→民事再审纠错
      - 刑错，民一定错→刑事二审纠错
  - 只民事上诉
    - 刑事部分期满生效
    - 民事部分不生效
    - 全面审→刑错→再审纠错（刑、民一起再审）
  - 民刑都上诉→一并审查，一并改判
  - 二审增加独立请求或反诉→
    1. 先调解，调解不成的，告知当事人另行起诉。
    2. 如果仅仅增加赔偿数额，先调解，不成可以直接判。

【经典金题】

为勒索钱财，左某绑架王某之女并将其杀害，一审法院判处左某死刑缓期二年执行，并赔偿附带民事诉讼原告人王某人民币 35 万元 。检察院未提出抗诉，左某和王某对附带民事部分

提起上诉。关于本案的审理，下列说法正确的有哪些？（2021 年仿真题，多选）〔1〕

A. 二审法院应将刑事部分和附带民事部分一并审查

B. 二审审结前可暂缓将左某送监执行

C. 若二审期间王某提出独立的诉讼请求，二审法院调解不成的，应当告知王某另行起诉

D. 二审法院不得增加左某的赔偿数额

第三节　涉案财物处理

【学习提要】

本节主要考查二审中对涉案财物的处理。

【法条依据】

《刑事诉讼法》

第 245 条　【对查封、扣押、冻结物品的处理】公安机关、人民检察院和人民法院对查封、扣押、冻结的犯罪嫌疑人、被告人的财物及其孳息，应当妥善保管，以供核查，并制作清单，随案移送。任何单位和个人不得挪用或者自行处理。对被害人的合法财产，应当及时返还。对违禁品或者不宜长期保存的物品，应当依照国家有关规定处理。

对作为证据使用的实物应当随案移送，对不宜移送的，应当将其清单、照片或者其他证明文件随案移送。

人民法院作出的判决，应当对查封、扣押、冻结的财物及其孳息作出处理。

人民法院作出的判决生效以后，有关机关应当根据判决对查封、扣押、冻结的财物及其孳息进行处理。对查封、扣押、冻结的赃款赃物及其孳息，除依法返还被害人的以外，一律上缴国库。

司法工作人员贪污、挪用或者私自处理查封、扣押、冻结的财物及其孳息的，依法追究刑事责任；不构成犯罪的，给予处分。

【知识点精讲】

一、原则：随案移送、禁止私用、最终上缴

1. 检察院对查封、扣押、冻结的被告人财物及其孳息，应当根据不同情况作以下处理：

（1）【移送】**对作为证据使用的实物**，应当依法随案移送；对不宜移送的，应当将其清单、照片或者其他证明文件随案移送。

（2）【上缴】冻结在金融机构、邮政部门的违法所得及其他涉案财产，应当向法院随案移送该金融机构、邮政部门出具的证明文件，待人民法院作出生效判决、裁定后，由人民法院通

〔1〕【解析】A 项：二审法院要遵循全面审查原则，亦即，第二审人民法院应当就第一审判决认定的事实和适用法律进行全面审查，不受上诉或者抗诉范围的限制。共同犯罪的案件只有部分被告人上诉的，应当对全案进行审查，一并处理。据此，不管不服刑事部分还是附带民事诉讼部分，只要上诉了，二审法院就应当将刑事部分与附带民事部分一并审查。A 项正确。

B 项：根据规定，应当送监执行的第一审刑事被告人是第二审附带民事诉讼被告人的，在第二审附带民事诉讼案件审结前，可以暂缓送监执行。据此，在二审附带民事诉讼案件审结前，可以暂缓送监执行。因此，B 项正确。

C 项：根据规定，第二审期间，第一审附带民事诉讼原告人增加独立的诉讼请求或者第一审附带民事诉讼被告人提出反诉的，第二审人民法院可以根据自愿、合法的原则进行调解；调解不成的，告知当事人另行起诉。据此，C 项正确。

D 项：因为附带民事诉讼原告人王某也对附带民事部分提起了上诉，所以二审法院可以增加左某的赔偿数额，并不违反上诉不加刑原则的要求。因此，D 项错误。

综上所述，本题答案为 ABC 项。

知该金融机构上缴国库。

（3）**【上缴】**查封、扣押的涉案财产，对依法不移送的，应当随案移送清单、照片或者其他证明文件，待法院作出生效判决、裁定后，由人民检察院根据人民法院的通知上缴国库，并向人民法院送交执行回单。（《最高检规则》第429条第3项）

2. **【返还及上缴】**对于依照刑法规定应当追缴的违法所得及其他涉案财产，**除依法返还被害人的财物以及依法销毁的违禁品外，必须一律上缴国库。**

3. **【追缴】**被告人将依法应当追缴的涉案财物用于**投资或者置业的，对因此形成的财产及其收益，应当追缴。**被告人将依法应当追缴的涉案财物与其他合法财产共同用于投资或者置业的，对因此形成的财产中与涉案财物对应的份额及其收益，应当追缴。（《刑诉解释》第443条）

二、例外

（一）对被害人的合法财产

【返还】对被害人的合法财产，应当及时**返还**。（《刑事诉讼法》第245条第1款）

（二）无关的财物

【退还】无关的财物要**解除**查封、扣押、冻结，并予以**退还**。（《刑事诉讼法》第145条）

【注意】被告人判处财产刑的，要移交人民法院执行刑罚。

（三）不宜移送的在案财物之处理

1. 总的原则：**用清单等文件作为代替品随案移送。**

2. 两类处理方式

【上缴】（1）“良性资产”：查封、扣押的涉案财产，依法不移送的，待人民法院作出生效判决、裁定后，由人民法院通知查封、扣押机关上缴国库，查封、扣押机关应当向人民法院送交执行回单；冻结在金融机构的违法所得及其他涉案财产，待人民法院作出生效判决、裁定后，由人民法院通知有关金融机构上缴国库，有关金融机构应当向人民法院送交执行回单。（《六机关规定》第36条）

【处理】（2）“不良资产”：对违禁品或者不宜长期保存的物品，应当依照国家有关规定处理。

三、法院审理中的处理

1. 查封、扣押、冻结的财物及其孳息，经审查，**确属违法所得或者依法应当追缴的其他涉案财物的，应当判决返还被害人，或者没收上缴国库**，但法律另有规定的除外。

2. 对判决时尚未追缴到案或者尚未足额退赔的违法所得，**应当判决继续追缴或者责令退赔。**

3. 判决返还被害人的涉案财物，应当通知被害人认领；无人认领的，应当公告通知；**公告满1年无人认领的，应当上缴国库**；上缴国库后有人认领，经查证属实的，应当申请退库予以返还；原物已经拍卖、变卖的，应当返还价款。

4. 第二审期间，发现第一审判决**未对**随案移送的涉案财物及其孳息作出处理的，**可以裁定撤销原判，发回原审人民法院重新审判**，由原审人民法院依法对涉案财物及其孳息一并作出处理。

5. 判决生效后，发现原判未对随案移送的涉案财物及其孳息作出处理的，由**原审人民法院**依法对涉案财物及其孳息另行作出处理。

第四节　在法定刑以下判处刑罚的核准程序

【学习提要】

本节在法考客观题中出现比较少，考生对本节内容一般掌握即可。

【知识点精讲】

在法定刑以下判处刑罚的案件，须报请最高人民法院核准才能生效。这是两审终审制的一个例外情形。

一、上报程序

（一）一审不上诉、不抗诉的

一审不上诉和抗诉的，在上诉、抗诉**期满后 3 日以内**报请上一级人民法院复核。上一级法院同意原判的，应当**书面逐级报请**最高人民法院核准。（“层层上报”）

【实战贴士】任何一个上级法院都有否决权。上一级人民法院不同意原判的，应当裁定**发回重新审判**或者**按照第二审程序提审**。

（二）一审上诉、抗诉的

被告人上诉或者检察院抗诉的，应当依照第二审程序审理。

1. 第二审维持原判，或者改判后仍在法定刑以下判处刑罚的，应当层报最高人民法院核准。

2. 第二审改判为法定刑以内的，二审终审生效，无须上报。

（三）二审判处法定刑以下的

对符合《刑法》第 63 条第 2 款规定的案件，即案件有特殊情况，第一审人民法院未在法定刑以下判处刑罚的，第二审人民法院可以在法定刑以下判处刑罚，并层报最高人民法院核准。

二、最高人民法院的处理结果

1. **予以核准：**认为原裁判正确的，裁定核准。

2. **不予核准：**认为原裁判不正确的，不予核准，应当撤销原判决、裁定，发回原审法院或者指定其他下级人民法院重新审判。

【主观题点睛】

“二审法院如何处理本案”“二审法院应当如何判决本案”“二审法院处理本案的程序步骤是什么”等问题的答题模板

（1）二审法院应当由审判员 3 人或 5 人组成合议庭进行审理。

（2）①二审法院应当开庭审理。本案二审程序是检察院抗诉引起的/针对事实、证据有异议上诉引起的/有死刑（视案情而定），符合应当开庭审理的情形，故二审法院应当开庭审理。

②二审法院可以不开庭审理。根据刑诉法规定，检察院抗诉引起的/针对事实、证据有异议上诉引起的/有死刑情形的二审程序应当开庭审理，但本案不属于应当开庭审理的三种情形之一，**可以不开庭，但应当讯问被告人，听取其他当事人、辩护人、诉讼代理人的意见。**

【注意】**究竟答①还是②得视案情而定。**

（3）二审法院审理时，应当遵循上诉不加刑原则和全面审查原则进行审理。

（4）二审法院应当在 2 个月内审结。

（5）二审法院应当根据审理的情况作出判决：①如果事实清楚、证据确实充分，维持原判；②如果事实不清、证据不足，可在查清基础上改判，也可以撤销原判，发回重审（但如果已经以此理由发回过一次的，就不能再以此为理由再发回）；③程序错误的，应当发回重审；④适用法律错误、量刑错误，应当改判。但如果受制上诉不加刑，又想加重刑罚的，只能维持原判。

第十七章　死刑复核程序

【复习提要】

死刑复核程序包括判处死刑立即执行案件的复核程序和判处死刑缓期二年执行案件的复核程序。本专题是近年来考试的必考点。每年会有一道选择题，偶尔在案例分析题中也有涉及。关于本专题，考生应当重点掌握以下知识点：死刑立即执行案件的报请程序；最高法院对死刑立即执行案件复核的程序；最高法院对死刑立即执行案件复核后的处理；死缓案件的核准程序和复核后的处理等。考生应当重视2012年《刑事诉讼法》修改和《关于办理死刑复核案件听取辩护律师意见的办法》对死刑复核程序的修改，以及2019年最高法院《关于死刑复核及执行程序中保障当事人合法权益的若干规定》增加死刑复核程序中的保障辩护权的规定。

【死刑立即执行案件复核程序的流程图（中级法院一审判死刑立即执行）】

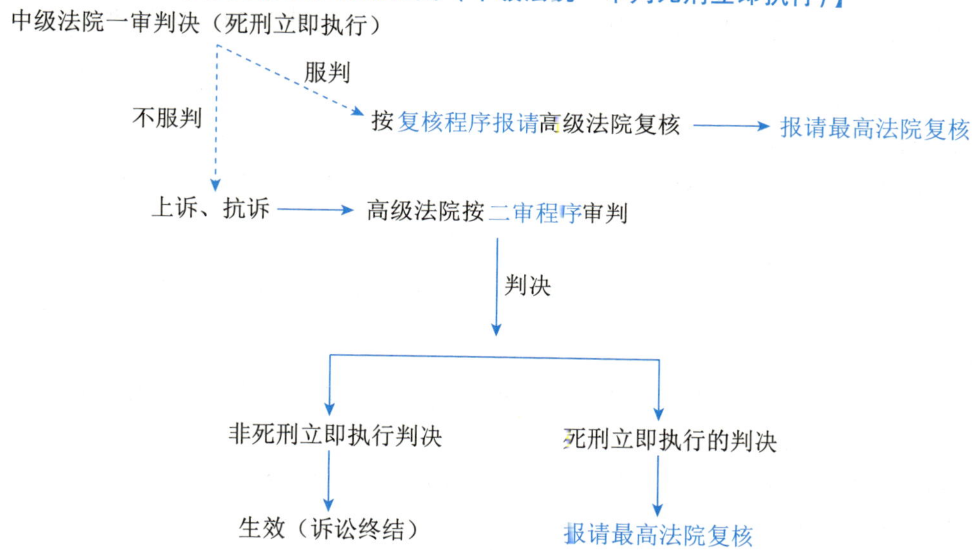

【知识框架】

- 死刑复核程序
  - 死刑复核程序概述
  - 判处死刑立即执行案件的复核程序
    - 判处死刑立即执行案件的核准权
    - 判处死刑立即执行案件的辩护权保障（新增）
    - 判处死刑立即执行案件的报请复核★★★★★
    - 判处死刑立即执行案件的复核程序★★★★★
    - 判处死刑立即执行案件复核后的处理★★★
  - 判处死刑缓期二年执行案件的复核程序★★★
  - 死刑缓期执行限制减刑案件的审理程序（了解即可）
  - 死刑复核程序的监督（新增）

第一节　死刑复核程序概述

【学习提要】

本节作为死刑复核程序的基本知识，在法考中一般不直接考查，大家理解即可。

【知识点精讲】

一、死刑复核程序的概念

死刑复核程序是指有核准权的人民法院对已经判处死刑的案件进行复审核准所进行的特别审判程序。死刑复核程序是我国刑事诉讼法规定的一种独立于普通程序之外的特别审核程序，旨在通过对原审裁判进行全面、有效的审查，防止死刑裁判可能出现的错误或者随意化。

二、死刑复核程序的特点

（一）审理对象特定

死刑复核程序只适用于判处死刑的案件，包括判处**死刑立即执行**和判处**死刑缓期二年执行**的案件。

（二）死刑复核程序是死刑案件的终审程序

一般刑事案件经过第一审、第二审程序以后，判决就发生法律效力。而死刑案件除经过第一审、第二审程序以外，还必须经过死刑复核程序。**只有经过复核并核准的死刑判决才发生法律效力。**

【特别提示】从这一意义上说，死刑复核程序是两审终审制的一种例外。

（三）所处的诉讼阶段特殊

死刑复核程序的进行一般是**在死刑判决作出之后，发生法律效力并交付执行之前。**

（四）核准权具有专属性

依据刑事诉讼法的规定，有权进行死刑复核的机关只有**最高人民法院和高级人民法院。**

（五）程序启动上具有自动性

死刑复核程序的启动既**不需要检察机关提起公诉或者抗诉**，也**不需要当事人提起自诉或上诉**，只要二审法院审理完毕或者一审后经过法定的上诉期或抗诉期被告人没有提出上诉、检察院没有提起抗诉，人民法院就应当自动将案件报送高级人民法院或最高人民法院核准。

【特别提示】第一审程序和第二审程序的启动都遵循不告不理原则，只有检察机关提起公诉或者自诉人提起自诉，人民法院才能启动第一审程序；只有检察机关提起抗诉或者被告人、自诉人提起上诉，人民法院才能启动二审程序。

（六）报请复核方式特殊

依照法律有关规定，报请复核应当按照法院的组织系统**逐级上报，不得越级**报核。

第二节　死刑立即执行案件的复核程序

【学习提要】

本节中考生应当重点掌握报请核准的程序以及处理。

【法条依据】

《刑事诉讼法》

第 246 条　【死刑核准权】死刑由最高人民法院核准。

第 247 条　中级人民法院判处死刑的第一审案件，被告人不上诉的，应当由高级人民法院复核后，报请最高人民法院核准。高级人民法院不同意判处死刑的，可以提审或者发回重新审判。高级人民法院判处死刑的第一审案件被告人不上诉的，和判处死刑的第二审案件，都应当报请最高人民法院核准。

第 249 条　【死刑复核的合议庭组成】最高人民法院复核死刑案件，高级人民法院复核死刑缓期执行的案件，应当由审判员三人组成合议庭进行。

第 250 条　【死刑复核的结果】最高人民法院复核死刑案件，应当作出核准或者不核准死刑的裁定。对于不核准死刑的，最高人民法院可以发回重新审判或者予以改判。

【知识点精讲】

一、死刑立即执行案件的核准权

死刑立即执行案件的核准权统一由最高人民法院行使。

★★★二、判处死刑立即执行案件的报请复核（如何报请）

根据《刑事诉讼法》第 21 条规定，可能判处死刑立即执行案件的一审法院是中级法院，当然，根据“上级法院可以审下级法院的案件”原则，也可以是高级法院和最高法院（最高法院一审判处死刑立即执行的案件，不存在复核问题）。因此，判处死刑立即执行案件的报请程序，就存在两种情形，即中级法院一审判处死刑立即执行案件的报请和高级法院一审判处死刑立即执行案件的报请。

根据《刑诉解释》第 423 条规定，中级法院一审判处死刑立即执行案件和高级法院一审判处死刑立即执行案件报请最高法院复核的案件，应当遵循以下程序与要求：

（一）中级法院一审判处死刑立即执行的

1. 未上诉、未抗诉的【层层上报】

在上诉、抗诉**期满后 10 日内依照复核程序**报请高级人民法院复核，高级人民法院**复核**后的处理如下：

（1）高级人民法院同意的，应当在**作出裁定后 10 日内**报请最高人民法院核准；

（2）高级人民法院认为原判认定的某一具体事实或者引用的法律条款等存在瑕疵，但判处被告人死刑并无不当的，可以在纠正后作出核准的判决、裁定；

（3）高级人民法院不同意的，应当**依照第二审程序提审**或者**发回重新审判**。（**无须再上报最高人民法院核准**）

> **【特别提示】中级法院一审判处死刑立即执行的，未上诉、未抗诉的，不能直接报请最高法院核准，而要遵循“层层上报”原则，只能先报请高级法院复核。**

2. **上诉、抗诉的**

高级人民法院应当按照**二审程序**审判，审理后的处理如下：

（1）高级人民法院二审裁定维持的，应当在作出裁定后 10 日内报请最高人民法院核准。

（2）高级人民法院二审后如果认为不应当判处死刑的，**直接在二审程序中改判**，二审判决生效。（**无须再上报**最高人民法院核准）。

中级人民法院一审判处死刑立即执行案件的后续程序流程图

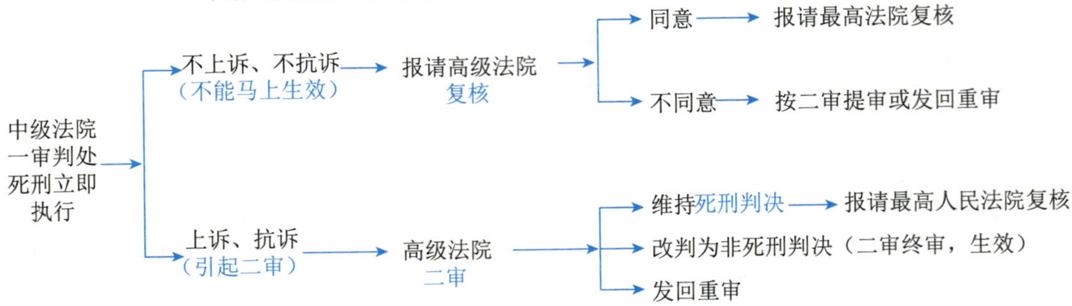

（二）高级法院一审判处死刑立即执行的

1. **未上诉、未抗诉的**

应当在上诉、抗诉期满后 10 日内报请最高人民法院核准。

2. **上诉、抗诉的**

最高人民法院按照二审程序审理，作出的裁判，二审终审，无须再复核。

【特别提示】因为最高法院就是二审法院，无须再复核。

【特别提示】报请复核死刑（含死缓）案件，应当一案一报。同案审理的案件应当报送全案案卷、证据。如被告人犯有数罪，其中一罪被判处死刑，或共同犯罪案件，其中一名被告人被判处死刑，以上情形应当报送全案的诉讼案卷和证据。

★★★三、判处死刑立即执行案件的复核程序（如何复核）

（一）合议庭

应当由**审判员** 3 人组成合议庭进行。

（二）复核原则：遵循全面审查原则

对**事实**认定、**法律**适用和诉讼**程序**进行**全面审查**。

【特别提示】共同犯罪案件中，部分被告人被判处死刑的，应当对全案进行审查，但不影响对其他被告人生效判决、裁定的执行；发现对其他被告人已经发生法律效力的判决、裁定确有错误时，可以指令原审人民法院再审。

（三）复核方式：强调控辩双方的参与

1. **辩方：**

（1）最高人民法院复核死刑案件，**应当讯问被告人**。

（2）辩护律师**提出要求**的，**应当听取**辩护律师的意见。

【特别提示1】辩护律师**要求当面反映**意见的，**应当在办公场所听取意见**，并制作笔录。辩护律师提出书面意见的，应当附卷。

【特别提示2】**最高人民法院复核死刑案件**，被告人**申请**法律援助的，应当通知**司法部**法律援助中心指派律师为其提供辩护。司法部法律援助中心在接到最高人民法院法律援助通知书后，应当在3日内指派**具有3年以上刑事辩护执业经历**的律师担任被告人的辩护律师，并函告最高人民法院。最高人民法院应当告知或者委托高级人民法院告知被告人为其指派的辩护律师的情况。**被告人拒绝指派的律师为其辩护的，最高人民法院应当准许。**

2. **控方：**

在复核死刑案件过程中，最高人民检察院**可以**向最高人民法院提出意见。最高人民法院**应当**将死刑复核结果通报最高人民检察院。

【特别提示】最高人民法院复核死刑案件不是书面审理，**而是调查讯问式审理。**

★★★四、判处死刑立即执行案件复核后的处理（复核结果）

根据《刑诉解释》第429条的规定，最高人民法院复核死刑案件，复核的结果有三种：一是核准死刑；二是裁定不予核准，发回重审；三是依法改判。

（一）核准死刑

1. **直接核准**：原判认定事实和适用法律正确、量刑适当、诉讼程序合法的，应当**裁定核准。**

2. **纠正瑕疵后核准**：原判认定的某一具体事实或者引用的法律条款等存在瑕疵，但判处被告人死刑并无不当的，可以在纠正后作出核准的判决、裁定。

（二）应当裁定不予核准，发回重审

有以下情形之一的，最高人民法院**应当裁定不予核准，并撤销原判，发回重新审判：**

1. 原判事实不清、证据不足的。（**事实错误**）

2. 复核期间出现新的影响定罪量刑的事实、证据的。（**出现新事实**）

3. 原审违反法定诉讼程序，可能影响公正审判的。（**程序错误**）

（三）一般应当发回重审，必要时可依法改判

原判认定事实正确、证据充分，但依法**不应当判处死刑的**，应当裁定不予核准，并撤销原判，**发回**重新审判；根据案件情况，**必要**时，也可以依法**改判**。

【总结】关于死刑立即执行案件复核后的结果，记忆技巧是：**没错就核准（瑕疵不是错，纠正后核准），有错就发回重审（量刑错误原则也是发回重审，必要时可改判）**。

五、最高人民法院复核后发回重审的程序

（一）最高法院发回重审的程序要求

由于中级法院一审判处死刑立即执行后，高级法院区分有没有上诉、抗诉而适用的程序有所不同，因此最高法院复核后发回重审的程序也区分高级法院此前报请时适用的不同程序而有所不同。

1. 第一种情形：中级人民法院一审判处死刑立即执行后，**有上诉、抗诉的**，高级人民法院适用二审程序后维持原判报请最高人民法院核准。最高人民法院裁定不予核准，发回重审

的，根据案件情况，可以**发回第二审人民法院**或者**第一审人民法院**重新审判。具体而言：

（1）发回第一审人民法院重新审判的，应当开庭审理。

（2）发回第二审人民法院重新审判的，第二审人民法院**一般不得**发回第一审人民法院重新审判。第二审人民法院重新审判的，可以直接改判；必须通过开庭查清**事实**、核实**证据**或者纠正原审**程序违法的，应当开庭**审理。（《刑诉解释》第430条）

【例】 甲省A市中级法院一审判处张三死刑立即执行，被告人张三上诉，甲省高级法院二审后维持死刑立即执行报请最高法院核准，最高法院裁定不予核准，发回重审的，可以发回A市中级法院（一审法院）重新审判，也可以发回甲省高级法院（二审法院）重新审判。发回A市中级法院重新审判的，A市中级法院应当开庭审理。发回甲省高级法院的，甲省高级法院一般不得发回A市中级法院审理。甲省高级法院重新审判的，可以直接改判，必须通过开庭查清事实、核实证据或者纠正原审程序违法的，应当开庭审理。

2. 第二种情形：中级人民法院一审判处死刑立即执行后，**没有上诉或抗诉的**，高级人民法院适用复核程序复核后同意判处死刑立即执行而继续报请最高人民法院核准。最高人民法院裁定不予核准，发回重审的，可以发回**第一审人民法院**重新审判，也可以发回**复核过本案的高级人民法院**重新审判。具体而言：

（1）发回第一审人民法院重新审判的，应当开庭审理。

（2）发回复核过本案的高级人民法院重新审判的，高级人民法院可以依照第二审程序提审或者发回重新审判。（《刑诉解释》第431条）

> **【特别提示】** 最高人民法院发回重审，同样是发回高级法院，应当区分高级法院在往上报请复核时是二审法院还是复核法院而答案有所不同。

（二）发回下级法院后，下级法院重审时的要求

1. **审判组织**：最高人民法院裁定不予核准死刑，发回重新审判的案件，原审人民法院**应当另行组成合议庭**审理。但是，以下两种情形发回重审的除外：

（1）**复核期间出现新的影响定罪量刑的事实、证据，**发回重新审判的。**（出现新事实、证据）**

（2）原判认定事实正确、证据充分，但**依法不应当判处死刑**的，应当裁定不予核准，并撤销原判，发回重新审判的。**（量刑错误）**

> **【特别提示】** 根据《刑诉解释》第429条规定，最高人民法院发现原判有以下四种错误之一的，发回重审：一是事实错误；二是出现新事实、证据；三是程序错误；四是量刑错误（必要时也可以改判）。由于发回下级法院后，下级法院重审时只有在因为出现新事实、证据或者量刑错误的情况下，才不另行组成合议庭（即由原来的合议庭审理），也就是说，如果是因为事实错误发回重审或程序错误发回重审的，那么下级法院重审时应当另行组成合议庭。

2. **高级人民法院能否再次发回重新审判**

《刑诉解释》第433条：依照《刑诉解释》第430条、第431条发回重新审判的案件，第一审人民法院判处死刑、死刑缓期执行的，上一级人民法院依照第二审程序或者复核程序审理后，应当依法作出判决或者裁定，不得再发回重新审判。但是，第一审人民法院有刑事诉讼法

第 238 条规定的情形[1]或者违反刑事诉讼法第 239 条规定[2]的除外。具体而言：

（1）最高人民法院裁定不予核准死刑，发回中级人民法院（一审法院）重新审判而中级法院又判处死刑立即执行的，被告人仍可以上诉，人民检察院仍可以抗诉。

（2）如果被告人再次上诉或检察院再次抗诉，那么高级人民法院仍然按照二审程序审理。如果被告人没有上诉，检察院也没有抗诉的，中级人民法院仍然需要按照复核程序层报至高级人民法院复核。

（3）高级人民法院依照第二审程序或者复核程序审理后，应当依法作出判决或者裁定，**不得再发回**重新审判，但高级人民法院发现一审程序存在**程序错误**的**除外**。

【特别提示】高级法院再次按二审程序审理后，二审的处理结果本来有三种：一是没错维持；**二是事实不清、证据不足可发回可改判，程序错误应当发回**；三是量刑错误应当改判，若受制于上诉不加刑原则又想加重的，维持原判。亦即，高级法院本来在事实不清、证据不足或者程序错误两种情形下发回重审。而高级法院按复核程序审理后有两种处理结果：同意的，继续层报至最高法院；不同意的，可以按二审程序提审或者发回重审。但是，根据《刑诉解释》第 433 条规定，意味着如果高级法院再次按照二审程序审理后**只有程序错误才能再次发回**，而事实不清、证据不足的，只能查清的基础上改判，而不能发回重审了。同样的，高级法院再次依照复核程序审理后不同意死刑立即执行的，只有在发现一审法院存在程序错误才能再次发回。

【例】问：甲省 A 市中级法院判处死刑立即执行，被告人上诉，甲省高级法院依照二审程序审理后维持死刑立即执行，报请最高法院复核。最高法院复核后裁定撤销原判，发回 A 市中级法院重新审判。A 市中级法院又依照一审程序重新审判并再次判处死刑立即执行，被告人仍然不服上诉。甲省高级法院再次按照二审程序审理后认为案件事实不清、证据不足，是否可以撤销原判，再次发回 A 市中级法院重新审判？

答：不可以。因为不是程序错误。此时甲省高级法院只能在查清的基础上改判。

（4）高级人民法院依照第二审程序审理后仍然维持死刑立即执行的，或者高级人民法院依照复核程序审理后仍然同意死刑立即执行的，仍然继续报请最高人民法院进行复核。最高人民法院的复核程序就完全按照本节（如何复核）的规定进行复核并按照本节（复核结果）在复核后作出相应的处理。亦即，此时最高人民法院复核后发回重审的，不受限制。

【经典金题】

1. 甲因犯故意杀人罪被 H 省 S 市中级法院判处死刑立即执行，甲未上诉，检察机关也未抗诉。最高人民法院经复核后认为，原判认定事实清楚，证据确实充分，但量刑过重，依法不应当判处死刑，不予核准，发回重审。关于本案的诉讼程序，下列哪一说法是错误的？（2018

---

[1]《刑事诉讼法》第 238 条：“第二审人民法院发现第一审人民法院的审理有下列违反法律规定的诉讼程序的情形之一的，应当裁定撤销原判，发回原审人民法院重新审判：（1）违反本法有关公开审判的规定的；（2）违反回避制度的；（3）剥夺或者限制了当事人的法定诉讼权利，可能影响公正审判的；（4）审判组织的组成不合法的；（5）其他违反法律规定的诉讼程序，可能影响公正审判的。”

[2]《刑事诉讼法》第 239 条：“原审人民法院对于发回重新审判的案件，应当另行组成合议庭，依照第一审程序进行审判。对于重新审判后的判决，依照本法第 227 条、第 228 条、第 229 条的规定可以上诉、抗诉。”

年仿真题，单选）〔1〕

A. S 市中级法院判处死刑立即执行后，应当先报请 H 省高级法院复核后再报请最高法院核准

B. 最高人民法院发回 S 市中级法院重新审判的，S 市中级法院应当另行组成合议庭审理

C. 最高人民法院发回 S 市中级法院重新审判的，S 市中级法院应当开庭审理

D. S 市中级法院重新审判后，甲如果不服判决结果的，可以上诉

2. 甲和乙因故意杀人在某市中级法院受审，经过审理，一审判处甲死刑立即执行，乙死刑缓期二年执行，甲乙没有上诉，检察院没有抗诉，案件层报最高人民法院核准，下列表述正确的有？（2020 年仿真题，不定项）〔2〕

A. 最高人民法院复核案件时，应当开庭审理

B. 最高人民法院复核案件时，应当听取辩护律师的意见

C. 案件由高级法院报最高人民法院复核，乙的裁判部分已经生效，应当及时交付监狱执行

---

〔1〕【解析】A 项：案件由中院一审判处死刑立即执行后、报请最高人民法院复核前，并不必然经过高级人民法院的复核程序。中间经过的程序既有可能是高级人民法院的二审，也有可能是高级人民法院的复核。判断经过的是何种程序，要“拨开云雾”，看该案是否上诉或抗诉。如果有上诉或抗诉，引起的是二审程序，经过高级法院二审维持死刑立即执行的，是在 10 天内报请最高法院复核，无须经过高级法院的复核（因为二审结果已经是高级法院的观点）。如果没有上诉也没有抗诉的，则应当先经过高级法院的复核，高级法院同意判处死刑立即执行的，继续报请给最高法院复核。本案中，由于没有上诉也没有抗诉，因此应当先报请 H 省高级法院复核后再报请最高法院核准，A 项正确，不当选。

B 项：根据规定，最高人民法院裁定不予核准死刑，发回重新审判的案件，原审人民法院应当另行组成合议庭审理。但是，以下两种情形发回重审的除外：（1）复核期间出现新的影响定罪量刑的事实、证据，发回重新审判的（出现新事实、证据）。（2）原判认定事实正确、证据充分，但依法不应当判处死刑的，应当裁定不予核准，并撤销原判，发回重新审判的（量刑错误）。在本案中，由于是以量刑过重为由发回重审，因此属于不需要另行组成合议庭的两种例外之一，B 项错误，当选。

C 项：根据规定，最高人民法院裁定不予核准死刑的，根据案件情况，可以发回二审法院或者一审法院重新审判。对最高人民法院发回二审法院重新审判的案件，二审法院一般不得发回一审法院重新审判。一审法院重新审判的，应当开庭审理。二审人民法院重新审判的，可以直接改判；必须通过开庭查清事实、核实证据或者纠正原审程序违法的，应当开庭审理。本案中，S 市中级法院是本案一审法院，由其重审应当按照一审程序重新审判，故应当开庭审理。因此，C 项正确，不当选。

D 项：由于 S 市中级法院是本案一审法院，最高法院发回 S 市中级法院重新审判，作出的判决是一审判决，甲如果对该判决不服的，可以提出上诉。因此，D 项正确，不当选。

综上所述，本题为选非题，答案为 B 项。

〔2〕【解析】A 项：目前，我国立法对最高法院复核死刑案件没有明确规定开庭审理。根据《刑诉解释》第 423 条第 2 款规定，最高人民法院复核死刑案件，应当讯问被告人。审查核实案卷材料。辩护律师提出要求的，应当听取辩护律师的意见。最高人民检察院可以向最高院提出意见。据此，最高法院复核死刑案件不是书面审理，而是调查讯问式审理。据此，A 项错误。

B 项：看到选项中有关键词“听取律师/辩护人/辩护律师意见”，考生就要反应过来考点在于“应当”听取是否正确。根据《刑事诉讼法》第 251 条第 1 款规定，最高人民法院复核死刑案件，应当讯问被告人，辩护律师提出要求的，应当听取辩护律师的意见。据此，若辩护律师没有提出要求，最高人民法院不是“应当”听取辩护律师的意见。因此，B 项错误。

C 项：根据《刑诉解释》第 512 条规定：“同案审理的案件中，部分被告人被判处死刑，对未被判处死刑的同案被告人需要羁押执行刑罚的，应当根据前条规定及时交付执行。但是，该同案被告人参与实施有关死刑之罪的，应当在复核讯问被判处死刑的被告人后交付执行。”本案中，虽然乙未被判处死刑立即执行，其判决已经生效，但由于乙参与了甲被判处死刑立即执行的故意杀人罪，因此乙只能在最高法院复核讯问甲后交付执行。据此，C 项错误。

D 项：根据《刑诉解释》第 505 条第 1 款规定，第一审人民法院在执行死刑前，应当告知罪犯有权会见其近亲属。本案中，甲的妻子是甲的近亲属，故甲有权申请会见。因此，D 项正确。

综上所述，本题答案为 D 项。

D. 甲在被执行死刑前，有权申请见他的妻子

第三节　死刑缓期二年执行案件的复核程序

【学习提要】

本节考生须掌握死刑缓期二年执行案件的复核程序及处理结果，可对照死刑立即执行案件的复核程序进行记忆。

【法条依据】

《刑事诉讼法》

第248条 【死缓核准权】中级人民法院判处死刑缓期二年执行的案件，由高级人民法院核准。

【知识点精讲】

一、核准权

判处死刑缓期二年执行的案件，由**高级人民法院**核准。报请复核的死刑缓期二年执行案件，应当一案一报。报送的材料包括报请复核的报告，第一、二审裁判文书，案件综合报告各五份以及全部案卷、证据。

★★二、中级法院一审判死缓的报请程序（如何报请）

中级人民法院判处死刑缓期二年执行的第一审案件，被告人**不上诉**，人民检察院**不抗诉**的，在上诉、抗诉期满后，应当报请高级人民法院核准。

【特别提示1】中级人民法院一审判处死刑缓期二年执行，被告人上诉或者人民检察院抗诉的，高级人民法院是二审法院，因此适用第二审程序审理，所作裁判是终审裁判，没有复核程序（不存在高级人民法院复核问题，因为只会走一种程序）。

【特别提示2】高级人民法院一审判处死刑缓期二年执行的案件，也不存在复核程序。

★★三、判处死刑缓期二年执行案件的复核程序（如何复核）

1. 高级人民法院复核死缓的案件，应当由审判员3人组成合议庭进行。
2. 高级人民法院复核死缓案件，应当讯问被告人。

★★四、判处死刑缓期二年执行案件复核后的结果（复核结果）

（一）予以核准

1. **直接核准**：事实和适用法律正确、量刑适当、诉讼程序合法，应当裁定予以核准。

2. **纠正后核准**：原判**判处被告人死缓并无不当**，但具体认定的某一事实或者引用的法律条款等存在瑕疵，可以在纠正后作出核准的判决或者裁定。

（二）发回重审或者改判

1. 【**事实错误**】原判**事实不清、证据不足**的，可以裁定不予核准，并撤销原判，发回重新审判，或者依法改判；

2. 【**新事实**】复核期间出现**新的影响定罪量刑的事实、证据**的，可以裁定不予核准，并撤

销原判，发回重新审判，或者审理后依法改判。

（三）应当依法改判

【法律错误】认为**原判过重**的，应当依法改判。**【复核不加刑】**

【注意】高院核准死缓案件，不得以提高审级等方式加重被告人的刑罚。

（四）应当发回重审

【程序错误】原审违反法定诉讼程序，可能影响公正审判的，应当裁定不予核准，并撤销原判，发回重新审判。

附：共同犯罪中，未被判死刑的共犯的刑罚执行

《刑诉解释》第511条　被判处死刑缓期执行、无期徒刑、有期徒刑、拘役的罪犯，第一审人民法院应当在判决、裁定生效后十日以内，将判决书、裁定书、起诉书副本、自诉状复印件、执行通知书、结案登记表送达公安机关、监狱或者其他执行机关。

《刑诉解释》第512条　同案审理的案件中，部分被告人被判处死刑，对未被判处死刑的同案被告人需要羁押执行刑罚的，应当根据前条规定及时交付执行。但是，该同案被告人参与实施有关死刑之罪的，应当在**复核讯问被判处死刑的被告人后**交付执行。

【经典金题】

鲁某与关某涉嫌贩卖冰毒500余克，B省A市中级法院开庭审理后，以鲁某犯贩卖毒品罪，判处死刑立即执行，关某犯贩卖毒品罪，判处死刑缓期二年执行。一审宣判后，关某以量刑过重为由向B省高级法院提起上诉，鲁某未上诉，检察院也未提起抗诉。如B省高级法院审理后认为，一审判决认定事实和适用法律正确、量刑适当，裁定驳回关某的上诉，维持原判，则对本案进行死刑复核的正确程序是？（2015年卷二第96题，不定项）[1]

A. 对关某的死刑缓期二年执行判决，B省高级法院不再另行复核

B. 最高法院复核鲁某的死刑立即执行判决，应由审判员三人组成合议庭进行

C. 如鲁某在死刑复核阶段委托律师担任辩护人的，死刑复核合议庭应在办公场所当面听取律师意见

D. 最高法院裁定不予核准鲁某死刑的，可发回A市中级法院或B省高级法院重新审理

---

[1]【解析】A项：根据《刑事诉讼法》第248条规定，中级法院一审判处死缓之后，如果有上诉或抗诉的，引起的是二审程序，此时，案件到高级法院。高级法院是按照二审程序审理，高级法院二审审理后维持死缓的，高级法院不再另行复核（因为二审结果已经是高级法院的观点了，高级法院只会走一套程序）。本案中，由于关某上诉，因此高级法院是二审法院，据此，A项正确。

B项：根据《刑事诉讼法》第249条规定，最高人民法院复核死刑案件，高级人民法院复核死刑缓期执行的案件，应当由审判员三人组成合议庭进行。据此，最高法院复核鲁某的死刑立即执行判决，应由审判员三人组成合议庭进行。因此，B项正确。

C项：本选项判断的关键是抓取关键词“死刑复核”“应”“听取律师意见”。考生一看到“听取律师意见”就要反应过来，考查的是“应当听取”是否正确。根据《刑事诉讼法》第251条第1款规定，最高人民法院复核死刑案件，应当讯问被告人，辩护律师提出要求的，应当听取辩护律师的意见。据此，若辩护律师没有提出要求，最高人民法院不是“应当”听取辩护律师的意见。本题中，律师没有提出要求，因此，不是“应当”听取。C项错误。

D项：根据《刑诉解释》第430条第1款规定，最高人民法院裁定不予核准死刑的，根据案件情况，可以发回第二审人民法院或者第一审人民法院重新审判。据此，A市中级法院是本案的第一审法院，B省高级法院是本案的第二审法院，若最高法院裁定不予核准，则可以发回A市中院或B省高院重新审判。因此，D项正确。

综上所述，本题答案为ABD项。

第四节　死刑缓期执行限制减刑案件的审理程序

【学习提要】

本节内容并非考试重点，考生了解即可。

【知识点精讲】

一、案件范围

针对的是被判处**死刑缓期执行的累犯**以及因**故意杀人、强奸、抢劫、绑架、放火、爆炸、投放危险物质或者有组织的暴力性犯罪被判处死刑缓期执行**的犯罪分子。

二、作出时间与方式

1. 法院根据犯罪情节、人身危险性等情况，可以在作出裁判的同时决定对其限制减刑。
2. 限制减刑在判决书中主文部分单独作为一项予以宣告。

三、上诉问题

被告人对一审法院作出的限制减刑判决不服的，可以提出上诉。

四、高级法院审理死缓限制减刑的上诉案件

1. 高级法院审理死缓并限制减刑的上诉案件，认为判决限制减刑不当的，应当改判。

2. 高级法院审理死缓没有限制减刑的上诉案件，认为应当限制减刑的，不得直接改判，也不得发回重新审判。确有必要限制减刑的，应当在第二审判决、裁定生效后，按照审判监督程序重新审判。【上诉不加刑】

五、死缓限制减刑的复核

1. 高级人民法院复核判处死刑缓期执行并限制减刑的案件，认为原判对被告人判处死刑缓期执行适当，但判决限制减刑不当的，应当改判，撤销限制减刑。

2. 高级人民法院复核判处死刑缓期执行没有限制减刑的案件，认为应当限制减刑的，不得以提高审级等方式对被告人限制减刑。【复核不加刑】

六、死刑改死缓限制减刑

1. 高级人民法院审理判处死刑的第二审案件，对被告人该判死刑缓期执行的，如果符合刑法第 50 条第 2 款的规定，可以同时决定对其限制减刑。

2. 高级人民法院复核判处死刑后没有上诉、抗诉的案件，认为应当改判死刑缓期执行并限制减刑的，可以提审或者发回重新审判。

3. 最高人民法院复核死刑案件，认为对被告人可以判处死刑缓期执行并限制减刑的，应当裁定不予核准，并撤销原判，发回重新审判。

4. 一案中两名以上被告人被判处死刑，最高院复核后，对其中部分被告人改判死刑缓期执行的，如果符合刑法第 50 条第 2 款的规定，可以同时决定对其限制减刑。

第五节　死刑复核程序的监督

【学习提要】

本节中，考生须了解死刑复核程序的监督途径。

【法条依据】

《刑事诉讼法》第251条　最高人民法院复核死刑案件，应当讯问被告人，辩护律师提出要求的，应当听取辩护律师的意见。在复核死刑案件过程中，最高人民检察院可以向最高人民法院提出意见。最高人民法院应当将死刑复核结果通报最高人民检察院。

【知识点精讲】

一、省级检察院对死刑复核的监督

《最高检规则》第602条　最高人民检察院依法对最高人民法院的死刑复核活动实行法律监督。

省级人民检察院依法对高级人民法院复核未上诉且未抗诉死刑立即执行案件和死刑缓期二年执行案件的活动实行法律监督。

二、检察院实行死刑复核监督的案件

《最高检规则》第603条　最高人民检察院、省级人民检察院通过办理下列案件对死刑复核活动实行法律监督：

（一）人民法院向人民检察院通报的死刑复核案件；

（二）下级人民检察院提请监督或者报告重大情况的死刑复核案件；

（三）当事人及其近亲属或者受委托的律师向人民检察院申请监督的死刑复核案件；

（四）认为应当监督的其他死刑复核案件。

三、省级检察院向最高检提请死刑复核监督的情形

《最高检规则》第604条　省级人民检察院对于进入最高人民法院死刑复核程序的案件，**具有下列情形之一的，应当及时向最高人民检察院提请监督：**

（一）案件事实不清、证据不足，依法应当发回重新审判或者改判的；

（二）被告人具有从宽处罚情节，依法不应当判处死刑的；

（三）**适用法律错误的；**

（四）违反法律规定的诉讼程序，可能影响公正审判的；

（五）其他应当提请监督的情形。

四、省检应及时向最高检报告的影响死刑适用的情形

《最高检规则》第605条　省级人民检察院发现死刑复核案件被告人有自首、立功、**怀孕**或者被告人家属与被害人家属达成赔偿谅解协议等新的重大情况，**影响**死刑适用的，应当及时向最高人民检察院报告。

五、省检向最高检备案的规定

《最高检规则》第607条　对于适用死刑存在较大分歧或者在全国有重大影响的死刑第二

审案件，省级人民检察院应当及时报最高人民检察院备案。

《最高检规则》第 608 条　高级人民法院死刑复核期间，设区的市级人民检察院向省级人民检察院报告重大情况、备案等程序，参照本规则第六百零五条、第六百零七条规定办理。

六、最高检死刑复核检察部门对死刑复核案件审查的规定；并增加审查死刑复核监督案件的审查方式

《最高检规则》第 609 条　对死刑复核监督案件的审查可以采取下列方式：

（一）审查人民法院移送的材料、下级人民检察院报送的相关案件材料、当事人及其近亲属或者受委托的律师提交的材料；

（二）向下级人民检察院调取案件审查报告、公诉意见书、出庭意见书等，了解案件相关情况；

（三）向人民法院调阅或者查阅案卷材料；

（四）核实或者委托核实主要证据；

（五）讯问被告人、听取受委托的律师的意见；

（六）就有关技术性问题向专门机构或者有专门知识的人咨询，或者委托进行证据审查；

（七）需要采取的其他方式。

七、审查死刑复核监督案件听取下级检察院意见

《最高检规则》第 610 条　审查死刑复核监督案件，具有下列情形之一的，应当听取下级人民检察院的意见：

（一）对案件主要事实、证据有疑问的；

（二）对适用死刑存在较大争议的；

（三）可能引起司法办案重大风险的；

（四）其他应当听取意见的情形。

八、最高检经检察长决定依法向最高法提出检察意见

《最高检规则》第 611 条　最高人民检察院经审查发现死刑复核案件具有下列情形之一的，应当经检察长决定，依法向最高人民法院提出检察意见：

（一）认为适用死刑不当，或者案件事实不清、证据不足，依法不应当核准死刑的；

（二）认为不予核准死刑的理由不成立，依法应当核准死刑的；

（三）发现新的事实和证据，可能影响被告人定罪量刑的；

（四）严重违反法律规定的诉讼程序，可能影响公正审判的；

（五）司法工作人员在办理案件时，有贪污受贿，徇私舞弊，枉法裁判等行为的；

（六）其他需要提出检察意见的情形。

同意最高人民法院核准或者不核准意见的，应当经检察长批准，书面回复最高人民法院。

对于省级人民检察院提请监督、报告重大情况的案件，最高人民检察院认为具有影响死刑适用情形的，应当及时将有关材料转送最高人民法院。

【主观题点睛】

【案情】

2020 年 6 月 3 日晚，张一想买小轿车，但是苦于身上没有钱，于是怂恿王二一起想办法“搞点钱”。当晚凌晨 2 时许，二人偷偷爬进李某的家，趁李某熟睡之际，从其家里盗走现金 12 万元及一块手表（价值人民币 5 万元）。二人见李某姿色不错心生歹意，轮流对李某实施了

奸淫行为，在张一实施强奸过程中，因用力过大将李某捂死。王二见情况不妙，拔腿就跑。张一不知所措，怕被人发现于是将李某的尸体扔入附近的湖中，将李某的衣物以及钱包等随身物品藏起来。

2020年6月6日，有人在湖边散步发现了一具尸体，于是向甲省S市公安机关报案。公安机关对尸体进行检验确定了被害人就是李某。经调查发现张一、王二有重大犯罪嫌疑，因此对二人进行侦查。甲省S市检察院对张一、王二强奸、故意杀人一案提起公诉。S市中级法院开庭审理了此案，于2020年8月24日作出刑事判决：被告人张一犯强奸罪、故意杀人罪，判处死刑，剥夺政治权利终身，并处没收个人全部财产；被告人王二犯强奸罪、故意杀人罪，判处死刑，缓期二年执行。宣判后，被告人张一、王二均不服，提出上诉。甲省高级法院审理后，于2020年10月13日作出刑事裁定，驳回上诉，维持原判。甲省高级法院将被告人张一的死刑判决依法报请最高法院核准。最高法院对该案进行了复核，认为甲省高级法院公开审理违反了法律规定，因此于2020年11月25日裁定不核准死刑，撤销原判，发回重审。

【问题】

1. 在本案中，甲省高级人民法院在将张一的死刑判决报请最高人民法院复核之前，应当如何审理?

2. 最高人民法院复核张一的死刑判决是否可以采用书面审理的方式复核?

【参考答案】

1. 答：（1）甲省高级法院应当按二审程序审理，由审判员组成合议庭进行审理。

（2）甲省高级法院应当开庭审理。本案二审程序是有死刑立即执行情形，符合应当开庭审理的情形，故二审法院应当开庭审理。

（3）甲省高级法院审理时，应当遵循上诉不加刑原则和全面审查原则进行审理。

（4）甲省高级法院应当在2个月内审结。

（5）甲省高级法院应当根据审理的情况作出判决：如果事实清楚、证据确实充分，维持原判。如果事实不清证据不足可在查清基础上改判，也可以撤销原判，发回重审（但如果已经以此理由发回过一次的，就不能再以此为理由再发回。）程序错误的，应当发回重审。适用法律错误、量刑错误的，应当改判。但受制于上诉不加刑，又想加重的，只能维持原判。

2. 答：最高法院复核张一的死刑立即执行案件不能采用书面审理方式。理由是：根据《刑事诉讼法》及相关司法解释规定，死刑案件的复核除了审查书面材料外，还必须讯问被告人，辩护律师提出要求的，还应当听取辩护律师的意见。最高人民检察院也可以向最高法院提出意见。因此，死刑复核的方式不是单纯的书面审理，而是调查讯问式审理。

第十八章　审判监督程序

【复习提要】

审判监督程序，又称再审程序，是指**人民法院**、**人民检察院**对于已经发生法律效力的判决和裁定，发现在认定事实上或者在适用法律上确有错误，由人民法院对案件进行重新审判的一种诉讼程序。本专题是历年考试的常规考点，也是主观题的出题点。本章的重点知识比较突出，考生应当重点掌握以下知识点：申诉的主体；申诉的程序；提起审判监督程序的主体、方式；审判监督程序的审理方式；依照审判监督程序重新审判后的处理；审判监督程序强制措施的决定主体；原判决、裁定的中止执行制度等。

【知识框架】

- 审判监督程序
  - 审判监督程序概述
  - 审判监督程序的提起
    - 申诉★★★★★★
    - 提起审判监督程序的主体（法院、检察院）★★★
    - 提起审判监督程序的理由
    - 提起审判监督程序的方式
  - 依照审判监督程序对案件的重新审判★★★★★★

第一节　审判监督程序概述

【学习提要】

本节作为审判监督程序专题的基本知识，考生需要注意记忆审判监督程序的特点。

【知识点精讲】

一、审判监督程序的概念

审判监督程序，又称再审程序，是指人民法院、人民检察院对于已经发生法律效力的判决和裁定，发现在认定事实上或者在适用法律上确有错误，由人民法院对案件进行重新审判的一种诉讼程序。它对依法纠正错案，保障当事人尤其是被告人的合法权益起到积极的推动作用。

审判监督程序并不是每个案件的必经程序，只有对于已经发生法律效力而且确有错误的判决、裁定才能适用。因此，它是一种特殊程序。

二、审判监督程序的特点

（一）审理对象

审判监督程序的审理对象是**已经发生法律效力的判决、裁定**，包括**正在执行**和**已经执行完毕**的判决、裁定。

（二）启动主体

审判监督的程序是由**各级人民法院**院长提交本院审判委员会决定，**最高人民法院**和**上级人**

民法院决定以及**最高人民检察院和上级人民检察院**提出抗诉而提起的。

（三）启动理由

审判监督程序必须经有权的人民法院或者人民检察院审查，认为**已生效的判决、裁定在认定事实或者适用法律上确有错误**时，才能提起。

（四）启动期限

1. 人民法院、人民检察院**主动启动审判监督程序的，启动时间没有期限限制**。
2. 申诉主体向人民法院、人民检察院申诉的，申诉的时间有期限限制。

（五）审判法院

按照审判监督程序审判案件的法院，既可以是**原审人民法院**，也**可以是提审的任何上级人民法院**。

（六）程序级别

按照审判监督程序审判案件**将根据原来是第一审案件或第二审案件而分别依照第一审程序和第二审程序进行**。

（七）再审不加刑

除人民检察院抗诉的以外，再审**一般不得加重**原审被告人的刑罚。再审决定书或者抗诉书只针对部分原审被告人的，不得加重其他同案原审被告人的刑罚。

第二节　审判监督程序的提起

【学习提要】

本节中考生应当重点记忆申诉与提起审判监督程序的主体。

【法条依据】

《刑事诉讼法》

第252条 【申诉的提出】当事人及其法定代理人、近亲属，对已经发生法律效力的判决、裁定，可以向人民法院或者人民检察院提出申诉，但是不能停止判决、裁定的执行。

第253条 【因申诉而重新审判的情形】当事人及其法定代理人、近亲属的申诉符合下列情形之一的，人民法院应当重新审判：（一）有新的证据证明原判决、裁定认定的事实确有错误，可能影响定罪量刑的；（二）据以定罪量刑的证据不确实、不充分、依法应当予以排除，或者证明案件事实的主要证据之间存在矛盾的；（三）原判决、裁定适用法律确有错误的；（四）违反法律规定的诉讼程序，可能影响公正审判的；（五）审判人员在审理该案件的时候，有贪污受贿，徇私舞弊，枉法裁判行为的。

第254条 【提起审判监督程序的主体及理由】各级人民法院院长对本院已经发生法律效力的判决和裁定，如果发现在认定事实上或者在适用法律上确有错误，必须提交审判委员会处理。最高人民法院对各级人民法院已经发生法律效力的判决和裁定，上级人民法院对下级人民法院已经发生法律效力的判决和裁定，如果发现确有错误，有权提审或者指令下级人民法院再审。最高人民检察院对各级人民法院已经发生法律效力的判决和裁定，上级人民检察院对下级人民法院已经发生法律效力的判决和裁定，如果发现确有错误，有权按照审判监督程序向同级人民法院提出抗诉。人民检察院抗诉的案件，接受抗诉的人民法院应当组成合议庭重新审理，对于原判决事实不清楚或者证据不足的，可以指令下级人民法院再审。

【知识点精讲】

★★★★一、再审申诉（提起审判监督程序的材料来源）（如何申诉）

申诉，是指当事人及其法定代理人、近亲属和有关的案外人认为法院已经发生法律效力的判决、裁定确有错误，要求人民法院或者人民检察院进行审查处理的一种请求。

【特别提示】此处的申诉，是指再审申诉。在刑事诉讼中，申诉可以分为一般申诉与再审申诉。一般申诉，是指在刑事诉讼过程中，诉讼参与人针对公检法侵犯其合法权利而表示不服要求救济的一种方式。一般申诉与再审申诉在申诉主体、申诉对象、接受申诉的机关等方面均有所不同。考生在题目中看到“申诉”一词时，应根据不同的内涵判断该申诉属于一般申诉还是再审的申诉。

再审的申诉是提起审判监督程序的材料来源中最为主要的形式，应当遵循下列程序与要求：

（一）再审申诉的一般规定

1. 申诉主体

根据《刑诉解释》第451条规定，申诉的主体有两类：

（1）**当事人**及其**法定代理人**、**近亲属**对已经发生法律效力的判决、裁定提出申诉的，人民法院应当审查处理。

（2）**案外人**认为已经发生法律效力的判决、裁定侵害其合法权益，提出申诉的，人民法院应当审查处理。

【特别提示】申诉可以委托律师代为进行。但是，律师不是申诉主体。

2. 申诉对象

申诉的对象是**已经发生法律效力的判决、裁定**。

【特别提示】此处应与上诉区别开来。上诉针对的是一审尚未发生法律效力的判决、裁定。

3. 申诉效力

（1）申诉**不能停止**判决、裁定的执行。

（2）申诉**不能直接引起**审判监督程序。

【特别提示】此处应与上诉区别开来。上诉必然引起二审程序，且导致法院一审判决、裁定不能生效。

4. 申诉时间

（1）一般而言，**刑罚执行完毕后2年内**提出申诉，符合条件的，法院应当受理。

（2）**超过2年**提出申诉，有下列情形之一的，**应当受理**：

①可能对原审被告人**宣告无罪**的；

②**在期限内向法院申诉，法院未受理**的；

③属于**疑难、复杂、重大**案件的。

5. 受理机关

可以由**人民法院**或者**人民检察院**受理申诉材料。

（二）向法院申诉时，法院审查申诉的程序

1. 对申诉的受理

（1）**原则：申诉由终审人民法院审查处理**。但是，第二审人民法院**裁定准许撤回上诉的**

案件，申诉人对第一审判决提出申诉的，**可以**由第一审人民法院审查处理。

【特别提示】终审法院驳回申诉的，申诉人对驳回申诉不服的，可以向**上一级人民法院**申诉。上一级人民法院经审查认为申诉不符合启动审判监督程序的情形的，应当**说服**申诉人**撤回**申诉；对仍然坚持申诉的，应当**驳回**或者通知**不予重新审判**。（**两级申诉制**）

（2）**【越一级申诉——申诉主体越过终审法院，直接向终审法院的上一级法院申诉】**上一级法院对未经终审法院审查处理的申诉，①**可以告知申诉人向终审人民法院**提出申诉；②或者**直接交终审人民法院**审查处理，并告知申诉人；③**案件疑难、复杂、重大的，也可以直接审查处理**。

（3）**【不能越两级申诉】**对未经终审人民法院及其上一级人民法院审查处理，直接向上级人民法院申诉的，上级人民法院**应当告知**申诉人向**下级人民法院提出**。

（4）**【指定审查】**最高人民法院或者上级人民法院可以指定终审人民法院以外的人民法院对申诉进行审查。被指定的人民法院审查后，应当制作审查报告，提出处理意见，层报最高人民法院或者上级人民法院审查处理。

（5）**死刑案件的申诉**：对死刑案件的申诉，**可由原核准的人民法院直接审查处理**，也可以**交由原审人民法院审查**。原审人民法院应当写出审查报告，提出处理意见，**层报原核准的人民法院审查处理**。

2. **审查时间**

对立案审查的申诉案件，应当在3**个月内**作出决定，至迟不得超过6**个月**。因案件疑难、复杂、重大或者其他特殊原因需要延长审查期限的，参照本解释第210条的规定处理。

【特别提示】**申诉材料不符合规定的，法院应当告知申诉人补充材料；申诉人对必要材料拒绝补充且无正当理由的，不予审查。**

3. **审查方式：听取意见，核实，听证**

对立案审查的申诉案件，人民法院可以听取当事人和原办案单位的意见，也可以对原判据以定罪量刑的证据和新的证据进行核实。必要时，可以进行听证。

4. **审查后的处理**

（1）应当决定重新审判

经审查，具有下列情形之一的，应当根据刑事诉讼法第253条的规定，决定重新审判：

①有新的证据证明原判决、裁定认定的事实确有错误，可能影响定罪量刑的；

②据以定罪量刑的证据不确实、不充分、依法应当排除的；

③证明案件事实的主要证据之间存在矛盾的；

④主要事实依据被依法变更或者撤销的；

⑤认定罪名错误的；

⑥量刑明显不当的；

⑦对违法所得或者其他涉案财物的处理确有明显错误的；

⑧违反法律关于溯及力规定的；

⑨违反法定诉讼程序，可能影响公正裁判的；

⑩审判人员在审理该案件时有贪污受贿、徇私舞弊、枉法裁判行为的。

（2）驳回申诉

申诉不具有上述情形的，应当**说服申诉人撤回申诉**；对仍然坚持申诉的，应当**书面**通知驳回。

【特别提示】我国刑事诉讼实行两级申诉制：申诉人对驳回申诉不服的，可以向上一级人民法院申诉。上一级人民法院经审查认为申诉不符合《刑诉解释》第457条第2款规定的，应当说服申诉人撤回申诉；对仍然坚持申诉的，应当驳回或者通知不予重新审判。

5. **撤回申诉**

（1）人民法院审理申诉人申诉的再审案件，申诉人在**再审期间撤回**申诉的，**可以裁定准许；但认为原判确有错误的，应当不予准许，继续按照再审案件审理。**

（2）申诉人经依法通知无正当理由拒不到庭，或者未经法庭许可中途退庭的，**可以裁定按撤回申诉处理**，但申诉人不是原审当事人的除外。

（三）检察院对申诉的受理

1. **原则【两级申诉制】**

（1）当事人及其法定代理人、近亲属认为人民法院已经发生法律效力的判决、裁定确有错误，向人民检察院申诉的，由**作出生效判决、裁定的人民法院的同级**人民检察院依法办理。该同级检察院认为判决、裁定确有错误需要抗诉的，应当提请**上一级**检察院**抗诉**。

【特别提示】**该上一级人民检察院认为需要提出抗诉的，应当向同级人民法院提出抗诉。（注意新修订的规则）**

（2）申诉主体对法院已经生效的判决、裁定提出申诉，经同级人民检察院复查决定不予抗诉后继续提出申诉的，**上一级检察院**应当受理。该上一级检察院认为裁判确有错误的，可以直接向其同级法院抗诉。

（3）对不服人民法院已经发生法律效力的判决、裁定的申诉，经两级人民检察院办理且省级人民检察院已经复查的，如果**没有新的证据**，人民检察院**不再复查**，但原审被告人可能被宣告**无罪**或者判决、裁定有其他**重大错误**可能的**除外**。

2. **越级申诉的处理**

申诉主体直接向**上级检察院**申诉的，上级检察院可以交由作出生效判决、裁定的法院的同级检察院受理；案情重大、疑难、复杂的，上级检察院可以直接受理。

【考点归纳】（再审）申诉与上诉的区别		
不同点	**申诉**	**上诉**
1. **对象不同**	已经**发生法律效力**的判决、裁定	尚**未发生法律效力**的一审判决、裁定
2. **提起主体不同**	当事人及其**法定代理人**、**近亲属**	被告人、自诉人、附民诉讼当事人及其法定代理人、经被告人同意的被告人的辩护人及其近亲属
3. **受理机关不同**	原审人民法院及对应的**同级人民检察院**	原审人民法院及其**上一级人民法院**
4. **提起期限不同**	一般最晚在刑罚执行完毕后2年内	判决10日；裁定5日
5. **后果不同**	不停止生效判决、裁定的执行；不能必然引起审判监督程序	上诉必然导致一审判决、裁定不能生效；上诉必然会引起第二审程序

【经典金题】

关于审判监督程序中的申诉，下列哪一选项是正确的？（2015 年卷二第 39 题，单选）〔1〕

A. 二审法院裁定准许撤回上诉的案件，申诉人对一审判决提出的申诉，应由一审法院审理

B. 上一级法院对未经终审法院审理的申诉，应直接审理

C. 对经两级法院依照审判监督程序复查均驳回的申诉，法院不再受理

D. 对死刑案件的申诉，可由原核准的法院审查，也可交由原审法院审查

★★★★二、有权提起审判监督程序的主体（如何启动再审程序）

在刑事诉讼中，有权提起审判监督程序的主体是人民法院、人民检察院。而申诉主体不是再审程序的启动主体，其申诉不能当然启动再审程序。申诉主体向法院或检察院申诉后，是否启动再审程序，决定权仍然在法院或检察院手上。

（一）人民法院

1. 本院

各级人民法院院长对本院已经发生法律效力的判决和裁定，如果发现在认定事实上或者在适用法律上确有错误，必须提交**审判委员会**讨论决定是否再审。

【特别提示】**如果本院审判委员会决定再审，则由本院进行再审。**

2. 最高人民法院、所有上级人民法院

最高人民法院对各级法院已经发生法律效力的判决和裁定，**上级人民法院**对下级人民法院已经发生法律效力的判决和裁定，如果发现确有错误，有权**提审**或者**指令下级法院再审**。

【特别提示 1】此处“上级法院”可以是上一级法院，也可以是上上一级法院，甚至是上上上一级法院。

【特别提示 2】上级法院提审的，应当按**二审程序**审理，所作裁判不得上诉、抗诉。

---

〔1〕【解析】A 项：根据规定，申诉由终审人民法院审查处理。但是，第二审人民法院裁定准许撤回上诉的案件，申诉人对第一审判决提出申诉的，【可以】由第一审人民法院审查处理。可知，对于二审法院裁定准许撤回上诉的案件，申诉人对一审判决提出的申诉，是【可以】交由一审法院审查处理，并非【应当】。因此，A 项错误。

B 项：根据规定，上一级人民法院对未经终审人民法院审查处理的申诉，可以告知申诉人向终审人民法院提出申诉，或者直接交终审人民法院审查处理，并告知申诉人；案件疑难、复杂、重大的，也可以直接审查处理。可知，上一级法院对未经终审法院审理的申诉，当案件疑难、复杂、重大时，可以直接审查处理，并非【应直接审理】。因此，B 项错误。

C 项：根据规定，上级人民法院对经终审法院的上一级人民法院依照审判监督程序审理后维持原判或者经两级人民法院依照审判监督程序复查均驳回的申请再审或申诉案件，一般不予受理。但再审申请人或申诉人提出新的理由，且符合规定条件，以及可能被宣告无罪的除外。由此可知，C 项具有例外情形，说法太绝对。因此，C 项错误。

D 项：根据规定，对死刑案件的申诉，可以由原核准的人民法院直接审查处理，也可以交由原审人民法院审查。原审人民法院应当制作审查报告，提出处理意见，层报原核准的人民法院审查处理。由此可知，D 项正确。

综上所述，本题答案为 D 项。

【特别提示3】上级法院指令下级人民法院再审的，一般应当指令**原审法院以外**的下级法院审理；由原审法院审理更有利于查明案件事实、纠正裁判错误的，可以指令原审法院审理。

【总结】在法院系统，有权提起审判监督程序的法院包括：**终审法院**（由院长提交审判委员会讨论决定）以及**终审法院的所有上级法院**（包括上一级法院、上上一级法院以及上上上一级法院）。

（二）人民检察院

1. **最高人民检察院**发现各级人民法院（包含最高人民法院）已经发生法律效力的判决或者裁定确有错误，有权按照审判监督程序向同级人民法院提出抗诉，或者指令作出生效判决、裁定人民法院的上一级人民检察院向同级人民法院提出抗诉。

2. **所有上级人民检察院**发现下级人民法院已经发生法律效力的判决或者裁定确有错误，有权按照审判监督程序向同级人民法院提出抗诉，或者指令作出生效判决、裁定人民法院的上一级人民检察院向同级人民法院提出抗诉。

【特别提示】

（1）此处的"上级人民检察院"可以是上一级检察院，也可以是上上一级检察院，甚至是上上上一级检察院。

（2）**一般情况下，作出生效判决、裁定的法院的同级检察院无权启动审判监督程序，唯一的例外**是最高人民检察院对最高人民法院的生效裁判，有权启动审判监督程序。

（3）基层检察院是最低级别的检察院，不可能成为"上级检察院"，因此基层检察院无权提起再审抗诉。

【总结】

启动再审的主体

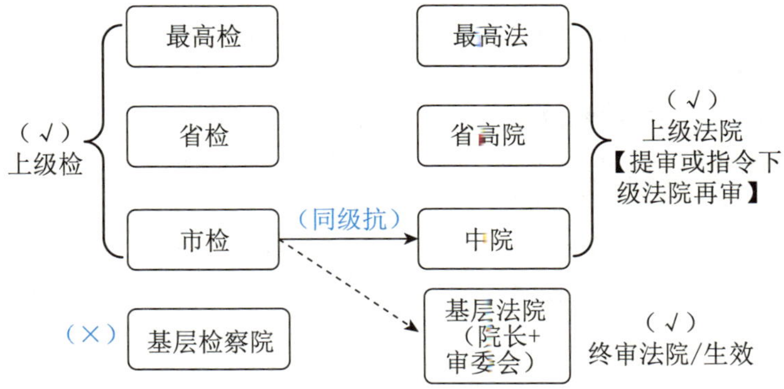

【考点归纳】再审抗诉与二审抗诉的区别		
不同点	二审抗诉	再审抗诉
1. 对象不同	地方各级法院**尚未**发生法律效力的一审裁判	**已经**发生法律效力的判决和裁定
2. 有权抗诉机关不同	原审法院**同级**人民检察院	原审法院的**上级**人民检察院或最高检

续表

不同点	二审抗诉	再审抗诉
3. **接受抗诉机关不同**	接受二审抗诉的是**提出**抗诉人民检察院的**上一级**法院	接受再审抗诉的是**提出**抗诉的人民检察院的**同级**人民法院
4. **提起期限不同**	二审抗诉有法定的期限（10天/5天）	法律没有对再审抗诉的期限作规定
5. **效力不同**	必然导致第一审裁判不发生法律效力	再审抗诉不会停止原判决、裁定的执行

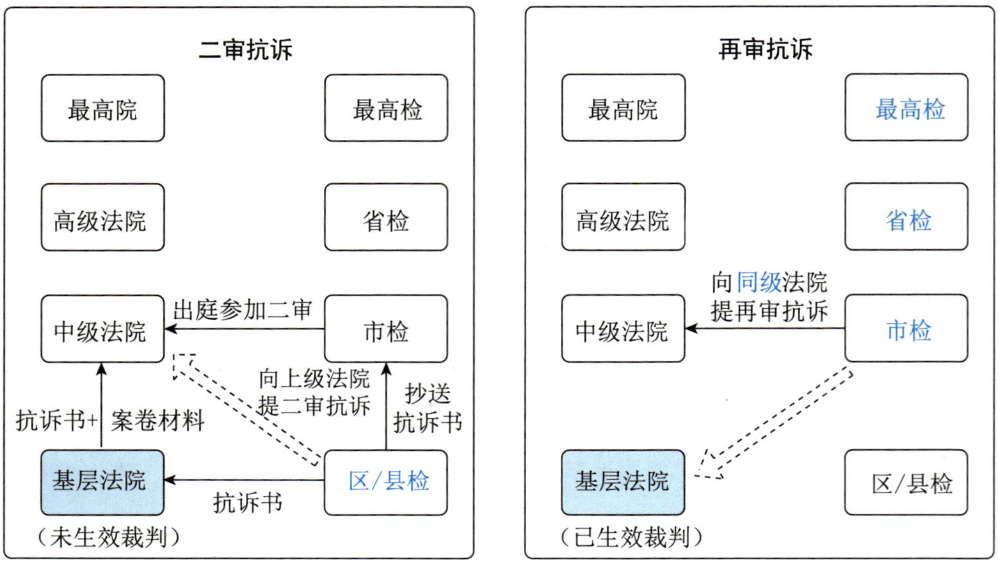

【经典金题】

1. 王某因间谍罪被甲省乙市中级法院一审判处死刑，缓期2年执行。王某没有上诉，检察院没有抗诉。判决生效后，发现有新的证据证明原判决认定的事实确有错误。下列哪些机关有权对本案提起审判监督程序？（2017年卷二第75题，多选）[1]

A. 乙市中级法院　　　　B. 甲省高级法院

C. 甲省检察院　　　　D. 最高检察院

2. 李某涉嫌诈骗罪被提起公诉。某县法院审理后认为事实不清、证据不足对李某判决无罪。李某没有上诉，某县检察院也没有抗诉，案件生效。一年后，某县检察院发现了李某实施

〔1〕【解析】ABCD项：本题所涉及的是对死缓案件的审判监督程序的提起，而死缓案件的审判程序不同于非死刑案件。其特殊性在于，虽然经过一审程序没有发生上诉或抗诉，或者虽然已经过二审程序，已作出的裁判也不能生效，必须依法定程序依法经过省高院核准后裁判才能生效。故本案终审法院是甲省高级法院。

根据规定，在法院系统，有权提起审判监督程序的法院包括：终审法院（由院长提交审判委员会讨论决定）以及终审法院的所有上级法院。在检察院系统，有权提起审判监督程序的检察院是终审法院的所有上级检察院或者最高人民检察院。

本案中，生效裁判是甲省高级法院作出的核准死刑缓期二年执行的裁定，因此有权提起审判监督程序的机关只能是甲省高级人民法院以及最高人民检察院。因此，AC项错误，BD项正确。

综上所述，本题答案为BD项。

诈骗的新证据，下列选项正确的是？（2019 年仿真题，单选）[1]

A. 某县检察院通知某县法院启动审判监督程序

B. 某县检察院向某县法院提出检察建议，建议某县法院撤销原判

C. 某县检察院向上一级检察院提请抗诉

D. 某县检察院向某县法院重新起诉，某县法院应当受理

三、提起审判监督程序的理由

（一）原裁判在认定事实上确有错误

包括事实不清和证据不确实、不充分两个方面。

（二）原裁判在适用法律上确有错误

包括适用实体法即刑法的错误，也包括适用程序法即刑事诉讼法的错误。

★★四、提起审判监督程序的方式

根据《刑事诉讼法》第 254 条的规定，提起审判监督程序的方式有：决定再审、指令再审、决定提审和提出抗诉。

（一）决定再审

决定再审是指**各级人民法院院长**对本院已经发生法律效力的判决和裁定，如果发现在认定事实或者适用法律上确有错误，经**提交审判委员会讨论决定**再审从而提起审判监督程序的一种方式。

（二）指令再审

指令再审是指**最高人民法院**对各级人民法院已经发生法律效力的判决、裁定，**上级人民法院**对下级人民法院已经发生法律效力的判决、裁定，如果发现确有错误，可以指令下级人民法院再审从而提起审判监督程序的一种方式。它是**最高人民法院对各地方人民法院、上级人民法院对下级人民法院实行审判监督的一种方式。**

【特别提示】上级人民法院指令下级人民法院再审的，一般应当指令原审人民法院以外的下级人民法院审理；由原审人民法院审理更有利于查明案件事实、纠正裁判错误的，可以指令原审人民法院审理。

（三）决定提审

决定提审是指最高人民法院对各级人民法院发生法律效力的判决和裁定，上级人民法院对下级人民法院发生法律效力的判决和裁定，如果发现确有错误，需要重新审理，而**直接组成合议庭**，调取原审案卷和材料，并进行审判从而提起审判监督程序的一种方式。

---

[1]【解析】ABCD 项：根据规定，依照刑事诉讼法第 200 条第 3 项规定（证据不足的无罪判决）宣告被告人无罪后，人民检察院根据新的事实、证据重新起诉的，法院应当依法受理。一般而言，判决生效后（包括宣告无罪后生效），有新的证据证明原判决、裁定认定的事实确有错误，可能影响定罪量刑的，应当启动审判监督程序予以纠正，而不是由检察院按普通程序重新起诉。但是，如果是因为证据不足而宣告的无罪，在当初宣告无罪时是因为依据当时的证据就只能作出无罪判决，当时判决无罪并没有错。哪怕后面出现了新的事实、证据显示不应该判无罪，但因为当时的证据就那些，所以应当维护原判决的既判力。所以，原判决并没有错，检察院自然不能提出抗诉。要纠正这个错误，允许检察院按普通程序重新起诉，而且法院受理后作出新的判决的，原来所作出的证据不足的无罪判决也不撤销。因此，ABC 项错误，D 项正确。

综上所述，本题答案为 D 项。

（四）提出抗诉

提出抗诉是指最高人民检察院对各级人民法院发生法律效力的判决和裁定，上级人民检察院对下级人民法院已经发生法律效力的判决和裁定，如果发现确有错误，向同级人民法院提出抗诉从而提起审判监督程序的一种方式。**它是人民检察院提起审判监督程序的方式。**

第三节　依照审判监督程序对案件的重新审判

【学习提要】

本节内容考生须重点掌握，熟记考点。

【法条依据】

《刑事诉讼法》

第 255 条　上级人民法院指令下级人民法院再审的，应当指令原审人民法院以外的下级人民法院审理；由原审人民法院审理更为适宜的，也可以指令原审人民法院审理。

第 256 条　【重新审判的程序】人民法院按照审判监督程序重新审判的案件，由原审人民法院审理的，应当另行组成合议庭进行。如果原来是第一审案件，应当依照第一审程序进行审判，所作的判决、裁定，可以上诉、抗诉；如果原来是第二审案件，或者是上级人民法院提审的案件，应当依照第二审程序进行审判，所作的判决、裁定，是终审的判决、裁定。人民法院开庭审理的再审案件，同级人民检察院应当派员出席法庭。

第 257 条　【再审案件中强制措施的决定】人民法院决定再审的案件，需要对被告人采取强制措施的，由人民法院依法决定；人民检察院提出抗诉的再审案件，需要对被告人采取强制措施的，由人民检察院依法决定。人民法院按照审判监督程序审判的案件，可以决定中止原判决、裁定的执行。

第 258 条　人民法院按照审判监督程序重新审判的案件，应当在作出提审、再审决定之日起三个月以内审结，需要延长期限的，不得超过六个月。接受抗诉的人民法院按照审判监督程序审判抗诉的案件，审理期限适用前款规定；对需要指令下级人民法院再审的，应当自接受抗诉之日起一个月以内作出决定，下级人民法院审理案件的期限适用前款规定。

【知识点精讲】

★★★一、依照审判监督程序对案件重新审判的程序

根据《刑事诉讼法》《刑诉解释》及相关司法解释规定，依照审判监督程序对案件的重新审判应当遵循下列程序要求：

（一）审判组织

由原审人民法院审理的，**应当另行组成合议庭进行**。原来审判该案的合议庭成员，应当回避。（《刑事诉讼法》第 256 条）

（二）适用审级

1. 如果**原来是第一审案件，应当依照第一审程序进行审判**，所作的判决、裁定，可以上诉、抗诉。

2. 如果**原来是第二审案件，或者是上级法院提审的案件，应当依照第二审程序进行审判**。所作的判决、裁定，是终审的判决、裁定，不可以上诉、抗诉。（《刑事诉讼法》第 256 条）

（三）再审决定书或再审抗诉书的制作

对决定依照审判监督程序重新审判的案件，人民法院应当制作**再审决定书**。人民检察院抗诉启动的再审程序，由检察院制作再审抗诉书。

（四）再审效力

再审期间不停止原判决、裁定的执行，但被告人**可能经再审改判无罪**，或者**可能经再审减轻原判刑罚而致刑期届满的**，**【可以】【决定】【中止】**原判决、裁定的执行，必要时，可以对被告人采取取保候审、监视居住措施。（《刑诉解释》第464条）

（五）指令再审

上级法院指令下级人民法院再审的，**一般应当**指令原审法院以外的下级法院审理；由原审法院审理更有利于查明案件事实、纠正裁判错误的，也可以指令原审法院审理。（《刑诉解释》第461条第2款）

（六）再审审理方式

1. 应当开庭

（1）依照第一审程序审理的。

（2）依照第二审程序需要对事实或者证据进行审理的。

（3）人民检察院按照审判监督程序提出抗诉的。

（4）可能对原审被告人（原审上诉人）加重刑罚的。

（5）有其他应当开庭审理情形的。

2. 可以缺席审判

符合刑事诉讼法第296条、第297条规定的，可以缺席审判。

【特别提示】《刑事诉讼法》第296条规定：因被告人患有严重疾病无法出庭，中止审理超过6个月，被告人仍无法出庭，被告人及其法定代理人、近亲属申请或者同意恢复审理的，人民法院可以在被告人不出庭的情况下缺席审理，依法作出判决。

《刑事诉讼法》第297条第2款规定：人民法院按照审判监督程序重新审判的案件，被告人死亡的，人民法院可以缺席审理，依法作出判决。

（七）审理程序

1. 依照审判监督程序重新审判的案件，法院应当**重点针对申诉、抗诉和决定再审的理由**进行审理。**必要时**，应当对原判决、裁定认定的事实、证据和适用法律进行**全面审查**。（《刑诉解释》第465条）

2. 对依照审判监督程序重新审判的案件，人民法院在依照第一审程序进行审判的过程中，发现原审被告人还有其他犯罪的，一般应当并案审理，但分案审理更为适宜的，可以分案审理。（《刑诉解释》第467条）

3. 开庭审理再审案件，再审决定书或者抗诉书只针对部分原审被告人，**其他同案原审被告人不出庭不影响审理**的，**可以不出庭**参加诉讼。（《刑诉解释》第468条）

4. 开庭审理的再审案件，**系人民法院决定再审的，由合议庭组成人员宣读再审决定书；系人民检察院抗诉的，由检察员宣读抗诉书；系申诉人申诉的，由申诉人或者其辩护人、诉讼代理人陈述申诉理由**。（《刑诉解释》第471条）

5. **人民法院开庭审理的再审案件，同级人民检察院应当派员出席法庭**。（《刑事诉讼法》第256条第2款）

（八）中止审理与终止审理

原审被告人（原审上诉人）收到再审决定书或者抗诉书后**下落不明**或者收到抗诉书后**未到庭的**，人民法院**应当中止审理**；原审被告人（原审上诉人）到案后，恢复审理；如果**超过2年仍查无下落的**，**应当**裁定**终止审理**。

（九）强制措施

1. **人民法院决定再审**的案件，需要对被告人采取**强制措施**的，由**人民法院依法决定**。

2. **人民检察院提出抗诉的再审**案件，需要对被告人采取强制措施的，由**人民检察院依法决定**。（《刑事诉讼法》第257条第1款）

（十）再审抗诉的撤回

人民法院审理**人民检察院抗诉的再审案件**，人民检察院**在开庭审理前撤回抗诉的，应当裁定准许**；人民检察院接到出庭通知后**不派员出庭，且未说明原因的**，可以**裁定按撤回抗诉处理**，并通知诉讼参与人。（《刑诉解释》第470条第1款）

（十一）再审审限

1. 人民法院按照审判监督程序重新审判的案件，应当在作出提审、再审决定之日起3**个月以内**审结，需要延长期限的，**不得超过6个月。**

2. 接受抗诉的人民法院按照审判监督程序审判**抗诉的案件，审理期限适用前款规定**；对需要指令下级人民法院再审的，应当自接受抗诉之日起**一个月以内**作出决定，下级人民法院审理案件的期限适用前款规定。（《刑事诉讼法》第258条）

（十二）再审不加刑原则

除人民检察院抗诉的以外，再审**一般不得**加重原审被告人的刑罚。再审决定书或者抗诉书只针对部分原审被告人的，不得加重其他同案原审被告人的刑罚。（《刑诉解释》第469条）

> **【特别提示】由于有权启动再审程序的主体只有两个，即法院和检察院。"除人民检察院抗诉的以外"指的就是法院启动的再审。根据此规定，意味着法院启动的再审程序，一般不得加重原审被告人的刑罚。需要指出的是，"一般不得"意味着例外情况下，即使是法院启动的再审程序，也可以加重原审被告人的刑罚。**

（十三）信息更正

原判决、裁定认定被告人姓名等**身份信息有误**，但**认定事实和适用法律正确、量刑适当的**，作出生效裁判决、裁定的**法院**可以通过**裁定**对有关信息予以更正。（《刑诉解释》第473条）

★二、重新审判后的处理

（一）维持原判

1. 应当维持

原判决、裁定**认定事实和适用法律正确、量刑适当**的，应当裁定驳回申诉或者抗诉，维持原判决、裁定。

2. 纠正后维持

原判决、裁定定罪准确、量刑适当，但**在认定事实、适用法律等方面有瑕疵的**，应当裁定纠正并维持原判决、裁定。

（二）应当改判

原判决、裁定**认定事实没有错误**，但**适用法律错误**，**或者量刑不当**的，应当撤销原判决、裁定，**依法改判。**

（三）可以改判，也可以发回重审

依照第二审程序审理的案件，原判决、裁定**事实不清、证据不足**的，**可以在查清事实后改判**，也**可以裁定撤销原判，发回原审人民法院重新审判。**

（四）疑罪从无

原判决、裁定事实不清或者证据不足，经审理事实已经查清的，应当根据查清的事实依法裁判；事实**仍无法查清，证据不足**，不能认定被告人有罪的，应当撤销原判决、裁定，判决**宣告被告人无罪**。

【经典金题】

在一起共同犯罪案件当中，法院经过审理判处甲乙有期徒刑3年，丙无罪释放。判决生效后，上级法院发现甲其实是替丙顶罪，故指令下级法院进行再审。那么在再审审理中，下列说法正确的是？（2021年仿真题，多选）〔1〕

A. 法院可以加重乙的刑罚

B. 法院在再审审理中可以决定中止执行甲的刑罚

C. 检察院可以决定对丙采取强制措施

D. 若指令原审法院再审的，再审法院应当重新组成合议庭

【主观题点睛】

【案例】【2017年卷四第3题】（本题21分）

被告人李某于2014年7月的一天晚上，和几个朋友聚会，饭后又一起唱卡拉OK，期间餐厅经理派服务员胡某陪侍。次日凌晨两点结束后，李某送胡某回家的路上，在一废弃的工棚内强行与胡某发生了性关系。案发后李某坚称是通奸而不是强奸。此案由S市Y区检察院起诉。Y区法院经不公开审理，以事实不清证据不足为由作出无罪判决。检察机关提起抗诉，S市中级法院改判被告人构成强奸罪并处有期徒刑三年。二审法院定期宣判，并向抗诉的检察机关送达了判决书，没有向被告人李某送达判决书，但在中国裁判文书网上发布了判决书。

【问题】

1. 本案二审判决是否生效？为什么？我国刑事裁判一审生效与二审生效有无区别？为什么？

2. 此案生效后当事人向检察院申诉，程序要求是什么？

3. 省检察院按审判监督程序向省高级法院提起抗诉，对于原判决、裁定事实不清或者证据不足的再审案件，省高级法院应当如何处理？

4. 如果省高级法院认为S市中级法院生效判决确有错误，应当如何纠正？

5. 此案在由省检察院向省高级法院抗诉中，请求改判被告人无罪，被告人及其辩护人也辩称无罪，省高级法院根据控辩双方一致意见，是否应当做出无罪判决？为什么？

【答案】

1.（1）未生效。二审判决应当在宣告以后才生效，本案二审判决始终未向被告人李某宣

---

〔1〕【解析】A项：根据规定，除人民检察院抗诉的以外，再审一般不得加重原审被告人的刑罚。再审决定书或者抗诉书只针对部分原审被告人的，【不得加重其他】同案原审被告人的刑罚。本案中法院启动再审仅针对甲和丙，故不得加重其他人乙的刑罚。因此，A项错误。

B项：根据规定，再审期间不停止原判决、裁定的执行，但被告人可能经再审改判无罪，或者可能经再审减轻原判刑罚而致刑期届满的，可以决定中止原判决、裁定的执行。本案中甲是替丙顶罪，那么甲可能经再审改判无罪，法院可以决定中止执行甲的刑罚。因此，B项正确。

C项：根据规定，法院决定再审的案件，需要对被告人采取强制措施的，由人民法院依法决定；人民检察院提出抗诉的再审案件，需要对被告人采取强制措施的，由人民检察院依法决定。换言之，谁启动再审，谁决定强制措施。可知，本案是由法院决定再审的案件，故应当由法院决定是否对丙采取强制措施。因此，C项错误。

D项：根据程序一次原则，参与过本案第一审、第二审、复核程序审判的合议庭组成人员，不得参与本案的再审程序的审判。可知，再审法院应当另行组成合议庭进行审理。因此，D项正确。

综上所述，本题的答案为BD项。

告，也未向李某送达判决书，裁判文书网上发布判决书也不能等同于向李某宣告判决，李某始终不知道判决的内容，因此本案二审程序未完成宣告，判决未生效。

（2）一审裁判的生效时间为裁判送达后次日开始计算上诉、抗诉期限，经过上诉、抗诉期限，未上诉、抗诉的一审裁判才生效。由于我国实行二审终审制，普通案件二审裁判为终审裁判，但自宣告之日起才生效，

2.（1）当事人及其法定代理人、近亲属首先应当向S市检察院提出，案情重大、复杂、疑难的，省检察院也可以直接受理。（2）当事人一方对S市检决定不予抗诉不服而继续向省检察院申诉的，省检察院应当受理，经省市两级检察院办理后，没有新的事实和证据不再立案复查。（3）S市检认为判决裁定确有错误需要抗诉的，应当提请省检抗诉。（4）省检认为判决裁定确有错误可以直接向省高院抗诉。

3.（1）经审理能够查清事实的，应当在查清事实后依法裁判；（2）经审理仍无法查清事实、证据不足的，不能认定原审被告人无罪的，应当判决宣告原审被告人无罪；（3）经审理发现有新证据且超过刑诉法规定的指令再审期限的，可以裁定撤销原判，发回原审法院重新审判。

4. 省高级法院既可以提审也可以指令下级法院再审。（1）提审由省高院组成合议庭，所作出判决裁定为终审判决裁定；提审的案件应当是原判决裁定认定事实正确但适用法律错误，或者案件疑难、复杂、重大，或者不宜由原审法院审理的情形。（2）省法院指令再审一般应当指令S市中院以外的中级法院再审，依照第二审程序进行；如果更有利于查明案件事实、纠正裁判错误，也可以指令S市中院再审，S市中院应当另行组成合议庭，依照二审程序进行。

5. 法院可以根据具体情况，既可以作有罪判决也可以作无罪判决。（1）本案系审判监督程序的案件，法庭审理的对象是生效的法院判决裁定是否有错误，判决有罪无罪的依据是案件事实、证据及适用的法律是否确有错误。（2）检察机关的抗诉是引起再审程序的缘由，其请求改判无罪已经不是控诉的含义，也不是控方，不存在控辩双方意见一致的情形。

第十九章　执　行

【复习提要】

执行是指把人民法院已经发生法律效力的判决、裁定付诸实施的活动。本专题主要考查执行机关，死刑立即执行判决的执行程序及其变更，死刑缓期二年执行判决的变更，财产刑的执行，有期徒刑缓刑、拘役缓刑的执行，暂予监外执行和减刑、假释程序等问题。

【知识框架】

- 执行
  - 执行概述
    - 执行的概念
    - 执行的依据
    - 执行的机关★★★★★
  - 各种判决裁定的执行程序
    - 死刑立即执行判决的执行★★
    - 死缓、无期徒刑、有期徒刑、拘役的执行
    - 缓刑的执行★★★
    - 管制、剥夺政治权利的执行
    - 社区矫正
    - 财产刑和附带民事判决的执行★★★★★
    - 无罪和免除刑罚判决的执行
  - 执行的变更程序
    - 死刑立即执行的变更★★★★
    - 死刑缓期二年执行的变更★★★
    - 暂予监外执行★★★★★
    - 减刑假释★★★★
  - 刑罚执行的监督
    - 一般规定
    - 交付执行监督
    - 减刑、假释、暂予监外执行监督
    - 社区矫正监督
    - 刑事裁判涉财产部分执行监督
    - 死刑执行监督

第一节　执行概述

【学习提要】

本节作为执行专题的基本知识，在法考中一般以执行主体为考查重点。

【法条依据】

《刑事诉讼法》

第259条　【执行的依据】判决和裁定在发生法律效力后执行。下列判决和裁定是发生法律效力的判决和裁定：（一）已过法定期限没有上诉、抗诉的判决和裁定；（二）终审的判决和裁定；（三）最高人民法院核准的死刑的判决和高级人民法院核准的死刑缓期2年执行的判决。

第 269 条 【非监禁罪犯的社区矫正】对被判处管制、宣告缓刑、假释或者暂予监外执行的罪犯，依法实行社区矫正，由社区矫正机构负责执行。

第 270 条 【剥夺政治权利的执行】对被判处剥夺政治权利的罪犯，由公安机关执行。执行期满，应当由执行机关书面通知本人及其所在单位、居住地基层组织。

第 271 条 【罚金的执行】被判处罚金的罪犯，期满不缴纳的，人民法院应当强制缴纳；如果由于遭遇不能抗拒的灾祸等原因缴纳确实有困难的，经人民法院裁定，可以延期缴纳、酌情减少或者免除。

第 272 条 【没收财产的执行】没收财产的判决，无论附加适用或者独立适用，都由人民法院执行；在必要的时候，可以会同公安机关执行。

【知识点精讲】

一、执行的概念和执行的依据

（一）执行的概念

1. 执行，是指把人民法院已经发生法律效力的判决、裁定付诸实施的活动。

2. 执行是刑事诉讼的最后阶段。

3. 执行程序包括两方面的内容：一是将已经发生法律效力的判决、裁定所确定的内容付诸实施的程序；二是处理执行过程中刑罚变更等问题的程序。

（二）执行的依据

已生效的判决、裁定是执行的依据，这样的判决、裁定包括：

1. 已过法定期限没有上诉、抗诉的判决、裁定；

2. 终审的判决和裁定，即第二审的判决和裁定以及最高人民法院第一审的判决和裁定；

3. 高级人民法院核准的死刑缓期二年执行的判决、裁定；

4. 最高人民法院核准死刑的以及核准在法定刑以下判处刑罚的判决和裁定。

★★二、执行机关

（一）人民法院

人民法院负责执行**死刑立即执行**、**罚金**和**没收财产**的判决以及**无罪**或者**免除刑罚**的判决的执行。

（二）监狱

对于被判处**死刑缓期二年**执行、**无期徒刑**、**有期徒刑（余刑超过 3 个月）**的罪犯，由公安机关送交监狱执行刑罚。

（三）公安机关

公安机关负责执行送交执行时**余刑不足 3 个月的有期徒刑**和**拘役**、**剥夺政治权利**。

（四）未成年犯管教所

未成年犯管教所负责**未成年犯被判处刑罚**的执行。

（五）社区矫正机构

被判处**管制、宣告缓刑、假释或者暂予监外执行**的罪犯，依法实行社区矫正，由社区矫正机构负责执行。

【特别提示】罪犯被交付执行刑罚的时候，应当由交付执行的法院在判决生效后 10 日内将有关的法律文书送达公安机关、监狱或者其他执行机关。（《刑事诉讼法》第 264 条第 1 款）

【经典金题】

关于生效裁判执行，下列哪一做法是正确的？（2016 年卷二第 40 题，单选）〔1〕

A. 甲被判处管制 1 年，由公安机关执行

B. 乙被判处有期徒刑 1 年宣告缓刑 2 年，由社区矫正机构执行

C. 丙被判处有期徒刑 1 年 6 个月，在被交付执行前，剩余刑期 5 个月，由看守所代为执行

D. 丁被判处 10 年有期徒刑并处没收财产，没收财产部分由公安机关执行

第二节　各种判决、裁定的执行程序

【学习提要】

本节内容为各种判决、裁定的执行程序，考生需注意死刑立即执行和缓刑的执行程序。

【法条依据】

《刑事诉讼法》

第 260 条　【无罪、免除刑事处罚的执行】第一审人民法院判决被告人无罪、免除刑事处罚的，如果被告人在押，在宣判后应当立即释放。

第 261 条　【死刑令签发及死缓执行】

最高人民法院判处和核准的死刑立即执行的判决，应当由最高人民法院院长签发执行死刑的命令。被判处死刑缓期二年执行的罪犯，在死刑缓期执行期间，如果没有故意犯罪，死刑缓期执行期满，应当予以减刑的，由执行机关提出书面意见，报请高级人民法院裁定；如果故意犯罪，情节恶劣，查证属实，应当执行死刑的，由高级人民法院报请最高人民法院核准；对于故意犯罪未执行死刑的，死刑缓期执行的期间重新计算，并报最高人民法院备案。

第 262 条　【死刑执行及停止】

下级人民法院接到最高人民法院执行死刑的命令后，应当在七日以内交付执行。但是发现有下列情形之一的，应当停止执行，并且立即报告最高人民法院，由最高人民法院作出裁定：（一）在执行前发现判决可能有错误的；（二）在执行前罪犯揭发重大犯罪事实或者有其他重大立功表现，可能需要改判的；（三）罪犯正在怀孕。前款第一项、第二项停止执行的原因消失后，必须报请最高人民法院院长再签发执行死刑的命令才能执行；由于前款第三项原因停止执行的，应当报请最高人民法院依法改判。

第 263 条　【死刑的监督及执行】人民法院在交付执行死刑前，应当通知同级人民检察院派员临场监督。死刑采用枪决或者注射等方法执行。死刑可以在刑场或者指定的羁押场所内执行。指挥执行的审判人员，对罪犯应当验明正身，讯问有无遗言、信札，然后交付执行人员执行死刑。在执行前，如果发现可能有错误，应当暂停执行，报请最高人民法院裁定。执行死刑应当公布，不应示众。执行死刑后，在场书记员应当写成笔录。交付执行的人民法院应当将执行死刑情况报告最高人民法院。执行死刑后，交付执行的人民法院应当通知罪犯家属。

---

〔1〕【解析】AB 项：根据规定，对被判处管制、宣告缓刑、假释或者暂予监外执行的罪犯，依法实行社区矫正，由社区矫正机构负责执行。甲被判处管制 1 年，乙被宣告缓刑 2 年，依法都应由社区矫正机构负责执行。因此，A 项错误，B 项正确。

C 项：根据规定，对被判处死刑缓期二年执行、无期徒刑、有期徒刑的罪犯，由公安机关依法将该罪犯送交【监狱】执行刑罚。对被判处有期徒刑的罪犯，在被交付执行刑罚前，剩余刑期在三个月以下的，由看守所代为执行。丙在被交付执行前，剩余刑期 5 个月，超过了 3 个月，应由公安机关依法将丙送交监狱执行刑罚，而非由看守所代为执行。因此，C 项错误。

D 项：根据规定，没收财产的判决，无论附加适用或者独立适用，都由人民法院执行；在必要的时候，才可以会同公安机关执行。因此，D 项错误。

综上所述，本题答案为 B 项。

【知识点精讲】

一、死刑立即执行判决的执行

（一）执行命令的签发

应当**由最高人民法院院长签发**执行死刑的命令。

（二）执行死刑的机关

执行死刑的机关是**第一审人民法院**。

【特别提示】在**死刑缓期**执行期间**故意犯罪**，最高人民法院核准执行死刑的，由罪犯**服刑地**的**中级**人民法院执行。

（三）执行死刑的程序

1. 由高级人民法院交付第一审法院执行。第一审法院接到死刑执行命令后，应当**7日以内**执行。在**死刑缓期执行期间故意犯罪**，最高人民法院核准执行死刑的，由**罪犯服刑地的中级人民法院**执行。

2. 死刑采用**枪决**或者**注射**等方法执行。采用注射方法执行死刑的，应当在指定的刑场或者羁押场所内执行。采用枪决、注射以外的**其他方法**执行死刑的，应当**事先层报最高院批准**。

【特别提示】刑场不得设在繁华地区、交通要道和旅游景点附近。

3. 交付执行3日前通知同级**人民检察院派员临场监督**。

4. **罪犯的最后会见权**：

（1）第一审人民法院在执行死刑前，应当**告知罪犯有权会见其近亲属**。罪犯申请会见并提供具体联系方式的，人民法院应当通知其近亲属。确实无法与罪犯近亲属取得联系，或者其近亲属拒绝会见的，应当告知罪犯。罪犯申请通过录音录像等方式留下遗言的，人民法院可以准许。

（2）罪犯近亲属申请会见的，人民法院应当准许并及时安排，但罪犯拒绝会见的除外。罪犯拒绝会见的，应当记录在案并及时告知其近亲属；必要时，应当录音录像。

（3）罪犯申请**会见未成年子女**的，应当经未成年子女的监护人同意；会见可能影响未成年人身心健康的，人民法院可以通过视频方式安排会见，会见时监护人应当在场。

（4）会见一般在罪犯**羁押场所**进行。

5. **法院**的审判人员**现场指挥执行死刑**。在执行前需对罪犯验明正身，讯问有无遗言、信札，然后交付执行人员执行死刑。在执行前，如果发现可能有错误，应当暂停执行，报请最高人民法院裁定。**执行死刑应当公布，但不应当示众**，禁止游街示众或者其他有辱罪犯人格的行为。

6. 执行死刑后，在场书记员应当写成笔录。交付执行的人民法院应当将执行死刑情况报告最高人民法院。

7. 执行死刑后，交付执行的人民法院应当通知罪犯家属。

★★二、死刑缓期二年执行、无期徒刑、有期徒刑和拘役判决的执行

（一）执行机关

1. **死刑缓期二年执行**、**无期徒刑**、**有期徒刑判决**，由**监狱**执行刑罚。

【特别提示】对被判处有期徒刑的罪犯，在被交付执行刑罚前，剩余刑期在3个月以下的，由看守所代为执行。

2. 对被判处**拘役**的罪犯，由**公安机关执行**。

（二）执行程序

1. 罪犯被交付执行刑罚的时候，应当由交付执行的人民法院在判决生效后10**日以内将有关的法律文书送达**公安机关、监狱或者其他执行机关。

2. 同案审理的案件中，部分被告人被判处死刑，对**未被判处死刑的同案被告人需要羁押执行刑罚的，应当根据前条规定及时交付执行**。但是，该同案被告人参与实施有关死刑之罪的，应当在复核讯问被判处死刑的被告人后交付执行。

3. 死刑缓期执行的期间，从判决或者裁定核准死刑缓期执行的**法律文书宣告或送达之日起计算**。

4. 判处有期徒刑、拘役的罪犯，执行期满，应当由执行机关**发给释放证明书**。

三、缓刑的执行

（一）执行机关

有期徒刑缓刑、拘役缓刑判决的执行机关是**社区矫正机构**。

（二）执行程序

1. 一审宣告缓刑的，不能立即交付执行，如果在押的，应当变更强制措施，改为监视居住、取保候审，并立即通知有关公安机关。

2. 对于被宣告缓刑的罪犯，宣告缓刑时，应当同时宣告缓刑的考验期。

3. 对被判处管制、宣告缓刑的罪犯，法院应当依法确定社区矫正执行地。社区矫正执行地为罪犯的居住地；罪犯在多个地方居住的，可以确定其经常居住地为执行地；罪犯的居住地、经常居住地无法确定或者不适宜执行社区矫正的，应当根据有利于罪犯接受矫正、更好地融入社会的原则，确定执行地。

4. 宣判时，应当告知罪犯自判决、裁定生效之日起10日以内到执行地社区矫正机构报到以及不按期报到的后果。

5. 人民法院应当自判决、裁定生效之日起5日以内通知执行地社区矫正机构，并在10日以内将判决书、裁定书、执行通知书等法律文书送达执行地社区矫正机构，同时抄送人民检察院和执行地公安机关。人民法院与社区矫正执行地不在同一地方的，由执行地社区矫正机构将法律文书转送所在地的人民检察院和公安机关。

四、管制、剥夺政治权利的执行

（一）管制的执行

管制的执行机关是**社区矫正机构**。

（二）剥夺政治权利的执行

1. 执行机关

剥夺政治权利的执行机关是**公安机关**。

2. 执行程序

对单处剥夺政治权利的罪犯，人民法院应当**在判决、裁定生效后**10**日内**，将判决书、裁定书、执行通知书等法律文书送达罪犯居住地的县级公安机关，并抄送罪犯居住地的县级人民检察院。

五、社区矫正

（一）适用对象

被判处**管制**、**宣告缓刑**、**假释**和**暂予监外执行**的罪犯。

（二）执行地

1. 社区矫正决定机关判处管制、宣告缓刑、裁定假释、决定或者批准暂予监外执行时应当确定**社区矫正执行地**。

2. 社区矫正执行地为社区矫正对象的**居住地**。社区矫正对象在多个地方居住的，可以确定**经常居住地**为执行地。

（三）监督管理

1. 社区矫正对象离开所居住的市、县或者迁居，应当报经**社区矫正机构**批准。

2. 社区矫正机构对于有正当理由的，应当批准；对于因正常工作和生活需要经常性跨市、县活动的，可以根据情况，简化批准程序和方式。

3. **【电子定位】**社区矫正对象有下列情形之一的，经**县级司法行政部门负责人**批准，可以使用**电子定位**装置，加强监督管理：

（1）违反人民法院**禁止令**的；

（2）无正当理由，**未经批准离开**所居住的市、县的；

（3）拒不按照规定报告自己的活动情况，被**给予警告**的；

（4）违反监督管理规定，被给予**治安管理处罚**的；

（5）拟提请撤销缓刑、假释或者暂予监外执行**收监执行**的。

4. **【电子定位装置的限制】**前款规定的使用**电子定位装置的期限不得超过 3 个月**。对于不需要继续使用的，应当及时解除；对于期限届满后，经评估仍有必要继续使用的，经过批准，期限可以延长，每次不得超过 3 个月。（没有次数限制）

5. 社区矫正机构对通过电子定位装置获得的信息应当**严格保密**，有关信息只能用于社区矫正工作，不得用于其他用途。

★★★★六、刑事裁判涉财产部分和附带民事裁判的执行

（一）刑事裁判涉财产部分的执行对象

刑事裁判涉财产部分的执行，是指发生法律效力的刑事裁判中下列判项的执行：

1. 罚金、没收财产；
2. 追缴、责令退赔违法所得；
3. 处置随案移送的赃款赃物；
4. 没收随案移送的供犯罪所用本人财物；
5. 其他应当由人民法院执行的相关涉财产的判项。

（二）执行主体

刑事裁判涉财产部分和附带民事裁判应当由人民法院执行的，由**第一审法院**负责裁判执行的机构执行。被执行的财产在异地的，**可以委托财产所在地的同级法院**代为执行。

【特别提示】没收财产的判决，无论附加适用或者独立适用，都由人民法院执行；在必要的时候，可以会同公安机关执行。

（三）执行时间

1. **罚金刑**

被判处罚金的罪犯，期满不缴纳的，人民法院**应当强制缴纳**。

【特别提示】

（1）罚金在判决规定的期限内一次或者分期缴纳。期满无故不缴纳或者未足额缴纳的，人民法院应当强制缴纳。经强制缴纳仍不能全部缴纳的，在任何时候，包括主刑执行完毕后，发现被执行人有可供执行的财产的，应当追缴。

（2）行政机关对被告人就同一事实已经处以罚款的，人民法院判处罚金时应当折抵，扣除行政处罚已执行的部分。

（3）因遭遇不能抗拒的灾祸等原因缴纳罚金确有困难，被执行人申请延期缴纳、酌情减少或者免除罚金的，应当提交相关证明材料。人民法院应当在收到申请后一个月以内作出裁定。符合法定条件的，应当准许；不符合条件的，驳回申请。

2. **没收财产**

判处没收财产的，判决生效后，应当立即执行。

（四）执行措施

人民法院应当依法对被执行人的财产状况进行调查，发现有可供执行的财产，需要查封、扣押、冻结的，应当及时采取**查封、扣押和冻结**等强制执行措施。

（五）执行范围

1. 判处没收财产的，应当执行**刑事裁判生效时被执行人合法所有的财产。**

2. 执行没收财产或罚金刑，应当参照被扶养人住所地政府公布的上年度当地居民最低生活费标准，**保留被执行人及其所扶养家属的生活必需费用。**

（六）赃款赃物的追缴

《最高人民法院关于刑事裁判涉财产部分执行的若干规定》第10条规定：

1. 对**赃款赃物及其收益**，人民法院应当**一并追缴**。

2. 被执行人**将赃款赃物投资或者置业，对因此形成的财产及其收益**，人民法院**应予追缴**。

3. 被执行人将赃款赃物与其他合法财产共同投资或者置业，对因此形成的财产中**与赃款赃物对应的份额及其收益**，人民法院应予追缴。

4. 对于**被害人的损失**，应当按照刑事裁判**认定的实际损失予以发还或者赔偿。**

《最高人民法院关于刑事裁判涉财产部分执行的若干规定》第11条规定：被执行人将刑事裁判认定为赃款赃物的涉案财物用于**清偿债务、转让或者设置其他权利负担**，具有下列情形之一的，人民法院**应予追缴**：

1. 第三人**明知是涉案财物而接受**的；

2. 第三人**无偿或者以明显低于市场的价格取得涉案财物**的；

3. 第三人通过**非法债务清偿或者违法犯罪活动取得涉案财物**的；

4. 第三人通过**其他恶意方式**取得涉案财物的。

第三人**善意取得涉案财物的，执行程序中不予追缴**。作为原所有人的被害人对该涉案财物主张权利的，人民法院应当告知其通过诉讼程序处理。

（七）执行顺序

1. 被判处罚金或者没收财产，同时又承担附带民事诉讼赔偿责任的，**应先履行对被害人的民事赔偿责任。**

2. 判处财产刑之前被执行人所负**正当债务**，应当偿还的，**经债权人请求**，先行予以偿还。

3. 行政机关就同一犯罪事实所作的罚款，法院判处罚金时**应当折抵**，扣除行政处罚已执行的部分。

【特别注意】《最高人民法院关于刑事裁判涉财产部分执行的若干规定》第13条规定：被执行人在执行中同时承担刑事责任、民事责任，其财产不足以支付的，按照下列顺序执行：

（1）人身损害赔偿中的医疗费用；

（2）退赔被害人的损失；

（3）其他民事债务；

（4）罚金；

（5）没收财产。

债权人对执行标的依法享有优先受偿权，其主张优先受偿的，人民法院应当在前款第（1）项规定的医疗费用受偿后，予以支持。

【总结】**先民后刑，先罚金再没收财产。**

【特别提示】被执行人在执行中同时承担刑事责任、民事责任，其财产不足以支付的，按照下列顺序执行：**人身损害赔偿中的医疗费用 > 优先受偿权 > 退赔被害人的损失 > 其他民事债务 > 罚金 > 没收财产。**

（八）执行方式

执行的财产应当全部上缴国库。

（九）执行异议

执行刑事裁判涉财产部分、附带民事裁判过程中，当事人、利害关系人认为执行行为违反法律规定，或者案外人对被执行标的书面提出异议的，人民法院应当审查并**参照民事诉讼法的**有关规定处理。

（十）特殊情形的处理

1. 终结执行的情形

（1）执行刑事裁判涉财产部分、附带民事裁判过程中，具有下列情形之一的，人民法院应当裁定终结执行：

①据以执行的判决、裁定被撤销的；

注意：财产刑全部或部分被撤销的，已执行的财产应当全部或者部分返还被执行人；无法返还的，财产刑被撤销应当依法赔偿。

②被执行人死亡或者被执行死刑，且无财产可供执行的；

③被判处罚金的单位终止，且无财产可供执行的；

④依照刑法第53条第2款规定（因遭遇不能抗拒的灾祸缴纳罚金确有困难）免除罚金的；

⑤应当终结执行的其他情形。

（2）裁定终结执行后，发现被执行人的财产有被隐匿、转移等情形的，应当追缴。

2. 罚金的减免

因遭遇不能抗拒的灾祸等原因缴纳罚金确有困难，被执行人申请延期缴纳、酌情减少或者免除罚金的，应当提交相关证明材料。人民法院应当在收到申请后一个月以内作出裁定。符合法定条件的，应当准许；不符合条件的，驳回申请。

（十一）恶意和善意转让的处理

被执行人将刑事裁判认定为**赃款赃物**的涉案财物用于清偿债务、转让或者设置其他权利负担，具有下列情形之一的，法院**应予追缴**：

1. 第三人**明知**是涉案财物而接受的；
2. 第三人**无偿**或者**以明显低于市场的价格**取得涉案财物的；
3. 第三人通过**非法债务清偿**或者**违法犯罪活动**取得涉案财物的；
4. 第三人通过**其他恶意**方式取得涉案财物的。

【特别提示】第三人**善意取得**涉案财物的，执行程序中不予追缴。作为原所有人的被害人对该涉案财物主张权利的，人民法院应当告知其通过诉讼程序处理。

【经典金题】

甲纠集他人多次在市中心寻衅滋事，造成路人乙轻伤、丙的临街商铺严重受损。甲被起诉到法院后，乙和丙提起附带民事诉讼。法院判处甲有期徒刑6年，罚金1万元，赔偿乙医疗费1万元，赔偿丙财产损失4万元。判决生效交付执行后，查明甲除1辆汽车外无其他财产，且甲曾以该汽车抵押获取小额贷款，尚欠银行贷款2.5万元，银行主张优先受偿。法院以8万元的价格拍卖了甲的汽车。关于此8万元的执行顺序，下列哪一选项是正确的？（2017年卷二第37题，单选）[1]

A. 医疗费→银行贷款→财产损失→罚金

B. 医疗费→财产损失→银行贷款→罚金

C. 银行贷款→医疗费→财产损失→罚金

D. 医疗费→财产损失→罚金→银行贷款

七、无罪和免除刑罚判决的执行

（一）执行机关

无罪和免除刑罚判决的执行机关是**人民法院**。

（二）执行程序

1. 无罪和免除刑罚判决的执行，在判决生效后开始。

2. 无罪或者免除刑罚的判决生效后，人民法院应立即向被告人及有关单位宣布，并撤销所采取的一切强制措施。

3. 第一审人民法院判决被告人无罪、免除刑事处罚的，如果被告人在押，在宣判后应当**立即释放**。

---

[1]【解析】ABCD项：根据规定，被执行人在执行中同时承担刑事责任、民事责任，其财产不足以支付的，按照下列顺序执行：人身损害赔偿中的医疗费用 > 优先受偿权 > 退赔被害人的损失 > 其他民事债务 > 罚金 > 没收财产。本题中，拍卖汽车所得的8万元不足以支付全部费用，应当按照上述规定的顺序执行。其中银行对于该被拍卖的汽车具有抵押权，属于优先受偿权，人民法院应当支持，因此，应当在第1项医疗费用之后执行银行贷款。丙的财产损失属于被害人的损失，应在银行贷款后执行。罚金则位列最后。故本题答案应为医疗费－银行贷款－财产损失－罚金。因此，A项正确，BCD项错误。

综上所述，本题答案为A项。

第三节　执行的变更

【学习提要】

本节考生须掌握死刑立即执行、暂予监外执行和减刑假释的变更，执行变更是执行一章中的重要考点。

【法条依据】

《刑事诉讼法》

第 265 条　【监外执行】对被判处有期徒刑或者拘役的罪犯，有下列情形之一的，可以暂予监外执行：（一）有严重疾病需要保外就医的；（二）怀孕或者正在哺乳自己婴儿的妇女；（三）生活不能自理，适用暂予监外执行不致危害社会的。对被判处无期徒刑的罪犯，有前款第二项规定情形的，可以暂予监外执行。对适用保外就医可能有社会危险性的罪犯，或者自伤自残的罪犯，不得保外就医。对罪犯确有严重疾病，必须保外就医的，由省级人民政府指定的医院诊断并开具证明文件。在交付执行前，暂予监外执行由交付执行的人民法院决定；在交付执行后，暂予监外执行由监狱或者看守所提出书面意见，报省级以上监狱管理机关或者设区的市一级以上公安机关批准。

第 266 条　监狱、看守所提出暂予监外执行的书面意见的，应当将书面意见的副本抄送人民检察院。人民检察院可以向决定或者批准机关提出书面意见。

第 267 条　决定或者批准暂予监外执行的机关应当将暂予监外执行决定抄送人民检察院。人民检察院认为暂予监外执行不当的，应当自接到通知之日起 1 个月以内将书面意见送交决定或者批准暂予监外执行的机关，决定或者批准暂予监外执行的机关接到人民检察院的书面意见后，应当立即对该决定进行重新核查。

第 268 条　【监外执行的终止】对暂予监外执行的罪犯，有下列情形之一的，应当及时收监：（一）发现不符合暂予监外执行条件的；（二）严重违反有关暂予监外执行监督管理规定的；（三）暂予监外执行的情形消失后，罪犯刑期未满的。对于人民法院决定暂予监外执行的罪犯应当予以收监的，由人民法院作出决定，将有关的法律文书送达公安机关、监狱或者其他执行机关。不符合暂予监外执行条件的罪犯通过贿赂等非法手段被暂予监外执行的，在监外执行的期间不计入执行刑期。罪犯在暂予监外执行期间脱逃的，脱逃的期间不计入执行刑期。罪犯在暂予监外执行期间死亡的，执行机关应当及时通知监狱或者看守所。

第 273 条　【对新罪、漏罪的追诉及减刑、假释的处理】罪犯在服刑期间又犯罪的，或者发现了判决的时候所没有发现的罪行，由执行机关移送人民检察院处理。被判处管制、拘役、有期徒刑或者无期徒刑的罪犯，在执行期间确有悔改或者立功表现，应当依法予以减刑、假释的时候，由执行机关提出建议书，报请人民法院审核裁定，并将建议书副本抄送人民检察院。人民检察院可以向人民法院提出书面意见。

第 274 条　人民检察院认为人民法院减刑、假释的裁定不当，应当在收到裁定书副本后 20 日以内，向人民法院提出书面纠正意见。人民法院应当在收到纠正意见后 1 个月以内重新组成合议庭进行审理，作出最终裁定。

第 275 条　监狱和其他执行机关在刑罚执行中，如果认为判决有错误或者罪犯提出申诉，应当转请人民检察院或者原判人民法院处理。

【知识点精讲】

执行的变更，是指已发生法律效力的刑事判决、裁定交付执行或处于执行过程中，出现了需要对刑罚内容或刑罚的执行方法加以变更的新情况，人民法院根据法律规定进行相应处理的活动。执行的变更程序也是执行程序的组成部分。

★★一、死刑立即执行的变更程序

（一）变更情形

1. 罪犯**可能有其他犯罪**的；
2. 共同犯罪的**其他犯罪嫌疑人到案，可能影响罪犯量刑**的；
3. 共同犯罪的**其他罪犯被暂停或者停止执行死刑，可能影响罪犯量刑**的；
4. 罪犯**揭发重大犯罪事实**或者**有其他重大立功表现，可能需要改判**的；
5. 罪犯**怀孕**的；
6. 判决、裁定可能有影响定罪量刑的其他错误的。

> **【特别提示】**“怀孕”包括流产的情形。

（二）变更的程序

1. **发现错误**

（1）**下级法院发现错误**

<1>下级人民法院在**接到执行死刑命令后、执行前**，发现有变更情形之一的，应当**暂停执行**，并立即将请求停止执行死刑的报告和相关材料**层报**最高人民法院。

<2>最高人民法院经审查：

①认为**不影响的**，应当**决定**继续执行死刑；

②认为**可能影响罪犯定罪量刑的**，应当**裁定**停止执行死刑。

（2）**最高法院发现错误**

最高人民法院在执行死刑命令签发后、执行前，发现有变更情形的，应当立即**裁定**停止执行死刑，并将有关材料移交下级人民法院。

2. **停止执行后的调查**

下级人民法院**接到**最高人民法院停止执行死刑的裁定后，**应当会同有关部门**调查核实停止执行死刑的事由，并及时将调查结果和意见层报最高人民法院审核。

3. **最高法院的审查**

对下级人民法院报送的停止执行死刑的调查结果和意见，由最高人民法院原作出核准死刑判决、裁定的合议庭负责审查，必要时，另行组成合议庭进行审查。

（三）审查后的处理

1. **依法改判**

确认罪犯**正在怀孕**的，应当依法改判。

> **【特别提示】**依法改判不能改判为死刑缓期二年执行。

2. **发回重审**

（1）确认**罪犯有其他犯罪，依法应当追诉的**，应当裁定不予核准死刑，撤销原判，发回重新审判。

（2）确认原判决、裁定**有错误**或者**罪犯有重大立功表现，需要改判的**，应当裁定不予核准死刑，撤销原判，发回重新审判。

3. **继续执行**

确认原判决、裁定**没有错误**，罪犯**没有重大立功表现**，或者**重大立功表现不影响**原判决、裁定执行的，应当**裁定**继续执行死刑，并由院长**重新签发执行死刑的命令**。

【经典金题】

关于最高人民法院裁定停止执行死刑后的处理，以下正确的是？（2019 年仿真题，单选）〔1〕

A. 确认刘某的重大立功表现不影响原判决执行，应当裁定继续执行死刑

B. 确认齐某怀孕 6 个月，应当裁定撤销原判，发回重审

C. 确认唐某有重大立功表现需要改判，应当改判

D. 确认王某另犯有抢劫罪需要追诉的，应对抢劫罪作出判决后合并执行死刑

二、死刑缓期二年执行的变更

（一）减刑

1. 在缓刑执行期间，如果**没有故意犯罪**，2 **年期满以后，减为无期徒刑**。

2. 死缓犯在缓期执行期间，如果**确有重大立功表现，**2 **年期满以后，减为** 25 **年有期徒刑**。

【特别提示】

（1）在死刑缓期执行期间，如果没有故意犯罪，死刑缓期执行期满，应当予以减刑的，由执行机关提出书面意见，报请高级人民法院裁定。（《刑事诉讼法》第 261 条第 2 款）

（2）死刑缓期执行的期间，从判决或者裁定核准死刑缓期执行的法律文书宣告或者送达之日起计算。死刑缓期执行期满，依法应当减刑的，人民法院应当及时减刑。死刑缓期执行期满减为无期徒刑、有期徒刑的，刑期自死刑缓期执行期满之日起计算。（《刑诉解释》第 498 条）

（二）执行死刑

在死刑缓期**执行期间**，如果故意犯罪，**情节恶劣**的，查证属实，应当执行死刑。此种情况下在判决、裁定发生法律效力后，应当层报最高人民法院核准执行死刑。

【特别提示 1—备案】 对故意犯罪未执行死刑的，**不再报高级人民法院核准**，死刑缓期二年执行的期间重新计算，并**层报**最高人民法院**备案**。备案不影响判决、裁定的生效和执行。最高人民法院经备案审查，认为原判不予执行死刑错误，确需改判的，应当依照审判监督程序予以纠正。

---

〔1〕【解析】ABCD 项：根据规定，最高人民法院对停止执行死刑的案件，应当按照下列情形分别处理：（一）确认罪犯怀孕的，应当改判；（二）确认罪犯有其他犯罪，依法应当追诉的，应当裁定不予核准死刑，撤销原判，发回重新审判；（三）确认原判决、裁定有错误或者罪犯有重大立功表现，需要改判的，应当裁定不予核准死刑，撤销原判，发回重新审判；（四）确认原判决、裁定没有错误，罪犯没有重大立功表现，或者重大立功表现不影响原判决、裁定执行的，应当裁定继续执行死刑，并由院长重新签发执行死刑的命令。

可知，A 项中罪犯的重大立功表现不影响原判决、裁定执行的，应当裁定继续执行死刑；B 项中确认罪犯怀孕的，应当改判，而不是发回重审；C 项中罪犯有重大立功表现，需要改判的，应当发回重新审判；D 项中确认罪犯另有犯罪需要追诉的，也应当发回重新审判。因此，A 项正确，BCD 项错误。

综上所述，本题答案为 A 项。

> **【特别提示2—程序】** 对死刑缓期二年执行期间故意犯罪的，由罪犯服刑监狱及时侦查，侦查终结后移送人民检察院审查起诉。经人民检察院提起公诉，服刑地的中级人民法院依法审判，所作的判决可以上诉、抗诉。认定构成故意犯罪的判决、裁定发生法律效力后，由作出生效判决、裁定的人民法院依法报请最高人民法院核准死刑。核准后，交**罪犯服刑地的中级人民法院执行**。

★★★★三、暂予监外执行

（一）概念

暂予监外执行，是指对被判处无期徒刑、有期徒刑或者拘役的罪犯，具有法律规定的某种特殊情况，不适宜在监狱或者拘役所等场所执行刑罚，暂时采取**不予关押的**一种变通执行方法。

（二）适用对象

1. 判处**有期徒刑**的罪犯。
2. 判处**拘役**的罪犯。
3. 判处**无期徒刑**的罪犯。

（三）适用条件

1. 有期徒刑或者拘役

对被判处有期徒刑或者拘役的罪犯，有下列情形之一的，**可以**暂予监外执行：

（1）**有严重疾病需要保外就医的。**

> **【特别提示】** 对罪犯确有严重疾病，必须保外就医的，由省级人民政府指定的医院诊断并开具证明文件。

（2）**怀孕或者正在哺乳自己婴儿的妇女。**

（3）**生活不能自理，适用暂予监外执行不致危害社会的。**

> **【特别提示】** 对适用保外就医可能有社会危险性的罪犯，或者自伤自残的罪犯，不得保外就医。

2. 无期徒刑

对被判处无期徒刑的罪犯是**怀孕或者正在哺乳自己婴儿的妇女**的，**可以**暂予监外执行。

（四）适用程序

1. 决定或批准

（1）交付执行前

在交付执行前，暂予监外执行由**交付执行的人民法院**决定。法院在作出暂予监外执行决定前，应当征求检察院的意见。

> **【特别提示】** 罪犯在被交付执行前，因有严重疾病、怀孕或者正在哺乳自己婴儿的妇女、生活不能自理的原因，依法提出暂予监外执行的申请的，有关病情诊断、妊娠检查和生活不能自理的鉴别，由人民法院负责组织进行。

（2）**交付执行后**

在交付执行后，暂予监外执行由监狱或者看守所提出**书面意见**，报省级以上监狱管理机关或者设区的市一级以上公安机关批准。

<1>在监狱执行的，由**监狱**提出书面意见，报**省级以上监狱管理机关**批准。

<2>在看守所执行的，**看守所**提出书面意见，**设区的市一级以上公安机关**批准。

【特别提示】

1. 监狱、看守所提出暂予监外执行的书面意见的，应当将书面意见的副本抄送人民检察院。人民检察院可以向决定或者批准机关提出书面意见。（属于批准前的监督）

2. 决定或者批准暂予监外执行的机关应当将暂予监外执行决定抄送人民检察院。人民检察院认为暂予监外执行不当的，应当自接到通知之日起1个月以内将书面意见送交决定或者批准暂予监外执行的机关，决定或者批准暂予监外执行的机关接到人民检察院的书面意见后，应当立即对该决定进行重新核查。（《刑事诉讼法》第267条）（属于决定或批准后的监督）

2. **执行**

对暂予监外执行的罪犯，依法实行社区矫正 由**居住地社区矫正机构**负责执行。人民法院决定暂予监外执行的，由看守所或者执行取保候审、监视居住的公安机关自收到决定之日起10日以内将罪犯移送社区矫正机构。

3. **后果**

（1）**收监**

<1>人民法院收到社区矫正机构的收监执行建议书后，经审查，确认暂予监外执行的罪犯具有下列情形之一的，应当作出收监执行的决定：

①**不符合暂予监外执行条件的；**

②**未经批准离开所居住的市、县，经警告拒不改正，或者拒不报告行踪，脱离监管的；**

③因违反监督管理规定**受到治安管理处罚，仍不改正**的；

④受到执行机关**两次警告，仍不改正**的；

⑤保外就医期间**不按规定提交病情复查情况，经警告拒不改正的；**

⑥**暂予监外执行的情形消失后，刑期未满的；**

⑦**保证人丧失保证条件或者因不履行义务被取消保证人资格，不能在规定期限内提出新的保证人的；**

⑧违反法律、行政法规和监督管理规定，情节严重的其他情形。

<2>人民法院**应当在收到社区矫正机构的收监执行建议书后30日以内作出决定。收监执行决定书，一经作出，立即生效**。

<3>对于**人民法院决定暂予监外执行的罪犯**应当予以**收监的，由人民法院作出决定**，将有关的法律文书送达公安机关、监狱或者其他执行机关。

【特别提示】 人民法院应当将收监执行决定书送达社区矫正机构和公安机关，并抄送人民检察院，由公安机关将罪犯交付执行。

（2）**刑期计算**

<1>监外执行的期间应当计入执行刑期。暂予监外执行过程中罪犯刑期届满的，应当由监狱等执行机关办理释放手续。

<2>但是，有下列情形之一的，有关期间**不计入**执行刑期：

①不符合暂予监外执行条件的罪犯**通过贿赂等非法手段**被暂予监外执行的，在监外执行的期间**不计入**执行刑期。

②罪犯在暂予监外执行期间脱逃的，**脱逃的期间**不计入执行刑期。

【特别提示】罪犯在暂予监外执行期间死亡的，执行机关应当及时通知监狱或者看守所。

【经典金题】

张某居住于甲市A区，曾任甲市B区某局局长，因受贿罪被B区法院判处有期徒刑5年，执行期间突发严重疾病而被决定暂予监外执行。张某在监外执行期间违反规定，被决定收监执行。关于本案，下列哪一选项是正确的？（2017年卷二第38题，单选）[1]

A. 暂予监外执行由A区法院决定

B. 暂予监外执行由B区法院决定

C. 暂予监外执行期间由A区司法行政机关实行社区矫正

D. 收监执行由B区法院决定

★★★四、减刑、假释

（一）减刑

1. 概念

减刑，是指被判处**管制、拘役、有期徒刑、无期徒刑**的犯罪分子，在执行期间，认真遵守监规，接受教育改造，确有悔改或者立功表现，由人民法院依法**适当减轻**其原判刑罚的制度。

2. 适用对象

被判处管制、拘役、有期徒刑或者无期徒刑的罪犯。

3. 适用条件

（1）认真遵守监规，接受教育改造，确有悔改表现的，或者有立功表现的，可以减刑。

（2）有重大立功表现的，应当减刑。

注意：《刑法修正案（十二）》规定，减刑以后实际执行的刑期不能少于下列期限：

<1>判处管制、拘役、有期徒刑的，不能少于原判刑期的1/2；

<2>判处无期徒刑的，不能少于13年；

<3>人民法院依照本法第50条第2款规定限制减刑的死刑缓期执行的犯罪分子，缓期执行期满后依法减为无期徒刑的，不能少于25年，缓期执行期满后依法减为25年有期徒刑的，不能少于20年。

（二）假释

1. 概念

假释，是指对于被判处有期徒刑、无期徒刑的犯罪分子经过一定期限的服刑改造，确有悔

---

〔1〕【解析】ABD项：根据规定，在交付执行前，暂予监外执行由交付执行的人民法院决定；在交付执行后，暂予监外执行由监狱或者看守所提出书面意见，报省级以上监狱管理机关或者设区的市一级以上公安机关批准。可知，张某在送交执行后在监狱执行期间采取监外执行的，理应由监狱管理机关决定，如违反规定收监也应由监狱管理机关决定，而不是由人民法院作出。因此，ABD项错误。

C项：根据规定，对被判处管制、宣告缓刑、假释或者暂予监外执行的罪犯，依法实行社区矫正，由居住地社区矫正机构负责执行。可知，本案中张某居住在A区，故应由A区司法行政机关实行社区矫正。因此，C项正确。

综上所述，本题答案为C项。

改表现，没有再犯罪的危险的，附条件地将其提前释放的一种制度。

2. 适用对象

被判处有期徒刑、无期徒刑的犯罪分子。

> **【特别提示】**累犯以及因杀人、爆炸、抢劫、强奸、绑架等暴力性犯罪被判处10年以上有期徒刑、无期徒刑的犯罪分子，不得假释。

3. 适用条件

（1）已实际执行一定的刑期，即被判处有期徒刑的犯罪分子，实际执行原判刑期1/2以上，被判处无期徒刑的犯罪分子，实际执行13年以上；

（2）认真遵守监规，接受教育改造，确有悔改表现，没有再犯罪的危险的。

> **【特别提示】**以上两个条件须同时具备。但根据《刑法》第81条的规定，如果有特殊情况，经最高人民法院核准，可以不受上述执行刑期的限制。所谓特殊情况，是指涉及政治性、外交性等的情况。

（三）管辖

1. 对于被判处死刑缓期执行、无期徒刑的罪犯的减刑、假释案件由**服刑地高级**人民法院管辖。**【死缓无期高】**

2. 对于被判处有期徒刑和减为有期徒刑的罪犯、拘役、管制的罪犯的减刑案件由**服刑地中级**人民法院管辖。**【有期拘管中】**

（四）应当开庭审理的情形

人民法院审理减刑、假释案件，可以采取开庭审理或者书面审理的方式。但下列减刑、假释案件，**应当开庭审理**：

1. 因罪犯有**重大立功**表现报请减刑的；
2. 报请减刑的起始时间、间隔时间或者减刑幅度**不符合一般规定**的；
3. 公示期间收到**不同意见**的；
4. 人民**检**察院提出**异议**的；
5. 被报请减刑、假释罪犯系**职**务犯罪罪犯，组织（领导、参加、包庇、纵容）**黑**社会性质组织犯罪罪犯，破坏**金**融管理秩序和**金**融**诈**骗犯罪罪犯；
6. 社会**影响重大**或者社会**关注度高**的；
7. 人民法院认为其他应当开庭审理的。

> **【特别提示】**开庭审理应当在罪犯**刑罚执行场所**或者人民**法院确定的场所**进行。有条件的人民法院**可以采取视频开庭**的方式进行。在**社区执行**刑罚的罪犯因**重大立功**被报请减刑的，可以在罪犯**服刑地或者居住地**开庭审理。

（五）书面审理的特殊规定

【减“可”提，假“应”提】人民法院书面审理**减刑**案件，**可以提讯**被报请减刑罪犯；书面审理**假释**案件，**应当提讯**被报请假释罪犯。

（六）组成合议庭

人民法院审理减刑、假释案件，应当依法由审判员或者由审判员和人民陪审员组成**合议庭**进行。【不能由一名法官独任审理】

（七）出庭人员

1. 人民法院**开庭**审理减刑、假释案件，**应当**通知人民**检察院**、**执行机关**及**被报请减刑、假释罪犯**参加庭审。

2. 人民法院根据需要，可以通知证明罪犯确有悔改表现或者立功、重大立功表现的**证人**，公示期间提出**不同意见的人**，以及**鉴定人**、**翻译人员**等其他人员参加庭审。

（八）裁定时间

收到建议书后：

1. **【1 个月以内裁定】**

（1）对被判处**死刑缓期执行**的罪犯的减刑，由罪犯服刑地的**高级**人民法院在收到**同级监狱管理机关审核同意的减刑建议书**后 1 个月以内作出裁定；

（2）对被判处**管制、拘役**的罪犯的减刑，由罪犯服刑地的**中级**人民法院在收到同级执行机关审核同意的减刑建议书后 1 个月以内作出裁定。

2. **【1 个月 +1 个月】**

（1）对被判处**无期徒刑**的罪犯的减刑、假释，由罪犯服刑地的**高级**人民法院在收到同级监狱管理机关审核同意的减刑、假释建议书后 1 **个月**以内作出裁定，案情**复杂**或者**情况特殊**的，可以延长 1 个月。

（2）对被判处**有期徒刑和被减为有期徒刑**的罪犯的减刑、假释，由罪犯服刑地的中级人民法院在收到执行机关提出的减刑、假释建议书后 1 **个月**以内作出裁定，**案情复杂**或者**情况特殊**的，可以延长 1 个月。

【经典金题】

关于减刑、假释案件审理程序，下列哪一选项是正确的？（2015 年卷二第 41 题，单选）〔1〕

A. 甲因抢劫罪和绑架罪被法院决定执行有期徒刑 20 年，对甲的减刑，应由其服刑地高级法院作出裁定

B. 乙因检举他人重大犯罪活动被报请减刑的，法院开庭应通知乙参加减刑庭审

C. 丙因受贿罪被判处有期徒刑 5 年，对丙的假释，可书面审理，但必须提讯丙

D. 丁因强奸罪被判处无期徒刑，对丁的减刑，应聘请律师到庭发表意见

---

〔1〕【解析】A 项：根据规定，对被判处有期徒刑和被减为有期徒刑的罪犯的减刑、假释，由罪犯【服刑地】的【中级人民法院】在收到执行机关提出的减刑、假释建议书后 1 个月内作出裁定，案情复杂或者情况特殊的，可以延长一个月。可知，对甲的减刑，应由其服刑地中级法院作出裁定，而不是高级法院。A 项错误。

B 项：根据规定，法院开庭审理减刑、假释案件，应当通知人民检察院、执行机关及【被报请减刑、假释罪犯】参加庭审。乙是被报请减刑的罪犯，所以 B 项正确。

C 项：根据规定，法院审理减刑、假释案件，可以采取开庭审理或者书面审理的方式。但下列减刑、假释案件，应当开庭审理："……（五）被报请减刑、假释罪犯系职务犯罪罪犯，组织（领导、参加、包庇、纵容）黑社会性质组织犯罪罪犯，破坏金融管理秩序和金融诈骗犯罪罪犯及其他在社会上有重大影响或社会关注度高的……"丙属于职务犯罪，对丙的假释，应当开庭审理。所以 C 项错误。

D 项：根据规定，人民法院审理减刑、假释案件，可以采取开庭审理或者书面审理的方式。以下 6 种情况【应当开庭】审理：（1）因罪犯有重大立功表现报请减刑的；（2）报请减刑的起始时间、间隔时间或者减刑幅度不符合司法解释一般规定的；（3）公示期间收到不同意见的；（4）人民检察院有异议的；（5）被报请减刑、假释罪犯系职务犯罪罪犯，组织（领导、参加、包庇、纵容）黑社会性质组织犯罪罪犯，破坏金融管理秩序和金融诈骗犯罪罪犯及其他在社会上有重大影响或社会关注度高的；（6）人民法院认为其他应当开庭审理的。而律师是否可以到庭发表意见，取决于法院是否开庭审理，而 D 项中并没有任何描述表明属于上述 6 种应当开庭的情形，所以不一定需要律师到庭。所以 D 项错误。

综上所述，本题答案为 B 项。

五、缓刑、假释的撤销

（一）执行程序

1. 一审**宣告缓刑**的，罪犯在押的**应当**变更强制措施，改为监视居住、取保候审。

2. 对于被宣告缓刑的罪犯，宣告缓刑时，**应当同时宣告缓刑的考验期**。

3. 对被判处管制、宣告缓刑的罪犯，法院**应当核实其居住地**。

4. 判决、裁定生效后10日内，应当将判决书、裁定书、执行通知书等**法律文书**送达罪犯居住地的县级司法行政机关，同时抄送罪犯居住地的县级人民检察院。

（二）缓刑、假释的考查与处理

1. 缓刑、假释**考验期限内**再**犯新罪**或者**发现漏罪**，应当依法撤销缓刑、假释的，由**审判新罪**的人民法院予以撤销。

2. 人民法院**应当**依法撤销缓刑的情形

（1）**违反禁止令，情节严重**的；

（2）**无正当理由不按规定时间报到或者接受社区矫正期间脱离监管**，超过1个月的；

（3）因违反监督管理规定受到**治安管理处罚，仍不改正的**；

（4）受到执行机关2**次警告，仍不改正**的；

（5）违反**法律、行政法规和监督管理规定，情节严重**的其他情形。

3. **撤销的裁定**

法院应当在收到社区矫正机构的撤销缓刑、假释建议书后30**日以内作出裁定**。撤销缓刑、假释的裁定**一经作出，立即生效**。

4. **强制措施（逮捕）**

（1）被提请撤销缓刑、假释的罪犯**可能逃跑**或者可**能发生社会危险**，社区矫正机构在提出撤销缓刑、假释建议的同时可以提请**人民法院决定对其予以逮捕的**。

（2）决定时间：决定逮捕的人民法院应当在48**小时以内**作出是否逮捕的决定。

（3）执行机关：由**公安机关执行**。

（4）羁押期限：逮捕后的**羁押期限不得超过**30**日**。

5. 人民法院应当将撤销缓刑、假释裁定书**送达社区矫正机构和公安机关**，**并抄送人民检察院**，由**公安机关将罪犯送交执行**。执行以前被逮捕的，**羁押**1**日折抵刑期**1**日**。

第四节　刑罚执行的监督

【学习提要】

本节考生须掌握公诉、自诉案件的立案条件，偶尔会和其他知识点搭配在一起成为某个选择题中的一个选项。

【法条依据】

《刑事诉讼法》

第276条　【执行的监督】人民检察院对执行机关执行刑罚的活动是否合法实行监督。如果发现有违法的情况，应当通知执行机关纠正。

【知识点精讲】

一、一般规定

（一）监督主体

人民检察院依法对刑事判决、裁定和决定的执行工作以及监狱、看守所等监管执法活动实行法律监督。(《最高检规则》第621条)

（二）监督方式

人民检察院根据工作需要，可以对监狱、看守所等场所采取**巡回检察、派驻检察**等方式进行监督。(《最高检规则》第622条)

（三）调查核实方式

人民检察院对监狱、看守所等场所进行监督，除可以采取本规则第五百五十一条规定的调查核实措施外，还可以采取**实地查看**禁闭室、会见室、监区、监舍等有关场所，**列席监狱、看守所有关会议**，与有关监管民警**进行谈话**，**召开座谈会**，**开展问卷调查**等方式。(《最高检规则》第623条)

（四）处理方式

人民检察院对刑罚执行和监管执法活动实行监督，可以根据下列情形分别处理：

（1）发现执法瑕疵、安全隐患，或者违法情节轻微的，**口头提出纠正意见，并记录在案**；

（2）发现严重违法，发生重大事故，或者口头提出纠正意见后七日以内未予纠正的，**书面提出纠正意见**；

（3）发现存在可能导致执法不公问题，或者存在重大监管漏洞、重大安全隐患、重大事故风险等问题的，**提出检察建议**。

对于在巡回检察中发现的前款规定的问题、线索的整改落实情况，通过**巡回检察**进行督导。(《最高检规则》第624条)

二、交付执行监督

人民检察院发现人民法院、公安机关、看守所等机关的交付执行活动具有下列情形之一的，应当依法提出纠正意见：

（1）交付执行的第一审人民法院没有在法定期间内将判决书、裁定书、人民检察院的起诉书副本、自诉状复印件、执行通知书、结案登记表等法律文书送达公安机关、监狱、社区矫正机构等执行机关的；

（2）对被判处死刑缓期二年执行、无期徒刑或者有期徒刑余刑在3个月以上的罪犯，公安机关、看守所自接到人民法院执行通知书等法律文书后30日以内，没有将成年罪犯送交监狱执行刑罚，或者没有将未成年罪犯送交未成年犯管教所执行刑罚的；

（3）对需要收监执行刑罚而判决、裁定生效前未被羁押的罪犯，第一审人民法院没有及时将罪犯收监送交公安机关，并将判决书、裁定书、执行通知书等法律文书送达公安机关的；

（4）公安机关对需要收监执行刑罚但下落不明的罪犯，在收到人民法院的判决书、裁定书、执行通知书等法律文书后，没有及时抓捕、通缉的；

（5）对被判处管制、宣告缓刑或者人民法院决定暂予监外执行的罪犯，在判决、裁定生效后或者收到人民法院暂予监外执行决定后，未依法交付罪犯居住地社区矫正机构执行，或者对被单处剥夺政治权利的罪犯，在判决、裁定生效后，未依法交付罪犯居住地公安机关执行的，或者人民法院依法交付执行，社区矫正机构或者公安机关应当接收而拒绝接收的；

（6）其他违法情形。

人民法院判决被告人无罪、免予刑事处罚、判处管制、宣告缓刑、单处罚金或者剥夺政治权利，被告人被羁押的，人民检察院应当监督被告人是否被立即释放。发现被告人没有被立即释放的，应当立即向人民法院或者看守所提出纠正意见。（《最高检规则》第 626 条）

人民检察院发现公安机关未依法执行拘役、剥夺政治权利，拘役执行期满未依法发给释放证明，或者剥夺政治权利执行期满未书面通知本人及其所在单位、居住地基层组织等违法情形的，应当依法提出纠正意见。（《最高检规则》第 627 条）

人民检察院发现监狱、看守所对服刑期满或者依法应当予以释放的人员没有按期释放，对被裁定假释的罪犯依法应当交付罪犯居住地社区矫正机构实行社区矫正而不交付，对主刑执行完毕仍然需要执行附加剥夺政治权利的罪犯依法应当交付罪犯居住地公安机关执行而不交付，或者对服刑期未满又无合法释放根据的罪犯予以释放等违法行为的，应当依法提出纠正意见。（《最高检规则》第 628 条）

三、减刑、假释、暂予监外执行监督

（一）依法提出纠正意见

人民检察院发现人民法院、监狱、看守所、公安机关暂予监外执行的活动具有下列情形之一的，应当依法提出**纠正意见**：

（1）将不符合法定条件的罪犯提请、决定暂予监外执行的；

（2）提请、决定暂予监外执行的程序违反法律规定或者没有完备的合法手续，或者对于需要保外就医的罪犯没有省级人民政府指定医院的诊断证明和开具的证明文件的；

（3）监狱、看守所提出暂予监外执行书面意见，没有同时将书面意见副本抄送人民检察院的；

（4）罪犯被决定或者批准暂予监外执行后，未依法交付罪犯居住地社区矫正机构实行社区矫正的；

（5）对符合暂予监外执行条件的罪犯没有依法提请暂予监外执行的；

（6）人民法院在作出暂予监外执行决定前，没有依法征求人民检察院意见的；

（7）发现罪犯不符合暂予监外执行条件，在暂予监外执行期间严重违反暂予监外执行监督管理规定，或者暂予监外执行的条件消失且刑期未满，应当收监执行而未及时收监执行的；

（8）人民法院决定将暂予监外执行的罪犯收监执行，并将有关法律文书送达公安机关、监狱、看守所后，监狱、看守所未及时收监执行的；

（9）对不符合暂予监外执行条件的罪犯通过贿赂、欺骗等非法手段被暂予监外执行以及在暂予监外执行期间脱逃的罪犯，监狱、看守所未建议人民法院将其监外执行期间、脱逃期间不计入执行刑期或者对罪犯执行刑期计算的建议违法、不当的；

（10）暂予监外执行的罪犯刑期届满，未及时办理释放手续的；

（11）其他违法情形。（《最高检规则》第 629 条）

（二）提出书面检察意见

人民检察院收到监狱、看守所抄送的暂予监外执行书面意见副本后，应当逐案进行审查，发现罪犯不符合暂予监外执行法定条件或者提请暂予监外执行违反法定程序的，应当在 10 日以内报经检察长批准，向决定或者批准机关提出书面检察意见，同时抄送执行机关。（《最高检规则》第 630 条）

（三）审查内容

人民检察院接到决定或者批准机关抄送的暂予监外执行决定书后，应当及时审查下列内容：

（1）是否属于被判处有期徒刑或者拘役的罪犯；

（2）是否属于有严重疾病需要保外就医的罪犯；

（3）是否属于怀孕或者正在哺乳自己婴儿的妇女；

（4）是否属于生活不能自理，适用暂予监外执行不致危害社会的罪犯；

（5）是否属于适用保外就医可能有社会危险性的罪犯，或者自伤自残的罪犯；

（6）决定或者批准机关是否符合刑事诉讼法第二百六十五条第五款的规定；

（7）办理暂予监外执行是否符合法定程序。（《最高检规则》第631条）

（四）向决定或者批准暂予监外执行的机关提出纠正意见

人民检察院经审查认为暂予监外执行不当的，应当自接到通知之日起1个月以内，向决定或者批准暂予监外执行的机关提出纠正意见。下级人民检察院认为暂予监外执行不当的，应当立即层报决定或者批准暂予监外执行的机关的同级人民检察院，由其决定是否向决定或者批准暂予监外执行的机关提出纠正意见。（《最高检规则》第632条）

（五）监督对暂予见外执行的结果重新核查

人民检察院向决定或者批准暂予监外执行的机关提出不同意暂予监外执行的书面意见后，应当监督其对决定或者批准暂予监外执行的结果进行重新核查，并监督重新核查的结果是否符合法律规定。对核查不符合法律规定的，应当依法提出纠正意见，并向上一级人民检察院报告。（《最高检规则》第633条）

（六）通知收监

对于暂予监外执行的罪犯，人民检察院发现罪犯不符合暂予监外执行条件、严重违反有关暂予监外执行的监督管理规定或者暂予监外执行的情形消失而罪犯刑期未满的，应当通知执行机关收监执行，或者建议决定或者批准暂予监外执行的机关作出收监执行决定。（《最高检规则》第634条）

（七）对减刑、假释提出书面意见

人民检察院收到执行机关抄送的减刑、假释建议书副本后，应当逐案进行审查。发现减刑、假释建议不当或者提请减刑、假释违反法定程序的，应当在十日以内报经检察长批准，向审理减刑、假释案件的人民法院提出书面检察意见，同时也可以向执行机关提出书面纠正意见。案情复杂或者情况特殊的，可以延长10日。（《最高检规则》第635条）

（八）对减刑、假释案件提出纠正意见

人民检察院发现监狱等执行机关提请人民法院裁定减刑、假释的活动具有下列情形之一的，应当依法提出纠正意见：

（1）将不符合减刑、假释法定条件的罪犯，提请人民法院裁定减刑、假释的；

（2）对依法应当减刑、假释的罪犯，不提请人民法院裁定减刑、假释的；

（3）提请对罪犯减刑、假释违反法定程序，或者没有完备的合法手续的；

（4）提请对罪犯减刑的减刑幅度、起始时间、间隔时间或者减刑后又假释的间隔时间不符合有关规定的；

（5）被提请减刑、假释的罪犯被减刑后实际执行的刑期或者假释考验期不符合有关法律规定的；

（6）其他违法情形。（《最高检规则》第636条）

（九）派员出庭

人民法院开庭审理减刑、假释案件，人民检察院应当指派检察人员出席法庭，发表意见。（《最高检规则》第637条）

（十）审查减刑、假释裁定书副本

人民检察院收到人民法院减刑、假释的裁定书副本后，应当及时审查下列内容：

（1）被减刑、假释的罪犯是否符合法定条件，对罪犯减刑的减刑幅度、起始时间、间隔时间或者减刑后又假释的间隔时间、罪犯被减刑后实际执行的刑期或者假释考验期是否符合有关规定；

（2）执行机关提请减刑、假释的程序是否合法；

（3）人民法院审理、裁定减刑、假释的程序是否合法；

（4）人民法院对罪犯裁定不予减刑、假释是否符合有关规定；

（5）人民法院减刑、假释裁定书是否依法送达执行并向社会公布。（《最高检规则》第638条）

（十一）减刑、假释不当时，依法提出纠正意见

人民检察院经审查认为人民法院减刑、假释的裁定不当，应当在收到裁定书副本后20日以内，向作出减刑、假释裁定的人民法院提出纠正意见。（《最高检规则》第639条）

（十二）同级书面提出

对人民法院减刑、假释裁定的纠正意见，由作出减刑、假释裁定的人民法院的同级人民检察院书面提出。

下级人民检察院发现人民法院减刑、假释裁定不当的，应当向作出减刑、假释裁定的人民法院的同级人民检察院报告。（《最高检规则》第640条）

（十三）监督重新审理

人民检察院对人民法院减刑、假释的裁定提出纠正意见后，应当监督人民法院是否在收到纠正意见后一个月以内重新组成合议庭进行审理，并监督重新作出的裁定是否符合法律规定。对最终裁定不符合法律规定的，应当向同级人民法院提出纠正意见。（《最高检规则》第641条）

四、社区矫正监督

（一）对交付接收社区矫正对象的监督

人民检察院发现社区矫正决定机关、看守所、监狱、社区矫正机构在交付、接收社区矫正对象活动中违反有关规定的，应当依法提出纠正意见。（《最高检规则》第642条）

（二）对社区矫正执法活动的监督

人民检察院发现社区矫正执法活动具有下列情形之一的，应当依法提出纠正意见：

（1）社区矫正对象报到后，社区矫正机构未履行法定告知义务，致使其未按照有关规定接受监督管理的；

（2）违反法律规定批准社区矫正对象离开所居住的市、县，或者违反人民法院禁止令的内容批准社区矫正对象进入特定区域或者场所的；

（3）没有依法监督管理而导致社区矫正对象脱管的；

（4）社区矫正对象违反监督管理规定或者人民法院的禁止令，未依法予以警告、未提请公安机关给予治安管理处罚的；

（5）对社区矫正对象有殴打、体罚、虐待、侮辱人格、强迫其参加超时间或者超体力社区服务等侵犯其合法权利行为的；

（6）未依法办理解除、终止社区矫正的；

（7）其他违法情形。（《最高检规则》第643条）

（三）对社区矫正对象刑罚变更执行活动监督

人民检察院发现对社区矫正对象的刑罚变更执行活动具有下列情形之一的，应当依法提出纠正意见：

（1）社区矫正机构未依法向人民法院、公安机关、监狱管理机关提出撤销缓刑、撤销假释建议或者对暂予监外执行的收监执行建议，或者未依法向人民法院提出减刑建议的；

（2）人民法院、公安机关、监狱管理机关未依法作出裁定、决定，或者未依法送达的；

（3）公安机关未依法将罪犯送交看守所、监狱，或者看守所、监狱未依法收监执行的；

（4）公安机关未依法对在逃的罪犯实施追捕的；

（5）其他违法情形。（《最高检规则》第644条）

五、刑事裁判涉财产部分执行监督

（一）对执行刑事裁判涉财产部分的监督

人民检察院发现人民法院执行刑事裁判涉财产部分具有下列情形之一的，应当依法提出纠正意见：

（1）执行立案活动违法的；

（2）延期缴纳、酌情减少或者免除罚金违法的；

（3）中止执行或者终结执行违法的；

（4）被执行人有履行能力，应当执行而不执行的；

（5）损害被执行人、被害人、利害关系人或者案外人合法权益的；

（6）刑事裁判全部或者部分被撤销后未依法返还或者赔偿的；

（7）执行的财产未依法上缴国库的；

（8）其他违法情形。

人民检察院对人民法院执行刑事裁判涉财产部分进行监督，可以对公安机关查封、扣押、冻结涉案财物的情况，人民法院审判部门、立案部门、执行部门移送、立案、执行情况，被执行人的履行能力等情况向有关单位和个人进行调查核实。（《最高检规则》第645条）

（二）建议法院及时查冻扣；对公安机关违法行为监督

人民检察院发现被执行人或者其他人员有隐匿、转移、变卖财产等妨碍执行情形的，可以建议人民法院及时查封、扣押、冻结。

公安机关不依法向人民法院移送涉案财物、相关清单、照片和其他证明文件，或者对涉案财物的查封、扣押、冻结、返还、处置等活动存在违法情形的，人民检察院应当依法提出纠正意见。（《最高检规则》第646条）

六、死刑执行监督

（一）指派检察官临场监督

被判处死刑立即执行的罪犯在被执行死刑时，人民检察院应当指派检察官临场监督。

死刑执行临场监督由人民检察院负责刑事执行检察的部门承担。人民检察院派驻看守所、监狱的检察人员应当予以协助，负责捕诉的部门应当提供有关情况。

执行死刑过程中，人民检察院临场监督人员根据需要可以进行拍照、录像。执行死刑后，人民检察院临场监督人员应当检查罪犯是否确已死亡，并填写死刑执行临场监督笔录，签名后入卷归档。（《最高检规则》第647条）

（二）移送负责刑事执行检察部门

省级人民检察院负责案件管理的部门收到高级人民法院报请最高人民法院复核的死刑判决

书、裁定书副本后，应当在3日以内将判决书、裁定书副本移送本院负责刑事执行检察的部门。

判处死刑的案件一审是由中级人民法院审理的，省级人民检察院应当及时将死刑判决书、裁定书副本移送中级人民法院的同级人民检察院负责刑事执行检察的部门。

人民检察院收到同级人民法院执行死刑临场监督通知后，应当查明同级人民法院是否收到最高人民法院核准死刑的裁定或者作出的死刑判决、裁定和执行死刑的命令。(《最高检规则》第648条)

(三) 建议立即停止执行

执行死刑前，人民检察院发现具有下列情形之一的，应当建议人民法院立即停止执行，并层报最高人民检察院负责死刑复核监督的部门：

(1) 被执行人并非应当执行死刑的罪犯的；

(2) 罪犯犯罪时不满18周岁，或者审判的时候已满75周岁，依法不应当适用死刑的；

(3) 罪犯正在怀孕的；

(4) 共同犯罪的其他犯罪嫌疑人到案，共同犯罪的其他罪犯被暂停或者停止执行死刑，可能影响罪犯量刑的

(5) 罪犯可能有其他犯罪的；

(6) 罪犯揭发他人重大犯罪事实或者有其他重大立功表现，可能需要改判的；

(7) 判决、裁定可能有影响定罪量刑的其他错误的。

在执行死刑活动中，发现人民法院有侵犯被执行死刑罪犯的人身权、财产权或者其近亲属、继承人合法权利等违法情形的，人民检察院应当依法提出纠正意见。(《最高检规则》第649条)

(四) 对执行死缓的监督

判处被告人死刑缓期二年执行的判决、裁定在执行过程中，人民检察院监督的内容主要包括：

(1) 死刑缓期执行期满，符合法律规定应当减为无期徒刑、有期徒刑条件的，监狱是否及时提出减刑建议提请人民法院裁定，人民法院是否依法裁定；

(2) 罪犯在缓期执行期间故意犯罪，监狱是否依法侦查和移送起诉；罪犯确系故意犯罪，情节恶劣，查证属实，应当执行死刑的，人民法院是否依法核准或者裁定执行死刑。

被判处死刑缓期二年执行的罪犯在死刑缓期执行期间故意犯罪，执行机关向人民检察院移送起诉的，由罪犯服刑所在地设区的市级人民检察院审查决定是否提起公诉。

人民检察院发现人民法院对被判处死刑缓期二年执行的罪犯减刑不当的，应当依照本规则第六百三十九条、第六百四十条的规定，向人民法院提出纠正意见。罪犯在死刑缓期执行期间又故意犯罪，经人民检察院起诉后，人民法院仍然予以减刑的，人民检察院应当依照本规则相关规定，向人民法院提出抗诉。(《最高检规则》第650条)

第二十章 特别程序

【复习提要】

2012 年《刑事诉讼法》修改新增了四种特别程序，2018 年《刑事诉讼法》修改又增设了一种特别程序，即刑事缺席审判制度。从历年考试真题来看，特别程序这一专题可谓是考试的重中之重，本章不仅在历年考试客观题考查中每年必考，而且是主观题尤其是案例分析题的主要出题来源。考生应当高度重视对本专题的理解与掌握。就备考而言，考生需要掌握每一种特别程序的适用条件、特殊制度、程序要求等。

【知识框架】

- 特别程序
  - 未成年人刑事案件诉讼程序★★★★★
    - 未成年人刑事案件诉讼程序概述
    - 未成年人刑事案件诉讼程序的特有原则与制度
    - 未成年人刑事案件诉讼程序的特点
    - 附条件不起诉
  - 当事人和解的公诉案件诉讼程序★★★★★
    - 当事人和解的概念
    - 当事人和解的适用案件范围
    - 当事人和解的主体
    - 和解协议
    - 不同阶段达成和解协议的处理
  - 刑事缺席审判程序★★★★★★★
    - 刑事缺席审判制度的适用案件范围
    - 缺席审判中被告人的权利保障
  - 犯罪嫌疑人、被告人逃匿、死亡案件违法所得的没收程序★★★★★
    - 违法所得没收程序的适用案件范围
    - 违法所得没收程序的启动程序
    - 违法所得没收程序的审理程序
    - 违法所得没收程序中被告人到案的处理
  - 依法不负刑事责任的精神病人的强制医疗程序★★★★★
    - 强制医疗程序的适用范围
    - 强制医疗程序的启动方式
    - 强制医疗程序的审理程序
    - 法院的处理结果
    - 强制医疗机构的医疗与解除

第一节　未成年人刑事案件诉讼程序

【本节知识框架】

- 未成年人刑事案件诉讼程序概述
  - 概念
  - 功能
  - 适用案件范围
  - 与普通刑事诉讼程序的关系
- 未成年人刑事案件诉讼程序的方针与特有原则
  - 教育为主、惩罚为辅原则
  - 保证未成年嫌疑人、被告人诉讼权利原则
  - 分案处理原则★★
  - 审理不公开原则与保密原则★★★★
  - 全面调查原则
  - 社会调查原则★★★
- 未成年人刑事案件诉讼程序的特殊规定
  - 办案主体专门化
  - 强制法律援助辩护★★★★
  - 慎用强制措施（逮捕程序特殊）★★★★
  - 立案程序特殊规定
  - 侦查程序特殊规定（特殊讯问规则）★★★★
  - 审查起诉程序特殊规定★★★★★
  - 审判程序特殊规定
  - 执行程序特殊规定（犯罪记录封存制度）★★★★★
- 附条件不起诉
  - 适用情形★★★
  - 对附条件不起诉的制约★★★★★
  - 附条件不起诉的考验★★★★★
  - 考验后的处理★★

【学习提要】

本节易在法考客观题中考查，考生须掌握未成年人刑事案件诉讼程序的特殊规定，特别是附条件不起诉制度。

【法条依据】

《刑事诉讼法》

第277条　【办理未成年人刑事案件的方针与原则】对犯罪的未成年人实行教育、感化、挽救的方针，坚持教育为主、惩罚为辅的原则。人民法院、人民检察院和公安机关办理未成年人刑事案件，应当保障未成年人行使其诉讼权利，保障未成年人得到法律帮助，并由熟悉未成年人身心特点的审判人员、检察人员、侦查人员承办。

第278条　【强制辩护】未成年犯罪嫌疑人、被告人没有委托辩护人的，人民法院、人民检察院、公安机关应当通知法律援助机构指派律师为其提供辩护。

第279条　【社会调查】公安机关、人民检察院、人民法院办理未成年人刑事案件，根据情况可以对未成年犯罪嫌疑人、被告人的成长经历、犯罪原因、监护教育等情况进行调查。

第280条　【分别关押分别管理】对未成年犯罪嫌疑人、被告人应当严格限制适用逮捕措施。人民检察院审查批准逮捕和人民法院决定逮捕，应当讯问未成年犯罪嫌疑人、被告人，听取辩护律师的意见。对被拘留、逮捕和执行刑罚的未成年人与成年人应当分别关押、分别管理、分别教育。

第281条　【对未成年犯罪人的讯问与审判】对于未成年人刑事案件，在讯问和审判的时候，应当

通知未成年犯罪嫌疑人、被告人的法定代理人到场。无法通知、法定代理人不能到场或者法定代理人是共犯的，也可以通知未成年犯罪嫌疑人、被告人的其他成年亲属，所在学校、单位、居住地基层组织或者未成年人保护组织的代表到场，并将有关情况记录在案。到场的法定代理人可以代为行使未成年犯罪嫌疑人、被告人的诉讼权利。到场的法定代理人或者其他人员认为办案人员在讯问、审判中侵犯未成年人合法权益的，可以提出意见。讯问笔录、法庭笔录应当交给到场的法定代理人或者其他人员阅读或者向他宣读。讯问女性未成年犯罪嫌疑人，应当有女工作人员在场。审判未成年人刑事案件，未成年被告人最后陈述后，其法定代理人可以进行补充陈述。询问未成年被害人、证人，适用第一款、第二款、第三款的规定。

第 282 条 【附条件不起诉】对于未成年人涉嫌《刑法》分则第四章、第五章、第六章规定的犯罪，可能判处 1 年有期徒刑以下刑罚，符合起诉条件，但有悔罪表现的，人民检察院可以作出附条件不起诉的决定。人民检察院在作出附条件不起诉的决定以前，应当听取公安机关、被害人的意见。对附条件不起诉的决定，公安机关要求复议、提请复核或者被害人申诉的，适用本法第一百七十九条、第一百八十条的规定。未成年犯罪嫌疑人及其法定代理人对人民检察院决定附条件不起诉有异议的，人民检察院应当作出起诉的决定。

第 283 条 【附条件不起诉的考验期】在附条件不起诉的考验期内，由人民检察院对被附条件不起诉的未成年犯罪嫌疑人进行监督考察。未成年犯罪嫌疑人的监护人，应当对未成年犯罪嫌疑人加强管教，配合人民检察院做好监督考察工作。附条件不起诉的考验期为六个月以上一年以下，从人民检察院作出附条件不起诉的决定之日起计算。被附条件不起诉的未成年犯罪嫌疑人，应当遵守下列规定：（一）遵守法律法规，服从监督；（二）按照考察机关的规定报告自己的活动情况；（三）离开所居住的市、县或者迁居，应当报经考察机关批准；（四）按照考察机关的要求接受矫治和教育。

第 284 条 【附条件不起诉的法律后果】被附条件不起诉的未成年犯罪嫌疑人，在考验期内有下列情形之一的，人民检察院应当撤销附条件不起诉的决定，提起公诉：（一）实施新的犯罪或者发现决定附条件不起诉以前还有其他犯罪需要追诉的；（二）违反治安管理规定或者考察机关有关附条件不起诉的监督管理规定，情节严重的。被附条件不起诉的未成年犯罪嫌疑人，在考验期内没有上述情形，考验期满的，人民检察院应当作出不起诉的决定。

第 285 条 【未成年人刑事案件的审理】审判的时候被告人不满十八周岁的案件，不公开审理。但是，经未成年被告人及其法定代理人同意，未成年被告人所在学校和未成年人保护组织可以派代表到场。

第 286 条 【未成年犯罪人犯罪记录的封存与查询】犯罪的时候不满十八周岁，被判处五年有期徒刑以下刑罚的，应当对相关犯罪记录予以封存。犯罪记录被封存的，不得向任何单位和个人提供，但司法机关为办案需要或者有关单位根据国家规定进行查询的除外。依法进行查询的单位，应当对被封存的犯罪记录的情况予以保密。

第 287 条 【适用其他规定】办理未成年人刑事案件，除本章已有规定的以外，按照本法的其他规定进行。

【知识点精讲】

一、未成年人刑事案件诉讼程序概述

1. **概念：**未成年人刑事案件诉讼程序，是指专门适用于未成年人刑事案件的侦查、起诉、审判、执行等程序的一种特别刑事诉讼程序。

2. **功能：**

（1）未成年人司法关注行为人而不是行为本身，关注未成年人回归社会、恢复正常生活状态，而不是对犯罪行为本身的报应和制裁，因此教育和保护贯穿未成年人司法保护程序的始终，也是其基本立场。

（2）设立未成年人刑事案件诉讼程序，在于为涉罪未成年人提供着眼于其未来发展的处理、分流和矫正机制，避免简单惩罚等干预方式不当对其人格形成带来负面影响。

3. **适用的案件范围**：适用于未成年人涉嫌犯罪的案件。未成年人刑事案件，是指被告人实施被指控的犯罪时已满 14 周岁、不满 18 周岁的案件。

> **【特别提示】**并非所有未成年人犯罪案件都必须适用未成年人刑事案件诉讼程序，是否适用这一程序除了考虑犯罪嫌疑人、被告人实施犯罪行为时的年龄外，还必须考虑处理案件时的年龄。

4. **与普通程序的关系**：未成年人刑事案件诉讼程序仍然**依附于普通刑事诉讼程序**，"未成年人刑事案件诉讼程序"专章只是规定了有别于普通刑事诉讼程序的特殊规定，**专章中未予规定的内容，适用刑事诉讼法有关普通刑事诉讼程序的规定**，同时要贯彻教育、感化、挽救的方针。

★★★★二、未成年人刑事案件诉讼程序的方针与特有原则

1. **教育为主，惩罚为辅原则**

对犯罪的未成年人实行教育、感化、挽救的方针，坚持**教育为主、惩罚为辅**的原则。

> **【特别提示】**
>
> 1. 人民法院发现有关单位未尽到未成年人教育、管理、救助、看护等保护职责的，应当向该单位提出司法建议。(《刑诉解释》第 560 条)
>
> 2. 人民法院应当结合实际，根据涉及未成年人刑事案件的特点，开展未成年人法治宣传教育工作。(《刑诉解释》第 561 条)

2. **保障未成年犯罪嫌疑人、被告人诉讼权利原则**

人民法院、人民检察院和公安机关办理未成年人刑事案件，应当保障未成年人行使其诉讼权利，保障未成年人得到法律帮助，由熟悉未成年人身心特点的审判人员、检察人员、侦查人员承办。

3. **分案处理原则**

分案处理，是指公安司法机关在刑事诉讼过程中对未成年人案件与成年人案件实行诉讼程序分离、分案处理，对犯罪的未成年人与犯罪的成年人**分别立案、分别侦查、分别关押、分别管理、分别审理、分别执行**等。

> **【特别提示】**总而言之，未成年人案件与成年人案件分案处理，是指从立案开始就人为地将未成年人部分与成年人部分分开，分成两个独立的刑事案件，分别立案、分别侦查、分别关押、分别管理、分别审理、分别执行。

4. **审理不公开原则**

审判的时候被告人不满 18 周岁的案件，不公开审理。但是，经未成年被告人及其法定代理人同意，未成年被告人所在学校和未成年人保护组织可以派代表到场。(《刑事诉讼法》第 285 条)

> **【特别提示】**1. 到场代表的**人数和范围，由法庭决定**。到场代表经法庭同意，可以参与对未成年被告人的**法庭教育**工作。2. 对未成年人刑事案件**宣告判决应当公开**进行。对依法**应当封存犯罪记录的案件，宣判时，不得组织人员旁听；有旁听人员的，应当告知其不得传播案件信息**。(《刑诉解释》第 578 条)

5. **全面调查原则**

公安司法机关在办理未成年人刑事案件的过程中，不仅要调查案件事实，还要对未成年犯罪嫌疑人、被告人的生理与心理特征、性格特点、成长经历、社会交往、犯罪原因、监护教育和犯罪后的表现等情况进行调查，必要时还要进行医疗检查和心理学、精神病学的调查分析。

【特别提示】落实全面调查原则主要通过制作社会调查报告予以落实。

6. **社会调查原则**

（1）公安机关、人民检察院、人民法院办理未成年人刑事案件，**根据情况可以**对未成年犯罪嫌疑人、被告人的成长经历、犯罪原因、监护教育等情况进行调查，并制作社会调查报告，**作为办案和教育的参考**。

（2）开展社会调查，可以委托有关组织和机构进行。开展社会调查应当尊重和保护未成年人名誉，避免向不知情人员泄露未成年犯罪嫌疑人的涉罪信息。

（3）人民检察院应当对公安机关移送的社会调查报告进行审查，必要时可以进行补充调查。

7. **未成年人案件适用认罪认罚从宽制度**

（1）未成年犯罪嫌疑人认罪认罚的，**在签署具结书时应当有其法定代理人、辩护人在场**，未成年犯罪嫌疑人及其法定代理人、辩护人都对认罪认罚没有异议且愿意签署具结书的，应当签署具结书。其法定代理人**应当到场并签字**确认。法定代理人无法到场的，**合适成年人**应当到场签字确认。

（2）如果未成年犯罪嫌疑人的法定代理人、辩护人对认罪认罚有异议，但未成年人本人同意认罪认罚的，不需要签署具结书。

【注意】此时**同样可以对其适用认罪认罚从宽制度从宽处理**。

（3）未成年人刑事案件适用认罪认罚从宽制度的也**不适用速裁程序**。

8. **犯罪记录封存制度**

犯罪的时候不满 18 周岁，且被判处 5 **年**有期徒刑以下刑罚的，应当对相关犯罪记录予以封存。

★★★★三、未成年人刑事案件诉讼程序的特殊规定

未成年人刑事案件诉讼程序仍然依附于普通刑事诉讼程序，“未成年人刑事案件诉讼程序”专章只是规定了有别于普通刑事诉讼程序的特殊规定，专章中未予规定的内容，适用刑事诉讼法有关普通刑事诉讼程序的规定，同时要贯彻教育、感化、挽救的方针。

根据《刑事诉讼法》和相关司法解释的规定，未成年人刑事案件诉讼程序有下列特殊规定：

1. **办案主体专门化**

人民法院、人民检察院和公安机关办理未成年人刑事案件，应当由熟悉未成年人身心特点的审判人员、检察人员、侦查人员承办。

2. **强制法律援助辩护**

未成年犯罪嫌疑人、被告人没有委托辩护人的，人民法院、人民检察院、公安机关应当通知法律援助机构指派律师为其提供辩护。

【特别提示】

1. 未成年强制法律援助辩护制度适用的年龄以诉讼时未成年为标准。

2. 审判时不满十八周岁的未成年被告人没有委托辩护人的，人民法院应当通知法律援助机构指派熟悉未成年人身心特点的律师为其提供辩护。(《刑诉解释》第564条)

3. 慎用强制措施（逮捕程序特殊）

（1）对未成年犯罪嫌疑人、被告人应当严格限制适用逮捕措施。人民检察院审查批准逮捕和人民法院决定逮捕，**应当讯问未成年犯罪嫌疑人、被告人，应当听取辩护律师的意见**。

（2）人民法院对无固定住所、无法提供保证人的未成年被告人适用取保候审的，应当指定合适成年人作为保证人，必要时可以安排取保候审的被告人接受社会观护。（《刑诉解释》第554条）

4. 立案程序特殊规定

公安机关办理未成年人刑事案件时，应当重点查清未成年犯罪嫌疑人实施犯罪行为时是否已满14周岁、16周岁、18周岁的临界年龄。

5. 侦查程序特殊规定（特殊的讯问规则）

（1）在**讯问和审判**的时候，**应当**通知未成年犯罪嫌疑人、被告人的法定代理人到场。无法通知、法定代理人不能到场或者法定代理人是共犯的，也可以通知合适成年人到场，并将有关情况记录在案。

【注意—到场法代的权利】

①到场的其他人员，除依法行使《刑事诉讼法》第281条第2款[1]规定的权利外，经法庭同意，可以参与对未成年被告人的法庭教育等工作。

②**到场**的法定代理人**可以代为行使**未成年犯罪嫌疑人、被告人的诉讼权利，**其他**合适成年人**不能代为行使**。

③未成年犯罪嫌疑人明确拒绝**法定代理人以外**的**合适成年人**到场，且有正当理由的，人民检察院可以准许，但**应当**在征求其意见后**通知其他合适成年人**到场。

【提示】未成年犯罪嫌疑人不可以拒绝法定代理人到场，但可以拒绝合适成年人到场；拒绝合适成年人后，应当通知其他合适成年人到场。

（2）**讯问女性未成年犯罪嫌疑人，应当有女工作人员**在场。

【注意】询问未成年被害人、证人，适用前条规定。审理未成年人遭受性侵害或者暴力伤害案件，在询问未成年被害人、证人时，应当采取同步录音录像等措施，**尽量一次完成**；未成年被害人、证人是女性的，**应当由女性工作人员进行**。

6. 审查起诉程序的特殊规定

（1）应当听取意见与讯问未成年人

<1>审查起诉未成年犯罪嫌疑人，**应当听取辩护人的意见，应当听取**其父母或者其他法定代理人、被害人及其法定代理人的意见。

<2>人民检察院审查起诉未成年人刑事案件，**应当讯问未成年犯罪嫌疑人**。讯问程序同上述侦查程序中的讯问。

---

[1]《刑事诉讼法》第281条第2款："到场的法定代理人或者其他人员认为办案人员在讯问、审判中侵犯未成年人合法权益的，可以提出意见。讯问笔录、法庭笔录应当交给到场的法定代理人或者其他人员阅读或者向他宣读。"

（2）**安排会见、通话**

<1>移送审查起诉的案件**具备以下条件之一**，且其**法定代理人、近亲属等与本案无牵连的**，经**公安机关同意**，检察人员**可以安排**在押的未成年犯罪嫌疑人与其法定代理人、近亲属等进行会见、通话：

①**案件事实已基本查清，主要证据确实、充分**，安排会见、通话不会影响诉讼活动正常进行；

②未成年犯罪嫌疑人**有认罪、悔罪表现，或者虽尚未认罪、悔罪，但通过会见、通话有可能促使其转化，或者通过会见、通话有利于社会、家庭稳定**；

③未成年犯罪嫌疑人的**法定代理人、近亲属对其犯罪原因、社会危害性以及后果有一定的认识，并能配合司法机关进行教育**。

<2>会见、通话时检察人员可以在场。

（3）**适用附条件不起诉**

关于“附条件不起诉制度”的内容，详见下文“第四点”（重点内容）

7. **审判程序的特殊规定**

（1）**未成年人案件审判组织（少年法庭）**

【应当】被告人实施被指控的**犯罪时不满**18**周岁**且人民法院**立案时不满**20**周岁**的案件，由未成年人案件审判组织审理。

【例】被告人甲犯罪时年龄为17周岁，4年后被公安机关立案侦查。此时甲虽然满足“犯罪时不满18周岁”的条件，但不满足“人民法院立案时不满20周岁”的条件，因此本案并非必须由未成年人案件审判组织审理。

【可以】下列案件**可以**由未成年人案件审判组织审理：

①人民法院**立案时不满**22**周岁**的在校学生犯罪案件；

②强奸、猥亵、虐待、遗弃未成年人等侵害未成年人人身权利的犯罪案件；

③由未成年人案件审判组织审理**更为适宜**的其他案件。

共同犯罪案件有未成年被告人的或者其他涉及未成年人的刑事案件，是否由未成年人案件审判组织审理，由**院长**根据实际情况**决定**。

（2）**未成年被害人、证人一般不出庭**

①开庭审理涉及未成年人的刑事案件，未成年被害人、证人**一般不出庭作证**；

②必须出庭的，应当采取**保护其隐私**的技术手段和心理干预等保护措施。

（3）**特殊的讯问规则**

在**审判**的时候，**应当**通知未成年犯罪嫌疑人、被告人的法定代理人到场。无法通知、法定代理人不能到场或者法定代理人是共犯的，也可以通知合适成年人到场，并将有关情况记录在案。

8. **执行程序的特殊规定**

（1）**犯罪记录封存制度**

封存条件：

<1>犯罪的时候不满18周岁，被判处5年有期徒刑以下刑罚的，应当对相关犯罪记录予以封存。

<2>犯罪的时候不满18周岁，被判处5年有期徒刑以下刑罚的，人民检察院应当在收到人民法院生效判决后，对犯罪记录予以封存。

【特别提示】人民检察院对未成年犯罪嫌疑人作出不起诉决定后，应当对相关记录予以封存。

封存期间的义务：

<1>犯罪记录被封存的，不得向任何单位和个人提供，但司法机关为办案需要或者有关单位根据国家规定进行查询的除外。依法进行查询的单位，应当对被封存的犯罪记录的情况予以保密。

<2>司法机关或者有关单位向人民法院申请查询封存的犯罪记录的，应当提供查询的理由和依据。对查询申请，人民法院应当及时作出是否同意的决定。

封存的解除：

对被封存犯罪记录的未成年人，符合下列条件之一的，应当对其犯罪记录**解除封存**：

<1>实施新的犯罪，且新罪与封存记录之罪数罪并罚后被决定执行5年有期徒刑以上刑罚的；

<2>发现漏罪，且漏罪与封存记录之罪数罪并罚后被决定执行5年有期徒刑以上刑罚的。

★★★★★四、附条件不起诉制度

1. **适用情形：**对于未成年人，符合下列条件的，人民检察院**可以**作出附条件不起诉决定：

（1）**犯罪时**已满14周岁（特殊情形下是已满12周岁）**不满18周岁**的未成年人；

（2）涉嫌刑法分则**第4章、第5章、第6章**规定的犯罪；

（3）根据具体犯罪事实、情节，可能被判处1**年有期徒刑以下刑罚**；

（4）犯罪事实清楚，证据确实、充分，**符合起诉条件**；

（5）具有**悔罪表现**。

【注意—应当听取】人民检察院在作出附条件不起诉的决定以前，应当听取**公安机关、被害人、未成年犯罪嫌疑人的法定代理人、辩护人**的意见，并制作笔录附卷。被害人是未成年人的，还应当听取**被害人的法定代理人、诉讼代理人**的意见。**【只是听取意见，并不要求征得上述人员的同意】**

2. **附条件不起诉决定的作出**

（1）人民检察院作出附条件不起诉的决定后，应当制作附条件不起诉决定书，并在3日以内送达公安机关、被害人或者其近亲属及其诉讼代理人、未成年犯罪嫌疑人及其法定代理人、辩护人。

（2）未成年犯罪嫌疑人**在押的**，作出附条件不起诉决定后，人民检察院应当作出**释放**或者**变更强制措施**的决定。

【注意】**上级人民检察院**认为下级人民检察院作出的附条件不起诉决定不适当的，应当及时**撤销**下级人民检察院作出的附条件不起诉决定，下级人民检察院应当执行。

3. **对附条件不起诉的制约**

（1）对附条件不起诉的决定，公安机关可以提出向**作出决定的检察院复议**，意见不被接受的，公安机关可以向**上一级检察院**提请**复核**。

（2）被害人对检察院对未成年犯罪嫌疑人作出的附条件不起诉的决定和考验期满的不起诉的决定，可以向上一级检察院申诉，**不可以向法院提起自诉**。

（3）未成年犯罪嫌疑人及其法定代理人对检察院决定附条件不起诉**有异议**的，检察院**应当作出起诉**的决定。但是，未成年犯罪嫌疑人及其法定代理人提出**无罪辩解**，人民检察院经审查认为**无罪辩解理由成立的**，应当按照《最高检规则》第365条[1]的规定作出不起诉决定。

【注意】未成年犯罪嫌疑人及其法定代理人对案件作附条件不起诉处理没有异议，仅对所附条件及考验期有异议的，人民检察院**可以依法采纳其合理的意见**，对考察的内容、方式、时间等进行调整；其意见不利于对未成年犯罪嫌疑人帮教，人民检察院不采纳的，应当进行释法说理。人民检察院作出起诉决定前，未成年犯罪嫌疑人及其法定代理人撤回异议的，人民检察院可以依法作出附条件不起诉决定。

4. **附条件不起诉的考验**

（1）**考验主体**：人民检察院

（2）**考验期限**：附条件不起诉的考验期为**6个月以上1年以下**，从检察院作出附条件不起诉的**决定之日起**计算。考验期**不计入案件审查起诉期限**。

【注意1】考验期的长短应当与未成年犯罪嫌疑人所犯罪行的轻重、主观恶性的大小和人身危险性的大小、一贯表现及帮教条件等相适应，根据未成年犯罪嫌疑人在考验期的表现，可以在**法定期限范围内适当缩短或者延长**。

【注意2】作出附条件不起诉决定的案件，审查起诉期限自人民检察院作出附条件不起诉决定之日起**中止计算**，自考验期限**届满之日起**或者人民检察院作出**撤销附条件不起诉决定**之日起**恢复**计算。

（3）**考验内容**：

①被附条件不起诉的未成年犯罪嫌疑人，应当遵守下列规定：

A. 遵守法律法规，服从监督；

B. 按照考察机关的规定报告自己的活动情况；

C. 离开所居住的市、县或者迁居，应当报经考察机关批准（迁居后仍要接受考验，由原来决定的机关考验）；

【注意】未成年犯罪嫌疑人经批准离开所居住的市、县或者迁居，作出**附条件不起诉决定的人民检察院可以要求迁入地**的人民检察院**协助**进行考察，并将考察结果函告作出附条件不起诉决定的人民检察院。【考验主体仍然是作出附条件不起诉决定的人民检察院】

【例】甲县人民检察院对未成年犯罪嫌疑人A决定附条件不起诉，A若迁居乙县上学，需报请甲县人民检察院批准。A迁居乙县后，仍由甲县人民检察院而非乙县人民检察院对其进行考验。

D. 按照考察机关的要求接受矫治和教育。

②人民检察院**可以**要求被附条件不起诉的未成年犯罪嫌疑人接受下列矫治和教育：

A. 完成戒瘾治疗、心理辅导或者其他适当的处遇措施；

B. 向社区或者公益团体提供公益劳动；

C. 不得进入特定场所，与特定的人员会见或者通信，从事特定的活动；

D. 向被害人赔偿损失、赔礼道歉等；

E. 接受相关教育；

F. 遵守其他保护被害人安全以及预防再犯的禁止性规定。

---

[1]《最高检规则》第365条："人民检察院对于监察机关或者公安机关移送起诉的案件，发现犯罪嫌疑人**没有犯罪事实**，或者符合刑事诉讼法第**十六条**规定的情形之一的，经检察长批准，应当作出不起诉决定。对于犯罪事实并非犯罪嫌疑人所为，需要重新调查或者侦查的，应当在作出不起诉决定后书面说明理由，将案卷材料退回监察机关或者公安机关并建议重新调查或者侦查。"

（4）**考验后的处理**

①**起诉**。被附条件不起诉的未成年犯罪嫌疑人，在考验期内有下列情形之一的，人民检察院**应当撤销附条件不起诉**的决定，**提起公诉**：

A. 实施**新的犯罪**的；

B. 发现决定附条件不起诉以前还有**其他犯罪需要追诉**的；

C. 违反治安管理规定，**造成严重后果，或者多次违反**治安管理规定的；

D. 违反考察机关有关附条件不起诉的监督管理规定，**造成严重后果，或者多次违反**考察机关有关附条件不起诉的监督管理规定的。

②**不起诉**。在考验期内没有上述情形，考验期满的，检察院**应当**作出不起诉的决定。

【注意—应当听取】考验期满作出不起诉的决定以前，**应当听取**被害人意见。**【只是听取意见，不是要求征得被害人同意】**

【经典金题】

1. 关于未成年人刑事案件审判程序，下列说法正确的是？（2021 年仿真题，多选）[1]

A. 曹某（14 岁）强奸杀人案，检察院决定逮捕，但应保障其继续接受义务教育

B. 邓某利用孙某（13 岁）运输毒品，为保护证人人身安全，孙某可在不暴露外貌、声音的条件下出庭作证

C. 于某猥亵儿童案，询问被害人时应同步录音录像并一次性完成

D. 在校大学生张某盗窃案，法院受理本案时张某刚满 20 岁，不能由未成年人案件审判组织审理

---

〔1〕【解析】A 项：根据规定，对被逮捕且没有完成义务教育的未成年被告人，人民法院应当与教育行政部门互相配合，保证其接受义务教育。因此，A 项正确。

B 项：根据规定，对于危害国家安全犯罪、恐怖活动犯罪、黑社会性质的组织犯罪、【毒品犯罪】等案件，证人、鉴定人、被害人因在诉讼中作证，本人或者其近亲属的人身安全面临危险的，法院、检察院和公安机关应当采取以下一项或者多项保护措施：（二）采取不暴露外貌、真实声音等出庭作证措施。可知，孙某可以在通过技术手段处理了外貌、声音的情况下出庭作证。因此，B 项正确。

C 项：根据规定，审理未成年人遭受性侵害或者暴力伤害案件，在询问未成年被害人、证人时，应当采取同步录音录像等措施，尽量一次完成；未成年被害人、证人是女性的，应当由女性工作人员进行。因此，C 项正确。

D 项：根据规定，除了犯罪时不满十八周岁、法院立案时不满二十周岁的案件是【应当】由未成年人案件审判组织审理。其他案件【可以】由未成年人案件审判组织审理：“（一）人民法院立案时不满二十二周岁的在校学生犯罪案件；……”可知，本项中的张某在法院立案时是不满 22 周岁在校学生，故可以由未成年人案件审判组织审理。因此，D 项错误。

综上所述，本题的答案为 ABC 项。

2. 甲乙因共同抢劫被某县公安机关立案侦查，侦查终结后移送某县检察院审查起诉。审查起诉时，甲刚满18周岁，乙17周岁。下列表述正确的有？（2020年仿真题，单选）[1]

A. 若甲乙审查起诉时拒不认罪认罚，在审判时对二人仍可适用认罪认罚从宽制度

B. 某县检察院审查起诉时应当听取甲乙法定代理人的意见

C. 如果甲没有聘请辩护人，某县检察院应当通知法援机构为其指派辩护人

D. 若甲在审判阶段认罪认罚，乙拒绝认罪认罚，对甲乙均不可适用认罪认罚从宽制度

3. 未成年人小周涉嫌故意伤害被取保候审，A县检察院审查起诉后决定对其适用附条件不起诉，监督考察期限为6个月。关于本案处理，下列哪一选项是正确的？（2017年卷二第39题，单选）[2]

A. 作出附条件不起诉决定后，应释放小周

B. 本案审查起诉期限自作出附条件不起诉决定之日起中止

C. 监督考察期间，如小周经批准迁居B县继续上学，改由B县检察院负责监督考察

D. 监督考察期间，如小周严格遵守各项规定，表现优异，可将考察期限缩短为5个月

---

[1]【解析】A项：认罪认罚从宽既是一项基本原则，也是一项具体制度，适用于全部案件，而且贯穿刑事诉讼全过程，适用于侦查、起诉、审判各个阶段。据此，甲乙在侦查阶段就认罪认罚，一直认罪认罚到审判阶段也可以，甲、乙在侦查阶段或审查起诉阶段不认罪认罚，到了审判时才认罪认罚的也可以，A项正确。

B项：根据规定，在审查逮捕、审查起诉中，人民检察院应当讯问未成年犯罪嫌疑人，【听取辩护人】的意见，并制作笔录附卷。讯问未成年犯罪嫌疑人，应当【通知】其法定代理人到场，告知法定代理人依法享有的诉讼权利和应当履行的义务。可知，法律只要求【通知】其法定代理人到场，但并没有应当“听取”法定代理人意见的规定。另外甲在审查起诉时已满18周岁，不再是未成年人，不存在法定代理人的说法。因此，B项错误。

C项：根据规定，未成年犯罪嫌疑人没有委托辩护人的，人民检察院应当书面通知法律援助机构指派律师为其提供辩护。此处未成年犯罪嫌疑人，是指在诉讼过程中未满十八周岁的人。为未成年人提供法律援助是看诉讼进程中的年龄，而非犯罪时年龄。本案中，甲进入审查起诉阶段时已满18周岁，不再是未成年人，此时某县检察院无需为其通知法律援助。因此，C项错误。

D项：对于共同犯罪案件，一部分被告人认罪认罚，另一部分被告人拒绝认罪认罚，对认罪认罚的被告人可以适用认罪认罚从宽制度。甲乙共同犯罪，甲在审判阶段认罪认罚，乙拒绝认罪认罚，对甲仍可适用认罪认罚从宽制度。因此，D项错误。

综上所述，本题答案为A项。

[2]【解析】A项：根据规定，未成年犯罪嫌疑人在押的，作出附条件不起诉决定后，人民检察院应当作出释放或者变更强制措施的决定。而本题中小周已被取保候审，没有被羁押，不是在押状态，所以不涉及释放小周的问题。因此，A项错误。

B项：根据规定，作出附条件不起诉决定的案件，审查起诉期限自人民检察院【作出附条件不起诉决定之日】起中止计算，自考验期限届满之日起或者人民检察院作出撤销附条件不起诉决定之日起恢复计算。因此，B项正确。

C项：根据规定，未成年犯罪嫌疑人经批准离开所居住的市、县或者迁居，【作出附条件不起诉决定的检察院】可以要求迁入地的检察院协助进行考察，并将考察结果函告作出附条件不起诉决定的检察院。据此，B县检察院可以协助进行考察，但监督考察仍由A县检察院负责。因此，C项错误。

D项：根据规定，人民检察院决定附条件不起诉的，应当确定考验期。考验期为【六个月以上一年以下】，从人民检察院作出附条件不起诉的决定之日起计算。考验期的长短可以在【法定期限范围】内适当缩短或者延长。据此，考验期可以缩短延长，但是前提是在法定期限范围内，也就是在6个月以上1年以下这个范围适当缩短或者延长，不能少于6个月也不能长于1年，D选项将考验期缩短为5个月，少于最低考验期6个月。因此，D项错误。

综上所述，本题答案为B项。

第二节　当事人和解的公诉案件诉讼程序

【考点精要】

- 当事人和解的公诉案件诉讼程序
  - 当事人和解的公诉案件诉讼程序的概念
  - 当事人和解的公诉案件程序的具体制度与程序
    - 适用条件★★★
    - 适用案件范围★★★★★
    - 和解主体★★★★
    - 和解事项★★★
    - 和解阶段★★
    - 不同阶段达成和解协议的处理★★★★
  - 和解协议
    - 和解协议的制作
    - 和解协议的审查
    - 和解协议的签名★★★
    - 和解协议的履行★★★
    - 达成和解协议后提起附带民事诉讼的处理★★★★
    - 和解协议的反悔★★★
    - 和解协议的无效

【学习提要】

本节考生须掌握当事人和解程序的具体制度与程序设计。

【法条依据】

《刑事诉讼法》

第288条　【适用范围】下列公诉案件，犯罪嫌疑人、被告人真诚悔罪，通过向被害人赔偿损失、赔礼道歉等方式获得被害人谅解，被害人自愿和解的，双方当事人可以和解：（一）因民间纠纷引起，涉嫌刑法分则第四章、第五章规定的犯罪案件，可能判处三年有期徒刑以下刑罚的；（二）除渎职犯罪以外的可能判处七年有期徒刑以下刑罚的过失犯罪案件。犯罪嫌疑人、被告人在五年以内曾经故意犯罪的，不适用本章规定的程序。

第289条　【和解协议的审查与制作】双方当事人和解的，公安机关、人民检察院、人民法院应当听取当事人和其他有关人员的意见，对和解的自愿性、合法性进行审查，并主持制作和解协议书。

第290条　【和解协议的效力】对于达成和解协议的案件，公安机关可以向人民检察院提出从宽处理的建议。人民检察院可以向人民法院提出从宽处罚的建议；对于犯罪情节轻微，不需要判处刑罚的，可以作出不起诉的决定。人民法院可以依法对被告人从宽处罚。

【知识点精讲】

一、当事人和解的公诉案件诉讼程序的概念

刑事和解有广义和狭义之分。广义的刑事和解既包括刑事公诉案件的和解也包括刑事自诉案件以及附带民事诉讼案件的和解；狭义的刑事和解仅指刑事公诉案件的和解。

2012年《刑事诉讼法》修改，在特别程序一编单独设立“当事人和解的公诉案件诉讼程序”一章，规定了刑事公诉案件的和解程序。本章所指的刑事和解，如无特殊说明，仅指狭义的刑事和解，即公诉案件的刑事和解。

当事人和解的公诉案件诉讼程序是指公安机关、人民检察院、人民法院在法定范围的公诉案件中，犯罪嫌疑人、被告人真诚悔罪，通过向被害人赔偿损失、赔礼道歉等方式获得被害人谅解、双方当事人自愿达成协议的，可以对犯罪嫌疑人、被告人作出不同方式的从宽处理的

程序。

★★★★二、当事人和解的公诉案件诉讼程序的具体制度与程序

（一）适用条件

1. 积极条件

（1）犯罪嫌疑人、被告人**真诚悔罪**。真诚悔罪通过积极赔偿、赔礼道歉等方式表现出来。

（2）获得**被害人谅解**。

（3）被害人**自愿和解**。

（4）属于**侵害特定被害人的故意犯罪或者有直接被害人的过失犯罪**。

（5）**案件事实清楚，证据确实、充分**。

2. 消极条件：犯罪嫌疑人、被告人在5年以内曾经故意犯罪的，不得适用。

【特别提示】犯罪嫌疑人犯《刑事诉讼法》第288条第1款规定的犯罪前5年内曾故意犯罪，**无论该故意犯罪是否已经追究**，均应当认定为前款规定的5年以内曾故意犯罪。

（二）适用案件范围

【范围】下列公诉案件，双方当事人可以和解：

（1）因**民间纠纷**引起，涉嫌刑法分则**第4章、第5章**规定（指人身、财产犯罪）的犯罪案件，可能判处3**年有期徒刑以下**刑罚的；

【特别提示1】刑法分则第4章、第5章规定的犯罪是指针对人身或财产的犯罪，如果不是人身、财产犯罪，则不能适用。

【特别提示2】有下列情形之一的，不属于因民间纠纷引起的犯罪案件：①**雇凶伤害**他人的；②涉及**黑社会性质组织犯罪**的；③涉及**寻衅滋事**的；④涉及**聚众斗殴**的；⑤**多次故意伤害**他人身体的；⑥其他不宜和解的。

（2）除**渎职犯罪以外**的可能判处7**年有期徒刑以下**刑罚的**过失犯罪**案件。

【不能适用】犯罪嫌疑人、被告人在5**年以内曾经故意犯罪**的，不适用当事人和解的公诉案件诉讼程序。

【注意】犯罪嫌疑人在犯《刑事诉讼法》第288条第1款规定的犯罪（上述犯罪）前5年内曾故意犯罪，**无论该故意犯罪是否已经追究**，均应当认定为前款规定的**5年以内**曾故意犯罪。

（三）和解主体

1. **被害人一方**

（1）被害人**死亡**的，其**法定代理人、近亲属**可以与犯罪嫌疑人、被告人和解；

（2）被害人系**无行为能力或者限制行为能力人**的，其**法定代理人、近亲属**可以**代为**和解。

【小结】被害人一方不一定是被害人本人。

2. **被告人一方**

（1）被告人的近亲属经被告人**同意**，可以**代为**和解；

（2）被告人系限制行为能力人的，其法定代理人可以**代为**和解。

【小结】被告人一方一定是被告人本人。

【特别提示1】 法院可以主持和解，检察院也可以建议和解，这些做法只是促成和解，而不是参与双方的具体和解中。也就是说，公安机关、检察院、人民法院均不是和解的主体。

【特别提示2—必须被告人本人履行】 被告人的法定代理人、近亲属依照上述规定代为和解的，和解协议约定的赔礼道歉等事项，应当由被告人本人履行。

（四）和解对象

双方当事人可以就赔偿损失、赔礼道歉等**民事责任事项**进行和解，并且可以就被害人及其法定代理人或者近亲属**是否要求或者同意**公安机关、人民检察院、人民法院对犯罪嫌疑人**依法从宽处理**进行协商，但不得对案件的事实认定、证据采信、法律适用和定罪量刑等依法属于公安机关、人民检察院、人民法院职权范围的事宜进行协商。

【特别提示】 当事人和解只能针对**民事责任**事项。

（五）和解阶段

和解适用于**侦查、审查起诉与审判**三个阶段。不同阶段达成和解协议的，公安机关、人民检察院、人民法院的处理方式不同。

（六）不同阶段达成和解协议的处理

不同阶段达成和解协议的，公安司法机关的处理方式不同：

（1）侦查阶段，公安机关**可以**向人民检察院提出从宽处理的建议。（**不可以**直接**撤案**）

（2）审查阶段，人民检察院可以向人民法院提出从宽处罚的量刑建议；对于犯罪情节轻微，不需要判处刑罚的，**可以**作出不起诉的决定。

（3）对达成和解协议的案件，人民法院**应当**对被告人从轻处罚；[1] 符合非监禁刑适用条件的，应当适用非监禁刑；判处法定最低刑仍然过重的，可以减轻处罚；综合全案认为犯罪情节轻微不需要判处刑罚的，可以免除刑事处罚。共同犯罪案件，部分被告人与被害人达成和解协议的，可以依法对该部分被告人从宽处罚，但应当注意全案的量刑平衡。

（七）和解协议

1. 和解协议的制作

双方当事人和解的，公安机关、人民检察院、人民法院应当听取当事人和其他有关人员的意见，对和解的自愿性、合法性进行审查，并**主持制作**和解协议书。

【特别提示】 公安机关、人民检察院、人民法院“主持制作”不等于由他们“制作”。和解协议书只是在公安机关、人民检察院、人民法院的主持下进行制作，真正制作和解协议书的是当事人。

---

〔1〕 此为《刑诉解释》第596条规定。需要说明的是，《刑事诉讼法》第290条规定：“对于达成和解协议的案件，公安机关可以向人民检察院提出从宽处理的建议。人民检察院可以向人民法院提出从宽处罚的建议；对于犯罪情节轻微，不需要判处刑罚的，可以作出不起诉的决定。人民法院可以依法对被告人从宽处罚。”据此，审判阶段和解的，法院是“可以”从宽处罚。但《刑诉解释》第596条调整为“应当”从轻处罚。两处规定是矛盾的，且2012年有一道客观题真题答案用的也是“可以”。但是，2012年真题之所以用“可以”，是因为当时《刑诉解释》修改版还没公布（是在2012年法考结束后的12月公布的），加之立法的目的是鼓励和解的，因此，如果是现在做题的话，按“应当”从轻处罚答题更符合立法目的。

2. **和解协议的审查**

对公安机关、人民检察院主持制作的和解协议书，当事人提出异议的，人民法院**应当**审查。经审查，**和解没有违反自愿、合法原则的，予以确认，无需重新制作和解协议书**；和解**不具有自愿性、合法性的，应当认定无效**。和解协议被认定无效后，双方当事人重新达成和解的，人民法院**应当主持制作**新的和解协议书。

3. **和解协议的签名**

（1）和解协议书应当由**双方当事人和审判人员签名**，但**不加盖人民法院印章**。

【特别提示】和解协议书应当由双方当事人签字，可以写明和解协议书系在人民检察院主持下制作。**检察人员不在当事人和解协议书上签字，也不加盖人民检察院印章**（《最高检规则》第498条第3款）（注意法院与检察院的区别）

（2）和解协议书一式3份，双方当事人各持1份，另1份交人民法院附卷备查。

（3）对和解协议中的赔偿损失内容，双方当事人要求保密的，人民法院应当准许，并采取相应的保密措施。

4. **和解协议的履行**

和解协议的履行，在不同阶段（侦查阶段没有作出具体规定）有所不同。

（1）**审查起诉**阶段：和解协议书约定的赔偿损失内容，应当在双方签署协议后**立即履行，至迟在人民检察院作出从宽处理决定前**履行。确实**难以一次性**履行的，在**被害人同意**并**提供有效担保**的情况下，也可以**分期履行**。（《最高检规则》第499条）

（2）**审判阶段**：和解协议约定的赔偿损失内容，被告人应当在协议签署后**即时履行**。（《刑诉解释》第593条第1款）

【提示1】和解协议达成的赔偿损失内容是否应当即时履行，取决于是哪个阶段达成的协议。如果**审判阶段**达成的，应当即时履行；**审查起诉阶段**达成的，则例外情况下可以不即时履行。考生做题时应先判断是什么阶段。

【提示2】审判阶段达成的和解协议应当即时履行，而**附带民事诉讼中的调解协议约定的赔偿损失内容可以分期履行**。

5. **达成和解协议后提起附带民事诉讼的处理**

双方当事人在侦查、审查起诉期间已经达成和解协议并全部履行，被害人或者其法定代理人、近亲属又提起附带民事诉讼的，人民法院**不予受理，但有证据证明和解违反自愿、合法原则的除外**。

6. **和解协议的反悔**

（1）和解协议已经全部履行，当事人反悔的，法院不予支持，但有证据证明和解违反自愿、合法原则的除外。（《刑诉解释》第593条第2款）

（2）当事人在不起诉决定作出之前反悔的，可以另行达成和解。不能另行达成和解的，人民检察院应当依法作出起诉或者不起诉决定。当事人在不起诉决定作出之后反悔的，人民检察院不撤销原决定，但有证据证明和解违反自愿、合法原则的除外。（《最高检规则》第503条第2款、第3款）

7. **和解协议的无效**

犯罪嫌疑人或者其亲友等以**暴力、威胁、欺骗**或者其他非法方法**强迫、引诱**被害人和解，或者在**协议履行完毕之后威胁、报复被害人**的，应当认定**和解协议无效**。已经作出不批准逮捕或者不起诉决定的，人民检察院根据案件情况可以撤销原决定，对犯罪嫌疑人批准逮捕或者提起公诉。

【经典金题】

下列哪一案件可以适用当事人和解的公诉案件诉讼程序？（2016 年卷二第 41 题，单选）[1]

A. 甲因侵占罪被免除处罚 2 年后，又涉嫌故意伤害致人轻伤

B. 乙涉嫌寻衅滋事，在押期间由其父亲代为和解，被害人表示同意

C. 丙涉嫌过失致人重伤，被害人系限制行为能力人，被害人父亲愿意代为和解

D. 丁涉嫌破坏计算机信息系统，被害人表示愿意和解

第三节　缺席审判程序

【本节知识框架】

- 缺席审判程序
  - 概述
    - 概念
    - 意义
  - 适用范围★★★★★
    - 贪污贿赂、国家安全犯罪、恐怖活动犯罪且被告人在境外的
    - 患有严重疾病无法出庭的
    - 被告人死亡，现有证据表明其无罪的
    - 按照审判监督程序审理，被告人死亡的
  - 权利保障★★★★★
    - 管辖法院
    - 知情权保障
    - 强制法律援助辩护
    - 上诉权
    - 重新审理权
    - 涉案财物的处理

【学习提要】

本节考生须掌握缺席审判的适用范围和权利保障。

---

[1]【解析】下列公诉案件，双方当事人可以和解：（1）因民间纠纷引起，涉嫌刑法分则第 4 章、第 5 章规定（指人身、财产犯罪）的犯罪案件，可能判处 3 年有期徒刑以下刑罚的；（2）除渎职犯罪以外的可能判处 7 年有期徒刑以下刑罚的过失犯罪案件。

犯罪嫌疑人、被告人在 5 年以内曾经故意犯罪的，不适用当事人和解的公诉案件诉讼程序。

A 项：甲因侵占罪被免除处罚 2 年后，又涉嫌故意伤害致人轻伤，属于在 5 年以内曾经故意犯罪，因此，甲不可以适用当事人和解的公诉案件诉讼程序。这里需要注意的是，甲虽然被免除处罚，但法院依法判定其犯侵占罪，属于定罪免刑，其 2 年后又涉嫌故意伤害致人轻伤，仍属于 5 年以内曾经故意犯罪的情况。因此，A 项错误。

B 项：有下列情形之一的，不属于因民间纠纷引起的犯罪案件：①雇凶伤害他人的；②涉及黑社会性质组织犯罪的；③涉及寻衅滋事的；④涉及聚众斗殴的；⑤多次故意伤害他人身体的；⑥其他不宜和解的。乙涉嫌寻衅滋事，不属于因民间纠纷引起的犯罪案件，不适用刑事和解程序。因此，B 项错误。

C 项：根据规定，被害人系无行为能力或者限制行为能力人的，其法定代理人、近亲属可以代为和解。本案中，被害人系限制行为能力人，被害人的父亲作为近亲属，可以代为和解。因此，C 项正确。

D 项：破坏计算机信息系统罪是《刑法》第 286 条规定的犯罪，属于《刑法》第六章第一节规定的犯罪，不属于因民间纠纷引起，涉嫌刑法分则第四章、第五章规定的犯罪案件，所以，即使被害人表示愿意和解，D 项也无法适用当事人和解的公诉案件诉讼程序。因此，D 项错误。

综上所述，本题答案为 C 项。

【法条依据】

《刑事诉讼法》

第 291 条 【适用缺席审判案件的类型及条件】对于贪污贿赂犯罪案件，以及需要及时进行审判，经最高人民检察院核准的严重危害国家安全犯罪、恐怖活动犯罪案件，犯罪嫌疑人、被告人在境外，监察机关、公安机关移送起诉，人民检察院认为犯罪事实已经查清，证据确实、充分，依法应当追究刑事责任的，可以向人民法院提起公诉。人民法院进行审查后，对于起诉书中有明确的指控犯罪事实，符合缺席审判程序适用条件的，应当决定开庭审判。前款案件，由犯罪地、被告人离境前居住地或者最高人民法院指定的中级人民法院组成合议庭进行审理。

第 292 条 【传票、起诉书副本的送达】人民法院应当通过有关国际条约规定的或者外交途径提出的司法协助方式，或者被告人所在地法律允许的其他方式，将传票和人民检察院的起诉书副本送达被告人。传票和起诉书副本送达后，被告人未按要求到案的，人民法院应当开庭审理，依法作出判决，并对违法所得及其他涉案财产作出处理。

第 293 条 【辩护权的行使及保障】人民法院缺席审判案件，被告人有权委托辩护人，被告人的近亲属可以代为委托辩护人。被告人及其近亲属没有委托辩护人的，人民法院应当通知法律援助机构指派律师为其提供辩护。

第 294 条 【上诉、抗诉】人民法院应当将判决书送达被告人及其近亲属、辩护人。被告人或者其近亲属不服判决的，有权向上一级人民法院上诉。辩护人经被告人或者其近亲属同意，可以提出上诉。人民检察院认为人民法院的判决确有错误的，应当向上一级人民法院提出抗诉。

第 295 条 【重新审理】在审理过程中，被告人自动投案或者被抓获的，人民法院应当重新审理。罪犯在判决、裁定发生法律效力后到案的，人民法院应当将罪犯交付执行刑罚。交付执行刑罚前，人民法院应当告知罪犯有权对判决、裁定提出异议。罪犯对判决、裁定提出异议的，人民法院应当重新审理。依照生效判决、裁定对罪犯的财产进行的处理确有错误的，应当予以返还、赔偿。

第 296 条 因被告人患有严重疾病无法出庭，中止审理超过六个月，被告人仍无法出庭，被告人及其法定代理人、近亲属申请或者同意恢复审理的，人民法院可以在被告人不出庭的情况下缺席审理，依法作出判决。

第 297 条 【被告人死亡情形下缺席审判的适用】被告人死亡的，人民法院应当裁定终止审理，但有证据证明被告人无罪，人民法院经缺席审理确认无罪的，应当依法作出判决。人民法院按照审判监督程序重新审判的案件，被告人死亡的，人民法院可以缺席审理，依法作出判决。

【知识点精讲】

一、缺席审判程序概述

（一）概念

缺席审判程序，是指在特定刑事案件中，当被告人因潜逃、严重疾病、死亡等原因未到庭接受审判时，人民法院根据控诉方的起诉对案件进行审理，依法追究缺席被告人刑事责任的一种特殊审判程序。

（二）意义

在司法实践中，一些严重腐败分子为了逃避法律的制裁，往往携款外逃或者故意采取一定行为使自己丧失诉讼行为能力，导致法院不能追究其刑事责任。虽然 2012 年《刑事诉讼法》修改时增设了违法所得的没收程序，在一定程度上解决了腐败犯罪案件违法所得及其他涉案财产的追回问题，但违法所得没收程序并未涉及腐败犯罪分子的刑事责任追究问题，对于腐败犯罪分子不到庭的，法院仍然不能对其进行审判。为了有效惩治腐败犯罪，浇灭腐败犯罪分子通过外逃来逃避审判的幻想，2018 年《刑事诉讼法》在“特别程序”编中增加了“缺席审判程序”一章，内容包括缺席审判程序的适用范围、审理程序、法律援助、权利保障等。这对于以法治方式推进反腐败斗争，发挥法律的震慑和惩治双重效果，具有重要意义。

★★★★二、缺席审判程序的适用范围

刑事审判活动必然要求被告人亲自出席法庭接受审判，因为被告人亲自参与审判过程，通过与不利于自己的证人对质、最后陈述等方式行使自己的诉讼权利并影响法院判决的形成，而缺席审判等同于变相剥夺了被告人的上述权利。因此，基于人权保障的需要，被告人出庭的对席审判应当是原则，缺席审判只有在例外情形下才能适用。

缺席审判的适用范围如下：

1. **【贪污贿赂等犯罪案件外逃人员的缺席审判】**对于**贪污贿赂**犯罪案件，以及需要及时进行审判，经**最高人民检察院**核准的**严重危害国家安全犯罪、恐怖活动犯罪**案件，犯罪嫌疑人、被告人**在境外**，监察机关、公安机关移送起诉，人民检察院认为犯罪事实已经查清，证据确实、充分，依法应当追究刑事责任的，可以向人民法院提起公诉。人民法院进行审查后，对于起诉书中有明确的指控犯罪事实，符合缺席审判程序适用条件的，应当决定开庭审判。

2. **【被告人有严重疾病的缺席审判】**因**被告人患有严重疾病无法出庭，中止审理超过6个月，被告人仍无法出庭**，被告人及其法定代理人、近亲属**申请或者同意**恢复审理的，人民法院可以在被告人不出庭的情况下缺席审理，依法作出判决。

3. **【被告人死亡的缺席审判】被告人死亡的，人民法院应当裁定终止审理，但有证据证明被告人无罪**，人民法院经缺席审理确认无罪的，应当依法作出判决。

4. **【被告人死亡的缺席审判】**人民法院按照**审判监督程序重新审判**的案件，**被告人死亡的**，人民法院可以缺席审理，依法作出判决。

三、对于贪污贿赂等犯罪案件外逃人员的缺席审判案件的审理

由于被告人未出席法庭，其无法亲自与不利于自己的证人对质、最后陈述，因此，适用缺席审判程序要求加强对缺席审判被告人的权利保障。《刑事诉讼法》增加的缺席审判程序对缺席审判被告人的权利保障贯穿始终。

（一）管辖法院

由**犯罪地、被告人离境前居住地**或者**最高人民法院指定**的**中级人民法院**组成**合议庭**进行审理。

（二）庭前审查

对人民检察院依照刑事诉讼法第291条第1款的规定提起公诉的案件，人民法院审查后，应当按照下列情形分别处理：

（1）符合缺席审判程序适用条件，属于本院管辖，且材料齐全的，应当受理；

（2）不属于可以适用缺席审判程序的案件范围、不属于本院管辖或者不符合缺席审判程序的其他适用条件的，应当退回人民检察院；

（3）材料不全的，应当通知人民检察院在三十日以内补送；三十日以内不能补送的，应当退回人民检察院。

（三）送达文书

《刑诉解释》第600条　对人民检察院依照刑事诉讼法第291条第1款的规定提起公诉的案件，人民法院立案后，应当将传票和起诉书副本送达被告人，传票应当载明被告人到案期限以及不按要求到案的法律后果等事项；应当将起诉书副本送达被告人近亲属，告知其有权代为委托辩护人，并通知其敦促被告人归案。

（四）强制法律援助辩护

人民法院缺席审判案件，被告人有权委托辩护人，被告人的近亲属可以代为委托辩护人。

被告人及其近亲属没有委托辩护人的，人民法院**应当通知**法律援助机构指派律师为其提供辩护。

（五）近亲属参加诉讼

1. 被告人的近亲属申请参加诉讼的，应当在收到起诉书副本后、第一审开庭前提出，并提供与被告人关系的证明材料。有多名近亲属的，应当推选 1 至 2 人参加诉讼。对被告人的近亲属提出申请的，人民法院应当及时审查决定。

2. 参照适用公诉案件第一审普通程序的有关规定。被告人的近亲属参加诉讼的，**可以发表意见，出示证据，申请法庭通知证人、鉴定人等出庭，进行辩论**。

（六）一审裁判

人民法院审理后应当参照《刑诉解释》第 295 条的规定作出判决、裁定。

（1）人民法院审理后应当参照普通程序的规定作出判决、裁定。

（2）作出有罪判决的，应当达到**证据确实、充分**的证明标准。

（3）经审理认定的罪名不属于《刑事诉讼法》第 291 条第 1 款规定的罪名的，应当终止审理。

（4）适用缺席审判程序审理案件，可以对违法所得及其他涉案财产一并作出处理。

（七）重新审理

（1）在审理过程中，被告人**自动投案**或者**被抓获**的，人民法院应当重新审理。

（2）罪犯在判决、裁定发生法律效力后到案的，人民法院应当将罪犯交付执行刑罚。**交付执行刑罚前**，人民法院**应当告知**罪犯有权对判决、裁定提出异议。罪犯对判决、裁定**提出异议**的，人民法院应当**重新审理**。

（八）上诉权

人民法院应当将判决书送达被告人及其近亲属、辩护人。被告人或者其**近亲属**不服判决的，有权向上一级人民法院**上诉**。辩护人经被告人或者其近亲属同意，可以提出上诉。

【注意】人民检察院也有救济权，即人民检察院认为人民法院的判决确有错误的，应当向**上一级**人民法院提出抗诉。

四、对于被告人患有严重疾病案件或被告人死亡案件的缺席审判

1. 对于被告人患有严重疾病案件的缺席审判

（1）因被告人患有严重疾病导致缺乏受审能力，无法出庭受审，中止审理超过 6 个月，被告人仍无法出庭，被告人及其法定代理人、近亲属申请或者同意恢复审理的，人民法院可以根据《刑事诉讼法》第 296 条的规定缺席审判。

（2）符合上述规定的情形，被告人无法表达意愿的，其法定代理人、近亲属可以代为申请或者同意恢复审理。

2. 对于被告人死亡案件的缺席审判

（1）人民法院受理案件后被告人**死亡**的，应当裁定**终止审理**；**但有证据证明被告人无罪**，经缺席审理确认无罪的，应当判决**宣告被告人无罪**。

【注意】上述所称"有证据证明被告人无罪，经缺席审理确认无罪"，包括：①**案件事实清楚，证据确实、充分，依据法律认定被告人无罪**的情形，以及②**证据不足，不能认定被告人有罪**的情形。

（2）人民法院按照审判监督程序重新审判的案件，被告人死亡的，可以缺席审理。**有证据证明被告人无罪**，经缺席审理确认被告人无罪的，应当判决宣告被告人无罪；虽然构成犯罪，但**原判量刑畸重**的，应当依法作出判决。

【经典金题】

长河公司因涉嫌生产假药被立案侦查，法定代表人曹某逃至国外，下列哪一项是正确的？（2020 年仿真题，单选）〔1〕

A. 经最高人民检察院核准，检察院对曹某可以提起公诉，由法院进行缺席审判

B. 在审理期间，长河公司进入破产程序，法庭应当裁定终止审理

C. 在审理期间，法院可以要求长河公司提供担保

D. 如长河公司经理方某被指控为单位犯罪直接责任人员，方某可以作为诉讼代表人

第四节 犯罪嫌疑人、被告人逃匿、死亡案件违法所得的没收程序

【本节知识框架】

- 违法所得没收程序
  - 概念
  - 适用条件与没收对象★★★★★
  - 适用程序
    - 没收程序的启动★★★★★
      - 启动主体
      - 启动方式
      - 程序要求
    - 没收程序的审理★★★★★
      - 管辖法院
      - 对申请的审查与受理
      - 财产保全
      - 发出公告
      - 利害关系人申请参加诉讼
      - 审理要求
      - 审理期限
      - 审理后的处理
      - 上诉、抗诉
      - 二审审理
  - 审理中特殊情形的处理★★★★★
    - 到案的处理
      - 审理中到案的处理
      - 裁定生效后到案的处理
    - 被追诉人没到案，生效裁定有错的处理

---

〔1〕【解析】A 项：可以适用缺席审判程序的案件范围为：贪污贿赂犯罪案件 + 需要及时进行审判，经最高人民检察院核准的严重危害国家安全犯罪、恐怖活动犯罪案件。本案中，长河公司及曹某涉嫌生产假药，不属于上述可以适用缺席审判程序的案件范围。因此，A 项错误。

B 项：根据规定，审判期间，被告单位被吊销营业执照、宣告破产但尚未完成清算、注销登记的，应当继续审理。可知，本案中，法院应该继续审理。因此，B 项错误。

C 项：根据规定，为保证判决的执行，人民法院可以先行查封、扣押、冻结被告单位的财产，或者由被告单位提出担保。因此，C 项正确。

D 项：根据规定，被告单位的诉讼代表人，应当是法定代表人、实际控制人或者主要负责人；法定代表人、实际控制人或者主要负责人被指控为单位犯罪直接责任人员或者因客观原因无法出庭的，应当由被告单位委托其他负责人或者职工作为诉讼代表人。但是，有关人员被指控为单位犯罪直接责任人员或者知道案件情况、负有作证义务的除外。可知，本案中，长河公司的诉讼代表人本应是法定代表人曹某，但由于曹某外逃，长河公司需要委托其他负责人或者职工担任诉讼代表人。方某由于被指控为单位犯罪直接责任人员，所以不得担任长河公司的诉讼代表人。因此，D 项错误。

综上所述，本题答案为 C 项。

【学习提要】

本节考生应当掌握没收程序的适用条件、适用对象、启动程序、审理程序以及对特殊情形的处理。

【法条依据】

《刑事诉讼法》

第298条 对于贪污贿赂犯罪、恐怖活动犯罪等重大犯罪案件，犯罪嫌疑人、被告人逃匿，在通缉一年后不能到案，或者犯罪嫌疑人、被告人死亡，依照刑法规定应当追缴其违法所得及其他涉案财产的，人民检察院可以向人民法院提出没收违法所得的申请。公安机关认为有前款规定情形的，应当写出没收违法所得意见书，移送人民检察院。没收违法所得的申请应当提供与犯罪事实、违法所得相关的证据材料，并列明财产的种类、数量、所在地及查封、扣押、冻结的情况。人民法院在必要的时候，可以查封、扣押、冻结申请没收的财产。

第299条 【没收违法所得的审理程序】没收违法所得的申请，由犯罪地或者犯罪嫌疑人、被告人居住地的中级人民法院组成合议庭进行审理。人民法院受理没收违法所得的申请后，应当发出公告。公告期间为六个月。犯罪嫌疑人、被告人的近亲属和其他利害关系人有权申请参加诉讼，也可以委托诉讼代理人参加诉讼。人民法院在公告期满后对没收违法所得的申请进行审理。利害关系人参加诉讼的，人民法院应当开庭审理。

第300条 【没收违法所得审理的结果】人民法院经审理，对经查证属于违法所得及其他涉案财产，除依法返还被害人的以外，应当裁定予以没收；对不属于应当追缴的财产的，应当裁定驳回申请，解除查封、扣押、冻结措施。对于人民法院依照前款规定作出的裁定，犯罪嫌疑人、被告人的近亲属和其他利害关系人或者人民检察院可以提出上诉、抗诉。

第301条 【没收违法所得审理的终止】在审理过程中，在逃的犯罪嫌疑人、被告人自动投案或者被抓获的，人民法院应当终止审理。没收犯罪嫌疑人、被告人财产确有错误的，应当予以返还、赔偿。

【知识点精讲】

一、违法所得没收程序的概念

犯罪嫌疑人、被告人逃匿、死亡案件违法所得的没收程序（以下简称“违法所得没收程序”），是指当某些案件中犯罪嫌疑人、被告人逃匿或者死亡时，追缴其违法所得及其他涉案财产所特有的方式、方法和步骤。

在司法实践中，一些案件的犯罪嫌疑人、被告人长期潜逃或者死亡，如果按照普通案件所适用的诉讼原则和程序就无法进行审判，也无法及时挽回国家、集体或者被害人的经济损失。为了严厉打击贪污贿赂犯罪、恐怖活动犯罪等严重犯罪活动，及时追缴犯罪活动违法所得及其他涉案财物，我国2012年修订的《刑事诉讼法》在“特别程序”编中增加了“犯罪嫌疑人、被告人逃匿、死亡案件违法所得的没收程序”一章。

需要注意的是，违法所得没收程序**并不是针对被追诉人刑事责任的审判程序，而仅仅是针对违法所得和涉案财物的专门的处置程序**。因此，违法所得和涉案财物的没收，不必以被追诉人已经被生效裁判确定有罪为前提，即使被追诉人死亡、逃匿的情况下，也可以单独裁定是否予以没收。

★★★二、违法所得没收程序的适用案件范围与没收对象

（一）适用案件范围

依照刑法规定应当追缴违法所得及其他涉案财产，且符合下列情形之一的，人民检察院可以向人民法院提出没收违法所得的申请：

（1）犯罪嫌疑人、被告人实施了**贪污贿赂犯罪、恐怖活动犯罪等重大犯罪**后逃匿，在通

缉一年后不能到案的。

（2）犯罪嫌疑人、被告人**死亡**。

【特别提示1】“贪污贿赂犯罪、恐怖活动犯罪等”犯罪案件，是指下列案件：

（1）贪污贿赂、失职渎职等职务犯罪案件；

（2）刑法分则第二章规定的相关恐怖活动犯罪案件，以及恐怖活动组织、恐怖活动人员实施的杀人、爆炸、绑架等犯罪案件；

（3）危害国家安全、走私、洗钱、金融诈骗、黑社会性质组织、毒品犯罪案件；

（4）电信诈骗、网络诈骗犯罪案件。（《刑诉解释》第609条）

【特别提示2】“重大犯罪案件”，是指在省、自治区、直辖市或者全国范围内具有较大影响的犯罪案件，或者犯罪嫌疑人、被告人**逃匿境外**的犯罪案件。

【特别提示3】在审理案件过程中，被告人**死亡**或者**脱逃**，**符合违法所得没收程序相关规定的**，**检察院**可以向法院提出没收违法所得的申请。

（二）没收对象

没收对象是违法所得及其他涉案财产。具体而言：

1. **违法所得**：因**实施犯罪活动而取得的全部财物**，包括金钱或物品，如贪污贿赂得到的金钱或物品等。

（1）犯罪嫌疑人、被告人通过实施犯罪**直接或者间接产生、获得的任何财产**，应当认定为“违法所得”。

（2）**违法所得已经部分或者全部转变、转化为其他财产的，转变、转化后的财产**应当视为前款规定的“违法所得”。

（3）**来自违法所得转变、转化后的财产收益**，或者**来自已经与违法所得相混合财产中违法所得相应部分的收益**，也应当视为违法所得。

2. 其他涉案财产：犯罪嫌疑人、被告人**非法持有的违禁品**、供犯罪所用的**本人财物**，应当认定为“其他涉案财产”。

★★★★三、违法所得没收程序的启动与审理

（一）没收程序的启动

1. 启动主体：人民检察院。

【特别提示】所谓启动主体，是指一旦提出，法院就必须依违法所得没收程序审理。违法所得没收程序只能由人民检察院向法院申请而启动。

2. **启动方式**：经人民检察院向人民法院提出**申请**而启动。

3. **程序要求**

（1）**在侦查阶段**，公安机关认为符合没收违法所得条件的，经**县级以上公安机关负责人**批准，应当写出**没收违法所得意见书**，连同相关证据材料**一并移送人民检察院**。人民检察院可以向人民法院提出没收违法所得的申请。

【特别提示】公安机关不是没收程序的启动主体，其不能直接向法院提出没收违法所得的申请；其只能向检察院移送没收违法所得意见书，由检察院向法院申请。

（2）**在审查起诉阶段，**人民检察院发现符合没收违法所得条件的，**可以直接向人民法院提出没收违法所得的申请**。

【特别提示】检察院申请没收违法所得，不以公安机关移交没收违法所得意见书为前提。在审查起诉阶段，检察院认为符合没收条件的，也可以直接申请。

（3）**在审判阶段：**

①被告人**逃匿**，人民**法院应当裁定中止审理**。如果通缉一年不到案且符合没收违法所得条件的，人民检察院可以向人民法院提出没收违法所得的申请。

②在审判阶段，**被告人死亡的，人民法院应当裁定终止审理**。如果符合没收违法所得条件的，人民检察院可以向人民法院提出没收违法所得的申请。

【特别提示】法院不是启动主体，在被告人逃匿或死亡且符合没收违法所得条件的，法院不能直接作出没收违法所得的裁定，能否按没收程序审理，取决于检察院是否向其提出没收违法所得的申请。

（二）没收程序的审理

1. 管辖法院

由**犯罪地**或者**犯罪嫌疑人、被告人居住地**的**中级人民法院**组成**合议庭**审理。

2. 法院的公告

法院应当发出公告。公告期间为6个月，公告期间不适用中止、中断、延长的规定。

3. 利害关系人申请参加诉讼

犯罪嫌疑人、**被告人的近亲属和其他利害关系人**有权申请参加诉讼，也可以委托诉讼代理人参加诉讼。

4. 犯罪嫌疑人、被告人的近亲属和其他利害关系人申请参加诉讼的，**应当在公告期间内**提出。

犯罪嫌疑人、被告人的**近亲属应当提供**其与犯罪嫌疑人、被告人**关系的证明材料**，**其他利害关系人应当提供**证明其对违法所得及其他涉案财产**主张权利的证据材料**。利害关系人在公告期满后申请参加诉讼，**能够合理说明理由**的，人民法院应当准许。

5. 犯罪嫌疑人、被告人委托诉讼代理人参加诉讼

犯罪嫌疑人、被告人逃匿境外，委托诉讼代理人申请参加诉讼，且违法所得或者其他涉案财产所在国、地区主管机关明确提出意见予以支持的，人民法院可以准许。

【注意】“其他利害关系人”是指**对申请没收的财产主张权利（包括所有权、债权等）的自然人和单位**。

6. 审理方式

（1）开庭审理和不开庭审理。**利害关系人申请参加及委托诉讼代理人参加诉讼的**，法院**应当**开庭审理。没有利害关系人申请参加诉讼的，或者利害关系人及其诉讼代理人无正当理由拒不到庭的，可以不开庭审理。

（2）利害关系人接到通知后无正当理由拒不到庭，或者未经法庭许可中途退庭的**可以转为不开庭审理**，但还有其他利害关系人参加的除外。

7. **法院的裁定**

（1）申请没收的财产属于违法所得及其他涉案财产的，除依法返还被害人的以外，应当裁定没收。

（2）对不属于应当追缴的财产的，应当裁定驳回申请，解除查封、扣押、冻结措施。

（3）**【特殊情况认定】**申请没收的财产具有**高度可能**属于违法所得及其他涉案财产的，应当认定为前款规定的“申请没收的财产属于违法所得及其他涉案财产”。**巨额财产来源不明犯罪案件中，没有利害关系人对违法所得及其他涉案财产主张权利，或者利害关系人对违法所得及其他涉案财产虽然主张权利但提供的证据没有达到相应证明标准的**，应当视为“申请没收的财产属于违法所得及其他涉案财产”。

8. **审理期限**

审理申请没收违法所得案件的期限，参照公诉案件第一审普通程序和第二审程序的审理期限执行。

9. **上诉与抗诉**

对于法院作出的裁定，犯罪嫌疑人、被告人的近亲属和其他利害关系人或者检察院可以**在5日内**提出上诉、抗诉。

（三）犯罪嫌疑人、被告人到案的处理

1. **没收违法所得审理过程中到案的**

在审理过程中，在逃的犯罪嫌疑人、被告人自动投案或者被抓获的，人民法院**应当终止审理**。人民检察院向原受理申请的人民法院提起公诉的，可以由**同一审判组织**审理。

2. **没收违法所得裁定生效后到案的**

没收违法所得裁定生效后，犯罪嫌疑人、被告人到案并对没收裁定提出异议，人民检察院向原作出裁定的人民法院提起公诉的，可以由**同一审判组织**审理。法院经审理，应当按照下列情形分别处理：

①原裁定正确的，予以维持，不再对涉案财产作出判决；

②原裁定确有错误的，应当撤销原裁定，并在判决中对有关涉案财产一并作出处理。

（四）犯罪嫌疑人、被告人未到案但发现已生效的没收裁定有错

法院生效的没收裁定确有错误的，除上述情形外，应当依照审判监督程序予以纠正。

【经典金题】

关于被调查人、犯罪嫌疑人、被告人逃匿、死亡案件违法所得的没收程序，下列哪一说法是正确的？（2012年卷二第38题，单选）[1]

A. 贪污贿赂犯罪案件的被调查人逃匿，通缉1年后不能到案的，依照《刑法》规定应当追缴其违法所得及其他涉案财产的，公安机关可以向法院提出没收违法所得的申请

B. 在A选项所列情形下，检察院可以向法院提出没收违法所得的申请

C. 没收违法所得及其他涉案财产的申请，由犯罪地的基层法院组成合议庭进行审理

D. 没收违法所得案件审理中，在逃犯罪嫌疑人被抓获的，法院应当中止审理

---

[1] 【解析】AB项：违法所得没收程序的启动主体只有一个，即【检察院】。无论是公安机关还是监察机关都不能直接向法院提出没收违法所得的申请。因此，A项错误，B项正确。

C项：根据规定，没收违法所得的申请，由犯罪地或者犯罪嫌疑人、被告人居住地的【中级】人民法院组成合议庭进行审理。可知，违法所得没收程序案件由“中级”法院审理，而非“基层”法院。因此，C项错误。

D项：根据规定，在审理过程中，在逃的犯罪嫌疑人、被告人自动投案或者被抓获的，人民法院应当【终止】审理。可知，在逃犯罪嫌疑人被抓获的，是“终止”审理而不是“中止”审理。因此，D项错误。

综上所述，本题答案为B项。

第五节 依法不负刑事责任的精神病人的强制医疗程序

【本节知识框架】

- 强制医疗程序
  - 强制医疗程序的概念、性质与特征
  - 适用程序
    - 强制医疗的启动
      - 人民检察院启动
      - 人民法院启动
    - 强制医疗的决定程序
      - 管辖法院
      - 审理组织
      - 对申请的审查与受理
      - 审理
      - 应当通知法定代理人到场
      - 强制法律援助代理
      - 审理期限
      - 审理后的处理结果
      - 复议
    - 强制医疗的执行
      - 送交强制医疗
      - 强制医疗的解除
  - 人民检察院对强制医疗的监督

【学习提要】

本节考生须掌握强制医疗程序适用条件、启动方式、审理程序等内容。

【法条依据】

《刑事诉讼法》

第 302 条 【强制医疗的对象】实施暴力行为，危害公共安全或者严重危害公民人身安全，经法定程序鉴定依法不负刑事责任的精神病人，有继续危害社会可能的，可以予以强制医疗。

第 303 条 【强制医疗的程序】根据本章规定对精神病人强制医疗的，由人民法院决定。

公安机关发现精神病人符合强制医疗条件的，应当写出强制医疗意见书，移送人民检察院。对于公安机关移送的或者在审查起诉过程中发现的精神病人符合强制医疗条件的，人民检察院应当向人民法院提出强制医疗的申请。人民法院在审理案件过程中发现被告人符合强制医疗条件的，可以作出强制医疗的决定。

对实施暴力行为的精神病人，在人民法院决定强制医疗前，公安机关可以采取临时的保护性约束措施。

第 304 条 【强制医疗的审理】人民法院受理强制医疗的申请后，应当组成合议庭进行审理。

人民法院审理强制医疗案件，应当通知被申请人或者被告人的法定代理人到场。被申请人或者被告人没有委托诉讼代理人的，人民法院应当通知法律援助机构指派律师为其提供法律帮助。

第 305 条 【强制医疗的审限】人民法院经审理，对于被申请人或者被告人符合强制医疗条件的，应当在一个月以内作出强制医疗的决定。

被决定强制医疗的人、被害人及其法定代理人、近亲属对强制医疗决定不服的，可以向上一级人民法院申请复议。

第 306 条 【强制医疗的解除】强制医疗机构应当定期对被强制医疗的人进行诊断评估。对于已不具有人身危险性，不需要继续强制医疗的，应当及时提出解除意见，报决定强制医疗的人民法院批准。

被强制医疗的人及其近亲属有权申请解除强制医疗。

第 307 条 【强制医疗的监督】人民检察院对强制医疗的决定和执行实行监督。

【知识点精讲】

一、强制医疗程序的概念、性质与特征

（一）概念

强制医疗是出于避免社会危害和保障精神疾病患者健康利益的目的而采取的一项对精神疾病患者的人身自由予以一定限制并对其所患精神疾病进行治疗的特殊保安处分措施。

（二）性质

从性质上说，强制医疗是针对精神病人的一种**社会防卫措施，而非刑罚措施**。也就是说，**强制医疗程序并不是解决精神病人的刑事责任问题，而是在精神病人已经依法不负刑事责任的情况下的，解决是否要对其进行强制性的医疗的问题**。

（三）特征

1. 适用对象的特殊性

我国强制医疗的适用对象是实施暴力行为，危害公共安全或者严重危害公民人身安全，经法定程序鉴定依法不负刑事责任的精神病人。

2. 适用措施的强制性

与自愿性住院医疗不同，强制医疗的适用具有显著的强制性。即如果行为人符合强制医疗的法定适用条件，不论本人或其家属是否同意，只要经人民法院决定都应强制入院，在专门的医疗机构中接受监护隔离和康复治疗。

3. 适用目的的双重性

强制医疗的目的具有双重性：一是通过积极康复治疗，使被强制对象恢复健康、改善精神状况，从而达到维护精神病人身体健康利益的目的；二是通过强制性医疗，消除被强制对象的人身危险性，使其不再对社会公众构成威胁，从而实现保障公众安全、维护社会和谐有序的目的。

★★二、强制医疗程序的适用程序

（一）适用条件

对**同时满足**以下三个条件的，**可以**予以强制医疗：

1. **实施暴力行为，危害公共安全或者严重危害公民人身安全，社会危害性已经达到犯罪程度**。

2. 经法定程序鉴定**依法不负刑事责任**的**精神病人**。

3. **有继续危害社会的可能**。

> **【特别提示】**此处暴力行为要求**侵犯的是公共安全**或者**公民人身安全**。如果精神病人不打人，但侵犯公共财产，则不满足（1）的条件。

（二）强制医疗程序的启动

1. **检察院**

（1）公安机关发现精神病人符合强制医疗条件的，应当写出强制医疗意见书，移送人民检察院。对于**公安机关移送的**精神病人符合强制医疗条件的，人民检察院**应当**向人民法院提出强制医疗的**申请**。

（2）在审查起诉中，犯罪嫌疑人**经鉴定系依法不负刑事责任的精神病人的**，人民检察院**应当作出不起诉决定**。认为符合强制医疗条件的，**应当**向人民法院提出强制医疗的**申请**。

【特别提示】检察院启动强制医疗程序的方式是**向法院提出强制医疗的申请**。

2. **法院**

人民法院**在审理案件过程中**发现被告人符合强制医疗条件的，**可以**作出强制医疗的**决定**。

【特别提示1】

1. 法院启动强制医疗程序必须是在普通程序审理过程中发现的才能启动。而且，法院遵循“不告不理”原则，因此，虽然法院启动强制医疗程序不以检察院申请为前提条件，但是必须以检察院的起诉为条件，没有检察院向法院提起的公诉，法院不能启动强制医疗程序。（注：我国没有规定自诉案件的强制医疗程序）

2. 法院启动强制医疗程序的方式是在审理案件过程中决定。

【特别提示2】

1. 所谓启动主体，是指一旦该主体要启动，法院就必须审理强制医疗程序的。在我国，强制医疗程序的启动主体有两个：检察院和法院。换言之，法院不能根据公安机关向法院申请而审理强制医疗案件。亦即公安机关不能直接向法院申请强制医疗，其只能向检察院申请，再由检察院向法院申请而启动强制医疗程序。

2. 由于检察院启动的方式为申请，因此检察院启动的强制医疗程序中，该精神病人称为“被申请人”。而法院启动的方式是“决定”，但法院启动以检察院起诉为前提条件，故此，该精神病人在法院启动时已经具有了“被告人”的身份。由此可见，考生应该根据该精神病人的称谓来判断是哪个机关启动强制医疗程序的。

（三）强制医疗的决定程序

1. **管辖法院**

人民检察院申请对依法不负刑事责任的精神病人强制医疗的案件，由**被申请人实施暴力行为所在地**的**基层**人民法院管辖；由**被申请人居住地**的人民法院审判更为适宜的，**可以**由被申请人居住地的基层人民法院管辖。

【特别提示】由于强制医疗程序并不是解决精神病人的刑事责任问题，因此，不能称犯罪地，只能称为“实施暴力行为所在地”。

2. **审理组织**

应当组成**合议庭**进行审理。

【注意】由于是基层法院的一审程序，因此**合议庭可以有人民陪审员参加**。

3. **对申请的审查与受理**

对人民检察院提出的强制医疗申请，人民法院应当在七日内审查完毕，并按照下列情形分别处理：

（1）属于强制医疗程序受案范围和本院管辖，且材料齐全的，应当受理；

（2）不属于本院管辖的，应当退回人民检察院；

（3）材料不全的，应当通知人民检察院在3日内补送；3日以内不能补送的，应当退回人民检察院。

4. **审理**

（1）审理强制医疗案件，应当组成合议庭，**开庭审理**。但是，被申请人（被告人）的**法定代理人请求不开庭审理，并经人民法院审查同意的除外。**

（2）审理人民检察院申请强制医疗的案件，**应当会见被申请人，听取被害人及其法定代理人的意见**。

【特别提示】会见不一定在法庭上会见，可以在庭外会见，故被申请人不是必须出庭。

（3）人民法院对强制医疗案件**开庭审理**的，人民检察院**应当派员出席法庭**。

（4）对实施暴力行为的精神病人，在人民法院决定强制医疗前，**公安机关**可以**采取临时的保护性约束措施**。

【特别提示】临时的保护性约束措施是由公安机关来适用，而不是法院。且临时的保护性约束措施不属于刑事强制措施，因为其适用对象是依法不须负刑事责任的精神病人，而非犯罪嫌疑人、被告人。

5. **通知法定代理人到场**

人民法院审理强制医疗案件，**应当通知**被申请人或者被告人的**法定代理人到场**；被申请人或者被告人的法定代理人经通知未到场的，可以通知被申请人或者被告人的其他近亲属到场。（《刑诉解释》第634条第1款）

6. **强制法律援助代理**

被申请人或者被告人没有委托**诉讼代理人**的，**应当自受理强制医疗申请或者发现被告人符合强制医疗条件之日起**3**日以内**，通知法律援助机构指派律师为其提供法律帮助。

【特别提示】由于强制医疗程序并不是解决精神病人的刑事责任问题，因此，强制医疗程序不存在“辩护”问题，故此，此处属于强制法律援助代理。

7. **审理期限**

法院经审理，对于被申请人或者被告人符合强制医疗条件的，应当在1**个月**以内作出**决定**。

【特别提示】法院强制医疗的文书是“决定”。

8. **审理后的处理结果**

审理人民检察院申请而启动的强制医疗案件，人民法院审理后，应当按照下列情形分别处理：

①符合强制医疗条件的，应当作出对被申请人强制医疗的决定；

②被申请人属于**依法不负刑事责任**的精神病人，但不符合强制医疗条件的，应当作出**驳回强制医疗申请**的决定；

③被申请人具有**完全或者部分刑事责任能力**，依法应当追究刑事责任的，应当作出驳回强制医疗申请的决定，并**退回人民检察院**依法处理。

【注意】被申请人不符合强制医疗条件的，如果没有人民检察院的起诉，人民法院不能将强制医疗程序转为普通程序进行审理。

【特别提示】由于法院遵循“不告不理”原则，对于需要追究刑事责任的，法院不能直接转为普通程序审理，而只能退回检察院。只有在检察院向法院提起公诉时，法院才能按普通程序审理案件，依法追究刑事责任。

9. 对处理结果不服的复议

①被决定强制医疗的人、②被决定强制医疗的人的法定代理人、③被决定强制医疗的人的近亲属、④被害人、⑤被害人的法定代理人以及⑥被害人的近亲属对强制医疗决定不服的，可以**自收到决定书第2日起5日内**向**上一级**人民法院申请**复议**。**复议期间不停止执行**强制医疗的决定。

【注意】近亲属的范围是：父、母、子、女、夫、妻、同胞兄弟姐妹（上下左右）。

（四）强制医疗决定的执行

1. 送交强制医疗

人民法院决定强制医疗的，应当在作出决定后5日内，向**公安机关**送达强制医疗决定书和强制医疗执行通知书，**由公安机关**将被决定强制医疗的人**送交强制医疗**。

2. 强制医疗的解除

（1）启动

①**【建议解除】强制医疗机构**应当定期对被强制医疗的人进行诊断评估。对于已不具有人身危险性，不需要继续强制医疗的，应当及时**提出解除意见，报决定强制医疗的法院批准**。

②**【申请解除】被强制医疗的人及其近亲属**有权申请解除强制医疗。被强制医疗的人及其近亲属申请解除强制医疗的，应当**向决定强制医疗的人民法院提出**。被强制医疗的人及其近亲属提出的解除强制医疗**申请被人民法院驳回，6个月后再次提出申请的，人民法院应当受理**。

【特别提示】根据此规定，被强制医疗的人及其近亲属第一次申请解除强制医疗没有时间限制；但是，申请被驳回的，必须经过6个月之后才能再次申请。

（2）审查与处理

①强制医疗机构提出解除强制医疗意见，或者被强制医疗的人及其近亲属申请解除强制医疗的，人民法院**应当组成合议庭**进行审查，并在一个月**以内**，按照下列情形分别处理：

被强制医疗的人已不具有人身危险性，不需要继续强制医疗的，应当作出解除强制医疗的决定，并可责令被强制医疗的人的家属**严加看管和医疗**；

被强制医疗的人仍具有人身危险性，需要继续强制医疗的，应当作出继续强制医疗的决定。

对前款规定的案件，必要时，人民法院可以开庭审理，通知人民检察院派员出庭。

②人民法院应当在作出决定后5日以内，将决定书送达强制医疗机构、申请解除强制医疗的人、被决定强制医疗的人和人民检察院。决定解除强制医疗的，应当通知强制医疗机构在收到决定书的当日解除强制医疗。

3. 检察院对强制医疗的监督

人民检察院认为强制医疗**决定或者解除**强制医疗决定不当，在收到决定书后20**日以内**提出**书面纠正意见**的，人民法院**应当另行组成合议庭**审理，并在一个月以内作出决定。

（五）人民法院启动的强制医疗案件的审理

1. 法院启动：第一审人民法院在审理刑事案件过程中，发现被告人可能符合强制医疗条件的，应当依照法定程序对被告人进行法医精神病鉴定。经鉴定，被告人属于依法不负刑事责任的精神病人的，应当适用强制医疗程序，对案件进行审理。

2. 开庭审理法院启动的强制医疗案件，应当先由合议庭组成人员宣读对被告人的法医精神病鉴定意见，说明被告人可能符合强制医疗的条件，后依次由公诉人和被告人的法定代理人、诉讼代理人发表意见。经审判长许可，公诉人和被告人的法定代理人、诉讼代理人可以进行辩论。

3. **审理人民法院启动的强制医疗案件**，人民法院审理后，应当按照下列情形分别处理：

①被告人**符合强制医疗条件**的，应当判决宣告被告人不负刑事责任，同时**作出对被告人强制医疗的决定**；

②被告人属于依法不负刑事责任的精神病人，但**不符合强制医疗条件**的，应当**判决宣告被告人无罪或者不负刑事责任**；被告人已经造成危害结果的，应当同时责令其家属或者监护人严加看管和医疗；

③被告人具有**完全或者部分刑事责任能力**，依法**应当追究刑事责任**的，应当**依照普通程序继续审理**。

4. 对上述判决、决定，人民**检察院提出抗诉**，同时**被决定强制医疗的人、被害人及其法定代理人、近亲属申请复议**的，上一级人民法院应当**依照第二审程序**一并处理。

5【**第二审程序发现被告人符合强制医疗条件的处理**】第二审人民法院在审理刑事案件过程中，发现被告人可能符合强制医疗条件的，**可以依照强制医疗程序对案件作出处理，也可以**裁定**发回原审人民法院重新审判**。

【经典金题】

1. 甲在马路上持刀杀人一案，检察院提起公诉，一审法院判决甲犯故意杀人罪。甲不服提起上诉，二审审理期间发现甲为精神病人。二审法院应当如何处理？（2021 年仿真题，单选）〔1〕

A. 以一审法律适用错误为由，撤销原判发回重审

B. 先判决甲不负刑事责任，再对甲作出强制医疗决定

C. 按照强制医疗程序直接作出裁判

D. 先裁定中止审理，再启动强制医疗程序

---

〔1〕【解析】ABCD 项：二审人民法院在审理刑事案件过程中，发现被告人可能符合强制医疗条件的，有两种处理方式：一是可以裁定发回原审人民法院重新审判。此时发回重审的理由不能是适用法律错误，因为法律适用有误的，二审法院应当直接改判，而非发回重审。二是可以依照强制医疗程序对案件作出处理。此时法院不能按照强制医疗程序直接作出裁判，因为此时的二审程序属于普通程序，法院应当先作出判决，终结普通程序后，再启动特别程序即强制医疗程序。故法院应当先判决宣告被告人不负刑事责任，再适用强制医疗程序。因此，B 项正确，ACD 项错误。

综上所述，本题答案为 B 项。

2. 孙某将李某杀害，经鉴定孙某系精神病人，甲县检察院遂向甲县法院申请适用强制医疗程序。关于本案，下列说法正确的是？（2018 年仿真题，单选）〔1〕

A. 在法院决定强制医疗前，甲县检察院可以对孙某采取临时的保护性约束措施

B. 甲县法院受理检察院的强制医疗申请后，可由审判员一人独任审判

C. 甲县法院审理该案，应当会见孙某

D. 经审理发现孙某具有部分刑事责任能力，依法应当追究刑事责任的，可直接判处孙某故意杀人罪

---

〔1〕【解析】A 项：根据规定，对实施暴力行为的精神病人，在人民法院决定强制医疗前，公安机关可以采取临时的保护性约束措施。据此，有权采取临时保护性约束措施的是“公安机关”，而不是“检察院”，所以 A 项错误。

B 项：根据规定，人民法院受理强制医疗的申请后，应当组成合议庭进行审理。据此，法院审理强制医疗案件不能独任审判，而只能组成合议庭进行审理，所以 B 项错误。

C 项：根据规定，审理强制医疗案件，应当会见被申请人，听取被害人及其法定代理人的意见。所以甲县法院审理该案，应当会见孙某，C 项正确。

D 项：根据规定，审理人民检察院申请而启动的强制医疗案件，人民法院审理后，发现被申请人具有完全或者部分刑事责任能力，依法应当追究刑事责任的，应当作出驳回强制医疗申请的决定，并退回人民检察院依法处理。因此，法院若认为应当追究孙某刑事责任的，应当作出驳回强制医疗申请的决定，并退回检察院依法处理。由于法院要遵循不告不理原则，甲县法院能否判孙某故意杀人罪，要取决于甲县检察院是否向其提起公诉，所以 D 项错误。

综上所述，本题答案为 C 项。

第二十一章　涉外刑事诉讼程序与司法协助制度

【复习提要】

涉外刑事诉讼程序，是指诉讼活动涉及外国人（包括无国籍人，下同）或需要在国外进行的刑事诉讼所特有的方式、方法和步骤。本章中，考生需要掌握的知识点有：涉外刑事诉讼程序所适用的案件范围；涉外刑事诉讼的特有原则；涉外刑事诉讼的特别规定；刑事司法协助的主体、内容与程序。

【知识框架】

- 涉外刑事诉讼与刑事司法协助
  - 涉外刑事诉讼
    - 涉外刑事诉讼程序的概述
      - 概念
      - 案件范围★★
      - 外国人的范围★★
      - 适用法律
    - 涉外刑事诉讼的特有原则★★
    - 涉外刑事诉讼的特别规定
      - 管辖
      - 公开审理原则★
      - 探视、会见★
      - 送达问题
      - 跨国委托书的程序要求★
      - 限制出境★★
  - 刑事司法协助
    - 刑事司法协助概述
    - 刑事司法协助的具体内容
      - 主体★★
      - 法律根据★★
      - 协助内容★★
      - 程序要求★★

第一节　涉外刑事诉讼程序

一、涉外刑事诉讼程序的概述

（一）概念

涉外刑事诉讼程序，是指诉讼活动涉及外国人（包括无国籍人，下同）或需要在国外进行的刑事诉讼所特有的方式、方法和步骤。简言之，涉外刑事诉讼程序，就是涉外刑事诉讼所特有的方式、方法和步骤。

涉外刑事诉讼与涉外案件的刑事诉讼不同。涉外刑事诉讼是指**刑事诉讼活动涉及外国人或者某些诉讼活动需要在国外进行**这两种情况。**涉外案件的刑事诉讼，是指中国司法机关处理涉外刑事案件的方式、方法和步骤。涉外刑事诉讼包括涉外案件的刑事诉讼，但又不仅指涉外案件的刑事诉讼**。在司法实践中，有些案件不是涉外案件，但由于案发时或案发后的一些特殊情况，使得这些案件的诉讼活动涉及外国人或者需要在国外进行。例如，目击案件发生的证人是外国人或虽是中国人，但诉讼时已身在国外；案件发生后，犯罪嫌疑人、被告人潜逃国外等。

（二）外国人的范围

【国籍的确认】具有外国国籍的人、国籍不明的人、无国籍人。

1. 外国人的国籍，根据其入境时的**有效证件**确认。

2. 国籍不明的，根据公安机关或者有关国家驻华**使、领馆出具的证明**确认。

3. 国籍**无法查明**的，以无国籍人对待，适用涉外刑事案件审理程序，在裁判文书中**写明“国籍不明”**。

（三）涉外刑事案件

【刑事管辖—参照刑法“管辖”】

1. **【属地管辖权】**在中华人民共和国**领域内**，**外国人犯罪**的或者我国公民**侵犯外国人**合法权利的刑事案件；

2. **【属人管辖权】**符合《刑法》第7条、第10条规定情形的我国公民在中华人民共和国**领域外**犯罪的案件；

3. **【保护管辖权】**符合《刑法》第8条、第10条规定情形的外国人对中华人民共和国国家或者公民犯罪的案件；

4. **【普遍管辖权】**符合《刑法》第9条规定情形的中华人民共和国在所承担国际条约义务范围内行使管辖权的案件。

二、涉外刑事案件的特殊问题

1. 法律适用

（1）对于外国人应当追究刑事责任的，适用**我国刑事诉讼法**的规定。

【注意】涉外刑事诉讼不适用外国实体法和程序法，即使是中国司法机关接受外国司法机关的请求，协助他们调查取证、查缉罪犯，也应按照中国刑事诉讼法规定的方法、步骤进行。

（2）对于享有外交特权和豁免权的外国人应当追究刑事责任的，通过**外交途径**解决。

（3）中华人民共和国缔结或者参加的国际条约中有关于刑事诉讼程序具体规定的，适用该国际条约的规定。但是，我国**声明保留的条款**除外。

2. **管辖：**第一审涉外刑事案件，除《刑事诉讼法》规定由中级人民法院或其他法院管辖的以外，由**基层人民法院**管辖。**必要时，**中级人民法院可以指定辖区内若干基层人民法院集中管辖第一审涉外刑事案件，也可以依照《刑事诉讼法》第24条的规定，审理基层人民法院管辖的第一审涉外刑事案件。

3. 公开审理原则

（1）法院审理涉外刑事案件，应当公开进行，但依法不应公开审理的除外。

（2）公开审理的涉外刑事案件，外国籍当事人国籍国驻华使、领馆官员**要求旁听**的，可以向受理案件的人民法院所在地的高级人民法院**提出申请**，人民法院**应当安排**。

4. 会见问题

（1）涉外刑事案件审判期间，外国籍被告人在押，其国籍国驻华使、领馆官员要求探视的，可以**向受理案件的人民法院所在地的高级人民法院提出**。人民法院应当根据我国与被告人国籍国签订的双边领事条约规定的时限予以安排；没有条约规定的，应当尽快安排。必要时，可以请人民政府外事主管部门协助。

（2）涉外刑事案件审判期间，外国籍被告人在押，其监护人、**近亲属申请会见的**，可以**向受理案件的人民法院所在地的高级人民法院**提出，并依照《刑诉解释》第486条的规定提供与被告人关系的证明。人民法院经审查认为不妨碍案件审判的，可以批准。

（3）被告人拒绝接受探视、会见的，应当由其本人出具书面声明。拒绝出具书面声明的，应当记录在案；必要时，应当录音录像。

5. **辩护问题**

（1）外国人或无国籍人，不得担任辩护人或诉讼代理人，但是被告人**近亲属**或**监护人的除外**。

【提示】“近亲属”是指夫、妻、父、母、子、女、同胞兄弟姊妹（上、下、左、右）。

（2）**【外国籍当事人委托中国律师辩护或代理原则】**

外国籍被告人委托律师辩护，或者外国籍附带民事诉讼原告人、自诉人委托律师代理诉讼的，应当委托具有中华人民共和国律师资格并依法取得执业证书的律师。

外国籍被告人**在押的**，其监护人、近亲属或者其国籍国驻华使、领馆**可以代为委托辩护人**。其监护人、近亲属代为委托的，应当提供与被告人关系的有效证明。

外国籍被告人没有委托辩护人的，法院**可以**通知法律援助机构为其指派律师提供辩护。被告人拒绝辩护人辩护的，应当由其出具书面声明，或者将其口头声明记录在案。被告人属于应当提供法律援助情形的，依照《刑诉解释》第50条规定处理。

6. **翻译问题**

（1）人民法院审判涉外刑事案件，使用中华人民共和国通用的语言、文字，**应当**为外国籍当事人**提供翻译**。翻译人员**应当**在翻译文件上**签名**。

【提示】根据证据制度相关规定，应当提供翻译而没有提供翻译的，所取得的供述要排除。

（2）人民法院的诉讼文书为**中文本**。外国籍当事人不通晓中文的，应当附有外文译本，译本不加盖人民法院印章，**以中文本为准**。

（3）外国籍当事人通晓中国语言、文字，拒绝他人翻译，或者不需要诉讼文书外文译本的，应当由其本人**出具书面声明**。拒绝出具书面声明的，**应当记录在案**；必要时，应当录音录像。

7. **送达问题**

外交途径、使、领馆代为送达、邮寄送达、按协定规定送达、由诉讼代理人送达。

8. **跨国委托书的程序要求**

外籍当事人从域外寄交或者托交给中国律师或者中国公民的委托书，必须经**所在国**公证机关证明，**所在国中央外交主管机关或者其授权机关认证**，并**经我国驻该国使、领馆认证**，但我国与该国之间有互免认证协定的除外。

9. **来自境外的证据材料的运用**

【证据的判断】对来自境外的证据材料，法院应当对材料来源、提供人、提供时间以及提取人、提取时间等进行审查。经审查，能够证明案件事实且符合刑事诉讼法规定的，可以作为证据使用，但提供人或者我国与有关国家签订的双边条约对材料的使用范围有明确限制的除外；材料来源不明或者其真实性无法确认的，不得作为定案的根据。（《刑诉解释》第77条第1款）

10. **限制出境**

（1）对涉外刑事案件的被告人，可以决定限制出境。

（2）对开庭审理案件时必须到庭的证人，可以要求暂缓出境。

（3）限制外国人出境的，应当同时通报同级人民政府外事主管部门和当事人国籍国驻华使、领馆。

（4）人民法院决定限制外国人和中国公民出境的，应当**书面通知**被限制出境的人在案件审理终结前不得离境，并可以采取**扣留护照或者其他出入境证件**的办法限制其出境；扣留证件的，应当履行必要手续，并发给本人扣留证件的证明。

（5）需要对外国人和中国公民在口岸采取边控措施的，受理案件的人民法院应当按照规定制作边控对象通知书，并附有关法律文书，层报高级人民法院办理交控手续。

（6）紧急情况下，需要采取临时边控措施的，受理案件的人民法院可以先向有关口岸所在地出入境边防检查机关交控，但应当在7日以内按照规定层报高级人民法院办理手续。

【经典金题】

W国人约翰涉嫌在我国某市A区从事间谍活动被立案侦查并提起公诉。关于本案诉讼程序，下列哪一选项是正确的？（2017年卷二第42题 单选）[1]

A. 约翰可通过W国驻华使馆委托W国律师担任其辩护律师

B. 本案由A区法院一审

C. 约翰精通汉语，开庭时法院可不为其配备翻译人员

D. 给约翰送达的法院判决书应为中文本

第二节 刑事司法协助

一、刑事司法协助概述

（一）概念

刑事司法协助，是指一国的法院或其他的司法机关，根据另一国的法院或其他司法机关的请求，**代为或者协助实行**与刑事诉讼有关的司法行为。

（二）分类

刑事司法协助有广义和狭义之分。具体内容如下：

1. 狭义的刑事司法协助

狭义的刑事司法协助是指与审判有关的刑事司法协助，它包括**送达刑事司法文书、询问证人和鉴定人、搜查、扣押、有关物品的移交**以及**提供有关法律资料**等。

2. 广义的刑事司法协助

广义的刑事司法协助除了狭义上的刑事司法协助以外，还包括**引渡**等内容。

---

[1]【解析】A项：根据规定，外国籍被告人委托律师辩护，或者外国籍附带民事诉讼原告人、自诉人委托律师代理诉讼的，应当委托具有【中国律师】资格并依法取得执业证书的律师。约翰可以通过W国驻华使馆委托具有中华人民共和国律师资格并依法取得执业证书的律师，但不能委托W国律师。因此，A项错误。

B项：根据规定，中级人民法院管辖下列第一审刑事案件：（一）危害国家安全、恐怖活动案件；（二）可能判处无期徒刑、死刑的案件。本案涉嫌从事间谍活动，危害国家安全，应当由中院管辖，不应由A区法院一审。因此，B项错误。

CD项：根据规定，人民法院审判涉外刑事案件，使用中华人民共和国通用的语言、文字，应当为外国籍当事人提供翻译。翻译人员应当在翻译文件上签名。人民法院的诉讼文书为中文本。外国籍当事人不通晓中文的，应当附有外文译本，译本不加盖人民法院印章，以中文本为准。外国籍当事人通晓中国语言、文字，拒绝他人翻译，或者不需要诉讼文书外文译本的，应当由其本人出具书面声明。拒绝出具书面声明的，应当记录在案；必要时，应当录音录像。C项仅称"约翰精通汉语"，没有附加"拒绝他人翻译，或者不需要诉讼文书外文译本的，且由本人出具书面声明"的条件，所以法院仍"应当"为其提供翻译。因此，C项错误，D项正确。

综上所述，本题答案为D项。

二、刑事司法协助的具体内容

（一）主体

1. 概念

刑事司法协助的主体，是指请求提供刑事司法协助和接受请求提供刑事司法协助的司法机关，包括请求国的司法机关和接受请求国的司法机关。

2. 范围

我国刑事司法协助主体包括我国的公安机关、检察机关和人民法院。

（二）法律根据

1. 国家间共同参加的**国际条约**。
2. 国家间签订的**刑事司法协助条约**。
3. 国家间临时达成的关于**刑事司法协助的互惠协议**。
4. 国内的法律规定。

（三）协助内容

1. 调查取证；
2. 送达文书；
3. 移交证据；
4. 通报诉讼结果；
5. 引渡；
6. 犯罪情报信息的交流。

（四）程序要求

1. 外国法院请求的事项**有损中华人民共和国的主权、安全、社会公共利益的，**以及违反中华人民共和国法律的基本原则的，法院不予协助；属于有关法律规定的可以拒绝提供刑事司法协助情形的，可以不予协助。

2. 请求和提供司法协助，应当依照《中华人民共和国国际刑事司法协助法》、我国与有关国家、地区签订的刑事司法协助条约、移管被判刑人条约和有关法律规定进行。对请求书的签署机关、请求书及所附材料的语言文字、有关办理期限和具体程序等事项，在不违反中华人民共和国法律的基本原则的情况下，可以按照刑事司法协助条约规定或者双方协商办理。

3. 人民法院请求外国提供司法协助的，**应当**层报最高人民法院，经最高人民法院审核同意后交由有关对外联系机关及时向外国提出请求。

4. 外国法院请求我国提供司法协助，有关对外联系机关认为属于人民法院职权范围的，经**最高人民法院审核同意后转有关人民法院办理**。

学院简介

COLLEGE INTRODUCTION

中国政法大学（简称法大）是一所以法学为特色和优势，兼有文学、历史学、哲学、经济学、管理学、教育学、理学、工学等学科的“211工程”重点建设大学。

法大的法律资格考试培训历史悠久，全国律师资格考试始于1986年，而1988年法大就开展了法律培训。2005年3月成立了中国政法大学司法考试学院，这是一所集法考研究、教学研究、辅导培训为一体的司法考试学院，2018年正式更名为中国政法大学法律职业资格考试学院。经过多年的积淀，法大法律职业资格考试学院被广大考生称为国家法律职业资格考试考前培训及法考研究、教学研究的大本营。

2025年法大法考课程体系

>>> 面授班型 <<<

班型		上课时间	标准学费（元）
主客一体面授班	面授精英A班	2025年3月-2025年10月	59800
	面授精英B班	2025年5月-2025年10月	49800
	面授集训A班	2025年6月-2025年10月	39800
	面授集训B班	2025年7月-2025年10月	32800
	面授集训冲刺班	2025年8月-2025年10月	29800
客观题面授班	面授全程班	2025年3月-2025年9月	39800
	面授冲刺班	2025年8月-2025年9月	9800
主观面授班	面授全程班	2025年9月-2025年10月	29800
	面授冲刺班	2025年9月-2025年10月	9800

想了解阶段性**课程优惠** 扫码咨询老师 →

法大法考容老师

法大法考白老师

010-5890-8131

http://cuploeru.com

北京市海淀区西土城路25号中国政法大学研究生院东门